•1月16日，王世成理事长一行赴美国和日本考察，与美国音乐制品协会举行座谈，探讨在音乐教育领域的深度合作。

•1月21日，2016 NAMM乐器展在美国加州阿纳海姆举办，展会吸引了来自世界各地的1726家展商参展。

•2月1日，大型纪录片《中国乐器》新闻发布会在上海举行。

•3月10日，打击乐器专业委员会七届一次换届会议在北京举行。

•3月17日，上民一厂首席技师张建平被授予“民族拉弦、弹拨乐器制作高级技师”的荣誉称号。

•4月7日，2016法兰克福国际乐器展在德国举办，共计60个国家和地区的2043家参展商参展。

•4月15日，琴行分会二届二次会议在杭州召开。

•4月16日，天津市乐器制造商会成立大会在天津举行。

•4月26日，电鸣乐器分会年会在上海召开。

•5月1日，2016上海之春国际音乐节管乐艺术节成功举办。

•5月7日，第三届中国国际提琴及琴弓制作比赛在京举办。

•5月11日，中国乐器协会第七届二次理事（扩大）会议在北京举行。

•6月15日，第五届中国轻工企业家高峰论坛暨百强企业颁奖庆典在京举行，吟飞科技获“电商能力”百强企业。

•6月21日，中国轻工业联合会第四次会员代表大会在京召开，选举张崇和为中国轻工业联合会会长。

•6月21日，“全国音乐教育服务联盟（武强）基地”被命名。

•6月21日，“国际乐器演奏日”系列活动首次登陆中国，北京、上海、广州等20多个省市的300多人参与其中。

•7月1日，全国音乐教育服务联盟启动仪式在北京举行。

•7月1日，第二届北京音乐生活展在北京展览馆举办。

•9月2日，经专家组评审核议，建议授予天津市静海区“中国乐器产业基地”称号。

•9月21日，“全国钢琴调律职业技能竞赛”决赛在广州星海音乐学院举行。

•9月26日，中国乐器协会组团赴德国和意大利，参观克莱蒙娜国际乐器展，并深度调研德意两国乐器市场及音乐教育发展现状。

•10月11日，中国乐器协会与日本河合乐器株式会社在京就合作开展钢琴调律业务举行签约仪式。

•10 月26，2016中国（上海）国际乐器展览会在沪举办，展览面积突破112000 平方米。

•10 月26 日，中国轻工业联合会会长张崇和考察上海国际乐器展览会。

•10月26日，NAMM CMIA行业高峰论坛在上海召开，围绕“乐器学奏相伴一生——促进乐器社会推广，拓展成人音乐教育”主题展开讨论。

•11月11日，中国乐器协会钢琴分会年会在上海隆重召开。

•11月29日，第三届（APTA）亚洲钢琴调律师年会在台湾举办。

•12月11日，全国乐器标准化技术委员会工作会暨标准审定会在徐州举行。

•12月12日，口琴专业委员会年会暨六届二次会议在福建召开。

•12月15日，中国乐器协会七届三次常务理事扩大会暨科技研讨会在青岛召开。

面朝大海 春暖花开
AMASON

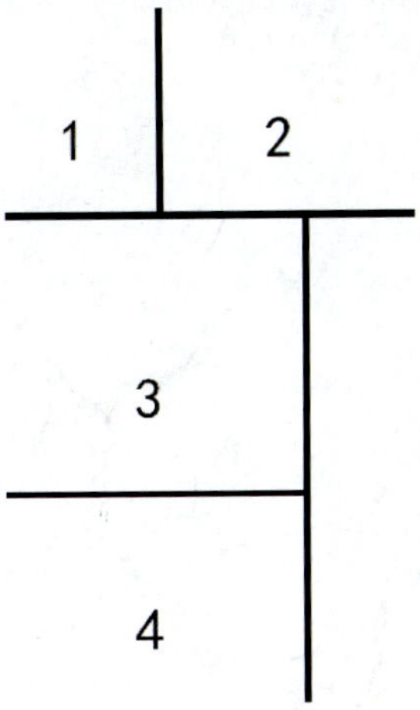

图片1：新加坡华乐团建团20周年，李显龙总理向王国振厂长颁奖。

图片2：“敦煌”走进德国汉堡孔子学院。

图片3：第三届“敦煌杯”全国二胡演奏大赛。

图片4：“中国民乐•敦煌文化大讲堂”项目在京启动。

地址：上海市闵行区联明路400号
邮编：201101
电话：021-54864800　　传真：021-54865771
全国统一服务热线：400-1518-400
敦煌国乐网：www.dunhuangguoyue.com
敦煌乐器旗舰店：https://dunhuang.tmall.com
邮箱：dunhuang_yueqi@163.com

敦煌官方微信二维码

凤灵乐器集团
FineLegend
FineLegend
【企业产品】
【企业荣誉】
荣誉证书
江苏凤灵乐器集团:
2015年度
中国乐器行业50强
中国乐器协会
二〇一六年五月
HONORARY CERTIFICATE
荣誉证书
江苏省著名商标证书
高新技术企业
证书
高新技术企业
证书
荣誉证书
授予:江苏凤灵文化产业有限公司
江苏乐器生产制造行业十佳诚信单位
务实创新
凤灵集团
和谐进取
企业网址：www.feng-ling.com.cn

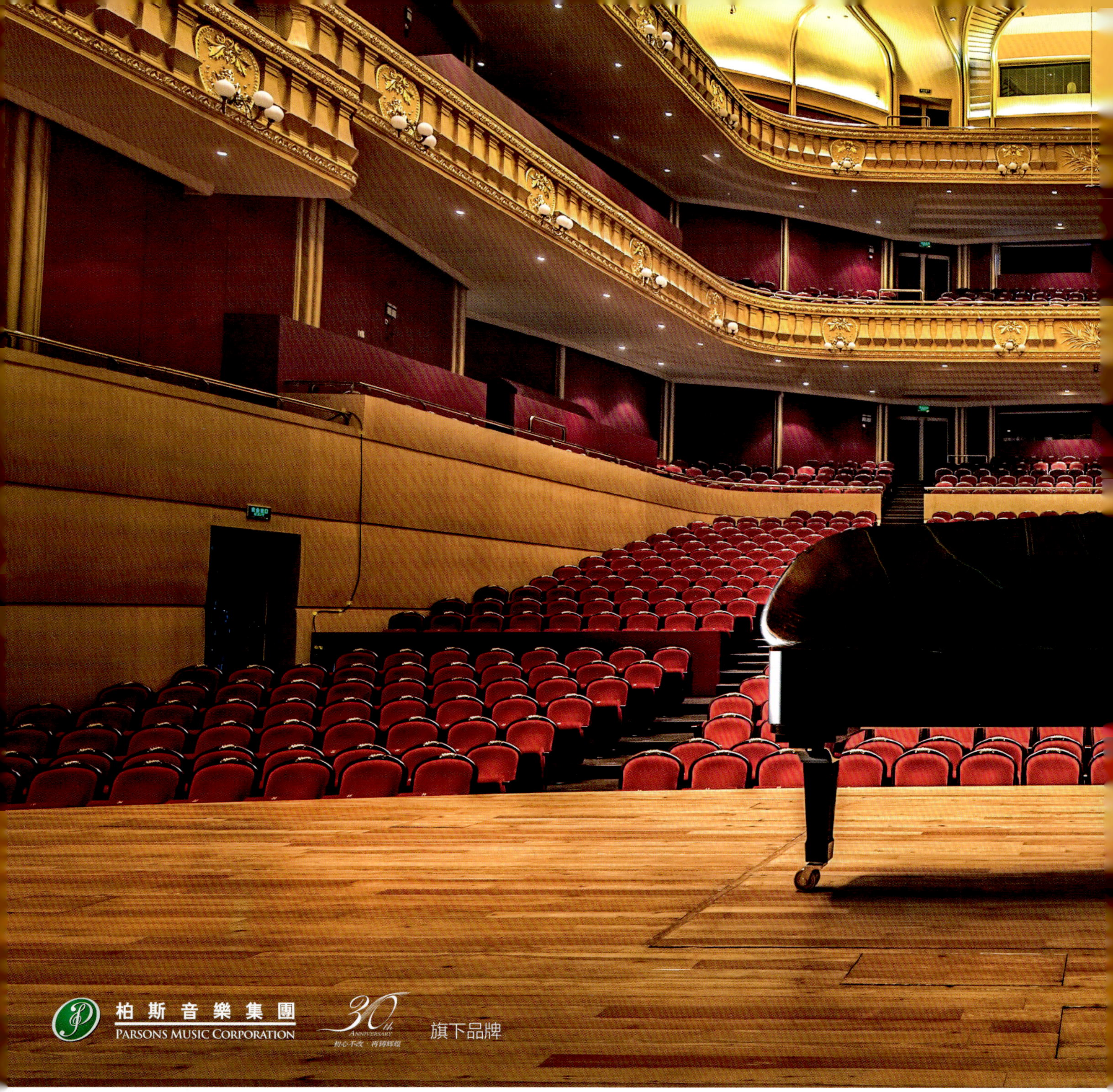
柏斯音樂集團
PARSONS MUSIC CORPORATION
30th
ANNIVERSARY
旗下品牌

长江钢琴精选全世界更适合钢琴制造的高品质木材；传承钢琴发源地—欧洲传统手工技艺；以坚稳厚实之技术为根基，以追求终极理想为原点，起步于成功设计与打造演奏会专用的九尺钢琴。这一创举不仅在世界钢琴制造史上镌刻了新的一笔，同时也掀开了一场永无止尽的卓越挑战。

作为长江钢琴音乐节、长江钢琴·小金钟2017全国高校钢琴大赛指定用琴，长江钢琴以优雅大方的外观和圆润饱满的音质，赢得了业内专家的一致好评。2014年、2017年，长江钢琴先后两次被第三届、第四届中国深圳国际钢琴协奏曲音乐周选为比赛用琴之一，成为第一个登上国际赛事舞台的中国民族品牌钢琴。其无与伦比的演奏性能，必将引领我们步入钢琴铸造世界的更高潮流，让永恒的璀璨之声响彻世界舞台！

JINY

M

JINYIN MUS

河

金音集团始创于1989
，在职职工2300多名，在过
创新的企业精神，从无到有
集团主要生产木管、铜管、
面，基本涵盖了管弦类乐器
件。

津宝
JINBAO®
津宝乐器
JINBAO
JINBAO
PERCUSSION MUSIC

Kapok
云杉+沙比利+玫瑰木
民谣吉他41寸
哑光缺角面单吉他
FOLK GUITAR 41 INCHES
THE ROUNDED SINGLE BOARD FACE AND THE GUITAR
天生
艺术家
TALENTED ARTISTS

公司经营理念

COMPANY BUSINESS PHILOSOPHY

- 企业愿景：做世界实惠产品，铸百年伟业。
- 企业使命：以全球定位谋划发展，使红棉乐器成为高新技术与现代文化产业。
- 发展目标：成为全球最大的吉它、提琴制造商，国内领先的吉它提琴研发中心。

红棉

广东红棉乐器股份有限公司

GUANGDONG KAPOK MUSICAL INSTRUMENT CO.,LTD.

天生艺术家

TALENTED ARTISTS

招商热线：020-34094431

用新时代的工匠精神照亮未来
Illuminate the future with the spirit of the new era
北國春來
故宫典藏名画入筝
一弦一柱精心调试
马位不移滑音不斜
筝家试奏名家监制
乐海乐器
THE OCEAN OF MUSIC
微信资讯平台
服务热线：400-006-1985
网 址：www.hbyhyq.com

用新时代的工匠精神
Illuminate the future with the spirit of the new era
照亮未来
本古筝绘画选自清代邹一桂《玉堂富贵图》
北国春来款古筝
故宫典藏名画入筝
一弦一柱精心调试
马位不移滑音不斜
筝家试奏名家监制
乐海乐器
THE OCEAN OF MUSIC
乐海微信资讯平台
乐海乐器有限公司
Yuehai Musical Instrument Co., Ltd
地址：河北省肃宁县德善街1号
客服电话：400-006-1985
网址：www.hbyhyq.com

烟台博斯纳钢琴制造有限公司厂区一角

1871 年，博斯纳钢琴诞生于德国什未林市，因其品质卓越，先后被多国皇室贵族选定为“御用钢琴”而闻名遐迩，风靡世界，并曾成为德国北部最大的钢琴生产厂商之一。

2003 年，博斯纳钢琴为了更好地发展，转至烟台，开始了新的历史进程。同年，烟台博斯纳钢琴制造有限公司全权买断了德国博斯纳钢琴的品牌、设计与制造技术，成为全球唯一的博斯纳商标品牌与技术知识产权的所有者，并且已在世界上几十个国家进行了商标注册保护。自 2007 年起，历年被世界公认的权威刊物—美国《钢琴著》评为 3A 产品，这是中国钢琴制造行业中至今获得的最高名次，也是最早率先进入此档次的中国钢琴之一。

烟台博斯纳钢琴的制作者们用工匠之心成就了博斯纳钢琴所独有的纯正的德国品质，使之不仅畅销于国内 60 余个大中城市，而且在欧洲、北美洲、南美洲、大洋洲、非洲及亚洲的 40 余个国家建立了广泛的独家代理销售网络。产品主要出口于德国、美国、加拿大、荷兰、英国、日本等发达国家，深得国外客户的喜爱和赞赏。

2008 年，烟台博斯纳钢琴制造有限公司和当今世界顶级的钢琴生产企业——德国贝希斯坦钢琴股份有限公司，开始了至今已长达九年的广泛深入的多层次、全方位合作。从而，进一步全面提升了博斯纳钢琴的技术设计和产品档次。

PERZINA

SCHWERIN SEIT 1871

烟台博斯纳钢琴制造有限公司自创建伊始，连年获得中国乐器协会授予的“ 中国乐器行业 50 强 ”、“ 中国乐器行业强势公司 ”等荣誉称号。2015 年 3 月，由中国轻工业联合会提名推荐，经中国乐器协会第七届委员会全体代表选举通过，烟台博斯纳钢琴制造有限公司当选为中国乐器协会副理事长单位。

以工匠精神传承德国百年工艺，用精湛技术成就高贵品质。烟台博斯纳将始终坚守以品质驱动发展的理念，为中国钢琴制造业的发展而不懈努力。

烟台博斯纳钢琴制造有限公司

地址：山东省烟台市高新区博斯纳东路3号

邮编：264670

电话：0535-6761339

传真：0535-6751019

网站：www.perzina.com.cn

邮箱：perzina_china@163.com

扫一扫

关注博斯纳钢琴微信公众号与手机官网

Ringway
吟飞科技
“吟飞”第二代全新系统电子管风琴
☆ 弧形 琴身设计
☆ RWA第二代 音源
☆ 中英文UI 界面
☆ 强大的 音频 文件支持
☆ 上、下 61 键 双 键盘
☆ 25 键标准脚键盘

RS800
RINGWAY ELECTRONIC ORGAN
☆ 强大的 双踏板 功能
☆ 便捷的 USB 功能
☆ 超强便捷的 PAD 功能
☆ 全面丰富的 教材 与 培训
吟飞科技（江苏）有限公司
电话：0519-68955031, 68955023 传真：0519-68955029
Http://www.ringway.cn E-mail:marketing@ringway.cn
吟飞艺术中心
电话：021-51751780 网址：www.ringwayclub.com
吟飞艺术中心公众号

GOLDENCUP 金杯乐器
格兰德，
GELANDER
法式回声GH5050
GELANDER
坤琴系列GH1012
江阴金杯安琪乐器有限公司
电话/TEL:
国际贸易部/International Trade
0510-86682399
电话/TEL:
国内贸易部/Domestic Trade
0510-86623733 86685619

你不期而遇
全新上市
83
CUP
Gelander
全新回声GH2001HA
传真/FAX:
0510-86623605
E-mail:
info@chinagoldencup.com
邮编/Postcodes:
214433
地址/Address:
中国江苏省江阴市申港镇亚包大道128号
No.128 Yabao Road,Shengang Town,Jiangyin,Jiagnsu,China

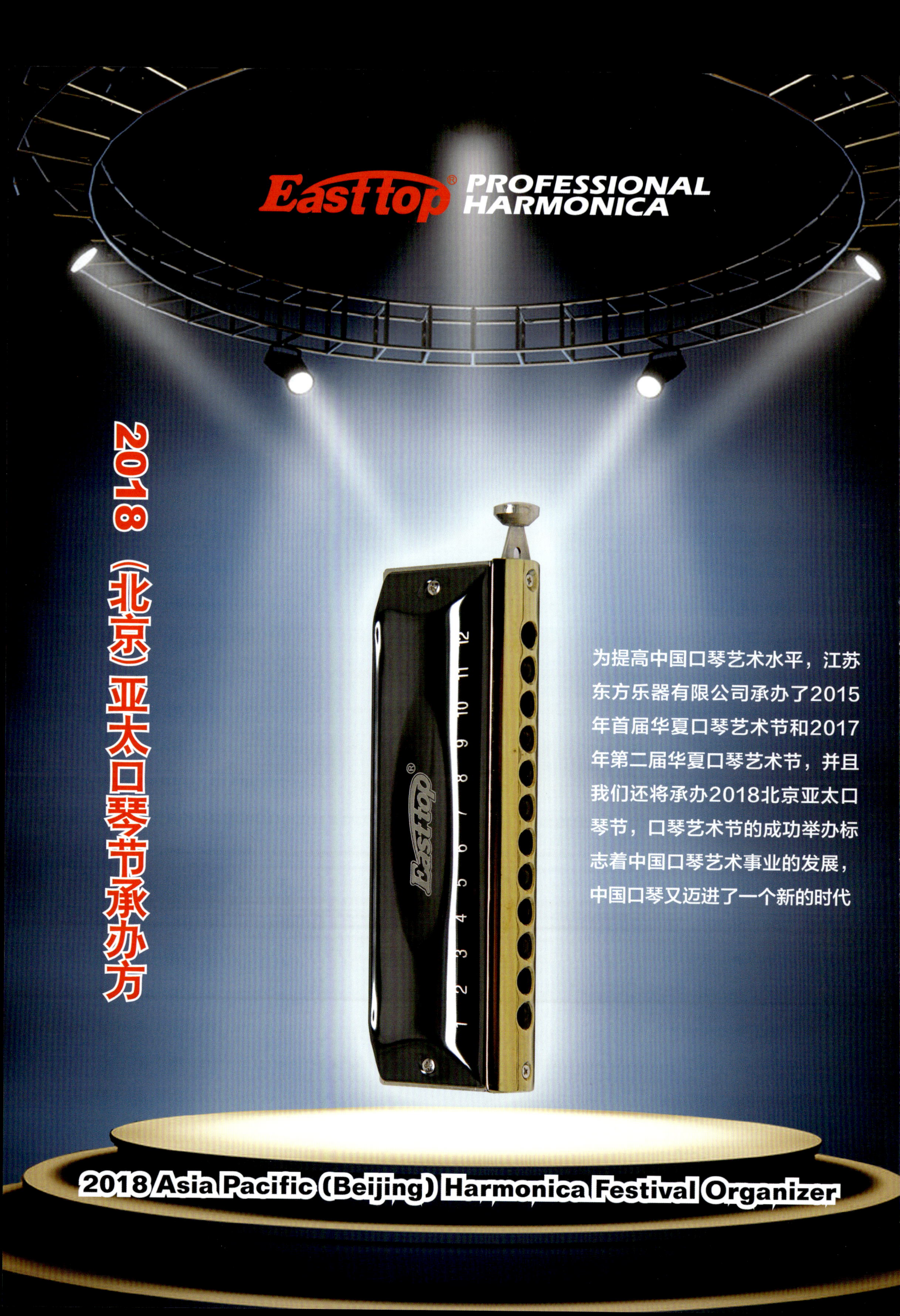
Easttop® PROFESSIONAL HARMONICA
2018（北京）亚太口琴节承办方
为提高中国口琴艺术水平，江苏东方乐器有限公司承办了2015年首届华夏口琴艺术节和2017年第二届华夏口琴艺术节，并且我们还将承办2018北京亚太口琴节，口琴艺术节的成功举办标志着中国口琴艺术事业的发展，中国口琴又迈进了一个新的时代
2018 Asia Pacific (Beijing) Harmonica Festival Organizer

RDEC
罗兰数字音乐教育
全球首创音视网
一体化教学体系
中国音乐教育行业领军企业！
“互联网+”时代的“绿色音乐教育”
让孩子学音乐像学语言一样容易、轻松
2008年北京夏季奥林匹克运动会闭幕式演出
2014年青少年奥林匹克运动会开幕式演出
2015年米兰世博会罗兰专场演出
2017年中央电视台春晚演出
用先进的教育理念吸引学生！
用科学、人性的课程保证质量！
用深入、全面的服务支持加盟伙伴！
用强大的品牌影响力为您提供广阔且高端的运营平台！
服务热线 4007-888-010
www.rdec.com.cn
RDEC 官方订阅号

JUPITER
KHS 功学社 集團 网址：www.chinakhs.com 品牌服務電話：4006 508 170

MAPEX
Saturn V Tour
KHS 功学社 集團
网址：www.chinakhs.com 品牌服務電話：4006 508 170

1849
SEILER
Flügel und Pianos
德国赛乐尔
奢华尽享·至尊荣耀
1849
SEILER

SAMICK

Blüthner
博兰斯勒
Blüthner
THE GOLDEN TONE
“在去美国的时候我只随身携到了两样最重要的物品：
我的妻子Natalija和我最珍贵的博兰斯勒钢琴。”
——谢尔盖·拉赫玛尼诺夫，世界著名钢琴家、作曲家、指挥家

合成器
Synthesizer

被誉为世界四大电子乐器品牌科兹威尔合成器，风靡欧美乐坛，拥有独创的音源芯片、研发设计、全球高水准的技术力量，具有世界顶级品质，是音乐人音乐制作的首选。

电钢琴
Digital piano

科兹威尔MP320数码钢琴
足以媲美真实的钢琴体验、2GB超多音源、时尚简约厢式琴体设计、节拍伴奏模式、内置踏板、纯木质全配重分级锤感键盘、MIDI录音机、简单而直观的操作。

萨克斯
Saxophone

为世界著名萨克斯演奏家Warren Hill定制的签名款---阿尔伯特韦伯萨克斯，采用日本黄铜和德国青铜制造，意大利皮垫，气密性好，表面电镀工艺，无铅焊接，整个工艺由20多年制造经验的匠人根据Warren Hill的要求精心制作和调试，手工雕花饱满漂亮，专业定制弯脖，把位舒适，按键链接流畅，具有美轮美奂的完美音色。

长笛
Flute

阿尔伯特韦伯长笛堪称隽永艺术与先进技艺的完美结合，所有细节把控都依照全球顶级标准。阿尔伯特韦伯长久坚守严苛的工艺标准，令每一个细小零部件都成为美妙乐音的组成部分，为演奏家带来艺术灵感和动人的完美音质。

吉他/尤克里里
Guitar/Ukulele

波士顿音效实验室与英昌乐器共同开发的全新原声波系统F系列吉他，精选高品质木材，精确加工，实现了由内而外散播自然的音效与回声，演奏音色通透有力。
尤克里里有着50多年独有的制作技术，此产品由英昌最高技术水准的专业人士开发研制，选用高级的木材，严格把控工艺制作而成。

60
英昌乐器60周年纪念款精品巨献
YP125F BDRCP-S
源承英昌60周年创新音源设计
YOUNG CHANG
HDC YOUNG CHANG MUSIC
英昌乐器官方微信
英昌乐器(中国)有限公司
YOUNG CHANG MUSIC (CHINA) CO.,LTD.
TEL：400-6161602（免费服务电话）
Http：www.youngchang.com.cn

中国乐器年鉴

CHINA MUSICAL INSTRUMENT YEARBOOK

(2017)

中国乐器协会　编

中国轻工业出版社

中国乐器年鉴 (2017)
CHINA MUSICAL INSTRUMENT YEARBOOK

主办单位：中国乐器协会

协办单位：广州珠江钢琴集团股份有限公司

支持单位：上海民族乐器一厂
海伦钢琴股份有限公司
河北金音乐器集团有限公司
广东红棉乐器股份有限公司
烟台博斯纳钢琴制造有限公司
江阴金杯安琪乐器有限公司
上海乐兰电子有限公司
赛乐尔三益乐器（上海）有限公司
英昌乐器（中国）有限公司
江苏凤灵乐器集团
柏斯音乐集团
天津市津宝乐器有限公司
乐海乐器有限公司
吟飞科技（江苏）有限公司
江苏东方乐器有限公司
功学社（天津）商贸有限公司
德国博兰斯勒钢琴（中国）有限公司
河北华声乐器制造有限公司

地　　址：北京市丰台区顺三条 21 号嘉业大厦二期 1 号楼 706 室
电　　话：010−67665718
传　　真：010−67666220
邮　　编：100079
网　　址：www.cmia.com.cn
电子邮箱：zgyq@vip.sina.com

《中国乐器年鉴》编辑委员会

设计制作：北京蓝色目标企划有限公司

出版单位：中国轻工业出版社

编 辑 说 明

一、《中国乐器年鉴》由中国乐器协会编辑出版。本书以汇总乐器行业年度经济运行主要指标数据、发展特点、大事记及趋势预测为主，囊括当年度全行业管理、生产、经营、进出口等主要方面发展的基本情况，国内各省市乐器制造业及市场信息、国外乐器发展动态等重要内容，是一本为乐器行业及社会相关部门和单位提供最新资讯服务的大型权威性行业工具书。

《中国乐器年鉴》（2017）版是继《中国乐器年鉴》（2016）版之后第十一次出版发行。年鉴编辑部以乐器行业发展为主线，按时间顺序，力求客观真实记载展现年度乐器行业发展脉络和特点，配合方便查阅的分类设置，尽可能详尽的数据图表展示，希望能在编辑的内容和形式上有所突破，突出特色，编出新意，以更好地满足读者不断提升的要求。

二、《中国乐器年鉴》（2017）设有“行业篇”“指标数据篇”“协会工作篇”“科技篇”“海外资讯篇”5个栏目。

三、中国乐器制造行业是一个历史悠久、门类繁多、与音乐文化教育密切相关内涵丰富的行业，同时又处在高速发展和调整升级关键期，由于时间仓促、能力所限、经验不足，不可能将乐器行业一年来所有的重要事件和相关信息全部收集到本年鉴中，今后我们将加强信息汇集工作，不断提高年鉴的编辑质量和水平。同时希望继续得到各企业、单位和相关人士的理解和大力支持。敬请各界读者对《中国乐器年鉴》在内容、编辑和出版中的不足给予批评指正。

四、《中国乐器年鉴》（2017）在组稿、编辑、出版过程中得到乐器生产企业、经营单位、音乐艺术教育单位以及我国台湾、香港、澳门地区的同仁、朋友们的大力支持和帮助，在此一并表示感谢。

《中国乐器年鉴》编辑部

2017年9月

目录

行业篇

指标数据篇

协会工作篇

工作要点

协会活动

Contents

Industry

Statistical Data

2017 中国乐器年鉴

CHINA MUSICAL INSTRUMENT YEARBOOK

新闻综述

2016年度中国乐器行业新闻综述

1月

1. 国家统计局发布，2016年我国乐器行业241家规模以上生产企业主要经济指标继续保持平稳增长态势。共计实现主营业务收入392.33亿元，同比增长7.56%；出口交货值116.45亿元，同比下降5.17%。

2. 国家海关总署公布，2016年中国乐器出口金额15.70亿美元，同比下降7.0%；进口乐器金额3.73亿美元，同比增长10.43%；进出口贸易总额19.43亿美元，同比下降4.1%；贸易顺差11.97亿美元，顺差比值为4.2:1；顺差比值较2015年缩小0.79个百分点。

3. 1月13日，营口乐器协会新一届会长郝锋、常务副会长王冬渤、秘书长迟兵一行到访中国乐器协会。在座谈中，郝锋会长介绍了新一届营口乐器协会的换届选举情况，制定营口乐器产业“十三五”规划、振兴乐器产业、打造强势文化品牌以及共建乐器特色产业基地的思路和方案。

4. 1月16日至23日，中国乐器协会理事长王世成一行赴美国和日本考察，在美国期间，王世成一行考察了NAMM国际乐器展览会，走访行业骨干企业，积极推介2016北京音乐生活展、上海国际乐器展览会。协会与美国国际音乐制品协会举行专题座谈，就行业论坛等合作项目交换看法，探讨在音乐教育领域的深度合作，取得丰硕成果。

5. 2016 NAMM展于21日至24日在美国加州阿纳海姆举办。展会吸引来自世界各地1726家展商参展，较2015年增长7%。

2月

6. 2月1日，由上海广播电视台艺术人文频道和上海民族乐器一厂联合举办的大型纪录片《中国乐器》新闻发布会在上海举行。《中国乐器》总策划、上海民族乐器一厂厂长王国振和SMG东方卫视中心副总监、副总经理张颂华分别作了致辞。著名作曲家何占豪，著名古琴演奏家龚一等分别表达了他们对于中国民乐的深厚感情和对《中国乐器》这部纪录片的希冀。

7. 2月16至21日，由柏斯音乐基金会主办、香港音乐导师同盟协办、柏斯音乐集团承办的第六届亚洲青少年音乐比赛总决赛在香港举办。本届比赛以亚洲地区为基础，并延伸至全球范围，共有7000余名选手报名参赛，经过层层筛选，最终共有157名选手入围总决赛。2月21日晚，总决赛颁奖礼在香港演艺学院举行。

8. 2月26日，中国乐器协会常务副理事长曾泽民带领协会全体工作人员，对北京柏斯琴行新源购物中心分店和姜杰钢琴城航天桥分店进行了实地市场调研和考察。旨在详细探查北京琴行暨社会音乐培训市场的终端消费需求，艺术培训的课程设计、师资管理和成功教学运营管理体系，向全行业进行成功运营经验和教学运营模式的推广。

9. 2月27日，中国乐谷华东乐库乐器城开业庆典仪式在北京平谷隆重举行。华东乐库乐器城是集中西乐器展示、体验、销售、服务和音乐培训、交流于一体的乐器文化产业服务综合体，建筑面积2000平方米，销售乐器达数百种。乐器城还专门从中央音乐学院等院校聘请了50余位艺术顾问和专业教师，开展音乐类的艺术启蒙讲座和体验课，10间培训教室可容纳上百人参加培训。

3月

10. 3月1日，中国乐器协会理事长王世成一行在肃宁县县长杨明义、副县长王少杰，以及肃宁乐海乐器公司董事长宋从甲陪同下，对肃宁乐器产业园、乐海乐器公司、肃宁县城市规划馆、华斯国际裘皮城进行调研，并就肃宁乐器产业园和区域经济的发展战略布局召开专题座谈会。

11. 3月10日，打击乐器专业委员会七届一次换届会在北京江西大酒店举行。经过提名和选举，产生新一届分会领导班子成员：会长，天津市津宝乐器有限公司刘运斌；副会长，功学社(天津)商贸有限公司林志明、河北怀来锣厂张全富、天津吉华国际贸易有限公司于秉勋、天津达姆特乐器有限公司杜承柱。

12. 3月17日，上海民族乐器一厂低音拉弦乐器首席技师张建平被授予了“民族拉弦、弹拨乐器制作高级技师”的荣誉称号。张建平，善于调琴，可通过对琴码的材料、规格及配置等进行优化处理，从而提高二胡的音质,曾获文化部科技成果三等奖、新长征突击手标兵等荣誉。

13. 3月17日至18日，中国乐器协会提琴制作工（师）培训与考核鉴定工作会在京召开。此次会议的召开标志着提琴制作工（师）职业技能培训与考核鉴定工作正式启动。会上宣布成立领导小组和考试委员会，介绍了成员组成，并颁发专家聘书；会议着重讨论通过了与提琴制作工（师）培训与考核鉴定有关的鉴定规程、实施办法及考试细则等基础性文件，并同期举办了考评员培训班。

14. 3月23日，上海市乐器行业协会第四届第三次理事会成功举办。会议围绕“如何提升上海市乐器行业协会的生存能力和社会影响力”展开，就2016年协会的工作计划进行了讨论与部署。

15. 3月27日下午，国务院国资委原副主任黄淑和、河源市副市长龚国平等一行领导，莅临广东红棉乐器股份有限公司参观考察。国务院原国资委领导给予了高度评价，并寄语红棉乐器以全球视野，融合国际先进管理理念和生产工艺，增强民族自主品牌在国际市场的竞争力，从中国制造发展成为中国智造。

4月

16. 4月8日，吟飞电子音乐教学中心在沈阳音乐学院作曲系电子音乐教室举行了揭牌仪式。自此，吟飞公司成为沈阳音乐学院作曲系的社会实践基地。为了促进双方更深入合作，促进电子音乐专业的发展和普及，双方达成协议，定期合作举办电子音乐创作比赛，电子键盘音乐会，以及定期开展MIDI应用与创资培训的计划。

17. 4月12日，江阴金杯乐器公司举行新品鉴赏会。公司董事长时建明向各位专家学者介绍了公司最新研发的“格兰德”JH5050.96BS巴扬手风琴的设计理念、市场定位、性能特点、创新之处。各位专家学者一致认为该款手风琴新品无论从外观设计到内在品质，从演奏效果到演奏的感受较传统手风琴都有突破性的创新。

18. 4月16日，天津市乐器制造商会成立大会在天津举行。大会通过选举产生了商会的首任领导班子，王泽云担任会长。揭牌仪式之后，大会对商会会长、副会长、秘书长、理事等单位颁发证书，会长王泽云发表就职讲话，王泽云还代表商会和天津市农商银行签署了战略合作协议。

19. 4月20日，博斯纳钢琴制有限公司国内经销代理商恳谈会在烟台成功举办，博斯纳钢琴总裁孙强，著名钢琴家鲍蕙荞，中国乐器协会秘书长陈晋武，琴行分会会长黄茂强、副会长秦川以及来自全国各地70余家博斯纳钢琴省市代理商百余人到会参观交流。

20. 4月7日至10日，“2016法兰克福国际乐器展”在德国举办，展会有60个国家和地区的2043家参展商参展，主要来自德国、中国、意大利、英国、西班牙、法国、瑞士等国家，有234家中国参展商参展。吸引了来自130多个国家和地区的11万多名观众参观展会。中国乐器协会秘书长陈晋武、上海国际展览中心有限公司副总经理刘丽瑛等一行8人参观考察了展览。

21. 4月15日，琴行分会二届二次会长会议在杭州召开。参加本次会议的代表充分讨论了琴行分会发展规划、项目调研报告、专项活动开展进程、发展会员以及优秀项目推介等内容。会议议程紧凑，内容丰富、充实，时效性强。中国乐器协会秘书长陈晋武参加会议。

22. 4月26日，电鸣乐器分会年会在上海召开。会议主要议程围绕行业新技术交流及职业技术培训教材编制有关事宜展开。中国乐器协会副理事长王松美到会并就当前电鸣乐器行业整体运行态势、特点以及协会当前重点工作做了介绍并提出相关工作建议。

5月

23. 5月1日，“2016上海之春国际音乐节管乐艺术节”成功举办。本节管乐艺术节吸引了来自国内外的百支管乐团队参加，总人数6000余人。管乐节分为开幕式行进晚会、全国管乐团队展演、管乐嘉年华演出、管乐进高校、闭幕式音乐晚会五大版块。

24. 5月6日，中国乐器协会理事长王世成一行，在东高村镇党委书记兼乐谷管委会主任秦海滨，华东乐器总经理刘云东的陪同下，对北京华东乐器有限公司、中国乐谷和渔阳国际休闲娱乐基地进行考察调研。王世成表示，创造中国乐谷文创产业休闲园区符合北京四大中心的发展定位，平谷区在打造国际文化交流、文化创意中心符合北京市都市发展的战略定位。

25. 5月7日至18日，由中国乐器协会、中央音乐学院联合主办，北京市平谷区中国乐谷、中央音乐学院提琴制作研究中心与中国乐器协会提琴制作师分会承办的第三届中国国际提琴及琴弓制作比赛在京举办。本届比赛共吸引了来自于中、法、德等9个国家200余名选手，377件乐器参与。最终9把提琴凭借卓越的工艺水准脱颖而出，分别获得金银铜奖。

26. 5月10日，2015年度广东省名牌产品授牌仪式暨“互联网＋品牌”发展论坛会议在广州珠江宾馆会议中心礼堂召开。省名推委常务副主任、省质监局副局长翁永卫等领导为广东红棉乐器股份有限公司颁发红棉牌吉他、提琴共两项广东省名牌产品荣誉证书和牌匾。

27. 5月11日，中国乐器协会第七届二次理事（扩大）会议在北京隆重举行。常务副理事长曾泽民、副理事长王松美分别做工作报告和财务报告；为推进会议市场化进程，邀请行业内外人士分享社会音乐教育、师资培训和中高端市场三项调研报告，推荐4项社会音乐教育项目，会议现场签约3项示范项目；同时，针对跨界音乐教育服务和科技合作服务创办两项主题论坛。

28. 5月15日，韩国三益集团与星空创联公司在北京举办了“匠心品质 联创未来”新闻发布，宣布未来星空创联将成为三益集团旗下高端钢琴品牌科伦金堡的中国区总经销商。合作之后，三益集团将通过星空创联，针对B端经销商制定一系列优惠政策，提供完善的售后服务，并在品牌推广方面提供全方位支持。

29. 5月17日，上海市金山区国资委主任孙雨兴、红双喜集团董事长梁超英、红双喜集团总经理王顺林和上海民族乐器一厂厂长王国振一行前往河南省兰考县，与兰考县县委书记蔡松涛、兰考县政法委书记张国林，在焦裕禄干部学院共同探讨了上海民族乐器一厂在兰考县投资项目的相关问题，并就建设过程中尚未落实的相关事宜达成了一致意见。

30. 5月25日至28日，第二十五届中国国际专业音响·灯光·乐器及技术展览会在北京中国国际展览中心举办，本届展览会有来自中国大陆和德国、美国、意大利、韩国、日本、加拿大、法国、捷克等十余个国家以及中国港澳台地区800家企业参展。

6月

31. 6月10日，中央音乐学院教授、著名中阮演奏家徐阳教授一行莅临乐海公司参观指导，并就“阮族”系列产品（补充）项目签署合作协议。董事长宋从甲、徐阳教授分别签署了《阮族系列产品（补充）项目合作协议》，这标志着“阮族”产品将进入一个全新的发展阶段。

32. 6月15日第五届中国轻工企业家高峰论坛暨百强企业颁奖庆典在北京京西宾馆举行，这次活动的主题是“精品制造，服务全球”。吟飞科技（江苏）有限公司上榜“电商能力”百强企业榜单，这是本年度中国乐器行业唯一获得“轻工百强”殊荣的乐器企业。

33. 6月21日，中国轻工业联合会第四次会员代表大会在京召开。会议回顾总结了三届理事会以来工作取得的成绩，研究探讨了2016年及今后一个时期的主要工作思路，明确提出“十三五”期间，轻工行业要深化供给侧结构性改革，加快新旧发展动能接续转换；会议选举产生了中轻联第四届理事会、理事、常务理事，会长、副会长、特邀副会长及秘书长，选举张崇和为中国轻工业联合会会长。

34. 6月21日，“国际乐器演奏日”暨全国音乐教育服务联盟（武强）基地认证交流活动在武强举行，来自全国乐器制造、经营和音乐教育行业的专家、学者、媒体等百余人汇集武强。各位专家认为，该项目定位准确，路径清晰，举措有力，同时就业态创新，师资培训和发展民族乐器文化等方面提出建设性意见。经研究，专家同意将基地命名为“全国音乐教育服务联盟（武强）基地。”

35. 6月21日，由中国乐器协会倡导、在河北省武强县发起举办的“国际乐器演奏日”系列活动取得圆满成功，活动城市包括北京、上海、广州等20多个，参与演出的人员有300多人，活动包括乐器演奏、歌唱、舞蹈、乐器展示、大师班、艺术沙龙等多种形式。也标志着中国正式加入世界“国际乐器演奏日”庆典行列，引起国际乐器同行热烈关注。

36. 6月22至24日，中共中央政治局委员、中央统战部部长孙春兰在湖北省调研企业创新创造和基层统战工作开展情况。6月22日，孙春兰一行来到宜昌，深入柏斯音乐集团钢琴生产基地，进行实地调研考察，详细了解企业经营管理和科技创新情况，听取对支持非公经济发展的意见建议。

7月

37. 7月1日，全国音乐教育服务联盟启动仪式在京举行。中国乐器协会理事长王世成、中国教育学会音乐教育分会理事长吴斌、中国音乐家协会管乐学会会长于海和中央音乐学院院长俞峰出席签字仪式。全国音乐教育服务联盟是非法人机构的全国性音乐教育服务平台。其宗旨是：认真贯彻落实党和国家音乐教育的方针政策，各个行业协（学）会、音乐院校和乐器制造企业及琴行培训机构跨界合作，共同研究音乐教育市场的环境、特点和新需求，充分发挥各自的优势，相互支持原有的优秀品牌项目，同时研究拓展新的服务项目。

38. 7月1日至3日，由中国乐器协会、上海国际展览中心有限公司共同主办的第二届北京音乐生活展在北京展览馆隆重举办。本届音乐生活展汇聚参展品牌250余个，展会面积25000平方米，盛邀72名各流派器乐名家、国学雅士、制琴名匠、电音DJ、乐评主持，共计策划近70余场文化讲坛和艺术展演，吸纳45683名观众现场激情互动，2016北京音乐生活展再次成为跨界引领大众音乐文化时尚的前沿坐标。

39. 7月1日，好美乐音乐教育新体验暨智趣AR

新品发布会在京召开。发布会推出的智趣AR新品，是在“好美乐”完整的音乐教育体系下结合互联网思维，研发的一款产品。发布会上，好美乐双语音乐教育中国（大陆）区总裁潘紫艺现场宣布将成立专项基金会，为中国大陆的自闭症儿童提供支持服务，通过学习音乐帮助他们走出阴霾。

40. 7月2日，海伦艺术教育投资有限公司与维也纳音乐与艺术表演大学合作的“维也纳EMP音乐启蒙项目”在北京启动。维也纳音乐与表演艺术大学为海伦艺术教育投资有限公司正式授牌，并确定海伦艺术教育成为“维也纳EMP音乐启蒙项目”中国唯一代理机构。

41. 7月2日，施坦威在北京举行“施坦威SPIRIO新悦自动演奏钢琴”新闻发布会。施坦威艺术家茅为蕙女士与现场倾情互动，激情演奏，演绎中国传统佳作，并现场展示SPIRIO新悦钢琴的教学功能，与来宾一道分享新悦SPIRIO钢琴为大家带来的“心悦”之情。

42. 7月5日，珠江钢琴集团与阿里云签署了战略合作协议。此次双方达成战略合作，将共享市场资源，发挥各自特长形成整合优势，阿里云将在珠江钢琴互联网转型中涉及的基础技术架构、计算平台、大数据处理、人才建设等方面提供全面的支持。其中珠江乐器云服务平台也将全面基于阿里云构建互联网应用，打造领先的“云上钢琴服务”的生态系统。

43. 7月11日，“柏斯音乐30周年•2016李坚钢琴兵团巡演”新闻发布会在上海大剧院成功举行。本次巡演是柏斯音乐集团为庆祝三十周年的到来而举办的，旨在贯彻“推广音乐文化，培育音乐人才”的企业宗旨，并感恩广大音乐朋友30年的鼎力支持。

44. 7月15日，全国音乐教育服务联盟首次师资培训工作座谈会在中央音乐学院举行。此次座谈会是在落实12日召开的联席会议精神，为具体开展社会音乐教育师资培训而进行的，重点征求一线教育机构对于此项工作的意见建议，以及对于培训项目的具体要求。

45. 7月22日下午，中国教育学会声乐学术委员会俞子正主任一行莅临珠江钢琴集团参观指导。俞子正主任等专家教授一行参观了珠江钢琴集团产品展示厅、音乐厅、技术中心、研发试验室等地，了解了珠江钢琴集团的生产规模、产品研发、品牌宣传、音乐教育培训等方面工作情况。

46. 7月26日，全国乐标委在京召开乐器类推荐性标准集中复审会，乐标委委员和行业专家40余人参加。会议传达了中国轻工业联合会标准工作会精神，组织学习了国标委和工信部的有关文件，乐标委主任曾泽民结合乐器行业情况对此次推荐性标准集中复审的意义、目标任务和工作原则进行讲解，并提出具体要求。

8月

47. 8月5日，第五届国际电子管风琴比赛颁奖音乐会在常州大剧院举行。比赛聘请了30名中外著名演奏家、教育家担任比赛评委。历时4个月，在全国设立了7个分赛场，吸引了1300余名选手参赛，既有来自国内28个省市选手，还有来自日本、韩国、澳大利亚和马来西亚等国家和地区选手。

48. 8月8日至22日，由天津市宝坻区人民政府主办，天津市宝坻区文化广播电视局、天津市津宝乐器有限公司等共同承办的“2016津宝第二届国际音乐节”在天津宝坻隆重举办。在为期两周的时间里，音乐节分为圆号艺术节、萨克斯艺术节、打击乐大奖赛和行进艺术大奖赛四个环节。

49. 8月10日，全国乐器标准化技术委员会手风琴工作组成立会暨第一次全体会议在江阴召开。与会领导为手风琴工作组揭牌，并向工作组专家颁发证书。组长由协会手风琴专业委员会会长时建明担任，副组长曹振民、秘书长王伟、副秘书长缪庆平，成员由手风琴制造业、专业院校和北京乐器研究所等专家13人组成。

50. 8月11日，中德青少年音乐教育高峰会议在青岛开幕。活动由德国音乐院校联合会、中国音乐家协会钢琴分会、中国教育学会音乐教育分会、欧米勒钢琴（中国）有限公司协办。开幕仪式上，德国博兰斯勒钢琴公司总裁克雷斯蒂安博兰斯勒先生与德国音乐理事会、中德联合集团共同签署《关于三方共建中德音乐创新中心》协议。

51. 8月15日，第三届"敦煌杯"全国二胡演奏大赛在上海拉开帷幕。大赛是"敦煌杯"系列民族器乐赛事的第七届、二胡单项的第三届赛事，由上海民族乐器一厂主办，北京华夏璇音艺术传播公司承办，上海万科双语学校和上海音乐出版社协办，吸引了千余名国内外二胡爱好者前来参与。这是一场二胡艺术交流和学习的盛会，也是一个二胡艺术梦想起航的舞台。

52. 8月18日，全国乐器标准化技术委员会《编钟》行业标准工作组第二次会议在湖北随州举行。《编钟》乐器标准起草工作经过了认真的技术和市场调研，进行了大量实验和研究，并广泛征求演奏专家、研究人员和制造企业的意见。会议逐条、逐字对《编钟》乐器起草稿进行讨论。对音质音色的要求，对敲击点、音的延时、乐器演奏性等重点项目反复论证，确保指标不遗漏，试验数据准确可靠。

53. 8月18日，2016金斯波格钢琴新品发布会在烟台隆重举办。张绪斌总经理对公司今后的六项发展重点做了阐述，并把公司新推出的KF228、KF185T等型号产品做了详细介绍，重点阐述了强振式悬浮音板等特色专利技术、音板肋木湿度梯度胶压成型技术、高强度背架设计技术等。

54. 8月29日，广州"三会"在白云国际会议中心东方厅举办了2016年广州企业家年会暨颁奖盛典。活动中，由广州"三会"宣布珠江钢琴集团等10家企业荣获创新百强企业称号，集团副董事长、总经理李建宁荣获创新贡献奖。

9月

55. 9月1日，中国乐器协会理事长王世成参加"91琴趣平台"上线仪式，并考察了广州珠江钢琴集团艺术中心旗舰店。王世成理事长表示，"91琴趣平台"正式上线标志着乐器行业网络服务平台呈现新的亮点。

56. 9月2日，由中国轻工业联合会科技环保部产业发展处处长邹军、中国乐器协会副理事长王松美等5人组成的考评专家组，对天津市静海区乐器产业进行实地考评，对天津华韵乐器有限公司、天津奥维斯乐器有限公司、天津圣迪乐器有限公司相关乐器企业和机构进行实地考察调研。专家组经过评审核议，一致通过考评，建议授予天津市静海区"中国乐器产业基地"称号。

57. 9月21日，由中国乐器协会、中国就业培训技术指导中心、中国轻工业职业技能鉴定指导中心、中国财贸轻纺烟草工会全国委员会共同主办，由广州珠江钢琴集团股份有限公司承办的"全国钢琴调律职业技能竞赛"决赛在广州星海音乐学院举行。本次竞赛有来自全国各地的近400名选手参赛，经过初赛、复赛，62名选手进入决赛。梁钊明、张翀、刘东林分获前三名。

58. 9月23日，秦川艺校30周年校庆晚会盛大举行。中国乐器协会、北京周广仁钢琴艺术中心、中国民主同盟河北省委员会、石家庄市教育局等嘉宾领导，秦川艺校的负责人、家长、同学，以及中央、省、市级媒体记者，共计2400余人出席见证了秦川艺校30周年校庆盛典。

59. 9月26日至10月1日，中国乐器协会常务副理事长曾泽民、提琴分会会长李书、琴行分会副会长曲哲等一行18人赴德国和意大利，考察了两国的音乐院校及当地琴行，参观了克莱蒙娜国际乐器展，深度调研了德意两国乐器市场及音乐教育发展现状。考察期间，考察团还与德意两国多家行业组织进行了友好会晤，就产业合作、推进音教服务等进行了深度交流。

10月

60. 10月7日，“Find重新定义钢琴——Find智慧钢琴新品暨战略发布会”在中央音乐学院附中音乐厅隆重召开。发布会上，中国联通沃音乐正式宣布，率先与Find智慧钢琴合作，致力于与Find共同推动音乐教育行业的创新发展，实现合作共赢。同时，易弹科技与Roland在技术与市场上也达成合作，Find将应用Roland独特的音源数字技术于智慧钢琴产品中。

61. 10月11日，中国乐器协会与日本河合乐器株式会社在北京就合作开展钢琴调律业务举行签约仪式。双方在业务互补、资源共享、联合发展的原则下，就钢琴调律技术标准的标准化、调律资格认定之都的完善及运用、专业人才的培育及技术水平的提升、调律服务的普及等方面开展深度合作。

62. 10月17日，法国普雷耶（PLEYEL）钢琴新闻发布酒会在北京隆重召开。法国驻华大使馆大使MAURICE GOURDAULT-MONTAGNE先生及夫人AMANDA GALSWORTHY 女士，中国乐器协会理事长王世成先生，法国大使馆文化参赞ROBERT LACOMBE先生、法国普雷耶总裁 BERNARD ROQUES 先生，普雷耶（中国）总经理罗建峰先生，法国ALGAM董事长 GERARD GARNIER 先生等嘉宾以及20余家包括法国驻华媒体、国内驻京媒体共同出席了本次新闻发布会。

63. 10月21日，随着第六届长江钢琴音乐节的最后一场音乐盛宴“中国音协送欢乐下基层 走进宜昌‘金钟之星’暨第六届长江钢琴音乐节闭幕音乐会”的完美谢幕，由中国音乐家协会、宜昌市人民政府主办，中国音乐家协会钢琴学会、柏斯音乐集团承办，历时五天的第六届长江钢琴音乐节圆满落幕。200余位中外钢琴名家、学者，800余位来自全国各地的嘉宾朋友、音乐爱好者来到“中国钢琴之城”，与宜昌人民欢度音乐盛会。

64. 10月25日，中国乐器协会与欧洲音乐产业联盟举行第十次专题座谈。会议由中国乐器协会理事长王世成和欧洲音乐产业联盟轮值主席、意大利乐器零售商协会会长克劳迪亚共同主持。双方围绕音乐教育交流合作项目探讨、乐器市场及行业信息交流、乐器进口关税行业诉求等议题进行了深入讨论。

65. 10月25日，全国音乐教育服务联盟合作平台四家单位的领导和美国国际音像制品协会的国际专家，围绕着社会音乐教育话题举行了会谈。中国乐器协会常务副理事长简要介绍了联盟成立的情况以及近半年来联盟所做的主要工作，包括6·21国际乐器演奏日、北京音乐生活展、社会音乐教育师资的培训与国家职业标准的申报工作以及联盟各家单位原有品牌活动等。对于音乐教育服务联盟的成立，外国专家都表示赞赏。

66. 10月26日至29日，由中国乐器协会、上海国际国展中心有限公司和法兰克福（香港）展览有限公司共同主办，美国国际音乐制品协会（NAMM）的2016中国（上海）国际乐器展览会在沪隆重举办。本届展会划分钢琴、提琴、民乐、管乐、打击乐、电声乐五大展区，展览面积突破112000平方米。来自30个国家及地区1900多家展商齐聚展会，吸引来自80多个国家和地区的逾12万人次观众前来参观。

67. 10月26日，中国轻工业联合会会长张崇和，中轻联党委副书记、中国乐器协会理事长王世成等领导，在上海国展公司总经理吴江红、中国乐器协会常务副理事长曾泽民等有关领导和部门负责人的陪同下，考察了上海国际乐器展览会。参观完主要参展企业后，张崇和会长对展会的规模和办展品质表示高度肯定，认为展会体现出小行业做出一篇精彩动人的大文章。

68. 10月26日，全国音乐教育服务联盟合作平台

（MESA）新闻发布会在上海举行。中国轻工业联合会会长张崇和以及全国音乐教育服务联盟合作平台四家发起单位领导出席了发布会。中国轻工业联合会张崇和会长在讲话中对中国乐器协会等四方发起组建全国音教服务联盟合作平台给予了高度评价，并提出了几点建议。

69. 10月26日，由中国乐器协会（CMIA）和美国国际音乐制品协会（NAMM）合力打造的NAMM CMIA行业高峰论坛在上海召开。论坛紧紧围绕“乐器学奏相伴一生——促进乐器社会推广，拓展成人音乐教育”，乐器产销和音乐教育领域的国内外重量级嘉宾就这一热门主题进行深入解析，深入探讨在中国音乐人口数量不断增加，质量不断提升的背景下，如何以创新模式促进乐器市场与音乐教育有机融合。

70. 10月27日，由中国乐器协会和江苏泰兴市黄桥镇政府共同主办，江苏黄桥乐器文化产业园管委会承办，并由江苏文化产业协会、江苏省文化艺术科学技术协会共同协办的“全国音乐教育服务联盟示范基地主题论坛”在上海国际展览中心举行。江苏泰兴黄桥镇人民政府副镇长任斌做了“全国音乐教育服务联盟示范基地建设与探索”的主题演讲。

71. 10月27日，柏斯音乐集团、荷兰友翰管风琴制造有限公司及美国罗杰斯乐器公司战略合作新闻发布会在上海举行。三方国际著名乐器企业宣布达成重要战略合作——荷兰友翰管风琴公司、美国罗杰斯乐器公司共同授予柏斯音乐集团为友翰品牌管风琴和罗杰斯品牌管风琴在中国大陆地区销售总代理，并授权其对以上两个品牌产品在大陆地区开展销售与推广。

72. 10月29日，中国乐器协会琴行分会二届三次会长会议在上海召开。黄茂强会长对当前琴行业的发展状况和存在的种种不良现象做了阐述和分析，并就一些市场营销手段表达了看法，号召琴行业全体单位要积极维护正常市场竞争秩序。曾泽民副理事长介绍了当前音乐教育市场的发展趋势，全国音乐教育服务联盟合作平台成立以来开展的一些有效工作以及部分国际化合作项目的推进情况。

11月

73. 11月3日，英昌乐器（中国）有限公司在津祝贺建厂60周年。活动中，英昌乐器(中国)有限公司董事长玄桂兴先生对大家一直以来对英昌乐器的关心与厚爱表示最衷心地感谢。并再次郑重地承诺：英昌乐器在产品开发、新技术导入等方面，坚持以严格的品质管理，提供最高档的钢琴及乐器产品。

74. 11月11日，中国乐器协会钢琴分会2016年年会在上海召开。钢琴分会会长李建宁做工作报告，对过去一年国内钢琴行业发展概况，行业取得的进步以及面临的机遇与挑战等问题做了阐述。年会还邀请了和君咨询公司合伙人陈能杰以“移动互联时代新商业图景”为题进行讲座，以行业中一些和互联网关联的产品、事件为线索，加以一些跨行业互联网+的新成果和新模式，阐述了传统行业如何实现互联网+时代下的创新发展。

75. 11月29日至30日，第三届APTA亚洲钢琴调律师年会在高雄举办，来自中国乐器协会钢琴调律师分会CPTA、日本钢琴调律师协会JPTA、韩国钢琴调律师协会KPTA、中国台湾钢琴技术者协会TPTA的近60名代表参加。中国乐器协会副理事长王松美、中国乐器协会钢琴调律师分会会长冯高昆一行7人参加此次会议。会议通过2018年APTA年会在中国内地举办，由CPTA承办。

12月

76. 12月11日，乐标委工作会暨标准审定会在徐州举行。会议总结了2016年全国乐器标准化技术委员会工作，请中国轻工业联合会李英处长介绍轻工行业标准化工作的形势和要求，张歆副处长就“轻工行业标准制修订工作规范”进行培训。会议审定了《编钟》（行业标准）、《电鸣乐器教学系统配备和安装通用技术规范》（国家标准）和《钢琴用琴凳》（行业标准）。

77. 12月12日，中国乐器协会口琴专业委员会2016年年会暨六届二次会议在福建宁德召开。会长周伟义简要总结了2016年口琴专业委员会所做的工作和所属口琴工厂取得的成绩。秘书长孔文忠传达了乐器协会关于召开的音乐教育联盟工作会议精神，并介绍了华夏口琴艺术节的有关情况。

78. 12月15日，中国乐器协会七届三次常务理事扩大会暨科技研讨会在青岛隆重召开。会议由协会领导两个重点讲话，一个专家讲座和四项科技专题研讨组成，会议主题为科技创新与跨界合作。本次理事会邀请了中国工业设计协会副理事长、西北工业大学余隋怀教授进行专题讲座。会后，组织跨界参观海尔电器集团，并考察了中德生态产业园和青岛海韵艺术专修学校。

79. 美国《音乐贸易》杂志2016年第12期公布了《2015年全球乐器与音响制品行业225强榜单》。全年225强销售收入208亿美元，较2014年增长4.1%，员工总数共计11.4万人，较2014年基本持平。225强榜单中包括中国台湾和中国香港在内的中国企业共有33家入选，其中中国大陆21家，中国香港4家，中国台湾8家。

年度报告

2016年中国乐器行业年度报告

综合篇

一、概述

综观2016年乐器行业发展运营，总体呈现出稳中有进的发展态势。由于国际市场经济波动要素，乐器出口继续有微量下滑。出口金额虽然有所下降，但整体保持了100多亿元的出口额。原因是企业调整产品结构，出口产品数量有所减少，但出口金额减少幅度较小，说明产业结构调整发挥有效作用。由于国内乐器消费需求增长强劲，尤其是与音乐教育相关学校设备采购、音乐教育项目和乐器电子商务发展增幅显著。2016年，乐器规模以上企业主营业务收入392.33亿元，比上年增长7.56%，出口交货值预计116.45 亿元， 同比下降5.17%，应收账款下降1.97%，产成品存货上升8.90%，主营业务成本上升6.88%，资产总额增加9.55%，利润总额增10.67%；全行业出口金额预计15.71亿美元，同比下降7%，乐器进口金额预计3.73亿美元，同比增长10.43%。乐器产业总体呈现出稳中求升的总体趋势。盘点2016年乐器产业宏观走向，中国乐器行业以紧抓市场和科技双轮驱动为工作重点，创新发展理念得到行业同仁高度认同，行业发展重点从乐器产销延伸至音乐教育市场，从行业协会到乐器企业都在谋求全产业链的延伸与扩融。

二、2016年乐器行业运行特点

（一） 市场创新激发产业边界拓展与创业增长点

1. 市场延伸与细化，以特色文化服务拉动品牌效应

2016年，以行业骨干企业为主导，主动研究社会音乐教育服务市场的创新与培育。如珠江钢琴创办艺术中心，开展音乐教育推广，跨界与优质项目资源合作；柏斯集团依托创办钢琴音乐节，开展系列音教普及文化活动；津宝乐器积极开展打击乐和管乐社会师资培训；金音集团开展特色音乐产业服务基地；深圳美得理、常州吟飞、上海民族乐器一厂都通过特色文化产品拉动市场，各企业都通过创意文化项目与当地文化建设进行有机融合；面对国内宏观经济的下行压力，以及国家提出的供给侧改革政策，乐器产业面临产业机构、市场机构与投资结构的多元调整与转型升级。面对国内批发、零售、院校采购、乐器电商和专家定制产品市场，国内乐器产品覆盖领域更为开阔。如重庆的斯威特公司仅凭政府采购的钢琴总量已近万架，江苏奇美乐器为进驻课堂器乐教学，与国内各地教育行政主管部门和多所大学音乐学院合作，着力打造奇美艺术节，向院校市场进行品牌文化延伸。

2. 产业要素细化与跨界融合，社会培训机构创新发展

由于行业产业要素的分工与跨界融合，乐器行业吸引大量科技创新公司、众筹机构、文化创意公司包括社会音乐培训机构大规模产业进驻，形成社会音乐教育普及的方法类、课件类、融资连锁类等不同的产业切入点。总体而言，乐器行业抓住产业发展关键节点，龙头企业为此进行了积极的创新示范，且通过社会培训机构的创新助推，形成多元产业要素互动发展，最终引发社会音教产业的蝴蝶效应，产业投资热度与创新活力在2016北京音乐生活展和上海国际乐器展得到集中体现和释放。上海国际乐器展音乐教育特色展区创办于2014年，展区面积从最初400平方米发展至当前4000平方米，来自线上线下的近90个音乐教育项目相继进驻MUSIC CHINA，增速惊人。参展项目中不乏来自行业外部资本运作元素。从另一个侧面证明，各方都在看好社会音乐教育市场未来商业潜力。国内音乐消费市场的潜力与产业链的延伸拓展，激发行业新一轮的创新活力。2016年，有不少企业履行文化公益推广的社会职责，积极参与音教扶贫与救助项目，获得良好的社会效益和品牌文化效应。金杯、吟飞、凤灵乐器都在社会文化公益活动创建中收获丰硕的社会效益。

（二）科技创助推产业标准化转型升级

1. 产业发展立足供给侧改革，依托科技创新化解成本压力

骨干企业大量购进数控设备，打造标准化生产流水线，提高生产效率，对生产和管理团队进行精兵简政，以减员增效策略化解成本危机。面对生产要素的多种不利因素，涵盖材料、人工、环保以及能源成本的增长，大量制造企业面临转型升级的困难。2016年，乐器骨干企业高度重视技术改造和新产品开发与市场推广，积极进行资金投入。以天津津宝乐器为例，通过大量标准化设备的投入，为员工队伍进行瘦身，以自动化设备提升生产标准化和效率，真正实现减员增效，产量翻番。以数控设备替代传统手工工艺，产量和销售额大幅增长，生产与管理团队实现精兵简政，成为2016年乐器龙头企业转型升级的鲜明特点。

2. 企业与院校科研院所跨界合作，进行乐器科研项目的联合攻关，提升产品技术核心竞争力和附加值成为潮流

以珠江钢琴、凤灵集团、川雅木业等骨干企业为代表，产学研机构的跨界合作在广东、江浙区域非常活跃，川雅木业与东北林学院展开木材声学专题研究和产业化推广。

3. 行业技术人才培训与资质鉴定工作有效推进

2016年，由中国乐器协会、中央音乐学院提琴制作中心联合主办第三届中国（北京）国际提琴及琴弓制作比赛，共吸引了来自中、法、德、意、美等9个国家和地区200余名选手，377件乐器参加。最终9把提琴凭借卓越的工艺和声学品质脱颖而出，获得金、银、铜奖。通过比赛，带动国内专业提琴产品和手工艺术提琴的制作水平的创新发展，赛事举办三届以来，中国提琴制作人才佳绩不断。在此基础上，国内提琴制作工、技师培训鉴定和考核认证工作有序推进。协会组织了首批考评员培训认证，提琴制作工和技师培训教材完成了部分级别的讲义。12月9日首批提琴技师培训鉴定试点，26名提琴制作分会会员参加培训鉴定。

同年，中国乐器协会为提升钢琴制造和调律行业中高端技术人才队伍的建设，启动全国钢琴调律师竞赛，大赛由协会与中国就业培训技术指导中心、中国财贸轻纺烟草工会全国委员会、中国轻工业职业技能鉴定指导中心共同主办，初赛在全国设置13个分赛区，参赛选手近400名，最终由64名选手进行广州总决赛，值得一提的是，中国残联支持并拨专款组织33名盲人调律师参赛，其中16人进入复赛，最终有4名选手入围全国总决赛。

其次，协会的提琴和民乐分会都在积极筹备考核认证的培训大纲，并不断进行标准化工作的统筹与完善，做好职业技能培训和鉴定的筹备工作。虽然国家人社部调整了职业技能培训与认证的政策，但从行业发展的长效规划与企业发展诉求看，职业人才的培训与认证仍将是行业人才储备的工作重点。在此基础上，乐器协会与日本河合株式会社就高端调律人才培训达成战略合作，合作建立国际化职业技术联盟标准，作为国家职业标准的补充和中高端技能人才培训的试点。

三、2016年乐器行业重点事件

1. 全国音乐教育服务联盟合作平台创立，带动社会音乐教育市场蓬勃发展。

7月1日，全国音乐教育服务联盟启动仪式在京举行。中国乐器协会理事长王世成、中国教育学会音乐教育分会理事长吴斌、中国音乐家协会管乐学会会长于海和中央音乐学院院长俞峰出席签字仪式。全国音乐教育服务联盟是非法人机构的全国性音乐教育服务平台。其宗旨是认真贯彻落实党和国家音乐教育的方针政策，各个行业协（学）会、音乐院校和乐器制造企业及琴行培训机构跨界合作，共同研究音乐教育市场的环境、特点和新需求，充分发挥各自的优势，相互支持原有的优秀品牌项目，同时研究拓展新的服务项目。在联盟签约前期，6月21日"国际乐器演奏日"暨全国音乐教育服务联盟（武强）基地认证交流活动在武强举行，来自全国乐器制造、经营和音乐教育行业的专家、学者、媒体等百余人汇集武强。各位专家认为，该项目定位准确，路径清晰，举措有力，同时就业态创新，师资培训和发展民族乐器文化等方面提出建设性意见。经研究，专家同意将基地命名为"全国音乐教育服务联盟（武强）基地。"

由中国乐器协会倡导、在河北省武强县发起举办的"国际乐器演奏日"系列活动取得了圆满成功，活动城市包括北京、上海、广州等20多个，参与演出的人员有300多人，活动包括乐器演奏、唱歌、舞蹈、乐器展示、大师班、艺术沙龙等多种形式。也标志着中国正式加入世界"国际乐器演奏日"庆典行列，引起国际乐器同行热烈关注。在联盟合作平台正式启动后，全国音乐教育服务联盟首次师资培训工作座谈会在中央音乐学院举行。此次座谈会是在落实联席会议精神，为具体开展社会音乐教育师资培训而进行的，重点征求一线教育机构对于此项工作的意见建议，以及对于培训项目的具体要求。

2. 加强国际行业交流，探讨国际乐器资源的深度合作

2016年，在市场与科技双轮驱动的政策下，中国乐器协会积极展开国际行业机构的互动与资源嫁接重组。1月16日至23日，中国乐器协会理事长王世成一行赴美国和日本考察，在美国期间，王世成一行考察了NAMM国际乐器展览会，走访行业骨干企业，积极推介2016北京音乐生活展、上海国际乐器展览会。协会与美国国际音乐制品协会举行专题座谈，就行业论坛等合作项目交换看法；探讨在音乐教育领域的深度合作，取得丰硕成果。

9月26日至10月1日，中国乐器协会常务副理事长曾泽民、提琴分会会长李书、琴行分会副会长曲哲等一行18人远赴德国和意大利，考察了两国的音乐院校及当地琴行，并参观了克莱蒙娜国际乐器展，深度调研了德、意两国乐器市场及音乐教育发展现状。考察期间，考察团还与德、意两国多家行业组织进行了友好会晤，就产业合作、推进音教服务等进行了深度交流。

3. 开展区域乐器产业调研，探寻产业发展新路径

2月26日，中国乐器协会常务副理事长曾泽民带领协会全体工作人员，对北京柏斯琴行新源购物中心分店和姜杰钢琴城航天桥分店进行了实地市场调研和考察。旨在详细探查北京琴行暨社会音乐培训市场的终端消费需求，艺术培训的课程设计、师资管理和成功教学运营管理体系，向全行业进行成功运营经验和教学运营模式的推广。

5月6日，中国乐器协会理事长王世成一行，在东高村镇党委书记兼乐谷管委会主任秦海滨，华东乐器总经理刘云东的陪同下，对北京华东乐器有限公司、中国乐谷和渔阳国际休闲娱乐基地进行考察调研。王世成表示，创造中国乐谷文创产业休闲园区符合北京四大中心的发展定位，平谷区在打造国际文化交流、文化创意中心符合北京市都市发展的战略定位。

9月2日，由中国轻工业联合会科技环保部产业发展处处长邹军，中国乐器协会副理事长王松美等5人组成的考评专家组，对天津市静海区乐器产业进行实地考评，对天津华韵乐器有限公司、天津奥维斯乐器有限公司、天津圣迪乐器有限公司相关乐器企业和机构进行实地考察调研。专家组经过评审核议，一致通过考评，建议授予天津市静海区"中国乐器产业基地"称号。

4. 立足科研创新驱动，构建行业科技信息合作平台建设

12月15日，中国乐器协会七届三次常务理事扩大会暨科技研讨会在青岛隆重召开。会议由协会领导两个重点讲话、一个专家讲座和四项科技专题研讨组成，会议主题为科技创新与跨界合作。本次理事会邀请了中国工业设计协会副理事长、西北工业大学余隋怀教授进行专题讲座。

会上组织了“乐器声学木材选材测试与应用”“民族低音拉弦乐器研发与应用”“电鸣乐器MIDI技术研发应用”“乐器配件标准化及专用设备研发”等四个重点合作项目专题研讨，并请中国工业设计协会副理事长余隋怀教授作科技创新讲座。会议还组织代表参观海尔集团总部、中德生态产业园和好美乐艺术中心。

在行业技术进步方面，全国乐器标准化技术委员会年内组织了三次专题会议，对推荐性标准进行集中复审，完成了8个国家标准和行业标准的制修订工作，并组织委员进行政策和规范等方面的培训。所有专利实用新型外观设计超过1100项。

四、2017年乐器行业展望

2017年，乐器行业将继续面临国内乐器产业的供给侧改革和结构调整的艰巨任务，仍然要紧抓市场与科技双轮驱动，在前期规划布局的基础上，扎实推进各项工作的落地与实施，并取得实质性的进展与市场成效。其中，内容涵盖社会音乐师资培训与认证，包括联盟标准、培训计划、运营模式，完善社会音乐教育需要补足各方短板。虽然国内企业通过OEM合作和品牌收购，拉动自主品牌的创新发展，但在国际市场自主品牌形象的塑造，乃至全国性的知名品牌与商标形象的塑造与推广，都将是乐器行业和企业未来长期坚持和不断创新发展的攻坚课题。从乐器大国向乐器强国转型，品牌附加值的提升，品牌文化的积淀与创新发展，以及民族品牌在国际市场的话语权，都成为发展的关键要素。品牌创建要覆盖投入产出与市场全方位，并融入优秀传统文化要素，塑造中国乐器的文化符号。

2017年，乐器行业将继续深入行业内部和跨行业的科研合作，包括重点核心技术攻关、替代材料的研发，乐器声学品质的研究，以及演奏性能的精准工艺，都应该取得重大突破。

由于国际乐器市场持续低迷，二手乐器在国际市场流通占比相当，制约国际乐器产业经济发展滞缓。但中国乐器消费市场潜力强劲，在国家教育政策的扶持引导，国内东西部二三线城市教育水平差异很大，为国内乐器产业和社会音乐教育产业的增速发展创造可能性。面对未来的市场空间和消费增长点，行业同仁既要对当前转型升级的困难保持清醒认知，又要对社会音乐教育与培训市场保持创新热情与活力，借助跨界资源合作和科研要素的助力推进，依托电商和互联网大数据的信息化服务，拉动产业持续健康发展。

钢琴篇

2016年，中国乐器行业统计数据显示，241家规模以上企业累计完成主营业务收入392.33亿元，同比增长7.56%；乐器行业出口额15.71亿美元，同比下降7%；进口额3.74亿美元，同比增长10.43%，贸易顺差11.97亿美元。宏观数据显示，国内乐器消费持续增长，外销出口业务总量缩减，产品结构调整压力加大，钢琴产业运营的多元化和复杂性凸显。以现代机械化工艺水平提升化解成本压力，以资本作为驱动，向社会音乐培训、互联网在线艺术教育和钢琴文化演艺市场不断拓展产业链条，从单纯出口代工向社会化钢琴音乐文化服务平台创建，以及资源跨界重组的创新发展模式转型，成为2016年钢琴产业发展的主旋律。

一、2016年钢琴产业总体运营数据

2016年，国内钢琴产业发展总体维稳，产业结构调整初见成效。2016年，中国钢琴产量352579架，同比下降1.32%；其中立式钢琴339095架，同比减少1.34%；三角钢琴13484架，同比减少0.87%；出口25345架，同比减少6.25%。

（一）钢琴出口下行压力加大 产能结构调整势在必行

2016年中国出口立式钢琴20505架，同比下降17.70%；出口额3141万美元，同比下降16.46%；平均单价1532.29美元，同比增长1.5%。中国立式钢琴主要出口国家和地区是美国、中国香港、德国、新

加坡、伊朗、韩国、澳大利亚、日本、荷兰、法国等，中国总计向上述10个国家和地区出口立式钢琴13405架，占中国立式钢琴总出口量的65.37%。

2016年，中国三角钢琴共计出口4311架，同比下降24.90%；出口总额3141万美元，同比下降16.46%；平均单价5885美元，同比下降38.52%；分别出口到世界上69个国家和地区，美国、澳大利亚、德国、英国、韩国、伊朗、加拿大、荷兰、巴西、中国香港名列前10，总计出口3273架，占中国三角钢琴总出口量的75.92%。可以说，近两年来，钢琴出口市场持续乏力，OEM业务持续缩减，给国内钢琴企业出口创汇，资金链管控带来相应压力。如何从规模化成本优势向中高端附加值路径转型，成为国产钢琴必须要突破的品牌运营瓶颈。

（二）进口业务活跃 中国已成全球钢琴消费主场

2016年，进口到中国的乐器继续保持增长态势，中国乐器市场仍然是世界最活跃的市场。2016年，进口到中国的立式钢琴数量141638架，同比增长0.5%；进口立式钢琴数量是出口立式钢琴数量的6.9倍，总金额是1.25亿美元，是出口立式钢琴金额的3.97倍，进口立式钢琴平均单价是886美元。其中，从日本进口的立式钢琴数量为59157架，金额为5889万美元，平均单价是995美元；从韩国进口立式钢琴63260架，金额2445万美元，平均单价为386美元（从日韩进口钢琴单价可以看出，大部分是二手钢琴）。2016年，进口到中国的三角钢琴为5753架，金额5494万美元，其中，从日本进口的三角钢琴3137架，金额1850万美元；从德国进口的三角钢琴552架，金额2385万美元。2016年，钢琴进出口格局的逆转，以及日韩二手钢琴的批量进口，促成国内钢琴市场的竞争加剧和复杂化。找准定位，差异化发展，摆脱粗放经营，与海外钢琴品牌同台竞技，国产钢琴面临的难度持续增长。

二、2016年钢琴行业总体运营特征

（一）资本驱动产业转型 品牌并购谋求技术文化融合

2016年，面对宏观经济下行，调速换挡，生产要素成本上升，消费需求升级和以互联网、智能制造为代表的新科技带来的综合压力，乐器行业工作重心转向集中力量探索开辟市场新空间，锁定和突破主要产品关键核心技术。年初，中国乐器协会钢琴分会第四届会员大会在北京星海钢琴公司举办，乐器协会钢琴分会完成领导班子换届选举，会议强调支持创立民族品牌，加强售后服务和信息采集工作等，发挥分会桥梁纽带的作用，肯定钢琴分会在出口退税、打假等工作上所做的大量工作和取得的成绩。11月11日，中国乐器协会钢琴分会2016年年会在上海嘉定召开。分会会长广州珠江钢琴集团总经理李建宁做工作报告，报告认为钢琴行业品牌并购重组加速，产业结构持续优化升级，强化产业科研创新，互联网+钢琴产业逐步融合，产品制造更加多样化、高端化和智能化，消费增量市场持续扩大。中国乐器协会常务副理事长曾泽民强调钢琴产业要面向资本市场，坚持品牌经营；电商与音乐教育双管齐下探讨钢琴市场新领域；加强行业技术交流合作，完善市场公平竞争机制，共建行业和市场运营机制等应对措施。

1月18日，珠江钢琴并购德国百年钢琴名企Schimmel（舒密尔），收购意向价款约2398.6万欧元（约1.71亿元人民币），打开国内钢琴产业全年品牌并购大门。以上市公司资本优势，珠江钢琴为舒密尔公司持续发展提供保障，实现与舒密尔公司品牌、市场等各方面资源的优势互补。9月18日，和声钢琴股份有限公司2016年第一次临时股东大会隆重召开，并在后期成功实现挂牌新三板，借力资本市场，通过定向增发引进战略投资者，实现和声钢琴首轮融资，加快产融结合，意在创建艺术文化、文创产品、文化教育等多元的“文化大和声”格局。

12月10日，北京星海钢琴集团有限公司第四十六届全国经销商大会在北京京瑞大厦隆重召开。北京星海钢琴集团有限公司常务副总经理孟宇强调，星海钢琴将加强电商渠道的管理，同时进一步调整产品结构，提升高端产品的产量与品质。在营销的同时，星海钢琴仍会肩负社会责任，支持各种音乐文化活动的开展，并积极推进星海数码乐音平台与音乐教育体系的建立。

10月17日晚，法国普雷耶（PLEYEL）钢琴新闻发布酒会在北京索菲特酒店隆重召，普雷耶钢琴和森鹤乐器强强联手，创新融合，立足对欧洲传统乐器制造工艺的继承与创新，嫁接海外优质钢琴品牌文化。10月26日晚，温克尔曼集团旗下代理品牌霍夫拉姆钢琴签约仪式新闻发布会暨温克尔曼2016经销商酒会在上海成功举行。可以说，2016年，国内钢琴企业通过与欧美专业机构频频开展合作，加大技术创新与品牌收购融合力度，以资本作为创新驱动，通过引进先进技术与钢琴制造文化，为国产钢琴的中高端升级转型注入核心发展动力。

（二）科技创新专利质量 提升国产钢琴核心竞争力

科研创新与新品定向研发，成为钢琴企业打通中高端市场和文化娱乐消费的关键要素。2016年，面对乐器行业市场成本与出口双重压力，产业转型的核心要素变为根据需求，搭建产学研一体化科研应用平台，着力乐器行业各类人才的培养和培训，务实推动技能人才的资质鉴定工作。

“从全球钢琴的产能看，欧洲钢琴跳动的真是中国芯”。森鹤乐器股份有限公司总经理罗建峰认为，钢琴产业链上下游分工趋向集成化和精细化，制约乐器产业转型的关键要素是人力资源储备和环保成本。2016年，以珠江钢琴为例，集团上市后，珠江钢琴研发投入占销售收入的3.5%，每年研发资金投入在4000～5000万元，重点项目研发与措施具体落实到负责人，与高校展开校企联合，创立钢琴高级调律制作大专和本科学历教育，同时引进国外专家驻厂，从木材处理、击弦机和键盘制作、油漆涂装以及钢琴总装工艺，对人才进行培训储备。2016年，珠江钢琴全系列产品再次荣获2016年北美MMR Dealers’ Choice Awards(经销商最喜爱奖项)，旗下全系列产品以遥遥领先的得票问鼎“Acoustic Piano Line of the Year”(年度最佳声学钢琴奖)。

同年，福州和声钢琴有限公司自主设计研发的“钢琴（HG-123TM）”“钢琴（H G-123L-R）”及“钢琴（H-123B11-R）”三项钢琴外观技术再次荣获国家外观设计专利。2016年“3·15”国际消费者权益日，福州和声钢琴有限公司召开年度品质工作会议，会议以“进一步加强钢琴生产工艺流程控制，严格按照工艺流程生产钢琴”为主题展开深入的讨论交流，在严格控制钢琴的生产工艺流程，严格按设计标准，真正实现“和声精品钢琴”的目标达成共识。

4月20日，博斯纳钢琴制有限公司国内经销代理商恳谈会在烟台成功举办，会议重点推荐的立式钢琴GBT122V1、GBT122V2、GBT127、GBT128、GBT129、GBT130，得到钢琴名家鲍蕙荞的肯定和认同。8月18日，2016金斯波格钢琴新品发布会在烟台隆重举办。公司新推出的KF228、KF185T等型号产品，涵盖强振式悬浮音板等特色专利技术、音板肋木湿度梯度胶压成型技术、高强度背架设计技术等。2016年，面对钢琴消费市场的结构升级，以及大众的多元化消费需求，国产钢琴依托科研进步，为产品进行提档升级，促成产品摆脱批量化粗放运营，市场导向逐步趋于细分和追求附加值的提升，科研创新促进行业发展的动力效能逐步显现。

（三）强化人才培育储备 开展钢琴技师考评资质认证

2016年，深入贯彻落实党的“十八大”和弘扬“大国工匠”精神，引导和激励全国广大钢琴调律从业人员努力钻研业务，加快高技能人才队伍建设，实现乐器行业“十三五”规划目标任务，成为钢琴产业发展的核心要务。依托“2016年全国钢琴调律职业技能竞赛”、钢琴职业技能培训与资质认证，以及国内外中高端调律技能人才的交流与培训工作，钢琴行业人才队伍建设与储备工作有序拓展。2016年，协会钢琴调律师职业技能培训鉴定工作有序推进，共培养了近6000名钢琴调律师。2016年又完成钢琴调律师培训鉴定15批次，共有561人参加，其中5级163人、4级230人、三级154人、2级10人、1级4人。

6月3日，为由中国乐器协会、中国就业培训技术指导中心、中国财贸轻纺烟草工会全国委员会、中国轻工业职业技能鉴定指导中心共同主办的“2016年全国钢琴调律职业技能竞赛”成功举办。

9月21日，2016年“全国钢琴调律职业技能竞赛”决赛在广州圆满落幕。与会领导与专家认为，举办此次竞赛意义重大，必将进一步弘扬“大国工匠”精神，引导和激励全国广大钢琴调律从业人员努力钻研业务，加快高技能人才队伍建设，实现乐器行业“十三五”规划目标任务。本次竞赛有来自全国各地的近400名选手参赛，经过初赛、复赛的重重考验，脱颖而出的62名选手登上决赛的舞台，进行理论考试和实际操作两个部分的激烈角逐。最终，梁钊明、张翀、刘东林分获前3名。为体现竞赛残健融合，推动盲人钢琴调律行业发展，本次竞赛在预赛和复赛阶段专设盲人赛区。最终，有4位盲人选手进入决赛，其中冯瑞取得了名列第12名的好成绩，标志着我国盲人钢琴调律技能水平经过20多年的发展，已经得到行业内的高度认可。

7月5日，由中国乐器协会钢琴调律师分会主办，吉林省钢琴调律师协会与长春大学、长春光华学院承办的“2016中美钢琴调律技术交流讲座”在长春大学举办，来自北京、上海、天津、广东、江苏、山东等省市的调律从业者和沈阳音乐学院、郑州铁路职业技术学院的老师及学生等近80人参加了此次活动。10月11日，中国乐器协会与某著名钢琴公司在北京就合作开展钢琴调律业务举行签约仪式。双方在业务互补、资源共享、联合发展的原则下，就钢琴调律技术标准的标准化、调律资格认定制度的完善及运用、专业人才的培育及技术水平的提升、调律服务的普及等方面开展深度合作。2016年上海国际乐器展期间，为凸显行业科技要素，钢琴调律师技术交流活动在展会同步举办。由河合贸易（上海）有限公司和上海市乐器行业协会支持举办的钢琴调律师技术交流活动隆重举办，来自全国各地的钢琴调律师150多人参加。

当前，保留现有国家职业标准框架下的考核鉴定工作之外，陆续开展更高级别调律师的培训和行业认证工作，成为协会钢琴分会的重点工作之一。我国的钢琴产量已经连续13年位居世界首位，钢琴产品也从低档走向中档，逐步向高端迈进。在这样的发展阶段，进一步提高钢琴调律师的整体技术水平就至关重要。

（四）互联网+文化营销 拓宽延伸产业链条

2016年，面对材料、人工、出口、环保、电商要素的多重压力，仅仅依赖单纯的生产营销已难以维系钢琴企业的资金链条。以资本作为驱动力，跨界融合互联网商业运营模式，打造线上线下综合社会化服务平台，在社会音乐培训、钢琴文化演艺市场谋求产业链的拓展延伸，创造多元并行的利润增长点，成为现代钢琴企业应对市场风险，化解成本与运营压力的必经之路。

2016年，作为钢琴行业的龙头企业，珠江钢琴在60华诞之际，在资本和文化市场频频动作布局，拟定增募资13亿延伸钢琴文化产业链优化产业结构，募资将用于广州文化产业创新创业孵化园项目、全国文化艺术教育中心建设项目、增城国家文化产业基地项目（二期）、珠江乐器云服务平台建设项目、补充流动资金等募投项目建设。同时公司公告拟出资2398.6万欧元收购德国高端钢琴品牌舒密尔（Schimmel）90%股权。意在通过音乐教育布局文化教育产业，立足钢琴制造主业，完善并优化产品结构，提升品牌形象，打造家庭娱乐和学习入口，大力发展智能数码乐器，延伸产业链，拥抱互联网，通过“91”琴趣平台创建，尝试钢琴主业与艺术教育线上线下融合发展。同时，结合公司业务转型方向，打造广州文化产业创新创业孵化园，发力文化产业投资，以类金融服务和产业基金为切入口发力文化金融产业；涉足影视传媒领域，探索重组广州市旗下其他文化类优质经营资产。7月2日，海伦艺术教育投资有限公司与维也纳音乐与艺术表演大学合作的“维也纳EMP音乐启蒙项目”在北京启动。维也纳音乐与表演艺术大学为海伦艺术教育投资有限公司正式授牌，并确定海伦艺术教育成为“维也纳EMP音乐启蒙项目”中国唯一代理机构。

2016年，面对国内钢琴消费市场，随着海外品牌的登陆与市场布局，国内钢琴教育和文化市场的品牌创建与培育工作，升温热度超过以往。6月6日，星海音乐学院“珠江·恺撒堡”奖学金颁奖音乐会在大学城星海音乐学院隆重举行。7月10日，由中国教育电视协会中小学校园专业委员会、央视网和德国门德尔松钢琴公司共同主办的“德国门德尔松”杯“明日之星”首届全国校园钢琴演奏家大赛颁奖音乐会在无锡教育电视台演播中心举行。大赛共历时7个月，吸引了超过30个城市的数千名校园钢琴演奏家报名。7月16日，第九届中国·宁夏欧米勒国际钢琴艺术节暨第25届美国音乐公开赛中国赛区选拔赛正式在银川拉开帷幕。8月3日，由海伦钢琴股份限公司组织的《海伦之夜》卡林大师全国巡演在珠海剧院圆满落下帷幕。巡演先后在河南、河北、山西、山东、广东五省16个城市举行15场演出和16次大师班讲座，直接受众13000余人次。7月11日，柏斯音乐30周年·2016李坚钢琴兵团巡演新闻发布会在上海大剧院成功举行。10月21日，随着“第六届长江钢琴音乐节”的最后一场音乐盛宴“中国音协送欢乐下基层走进宜昌‘金钟之星’暨第六届长江钢琴音乐节闭幕音乐会”的完美谢幕，由中国音乐家协会、宜昌市人民政府主办，中国音乐家协会钢琴学会、柏斯音乐集团承办，历时5天的“第六届长江钢琴音乐节”圆满落幕。200余位中外钢琴名家、学者；800余位来自全国各地的嘉宾朋友、音乐爱好者来到“中国钢琴之城”，与宜昌人民联欢度音乐盛会。

综观2016年钢琴竞赛与文化演艺市场，作为传统制造企业主动参与钢琴文化创建活动，以及社会化服务平台的打造，透过赛事覆盖的地域广度和密集性，预示内地钢琴市场竞争热度将更为激烈，依托赛事与创意文化演出进行品牌文化的渗透与培育将成为常态，将有力促进国内钢琴普及文化的有序拓展。

三、2017钢琴制造行业展望

综观2016年钢琴产业发展格局，展望新的一年钢琴产业发展的宏观走向。从资本驱动、科研创新、人才培育和文化营销多元角度看，未来中国钢琴产业将会呈现如下特质：（1）产品研发并不局限在单纯的乐器科研领域，而是立足供需关系的平衡调整，从满足社会化服务需求为导向，有序展开品牌的拓展与产业链的拓展延伸；（2）面对成本要素和进出口格局的逆转，内销市场竞争将加剧，产业中高端转型，产品结构调整将成为企业生存发展的关键节点，以此为导向的概念琴、中高端定制琴将逐步拓展，促企业核心竞争力有效提升；（3）资本要素的进驻，盘活企业资金链条，激发企业内生活力，从科技创新、渠道创新、文化营销多个层面发力，将促成国产钢琴品牌在经济新常态下的立体多元化发展格局。

民族乐器篇

我国民族乐器产业属于传统制造业，是我国制造业产业升级，结构调整范畴的一部分，但由于民族乐器又属于我国民族音乐的重要组成部分，是中华民族传统文化的一部分，因此，民族乐器是一种特殊商品，具有浓厚的文化色彩，近年来，民族乐器在音乐文化领域，教育领域的重要性越来越突出。因此，2016年民族乐器产业与其它传统制造业发展有所不同，仍然保持着稳定上升的局势。

2016年，党和国家以及教育部颁发的各项政策十分有利于民族乐器产业的发展。2016年教育部工作重点之一是深入推进全国农村学校艺术教育实验县工作，抓好中华优秀传统文化艺术传承学校与基地建设。2016年5月3日，教育部发布了《中小学音乐教学器材配备目录》，其中琵琶、二胡、笛子等24种民族乐器将全面进入中小学音乐教学课堂。

2016年11月30日，习近平总书记在中国文联十大、中国作协九大开幕式上的讲话中提到，要加强对中华优秀传统文化的挖掘和阐发，使中华民族最基本的文化基因同当代中国文化相适应、同现代社会相协调。习近平总书记的讲话，给了所有民乐工作者巨大的力量。

一、2016年民族乐器行业数据分析

据国家统计局公布的2016年乐器行业规模以上生产企业主要经济指标完成情况，2016年我国乐器行业规模以上企业241家（规模以上企业是指注册资金在2000万元以上的企业），主营业务收入392.33亿元人民币，同比增长7.56%，其中民族乐器行业

（单位：元）

主营业务收入			出口交货值			主营业务成本			资产总额			利润总额		
2016年	2015年	同比(%)	2016年	2015年	同比(%)	2016年	2015年	同比(%)	2016年	2015年	同比(%)	2016年	2015年	同比(%)
4587910	4120258	11.35	1681963	1460874	15.13	3882607	3487623	11.33	1872030	1633490	14.60	312513	281269	11.11

规模以上企业33家，比上年持平；主营业务收入实现45.87亿元，同比增长11.35%，比上年有所回落；出口交货值16.81亿元，同比增长15.13%；利润总额3.12亿元，同比增长11.03%。总资产18.72亿元，同比增长14.63%。民乐行业连续两年无亏损企业。

二、2016年民族乐器行业运营特点

（一）民族乐器专利数量有较大幅度增长 各地乐器展风起云涌

2016年民族乐器专利发布共计414项，同比增长18.96%，其中，发明专利54项，同比增长50%，占全部专利的13.04%；实用新型专利148项，同比下降1.33%，占全部专利35.74%；外观设计专利212项，同比增长30.86%，占全部专利的51.20%。按民族乐器各类别划分，吹管乐器专利139项，同比增长13.00%，其中，巴乌4项，笛子33项，葫芦丝21项，笙11项，唢呐4项，陶笛23项，箫22项，埙21项；弹拨乐器专利192项，同比增长20%，其中，古筝100项，琵琶20项，阮2项，扬琴22项、古琴48项；拉弦乐器专利72项，同比增长35.84%，其中，二胡63项，马头琴5项，京胡4项；打击乐器11项，与去年持平，其中编钟7项，排鼓4项。弹拨乐器专利发布数量列居首位，单件乐器，古筝专利数量最多，二胡、古琴、笛子次之。

2016年上海国际乐器展上，有287家民族乐器生产企业参展，占全部参展商15.02%。民族乐器产品全部集中在E5馆，按产品类别划分：二胡、古筝、竹笛、乐器配件参展商为前四位，共计221家企业参展，占77%。按参展商来自地区划分，中国内地参展企业272家，来自中国内地的20个省市自治区，占98.20%，来自外国及中国港澳台地区参展企业6家，占1.8%，其中：台湾2家，香港2家，日本1家，韩国1家。各参展企业普遍重视了装修，光地面积与标摊面积占比为4:6。

（二）民乐企业拓展经营理念 音乐文化活动一浪高过一浪

2016年，上海民族乐器一厂投资拍摄的大型五集纪录片《中国乐器》正式上映，已在CCTV音乐频道、上海电视台艺术人文频道、上海教育电视台、新疆教育电视台、广东广播电视台现代教育频道等播映，并由上海音乐出版社出版发行。这是中国乐器史上第一次以纪录片形式梳理乐器发展史和艺术价值的力作，得到了民乐专家和社会各界的广泛好评。与此同时，企业与上海东方卫视中心艺术人文频道等联合制作了《纵横经典之敦煌国风》栏目，这是上海电视台唯一的以民乐为主题的专栏节目，于每周六晚10点在艺术人文频道播出，年度累计播出了26期，有效提高了企业的品牌知名度。此外，企业积极与优秀的社会机构、专业民乐团体和个人等寻求合作，举办了第三届“敦煌杯”全国二胡大赛、“敦煌之夜 泱泱国风”中央民族乐团音乐会、“敦煌大讲堂”刘德海琵琶讲座等大型民乐文化活动；再次受邀赴新加坡举办民族乐器展览，受到了新加坡总理李显龙的颁奖；受邀参展德国汉堡孔子学院CHINA TIME“神秘音韵”音乐展，开启与汉堡地区的音乐文化交流。企业所举办的一系列文化活动，不仅为推广民族器乐文化作出了积极贡献，也有效提高了“敦煌”品牌的社会美誉度和海外影响

力。

扬州民族乐器研制厂2016年迎来成立三十周年以及扬州华夏琴筝艺术馆建馆十周年的庆典。为此举行了专场龙凤之夜琴筝音乐会，民乐合奏《绿杨风》古琴独奏《平沙落雁》《梅花三弄》《河南五曲牌》以及田步高领奏的古筝齐奏《山丹丹开花红艳艳》，给在座的观众都留下了深刻的印象。

河北乐海乐器有限公司在2016年举办了多项文化活动，其中有首届东北扬琴艺术节暨“乐海杯”第四届东北扬琴演奏比赛及学术研讨会、“乐海杯”第一届扬琴技能比赛、第三届中国（长沙）扬琴艺术节等。

（三）2016民乐企业各显奇招 行业发展形势喜人

2016年民族乐器生产经营形势，各企业都取得了不同收获，继续提升。

对于民族乐器市场，一方面，面临着经济下行压力带来的诸多困难和挑战；另一方面，国家从战略层面对文化产业的重视、政府对文化产业的政策扶持，以及百姓精神诉求的提高等利好因素，也为行业发展带来了有利的契机。此外，面对国家宏观经济改革，民族乐器行业越来越注重品牌文化建设、注重产品研发，这些因素均促使民族乐器市场保持了稳中有进的发展势头。

在产品研发上，上海民族乐器一厂注重嫁接社会的优势资源，持续推出品质优秀、主题鲜明、深受市场欢迎的文化产品。2016年，企业推出了50款新品乐器，其中与民乐名家、工艺大师合作的高档产品占比76%，如刘德海·高占春八十寿诞限量版琵琶、“金木水火土”五行系列限量版古筝、竹编系列限量版乐器等，这些乐器嫁接了雕刻、漆器、竹编、书画等精湛的工艺技术，在民族乐器的视觉样式上进行了创新性探索。新品乐器在上海国际乐器展一经推出，立即受到广大消费者和新闻媒体的关注，取得较好的市场反响。

河北乐海乐器有限公司在2016年不断的超越自我，提升产品品质，完善制作工艺，研发新产品，开展多项活动，取得了多项成就，获得了国家专利20余项……在质量提升方面，河北乐海举办了多届乐器技能比赛，邀请全国南北各大院校多位专家作为评委，以技能比赛为载体，搭建一个演奏专家和制作技师的交流平台，通过专家和制作技师的交流研讨，发现乐器制作环节中的不足，从而有针对性的进行工艺改革，进一步提升乐器制作水平。

在产品研发方面，他们围绕音质提升，从产品工艺、制作技术、选材用料等多方面，对乐器使用中经常出现的问题进行科研攻关，完善制作工艺，提升产品品质。同时还开发了多项全新产品，与中央音乐学院黄河教授、沈阳音乐学院刘寒力教授成功研制了“海之尊”系列低音扬琴，成功举办了“北国春来”2016乐海乐器新品品鉴会。

在营销管理方面，河北乐海探索性地试行了专属产品定制营销模式，为中央音乐学院古筝演奏家袁莎老师定制专属古筝，为经销商定制专属型号产品；同时加大网络销售的管理力度，实现了电商的规范化管理。

河北乐之洋乐器有限公司在2016年企业经营不仅没有受到经济政策因素影响。相反，国家政策及现在大环境对民族乐器市场起到积极作用，公司乐器销售在2015年的基础上稳中有升。在2016年，企业与云南等省政府开展合作，批量制作多种少数民族乐器，为保护民族文化遗产作出了贡献。

三、2017年民族乐器行业展望

2017年1月25日，中共中央办公厅，国务院办公厅发布《关于实施中华优秀传统文化传承发展工程的意见》，对包括民族音乐民族乐器在内的所有中华优秀传统文化进行传承发展提出一系列指导意见，这使得我国民族乐器产业将进入一个快速发展的轨道。

2017年已经到来，国际经济形势依旧扑朔迷离，企业发展面临着更多挑战。对此，企业要扬长避短，充分发挥现有的品牌资源优势，以“创造知识资本，布局共享经济”为主要战略，布局品牌建设、生产研发、销售运营等领域，通过累积和创造知识资本、加强与社会优势研发机构和演艺团体的合作，提高企业的创新能力和社会影响力。

弦乐器篇

目前，我国弦乐器制造产业已成为世界上门类最全、产量最大的生产和出口基地，成为影响世界弦乐市场发展的重要因素。2016年，我国弦乐器市场发展并不如人意，基本处于放缓趋势，进出口贸易现逆差，产业总体竞争力仍偏弱。然而，政策环境不断向好，为产业发展提供了更多的机遇。在此背景下，各制造企业继续深化产业调整，并初见成效。

一、2016年弦乐器产业数据分析

（一）骨干企业发展平稳，产量基本持平

据中国乐器协会对提琴和吉他骨干企业生产的主要产品产量调查显示，2016年，我国提琴行业总产量约为99.13万把，同比下降0.42%，基本持平。其中，生产小提琴89.37万把，同比下降1.52%；中提琴4.05万把，同比增长24.17%；大提琴4.79万把，同比增长3.63%；贝司9142把，同比下降0.13%。小提琴产量前三位分别是江苏凤灵、北京华东乐器及河北金音，占提琴总产量的75.28%。声学吉他产量341.52万把，同比增长45.02%。

（二）出口量、价、额齐跌，总体竞争力偏弱

据海关总署数据显示，2016 年我国弦乐器出口153个贸易国，累计出口1049.97 万把，同比下降4.53%；出口额3.79亿美元，同比下降12.60%；平均单价39.47美元，同比下降8.46%。2016年弦乐器出口量、价齐跌，出现了多年未有的负增长，出口金额降幅大于产品出口量的降幅，出口平均价格降低。不过与其他细分行业相比，弦乐器出口额降幅略小。2016年在弦乐器整体出口不利的情况下，一些手工提琴、吉他等产品出口金额降幅较少，且平均价格明显提升，与上年同期相比单价均增长35%以上，但是低附加值的弦乐器产品出口份额较上年有所回落。

（三）供给量维持稳定，各国外贸需求不一

2016年，我国弦乐器供给量维持稳定，从出口国家来看，2016年美国依然为弦乐器主要出口国之首，全年累计出口美国市场总量为292.83万把，同比增长1.49%；出口额1.27亿美元，同比下降4.07%。除此之外，日本、韩国也是我国弦乐器主要出口国，数据显示，我国对韩国、日本等亚洲国家和地区出口弦乐器趋势较好，在弦乐器整体出口量、价齐跌的情况下，不降反升，同比增长均在10%以上，且档次也在提高，使其出口所占份额上升。随着我国与东盟自由贸易区的建立，我国出口在东盟地区存在着很大的商机，值得关注。

（四）进口量、额双增长，表现突出

2016 年，我国弦乐器进出口贸易现逆差，全年弦乐器进口量为192509把，同比增长45.43%；进口额1664.62万美元，同比增长43.94%，与出口量、额双线下降的低迷态势形成了明显的对比。2016年，我国从20个贸易国家和地区进口弦乐器，同比增加3家，按照进口金额的排序，印度尼西亚、美国及意大利位于前三。其中，印尼弦乐器进口量为168278把，同比增长54.10%，进口额876.12万美元，同比增长46.62%，平均单价52.06美元。意大利弦乐器进口量为122把， 同比增加20.79%，进口额157.52万美元，同比下降72.93%，平均单价1.29万美元。数据显示，意大利弦乐器进口单价远远高于印尼，表明进口大多为意大利的手工工艺提琴，由此也反映出国内对高端弦乐器的需求增长显著。

（五）申请专利数量仅次于钢琴 总数继续回升

2016年提琴专利发布共计321项，同比增长33.24%。其中， 发明专利104项，实用新型专利88项，外观设计专利129项，包括：“金丝楠木吉他”“提琴线槽笔”“九弦弧面指板吉他”“一种可动弹奏的吉他”等。

二、2016年弦乐器产业发展特点

（一）政策环境不断向好，产业发展机遇多

近年来，中央把振兴文化产业上升为国家战略，作为加快转变经济发展方式的重要抓手。“十二五”文化产业发展规划中，明确提出要强化

体制创新和政策扶持，进一步加大改革力度，加强财税政策扶持，积极创建投融资、市场交易、信息服务等公共平台，这些都为加快乐器产业发展提供了良好的政策保障和发展机遇。尤其是以提琴和吉他为主的弦乐器制造产业，正在由制造业逐步向服务业发展，由经营产品向组织乐器文化活动、音乐教育、乐器培训、参观旅游等方向发展。

（二）企业转型升级，调整结构仍是长期任务

近10年来，中国改变了世界弦乐器的生产格局。中国以小提琴和吉他为主的弦乐器制作凭借廉价劳动力和快速提升的技术加剧了行业的竞争。世界上学生用的绝大多数小提琴、中提琴和大提琴都是全部或部分在中国制造。经过多年来的发展，中国弦乐器产业呈现出产业链健全、企业数量多、客户渠道稳定等特点。业内口碑也由过去单纯的“低廉产品”转为“高品质与低价格的完美结合”。但不可否认的是，我国弦乐器产业仍面临规模企业偏少，自主品牌市场占有率低，出口结构不合理等问题，成本优势逐渐减弱，产业整体面临壁垒尚多。根据这种情况，制造企业紧紧围绕结构调整与转型升级，特别是科技创新、产品升级，不断由生产普及品向中、高档方向发展，通过近年来的努力，克服了国际市场需求乏力，国内市场竞争激烈，以及材料人工上涨等难题。

（三）产业园加快建设，产业发展空间不断拓展

经过几年来的发展与培育，我国弦乐器产业建成一批具有区域特色和创新优势的文化产业园区和示范基地，产业发展空间不断拓展。“十二五”期间，各产业园大力实施重大项目带动和产业集群发展战略，优化产业结构和布局。2016年，武强和黄桥先后被授予“全国音乐教育服务联盟示范基地”。全国音乐教育服务联盟（武强）基地以基地为抓手，从培育市场为切入点的“培训教育+创意体验+物流配送+乐器生产制造”的全新乐器产业链条。项目总投资11.5亿元，以发展音乐教育服务为核心，带动旅游体验、物流配送、生产制造等产业发展，具有音乐教育培训、乐器产品展示、线上线下销售、音乐活动交流、乐器新品研发、创业创新服务六大功能。基地挂牌后，黄桥启动了实施“全国音乐教育服务联盟黄桥示范基地”项目，从中小学校定制产品、教材教案引进和编制、音乐师资培训、音乐教育实践基地等方面制定具体规划。8家文化企业与8所艺术学校现场签约，达成校企合作协议。江苏凤灵乐器集团与省戏剧学校也成功签约。

（四）吉他出口内销格局转变，企业抱团发展

2016年，面对出口内销格局转变，外资品牌先入为主，企业生产成本上涨，受众文化消费需求提升，各种要素倒逼吉他制造企业从OEM代工模式转型，在内销市场开始自主品牌创建，促成吉他制造企业重新布局。2016年底，惠阳吉他行业协会成立，100多家企业抱团发展。据惠阳吉他行业协会的统计，目前惠阳吉他企业共创立了120多个自主品牌，吉他及相关企业200多家，从业人数达3万多人，其中，国内一线品牌就超过了10个，在品牌创立过程中，惠阳汇聚了一批吉他设计、研发、生产、销售人才，吉他产量占全国60%，占全世界25%，尤克里里占全国销量的80%，世界90%的吉他品牌也都是在惠阳加工制作。面对惠阳吉他配套产业链的区位优势，重组惠阳旅游、文化、教育多元产业要素，惠阳区委领导班子正式启动惠阳特色吉他小镇产业规划战略布局，选址惠阳秋长镇开发特色吉他产业园区，涵盖吉他配套产业链加工制造、乐器展示、音乐教育、文化教育和电商物流多种职能。惠阳区位借助此次艺术节的举办，积极筹备申报“中国吉他小镇”，并在吉他产业聚集区的秋长街道规划建设惠阳吉他产业综合展示中心。

（五）手工工艺提琴制作 诠释大国工匠精神

2016《政府工作报告》中，首次提出了“工匠精神”一词，工匠精神也是制琴师必不可少的精神。经过近30年来的发展，我国手工工艺提琴的制作水平整体提升较快，在世界范围内已经达到中上等水平，国际提琴制作比赛频频获奖。2016年5月，由中国乐器协会、中央音乐学院联合主办，北京市平谷区中国乐谷、中央音乐学院提琴制作研究中心与中国乐器协会提琴制作师分会承办的第三届中国（北京）国际提琴及琴弓制作比赛在京举办。中国提琴制作师再次闪耀国际舞台，一举囊括了小提琴、中提琴、大提琴制作及中提琴琴弓制作金奖。由此可见，从工艺技巧层面来看，中国的制琴技术已经达到一定水平，但在文化层面特别是艺术修养上与世界先进水平仍有差距。提琴制作是一门涵盖了雕塑、美术、建筑等诸多领域的综合艺术，需要琴师具备很高的文化积淀和修养，这应该是未来中国手工制琴的一个努力方向。

三、存在的问题和解决办法

（一）红利优势逐年下降

由于提琴属手工密集型生产，近年来提琴市场近于饱和，工人工资成本不断提升，提琴利润越来越小。在各种生产压力的倒逼下，企业要适应新常态，把加快推进转型升级放在首位，继续深化调整产业结构，提升文化附加值，全面增强产业核心竞争力。与此同时，在这样的不利环境下，企业应充分利用国家、省、市出台的各项产业政策和优惠条件，加入到产业园区发展。

（二）小微企业抗风险能力较弱

除去纯手工提琴工作室及规模化工业提琴企业，对于小微弦乐器制造企业来说，缺乏自主品牌、出口依赖度高、创新能力差等问题，直接导致抗风险能力较弱。因此，对于这样一批劳动密集型的，无法规模生产的小微企业，合作打造区域品牌无疑是最为快捷的方式。与此同时，培植产业集群，以产业链带动文化产业发展提速——推动弦乐器文化产业多元集聚、分类发展，规范制造工艺，加快推进乐器制造转型升级，为小微企业搭建一个平稳发展的平台。

（三）文化人才相对匮乏

弦乐器制作做大做强产业，关键在人。实施人才兴企战略，培育造就一支阵容强大、结构合理、富有创造力的文化产业专业人才队伍。加强与大专院校、科研院所、科技部门的联系，重点引进高级技师。加大培训力度，提高所有乐器企业的制造工艺水平。通过当地政府和行业协会，把中国提琴文化示范基地、提琴科技创新产业园区与提琴制造产业园区三者进行有机的融合，形成以产、学、研相结合，科、工、贸为一体的国际化产业模式。

电鸣乐器篇

2016年，面对内销与外部市场环境波动要素，电鸣乐器企业立足科研创新，积极布局人才培训体系建设，依托校企联合有效开拓院校市场，依托国内院团、名家资源，通过创意策划文化演艺活动，以及组织乐器赛事，不断创造乐器消费文化亮点。在践行科技与教育文化双轮驱动战略上，取得卓有成效的市场和社会业绩。

一、2016年电鸣乐器行业运营数据

2016年，电鸣乐器行业累计产成品2.33亿元(占14.42%)，增长14.29%；累计主营业务收入73.89亿元(占18.83%)，增长5.1%，累计主营业务收入利润率为10.83%，同比增长7.06%；累计利润总额8.01亿元(占27.69%)，同比增长12.53%。从分类乐器市场增速看：国产电鼓年产量242027架，出口量227629架，产能和销量增幅位居首位，市场潜力前景可期；数码钢琴增幅位居第二，年生产总量为702299架，出口量为367425架。产品主要面对家庭娱乐消费市场，替代部分传统钢琴消费份额；电子琴产量为622886台，出口量为407375台。相对前年产能下降在7%～10%，原因在于受众对产品消费需求提升，消费注意力转向数码钢琴所致。当前，电子琴产品流通渠道主要依托教育系统招投标项目。

2016年，全国乐器行业累计亏损面为7.88%，同比下降2.49%，电子乐器亏损企业2家，比上一年减少2家，低于同期全轻工行业亏损面平均水平（9.31%)。从子行业看，电子乐器亏损面高于乐器行业平均水平，亏损面为11.68%，同比下降2.92%；电子乐器亏损额246.5万元(占1.76%)，同比下降71.65%。2016年，全国乐器行业累计出口额15.71亿美元，同比下降7%，各子行业出口均呈下降态势。电子乐器累计出口额5.21亿美元，占乐器行业出口额的33.16%，同比下降1.26%；电子乐器累计出口

交货值29.98亿元(占25.75%)，同比下降9.21%。电子乐器进口额3859.99万美元，占10.33%，同比增长33.62%。

二、2016年电鸣乐器行业总体运营特征

强化行业合作交流，布局人才培训体系建设。2016年，为布局电鸣乐器全年工作，电鸣乐器分会年会于4月26日在上海召开。电鸣乐器分会会长盛子斐，副会长范廷国、张小川、柯韵岳、张琳，上海得理公司总经理葛新华以及来自各会员企业代表共30余人参会。中国乐器协会副理事长王松美到会并讲话，并对电鸣分会换届新班子提出三项要求：一是要重视发展新会员，努力扩大工作范围和影响力；二是结合行业实际，突出行业特点，围绕协会近期音教服务联盟、科技合作平台和职业技能培训认证等工作重点积极开展活动；三是及时代表行业反映企业诉求和典型经验，积极参与协调解决行业共性问题。

会议主要议程围绕行业新技术交流及职业技术培训教材编制展开。得理上海公司分享“傅里叶分析软件测乐器音准”研发目标，并与国外同类产品核心参数、效果、价格、应用范围进行综合对比，旨在突破电鸣乐器音准测试不稳和价格瓶颈。蔚科科技做“效果器的研发与市场推广”专题讲座，提出借鉴知名品牌成功经验，拓宽品牌市场推广思路；其次，为电鸣行业职业技能培训做前期准备，会议强调编写教材工作重要性和迫切性，布局电鸣乐器分会全年工作推进表。

（一）强化科技合作交流，致力MIDI技术研发

2016年，面对移动互联技术的普及应用，MIDI技术应用领域随之拓展，为电鸣乐器企业带来创新发展前景。在中国乐器协会七届三次常务理事（扩大）会议暨科技研讨会举办之际，国内电鸣乐器龙头企业针对MIDI技术的研发与应用前景展开专题探讨。得理电子（上海）有限公司总经理葛兴华介绍，当前MIDI包括蓝牙技术应用开发已出现跨界现象，电子乐器互联互通涵盖手机、ipad移动终端，为用户音乐创作提供更大空间。MIDI技术进入中国起步较晚，MIDI技术运用相对紊乱。随着乐器协会创办MIDI技术工作委员会，致力于规范行业和加强国际交流，将为乐器企业提供更多技术扶持。吟飞科技（江苏）有限公司副总经理娄伟明表示，MIDI技术作为数据传输格式，主要运用于音频通讯技术，以及电脑周边音频器材技术开发。当前，MIDI技术开发主要体现在音频相关软件的开发与应用。同时，MIDI技术产品与移动设备进行跨界融合，出现了USB MIDI和蓝牙音频传输技术。上海乐兰电子有限公司董事长程建铜认为，电子乐器的商业化从半导体到电子管，再到移动终端设备，其商业化路径不过80多年。1983年,全球统一MIDI技术标准后，电子乐器技术发展突飞猛进，电子乐器与民族乐器的融合成为乐兰中国考虑的方向。

（二）校企联合，整合开拓音教、演艺文化市场

2016年，面对内销乐器消费市场竞争日趋激烈态势，国内电鸣乐器企业一面强化自主技术研发，一面主动积极参与院校、文化演艺市场的培育建设工作，有效地完成了品牌文化渗透各项工作。首先，吟飞科技与沈阳音乐学院作曲系联合创办吟飞电子音乐教学中心，遵循共赢发展理念，吟飞公司成为沈阳音乐学院作曲系的社会实践基地。为促进双方更深入合作，促进电子音乐专业的发展和普及，双方达成协议定期合作电子音乐创作比赛，电子键盘音乐会，以及定期开展MIDI应用与创资培训的计划。8月5日，第五届“吟飞”国际电子管风琴大赛在常州举行，比赛历时4个月，在全国设立了7个分赛场，吸引国内28个省市、1300余名选手参赛，借助品牌赛事，吟飞科技有效推动我国电子管风琴的普及。赛事高标准、重内容、广交流，彰显乐器企业回馈社会、服务大众的奉献精神。

不仅如此，珠江艾茉森数码乐器岁末亮相中国城市天使“韩妃杯”广东赛区总决赛现场。珠江艾茉森数码钢琴F-70被制定为选手赛事用琴，珠江艾茉森更是为本次活动提供专业数码钢琴作为总决赛参赛选手的奖品，依托赛事推出数字音乐6+1教室的教学理念。不断进行技术创新，制造出更高品质的数码乐器产品。10月25日，借助上海国际乐器展平

台，蔚科科技2016上海国际乐器展暨新品发布会在沪举行，宣布中国摇滚乐先锋唐朝乐队吉他手陈磊加入NUX乐器合作艺术家行列。可以说，依托科技创新，电鸣乐器企业不断整合院校和演奏家资源，频频创造品牌新闻热点，有效激发大众国产品牌的消费信心。

（三）智能化产品推进，创造电鸣乐器增量市场

社会音乐教育与互联网技术跨界融合后，吸引资本市场关注，延伸出的器乐文化消费市场。依托音视频一体化技术，涌现出电子乐器与移动互联网结合的成功案例。如得理电子（上海）有限公司推出的自主研发“友鼓”系列智能架子鼓教学软件。采用多媒体教学理念和手段，从而解决传统架子鼓教学中长期存在的诸如“教学模式单一”“练习难以自检”“进步难以量化”“练习环境要求高”等一些难点，采用游戏化教学模式，降低学习门槛，提升学习趣味性。服务对接普及类音乐教育及培训机构，开设音乐教学项目的早教中心。

遵循音视频一体化技术的研发理念，罗兰数字音乐教育集团立足自主知识产权的教学软件研发，完整且多样的课程设置，依托创新且专业的网络平台，实现跨地域的跟踪管理和教学、跟踪、交互的ISM教学系统，创造以科技性、趣味性、交互性为主导的全新音乐教育模式。目前，ISM系统已经覆盖了全球60多个国家和地区，使众多音乐学习者享受到了美好、愉快的音乐生活。综观智能器乐的发展趋向，无论罗兰、美得理还是蔚科，它们都是智能化教学的尝试者和受益者，在如今的网络时代，智能音乐教学模式不是要颠覆传统，而是在传统的基础上做增量。在当下的互联网时代，数字音乐教育创造很好的消费“增量”。

三、电鸣乐器产业未来展望

综观2016电鸣乐器行业发展趋势，国产电鸣企业立足科技创新，跨界整合院校、演艺资源，扎实推进自主品牌创建。但电鸣乐器分会会长盛子斐表示，当前，MIDI键盘在国外市场销路不错，但在国内市场推动乏力。相信随着民众音乐文化素养的提升，MIDI键盘市场会有良好发展前景。电子合成器功能高于MIDI键盘，尽管内销市场销量有限，但得理电子依然坚持自主研发路线，领跑电鸣乐器研发前沿领域。当前，国产MIDI键盘质量标准已与国际同步，建议国家教育职能部门立足素质教育，为普通中小学配备MIDI键盘，激发儿童音乐编曲和创作能力，同时呼吁音乐高校招投标积极扶持国产电鸣乐器。

面对未来乐器市场，数码电鼓消费市场将有显著增幅，数码电钢同样前景可期，若二三线城市招投标项目顺利，预计电子琴市场会有小幅回升。当前，电鸣乐器行业面向社会音乐教育，网络化和智能化成为行业主体发展趋向，兼顾音视频一体化技术、线上线下融合的APP趣味教学模式，以及相关配套产品将逐步占据相当市场份额，产品覆盖少儿和成人音乐消费市场。

材料配件行业篇

一、2016年行业运营数据

2016年，其他乐器及零件工业产值7.14亿元(占6.13%)，同比下降31.25%；累计产成品1.74亿元(占10.77%)，增长21.31%；主营业务收入58.42亿元(占14.89%)，增长5.08%；累计主营业务收入利润率为5.44%，同比下降12.83%；其他乐器及零件累计利润总额3.18亿元(占10.99%)，同比下降8.41%。

2016年，全国乐器行业累计出口额15.71亿美元，同比下降7%，各子行业出口均呈下降态势。其他乐器及乐器零附件累计出口额4.86亿美元，占30.95%，同比下降7.42%；2016年，全国乐器行业累计完成进口额37382.75万美元，同比增长10.43%；其他乐器及乐器零附件进口额1.19亿美元，占31.91%，同比增长3.02%。其他乐器及零件亏损企业1家，比上一年减少2家，亏损面仅为2%，同比下降2.04%，累计亏损额1.8万元(占0.01%)，同比下降96.12%。

二、2016年行业运营特征

（一）全球乐器产业链分工显著，工艺标准化成行业发展关键议题

2016年，全球乐器产业链分工合作趋向越发显著，中国作为乐器制造大国，材料配件行业在全球钢琴产业链上游，担负起核心零部件的研发制造，以及向下游钢琴组装企业提供配套服务的核心职能。相关龙头企业的增速逐年提升，为材料配件行业发展起到积极促进作用。当前，传统钢琴马克的标准以雷诺击弦槌为标准，如何从理论技术上进行键盘传动力的研究，需要国内企业深入研究。近年，国内传统钢琴市场趋于饱和，具有传统钢琴键盘的数码娱乐钢琴，创造了潜在创新消费市场，传统钢琴与电子乐器进行对接，采用批量标准化的生产模式，将创造的市场价值不可限量。

中国乐器协会材料配件专业委员会会长罗建峰表示，材料配件标准化成为行业健康发展关键议题，制造工艺标准标准化程度不达标，势必造成下游制造工业不必要的资源损失与浪费，不利产业健康发展。专业化分工遵循社会资源的合理分配规律、成本优势、集成化作业，构成推动产业进步的主导因素和力量。随着产业链上游针对音源设计和零配件加工工艺的标准化推进，影响钢琴声学品质的关键转向钢琴零配件组装，以及钢琴音色整理工艺的精细化控制环节，行业需要倡导精细化流程控制和经济新常态下的大国工匠精神。

（二）推进声学木材研发基地工作，强化音源产品设计核心竞争力

2016年，受技术瓶颈、过剩产能和成本挤压影响，产品升级、调整结构和差异化竞争成为行业共识。作为规模企业，川雅木业肩负“全国声学木材研发基地”的科技平台作用，从产品策划设计源头为行业提供产品技术解决方案，将自身的软技术服务能力转化成为用户的竞争软实力，有序开展钢琴、吉他等共鸣盘系统产品的设计定制服务和钢琴整体技术服务。首先，川雅木业立足名琴声学品质与声学特色立场，描绘核心音色音质，基于名琴的设计构思与工艺技术认识，理解核心品质品位；其次再结合当前的材料、配件、产品性态与制造技术，对现行产品进行改良设计和新产品开发设计，提出共鸣盘系统和部品技术要求，提供产品与技术，从根本上塑造钢琴音质；第三，通过严格选材用材，精密制造每个零件部品，提供从零件—部品—共鸣盘系统—整装—调整的产品及其技术服务，直至实现完美音质。

川雅木业有限公司总裁张华君表示，包括吉他、提琴、竖琴等西乐，古筝、琵琶、扬琴、箜篌等民乐完全可以采用“构建钢琴音质”的方法和手段达到提升声学品质目的。木材的选择一定要深入研究木材学原理，对树种具有清晰的认知，同时要找到树种的发源地，从而求得上佳材质的乐器用材。同时，要对材料进行科学认知，在仪器测量分析的基础上，同样要对木材的声学特性形成感官认知。木材切割、选材、配板要以实验室理论为支撑，同时要手眼并用，从木材外观上分析木材的等级。木材的干燥从制造到消费使用，涵盖全产业链的工艺和维护问题，包括钢琴音板的弦列设计、音板成弧技术，与钢琴声学品质有这至关重要的影响，需要国内钢琴企业进行深入的学习与研究。

二、行业存在问题及展望

当前，虽然材料配件行业立足全球乐器产业链上游，以规模化优势参与产业链的分工合作，但也面对着发展中无法规避的产业矛盾问题：（1）产业结构配套单一，制造工艺标准化亟待完善，高新技术产品欠缺且附加值不高；（2）原料价格上涨，企业利润空间受到挤压；（3）随着国家绿色发展理念出台，企业环保成本逐年增长，材料配件企业面对设备与技术变革，又将面临设备与技术资金投入；（4）高品质原料仍依赖进口。钢琴所用琴钢丝、羊毛毡依然依赖德国进口，国内大量化工胶水依然需要日本进口，国产原料还无法与国外抗衡。

当前，我国钢琴配件行业发展受下游钢琴整机的市场影响较大，企业必须与下游市场发展趋势相适应，及时调整产品结构和研发方向，不断推出符合市场需求的新产品、新技术，从而在激烈的市场竞争中立足。中国乐器协会材料配件分会会长罗建

峰表示，材料配件行业在未来若干年内，如果在企业构架和运行机制、产出结构、产品内在和外延的品质、产品社会进步成本（包括劳资成本、环境风险成本等）预提等方面能有所突破的话，未来10年当是制造业发展的黄金期。

西管打击乐器篇

2016年，西管和打击乐器行业取得了不错的发展，产品品质、技术水平、品牌附加值都有明显提升，国际交流与合作也有很大进步。与此同时，幼儿启蒙和成人音乐教育持续升温、各大文艺团体汇演丰富多彩、越来越多的学校组建了行进乐队，这都为西管和打击乐器产业提供了更广阔的发展空间和持续动力。

一、2016西管打击乐器主要运行数据

据中国乐器协会对西管和打击乐器骨干企业生产的主要产品产量调查显示，2016年，全国西管打击乐器生产总量略有下降，全年产能下降3.75%左右，小号、萨克斯、长笛、单簧管、中低音号产能均呈现良性增长态势，爵士鼓产能有小幅收缩，处于基本持平状态。

据海关总署数据显示，2016年我国西管和打击乐器出口情况相似，出口量增长,但出口额现下行，出口单价有所下调。其中，西管乐器全年向113个国家和地区出口打击乐器75.08万件，同比增长13.32%；出口总额8315.27万美元，同比下降6.84%。美国依然位于西管乐器主要出口国之首，出口量及出口额占比均超过30%，出口西管乐器23.74万件，同比增长20.22%，出口额3304.16万元，增量小于出口量，仅为3.21%。与出口情况相反，2016年中国从世界21个国家和地区进口各类西管乐器5982件，进口量略有下降，同比下降0.65%，但进口额452.47万美元，增长了25.75%，进口单价涨幅较大。主要来自为美国、台湾和日本，其中，日本的进口量现下行，但进口额反增45.67%。

海关数据显示，2016年打击乐器全年向148个国家或地区出口970.82万件，同比增长6.26，出口额1.26亿美元，同比下降9.10%。其中，美国、德国、日本成为主要出口国，出口量占比35.88%。进口方面，中国从48个国家或地区进口打击乐器，进口量139.88件，同比增长64.10%，进口额1796.01万美元，同比增长26.23%。

2016年，打击乐器中仅鼓的专利发布共计33项，其中，发明专利6项，实用新型专利14项，外观设计专利13项，均较2013年有所增长，企业研发创新能力逐年提升。

二、西管打击乐器行业总体运行特征

（1）2016年，我国西管和打击乐器生产地区有了进一步扩大，从集中在京津冀鲁地区开始向南方扩大。一些重点生产企业正在从单纯生产西管或打击乐器向多品种生产转变。另外，一些在华的外资生产企业也采用收购或者与国外著名品牌合作等方式，扩大企业经销范围和影响力，不断寻找支持经济的新增长点。

（2）一直以来，我国西管和打击乐器产业对国际出口依存度较高，在国际环境发生变化时，主观能动性较弱，发展遇到“瓶颈”。为了应对国际国内市场的变化，近年来，国内西管和打击乐器企业不断在加快企业结构和产业结构调整，一些大型企业初见成效，但中小企业效果甚微。2016年，经行业调研梳理发现，河北、山东等一些倚重出口的小企业，经济表现均显出“疲态”。短期来看，要改变长期倚重的发展模式，一些中小企业还面临着较大的困难。但在全行业调整经济结构的主基调推动下，企业向中高端转型升级将是大势所趋，不论大中小企业，转型升级已然成为当下面临的紧迫课题。

（3）近年来，“中国制造”的西管打击乐器因高性价比“优势”，受到国际市场的青睐。但是，人民币升值，原材料涨价，劳动力成本不断攀升等问题继续制约着西管打击乐器产业的发展，“中国优势”已“魅力”缩减，产业转移显露端倪，一些国际大牌公司把目光转向制造成本比中国更低的国

家和地区，“印尼制造”“越南制造”的西管打击乐器已经相继出现在国际市场。对此，中国西管打击企业应引起重视，要研究如何确保“中国制造”在国际市场的优势的可持续性。

（4）随着幼儿启蒙音乐教育市场不断升温，为儿童打击乐的发展培育了无限的市场空间。相对于传统的一对一教学，集体课受到越来越多的追捧，各类儿童打击乐器被广泛使用在课程中，产销量增长较快。集中在河北廊坊一带的儿童打击乐器制造企业，已形成特色产业区域，但企业规模都不大。与此同时，电鼓的学习热度持续升温，包括罗兰、柏斯、九拍、于斯等音乐教育机构都推出了电鼓的线上和线下课程，新研发的课程和学习模式寓教于乐，迎合了市场的需求。与传统打击乐器相比，电子打击乐器的技术含量和产品附加值较高，市场前景很好，因此发展潜力更大。

（5）各西管打击乐器企业积极进行大胆的尝试，将品牌文化渗透到各类相关的音乐活动中，对品牌进行营销，培育市场口碑，赞助了国内大中小学乐队及各类艺术节、举办行进管乐师资培训及比赛，品牌效应凸显。与此同时，各主要骨干企业通过加强校企联合，特聘各大音乐院校知名教授，签约一线演奏名家，面对面交流，既让演奏家了解当前国产西管打击乐器的水平，支持国产乐器的发展，也让企业了解演奏家对乐器的需求以及国产乐器的不足之处，经过不断地研讨改进，逐步缩小与发达国家西管打击乐器的质量差距，最终提升品牌文化附加值。

三、2016西管打击乐器行业展望

近年来，我国西管和打击乐器制造企业清楚的认识到，国际市场回暖乏力，出口微幅盈利，面对经济下行压力，企业只有向中高端转型升级，开扩国内市场，打造最具识别度的自有品牌，才能是支持产业发展的新增长点。

然而，随着“中国红利”的逐年减弱，产业面临转移，如何恢复中国优势，努力降低制造成本，着力优化产品结构，以具有竞争力的价格向消费者提供高质量的产品及时满足用户日益增长的需求才是有效方法。与此同时，节能环保要求也在不断提高，如不尽早部署和规划，史上最严环保法下，企业的未来发展将举步维艰。

展望2017年，随着西管和打击乐器受众群体品牌消费意识增强，中高端产品消费逆势升温的趋势，企业应针对这一市场需求变化，迅速做出反应，加快调整产业结构，满足当下市场的新需求。中国西管和打击乐器品牌正在阔步迈向从制造到创造的中高端前进。

手风琴、口琴篇

一、2016手风琴、口琴主要运行数据

手风琴方面，据中国海关出口量值统计，2016年，全年手风琴及类似乐器出口394797架，较2015年出口349983架同比增长12.8%。出口金额13039048美元，较2015年14975268美元同比下降12.93%。出口前10位分别是美国、德国、墨西哥、韩国、哥伦比亚、智利、乌拉圭、巴西、阿根廷和巴拉圭。

据中国海关进口量值统计，2016年，全年手风琴及类似乐器进口765架，较2015年1203家同比下降36.41%；进口金额296169美元，较2015年343189美元减少13.70%。进口前10位国家分别是意大利、德国、朝鲜、俄罗斯、塞尔维亚、荷兰、墨西哥和比利时。

口琴方面，据中国海关进口量值统计，2016年全年口琴进口76810只，较2015年32221只同比大幅增长138.38%；进口金额714689美元，与2015年进口435139美元相比，同比增长64.24%。进口前5位分别为日本、德国、新加坡、中国（转口）、印尼。

2016年全年口琴出口4999111只，较2015年出口5964965只同比下降16.19%；出口金额10455534美元，较2015年11780163美元同比下降11.24%。出口前10位分别是美国、日本、德国、韩国、比利时、土耳其、印度、英国、巴西和智利。

二、2016手风琴、口琴主要行业活动

伴随我国产业转型升级和供给侧改革，全国乐器标准化技术委员会根据手风琴行业科技创新需求和地方质量技术监督局的申请，决定成立手风琴标准化工作组。2016年8月10日，全国乐器标准化技术委员会手风琴工作组成立会暨第一次全体会议在江阴召开。会议得到江苏省和无锡市质量技术监督局以及江阴市政府与主管部门的大力支持。

全国乐器标准化技术委员会主任曾泽民、副主任张小川、秘书长王伟，江苏省质量技术监督局副局长张前、无锡市质量技术监督局副局长胡宏、江阴市副市长唐仲贤等领导出席会议。组长由协会手风琴专业委员会会长时建明担任，副组长曹振民、秘书长王伟、副秘书长缪庆平，成员由手风琴制造业、专业院校和北京乐器研究所等专家13人组成。该工作组在行业专家基础上，聘请了上海师范大学音乐学院李聪教授，南京师范大学音乐学院管科亚副教授、南京艺术学院音乐学院莫祎老师、江阴职业技术学院许洪龙副教授以及国家轻工业乐器质量监察检测中心贾岳主任等专家。体现了产业链和科研院所跨界融合。

8月，2016“金杯之声”草原琴韵艺术节顺利举行。此次艺术节由内蒙古自治区、甘肃省、河北省、山西省音乐家协会及江阴金杯安琪乐器有限公司主办，历时5天，内容丰富，色彩纷呈。有专家讲座、手风琴专场音乐会、手风琴教学示范课、合奏、重奏、独奏、生产厂商与教师座谈会、手风琴的日常维护和检修、户外亲子活动、篝火晚会、参观乳制品企业、支持大学生创业签约仪式等。中国音协手风琴学会李聪会长发来贺词。

2016年12月25日圣诞节来临之际，“琴声朗朗”——天津市手风琴专业委员会两周年庆祝郎朗少年手风琴乐团新年汇报音乐会在天津金湾大剧院拉开帷幕。手风琴专业委员会领导出席了音乐会。华韵乐器集团董事长罗松森，总经理罗金琦出席并观看了演出。

2016年12月12日，中国乐器协会口琴专业委员会年会暨六届二次会议于在福建宁德召开。中国乐器协会秘书长陈晋武、中国乐器协会口琴专业委员会会长周伟仪及十余家口琴制造企业出席会议。会议由副会长陈滔主持。六届二次会议由上海凯恩乐器有限公司承办，并得到了福建宁德口琴会的大力支持和配合。

会长周伟义简要总结了2016年口琴专业委员会所做的工作和所属口琴工厂取得的成绩。周伟义指出，口琴专业委员会向会员单位认真传达乐器协会召开的理事会议精神，学习讨论协会的主要工作，并进行贯彻落实，配合协会做好行业、企业协调工作，积极做好口琴行业创优活动及五十强的推荐评选工作。

与此同时，各个企业积极研讨科技进步，不断推广口琴新技术、新设备的运用，开发出很多新品，产品质量不断提高，部分企业和国外的产品差距已经越来越小。周伟义在总结中还表示，根据中国乐器协会提出的要开展音乐教育联盟的要求，口琴专业委员会积极配合各会员单位支持关心口琴音乐教育事业，支持和赞助口琴团体组织开展口琴活动，积极宣传和传播口琴音乐文化。秘书长孔文忠传达了乐器协会音乐教育联盟工作会议精神，并介绍了华夏口琴艺术节的有关情况。中国乐器协会秘书长陈晋武在会议中认真听取了大家对协会和专业委员会的工作意见和建议，并在讲话中对口琴专业委员会一年来的工作表示肯定，并对今后的工作提出指导性意见，要求大家围绕科技进步和音乐教育这个主题展开工作。他分析了乐器生产的形势和未来发展趋势，同时对口琴专业委员会的工作提出希望和要求，希望口琴专业委员会要团结更多的口琴行业来开展活动。会议还举行了口琴企业向宁德口琴会赠送口琴的仪式。

12月11号晚，与会代表参观宁德口琴会霍童溪口琴基地，欣赏了宁德口琴会的口琴演奏，观看了宁德口琴会发展成长的影像资料。宁德口琴会在当地政府的大力支持下发展较快，在开展口琴音乐教育、口琴培训及普及活动取得了一定的成果。据悉，宁德口琴会是我国目前少有的口琴考级资格的口琴会，并通过福建省音协颁发口琴考级证书。

三、2016手风琴、口琴行业运行特征

首先，科技创新合作仍是手风琴行业关注重点，特别是不断强化簧片的技术创新及应用。全国手风琴簧片研发基地自成立以来，在手风琴簧片研究、实验、工业制作方面都取得了长足进步。特别是近三年以来，簧片研究所积极与南京大学声学研究所、意大利斯康达利公司合作开发K簧片以及新型小型化手风琴，与北京乐器研究所、常州吟飞科技有限公司联合开发电子手风琴，自主研发电声手风琴，都取得了一定的进展和成果。2016年9月，申请成立了“全国乐器标准化委员会手风琴工作组”，秘书处设立在江阴金杯安琪乐器有限公司，得到江苏省及各级政府主管部门的高度重视。目前，手风琴市场呈现“橄榄形”特征，高端和低端手风琴市场容量并不很大，而国内中端手风琴市场需求庞大，这将是簧片研发基地的重点市场突破口。

手风琴从20世纪50年代初开始在中国蓬勃发展，在六七十年代达到顶峰。成千上万的人都在拉手风琴，文工团和部队都有专职手风琴手，社会上到处都有手风琴培训班，中小学音乐课堂里乐器也都是手风琴。80年代末90年代初是中国手风琴的又一次高潮，那个时期手风琴演奏趋于专业化，很多演奏家到国外进修和交流，又回国推动手风琴艺术，并在北京、上海等地组织手风琴学习班、创办手风琴专修学校。反观当下，曾经是那么富有生命力和艺术感染力的手风琴却跌落到了低谷。究其原因，无外乎受到功利因素、经济因素、社会文化因素、职业发展因素、认识水平因素等几个方面的影响。

其次，音乐教育普及是手风琴今后应重点侧重发展的方向

手风琴根植于民间艺术的，真正是大众享有的艺术。手风琴的优点不胜枚举：易于携带、和声丰富、音色多样、音量宏大、不受场地限制、独奏有韵味、合奏有气势、伴奏又灵活，在欧洲等地区至今仍是伴随人们娱乐的主要乐器。随着我国社会经济文化的发展，人们学习音乐的选择面拓宽，表面上分流了学生，但根源还是手风琴普及教育的立足点逐渐偏离了大众文化，没有及时调整手风琴普及教育的框架结构。

要改变我国手风琴届的现状，关键在于能否赢得大众的喜爱，大众的喜爱就是手风琴事业的生存土壤。因此，手风琴普及教育的框架就是要明确地建立在大众文化之中，离开人民大众的喜爱，手风琴就失去了发展的根基。国内手风琴生产企业要获得发展，必须冷静思考，沉着应对。一方面要努力摆脱国内手风琴市场的冷清局面；另一方面，要积极开拓国际市场，及时调整产品结构，顺应国际市场对于产品型号款式的需求变化。

四、2017手风琴、口琴行业展望

市场是需要培育的，也是可以培育的。国内手风琴生产企业要想获得发展，必须跳出生产销售的小圈子，参与到培育市场的工作中去。积极利用各种形式传播手风琴艺术。

一是与全国各大音乐院校、音乐机构合作，加强手风琴师资培训，扩大师资队伍。教师是手风琴市场做大的核心，没有众多教师的直接参与，发展手风琴市场就是纸上谈兵。

二是赞助举办手风琴的活动，诸如专业赛事、音乐会等。活动参赛人数的规模，人员的专业与业余的结合，老、中、青、少的结合来看，手风琴生产企业赞助赛事是一种推动手风琴文化的事业发展的强大动力。生产企业要放远目光，舍得眼前投入。

三是产品的研发和技术创新应更加适应个人师生和手风琴爱好者的需求，使产品更加人性化、市场化。手风琴企业通过新品展出赢得市场。这些品质优良、外观漂亮、使用灵便、重量轻巧的新款手风琴受到了专家的肯定和爱好者的喜爱。手风琴生产企业要紧跟市场，改变思路，而不能“闭门造琴”，需积极参与手风琴市场培育工作，通过多种途径和方法，推动中国手风琴文化事业的发展。

专 题

2016年我国乐器行业经济运行报告

重点提示：

● 241家规模以上企业累计完成主营业务收入392.33亿元，同比增长7.56%；出口交货值下降5.17%；应收账款净额下降1.97%；产成品存货增长8.90%；流动资产净值平均余额增长8.15%；主营业务成本增长6.88%；利润总额增长10.67%；主营业务收入利润率为7.37%。

● 全国乐器行业亏损企业19家，亏损面7.88%，亏损额同比减少2.46%；累计工业增加值增速为6.50%，同比减少2.6个百分点。

● 乐器行业进出口总额为19.45亿美元，同比下降4.09%，其中：出口额15.71亿美元，同比下降7%，进口额3.74亿美元，增长10.43%，贸易顺差11.97亿美元。美国继续成为我国乐器最大出口市场，占出口额的30.96%；日本仍为我国乐器最大进口来源国，占我国乐器进口额的30.38%。

● 对欧盟累计出口额3.76亿美元，同比下降3.50%，进口6764.74万美元，增长18.63%；对金砖国家出口额8031.33万美元，同比下降17.62%，进口1456.31万美元，增长15.11%。

中轻景气指数分析　处于“稳定”区间

据中国轻工业信息中心发布的2016年乐器行业中轻指数走势看，12个月运行均处于“稳定”区域内，但出现下滑态势。从分指标看，主营业务收入指数（96）、资产指数(105.26)和利润指数（90.29)一直处在稳定区域内波动；出口指数（84.57)从稳定区域跌入渐冷区域。

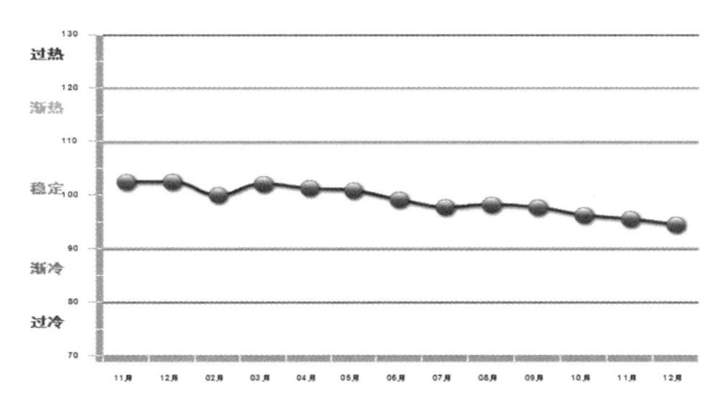

2016年乐器行业中轻指数走势

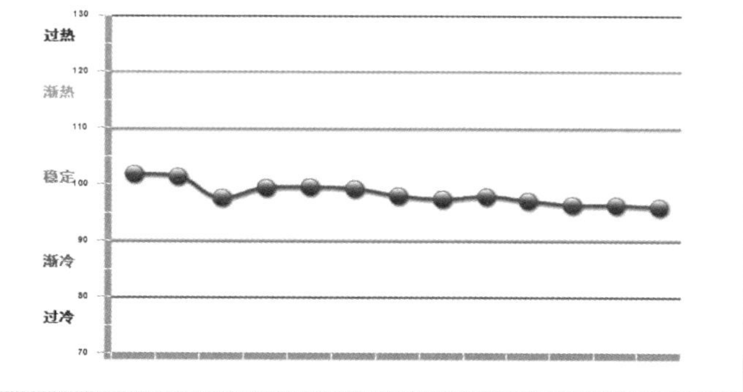

2016 年乐器行业主营业务收入指数走势

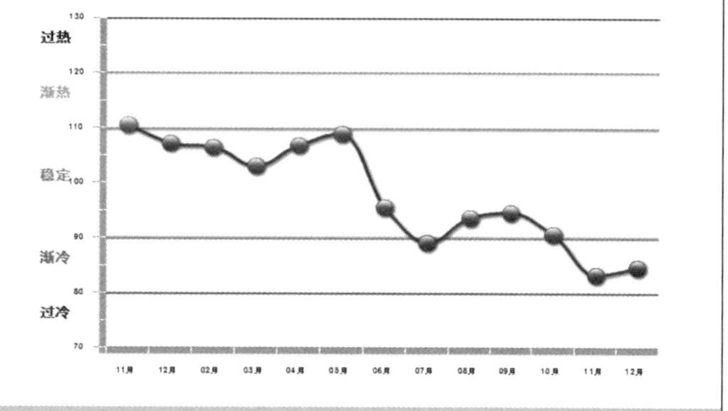

2016 年乐器行业出口指数走势

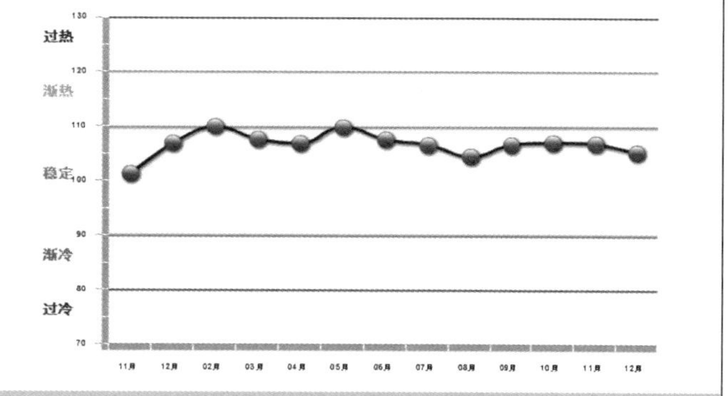

2016 年乐器行业资产指数走势

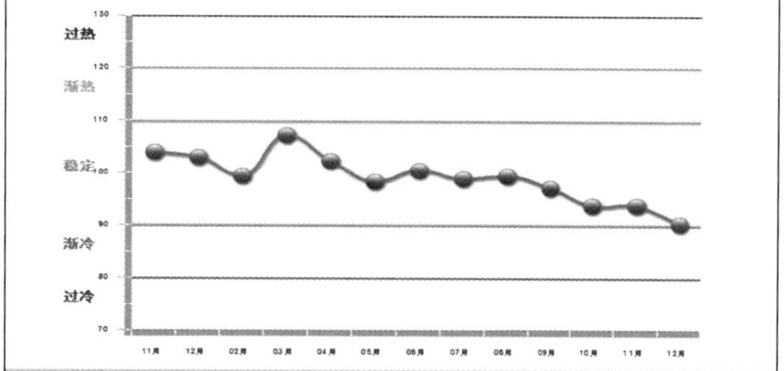

2016 年乐器行业利润指数走势

工业增加值增速6.5%　略低于同期全轻工行业

2016年，全国乐器行业累计工业增加值增速为6.50%，略低于同期全轻工行业6.53%的平均水平。从月度工业增加值增速看，4月份增加值增速最快，增速14.6%；11月份增加值增速最慢，仅为2%。

年份	累计工业增加值增速（%）	
	轻工行业	乐器行业
2013 年	9.88	4.60
2014 年	8.30	8.90
2015 年	6.33	9.10
2016 年	6.53	6.50

注："规模以上"是指年主营业务收入500万元及以上全部工业法人企业。2011年起为年主营业务收入2000万元及以上全部工业法人企业

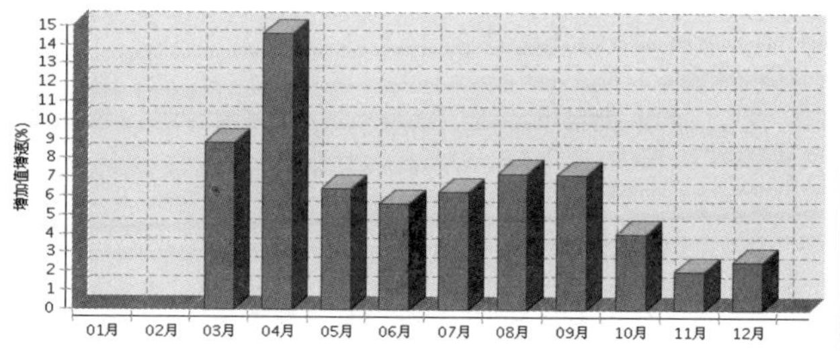

2016 年全国乐器行业月度增加值增速走势

出口交货值同比下降　呈先扬后抑态势

2016年，全国乐器制造行业累计出口交货值116.45亿元，同比下降5.17%。从月度走势分析，前5个月增长，自6月份起持续同比下降。其中，5月出口交货值增速最快，增长11.13%，而11月快速下降了15.08个百分点。

2014～2016年全国乐器制造行业连续三年月度增加值增速对比表

	02月	03月	04月	05月	06月	07月	08月	09月	10月	11月	12月
2014年	8.10%	11.30%	15.60%	7.90%	8.90%	3.20%	11.20%	9.80%	11.80%	6.90%	4.30%
2015年	3.70%	9.20%	5.50%	17.80%	6.70%	14.40%	6.30%	8.60%	9.20%	12.70%	8.30%
2016年	0.00%	8.80%	14.60%	6.40%	5.60%	6.20%	7.20%	7.10%	4.00%	2.00%	2.50%

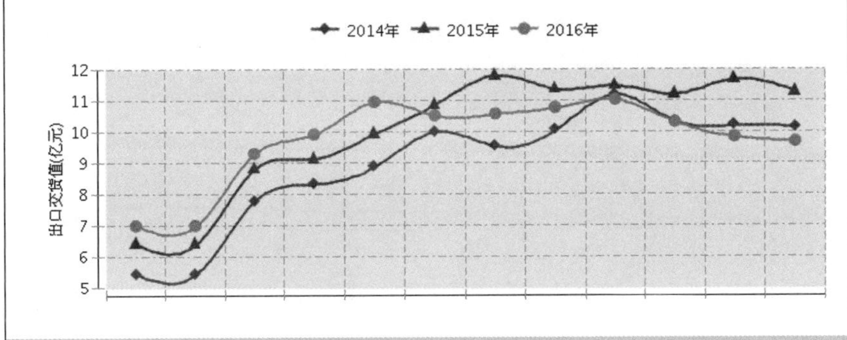

2014—2016年全国乐器制造行业连续三年月度出口交货值对比

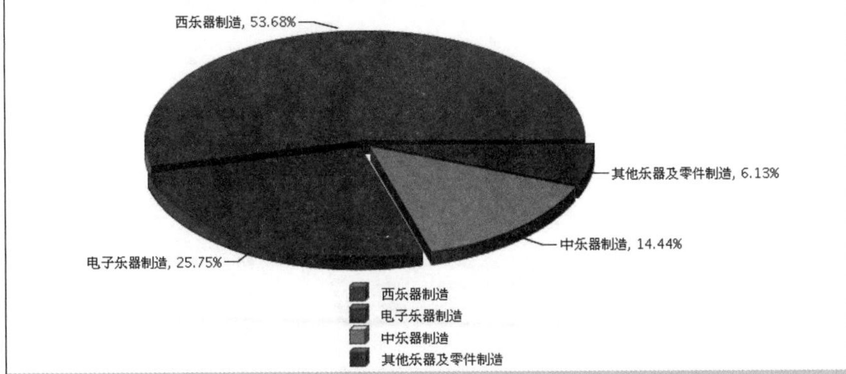

2016年全国乐器行业累计出口交货值子行业占比

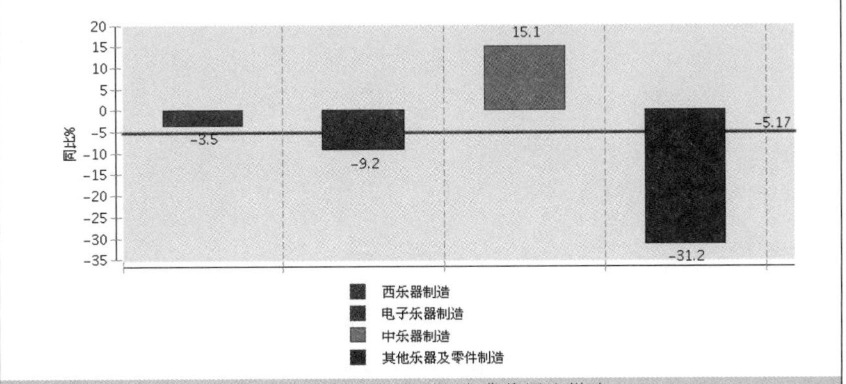

2016年乐器子行业出口交货值同比增速

从子行业来看，2016年，西乐器累计出口交货值62.51亿元(占53.68%)，同比下降3.51%；电子乐器累计出口交货值29.98亿元(占25.75%)，同比下降9.21%；中乐器出口交货值16.82亿元(占14.44%)，同比增长15.13%；其他乐器及零件7.14亿元(占6.13%)，同比下降31.25%。

天津、江苏省、广东省、河北省的出口交货值占比均在10%以上，2016年，天津市乐器行业累计出口交货值33.92亿元，占全国乐器行业的29.13%，同比下降0.88%；江苏省累计出口交货值19.1亿元(占16.4%)，同比增长8.56%；广东省累计出口交货值15.92亿元(占13.67%)，同比下降17.23%；河北省累计出口交货值13.84亿元(占11.88%)，同比下降4.5%。

产成品库存增长8.9% 月度走势波动较大

2016年，全国乐器行业累计完成产成品16.19亿元，同比增长8.90%。从月度走势来看，11月同比下降815.51%,12月产成品增长297.51%。

2016年中乐器库存同比下降，其他子行业均同比增长。2016年，西乐器累计产成品10.72亿元(占66.21%)，增长8.39%；电子乐器累计产成品2.33亿元(占14.42%)，增长14.29%；其他乐器及零件累计产成品1.74亿元(占10.77%)，增长21.31%；中乐器累计产成品1.39亿元(占8.61%)，下降6.95%。

主营业务收入保持增长态势 总体走势好于前两年

2016年，全国乐器行业累计完成主营业务收入392.33亿元，同比增长7.56%。月度走势均保持同比增长态势，总体走势好于前两年。

2016年，各子行业主营业务收入均保持增长态势，其中：西乐器占比过半，累计主营业务收入214.14亿元，占乐器行业的54.58%，同比增长8.35%；电子乐器累计主营业务收入73.89亿元(占18.83%)，增长5.1%；其他乐器及零件制造58.42亿元(占14.89%)，增长5.08%；中乐器45.88亿元(占11.69%)，增长11.35%。

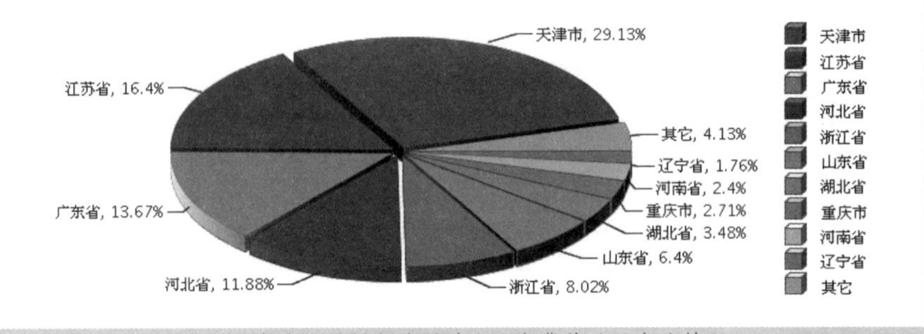

2016年全国乐器行业累计出口交货值地区占比情况

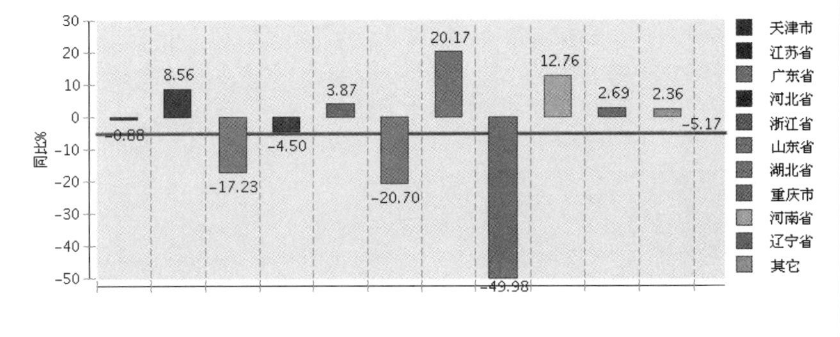

2016年全国乐器行业累计出口交货值主产区同比增长情况

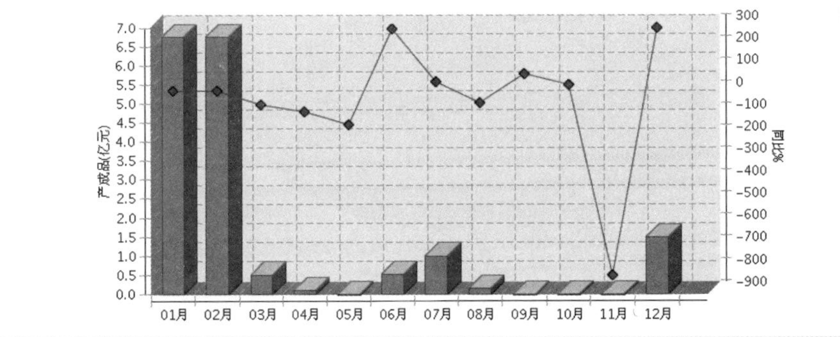

2016年全国乐器行业产成品库存月度走势

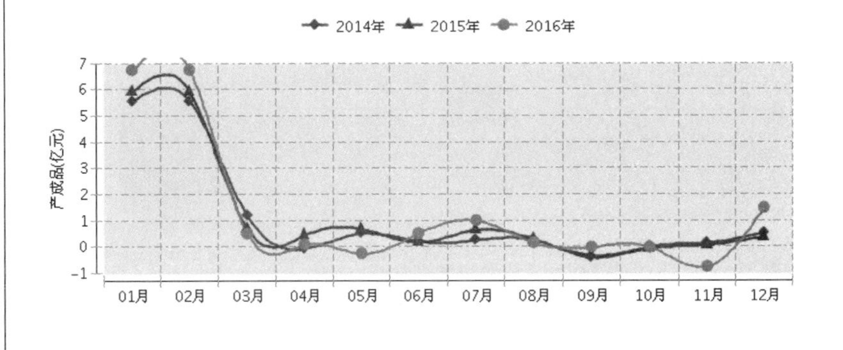

2014-2016年全国乐器行业连续三年月度产成品对比

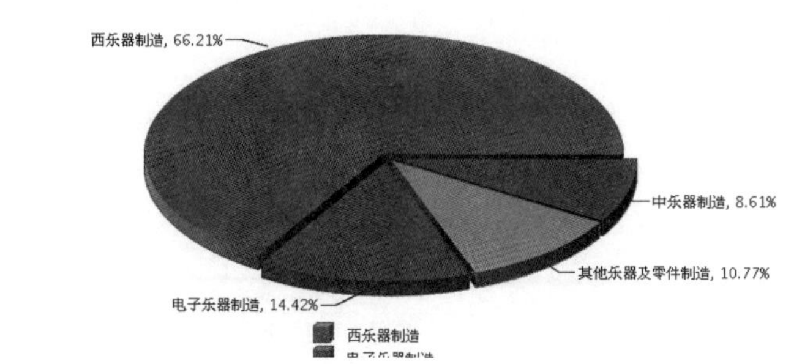

2016年全国乐器行业子行业累计产成品占比

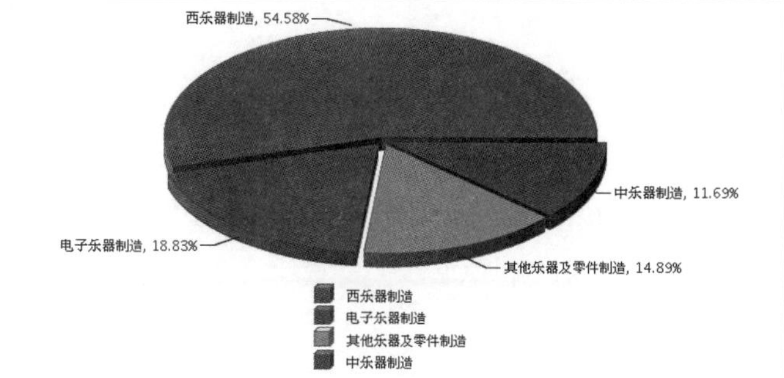

2016年全国乐器行业累计主营业务收入子行业占比

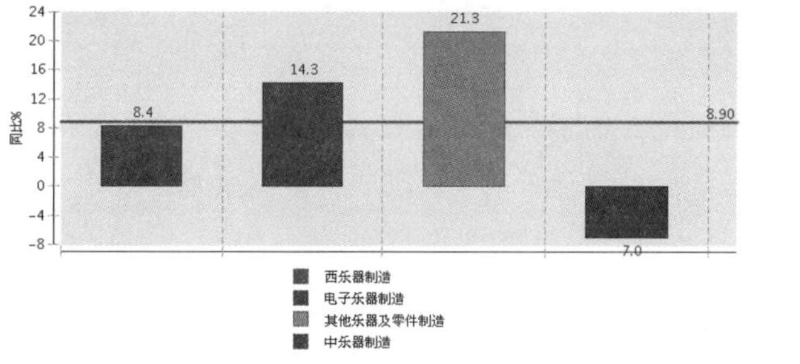

2016年全国乐器行业子行业累计产成品同比增长对比

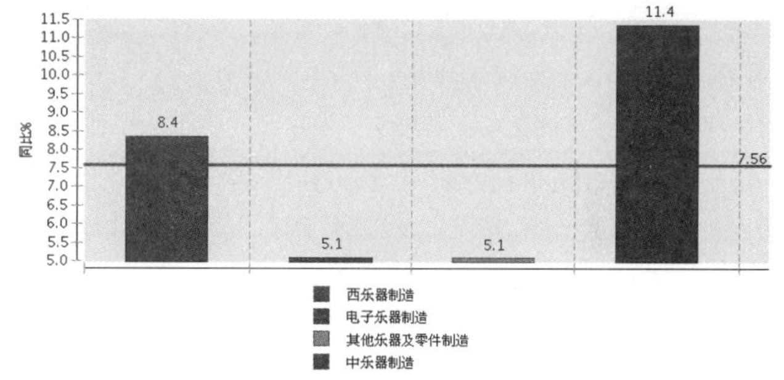

2016年全国乐器行业子行业累计主营业务收入增速

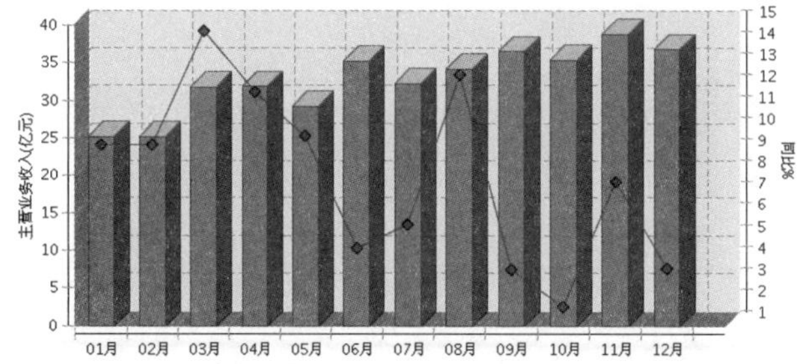

2016年全国乐器行业主营业务收入月度走势

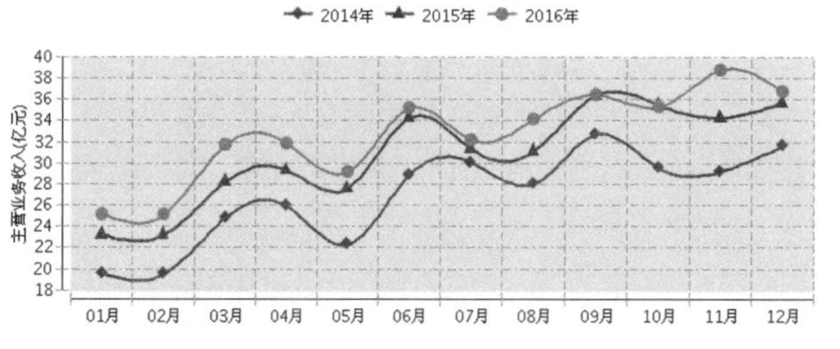

2014—2016年全国乐器行业月度主营业务收入及同比

2007～2016年乐器行业主营业务收入利润率与轻工行业对比

年份	累计主营业务收入利润率（%）	
	轻工行业	乐器行业
2007年（1—11月）	4.98	4.03
2008年（1—11月）	4.76	3.93
2009年（1—11月）	5.30	4.39
2010年（1—11月）	5.61	5.27
2011年	6.25	5.62
2012年	6.38	5.28
2013年	6.48	5.66
2014年	6.27	6.35
2015年	6.45	7.13
2016年	6.54	7.37

利润率呈温和增长态势 行业盈利水平在提高

2016年，全国乐器行业累计主营业务收入利润率为7.37%，同比增长0.21%；高于同期全国轻工行业6.54%的平均水平。

从近10年累计利润率看，乐器行业处于温和增长态势，说明乐器行业盈利水平在提高。2016年乐器行业累计主营业务收入利润率比2007年高出3.34个百分点。与轻工行业比较，乐器行业近3年利润率持续高于轻工行业平均水平，说明乐器行业盈利水平好于全轻工行业平均水平。

从子行业看，电子乐器盈利水平较好，累计主营业务收入利润率为10.84%，同比增长0.72%；西乐器累计主营业务收入利润率为6.82%，同比增长0.38%；中乐器和其他乐器及零件分别为6.81%和5.44%，同比下降0.01%和0.8%。

利润总额增长10.67% 各子行业均增长

2016年，全国乐器行业累计完成利润总额28.93亿元，同比增长10.67%，10月和12月份月度利润额出现同比下降。

从子行业分布来看，西乐器利润额占比过半；其他乐器及零件同比下降，其他子行业保持两位数增长。其中，西乐器累计利润总额14.62亿元，占乐器行业的50.52%，同比增长

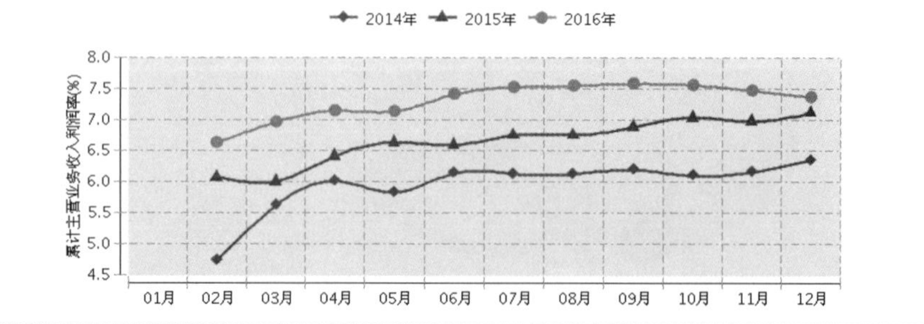

2014—2016年全国乐器行业月度累计主营业务收入利润率走势对比

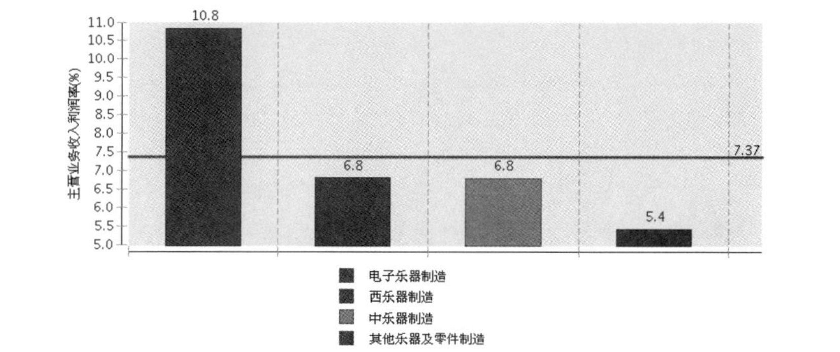

2016年全国乐器行业子行业累计主营业务收入利润率同比增长对比

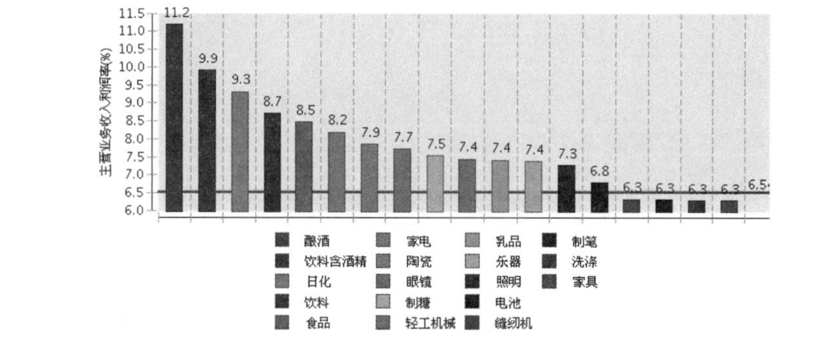

2016年全国轻工全行业累计主营业务收入利润率重点行业对比

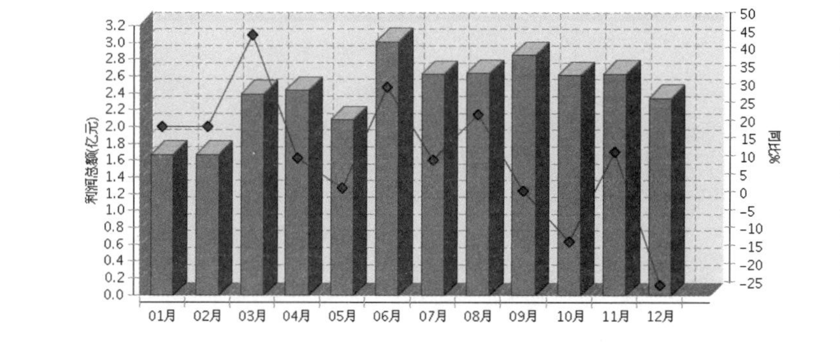

2016年全国乐器行业月度利润总额走势

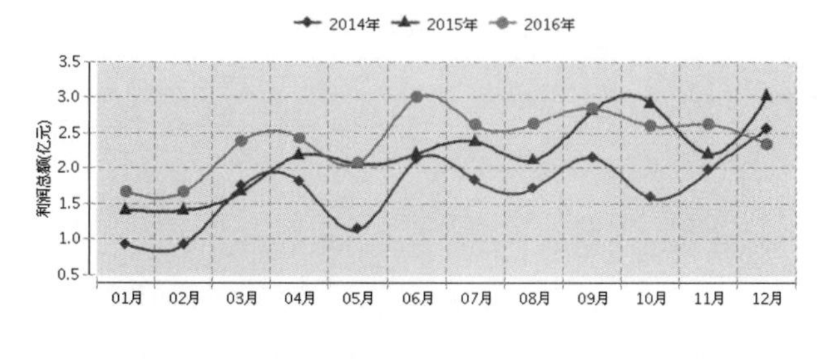

2014–2016 年全国乐器制造行业连续三年月度利润总额对比

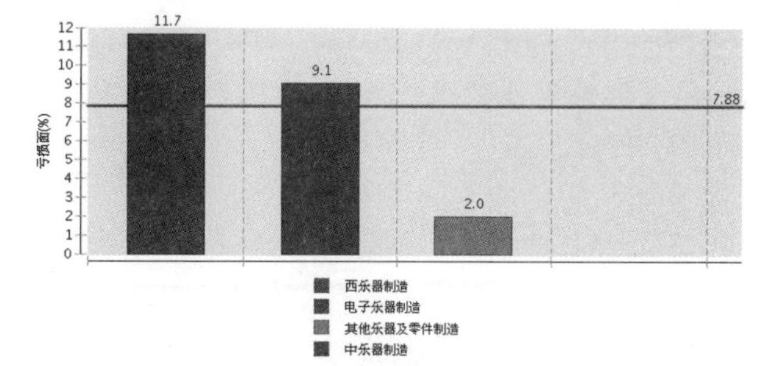

2016 年乐器行业累计亏损面子行业增速对比

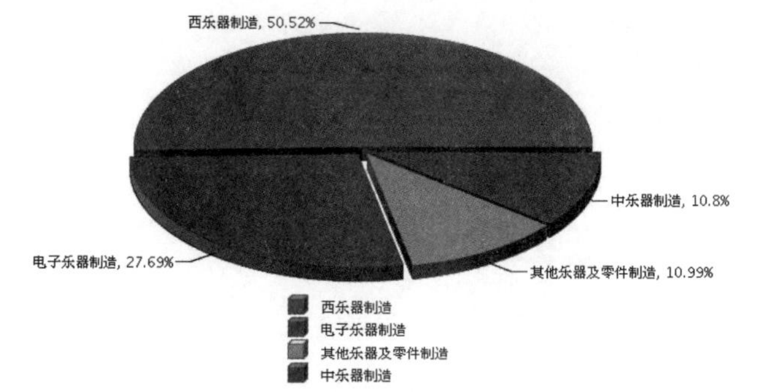

2016 年全国乐器行业累计利润总额子行业占比

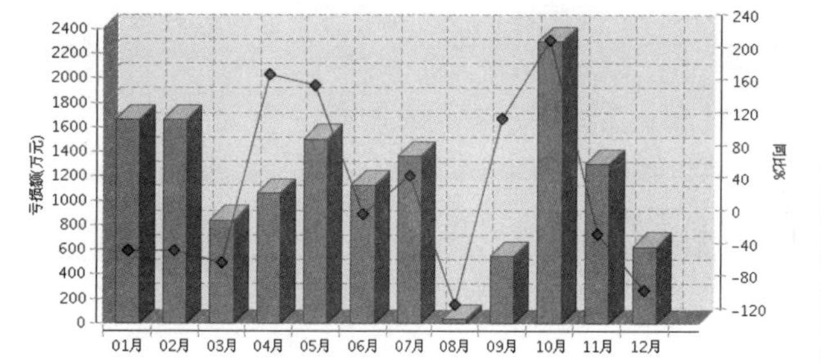

2016 年全国乐器行业月度亏损额走势

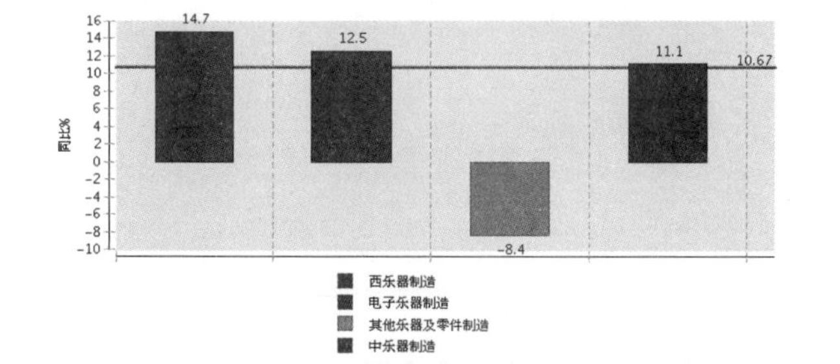

2016 年乐器行业累计利润总额子行业同比增长对比

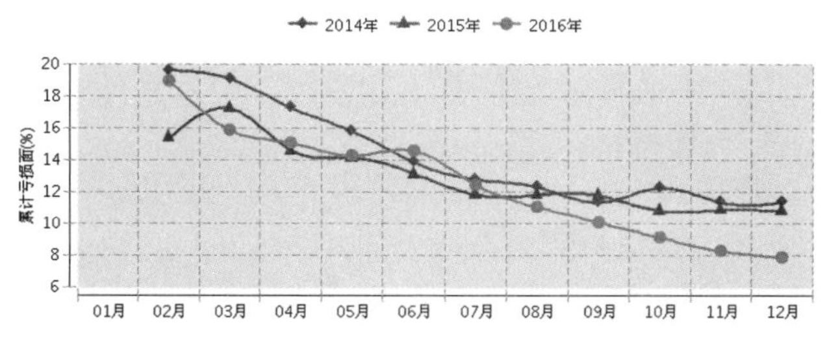

2014–2016 年全国乐器行业月度累计亏损面走势

2007～2016年乐器行业亏损面与轻工行业对比

年份	亏损面（%）	
	轻工行业	乐器行业
2007 年（1–11 月）	15.59	21.17
2008 年（1–11 月）	17.32	17.27
2009 年（1–11 月）	15.87	22.19
2010 年（1–11 月）	11.85	17.24
2011 年	8.53	12.44
2012 年	9.63	15.05
2013 年	9.75	14.75
2014 年	9.65	11.36
2015 年	10.10	10.82
2016 年	9.31	7.88

14.73%；电子乐器累计利润总额8.01亿元(占27.69%)，同比增长12.53%；其他乐器及零件累计利润总额3.18亿元(占10.99%)，同比下降8.41%；中乐器累计利润总额3.13亿元(占10.8%)，同比增长11.11%。

子行业亏损企业数均减少 亏损面十年来首降个位

2016年，全国乐器行业亏损企业19家，比上一年减少6家。其中，西乐器亏损企业16家，比上一年减少2家；电子乐器亏损企业2家，比上一年减少2家；其他乐器及零件亏损企业1家，比上一年减少2家；中乐器没有亏损企业。

2016年，全国乐器行业累计亏损面为7.88%，同比下降2.49%，低于同期全轻工行业亏损面平均水平（9.31%)。从历史数据看，2016年乐器行业亏损面近10年来首次下降到10%以下。

从子行业看，西乐器和电子乐器亏损面高于乐器行业平均水平，亏损面分别为11.68%和9.09%，同比下降2.92%和4.55%；其他乐器及零件亏损面仅为2%，同比下降2.04%; 中乐器没有亏损。

2016年，全国乐器行业累计亏损额1.4亿元，同比下降2.46%。其中，6个月亏损额同比增长，6个月同比下降。

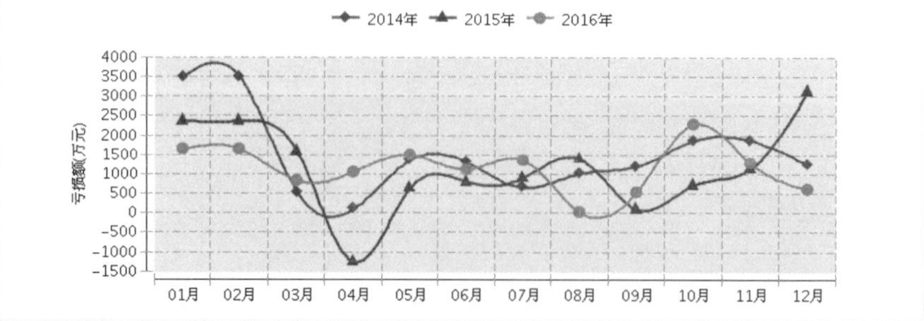

2014—2016年全国乐器行业连续三年月度亏损额对比

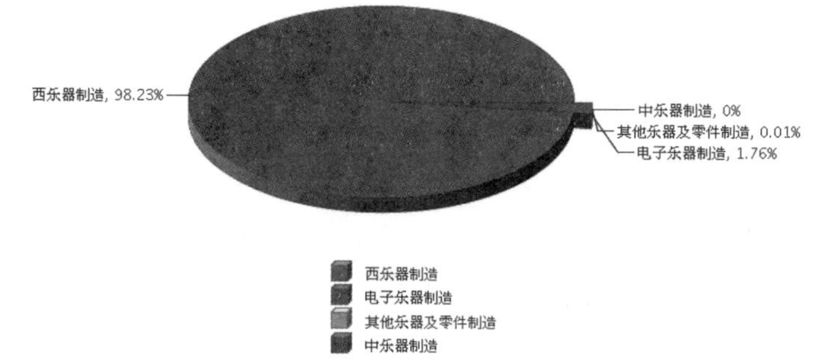

2016年全国乐器行业累计亏损额行业小类占比

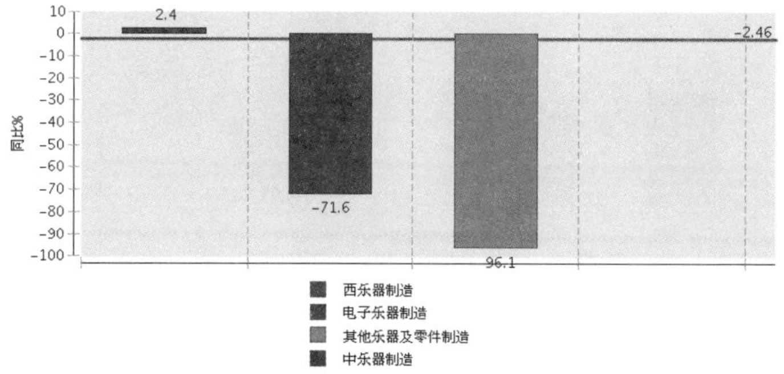

2016年乐器行业亏损额子行业增速对比（%）

从子行业看，西乐器亏损额占98.23%，达1.38亿元，同比增长2.35%；电子乐器亏损额246.5万元(占1.76%)，同比下降71.65%；其他乐器及零件累计亏损额1.8万元(占0.01%)，同比下降96.12%；中乐器没有亏损。

进出口总额19.45亿美元 亚洲占比居首位

2016年，全国乐器行业累计进出口总额19.45亿美元，同比下降4.09%。其中：亚洲进出口总额7.38亿美元(占37.93%)，同比下降

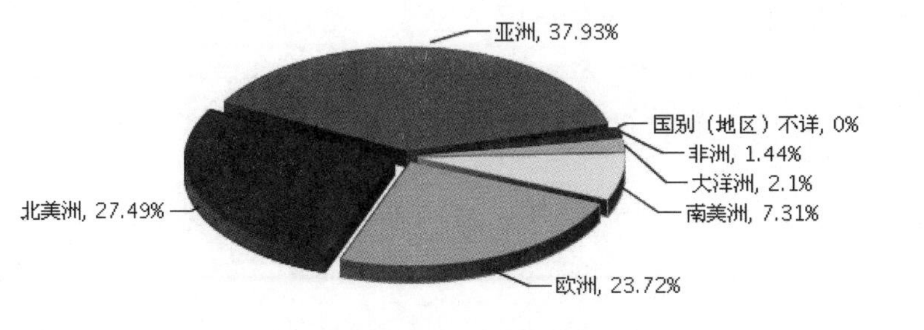

2016年全国乐器行业月度出口额月度走势

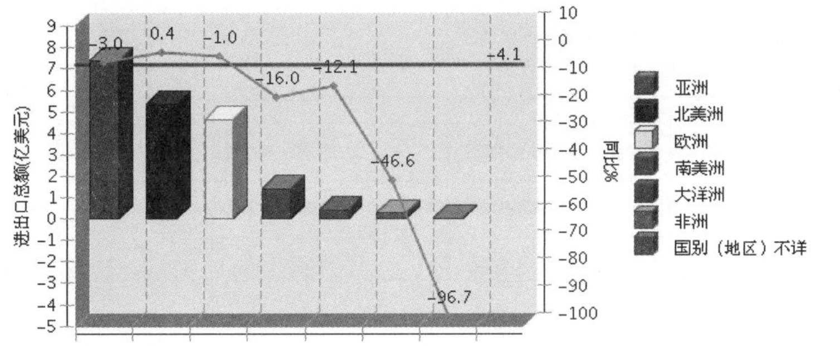

2016年全国乐器行业累计进出口总额各大洲增速对比

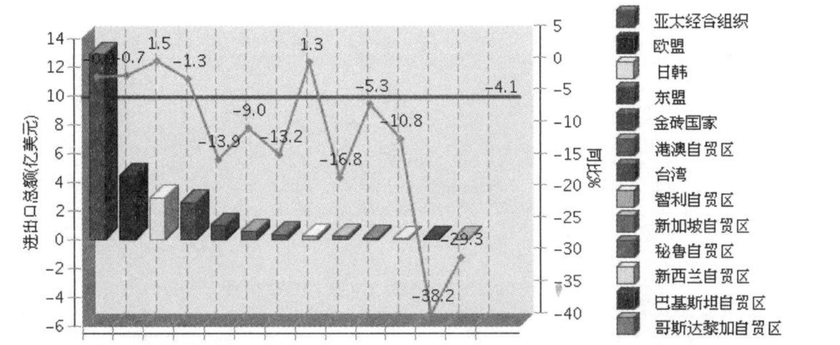

2016年全国乐器行业累计进出口总额贸易组织增速对比

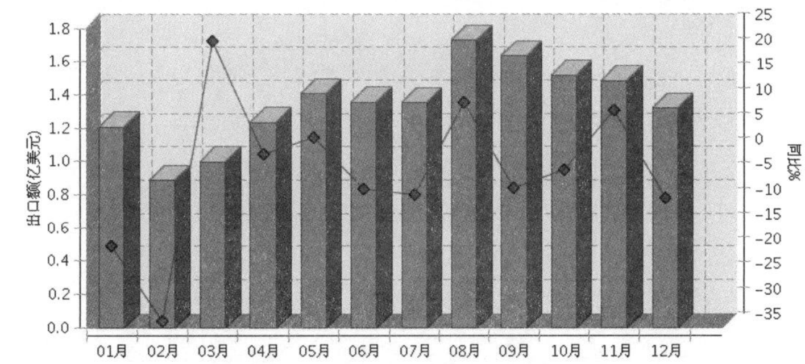

2016年全国乐器行业月度出口额月度走势

3.02%；北美洲累计进出口总额5.35亿美元(占27.49%)，同比增长0.35%；欧洲累计进出口总额4.61亿美元(占23.72%)，同比下降0.98%；南美洲累计进出口总额1.42亿美元(占7.31%)，同比下降15.99%；大洋洲累计进出口总额4085.13万美元(占2.1%)，同比下降12.07%；非洲累计进出口总额2808.46万美元(占1.44%)，同比下降46.62%。

主要经济组织贸易中，进出口总额只有日韩、智利自贸区进出口额微增。其中，亚太经合组织进出口总额12.91亿美元(占66.38%)，同比下降0.89%；欧盟进出口总额4.44亿美元(占22.84%)，同比下降0.68%；日韩进出口总额2.94亿美元(占15.1%)，同比增长1.52%；金砖国家累进出口总额9487.65万美元(占4.88%)，同比下降13.86%。

乐器出口继续下降　各主要经济贸易组织均下滑

2016年，全国乐器行业累计出口额15.71亿美元，同比下降7%。其中，2月降幅最大，下降33.66%；3月增幅最高，同比增长22.39%。

2016年，各子行业出口均呈下降态势。电子乐器累计出口额5.21亿美元，占乐器行业出口额的33.16%，同比下降1.26%；其他乐器及乐器零附件累计出口额4.86亿美元，占30.95%，同比下降7.42%；弦乐器累计出口额3.79亿美元，占24.15%，同比下降12.6%；打击乐器累计出口额

1.26亿美元，占8.05%，同比9.1%；钢琴累计出口额5790.8万美元，占3.69%，同比下降8.21%。

2016年，主要经济组织贸易中，只有对智利自贸区出口微增,其他均下降。其中，对亚太经合组织累计出口额9.86亿美元(占62.79%)，同比下降3.52%；对欧盟出口额3.76亿美元(占23.97%)，同比下降3.5%；对日韩出口额1.49亿美元(占9.47%)，同比下降4.03%；金砖国家出口额8013.3万美元(占5.11%)，同比下降17.62%。

2016年，我国乐器行业对世界各地的出口中，美国占比仍居首位，累计出口额4.86亿美元，占乐器行业出口额的30.96%，同比下降0.55%；对德国出口额1.29亿美元(占8.19%)，同比下降6.85%；日本出口额9870万美元(占6.28%)，同比下降1.7%；英国出口额7444.98万美元(占4.74%)，同比增长6%；印度尼西亚出口额5812.3万美元(占3.7%)，同比下降2.46%。

从出口贸易方式分析， 一般贸易占比过半，出口额7.98亿美元(占50.82%)，同比下降12.07%；进料加工贸易5.13亿美元(占32.65%)，同比下降0.33%；保税区仓储转口货物1.44亿美元(占9.19%)，同比增长4.23%；保税仓库进出境货物0.22亿美元(占1.38%)，同比增长5.39%；来料加工装配贸易0.13亿美元(占0.81%)，同比下降36.29%。

地区出口中，广东继续保持出口额占比最高，累计出口额5.71亿美元

2016年全国乐器行业累计进出口总额贸易组织统计

名称	本月累计（美元）	同月累计（美元）	占比（%）	同比（%）
亚太经合组织	1290946432	1302495220	66.38	−0.89
欧盟	444123076	447161209	22.84	−0.68
日韩	293668538	289260571	15.10	1.52
东盟	255955179	259341754	13.16	−1.31
金砖国家	94876545	110145011	4.88	−13.86
中国港澳自贸区	53598547	58933383	2.76	−9.05
中国台湾	31454179	36257961	1.62	−13.25
智利自贸区	20630443	20369441	1.06	1.28
新加坡自贸区	19622007	23594116	1.01	−16.84
秘鲁自贸区	8023240	8470852	0.41	−5.28
新西兰自贸区	4065085	4558605	0.21	−10.83
巴基斯坦自贸区	1757049	2841800	0.09	−38.17
哥斯达黎加自贸区	830983	1174956	0.04	−29.28

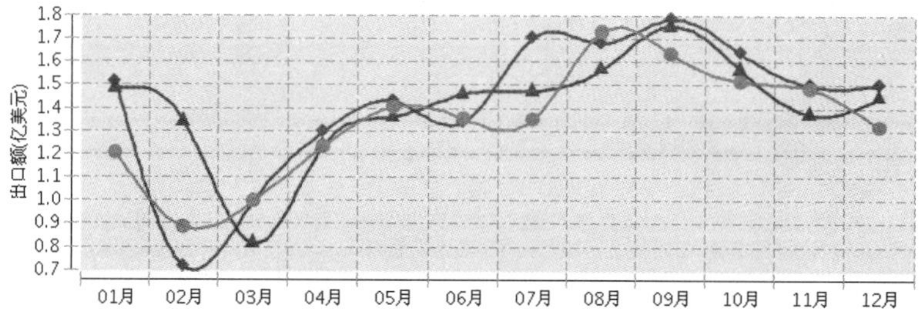

2014–2016年全国乐器行业连续三年月度出口额对比

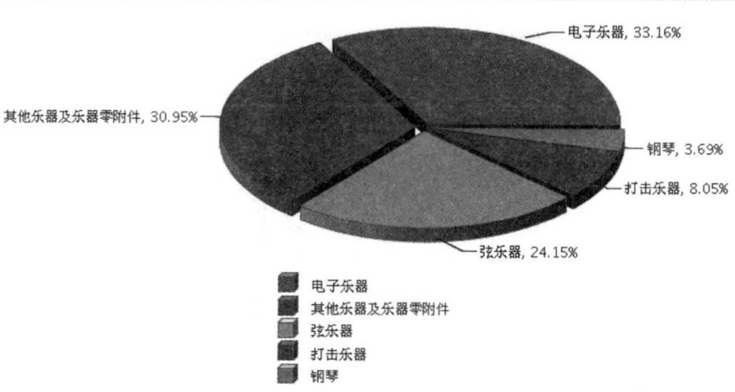

2016年全国乐器行业累计出口额子行业占比

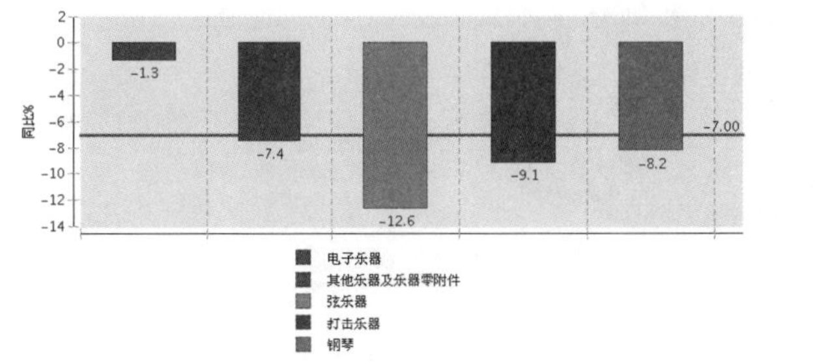

2016年全国乐器行业累计出口额子行业同比增长

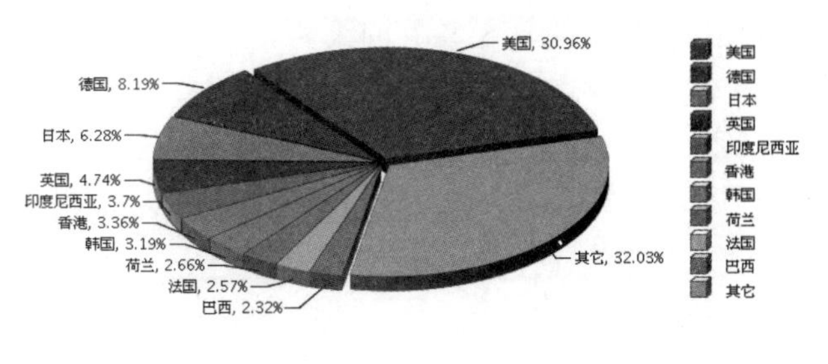

2016年全国乐器行业累计出口额贸易国占比

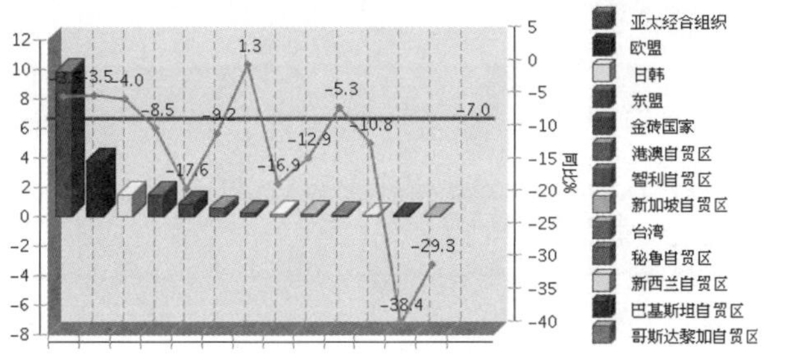

2016年我国乐器行业累计出口额贸易组织增速对比

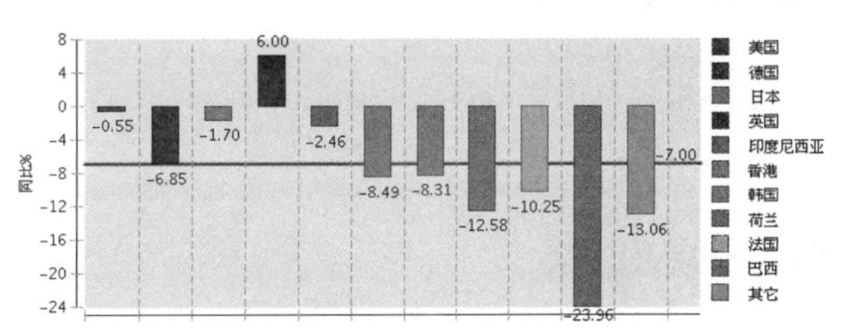

2016年全国乐器行业累计出口额主要贸易国增速对比

2016年全国乐器行业累计出口额贸易组织同比情况

名称	本月累计（美元）	同月累计（美元）	占比（%）	同比（%）
亚太经合组织	986356354	1022360277	62.79	−3.52
欧盟	376475590	390135763	23.97	−3.50
日韩	148834435	155085090	9.47	−4.03
东盟	148533606	162258759	9.46	−8.46
金砖国家	80313362	97493447	5.11	−17.62
中国港澳自贸区	53495099	58906156	3.41	−9.19
智利自贸区	20626787	20369441	1.31	1.26
新加坡自贸区	19581237	23566656	1.25	−16.91
中国台湾	15180492	17437769	0.97	−12.94
秘鲁自贸区	8020054	8470852	0.51	−5.32
新西兰自贸区	4064935	4558605	0.26	−10.83
巴基斯坦自贸区	1750477	2841479	0.11	−38.40
哥斯达黎加自贸区	830983	1174956	0.05	−29.28

(占36.34%)，同比下降7.14%；天津出口额2.6亿美元(占16.57%)，同比下降15.6%；江苏出口额1.83亿美元(占11.67%)，同比增长8.7%；浙江出口额1.68亿美元(占10.73%)，同比下降11.55%；上海出口额1.21亿美元(占7.7%)，同比下降2.38%。

乐器进口保持稳定增长 主要经济贸易组织均上扬

2016年，全国乐器行业累计完成进口额37,382.75万美元，同比增长10.43%。其中：1月和7月同比下降，其他月份均同比增长。

2016年，我国钢琴累计进口额1.81亿美元，占乐器行业进口额的48.5%，仍居第一位，同比增长7.91%；其他乐器及乐器零附件进口额1.19亿美元，占31.91%，同比增长3.02%；电子乐器进口额3859.99万美元，占10.33%，同比增长33.62%；打击乐器进口额1796万美元，占4.8%，同比增长26.23%；弦乐器进口额1664.6万美元，占4.45%，同比增长43.94%。

主要经济贸易组织中，除台湾外，其他贸易组织进口均呈同比增长态势。

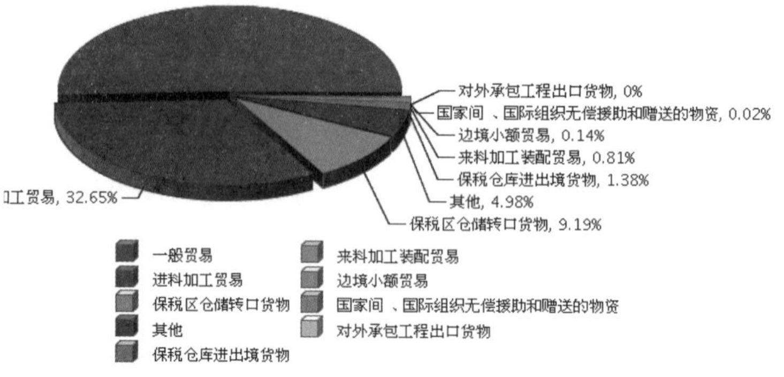

2016年全国乐器行业累计出口额贸易方式占比

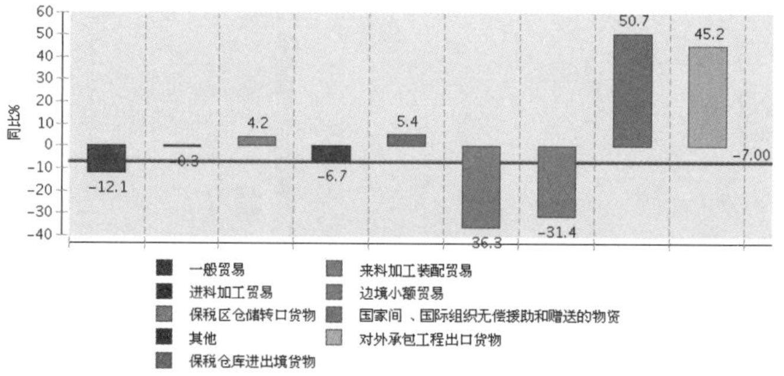

2016年全国乐器行业累计出口额贸易方式增速对比

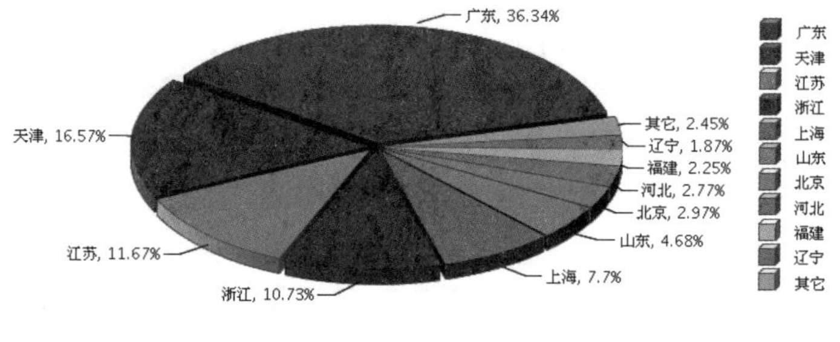

2016年全国乐器行业累计出口额地区占比

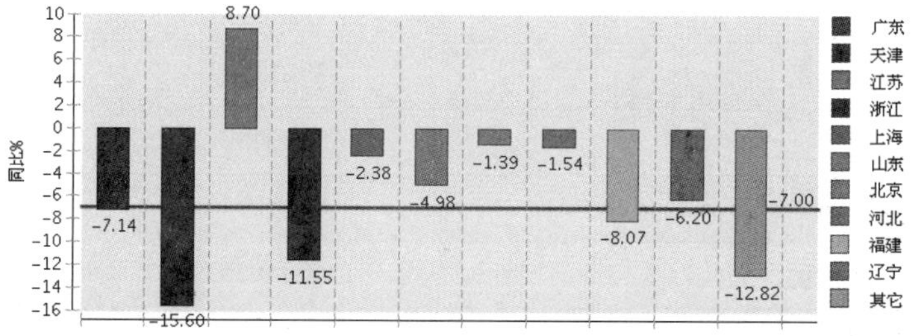

2016年全国乐器行业累计出口额地区增速对比

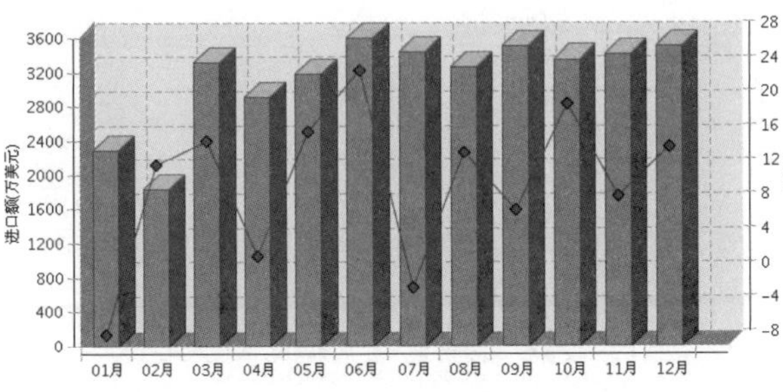

2016年乐器行业进口额月度走势

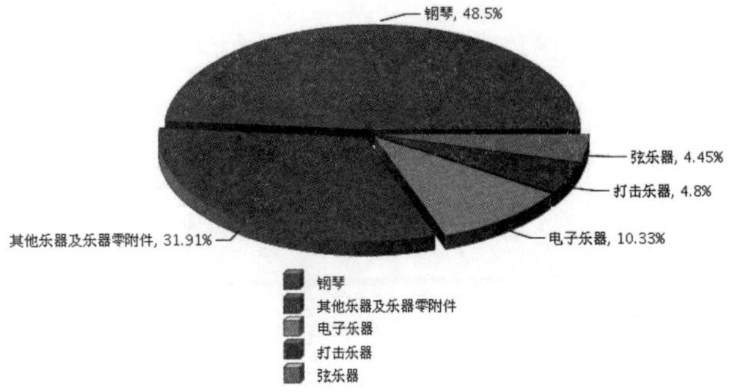

2016年乐器行业进口额子行业占比

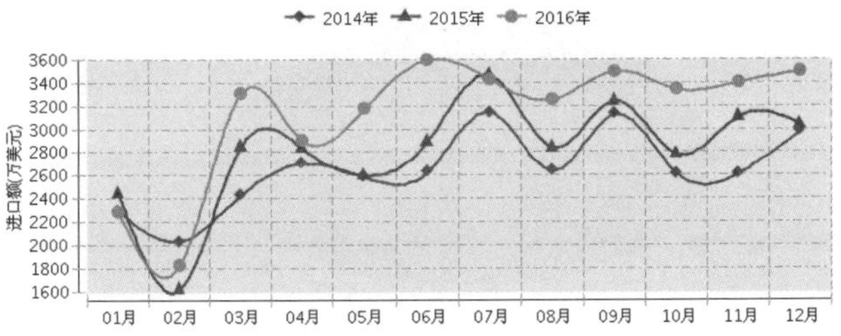

2014—2016年全国乐器行业月度进口额增速对比

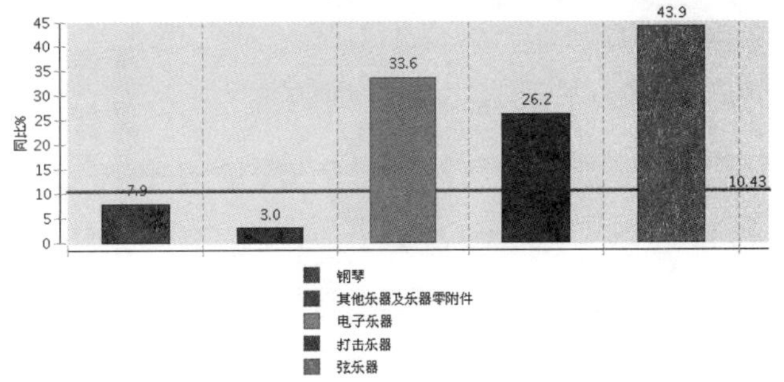

2016年全国乐器行业累计进口额子行业增速对比

2016年全国乐器行业累计进口额贸易组织同比情况

名称	本月累计（美元）	同月累计（美元）	占比（%）	同比（%）
亚太经合组织	304590078	280134943	81.48	8.73
日韩	144834103	134175481	38.74	7.94
东盟	107421573	97082995	28.74	10.65
欧盟	67647486	57025446	18.10	18.63
中国台湾	16273687	18820192	4.35	−13.53
金砖国家	14563183	12651564	3.90	15.11
中国港澳自贸区	103448	27227	0.03	279.95
新加坡自贸区	40770	27460	0.01	48.47
巴基斯坦自贸区	6572	321	0.00	1,947.35
智利自贸区	3656	0	0.00	
秘鲁自贸区	3186	0	0.00	
新西兰自贸区	150	0	0.00	

2016年，日本仍为我乐器最大进口来源，但占比呈下降态势，累计进口额1.14亿美元，占乐器行业进口额的30.38%，同比增长2.13%，但占比低于2015年32.85%；从印度尼西亚进口额1.01亿美元，占26.99%，同比增长8.91%；德国累计进口额4743.4万美元，占12.69%，同比增长30.55%；韩国进口额3125万美元，占8.36%，同比增长36.11%；美国进口额1725万美元，占4.61%，同比增长30.12%；中国台湾进口额1627.4万美元，占4.35%，同比下降13.53%

2016年，乐器行业一般贸易进口额2.79亿美元，占74.58%，同比增长12.59%；进料加工贸易5218.3万美元，占13.96%，同比增下降6.02%；

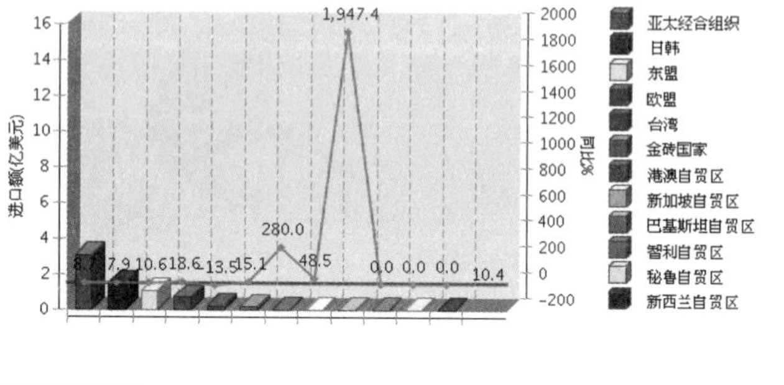

2016年全国乐器行业累计进口额贸易组织增速

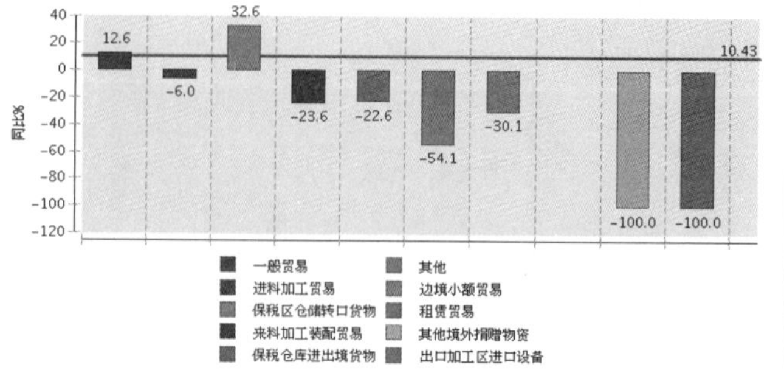

2016年全国乐器行业进口额贸易方式增速对比

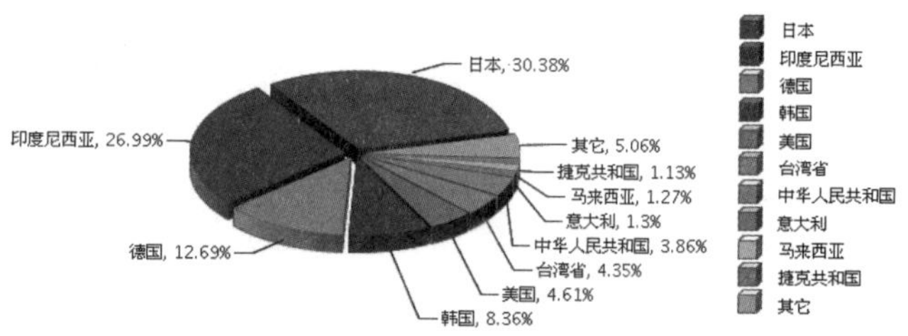

2016年我国乐器行业进口来源分布

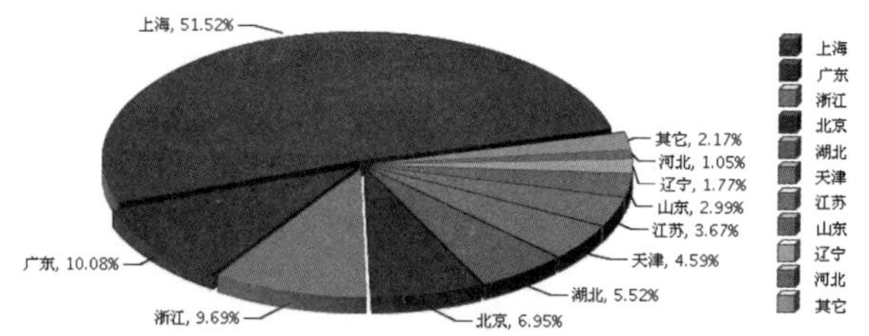

2016年全国乐器行业进口额地区占比

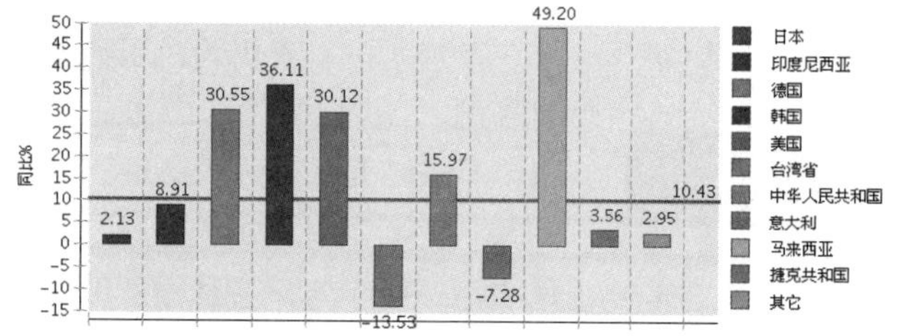

2016年全国乐器行业累计进口额贸易国占比情况

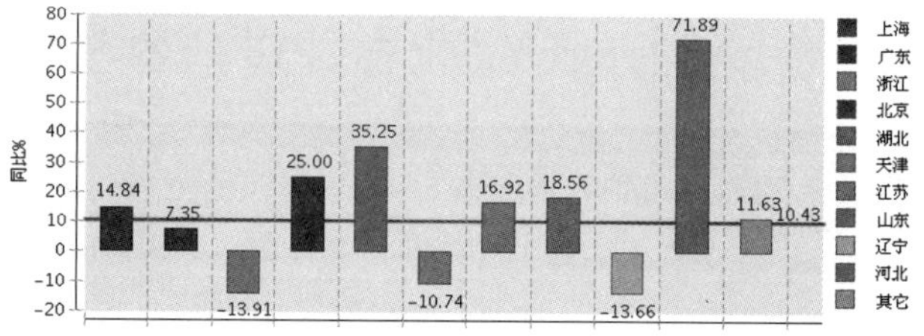

2016年全国乐器行业进口额地区增速对比

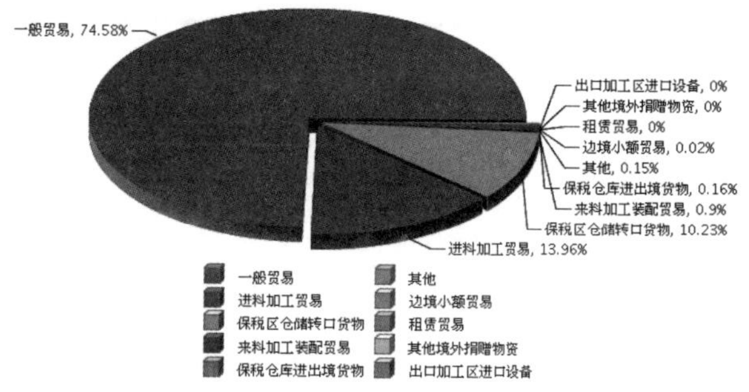

2016年1～12月全国乐器行业进口额贸易方式占比

保税区仓储转口货物2824.4万美元，占10.23%，同比增长32.64%。

2016年，地区进口中上海占比继续增加，达51.52%，进口额1.93亿美元，同比增长14.84%，占全国乐器行业进口额的51.52%，比上一年又提高了1.98个百分点；广东进口额0.38亿美元(占10.08%)，同比增长7.35%；浙江进口额0.36亿美元(占9.69%)，同比下降13.91%。

浅析钢琴产业发展环境、机遇与挑战

编者按：11 月 11 日中国乐器协会钢琴分会年会召开，会议主题是“传统乐器行业如何与互联网 + 融合发展”。36 家钢琴骨干企业领导相互交流，共商发展大计，中国乐器协会领导就“钢琴产业发展环境及面临的机遇与挑战”作专题发言。此文是在发言基础上整理补充而成，供业内同仁参考和研讨。

一、钢琴产业走势及市场环境

（一）工业化钢琴产业发展轨迹

现代钢琴发展已有 300 多年，产业发展和战略转移经历了由欧洲、北美、日韩到中国四个阶段。纵观其发展轨迹，差不多每个高峰期都在热点地区聚集了一两百家企业，近 30 万元年产销量。遵循着“产业追着市场走，资本围绕品牌转，产能与质量得益于工业革命”的规律，潮起潮落像万花筒瞬息万变又色彩斑斓。这里省略欧洲、北美钢琴产业百年变迁，就日本与中国钢琴产业发展轨迹作粗浅分析。

1. 中国钢琴产业发展走势

中国钢琴产业在 1980 年产量达到 1 万多架，1994 年突破 10 万架，1999 年突破 20 万架，2003 年至今连续 13 年在 30 万架以上高位运行。在钢琴制造企业努力和各界支持下，产业实现了三个突破，即：市场扩容、规模化生产和配件标准化、国际化。从 20 世纪 80 年代开始的“学钢琴热”到如今百万琴童考级，实现了中国钢琴市场重大突破；从钢琴骨干企业“两引一改”（引进国外先进技术与装备，引进国际制作专家，大规模开展技术改造和技术创新），实现了新时期钢琴规模化生产的突破；钢琴材料和配件产业的快速发展，达到标准化和国际化水平，使中国钢琴产销量占世界总量的 70% 以上。

那么中国钢琴产业未来走势怎样呢？钢琴市场容量与结构，是由国家经济、文化发展和拥有量等因素决定的。据中国社会经济主要指标数据分析，2014 年全国学校总数 49.36 万所。在校学生 24677 万人；城镇居民家庭用于文教娱乐现金消费支出为 2294 元，农村居民家庭用于文教娱乐现金消费支出 485.6 元，还有很大发展空间。钢琴市场拥有量以城镇百户家庭拥有量分析，目前中国不到 5%，日本、美国等发达国家在 20~45%。从人均收入增长、主要消费群体人数和钢琴拥有量三方面估算，中国钢琴市场总量从目前的 700 余万架，增长到 1000 万架是没有问题的。为此可以判断，中国钢琴年产销 30 万架以上的高峰期还能再延长 8~10 年。

2. 日本钢琴产业发展轨迹及结构变化

日本钢琴产业在 1963 年产量达到 10 万架规模，1968 年达到 20 万架，1973 年达到 30 万架，从 1973 年到

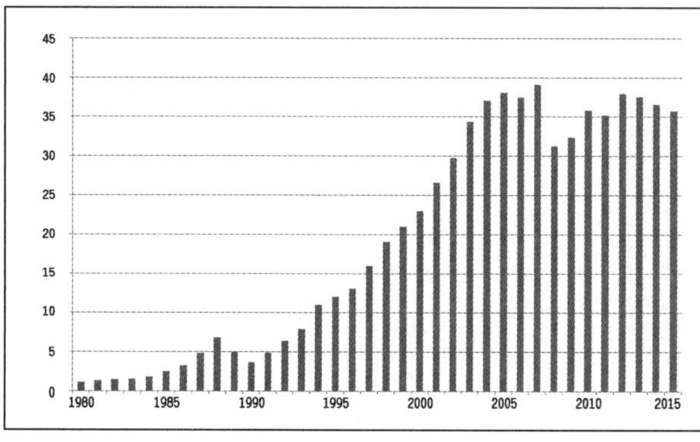

图 1、1980—2015 年中国钢琴产量示意图（单位：万架）

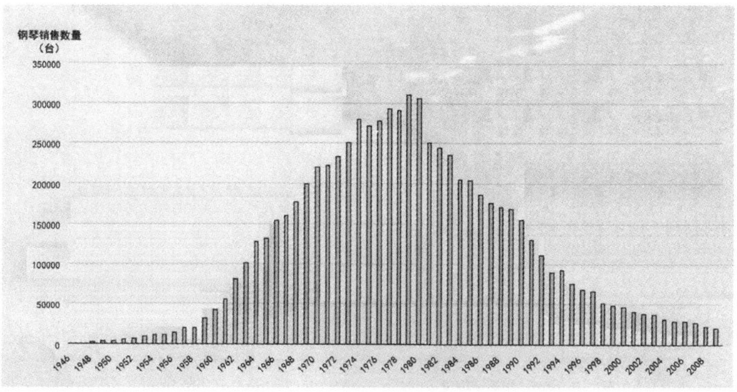

图 2、1954—2008 年日本钢琴销售数据示意图

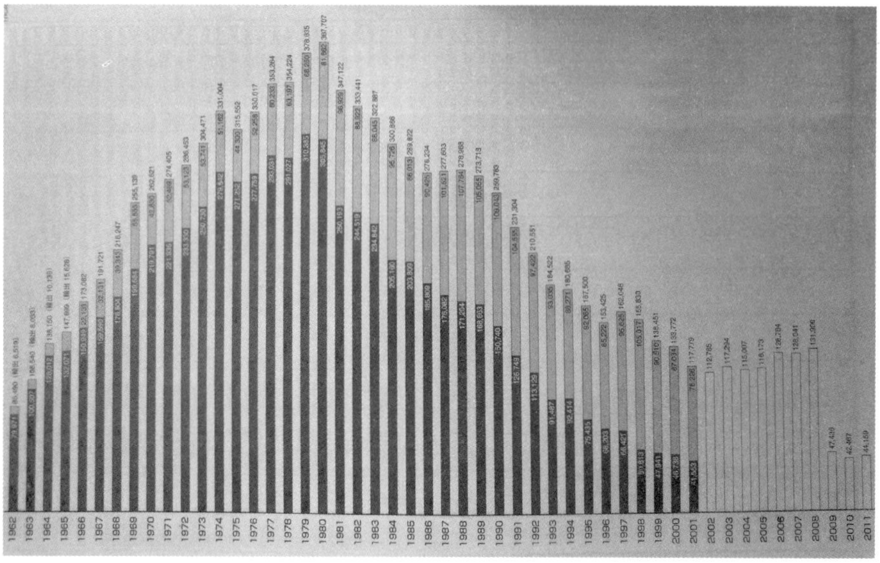

图 3、1962 － 2011 年日本钢琴产量及出口量示意图

1984 年，连续 12 年高位运行。到了 1990 年开始快速下降，1993 年跌入年产 20 万架，从 1999 年到 2008 年金融危机前，一直保持 12 万架左右水平，2009 年跌到 5 万架以下。目前雅马哈在日本、印尼和中国生产总量还能保持在 10 万架左右，卡瓦依保持在 6.5 万架左右，而且主要出口欧美市场和在中国市场销售。日本本土新钢琴销量降到 4 万架左右，消费结构也发生较大变化，三角钢琴比例明显增加。

日本钢琴市场三角琴比例从 1976 年的 5% 上升到 2009 年的 28% 左右。

（二）当前钢琴市场主要特点

1. 中国钢琴进出口由顺转逆

中国钢琴出口从 2005 年 84854 架，降到 2015 年 30655 架，减少 63.8%。2016 年上半年出口 12297 架，比同期下降 7.97%，预计全年出口会降到 3 万架以下。

2. 二手钢琴持续冲击

中国海关总署数据，2015 年进口立式钢琴 140900 架，比上年 125512 架增长 12.26%；进口三角钢琴 5940 架，比上年 5592 架增长 6.22%；主要进口国是日本、韩国、印尼、德国。进口立式钢琴 63303 架。同比增长 8.53%，平均单价为 931.03 美元；韩国进口立式钢琴 57321 架，同比增长 16.62%，平均单价为 273.24 美元；印尼进口立式钢琴 18275 架，同比增长 16.30%，平均单价 1922.53 美元；德国进口立式钢琴 613 架，同比增长 0.99%，平均单价 6617.96 美元。按进口单价估算，日本 70%、韩国 98% 为二手钢琴，合计进口二手钢琴为 100487 架左右，加上 1000 多架二手三角钢琴，总计进口二手钢琴高达 101487 架，比上年增长 13%。协会代表钢琴产业，一面启动对韩国的反倾销调查，向商务部申请立项；另一方面通过联合会向国办反映行业诉求，国家质检总局拟定几项措施，已上报国办等待批复。

3. 数码钢琴市场分流

近几年，数码钢琴成为学校采购主项。钢琴企业纷纷加大投资，组织数码钢琴研发并批量生产，成为重要发展趋势。近年数码钢琴呈直线上升趋势，年产销量近 60 万架，已经是传统钢琴销量的 2 倍。钢琴智能化与音乐教育结合也成为热点。

4. 电子商务对钢琴市场的影响

定制产品还在摸索之中，钢琴企

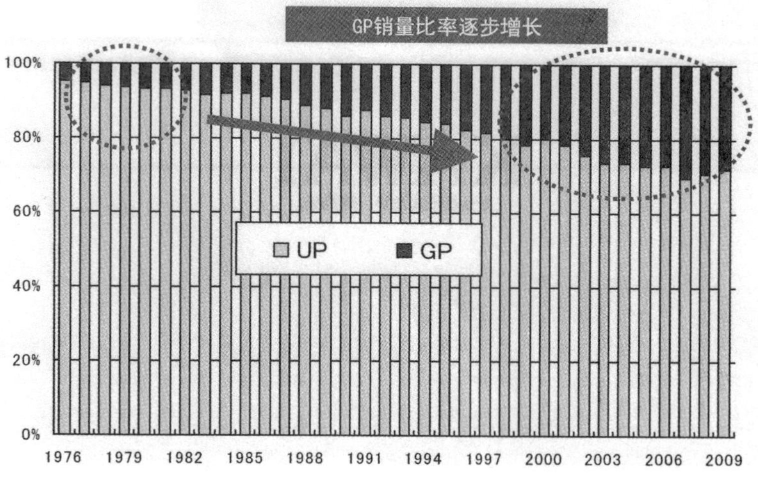

图 4、1976—2009 年日本三角琴、立式琴销售比例变化情况

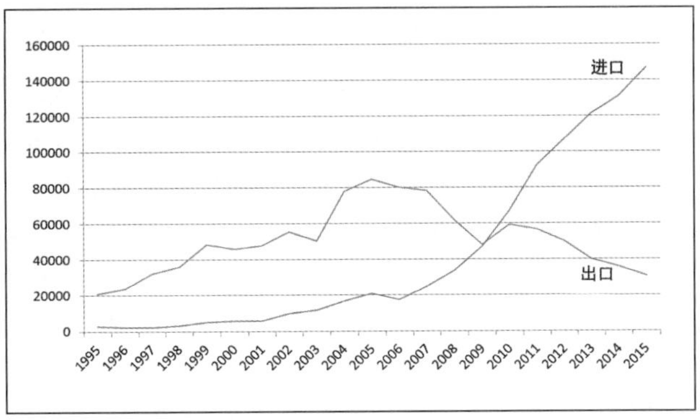

图 5、1995—2015 年中国钢琴进出口数据对比示意图

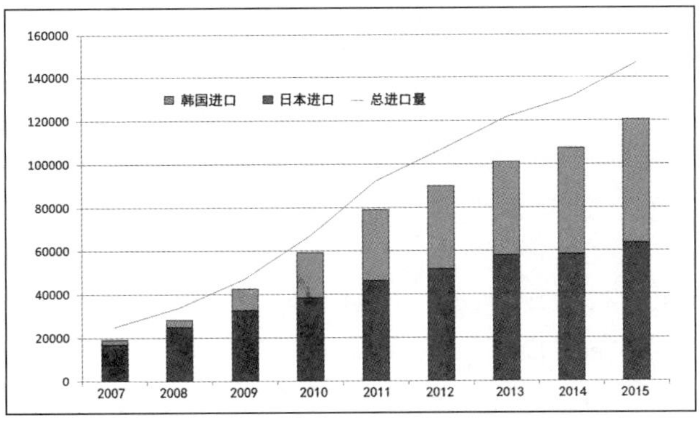

图 6、2007—2015 年中国从日本、韩国进口立式钢琴数量对比图

业和琴行在大胆尝试， 目前影响还不大。

5. 国际品牌的影响

德国等历史悠久的名牌钢琴受青睐，日本钢琴品牌性价比较高。

6. 消费者购买钢琴向中高端发展

质量、品牌成为购买者主要关注点。伴随制造成本持续攀升，钢琴在质量升级，花色品种增加的前提下，价格持续提高，同时也受日本同类产品价格限制，利润空间明显缩小。

（三）钢琴产业新动向

（1） 上市公司技术改造和产品升级加速，数码乐器开发呈规模化，跨界投资音乐教育及互联网平台（珠江、海伦）。

（2）企业并购加速（柏斯集团控股戈特里安、欧洲电子管风琴，并购世正乐器；海伦、森鹤控股德、法钢琴老品牌；中雅引进新股东；众多钢琴企业收购国外品牌等）。

（3）德清钢琴产业集群自主品牌和受托加工的成本优势吸引行业合作。

（4）钢琴制造成本压力加大了产业结构、产品结构调整力度，加上进口政策因素，印尼生产稳中有升，越南生产现新机。

由此可见，中国钢琴产业进入深度调整期。

二、钢琴产业面临的挑战

（一）市场需求的挑战

钢琴消费与其他产品一样，用户对品牌质量要求越来越高。消费者买钢琴已经不是一味追求低价位，而是关注品牌和质量。知名度高、质量好的品牌，比一般的同型号高三、五千元不是问题。这就更加验证了品牌与质量是生存之本。

钢琴消费多年集中在一线和省会城市，终端用户大部分是 4 岁到 14 岁的少年儿童。近期二、三线城市和西部地区文化消费明显抬头，中小琴行和培训机构快速增长，发展速度高于发达城市，所以，大力开发二、三线城市潜力很大。

学校音乐艺术类教育得到国家高度重视，乐器与互联网融合的电子商务也在上市和风投的杠杆作用下直线攀升。但是音乐教学和电商的定制产品还比较滞后，给钢琴产品提出新的要求。

乐器属于国家文化产业的重要组成部分，在产销合作伸到钢琴调律等技术服务的同时，一定会扩展到音乐教育市场。社会流行的钢琴培训机构、教案课程等内容开发、钢琴智能化延伸、线上线下结合的培训系统都为产业发展提出新的课题。

（二）科技进步和产业升级的挑战（简）

（1）国产钢琴在音质和演奏性能的差距仍较大。

（2）制造过程的数据链和设备工艺的精准度有待提高。

（3）钢琴仍以仿制为主，自主品牌知识产权需要积累。

（4）对钢琴音色、音质的理解和调律整理存在差距。

（三）资本杠杆和培训市场的挑战（简）

（1）上市、民间融资的杠杆作用，加速行业调整和洗牌，兼并重组会加剧。

（2）社会音乐教育大潮推动产品升级换代，数码乐器发展与钢琴培训扩展会扩大和细分市场。

三、中国钢琴产业如何应对挑战

（一）科技、市场两手抓，两手都要硬

中国钢琴产业要健康顺利发展，坚持科技与市场两轮驱动尤为重要。钢琴制造企业应该内抓技改科研，外抓增值市场和延伸市场，调整产品结构，提高附加值；关注技术服务市场和音乐教育，在培养新客户同时，全力激活学过音乐的人群，营造音乐生活环境。

近期，中国乐器协会在原先建设五大服务平台基础上，强化音乐教育服务、科技创新合作和职业技能培训三个服务体系，提出乐器行业技术路线图，并组建声学木材研发与应用、MIDI 技术研发与应用、乐器声学测评与批量生产应用等若干行业科技合作平台，有计划地解决行业发展的薄弱环节。同时在音乐教育市场开发和中高级职业技能培训方面加强行业内外合作，提升企业核心竞争力。

（二）直面资本市场，坚持品牌经营

品牌是根基，资本是杠杆。中国钢琴产业民族品牌要想赶超世界知名品牌，还有一段较长的路要走。下决心从产品质量、技术装备、品牌文化以及技术服务等方面提升，一要做好品牌战略规划，明确市场定位，坚持不懈地做好品牌培育与创新；二要在产品设计、市场营销、客户管理、质量信誉与保障等方面做出自己的特色。

目前，钢琴制造业和社会音乐教育引起资本市场关注，上市公司、风投和众创机构纷纷涌入。钢琴企业和培训机构如何规划产业投资方向，优化资本结构，选择好合作伙伴，成为企业经营者不可回避的问题。建议企业经营者一是要恶补金融、资本运作的专业知识，二是要及时掌握相关信息，建立投资决策信息库和智囊团，建立必要的重大项目决策程序，既要大胆面对资本市场，又要克服闭门造车、固步自封的毛病，最大限度降低决策失误。

（三）电商与音乐教育双管齐下，扩展钢琴市场新领域

在各行各业积极拥抱互联网的时代，钢琴产业迎来了音乐教育和电子商务的高速发展期。本来就占器乐培训市场 50% 份额的钢琴培训更是持续升温。从产品创新到内容开发，从渠道扩展到方法研究，真是八仙过海，各显其能。我们要用开放的互联网思维，重新认识新环境下的钢琴市场，从单一的产销市场，看到大众钢琴产品智能化趋势，从创新产品和创新项目（如：Find、The One、弹吧等）得到启示；看到了 700 万架钢琴中，常态使用的 400 万终端用户的技术服务市场；看到了线上线下互联互通的培训市场和音乐欣赏、社区音乐、交友、健身等音乐生活市场。诸多钢琴市场的新领域亟待我们去研究和开发。

（四）加强行业交流合作，完善市场公平竞争机制，共建市场规则

产业主体是企业，企业发展要靠行业合作，靠良好的市场环境。钢琴产业在环境发生重大变化，应对机遇与挑战时，一定要加强行业交流与合作。只有加强行业信息、管理、技术等全方位的交流，在业内合作同时，积极与科研院所、培训机构、互联网企业跨界合作，才能整合行业和社会资源，站在行业发展高度，走在时间前面，收到事倍功半的效果。

另一个重点是市场环境问题。在钢琴产业高速发展过程中，假冒伪劣产品的困扰，少数企业之间商标、知识产权纠纷，人才竞争、股权之争等矛盾和冲突，以及市场参与各方（制造商、经销商、老师和用户）贡献与权益分配方面存在问题，极大地影响了产业健康成长。解决这些错综复杂的社会问题和市场矛盾，要靠行业力量和各界理解和支持。首先是行业、企业自律，骨干企业带头完善钢琴市场公平、公正的运营机制，所有企业要坚持合法经营、规范管理。努力打造自主品牌，积极打假维权，探讨钢琴市场价格机制、合作机制和利益分配机制。与此同时，及时反映行业诉求，通过行业协会争取国家和地方政府的政策支持，团结一心共同营造健康、可持续发展的良好氛围。

我们相信，只要钢琴企业经营者和全体员工坚持发展的眼光，合作包容的心态和求真务实的实干精神，一定能够把握中国钢琴产业持续发展的机遇，在诸多挑战面前，坚韧不拔、勇往直前，迎来更加辉煌灿烂的明天。

北京社会音乐培训市场调研报告

编者按：2016年初，为践行《乐器行业十三五发展规划》，实施音乐教育、科技创新双轮驱动，推动社会音乐教育培训机构更加精准对位大众音乐消费需求，中国乐器协会常务副理事长曾泽民、副理事长王松美、秘书长陈晋武，乐器行业咨询委员会副主任齐建平一行，选择琴行最集中、运营规模最大的北京市场作为调研首发站，实地考察最具代表性的北京柏斯琴行世纪金源购物中心分店和姜杰钢琴城航天桥分店，剖析不同类型社会音教培训机构的成功商业案例，探究社会音教行业发展瓶颈，旨在横向整合行业优势资源，有效推进音乐教育服务联盟创建和社会音乐教育师资认证工作。

近年来，在国家文化创意产业政策的助推下，社会音教市场呈快速、爆发性增长，不再单纯依附琴行销售业，已发展成为独立音乐服务产业。《乐器行业十三五规划》明确提出，建立健全"行业音乐教育服务体系"，筹建"全国音乐教育服务联盟"列为行业重点工作。中国乐器协会理事长王世成在去年年底音乐教育服务工作研讨会上强调，面对学校、社会音乐教育领域对乐器定制产品对接渠道不畅，艺术院校毕业生走向社会面临失业窘境，社会音乐培训机构自主教材和教案严重缺失和缺乏教学商业管理体系信息共享机制等突出问题。音乐教育服务工作必须走系统化、规范化和融合化发展路径，通过跨界项目和琴行优质项目对接，解决学校和社会音乐教育条块分割、区域资源浪费与匮乏问题。

一、北京社会音乐教育市场运行概貌

根据调研，北京琴行总体保有量约在400家，分散在社区小型艺术培训中心数千家。北京市场钢琴年销售总量15000架左右，大型琴行在册生员3000～5000人。近年，北京乐器零售和艺术培训，开始向社区化和超级购物中心双向沉降。一面借助购物中心商业人流，一面则以教学为依托，在社区培育终端用户群。在以市场运营和专业化服务思维为导向的基础上，音乐消费人口的结构出现拓展变化，社会白领、退休老人等成年学习群体成为社会音乐教育产品服务对象。传统大型琴行在移动互联创新思维的影响下，一枝独秀的竞争优势不断受到中小型音乐教育机构的挑战，社会音乐教育的发展速度、规模、导向都出现了新的变化。

当前，北京少儿钢琴培训以巴斯蒂安、小汤普森、菲伯尔和美国Alfred快乐钢琴教学为主体，其他如爵士鼓教学以中国音乐学院考级教程为主。国外乐器品牌如罗兰、雅马哈、卡西欧都具有自主知识产权的教学体系。近年，专项研发和设计音乐教育内容的公司迅速浮出水面，特别是音乐启蒙教育标准化教案，以移动互联视频信息技术为载体，搭载多媒体游戏化教学课件，罗兰和The One钢琴都有参与设计，未来音乐教育进驻的门槛会日渐增高。根据调研，当前北京大型音乐培训机构都在尝试引进国际先进教学品牌，以求尽快提升培训品牌核心竞争力，同时，高额社会音乐培训收入吸引证券等行业外部资本关注热度，直接或者间接以资本运作方式刺激市场出现增量发展。有专家表示，资金多少不是重点，关键是音乐培训系统的创建与价值是否符合社会需求，社会音乐教育教学体系和教材教案的规范性、系统性成为制约音教行业发展的现实瓶颈。

二、北京社会音乐教育运行特征与瓶颈

（一）社会音乐培训呈现规模化效应 业务增速赶超乐器零售市场

北京作为全国音乐教育资源最强势的地区，社会音乐教育市场水平与发展走在前沿，柏斯琴行是作为港资企业进驻国内，系具有国际乐器销售色彩的商业化公司，依赖大规模的商业人流，以销售带动音教项目拓展，构成柏斯琴行运营策略；姜杰钢琴城以创办键盘学校起步，其产业布局、管理和扩张都以音乐教育为核心展开，音教带动乐器销售构成其运营特质。

根据调研，柏斯琴行在京现设连锁分店12家，11家分店采取店校联营模式，琴行全年业务增量20%，音乐培训占琴行总体收益20%，但每年利润增幅达40%。钢琴销售占比80%，北京市场占有率超过30%。琴行运营形成以传统钢琴为主，电声、管乐为辅特色格局。琴行在京培训教

室总量超过300间，在册学员5000人左右，传统钢琴学员占比80%，电声培训以爵士鼓、电吉他、数码钢琴为主。“一对一”传统教学占比90%。琴行主动培育“小小莫扎特”少儿音乐启蒙、电钢琴和电鼓、吉他集体课教学，幼儿启蒙音乐学员占比10%。

姜杰文化艺术培训中心依托中央音乐学院钢琴考级为核心教学管理体系，在京创立连锁艺术培训分部达20家，以琴、歌、舞、画四位一体教学模式，通过音乐艺术考级，文艺汇演和比赛交流八字方针，拥有2万多师生教学规模。当前，姜杰文化艺术培训中心现由舞蹈、美术、声乐、钢琴四大中心构成，学校拥有60位舞蹈教师，50名骨干钢琴教师，含15名俄罗斯专家教师团，中心专职和兼职教师近千人，全职教师30余人。为顺应时代发展需求，姜杰钢琴城创立电子商务部，利用京东、天猫、亚马逊电商平台，网络年销售普及钢琴总量计1000架左右，全年钢琴销售达3000多架次。全为提升钢琴售后服务品质，姜杰钢琴城创立移动互联叮咚APP调律平台，通过微信或支付宝在线交易，调律师线上接单，线下就近社区化服务。从两家具有典型特质和成功商业操作的琴行案例看，音乐教育市场增速远超乐器零售市场，社会音乐教育成为琴行业务增长的推动力和创新增长点。

（二）教学机构师资数据量化管理 师资流动性大制约队伍拓展

社会音乐培训要素中，教师、场地、学生三要素不可或缺，教师从业资质与教学水平直接决定着教育质量的高低。据柏斯琴行介绍，从教师招聘入职前的资历认证，演奏水平的现场测评，琴行都有系统规范的等级评定。并且，教师入职后仍需接受教学培训，方能进入教学初试阶段，通过生员的满意度和流失率确定师资等级。学校要求教师，所教学生在授课半年后，必须参加汇报演出。通过学生的艺术成果展示，督导教师对教师阶段教学水平进行评估。年底，师资通过抽签演奏不同等级曲目，进行教学业务考核，琴行也会针对教师不足进行业务培训。从教师的入职、教学进度、教学成果不同阶段，琴行培训学校全程都有系统监管。面对多家连锁艺术培训分校的统一量化管理，柏斯琴行通过企业内建ERP局域网教学管理平台，对连锁分校教学业务进行数据量化管理与调度，总部可以适时查看分校的教学情况。“当前，教师在多家琴行兼职现象非常普遍，琴行招聘优秀兼职教师遇到瓶颈。”柏斯琴行旗下有培训教师200多名，其中有20多名全职教师。

“在移动互联时代，师资招聘与管理与网络平台融合，变得高效快捷。应聘者通过优酷上传个人音乐会视频，同时将电子简历和视频链接发送至中心人力资源部，招聘教师通过浏览应聘者学历信息和视频演奏，初步判定应聘者的演奏级别，合格者会到分校参加面试，接受最终职业考核。”姜杰告诉记者，对于内部教务管理，姜杰钢琴城采取局域网内部管理平台，采取学生智能手机APP在线和线下并行选课机制，年轻家长可在线根据师资授课好评度进行自主选课。总部在为学生提供教学服务同时，对教学不同环节进行数据动态量化评估，根据教师的教学水平、学生复课率以及和家长沟通技巧，教学与师资最终实现数字化量化评定和管理。姜杰说，由于教师工作、婚育、出国深造等各类因素，艺术中心每年教师的流失率在15%～20%，但新教师的增长率也在20%左右，所以中心师资规模基本稳定，但师资队伍的稳健拓展与质量管理，也成为姜杰钢琴城师资管理的现实难题。

（三）课程体系多元标准化难度加大 生员流失引发教学导向思考

根据调研，当前启蒙教育沿用国外快乐教学模式，国内社会音乐培训仍以考级教学为主导，为适应大众不断开放变化的音乐审美需求，如何适时开发顺应大众需求的音乐教材体系，这是单体社会音乐培训机构能力所不能企及的，而这恰恰是通过全国社会音乐教育服务联盟，融合各方的特色教学资源，谋求创新的音乐教育发展新思路。

姜杰文化艺术中心钢琴教学总监姜天表示，随着社会音乐培训的教学工具、教材教案和教学模式的变化，如何整合各地优势教学资源，规范和深度拓展社会音乐教育市场的规模和可持续发展，面对机构用户提升生源的转化率和续费率，创建社会音乐教育服务联盟平台势在必行。当前，各教学机构采取的通行策略是，琴童通过启蒙教育达到考级3级水平后，再过渡转型到车尔尼599、849等传统教材。“从国内社会音乐教学总体状况看，还处于发展过渡期。教与学是两个概念，多数教师来源于学院派传统音乐教育，以传统专业教学思维为中心，向社会音乐教育领域扩展、发散，成为多数教师的固化教学思维。”王松美副理事长表示，当下社会音乐教育还是以专业精英教育为主，但以娱乐化和生活化为指导的市场化教学体系，还在懵懂发展阶段。

据记者调研，当前姜杰文化艺术中心每年新生报名近万人，但流失生员也近万人，学员规模基本稳定，学生音乐学习周期多在3～5年。如何留住学生完成后续学习？姜天认为，要在不同学习阶段，强化学生艺术实践体验，从而使学生获得幸福感和满足感。具体操作：一是以班级为集体的小型艺术实践；二是教师阶段教学公开课，为学生创建自身进步的展示渠道；三是以分校为单元的多元艺术竞赛，从点到面，全年教学实践都有系统规划。对于机构用户而言，学生上门咨询签单率和续费率，成为教学机构恒定教学运营目标。如果说要真正拓展音乐人口，让音乐成为社会家庭有机文化生活要素，必须要改变这种精英教育的模式和思维。专业人才是音乐学院的职责，而社会人群的基本音乐文化素养的培育与提升由社会音乐教育来完成，未来社会音乐教育与专业教育应该有清晰的职能划分与有机的衔接过渡。

（四）社会音乐培训师资认证存在盲区 师资从业队伍规范管理终结乱象

近年来，大量高校音乐毕业生回流至二三线城市进行创业，成为地方音乐培训市场发展的生力军，但社会音乐培训教材体系的规范性，从业者的职业资质认证问题随之浮出水面。

当前，社会教师只有国家教委颁发的公立学校的专业教师资格证，但是针对社会音乐教育师资资格认证尚属空白，但面对庞大的社会音乐消费需求，政策走在社会音乐教育现实需求的后面。中国乐器协会副理事长曾泽民表示，面对社会音乐教育行业从业师资的乱象，必须完善社会从业师资的资格认证和配套教材体系，教材的引进与开发需整合行业力量，真正促进社会人群基本音乐素养的提升与迈进。

中国教育学会音乐教育分会会长吴斌表示，我国社会音乐教育没有配套成型的框架和体制遵循，规范社会音乐培训体系的教学与师资管理是社会音乐教育纵深发展核心所在。首先，高校毕业生走向社会音乐培训教师岗位，并不需要相关资质认证，社会音乐教育师资的教育、培养和认证就成为当务之急；其次，当前社会音乐教育机构多以价格竞争为主，缺乏以教学质量为竞争标准的环境和机制，缺乏独到的课程和教学目标；第三，需建立合理且适合学生学习的课程，即使引进部分国外课程，但从业者的资质和教育能力并未达标，与国外音乐教育的初衷和教学法存在偏差；第四，建立社会音乐师资评价体系，校内音乐教育具备系统的监测机制，而校外音乐教育几乎依赖乐器考级制度，缺乏更加客观完善的师资评价体系。参与调研的琴行单位皆表示，琴行单方面能力无法实现，希望通过创建社会音乐教育联盟服务平台，愿意参加支持解决音教事业发展瓶颈工作，有效整合社会音乐教育服务资源，规范社会音乐教育的教材教案、教学体系、师资管理与资质认证，解决当前制约音乐教育项目拓展的问题，实现教育产品的产销和供需精准深入对接。

三、社会音乐教育事业瓶颈突破与展望

通过调研，乐器协会常务副理事长曾泽民最终表示，大型琴行的连锁经营，采取店校一体、商学互动的运营模式依旧占据市场主导，不同琴行乐器零售与教学利润占比各有不同。面对早教培训市场的影响，各大琴行都针对少儿音乐启蒙进行项目研发与拓展，依托移动互联音视频一体化技术，在少儿和成人音乐文化市场谋求新的利润增长点，社会音乐教育产品的结构和服务理念相对以往都产生不同的变化。社会音乐教育虽然经过多年的发展，国内琴行键盘教学培训仍以专业考级为主体，以音乐启蒙和娱乐为主导的国外教学项目尚在起步阶段。面对社会大众音乐娱乐化需求，配套教材编撰还需借助各方资源联合开发、实践应用。同时要关注，面对社会音乐培训潜在市场的刺激，行业外部资本以及音乐艺术高校毕业生的进驻，行业从业人员的等级和资质认证，成为规范社会音乐培训市场纵深发展的当务之急。

当前，人民音乐出版社与美国国际音乐制品协会、欧洲音乐教育联盟合作，引进国外先进音乐教育课程体系。中国乐器协会和中国教育学会音乐教育分会联合发起创立全国音乐教育服务联盟的倡议，向人社部和教育部联合申报社会音乐教育师资资格认证，规范社会音乐培训市场良性发展。在今后的社会音乐教育服务联盟工作推进中，突出“项目为载体”。通过业内、跨界联合与协作，扩大音乐教育服务范围，提升服务质量；建立合作交流平台，联合开发音乐教育教材、教案，推广优秀教学项目和合作体系；开展管理培训和师资培训；组织音乐教育推广活动等。力求打破行业界限，实现全方位跨界合作共赢。

当“互联网+资本”撬动音乐教育产业发展格局

编者按：2016年金秋时节，秦川艺校30周年庆典晚会在河北会堂隆重举行，来自中国乐器协会、琴行分会、互联网和资本市场、社会音乐教育行业同仁，以及秦川艺校师生计2400余人齐聚一堂，共同见证秦川艺校30周年校庆盛典。值此秦川艺校30周年庆典契机，主办方创意策划庆典、行业论坛、音乐节同步举办，由中国乐器协会和秦川艺校联合主办的“创新 发展 变革”2016艺术教育行业高峰论坛和专题演讲，针对社会音乐教育产业的绩效管理、发展痛点与瓶颈，以及如何拥抱 “互联网+资本”要素展开深度交流与探讨。

一、创新·发展·变革——现代社会音乐教育现状与痛点

作为庆典活动的文化专题活动，由中国乐器协会和秦川乐器联合主办的“创新·变革·发展”2016艺术教育行业高峰论坛，来自中国乐器协会领导、艺教机构和琴行经营者、资本及互联网人士，通过观点碰撞和对话交流，深度挖掘行业发展的痛点和难点，论坛围绕如何创建现代新型琴行运营管理模式、资本眼中的音乐教育市场、艺术教育行业现状及分析、音乐培训市场定位等各项议题展开深度探讨。

秦川艺校30载，也是伴随中国琴行和社会音乐培训产业发展变迁的30年。论坛伊始，秦川艺校创始人秦川以“逐梦前行30载，秦川艺校发展历程”为题做主旨演讲。从创建标准化教学体系，到“琴行销售——机构教学”的完整闭环，秦川艺校的模块化运营思维既有全局统筹，又有个性化服务的应对，以满足客户体验为导向，秦川艺校在教育产品的深耕细作和品牌文化创新发展上可圈可点。

面对艺术教育行业现状，“睿艺”杂志创始人刘芮伊谈到艺术类机构特质认为，社会音乐培训从业者感性思维强，具有个性创造力，但培训机构师资队伍整体稳定性差、难于管理，部分艺术高校毕业生把琴行培训作为职场过渡跳板。二三线城市的社会音乐培训创业者多为艺术高校毕业生，音乐专业能力强，但缺乏市场和企业运营管理经验。当前，“销售+培训”成为传统琴行的赢利模式，面对互联网经济，知音琴行总经理朱文玉认为，乐器产品不同于快销品，很多家庭多年来只有一次选购乐器行为，市场局限性制约乐器销售增长。目前琴行销售的产品同质化现象严重，品牌产品没有归属感。多数琴行依赖教师进行乐器销售，金杯银杯不如教师的口碑。当前，社会音乐教育发展处于碎片化状态，规模化发展受到制约，传统琴行一对一课程盈利能力差，互联网音乐公司推行的集体课教学产品主要应用于儿童音乐启蒙阶段，但针对更高级别的器乐学习，一对一教学因材施教仍然占据主导，教学缺少标准化的课程。从某种程度看，琴行在销售和教学环节中对教师的过度依赖，直接阻碍琴行的发展，目前琴行的业务很难形成系统性的价值链和建立完善的商业生态系统。

面对人才管理和教育模式的痛点该如何应对？朱文玉认为，面对未来产业布局，传统琴行需改变商业模式，在销售+培训的基础上，附加互联网和服务两大创新要素，从理念、组织架构和绩效管理层面，加快互联网营销力度，创建体验式营销、跨界营销，同时在课程集体化，工具教材精品化，服务个性化层面，不断开发受众隐形需求。绩效管理资深实战专家蒋春燕认为，企业打造稳健的创业团队，首先是遵循财散人聚的道理，用分享机制激发企业原生动力。面对师资队伍管理难的痛点，建议化小单元，独立核算，采取众筹策略，让员工成为企业合伙人，让员工成为行业专家，在企业平台将专业发挥到极致，给企业创新注入生机和活力，从而提升企业人才核心竞争力。

二、当教育贴上规模化标签——资本眼中的社会音乐教育

“社会音乐教育入门门槛低，内部缺乏管理层次和有效扩展手段，课程标准化程度低，对于产业规模化是个隐忧；琴行依托乐器资源进行授课，教师和琴行利益深层绑定。

通过乐器和培训捆绑销售，提高成交量，信息透明时代乐器销售利润逐年下降……”——这便是来自教育投资领域对当前社会音乐教育产业的总体认知。

来自未来工场高级投资经理吴玗蔚表示，当前音乐教育机构，不同规模的琴行和培训机构面对互联网带来的价格信息透明、店面成本上升压力，在规模化经营和管理层面缺乏应对策略与市场经验。当前音乐教育的创新趋势：(1) 明星化+线上化；(2) 产品驱动碎片化，教学依靠反复技巧训练，适应不同层次人群系统进阶课程；(3) 游戏化，以 iPad 游戏帮助初学者学习识谱，基本乐理与按键位置。如何在音乐教育领域里，寻求规模化发展？吴玗蔚认为，模式升级应遵循科技驱动规模化，依托互联网数据统计分析，为企业提供商业决策，同时以“线下体验店”为连接点，为用户提供个性化音乐教学服务。

来自广发证券发展研究中心的数据显示，当前我国艺术教育（音乐、美术、舞蹈等）培训市场规模从 2008 年的 64 亿元提升至 2015 年的 462 亿元。面对艺术教育的市场潜力，行业外部资本对艺术教育投资表现出鲜有热情，以星空琴行、The One 智能钢琴为例，其创始人更多来自投行，并未有艺术教育的职业经历，音乐、美术、体育以及机器人、少儿编程等科学教育正逐渐成为素质教育培训市场主流，2015 年至 2016 年上半年，素质教育迎来投资热潮。艺术类、科学类教育培训机构及在线教育获得融资机会越多，预示着素质教育产业即将进入快速发展阶段。来自阿里巴巴集团的企业文化信息显示，在未来文化产业中，健康、快乐将成为产业发展的轴心主线，产业布局也将围绕这两项用户消费体验而展开，建议社会音乐教育从业者要认真地研究 80 后、90 后家长的消费需求，顺应时代文化消费的总体发展趋向。

三、在奔跑中变革——如何搭载“互联网 + 资本”快车

在移动互联信息化时代，从销售到培训，再到音乐文化的实践活动，琴行的经营要素和技术手段日新月异，促成社会音乐培训业态发生重大变化。如何立足互联网思维，从大数据的构建和资本介入，打通社会音乐教育全产业链的各个节点，进行资源嫁接重组，成为社会音乐教育产业瓶颈突破的关键要素。

琴行分会会长黄茂强认为，移动互联促使乐器电子商务飞速发展，线下实体店客户门可罗雀，已成为琴行业态的普遍现象。社会音乐培训产业的松散状态为互联网资本的进驻带来机遇。当前，像珠江、海伦等钢琴公司都在涉猎数码钢琴艺术教育培训，但配套教学软硬件多用于音乐启蒙教育。面对集体课教学，项目研发团队如何将师资培训和服务贯彻下去，是决定音乐培训产业生存发展的重要因素。“打通社会音乐培训全产业链的关键节点，还是需要依托互联网技术。现在是知识更新的年代，如何在线上、线下同步进行课程的创新改革，做好平衡、协同创新发展，用开放的心态谋求创新发展。”知音琴行总经理朱文玉如是说。音乐教育 + 互联网进行创意发展，不能丢掉教育的本质，互联网只为技术载体。

“一本教材不能解决器乐教育问题，依靠基本教材并不能解决乐器培训的连锁加盟。”秦川表示，秦川艺校有成熟配套的教学法、教学大纲，师资教学水平有周广仁钢琴艺术中心进行专业评判，不同阶段琴童会配有不同的练习曲目。据秦川艺校数据统计显示，琴童学琴的周期一般为 3 ～ 5 年，如何使器乐学习伴随琴童一生，作为教育从业者在其中也深感困惑，没有找到有效的解决方法。琴行要向文化产业转型，秦川艺校采取跨界思维，在高端客户市场激发创造潜在消费需求。周广仁钢琴艺术中心董事长陈达认为，资本关注和进驻社会音乐培训产业，说明整体市场活跃度要提升。一对一是艺术教育多年的教学传统，符合艺术人才因材施教的教学目标与导向。无论互联网发展何种程度，艺术教育的本质不会改变，产业规模拓展必须以踏踏实实保证教学品质为前提先导。

资深互联网人士宫旭升表示，素质教育需要长期、稳定、持续培养方能达到良好的教育效果。当前，中国家庭还不能脱离投资后，急于看到培训成果的消费趋向。而对于培训机构而言，根本问题是如何向社会输送优质教学产品。儿童教育首先要强调社会责任，消费者买到劣质生活用品，可以维权退货，但如果从业者为孩子提供存在问题的艺术教育，我们能够把时间还给孩子吗？建议所有社会音乐教育从业者树立社会责任意识，只有如此，市场才会向产业敞开怀抱，社会音乐培训产业的规模才会越做越大。

乐器协会常务副理事长曾泽民最后表示，嘉宾就产业生态圈建设，打通产业链的关键节点各抒己见。当前，中国乐器协会与中央音乐学

院、音乐教育学会、音协管乐学会在创建音乐教育联盟服务平台，工作内容涵盖国家级社会音乐师资认证与培训等各项工作。依托专家团队、网络平台和社会培训机构，为社会音乐培训产业创建多元化国际合作交流平台。当前，国内琴童音乐学习生命周期为3年，创建社会音乐培训产业生态圈首先是做好市场，如何让音乐伴随琴童一生，需要更高的音乐教育理念和创业智慧。希望众筹集体创业智慧，为社会音乐教育产业纵深发展破局开路。

四、结束语

当互联网+资本之风扑面而来，传统琴行和社会音乐培训产业当以何种姿态拥抱新的经济元素，琴行经理人需要不断学习和思维转型。社会音乐教育要搭载互联网+资本的快车，必须在规模化增速和教育品质之间做出平衡和抉择。而对于互联网和风投经理人而言，艺术教育产业不仅仅体现在大数据库的创建分析、商业投资概率的统计分析，毕竟,音乐教育的本质是人的教育。正如行业人士所言，当我们追寻产业规模化的增速时，一旦无法驾驭教育产品的品质，从业者会为纠正自身错误而付出更加艰难的代价。

面对社会音乐教育产业的未来发展，我们能够得出的预测是：产业告别粗放式经营，教育服务内容更加精细化已成定局，依托互联网大数据技术的普及与应用，社会音乐教育机构的教学管理与运营将呈现模块化和标准化分工协作格局。对于风投资本而言，快进快出策略尚不适合音乐教育产业，面对教育产业投资回报需要多一份理性和耐心。无论是对于社会音乐教育机构，还是互联网+风投资本，资源重组关键为高品质教育产品的塑造和产业的可持续发展。正所谓君子爱财、取之有道，要先取之，必先予之。古圣先贤都通晓这个生存道理，作为现代经济环境下的社会音乐教育从业者，更能明白在速度和品质之间做好平衡和抉择的真正涵义。

供给侧发力 钢琴配件行业首当其冲
——钢琴配件行业调研分析

前言：钢琴配件作为钢琴整机的重要组成部分，是钢琴产业发展的基础。中国钢琴配件行业在整个乐器产业中占有很重要的地位，和钢琴整机行业组成的钢琴行业是我国乐器产业中的第一大产业。在经济全球化的背景下，伴随着钢琴行业及消费市场格局出现新的变化，我国钢琴配件行业也呈现出新的发展态势。因此，对于我国钢琴配件行业进行分析研究是十分必要的。

一、钢琴整机制造业现状

钢琴配件是指在生产制造钢琴过程中使用的木材、金属、铁板、油漆、毛毡等。钢琴制造成本中有50%～60%来自于配件，配件质量的高低直接决定了钢琴质量的好坏。钢琴部件种类较多，包括音板、击弦机、铁板、外壳、键盘等核心部件，以及油漆、五金件等非核心部件。“乐器及零件制造”在国家统计局《国民经济行业分类》中对应的代码为2429。在《中华人民共和国海关统计商品目录》中，又进行了细分，其中“钢琴的零件、附件”编码为92099100。

不同钢琴型号零配件的制造工艺、原料有所区别，但都主要为整机企业配套，行业发展主要受下游钢琴消费市场的影响与制约。因此各配件企业发展特点、经营模式等有很大相似性，但同时也受到了地域性及发展历史等因素的限制。

我国是全球钢琴制造大国，钢琴制造业已成为年产35万架规模的成熟产业，形成了珠江、星海、海伦、长江等一批国内知名品牌。目前，我国钢琴产量全球第一，并占有较大的消费市场份额。中国钢琴产业在欧美经济乏力、国内经济下行的宏观环境下，继续行走在创新与维稳的转型年。通过产业并购重组，产品结构的中高端转型，音教市场资本运作与布局，在规模化和产业链的拓宽延伸中，钢琴产业有效化解来自制造成本和境外品牌的双向压力。经中国乐器协会统计，2015年，国内钢琴产量共计35.73万架，同比减少2.35%。钢琴产销量仍然高居世界首位，占世界钢琴总产量70%以上。海关总署公布的统计数据显示，2015年，中国进口钢琴147454架，比2014年131982架增长11.7%（进口二手钢琴超过10万架）。进口钢琴中立式钢琴140900架，同比增长12.26%，三角钢琴5940架，增长6.22%。数据显示外部市场钢琴需求降温显著，我国内地成为国际钢琴产销主战场。

二、我国钢琴配件行业现状分析

1. 钢琴配件进出口情况

据国家海关总署统计，2015年钢琴配件出口金额4274万美元，同比下降1.01%，出口国家前3名是印度尼西亚、日本和捷克共和国。数据表明，随着日、韩钢琴制造企业将工厂转移到印尼等经济欠发达经济体，我国材料配件企业不仅身处国内乐器产业链的上游，同时也成为日、韩和欧美乐器企业的乐器零配件供应商。2015年我国钢琴配件进口金额2389万美元，同比下降17.65%。随着钢琴零配件进口额的逐年下降，反应出国内材料配件行业配套加工技术的进步，并逐步在全球乐器产业链的分工合作中树立品牌与地位。

2. 我国零配件的分布及特点

宁波作为中国五金行业规模最大的生产集散基地之一,钢琴五金件的加工及模具开发较为成熟，也被誉为是我国钢琴配件行业的发源地。目前，我国钢琴配件行业规模以上企业大多聚集在宁波，极大带动了以宁波为核心，辐射周围的钢琴配件产业的发展。他们率先引入了国外的先进技术和管理经验。通过开发核心技术和自主创新能力，进一步使配件产业开始向高水平、大批量方向发展。目前，宁波森鹤乐器的钢琴击弦机产能已突破10万套，不仅能保障国内钢琴企业的配套加工，同时满足印尼的日本、韩国钢琴企业，以及德国贝希斯坦等钢琴对中高端击弦机零配件的加工需求，仅森鹤乐器的击弦机产能就已达到全球钢琴零配件产能的32%。宁波四海琴业有限公司拥有先进的五金加工设备和抛光、防锈、防腐成套设备及测试仪器。同时，钢琴外壳加工引进了意大利双刀淋漆机、日本小边砂光机以及德国快速压机等全套外壳加工设备和先进技术。公司所生产的“云乐牌”钢琴全套五金部件深受国内外乐器制造商青睐。主要配套五金件生产的宁波市北仑乐器配件制造有限公司生产各类五金件多达上千种。

距宁波100多公里以外的德清，被誉为“中国钢琴之乡”，现已形成了较完整的钢琴生产产业链，有一定的区域影响力。据统计，该产业集群总产值突破4.7亿元，从业人员超过3000人。在当地政府的高度重视和大力支持下，德清钢琴产业链不断延伸，区域内100多家整琴配件企业发展迅速，8000多个零部件都能在本地加工，形成了木材加工、五金件加工、外壳制造、铁板铸造等特色产品。然而，德清地区的配件企业大多规模较小，市场集中度较低，同时，由于零部件的销售直接面向整机企业，缺乏相应的市场监督，而一些整机企业为降低成本，对零部件的质量要求不高，从而影响了零部件质量和技术水平的提升。德清地区的配件质量尚游离于产业中低端。

“全国乐器声学木材研发基地”位于成都的川雅国际木文化产业园，川雅木业作为中国乐器行业的钢琴音板、肋木、琴键板、背架钢琴“四大配件”的龙头企业，通过开拓发展木材资源新领域，重视木材科学研究，注重产品研发，提升企业形象和品牌价值。川雅公司高起点投入钢琴实木音板生产设备，现达6万台套/年的实木音板产能。

河北华丰铸造厂钢琴铁板生产几十年积累了丰富的经验，为适应产业升级，不断进行技术改造和科技创新。钢琴铁板高峰期年产量达10万件以上，近期调整产品结构，仍供应近十家钢琴整机企业，但年产量有所收缩。

目前，我国钢琴配件行业在各个层级供应商形成的金字塔结构上，处于塔尖的企业不断加大投入，从产能、质量、技术等方面全面提升配套能力，以满足不断扩大的市场需求，并获得了大型钢琴生产企业的青睐，与下游客户保持着持久稳固的合作关系。然而，处于金字塔底端的供应商数量最多，可替代性也最强。随着环保意识的提升及标准不断细化及深入民心，具体到钢琴零配件，对品质、材料及稳定性等方面提出更高的要求，这使得市场将淘汰一批技术含量低、装备水平差的中小企业，产能将进一步向有技术、有实力的厂家集中。因此，未来钢琴配件行业的市场供给和布局将更加规范和集中。

3. 技术发展方向

钢琴配件是为钢琴整机生产提供符合技术标准、质量要求和产品性能的配套产品，具有针对性强、专业性强的特点，随着行业竞争的不断加剧，其进入门槛已较发展初期大幅提高，需要符合诸多国内外安全认证、达到一定的规模水平并取得下游钢琴整机制造企业客户的认可。同时，为了保持产品的竞争力，还要持续地进行研发投入。2015年森鹤乐器公司加强科技创新和研发投入，公司通过“国家高新技术企业”的认定；成为浙江省信息化管理示范企业。公司同时整合资源，按照国家级企业技术中心的规范要求和配置，成立公司技术中心。迄今为止，森鹤乐器在传统钢琴部件生产领域，拥有专利技术52项，其中发明专利6项；同时，与宁波国家新材料中心合作，立项致力于钢琴五金件材料品相以及五金件表面处理的研究和开发。川雅木业高标准和专业化建设企业技术中心，实施全球云杉木材物性和声学试验研究，围绕资源转型扩张、产品升级发展和技术创新做文章，追求材料和产品新突破，被评为“全国乐器声学木材研发基地”，自此我国乐器行业拥有了自己的、能面向世界的以及针对行业服务的声学木材研究开发机构。

钢琴主要配件中的音板、击弦机、马克及各类油漆、五金件的技术进步，更带动了钢琴产品更新换代和转型升级。珠江、海伦等一些钢琴制造企业已经在音板、击弦机等上游核心技术领域加强布局，掌控了核心零部件的设计生产，以强化自身的技术竞争实力和控制生产成本。

4. 产业业态发展趋势

钢琴配件产业伴随着钢琴产业快速发展和高位运行，形成了两个主要阶段和三大特点。

第一阶段是主机厂配套企业的“卫星式”区域发展阶段。初期，四大钢琴生产基地北京、上海、广州、营口周围自发形成了十几家至几十家配件企业，配件企业主要依赖某一主机厂，且一种配件，有几家竞争者。配件生产的技术主要依靠主机厂支持，处在“原料粗加工”或“搬运工”状态。到了20世纪90年代，钢琴整机企业规模化生产，一些主要配件厂技术也基本成熟，加上市场优胜劣汰，逐步形成了全国范围的特色钢琴配件骨干企业，如森鹤、川雅、华丰、四海、北仑等企业。钢琴配件产业从附属型步入科技创新型，生存业态发生了根本性变化。

但是，由于成本增高和国外钢琴品牌在国内生产造成的价格压力，压缩了钢琴民族品牌发展空间，一部分企业采取了压价格降成本的方针，为低价廉价的配件企业保存了一定市场空间。钢琴配件行业业态出现两极分化的趋势，似乎短期内两边都还过得不错。但从钢琴市场品牌化大势所趋，靠无限度的压低成本是不可能长久地，应当引起行业内的思考。

三、我国钢琴配件行业存在的问题

虽然，我国钢琴配件行业具有一定发展优势，但同时也面临着一系列突出的问题，需要紧迫应对和解决。

1.企业规模较小，产品结构不合理，不适应市场变化需求。目前我国钢琴配件产业还处于较低层次，重复分散、集中度低、配套单一。大部分配件企业不能形成规模生产，不能有效降低企业成本。同时，钢琴产品结构不合理，高新技术产品、附加值高的产品太少，主要集中在劳动密集型的低附加值产品领域，规模偏小，产品种类较多，专业化水平较低，致使产品质量不能保证。

2.原材料价格上涨风险。钢琴整机生产需要消耗大量的木材、铁、有色金属制品以及多种化工材料，这些原材料价格受国际国内供求关系的影响波动较大。钢琴整机制造为了保持尽可能的利润，将其在市场竞争中的成本压力直接转嫁到配件企业身上。当原材料价格出现持续上涨时，一些中小企业无法完全转移成本，因此使企业的利润空间不断受到压缩。

3.缺乏环保意识。党的十八届五中全会“五大理念”中明确了绿色环保的发展战略，传统制造企业粉尘、噪音、废水废料等治理要求越来越严。面对环保新政的出台，材料配件行业首度要面对设备的更新与技术变革，在大量资金投入和设备更新的基础上，以提高企业节能和环境保护能力。

4.高品质原料仍依赖进口。目前，我国配件行业所用的高端原材料尚存在短板。钢琴所用的琴钢丝，制造规格高，每年国内依然需要进口；钢琴羊毛毡依然依赖德国进口，国内虽然具备钢琴尼毡的生产能力，但缺乏对产品精细化加工的精神和工艺追求，对自身制作工艺缺乏自信；国内大量化工胶水依然需要日本进口，原因在产品的干燥速度、黏度，以及抵抗其他配件的温度等功能，国产化工胶水还无法与国外抗衡。

四、结束语

我国钢琴配件行业的发展受下游钢琴整机的市场影响较大，企业必须与下游市场的发展趋势相适应，及时提升自身的研发水平、调整产品的研发方向，不断推出符合市场需求的新产品、新技术，从而在激烈的市场竞争中立足。否则将对企业的市场份额和盈利水平产生不利影响。与此同时，要充分认识社会分工极致细化所产生的客观红利，钢琴配件企业和钢琴主机企业可在确保双方企业经营安全的前提下，通过行之有效的经营手段，发挥自身优势与核心竞争力，实现目标市场的最大化。中国乐器协会材料配件分会会长罗建峰表示，材料配件行业在未来若干年内，如果在企业构架和运行机制、产出结构、产品内在和外延的品质、产品社会进步成本（包括劳资成本、环境风险成本等）预提等方面能有所突破的话，未来10年当是制造业发展的黄金期。

乐器行业改善消费品供给专项行动计划（2016—2018）

中国乐器行业经历了快速发展的30年，在改革开放和文化产业发展的推动下，乐器行业发生了翻天覆地的变化。如今已成为世界乐器生产和消费大国，全球50%～70%的乐器消费普及品是中国生产。“十二五”期间，国内社会音乐教育普及推广，乐器消费能力提升，并日趋成熟。2015年国家统计局乐器行业规模企业主营业务收入370.81亿元，较2010年215.30亿元增长72.23%，年增长率为14.45%；出口交货值123.92亿元，较期初70.89亿元增长74.81%，年增长率为14.96%；国家海关总署数据，2015年乐器出口金额16.89亿美元，较期初14.67亿美元增长15.13%，年增长率为3.03%；乐器进口金额3.38亿美元，较期初2.29亿美元增长47.60%，年增长率为9.52%。主要产品2015年钢琴产量35万架、提琴95万把、吉他450万把、西管乐器120万支、电声乐器150万件、口琴1440万支、手风琴15万架、主要民族乐器500多万件，各类乐器占世界同类产品的60%以上。

“十二五”期间的主要成绩。一是结构调整初见成效，一批上市公司拉动产业扩股增资，产品更新换代速度加快；二是国际竞争力有所提高；三是企业创新能力提高，产业结构调整与创新有所突破，科技进步、设备更新成果显著，制修订国家标准和行业标准106项，申报各类乐器专利4349项，其中发明专利1026项；四是市场不断扩大，呈现国际化、品牌化、个性化特点；五是特色产业基地建设取得新进展；六是实施人才战略，各类技能竞赛、技术培训与鉴定取得可喜成绩；七是协会加强行业服务五个平台建设收到较好的效果。

乐器行业面临发展环境和成本要素的变化，还存在许多亟待解决的问题。目前，乐器制造企业普遍存在技术装备不完善；材料紧张，优质零配件缺乏；技术队伍单薄，品牌竞争力不足；管理能力、技术创新能力较弱等实际问题。突出矛盾体现在，市场空间虽大，但有许多变数和不可预测因素；制造业、琴行面临标准化、智能化和精准化服务的挑战；乐器制造科技创新涉及学科多，科技创新难度大。

一、总体要求

（一）指导思想

全面贯彻党中央全会和经济工作会议精神，牢固树立创新、协调、绿色、开放、共享发展理念，中国乐器行业要深入落实《中国制造2025》发展规划，大力推进供给侧结构性改革，以实施消费品增品种、提品质、创品牌的“三品”战略为抓手，着力提高自主创新，适应消费端对产品品质和品牌需求转变，注重商业模式创新，不断满足消费者精细化、多元化、个性化消费升级，提高有效供给能力和水平，实现乐器工业稳定持续发展。

（二）基本原则

坚持改善供给。在全国乐器行业推进供给侧结构性改革，支持企业适应市场需求，满足消费结构升级的产品和服务，改善发展环境，激发供给和需求活力，实现乐器消费品由低水平供给平衡向高水平供需平衡的提升。

坚持创新引领。充分发挥企业家创新精神，营造有利于创新创业的市场环境，支持企业加大研发设计投入，加强产学研用结合，加快创新成果转化，完善创新体系，健全创新激励机制，推动乐器行业转型升级。

坚持协调发展。立足当前与着眼长远相结合，提升乐器行业质量效益与绿色生态发展相适应，增量发展与存量调整协同推进，产业区域结构优化与国际化发展相协调，行业发展与民生改善同步提升。

坚持分类指导。针对全国乐器行业特点和发展中面临的突出问题，综合运用财税金融和产业政策，分类指导，促进困难企业在分化中调整，实现优胜劣汰，引导优势企业加快产品向中高端升级。

（三）主要目标

（1）实现乐器生产和音乐教育的跨界融合，创新发展。到2018年，乐器行业“三品”战略取得积极进展，品种丰富度、品质满意度、品牌认可度明显提升，产品和服务对消费结构升级的适应能力显著增强，乐器行业传统优势得到巩固和提升。

（2）乐器产品有效供给能力

明显提高。中高端乐器产品比重增加。乐器消费品质量标准、检验检测、认证体系逐步与国际接轨。行业前十位品牌企业占同行业销售收入比重进一步提高，培育7～8个具有国际影响力的品牌，品牌附加值、市场影响力和消费者认可度不断提升。

（3）行业发展质量和效益明显提高。规模以上企业增加值增速高于轻工行业增速，乐器消费品出口占国际市场份额保持稳定。企业降本增效取得积极进展。规模以上工业增值能耗、用水量达到国家约束性指标要求，绿色发展能力显著增强。

二、实施“三品”战略

实施乐器消费品“三品”战略，支持企业提升技术研发能力、创意设计能力、中高端制造能力、品牌拓展能力和市场服务能力，推动中国制造向中国创造转变，中国速度向中国质量转变，中国产品向中国品牌转变。

（一）“增品种”，树立“中国创造”新形象

（1）提高创意设计水平。支持企业深度挖掘用户需求，在乐器产品开发、声学品质、机械结构、外观设计、产品包装、市场营销等方面加强“微创新”。协会将培养一批示范性消费品创意设计和优秀人才。支持骨干企业建立国家或省市级工业设计中心，加强分支机构和企业技术交流与合作。

（2）增加乐器中高端产品供给。发展中高端乐器消费品，提升乐器专业化、科技化、时尚化和绿色环保水平，推出一批科技含量高、附加值高、设计精美、制作精细、性能优越的精品。压缩低端产品制造比重，促进由低成本优势向高附加值、高性价比优势转变，提升我国乐器制造业在全球乐器产业链中的地位。

（3）发展智能乐器消费品。一方面大力支持乐器设计、制造智能化，另一方面鼓励乐器培训、技术服务智能化，提高乐器消费全过程智能化、网络化水平。

（4）重视发展民族乐器。坚持历史传承与改革创新相结合的原则，民族器乐发展要融合西乐器制造技术优势，与专业院校团体结合，提升民族乐器专业演奏类产品水平，积极支持特色少数民族乐器产业区域发展。

（二）“提品质”，树立“中国质量”新形象

（1）开展国际对标。开展与国外中高端产品对标，推进国内产品标准与国际标准接轨。到2018年，主要乐器产品与国际标准一致性程度达到95%以上。引导重点企业参照国际先进标准组织生产。开展国内外中高端产品质量品质比对，逐步缩小与国际标准差距。支持乐标委和重点企业参与国际标准化工作，提高我国制定乐器产品领域国际标准的话语权。

（2）加强质量精细化管理。引导企业树立质量为先的经营理念，从原料采购到生产销售全流程加强质量管控。推广先进质量管理模式和管理体系，树立质量标杆企业。增加2～3个高水平的乐器产品质量控制和技术评价实验室。

（3）加强乐器产品的质量检验检测和认证。加快发展第三方质量检验检测和认证服务，提高检验认证机构公信力。支持重点企业积极采用和参与制定国际质量检验检测标准，推动质量检验检测和认证结果与国际互认。

（4）保障优质材料配件供应。支持乐器用材供应项目和重要乐器配件生产基地建设，优先推介特种木材、有色金属、竹材和乐器用特殊材料优势项目，加强乐器配件企业的交流与合作，从原材料和配件保证乐器消费品质量。

（三）“创品牌”，树立“中国品牌”新形象

（1）培育知名品牌。在行业内确定一批重点培育的“中国品牌”，支持“中华老字号”传承与创新。依托已有钢琴、西管乐器、打击乐器、民乐、提琴、吉他、电声乐器、手风琴、口琴等龙头企业和特色产业基地，引导骨干企业争创国家及省市级著名品牌，特色产业集群培育区域品牌，促进全行业品牌创建工作。

（2）完善品牌服务体系。扶持品牌培育和运营服务项目；完善品牌价值评估体系，为企业品牌创建提供咨询评估；建立品牌人才培训服务平台，形成多层次的品牌人才培养体系；继续办好上海国际乐器展和北京国际音乐生活展，为宣传行业知名品牌搭建平台。

（3）提高品牌竞争力。引导企业制定品牌发展战略，明确品牌定位，采用合理定价、差异发展的营销策略，整合渠道资源，减少流通环节，提高品牌产品性价比。支持品牌企业创新商业模式，促进产销对接，拓宽流通渠道。支持知名企业开展“器乐赛事”、“巡演”、“乐器进校园、进社区”等音乐文化推广活动，

（4）推进品牌国际化。鼓励优势品牌企业开展国际交流合作，引进国际化品牌管理人才和经营理念；支持品牌企业以参股、并购等形式与国际品牌企业合作，提高品牌国际化运营能力；支持企业参加国际展会，积极开拓海外市场，提高品牌产品出口比重。

三、重点行业分业实策

改善消费品供给，要针对重点领域和重点产品行业特点，大力促进结构调整和生产方式转变，提高供给结构快速适应消费结构变化的能力，促进企业由生产销售型向生产服务型转变，形成新的核心竞争力。

（一）突破一批关键核心技术

（1）前沿技术研究——电子乐器音源。主要研究电子乐器核心部件，解决音质音色提升及专业化表现。

（2）共性关键技术研究及产业化——乐器声学品质测评。通过对乐器音色、音质的采集、分析，提出改善乐器音质音色的方案，力求使乐器在专业化水平上得到升级。

（3）重点推广技术——声学木材处理。将国内外先进的声学木材处理工艺推广，寻找并解决影响乐器音色音质的关键指标。建立行业声学木材研发基地，解决核心部件木材声学应用的合理性，并定期在行业交流推广。

（二）合作研发的项目

民族蟒皮乐器材料研究与应用；民族低音拉弦乐器研发与应用；钢琴设计、加工流程的数字链控制手段；提琴、吉他表面喷涂工艺及涂料研发与应用；口琴、手风琴音簧材料及加工工艺研究；行进管乐器结构优化及新材料代用；乐器成品后期整理、调整与演奏性能；国际MIDI技术标准在乐器中推广及应用；乐器音准、音质调整整理等。

（三）提升创意设计能力

加强传统技艺的传承，提升产品创新创意设计能力。开发融科技和文化要素为一体的创新创意产品。民族乐器注重发展民族特色产品，历史传承与改革创新结合；西乐器要引进消化最新产品品种和国际流行型号，与国际市场需求同步。

（四）提高制造装备及特殊制作的能力和水平

学习国外西乐器制造经验，传承千年中乐西制作精髓，改善生产技术装备，推进精细化生产，推广数字化、自动化设备，提高备料、结构加工精度和效率，同时培养关键工序的高技能人才，提升乐器声学品质、演奏性能整体水平。

四、保障措施

（一）深入实施“品位提升、品质提高、品牌提质”战略，推动企业转型跨越发展

实施“品位提升”战略，增强企业发展动力。着眼于“生产高端、精品乐器”，积极引导广大职工着力在提升产品 “品位”上下功夫。实施“品质提高”战略，增强企业发展实力。大力培育“没有创新就没有明天，没有质量就没有市场”的品质观，以产品“零缺陷”为目标，组织职工严抓产品质量，增强产品竞争力。树立“精品意识”，培育全员质量观念；加强质量管理，完善质量控制体系，建立起公司、车间、班组及工序四级质量管理网络，推行自检、督检、互检相结合的产品质量检验制度，制定严格的内部质量管理规定；引入卓越绩效管理模式，追求卓越绩效管理理念，实施卓越绩效模式先进企业。重视人才培养，专业技术培训，职业技能考核鉴定。实施“品牌提质”战略，增强企业发展活力。弘扬企业文化，构建具有特色的企业文化理念体系建设；深化售后服务。

在协会网站和内部刊物设立乐器消费品“三品”战略专栏，大力开展知名品牌宣传活动。与《音乐周报》合作的“乐器专版”和《消费日报》专题研究都积极配合“三品”战略，有计划地开展调研和宣传活动，提升企业品牌价值和“中国制造”乐器的整体形象。

（二）进一步强化产业政策

促进行业供给侧结构性改革。以严格的安全、环保、质量、能耗、技术等标准，依法依规推动行业落后产能的退出。优化企业兼并重组市场环境，不断优化产业组织结构。完善产品信息标签标识全覆盖制度，推行产品信用标识、能效标识、绿色标识等认证制度。

（三）反映行业、企业诉求，净化市场环境

积极反映和协助解决影响行业发展的疑难问题，例如：治理进口二手钢琴假冒伪劣和低价倾销等问题；提高乐器出口退税税率；政府采购支持民族品牌等问题。及时提出行业完善供给侧升级的有关政策建议，争取国家和各级地方政府主

管部门的支持和帮助。

打击侵犯知识产权和企业合法权益的行为，加大对行业知识产权的保护力度。严厉打击假冒伪劣产品，打击虚假宣传和不实报道，营造良好健康的消费氛围。

（四）加强行业合作与跨界融合，坚持行业自律

围绕市场和科技发展重点，加强行业和跨界交流与合作，积极推动“全国音乐教育服务联盟”，强化科技合作服务和行业技能培训与鉴定工作体系。

充分发挥专业委员会、分支机构组织作用。制定自律规范或公约，开展质量信誉承诺活动，树立和维护质量信誉。加强国际合作和专业技术交流。

目前，积极推进增品种、提品质、创品牌的“三品”战略，是为了更好地适应消费者需求，提升产品品质，提高品牌影响力，提高品牌在消费者心中的认知度。乐器行业需要转变观念，创造新的竞争优势，供给不仅要满足需求，更要会创造需求，通过新供给，创造新需求，实现供给与需求在数量、质量上的平衡。

为了实现乐器行业“经济保持中高速增长，产品迈向中高端水平”的目标要求，注重把握国家政策取向和社会消费热点，在绿色发展、品牌培育、人才建设、“互联网+”等方面下功夫，努力实现新的突破。

乐器展览

2016中国（上海）国际乐器展览会总结报告

——中国（上海）国际乐器展组委会——

*** 展出规模达112000m²，云集全球乐器品牌**
*** 国内外专业买家齐聚，尽显无限潜在商机**
*** 聚焦行业热点、趋势，首届创新评选大会促进业界交流、技术革新**
*** 深挖音乐教育市场，大师班、分享课，助推音乐普及**
*** 多场文化主题活动，名师名家轮番登场**
*** 600多场户内外演出，炫酷的音乐嘉年华**

由中国乐器协会、上海国际展览中心有限公司和法兰克福展览（香港）有限公司共同主办的2016中国（上海）国际乐器展览会(Music China)于10月26～29日在上海新国际博览中心成功举办。

一、展会概况

虽然受国际经济发展制约，欧美乐器市场仍在降温，但我国文化消费市场蓬勃发展，音乐教育普及、音乐文化消费市场有序拓展，为国内外乐器制造企业和经销商带来了更多的商业机遇和更广阔的拓展市场。今年展会的规模增加了7000m²，从上届的105000m²扩至112000m²，汇聚来自33个国家和地区的1909家企业参展，国家和地区展团共10个，来自比利时、捷克、法国、德国、意大利、日本、荷兰、西班牙、英国和中国台湾。

珠江、敦煌、星海、英昌、凤灵、海伦、超拨、津宝、柏斯、知音、金音、得理、声凯、乐海、吟飞、功学社、红棉、雅马哈、卡西欧、施坦威、乐兰、三益等国内外知名乐器企业和品牌携新品、精品展示。在音乐教育文化市场的纵深发展也是本届展会的一大亮点，各类的教育培训机构竞相展示，同期开设音乐分享课，交流不同教学模式，并召开了全国音乐教育联盟服务平台的新闻发布会，推进教育平台建设与音乐普及，深挖更多的商业模式与机遇，今年的观众群体中来自全国各地的音乐机构也大大增加，社会办学、加盟合作、琴行拓展教学业务已成为了行业发展的又一大热点。

今年4天展期虽遭遇大雨，但馆内依然人流如织，参观展会的人群热情不减反增，共吸引了来自86个国家和地区的90125名海内外专业人士参观，较去年增加了近10000人，参观总人次达135045名，其中海外观众达4171名，海内外买家数量增长明显，特别来自各地的音乐教育培训机构较往年有了显著的增加，与此同时，随着展会的影响力日益增长，音乐爱好者也越来越多，不同国家、不同区域、不同从业者的需求均能通过展会的平台得以达成与实现，经销/代理、零售/批发、音乐院校、演出团体、音乐爱好者……，行业各界人士齐聚，全球无限商机尽现，是国内外商贸采购、企业品牌拓展、行业间互相交流学习的绝佳平台与年度盛会。

观众数据分析

94% 的展商对现场订单表示满意；95% 的展商通过展会建立了新的业务关系；96% 的展商对观众质量表示满意；94% 的展商对观众数量予以肯定。

观众感兴趣的产品

	2016年	2015年
弦乐器	48%	31%
铜管、木管乐器	39%	35%
钢琴及键盘	38%	32%
民族乐器	38%	42%
乐器配件	30%	24%
电声乐器	28%	23%
打击乐器	28%	22%
乐谱	26%	19%
口琴手风琴	13%	12%
音乐相关电脑硬件软件	19%	13%
协会/媒体	10%	8%
音乐教育机构	8%	—
其它	2%	4%

数据显示弦乐器、管乐、钢琴的关注度都略有增加，也体现了目前的观众感兴趣的乐器品类变化。

观众业务性质

	2016年	2015年
音乐类院校、艺教中心及音乐培训机构	39%	25%
零售/批发	15%	17%
进出口/代理/经销	10%	10%
青少年活动中心/中小学/大学	9%	11%
文艺团体	8%	13%
制造商	8%	8%
媒体	1%	2%
协会	2%	2%

今年的专业观众群体中，来自音乐院校、音乐培训机构的人群大幅增加，增加了 14%，也体现了目前音乐教育培训市场的蓬勃发展。

参观目的

	2016年	2015年
看样订货	41%	41%
参加会议论坛	38%	46%
收集市场和产品信息	33%	31%
观看现场表演、活动展区	27%	36%
寻求合作伙伴	19%	20%
联络固有的供应商和销售商	15%	14%
比较不同产品/供货商/同行对手	15%	13%

看样订货和收集市场及产品信息依然是观众参观展会的最主要的目的之一，两者加一起近 80% 的比例，此外，随着展会活动的多样化，观众参观展会的同时也积极参与了展会同期的会议 / 活动，增进了行业间的交流、学习与互通。

二、同期活动

行业论坛、音教联盟发布会、培训课程，探索产业热点与发展趋势

全国音乐教育服务联盟发布会

展会首日，由中国乐器协会、中国教育学会音乐教育分会、中国音乐家协会管乐学会、中央音乐学院 4 家机构联合发起的全国音乐教育服务联盟合作平台新闻发布会，拉开了今年展会的大幕，并吸引了多家媒体现场关注报导。此次发布会传递出了联盟的核心讯息，即是对行业与社会优势资源进行高效整合，更好地服务于乐器产业与音教事业良性的交融与互惠。

NAMM CMIA 行业论坛

自 2006 年，展会与 NAMM(美国国际音乐制品协会) 正式建立合作伙伴关系，双方即携手举办行业论坛，力求以全球视野关注并探索中国本土行业问题，至今已逾 10 个年头。期间，论坛成功建立了其

权威性、国际性和前瞻性的行业影响力，深受行业人士的欢迎与好评。今年论坛则成功集结了多位国内外行业领袖与教育先锋头脑风暴，扣问中国乐器市场与社会音乐人口的动态关联，探讨“乐器学奏一生，直面成人音乐教育”，为乐器行业开拓广阔的教育市场提供了崭新的思路。

“如何操作”——经销商培训课程

注重如何操作实务的干货分享课程，已成为了全国各地经销商看样订货之余，交流学习、专业提升的最佳平台。今年课程话题更加丰富多元，并邀请到一线城市的龙头琴行、二三线城市的领跑琴行以及从事社会音乐教育的中外资深专家，与众人分享琴行经营、艺校运营、教育融合、媒体推广的成功密钥。两天的八节课程共吸引了逾 2000 名专业听众。

多项音乐文化活动，大师亲临现场，共品文化盛宴

华乐国际论坛

今年的名家讲坛首次聚焦“传统的新生”，从嘉宾的邀约以及主题的设计都紧紧围绕这个主线进行策划。如目前活跃在演出第一线的青年琵琶演奏家赵聪和二胡演奏家金玥，与众人分享他们富有浓郁时代感的艺术创新心得；著名古筝教育家王蔚教授此次携学生们开设讲坛，探索当代古筝人才培养的要义，并为听众呈现了多首古筝新曲以及实验性曲目；黄河、刘寒力二位教授，则引导听众了解扬琴的音乐本色，以及如何通过当代实践焕发新的艺术魅力。

继“玉笛飞声”“琵琶的前世今生”及“弓弦春秋”之后，本届展会继续在 E5 民乐馆辟出文化空间，全力打造传播传统器乐文化的公益展区。今年以“筝琴真意”为题，汇集了不同年代、不同形制、不同材质的古筝，以代表性展品展示结合现场制琴、品鉴、演奏等互动环节，让广大观众清晰直观地了解古筝的发展历程和当代革新，感受传统音乐文化的悠久历史和博大精深。

提琴文化系列活动

今年提琴系列活动大放异彩，不仅空间布置极具艺术气息，在内容上更进一步。除延续广受欢迎的“大师工坊”，新增了“艺术沙龙”板块，从制琴、演奏、教学、鉴赏等各方面，立体诠释提琴的艺术魅力。展会现场，观众们不仅可以零距离欣赏到郑荃、江峰、曹树堃、Roberto Collini、Florian Leonhard 等中外制琴大师的精湛技艺；亦可在“艺术沙龙区”与大提琴家王健、小提琴家曾诚、制作师郑荃、华天礽等大咖面对面，聆听他们对提琴的感悟；由克莱蒙纳市长携小提琴博物馆专家呈现的克莱蒙纳文化专场，不仅带来两场专业讲座，并邀请知名小提琴手现场演奏 1734 年瓜奈里古琴及当代意大利大师 Primo Pistoni 的国际金奖提琴，为观众提供了聆听名琴，一睹“世界提琴制作之乡”风采的良机。

爵士名家系列活动

今年展会打造了一个全新的音乐板块内容：爵士名家系列活动。虽属首次，但嘉宾影响之大、探讨内容之深、互动形式之活，受到与会者的一致好评。开场的名家论坛即由美国爵士乐教学体系创始人 Jamey Aebersold、世界顶尖萨克斯演奏家 David Liebman、中国爵士乐学会常务副会长黄勇、中国音乐家章啸路、李晓川等组成的顶级嘉宾阵容，一起分享对于现代爵士乐教学与传播的独到观点。随后的名家讲座则邀请到了著名钢琴家罗宁，通过演奏与现场师生教学，梳理了古典钢琴与爵士钢琴的异同，引导听众进一步品味爵士乐之美。当日压轴的名家沙龙，由 JZ 创始人任宇清、著名爵士音乐家顾忠山与黄健怡，以乐队即兴演出的方式，生动地诠释了爵士乐的精神内核。

音乐教育系列活动，分享教学理念，助推音乐普及

教育大师班

今年的大师班，不论从嘉宾的专业性和权威性，还是内容的广度与深度，都在去年的基础上有所提升。仅钢琴方面，就邀请到了施坦威艺术家茅为蕙女士、上海音乐学院赵晓生教授、中国音乐学院李民教授、美国联邦音乐考级主席史考特 · 史密斯先生等现场讲授钢琴教学的种种诀窍。另外，中央音乐学院副院长周海宏教授也现场授课，指点众位教师与琴童家长如何帮助孩子摆脱学琴怪圈。加上吉他、学校乐团与行进打击乐专题，本届大师班共吸引了近 2000 名关注音乐教育的听众朋友参与。

音乐分享课

知音、罗兰、The One、佳音、歌者盟、迷笛、好美乐等多家全国知名音乐教育培训机构联袂呈现了 12 节分享课，成功搭建了行业内推广教学模式，探讨商业合作的精准平台。此次分享课的内容涵盖各类器乐、歌唱声乐等艺术教育的多个领域、共吸引了近 1800 名关注音乐教育的听众朋友参与。

全国中小学器乐教学培训班

此次培训班为展会与中国教育学会音乐教育分会共同主办，并于展会同期举行，吸引了来自全国各地的近 200 位音乐教师报名参会。老师们利用两天的时间，向多位专家密集学习了陶笛、打击乐、竖笛以及口琴的课堂教学，均表示收获满满。

多场专业技术交流会，关注技术进步，倡导行业创新

首届行业科技创新评选活动

为了更好地服务于行业技术进步，展会今年首次举办了科技创新评选活动。前期通过展会官方平台及专业媒体平台发出倡导，向广大乐器企业征集最新的科技创新产品，并通过由专业院校、资深用户、媒体专家组成的强大评委团，评选出合成器、效果器及电子琴三大品类的最佳创新奖，并由展会主办方出资，为获奖企业提供实实在在的激励奖金。同时，从征集到的产品中，由广大用户评选出最佳人气奖，在更大的范畴内推广了创新理念。

国际 MIDI 技术研讨会

展会开设的 MIDI 技术交流会，一直在关注全球最前沿的行业技术革新。今年论坛邀请到国际 MIDI 领域的重量级专家，美国 MIDI 制造商协会主席汤姆 · 怀特，苹果公司资深专家、被誉为“蓝牙 MIDI 之父”的 Torry Walker 以及得理电子技术总监张光中，先后与大家分享与探讨 MIDI 领域的最新发展趋势及技术应用。

钢琴高级调律师培训讲座

展会现场举办的两场高质量的调律培训讲座，为中国调律师的专业学习提供了难得的机会。两位演讲者是日本 KAWAI 音乐会大三角琴调律师小宫山淳、全美（美国）钢琴调律师协会旧金山分会副会长黄智炜，均为经验丰富、具有国际水准的调律专家。他们的现场示范与详细讲解，吸引了众多调律师从业者争相观摩。

音乐互动演艺活动，体验玩乐，明星乐手精彩亮相

儿童音乐城堡

儿童音乐城堡是展会倾情打造的以音乐体验为主线，互动童趣为特色的大型现场体验区。与前两届活动相比，今年的城堡体验内容更加丰富、设计也更人性化。现场设置的跳动的音符、酷炫民族风、创意手作坊、神秘的音律、小小录音师、欢乐小鼓手等多个互动项目，吸引了众多幼儿园、小学的学生、教师和家长参与，现场排队玩乐的孩子络绎不绝。此外，室外广场特设的“乐童天地”舞台，也为小朋友们搭建了展示才艺的公共平台。

音乐缤纷季——现场演奏会

户外三大专业舞台，不间断上演了近百场精彩演出，摇滚、民谣、电音、爵士等各种音乐风格具备。众多知名品牌形象代言人、明星乐手轮番登台。一秒钟可以弹奏 16 个音符的钢琴圣手马克西姆、六座格莱美奖得主 Daniel Ho、吉他大师无影手 Michael Angelo Batio、唐朝乐队吉他手陈磊、指弹大师卢家宏等纷纷现身，带来精彩演出。

“音乐开启心灵”，关爱自闭症儿童公益活动

10 月 28 日是本届展会的“关爱自闭症儿童专属日”，并特邀了上海电视台著名主持人雅静女士作为爱心大使，继续以音乐为媒，为自闭症儿童集结爱心。通过展会的平台，主办方携手多家爱心企业共为孩子们筹集价值为 289800 元的管乐器、打击乐器、电子琴、民族乐器和儿童教具，并定点捐赠给 8 所位于江浙沪三地的自闭症教学机构。此外，主办方还将 28 日展会门票、爱心环保袋 /T 恤及现场募集的善款，共计 57850 元，悉数捐赠予上海教育发展基金会，专门用于自闭症儿童音乐关爱项目。

三、媒体推广综述

专业媒体方面，展会选择了27家杂志和11家网站及2家电台，在展前、展中及展后对展会进行跟踪报导，根据不同杂志、网站的用户群体细分，进行更为有针对性的宣传，并通过广告与软性报道相结合的方式，让更多行业人士及时有效的了解展会信息。

专业媒体名单：Andante、Audio Fanzine、Audioformat、Big Box、Batteur Magazine、Japan Music Trade、PPV medien、Prart Music、Mi Pro、Musica & Mercado、Score Magazine、The Strad、The Music、Todo Guitarra y Bajo、Typical Moscow和中国乐器、乐器、音乐爱好者、琴童、中国音乐教育、钢琴艺术、音乐研究、歌唱艺术、中国民乐、中国竹笛、中外乐器信息、歌剧、乐器空间、中国乐器采购、音乐书屋、橄榄古典音乐、琴行经营报、乐器商业、睿艺、乐度时代、中国乐器协会网、吉他中国、数码中国、管乐中国、中国古筝网、Midifan、中国爱乐网、中华管乐网等。

公众媒体方面，选择了在6个电视频道，10个电视栏目，3个电台频率，7个广播栏目，美国、欧洲、东南亚等海外近800个网站，大陆地区近1600个网站进行多轮宣传，增加了宣传途径、频率，并加强了媒体的深入合作，多个电视栏目、杂志都进行了专题报道，大大提高了展会推广的力度与深度。

公众媒体名单：解放日报、文汇报、东方早报、新民晚报、新闻晨报、青年报、时代报、劳动报、申江服务导报、周末画报、富甲天下、浦东时报、人民日报、上海金融报、经济日报、金融时报、中国证券报、第一财经日报、优家画报、乐活、I时代、EASY、香港大公报、中国文化报、大视野、新闻综合频道“新闻夜线”、新闻综合频道“新闻坊”、艺术人文频道“新文艺纵览”、第一财经频道“市场零距离”、星尚频道“今日印象”、星尚频道“风格上海”、星尚频道“非常上海”、ICS外语频道“财道”、ICS外语频道“直播上海”、少儿频道“哈哈少儿俱乐部”、103.7“张明音乐时间”、103.7“音乐随心听”、103.7“娱乐正当时”、94.7“音乐新空气”、94.7“轻松乐逍遥”、94.7“智慧妈妈”、990“新闻报道”、新华社、人民网、东方网、中新社、新民网。

通过10余年的积累，上海国际乐器展特有的国际化全球网络资源，官方自媒体已经积聚了逾100000的专业观众群体，覆盖经销代理、音乐院校、演出团体、音乐家/艺术家及广大爱乐人。展会的相关资讯也会持续、定期、有效的以短信、电邮、微信、邮寄等多种方式结合的形式，通过官网、官微、微博、展会后台直接告知，并不断加强与音乐、艺术、生活类微信公众平台的合作，发布展会资讯、活动内容的相关信息，结合互动参与类活动的形式，并首次尝试了微信红人朋友圈转发的宣传方式，使用目前时兴的社交渠道及获取信息的惯用方式，扩大展会宣传面及时效性。

微信微博平台：上海生活圈、魔都生活圈、上海潮流资讯、上海热门资讯、每日上海、周末做啥、走起APP、上海头条、潮音乐、生活志、魔都头条、iWeekly周末画报、优家荟、第一财经、父母邦、橄榄古典音乐、JZPOST爵士邮票、迷笛、我爱摇滚乐Fanzine、上海音协等近40个媒体公号。

四、展会服务

从意见征询表的统计情况来看，主办方的服务得到了众多参展企业的认可，98%的展商对主办方展前工作及现场服务表示满意。为推动乐器行业的健康发展，打造多元化的展会功能，搭建全方位的服务平台，展会主办方一直在不断改进、提高展会服务，为展商与观众带来更好的参展及观展感受。

（1）展商通道在线邀请专业买家，一键立享免费便捷服务。为提升展会观众质量，今年展会全面开启售票入场模式，同时也考虑到参展企业邀请客户参观的客观需求，主办方增设了展商在线邀请买家的独立通道，展商邀请的客户可享免费入场，官网一键邀请，便捷快速，方便参观。

（2）强化官网展商通道功能，实现企业信息的快捷上传。在去年的基础上，主办方改善并升级了官网的展商通道功能，参展商签订合同后，即可上传各类资讯，获得更久的宣传推广期，后期的各项展会服务也可在官网通道一键输入，并增设了与服务商的平台关联，免除参展商的反复联系、重复提交，提高效率、提供便捷。

（3）优化展馆分布与音控新规，适度减少噪音干扰。由于乐器产品的特性，需要展台演出，即使加强管理，噪音的问题依然存在。结合乐器产品展示的特殊性，企业洽谈的实际需求，主办方今年继续改善了相关的规定，取得了一定的成效。一是展期前两日（专业观众日）的上午全场禁演，为专业观众洽谈提供良好氛围；二是增设买家洽谈区，分别位于E、W馆两侧，以满足更多企业的洽谈需求；三是更有效合理的规划展馆，增设吉他无声馆，严禁携带扩声设备，首次推出便收到了展商的纷纷好评。明年也将在目前的基础再接再厉，并加强现场管理，对于屡次违规企业，三方主办单位将成立领导层管理小组，一同出面劝阻，必要时进行拉电处理，也希望参展企业能积极配合，自觉遵守相关规定，共创良好的展会环境。

2016上海乐器展已落下帷幕，在此我们衷心感谢一直以来给予我们关心和指导的各方领导及合作伙伴，感谢长久以来支持和理解我们的参展企业，感谢始终关注我们的广大朋友们，正是有了你们的参与和肯定，上海乐器展才能成为备受瞩目的业界盛会，才有了今天的辉煌。

2016中国（上海）国际乐器展览会数据分析

展会规模

展会面积11.2万平方米，同比增长6.67%，是2002年第一届展览会的7.47倍。

参展商数量

展商数量共计1909家，同比增长6.06%，是第一届的6.97倍。其中，国内展商共计1499家，同比增长5.71%，是第一届展会的8.47倍；海外及港澳台地区展商共计410家，同比增长7.33%，是第一届展会的4.23倍。

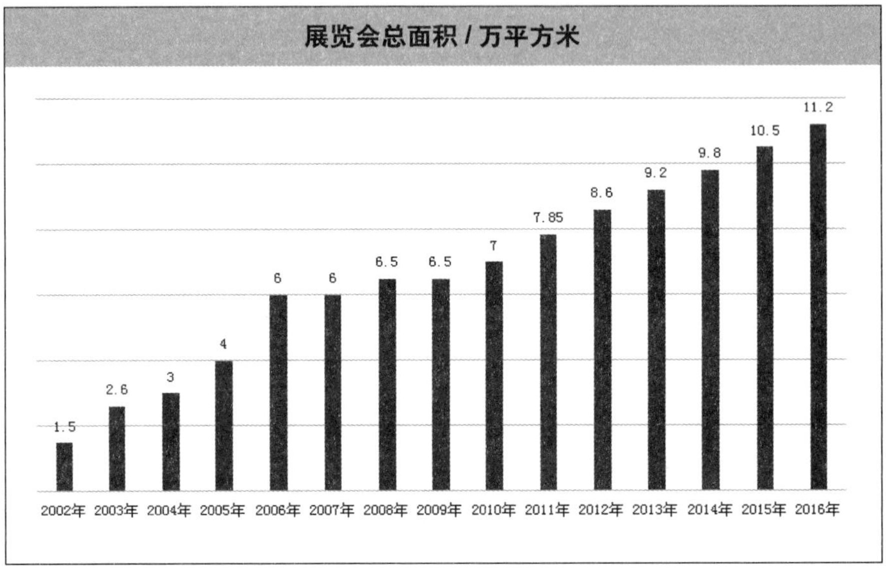

国内参展商分布地区

国内参展商主要来自：华北地区433家，同比增长1.17%，占国内参展商的28.88%；华东地区656家，同比增长11.75%，占国内参展商的43.76%；华中地区56家，同比增长3.7%，占国内参展商的3.73%；华南地区297家，同比增长2.77%，占国内参展商的19.81%；西南地区15家，同比下降21.05%，占国内参展商的1.00%；东北地区40家，同比增长2.56%，占国内参展商的2.66%；西北地区2家，较上届持平。

国内参展商来自26个省市直辖市，甘肃、宁夏、青海三省今年没有参展。本届国内参展商数量最多的分别为广东、江苏、北京、上海、天津、浙江。来自广东的参

2002～2016年中国（上海）国际乐器展览会基本情况

年份	2002年	2003年	2004年	2005年	2006年	2007年	2008年	2009年	2010年	2011年	2012年	2013年	2014年	2015年	2016年
展览会总面积（万平方米）	1.5	2.6	3	4	6	6	6.5	6.5	7	7.85	8.6	9.2	9.8	10.5	11.2
参展商国家和地区数量（个）	14	15	18	19	24	22	22	23	27	26	29	29	29	30	33
参展商总数（家）	274	419	619	756	999	1019	1112	1171	1274	1419	1606	1680	1775	1800	1909
国内参展商数量（家）	177	317	437	554	747	760	895	898	969	1062	1241	1291	1386	1418	1499
海外参展商数量（家）	97	102	182	202	252	259	218	273	305	357	365	389	389	382	410

展商 295 家，江苏 267 家，北京 219 家，上海 146 家，天津 108 家，浙江 106 家。本届展会，来自广东省的展商数量继续增加，与上届相比，增加了 9 个。国内参展商主要集中在华东、华北和华南地区，共计 1386 家，同比增长 14.64%，占国内参展商的 92.46%。

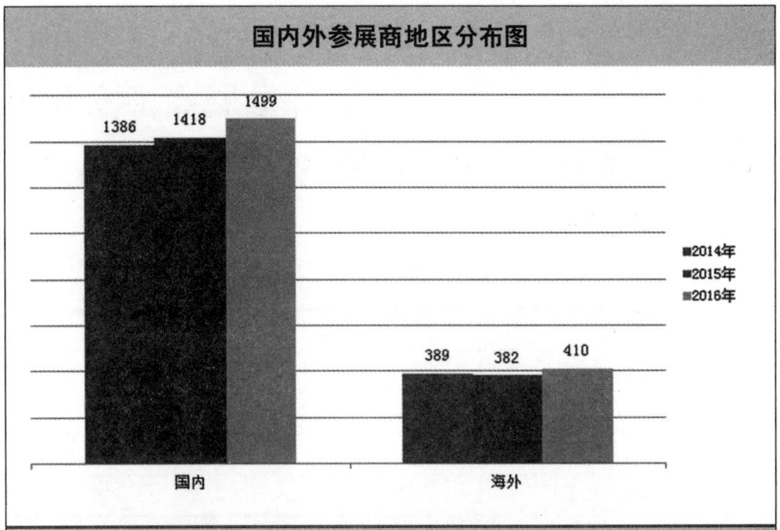

海外参展商分布地区分析

本届展览会共有来自海外及中国港澳台地区的 32 个国家和地区的 410 家企业参展，较上届增长 7.33%，占展商总数的 21.48%。意大利、德国、中国台湾、中国香港、日本展商数量位于海外参展商的前五位。在 32 个海外参展国和地区中，有 11 个国家和地区参展商数量超过上届，8 个与上届持平。

欧洲展商共计 243 家，较上届增加 18 个，占海外参展商总数的 59.26%，增长 17 个百分点。其中，意大利参展企业总计 72 家，较上届增长 6 个，位于欧洲第一位；亚洲展商共计 137 家，较上届增加 11 个，其中日本减少 5 个；来自北美洲的美国和加拿大共有 25 家企业参展，同比减少 2 个，其中 22 家，同比持平；来自南美洲的巴西有 2 家企业参展，同比增加 1 家。

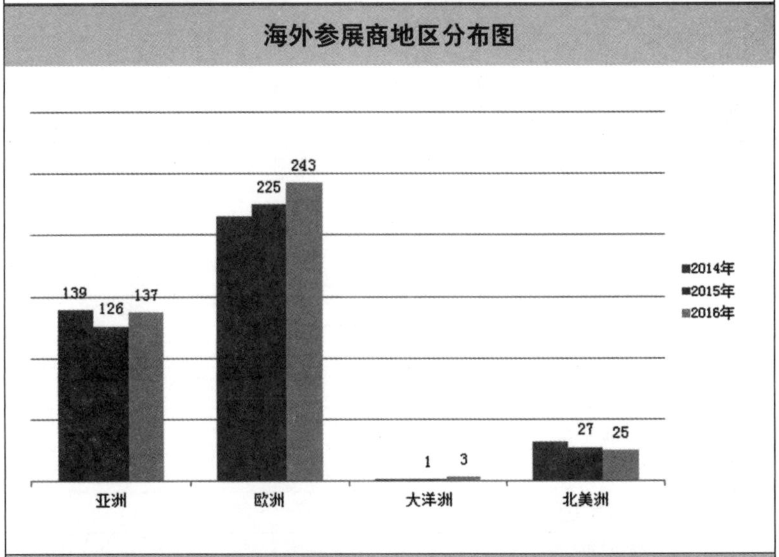

参展产品类别划分

参展企业按主要产品类别划分，弦乐器达到 452 家，占总数的 22.39%；乐器配件 420 家，占总数的 20.81%；民族乐器 287 家，占 14.22%；电声乐器 237 家，占 11.74%；钢琴 162 家，占总数的 5.25%。本届展会上，音乐教育参展企业较多，共计 88 家，同比增加 22.22%。

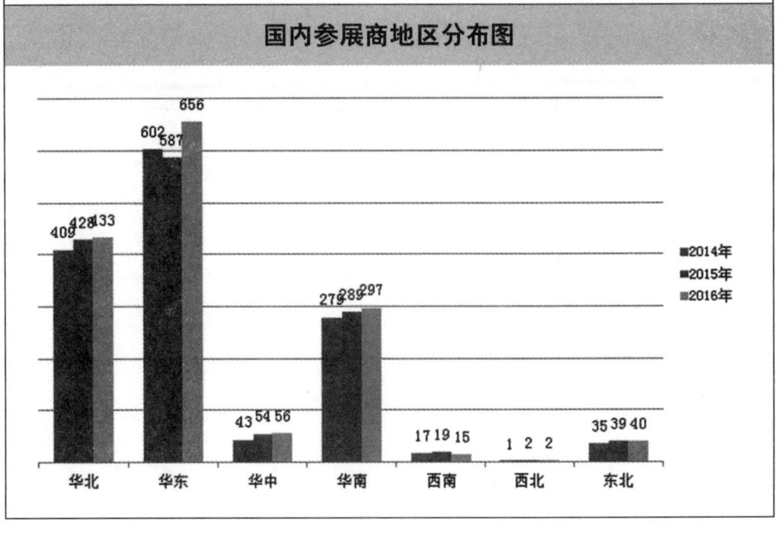

2007～2016年中国（上海）国际乐器展览会海外参展商国家和地区分布

洲别	国家（地区）	2007年	2008年	2009年	2010年	2011年	2012年	2013年	2014年	2015年	2016年
亚洲	中国台湾	26	24	27	36	37	38	46	49	48	50
	中国香港	10	9	15	20	19	17	17	20	16	29
	日本	8	9	12	18	18	45	49	43	32	27
	韩国	24	24	27	31	21	26	26	20	22	24
	新加坡	/	1	/	3	5	2	2	4	2	2
	印度	2	2	2	1	1	1	1	1	1	2
	马来西亚	1	/	/	/	/	/	1	/	1	2
	中国澳门	/	/	/	/	/	/	/	/	/	1
	巴基斯坦	/	/	/	/	/	/	1	/	2	/
	泰国	1	2	/	1	/	/	/	1	2	/
欧洲	意大利	13	29	30	32	44	45	48	55	66	72
	德国	39	41	36	44	42	39	55	52	55	60
	法国	27	24	30	27	26	26	24	24	25	30
	英国	16	17	25	16	14	22	27	26	25	24
	西班牙	19	18	13	13	14	17	19	18	15	15
	捷克	7	12	11	9	9	11	12	10	11	9
	荷兰	10	10	10	10	9	9	9	9	7	9
	比利时	2	/	/	1	8	8	6	7	7	6
	奥地利	11	5	1	3	4	4	4	3	3	5
	瑞士	1	1	/	1	1	2	1	/	3	3
	保加利亚	/	/	/	/	/	/	/	1	2	2
	俄罗斯	/	/	/	1	3	/	1	3	2	1
	丹麦	/	2	2	2	1	3	/	/	1	1
	罗马尼亚	/	/	/	/	/	/	/	1	1	1
	爱沙尼亚	/	/	/	/	/	/	/	/	1	1
	波兰	/	/	/	/	/	/	/	/	/	1
	土耳其	/	/	/	/	/	/	/	/	/	1
	塞尔维亚	/	/	/	/	/	/	/	/	/	1
	拉脱维亚	/	/	/	/	/	/	/	/	/	1
	葡萄牙	/	/	/	/	/	/	/	/	1	/
大洋洲	澳大利亚	3	2	2	2	5	3	2	1	1	2
	新西兰	/	/	/	/	/	/	/	/	/	1
北美洲	美国	36	16	17	25	23	26	23	28	22	22
	加拿大	/	2	2	2	2	3	3	3	5	3
南美洲	巴西	/	/	/	/	/	2	2	2	3	2

2007 ～ 2016 年中国（上海）国际乐器展览会国内参展商地区（省、直辖市）分布

大区	地区	2007 年	2008 年	2009 年	2010 年	2011 年	2012 年	2013 年	2014 年	2015 年	2016 年
华北	北京	118	132	136	153	178	169	193	208	224	219
	天津	73	85	93	92	107	108	115	111	104	108
	河北	45	59	63	63	73	82	88	86	95	102
	山西	2	2	1	/	2	1	1	2	3	2
	内蒙古	1	1	1	1	1	3	2	2	2	2
华东	江苏	116	140	136	161	183	216	222	235	238	267
	上海	88	90	87	104	117	124	124	132	124	146
	浙江	62	64	69	70	85	113	109	123	104	106
	山东	47	51	70	71	71	76	78	78	79	80
	福建	12	16	16	17	19	18	25	27	30	42
	安徽	1	1	1	2	2	1	5	3	8	9
	江西	4	2	3	4	3	5	3	4	4	6
华中	河南	11	8	9	8	17	16	15	26	33	34
	湖北	16	12	15	15	16	16	12	12	14	15
	湖南	3	3	2	4	3	4	4	5	7	7
华南	广东	124	122	167	160	207	242	239	275	286	295
	广西	/	1	/	/	2	3	2	3	2	1
	海南	/	/	/	/	/	/	/	1	1	1
西南	云南	9	8	7	7	8	9	16	11	10	7
	四川	1	1	2	1	3	3	6	5	4	4
	重庆	3	3	1	1	1	/	/	1	3	2
	贵州	/	1	/	/	/	/	/	/	2	2
西北	陕西	2	1	1	2	2	2	1	1	2	2
东北	辽宁	13	10	9	23	18	19	22	27	27	31
	黑龙江	5	5	6	2	4	8	6	6	7	6
	吉林	3	2	3	6	1	2	2	2	5	3

2007 ～ 2016 中国（上海）国际乐器展览会参展商产品类别分布

产品与业务类别	2007 年	2008 年	2009 年	2010 年	2011 年	2012 年	2013 年	2014 年	2015 年	2016 年
弦乐器	186	228	249	261	305	360	423	429	435	452
配件	240	300	299	310	346	353	387	400	389	420
民族乐器	123	127	140	171	183	222	298	299	315	287
电声乐器	42	59	58	63	62	67	207	238	240	237
管乐器	60	78	89	100	102	112	153	160	162	162
钢琴	54	57	72	64	76	80	72	89	92	106
打击乐器	32	38	42	63	53	64	75	82	85	90
音乐教育	/	/	/	/	/	/	/	/	72	88
乐谱	/	/	/	/	/	/	/	/	73	81
手风琴 口琴	16	18	22	27	27	30	41	50	52	62
媒体	27	39	79	64	26	16	24	28	30	33

观众情况

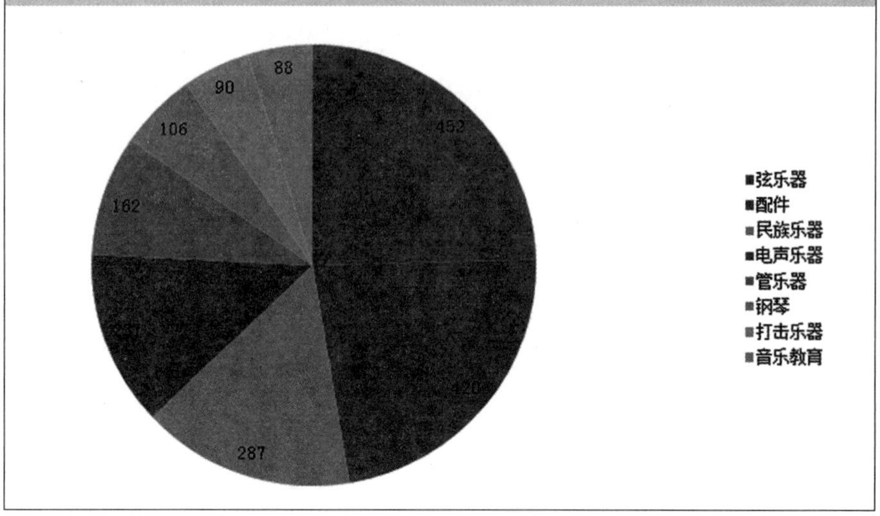

参展商类别分布图

为期4天的展会共吸引了来自86个国家和地区的90125名海内外观众参观上海国际乐器展，较2015年增长12.00%。其中，国内观众85954人，同比增长12.37%。

海外观众来自86个国家和地区，较上届增加了增加1个国家，观众总计4171人，同比增长4.98%，海外观众占观众总数的4.63%。其中，来自32个亚洲国家的观众数量共计3156人，同比增长5.94%；欧洲26国家，共计424人，同比减少1人；北美洲2个国家，共计305人，同比增加26人；南美洲12个国家，共计138人，同比减少1人；大洋洲2个国家，共计106人；非洲11个国家，共计42人。观众超过100人以上的国家和地区分别为：韩国（993人）、中国台湾（509人）、中国香港（501人）、日本（365人）、美国（262人）、马来西亚（165人）、泰国（155人）、新加坡（106人）。

2012～2016年中国（上海）国际乐器展览会观众分析
——感兴趣产品

感兴趣产品	2012年	2013年	2014年	2015年	2016年
民族乐器	43%	44%	47%	42%	42%
钢琴及键盘	30%	31%	30%	32%	32%
弦乐器	30%	30%	29%	31%	31%
乐器配件	24%	22%	21%	24%	24%
电声乐器	22%	22%	21%	23%	23%
打击乐器	23%	22%	22%	22%	22%
管乐器	35%	33%	37%	20%	35%
乐谱	20%	17%	17%	19%	19%
音乐相关电脑硬件软件	12%	12%	10%	13%	13%
口琴手风琴	13%	12%	12%	13%	13%
协会/媒体	6%	6%	5%	8%	8%
其他	3%	2%	2%	4%	4%

2012～2016国（上海）国际乐器展览会观众分析
——参观目的

参观目的	2012年	2013年	2014年	2015年	2016年
参加会议论坛	20%	38%	23%	46%	46%
看样订货	36%	33%	35%	41%	41%
观看现场表演、活动展区	24%	11%	23%	36%	36%
收集市场和产品信息	25%	26%	27%	31%	31%
寻求合作伙伴	13%	14%	13%	20%	20%
联络固有的供应商和销售商	10%	10%	9%	14%	14%
比较不同产品 / 供货商 / 同行竞争者	11%	11%	10%	13%	13%
确定下届是否参展	/	6%	5%	8%	8%

2012～2016年中国（上海）国际乐器展览会观众分析
——业务性质

从事的职业	2012年	2013年	2014年	2015年	2016年
音乐类院校 / 艺教中心 / 音乐培训机构	18%	19%	20%	25%	25%
零售商 / 批发商	17%	17%	18%	17%	17%
青少年活动中心 / 幼儿园 / 中小学 / 大学	13%	14%	12%	11%	11%
进出口 / 代理 / 经销商 / 供应商	13%	13%	12%	10%	10%
文艺团体 / 演出团体 / 戏剧及话剧团 / 文工团	13%	12%	13%	10%	10%
制造商	12%	12%	11%	8%	8%
协会	2%	2%	2%	4%	4%
媒体	2%	2%	2%	2%	2%
其它	9%	9%	10%	13%	13%

2016北京音乐生活展纪实

一、宏观定位 重塑乐器商业和文化价值

盘点2016北京音乐生活展，本届展会面积继续拓展，展馆主题划分更加明确，品牌影响力更强，辐射范围更广，观众人数明显增加，“音乐即是生活”的理念更加鲜明体现。中国乐器协会理事长王世成在评价本届展会时表示，北京音乐生活展立足音乐文化消费市场，从产销小市场向音教文化生活大市场拓展延伸，以时尚引领乐器行业文化转型，跳脱单纯的产品营销思维，将乐器商品有机融入音乐文化展览要素之中。通过创建各类型音乐文化生活体验模板，在西韵、国风、跨乐、乐学、听音、乐享六大主题十大展馆，策划系列专家文化讲坛，与大众零距离亲切互动，尽显展会文化普世价值。

中国乐器协会常务副理事长曾泽民表示，立体多元配套音乐活动成为本届北京音乐生活展的最大文化亮点。文化讲坛出现人气爆棚现象，其中既有专家的名人效应，又有文化讲坛的特别策划，专家演讲内容既接地气，又具有音乐文化时尚导向。音乐产业跨界融合发展，展会立体化、跨行业、多元化策划定位生动体现，最终实现展会文化传播与市场拓展的社会价值。值得一提的是，依托展会平台，参展企业主动策划项目推介活动，如美国好美乐音教项目推介会，海伦钢琴与奥地利签订音教合作项目，卡西欧推出线下专业集体课堂等，不同企业对展会背后的文化消费市场高度重视，在项目推介和跨界合作中谋求发展。曾泽民表示，跨界合作与配套活动的快速增长，直接反映出内地文化艺术教育市场的蓬勃发展。

“上海国际乐器展面向乐器商业环境和业态打造，针对制造商和经销商以及专业观众提供开放乐器商业平台，而北京音乐生活展依托北京音乐文化和艺术教育氛围，展会框架和内容设计面向终端用户消费市场，同时涵盖北京周边经销商和代理商群体。”谈及展会宏观策划导向，上海国际展览中心有限公司副总经理王蕾表示，纵览全球乐器展会，展会商业职能的同质化倾向，令商家感到困惑。依托上海国际乐器展的商业基础，北京浓郁的音乐文化演艺氛围，以及参展商新时期品牌文化传播的迫切诉求，北京音乐生活展将不同风格器乐文化元素与大众文化生活进行跨界整合，以模拟还原大众文化生活为切入点，秉持多元化、艺术化、人性化的创意思维，重塑乐器商业和文化存在价值。展会品牌文化的创意传播模式，得到参展商家的文化价值认同。在创意帮扶商家拓展市场渠道的同时，展会对传统经销商的营销思维和渠道拓展都带来深层积极影响。

二、音教联盟 创造音教文化大市场

作为本届音乐生活展开篇重头戏，全国音乐教育服务联盟启动仪式在北京音乐生活展同步举行。中国乐器协会(CMIA)、中国教育学会音乐教育分会(CSME)、中国音乐家协会管乐学会(CASBE)和中央音乐学院(CCOM)四方亮相北京音乐生活展，并结成战略合作联盟表明，音乐教育与经营，音乐培训与大众音乐文化消费具备创新跨界平台，实现从乐器设备、教材教案、售后服务、音乐教育和音乐生活消费全产业链的互动融合。联盟创建得到美国国际音乐制品协会、欧洲音乐产业联盟的支持，美国国际幼儿音乐和运动协会前主席、著名幼儿音乐教育家Jan Keyser女士，日本雅马哈执行董事、乐器音响营业本部部长大池真人，日本河合音乐贸易株式会社社长金子和裕，日本规模最大规模的乐器零售商岛村株式会社社长广濑利明等皆到会参与音教服务联盟启动仪式。

中国乐器协会理事长王世成表示，制造业、音乐教育、高等院校、音协管乐学会四方结盟，直面产业升级和供给侧结构改革挑战，顺应音乐教育市场发展大势，汇集各界优势资源，有序拓展音乐教育市场，扩大音乐消费人口，让乐器成为家庭的标配、百姓的刚需。音教服务联盟是行业市场化的产物，联盟遵循跨界合作、求真务实方针，既有理论方向指引，又有落地实操项目。目前，联盟从

6.21国际演奏日、武强音教服务联盟示范基地创建等实体项目切入，确定社会音乐教育师资培训为工作重点，扎实推进联盟创建工作。在展会后期，联盟将形成常态化推进效应，逐步深入各行业领域。同时，音乐生活展主办方也在积极开发名家、院校师生与音乐大众文化消费需求的结合点，进行创意项目的策划与对接，有序扩展各层次结构的观众群体。

中央音乐学院院长俞峰认为，中央音乐学院具有强大的师资和继续教育学院，服务社会音乐教育，扩展音乐人口，促进乐器制造产业和文化产业全产业链蓬勃发展，也是中央音乐学院服务社会的重要任务之一，愿与各方资源共同创造更为开阔的产业空间。“音教服务联盟的创建，预示着中国教育学会首次走出体制内范畴，关注社会音乐教育良性发展，缩小体制内外音乐教育的差距。”中国教育学会音乐教育分会会长吴斌表示，在基础教育中，音乐教育属于薄弱学科，联盟创建需上靠政府，下靠专家，背靠全国各地社会音乐培训机构。社会音乐教育以音乐技能培训为主导，社会音乐教育的质量提升更需专家队伍支撑。音乐文化发展从侧面反映出社会文明程度的进步与发展，中国教育学会音乐教育分会愿同各界同仁一同谋求社会音乐教育的健康发展。

三、展会新亮点 创造音乐文化生活饕餮盛宴

作为第二届北京音乐生活展，时尚引领，跨界融合构成展会宏观策划的创意主线，盘点本届展会不同特色展馆的文化亮点，国风馆立足琴棋书画，更融入花香禅茶等国学元素，西韵馆咖啡飘香，典藏钢琴、管乐、爵士视听元素辉映成趣，听音馆发烧耳机酷乐时尚，家庭HIFI音响营造高端家居视听生活体验空间，乐学馆更在快乐音教项目基础上，创意拓展人性化素质教育内容，大小朋友沉浸在音乐科技海洋乐不思蜀。依托首届音乐生活展的创意策划和专家资源，本届展会拓展项目更是在深度调研用户需求基础上，诉诸视觉、听觉、嗅觉、味觉、触觉元素，营造立体化、全方位的音乐家居文化生活体验情境。

（一）风华国乐：茶香古韵 创办高逼格国学文化道场

从分馆角度看，国风馆参展元素不仅涵盖传统民族器乐，同时辐射到国学和中国传统音乐文化。在传统国乐讲坛基础上，同时增设插花、香道、茶道、汉服、书法国学相关文化要素。无论是参与观众，演讲嘉宾，参展商家对名家会客厅和人文雅集的创意策划表示高度认同。如国家级非物质文化遗产传承人、中国传统插花协会会长张超的《荷香入君怀》主题演讲，香学艺术家、中国非物质文化遗产保护协会香文化委员会副主任罗子杰的《中国香席•品臻契道》，中国茶艺师评定标准制定者之一、中华茶馆联盟监事长王琼的《申时茶会》，每场文化讲坛观众爆满；其次，国风馆中首次出现演奏家作为参展商，如二胡名家陈军，尺八传人张听，中国民族管弦乐学会箜篌专业委员会副会长鲁璐携旗下品牌亮相音乐生活展，直接在展台与音乐大众对话交流，实属难能可贵。

透过国风馆的茶香雅韵，爆棚人气，我们看到，文化讲坛内容设计并没有拉到阳春白雪的高度，而是采取平易近人的文化态度，面向大众进行国学文化的心灵对话。这种寻求精神世界依归的文化溯源现象，从另一面也反映出大众对认知中国传统音乐文化价值，提升文化生活品质的迫切诉求。“在前期策划中，我们希望讲坛内容亲民且接地气，以音乐为媒，与生活创意融合，嘉宾不但要善于演奏，更要具备音乐文化宣讲的能力和素养。”王蕾告诉记者，参演嘉宾系所属行业权威型专家，面向大众的音乐文化传播，专家学者对展会同期音乐活动策划表现出高度的参与热情。同时，今年观众群体中有以儿童为主体的社会家庭参与，也有专家群体，同时对于中高端收入人群、专业院校体系观众，真正具备文化素养和消费潜力的高端观众还需进一步拓展和定向开发培育。“本届展会有一个插曲，中央民族乐团团长席强在参观展会时，发现著名笙家赵家笙研发的低音笙，表现出浓厚的兴趣，并表达出批量采购的意愿。”王蕾表示，如何依托展会平台，在大众和专业渠道延伸不同于上海国际乐器展的高端多元化商业职能，是未来北京音乐生活展创意开发的新课题。

（二）古典西韵： 钢琴、管乐、爵士再传音乐佳话

本届展会西韵馆新增钢琴和管乐元素，参展品牌口碑不错，音乐主题沙龙座无虚席。展馆吸纳YAMAHA、KAWAI、柏斯集团、普雷耶等知名高端钢琴品牌登陆首秀，参展展品皆是极具收藏价值的古钢琴和专业音乐会用琴，无论是艺术品的音色，还是欧陆漆画外观设计，尽显展品高贵典雅，醇厚文化底蕴。

品有待咖啡，拥享爵士迷情，西韵馆特别策划爵士沙龙艺术讲座人气爆棚。活动盛邀国内著名音乐节目主持人张有待老师加盟，从20世纪90年代，有待老师便活跃于北京现代音乐圈，多年来对于爵士音乐流派更是如数家珍。爵士沙龙邀请国内著名爵士键盘演奏家金佛、音乐人谷峰到场，与乐迷零距离共话爵士音乐文化起源与即兴创作艺术；其次，与爵士管乐相关的布菲、津宝、金音品牌也首度进驻西韵馆，各参展商无论从展台搭建风格，再到展品陈列方式，无不彰显出管乐与大众音乐生活的密切关联度，展商对活动组织的品质和观众质量表示首肯。

对于首次参展的企业而言，不同企业在不同生命阶段，表现出不同的商业诉求。如何立足音乐文化生活背景，转换品牌推广思维，以人性化的品牌推广模式，有机地与大众音乐文化生活进行对接，用心向受众讲好品牌故事，创新、创意成为展会新晋展商需要深入思考的课题。我们惊喜发现，本届音乐生活展，津宝和金音乐器展位相对上海国际乐器展都进行了改革与创新，展台搭建更加强调视觉效应，以及乐器与观众的互动体验。

（三）跨乐听音： 时尚DJ玩转最酷最潮音乐

本届跨乐、听音馆，除了汇聚FENDER、DW、ORANGE、哈曼、哈雷摩托等国际一线品牌外，更在发烧耳机和DJ设备基础上融入家庭HIFI音响，成为契合大众文化生活的创新元素。为打造展会时尚元素，主办方邀请著名电音DJ、北京电台DJ主持人和电音玩家强势加盟，展示最酷、最潮的音乐玩法。电音DJ SHOW邀请中国DMC大赛冠军陈申，魔声GODJ中国区产品代言谢千里轮番上阵，在现场与年轻观众激情互动，气氛火爆。

音乐DJ见面会，国内知名电台DJ胡莎莎、北京人民广播电台节目制作中心音乐部副主任、知名主持人腾兵带来《旅途、人生、音乐》，Fm97.4早安音乐秀DJ、全国10佳音乐DJ张琦从幕后来到台前，亲临现场带来《夏日爵士》主题音乐DJ SHOW。音乐是内心情境的写照，在声音旋律背后拨动青春心弦，电台DJ文化背后的音乐故事，记录下不同时代人们的青春足迹。

值得一提的是在时尚跨乐馆，YAMAHA少儿数码钢琴大赛优胜者展演，以及长城乐器代言人的现场热秀，吸引年轻音乐粉丝驻足聆听互动。JBL汽车音响成为音乐与车载音响跨界融合元素，现代居家饰品和现代绘画，更为跨乐馆增添时尚文化元素，为观众打开一扇音乐之门，让他们聆听和感受音乐的美好，让他们触摸音乐的味道、颜色、情感，用音乐和内心世界进行一次真诚的对话。

（四）音教乐学 创意打造合作互动平台

本届音乐生活展乐学馆共吸引国内外知名社会音乐教育品牌参展，观众质量超过首届，珠江、知音、美得理、海伦、罗兰、托宁、于斯课堂、三益、普罗爵士、好美乐、海资曼众多国内外一线乐器和教学品牌倾情加盟，像珠江钢琴、海伦钢琴旗下教育品牌、知音宝贝都是首度登陆音乐生活展，成为展会新亮点。在多元素质音乐教育参展项目中，儿童数码钢琴趣味集体课教学、数码电鼓音乐游戏、儿童智能音乐启蒙机、钢琴智能陪练手环、英语外教课、琴棋书画、手工烘培、微观植艺，令到场观众目不暇接。大小朋友在手工作坊锻炼动手能力，在玩乐城堡挑战音乐游戏，不难看出，音乐教育和素质教育的科技化、人性化、趣味化，成为新时期下社会音乐培训和素质教育的主导趋向。

“知音宝贝首次登陆音乐生活展，开展当日品牌衍生品销售良好，得到终端用户的喜爱，展会后期有不少教育机构表示加盟合作意愿，面对北京音乐培训市场的活跃度，知音宝贝已有在北京市场创办分部的想法。”上海知音琴行总经理朱文玉女士表示，展会的商业平台作用得到有效体现。考虑到素质教育地域限制，本届音乐生活展初步尝试开设手账市集，吸纳具有全国连锁品牌参与进驻，吸引各类型的家庭和观众参与互动。

当前，中国制造企业有近5000家，琴行保有量近2万家，90%琴行从事音乐培训。美国国际幼儿音乐和运动协会前主席、著名幼儿音乐教育家Jan Keyser女士表示，这是一个创新时代，当科技为人类生活带来便利之时，教育也成为社会进步发展的重要元素。儿童启蒙教育如何与时代发展有机融合意义攸关，所有教育工作者都要知晓，孩子是未来时代发展的支柱，他们接受何样的教育对社会发展至关重要。让音乐学习融入家庭生活，让儿童从最初的歌唱、弹奏等各种形式，去表达和创作音乐，对他们的未来创造力展将起到决定性作用。教师的音乐素养直接影响到儿童学习音乐能力，让所有社会音乐教育同仁们共同努力，创造音乐世界的美好未来。

四、结束语

盘点2016北京音乐生活展，三天近70余场的文化讲坛和展演，在京城创造了文化时尚新亮点。让更多具有文化素养的人群走进音乐世界，扩展音乐人口便不再是一句简单的口号。透过2016北京音乐展众多展商的品牌文化推广案例，也引起我们反思，当乐器产业走过OEM原始资本积累阶段后，到底如何向大众在更高文化层次上讲述品牌故事，是当前乐器行业文化转型必须重新思考的发展课题。应该看到，当下文化消费市场与10年前早已不同，行业外围和下游受众对文化产品的消费需求也在日新月异，如何潜心学习、创新，不断顺应时代发展趋向，为品牌远行进行长效规划，更是在快餐时代所有商家突破思维瓶颈、转型重生的商业课题。从这个角度看，北京音乐生活展正在成为展商构建品牌文化推广、锻炼实践和学习进步的创新平台。

清华大学中国经济发展研究中心尚宇教授表示，研究产业发展有很多理论、工具和模型，从各种角度分析音教和大众文化市场没有任何问题，但面对社会音乐教育产业集中度低的现实，大众文化消费需求的品牌意识和售后服务意识逐年增强，商家跟不上受众文化需求发展的脚步，市场洗牌将是必然。如何在文化消费市场创造新的增量，突破固有的商业思维，去拥抱大众文化消费市场，创造有品质、有文化内涵的音乐生活展，帮扶乐器企业在更高层次上完成品牌和商业推广，这才是北京音乐生活展存在的社会价值和文化价值。

第114届美国NAMM乐器、灯光、音响展览会（NAMM SHOW）简况

2016年1月21日至24日，2016 NAMM国际乐器展在美国阿纳海姆举办。“当创新遇上传统”成为展会宣传的“主色调”，本届NAMM乐器展像一块巨大的“音乐磁石”，共吸引世界各地1726家展商参展。在短短几天时间里，共有中国、德国、英国、西班牙、巴西、阿根廷等6大国的乐器展团在此进行集中的全展期展示。音乐能量显而易见——参展公司总数较2015年同比增长7%。2016年NAMM展，主办方在阿纳海姆向世界敞开音乐大门：各类乐器参展商、零售商、艺术家、媒体人员、NAMM会员、音乐教师等各类观众注册人数共计101736人，同比2015年再度增长2%，NAMM展成为各大公司宣传品牌、旗舰产品的有利平台。

本届NAMM展览会国际化氛围浓厚，世界多地展商带来了最新产品和技术。来自中国的广州珠江钢琴集团、宁波海伦钢琴、烟台博斯纳、北京华东乐器公司、江苏金杯乐器、广东红棉乐器等乐器企业参加了本届NAMM展览会。

随着乐器市场持续发展，人口不断增加，世界各地前来参展宣传的乐器品牌超过6000余种，对于世界各地买家而言，2016 NAMM乐器展就像世界最大的“乐器采购店”。在展会看望老朋友，结交新朋友，面对面的互动交流和展会的旺盛人气，使大家身临其境地体验并传递着乐器行业涌动的激情与兴奋。主办方NAMM表示，截至2016年，NAMM共有会员10300家，分布在世界102个国家和地区。

2016年NAMM展是协会成立115年以来人数最多、地域覆盖范围最广的展览会。另据展会主办方介绍，2016年首次参加NAMM展会的展商数量共409家。NAMM总裁兼首席执行官拉蒙德强调，来自世界各地125个国家和地区的参展数量、品牌，对于推动行业发展至关重要。NAMM展不仅反映出行业发展现状，更重要的是引领并指明了音乐制品行业未来走向。NAMM会员在展会竞相展示了创意产品、创新乐器，也让NAMM在此间举办的教育课程“人满为患”。

据悉，2016年NAMM夏季展将于6月23日至25日在美国田纳西州纳什维尔举办。NAMM俄罗斯乐器展将于9月13日至15日在莫斯科举办。2017年度NAMM国际乐器展将于1月19日至22日在美国阿纳海姆举办。

第37届德国法兰克福国际乐器、乐谱及配件展览会（2016 Musikmesse）简况

2016年4月7～10日，德国法兰克福国际乐器、舞台灯光及音响展览会在法兰克福展览中心举行。展会有来自60个国家和地区的2043家参展商参展，主要来自德国、中国、意大利、英国、西班牙、法国、瑞士等国家，有234家中国参展商参展。吸引了来自130多个国家和地区的11万多名观众参观展会。

此次展览会的乐器展馆为8.0、9.0、9.1、10.2和11.0号馆，并全天向公众开放，8.0馆是原声吉他、弦乐器、提琴类乐器及配件，9.0号馆是钢琴馆，11.0号馆是打击乐器和电吉他产品。在11.1号馆专门设置了B2B商务洽谈区域，为展商及专业观众提供不受干扰的场所。今年的展会，中国参展商是根据产品的分类，与同类别的国外厂商同馆进行展出。

广州珠江钢琴集团股份有限公司、江苏凤灵乐器集团、天津津宝乐器有限公司、广东红棉乐器有限公司、广州艾茉森电子有限公司、森鹤乐器股份有限公司、北京华东乐器有限公司、南京舒曼钢琴制造有限公司、江苏东方乐器有限公司、晋江力达电子有限公司、南通一诺乐器有限公司和香河天音乐器有限公司等会员企业参加本届展览会。

2016年第25届中国国际专业音响、灯光、乐器及技术展览会简况

第25届中国国际专业音响、灯光、乐器及技术展览会于5月25日至28日在北京中国国际展览中心（老馆）举办，本届展览会有来自中国大陆和德国、美国、意大利、韩国、日本、加拿大、法国、捷克等10余个国家以及港澳台地区800家企业参展。展品分为键盘类乐器、电声类乐器、弦乐器、打击乐器、管乐器五大类，各设专馆或专区。据2016年北京乐器展组委会统计，在本届展会上，多家企业将推出创新产品、升级产品和改良产品，包括钢琴、提琴、电声乐器、铜管乐器、木管乐器、二胡、扬琴等，展会现场新产品、新技术、新工艺。展品中有的展示了数控机床生产的标准一致性，有的展示了工艺大师手工制作的独特个性，有的展示了千百年来技艺的历史传承，有的展示了“互联网+”时代的创新设计。在展览期间，针对北京民族乐器市场的需求，展会针对民族乐器设计了二胡制作与发展的论坛，同时针对数字音乐邀请专家进行了专题讲座。据悉，展会同期还将举办相关论坛，探讨中国乐器产业和音乐教育的未来发展。

2016年中国（广州）国际专业音响、灯光、乐器展览会简况

2016年3月2～5日，第十三届广州国际乐器展览会在中国进出口商品交易会展馆B区盛大开幕。在4天的展期里，展会吸引了来自全国各地和港澳台地区，东南亚、欧美等主要海内外乐器市场的采购商、代理商。

广州国际乐器展不断加强与乐器及音乐产业的深度合作，积极创新会展形式，包括为展商提供个性化的特点展示，如结合乐器行业产业集聚的特点与优势，特设扬州琴筝展团、泰兴提琴展团，突出地方乐器产业特色与产品技术优势；主动邀请乐器制作、音乐教育、乐器商贸等专业机构进行制作技术展示、开设“第二届提琴制作演示活动”“第三届华南音乐培训机构高峰论坛”“首届中国吉他产业峰会”等活动和专业讲座，都受到当地音乐教师的热烈欢迎。

主办方表示，未来展会还将继续加强展商服务、积极推广广州乐器展会品牌、引导专业采购和代理商参观展会，增强展会的专业性与国际化，为广大展商提供更加完善、有效的会展服务，提高展示水平，充分体现广州乐展的商业价值。

2016年世界乐器展览会综述

2016年，各国乐器展览会注重普及音乐教育，拓展音乐人口，展会的规模大小、参观总数成为衡量展会的重要指标，展会已成为承载音乐教育平台的重要载体。

2016年，世界各个国家和地区举办的乐器展览会，主要集中在亚洲、欧洲、北美洲，除非洲外，音乐激情的“火种”轮番在世界主要城市点燃，各大展会既传承了传统优势，又体现了当前市场的创新发展特色。回顾2016年世界乐器展，一个突出特点是，展会成为推广地方乐器特色的综合展示平台。2016年上海国际乐器展览会期间，“音乐教育”和“科技创新”成为该年展会突出主题。展会规模进一步扩大，继续向“高端化、专业化、国际化”方向发展。2016年，“社会音乐教育服务联盟”在适应中国音乐教育发展趋势的背景下应运而生，在2016年5月举办的北京音乐生活展上，由中国乐器协会倡导、四方联盟共同参与的社会音乐教育服务联盟工作平台正式成立，10月在上海乐器展期间召开的新闻发布会上，联盟向国内外乐器行业进一步推广，受到国际同行的鼎力支持。在乐器行业持续不断创新、发展过程中，专业化展会搭建的平台作用功不可没。

2016年1月在美国阿纳海姆NAMM乐器展览会上，日本滨松市长铃木介绍了日本音乐之城—滨松市的情况。作为雅马哈、卡瓦依、罗兰等乐器巨头所在地，滨松市以其悠久的乐器制造历史闻名于世，在拓展音乐教育方面不遗余力，通过NAMM乐器展，铃木市长代表滨松向国际乐器界介绍了扩大音乐人口的积极努力。岁末，在日本乐器市场发展成熟，增长乏力的背景下，每两年举办一次的日本乐器展在东京开幕。整体而言，虽然展商数量不多，但对于乐器普及、增强社会对乐器的理解，集聚各门类乐器精品的专业化展会发挥了积极作用。

在继承传统优势的基础上，不少乐器展会主办方创新发展思路，研判乐器市场发展规律，力求相互学习，强强联合实现优势互补。意大利提琴享誉世界，克雷蒙娜国际乐器展览会也成为世界各地提琴爱好者慕名前往的“提琴圣地”，在中国乐器特别是提琴向高端化、专业化发展过程中，为更好借鉴国际经验，2016年9月，中国乐器协会组团参观意

大利克雷蒙娜乐器展，受到展会主办方高度重视，展会组委会与协会一行召开工作会议，期冀依托中意双方举办的精品乐器展会，为展商、买家搭建专业商贸交流和乐器展示平台。

从年初到岁末，各主办方精心培育、成功举办的乐器展览会成为世界各国爱乐人驻足、体验乐器魅力的绝佳平台，一如悦动音符，对丰富人类音乐生活做出了独特贡献，也在服务乐器市场、普及音乐人口方面体现出积极的世界意义。

2016年世界乐器展览会回顾一览表

展会名称	展会届别	展会日期	展会地点	主办单位	展品范围	2016年展会规模
美国洛杉矶阿纳海姆乐器展（The NAMM Show）	第114届	2016.1.21~1.24	阿纳海姆	美国国际音乐制品协会（NAMM）	各种乐器、音响	1726家展商参展，观众总数101736人
中国（广州）国际专业音响、灯光、乐器展览会	第14届	2016.3.2~3.5	广州	广东省科学技术厅、广东省文化厅、国家轻工业乐器信息中心	西乐器、民族乐器	展览面积3万平方米
德国法兰克福国际乐器、乐谱及附件展览会（Musikmesse 2016）	第37届	2016.4.7~4.10	法兰克福	德国法兰克福展览公司	各类乐器、乐器配件、乐谱、音乐硬软件、音乐出版物等	来自52个国家和地区的展商总数1103家，来自108个国家和地区的观众64000人
中东（迪拜）乐器博览会（MUSAC 2016）	第14届	2016.5.9~5.11	阿联酋迪拜	中东IIR展览公司	东西方各类乐器、阿拉伯民俗乐器等	展出面积1万平方米，展商200余家
PALM 2016北京乐器展	第25届	2016.5.25~5.28	北京	中国演艺设备技术协会	各类乐器、中国民族乐器	来自中国大陆和世界10余个国家及中国港澳台地区近800家企业
印度乐器展(Musician Expo 2016)	第15届	2016.5.26~5.28	孟买	印度DIVERSIFIED公司	电声乐器为主	观众6000余名
美国NAMM夏季乐器展(Summer NAMM Show)	每年夏季	2016.6.23~6.25	纳什维尔	美国国际音乐制品协会	以美国国内乐器商展示和音乐教育人士使用的乐器为主	展商总数517家
北京音乐生活展	第2届	2016.7.1~7.3	北京	中国乐器协会、上海国际展览中心有限公司	钢琴、弦乐器、电声乐器、乐器配件、民族乐器、铜管乐器、打击乐器、相关协会媒体、乐谱、音乐书籍等	展会面积达2.5万平方米，45683名观众

展会名称	展会届别	展会日期	展会地点	主办单位	展品范围	2016 年展会规模
NAMM& 法兰克福俄罗斯乐器展	第 5 届	2016.9.15~9.18	莫斯科	国际音乐制品协会、法兰克福展览公司	乐器综合类、钢琴、弦乐器、打击乐器、电声乐器、配件、乐谱、音响设备等	展商 144 家，参观人数超过 1.6 万人
巴西圣保罗国际乐器展览会（Expomusic 2016）	第 33 届	2016.9.21~9.25	圣保罗	巴西乐器协会、FRANCAL 展览公司	各种乐器、音响及配件、相关媒体及专业刊物	展商 130 家
意大利克雷蒙娜乐器展（Cremona MondonMusica 2016）	第 29 届	2016.9.30~10.2	克雷蒙娜	克雷蒙娜乐器展组委会	以提琴等弦乐器为主，兼展弹拨乐器、琴弓、配件、乐谱等	来自 28 个国家和地区的 289 家展商参展，观众 16815 名
中国（上海）国际乐器展览会（Music China）	第 15 届	2016.10.26~10.29	上海	中国乐器协会，上海国际展览中心有限公司，法兰克福（香港）展览公司	钢琴、弦乐器、电声乐器、乐器配件、民族乐器、铜管乐器、打击乐器、相关协会媒体、乐谱、音乐书籍等。	展会面积 11.2 万平米，来自 33 个国家和地区的 1909 家企业参展，共吸引来自 86 个国家和地区的 90125 名海内外专业人士参观，参观总人次达 135045 名
日本乐器展	双年展	2016.11.4~11.6	东京	日本乐器展览协会	弦乐器、管乐器、打击乐器	观众 46976 名

名牌产品

乐器产品获中国驰名商标，国家、省（市）级名牌产品、著名商标名录

分类		品牌(商标)名称	商标注册人	认定商品或服务项目
中国驰名商标		珠江	广州珠江钢琴集团股份有限公司	钢琴
		星海XINGHAI及图	北京星海钢琴集团有限公司	钢琴
		津宝及图	天津津宝乐器有限公司	爵士鼓、军鼓、萨克斯
		Taishan	山东泰山管乐器有限公司	管乐器
		嘉德威	杭州嘉德威钢琴有限公司	钢琴
		卡西欧CASIO	日商•樫尾计算机株式会社	计算器　手表　电子音乐仪器等
		润韵	扬州天韵琴筝有限公司	筝、乐器、弦乐器、七弦琴、弹拨乐器、木琴、电子乐器、乐器键盘、乐器弦轴、乐器盒
		金杯及图	江阴市金杯安琪乐器有限公司	手风琴、簧（管）乐器等
		凤灵fitness及图	泰兴凤灵乐器有限公司	小提琴、中提琴等
		Orient	宁波森隆乐器股份有限公司	
		YAMAHA及图	雅马哈株式会社	钢琴
		奇美	江苏奇美乐器有限公司	竖笛、口风琴、口琴
		鹦鹉YINGWU及图	天津鹦鹉乐器有限公司	手风琴、提琴
		吟飞Ringway	吟飞科技（江苏）有限公司	乐器
		乐海 The Ocean of Music及图	河北乐海乐器有限责任公司	扬琴、琵琶
		天鹅及图	江苏天鹅乐器有限公司	口琴、口风琴
		爱迪Aidi及图	香河天音乐器有限公司	西乐器
		HAILUN及图	海伦钢琴股份有限公司	钢琴
省（市）名牌产品	上海市	施特劳斯	上海钢琴有限公司	钢琴
		敦煌牌	上海民族乐器一厂	古筝、二胡、琵琶
		海曼	上海中雅钢琴有限公司	钢琴
		华星	上海华新电子电器总厂	电子琴
	天津市	津宝	天津津宝乐器有限公司	爵士鼓、西管乐器
		鹦鹉	天津鹦鹉乐器有限公司	手风琴
		雅乐	天津华韵乐器有限公司	脚踏风琴、手风琴

分类		品牌(商标)名称	商标注册人	认定商品或服务项目
省（市）名牌产品	天津市	Singer's day	天津圣迪乐器有限公司	萨克斯、小号
	江苏省	润韵	扬州天韵琴筝有限公司	古筝
		碧泉	扬州市正声民族乐器厂	古筝
		凤灵	泰兴凤灵乐器有限公司	吉他、提琴系列产品
		奇美	江苏奇美乐器有限公司	竖笛、口风琴、口琴
		摩德利	南京摩德利钢琴有限公司	钢琴
		天鹅	江苏天鹅乐器有限公司	琴笛
		雅韵	扬州龙凤琴筝有限公司	古筝
		凤韵	扬州龙凤琴筝有限公司	古筝
		大风	江苏大风乐器有限公司	古筝
		蜜蜂	江苏东方乐器有限公司	口琴
		英杰	扬中市华联手风琴有限公司	手风琴
		虎丘	苏州民族乐器一厂有限公司	二胡
		吟飞	吟飞科技（江苏）有限公司	电子乐器
	广东省	珠江	广州珠江钢琴集团股份有限公司	钢琴
		吉声	广州吉声琴业有限公司	电吉他
		恺撒堡	广州珠江钢琴集团有限公司	钢琴
		里特米勒	广州珠江钢琴集团有限公司	钢琴
		Blue Diamond	广州保嘉乐器制造厂有限公司	鼓乐
		星臣starsun	四会市华声乐器有限公司	吉他
		红棉	广州珠江钢琴集团有限公司	提琴
		Ayalea	揭阳市长城乐器有限公司	吉他
		杜鹃花	揭阳市长城乐器有限公司	吉他
		美得理MEDELI	得理电子（珠海）有限公司	数码钢琴
		美得理MEDELI	得理乐器（珠海）有限公司	电子琴
		AMASON艾茉森	广州珠江钢琴集团股份有限公司	数码钢琴
	河北省	JY	河北金音乐器制造集团有限公司	西管乐器
		乐海	乐海乐器有限责任公司	民族乐器
		月坛	饶阳北方民族乐器制造有限公司	二胡
		成乐	饶阳成乐民族乐器有限责任公司	扬琴
	山东省	金斯波格	烟台金斯波格钢琴有限公司	钢琴
		SEJUNG（世正）	青岛世正乐器有限公司	钢琴
		仙乐	百灵乐器公司	电吉他
		飞灵	潍坊惠好乐器有限公司	电吉他

分类		品牌(商标)名称	商标注册人	认定商品或服务项目
省（市）名牌产品	湖北省	TOYAMA（托雅玛）/ Yangtze River牌钢琴	宜昌金宝乐器制造有限公司	钢琴
		艾立卡	武汉艾立卡电子有限公司	电声器件
	福建省	HARMONY（哈曼尼）	福州和声钢琴有限公司	立式钢琴
	河南省	中州	开封中原民族乐器有限公司	古筝
省（市）著名商标	上海市	施特劳斯	上海钢琴有限公司	钢琴
		海曼	上海中雅钢琴有限公司	钢琴
		敦煌	上海民族乐器一厂	民族乐器
	天津市	津宝	天津津宝乐器有限公司	军鼓、爵士鼓、萨克斯
		鹦鹉	天津鹦鹉乐器有限公司	手风琴、提琴
		雅乐	天津市雅乐尔乐器有限公司	风琴
		佰笛及图	天津市佰笛乐器有限公司	手风琴
		WSMAN及图	天津市欧斯曼乐器有限公司	钢琴
		singer's day	天津圣迪乐器有限公司	号（乐器）、乐器
		森雀	天津市静海县盛兴乐器厂	中乐器、笛子、笙、箫
		天津奥维斯乐器有限公司	天津奥维斯乐器有限公司	乐器、笛、号（乐器）
	江苏省	摩德利	南京摩德利钢琴有限公司	钢琴等
		天鹅及图	江苏天鹅乐器有限公司	口琴、口风琴、竖笛等
		凤灵及图	泰兴凤灵乐器有限公司	小提琴、吉他、大提琴等
		奇美	江苏奇美乐器有限公司	手风琴、钢琴、口琴等
		雅韵及图形	扬州龙凤筝有限公司	打击乐器、胡琴、筝等
		虎丘及图	苏州民族乐器一厂有限公司	二胡
		碧泉BIQUAN及图形	扬州市正声民族乐器厂	筝
		和声及图	江苏省和声琴行有限公司	
		金韵及图形	扬州开发区金韵乐器厂	筝
		GOLDENCUP及图	江阴市金杯乐器有限公司	手风琴
		润韵	扬州天韵琴筝有限公司	筝
		吟飞及图形	吟飞科技（江苏）有限公司	电子键盘
		玉振YUZHEN	扬州市金声古筝有限公司	乐器、琵琶等
	广东省	珠江	广州珠江钢琴集团有限公司	长笛、小号、萨克斯
		吉声	广州吉声琴业有限公司	吉他
		Martin	广州吉声琴业有限公司	吉他
		红棉	广州红棉吉他有限公司	中乐器，西乐器
		ALICE	广州市罗曼士乐器制造有限公司	乐器弦
		永美	揭西县美声电子电器厂	电子琴

分类		品牌(商标)名称	商标注册人	认定商品或服务项目
省（市）著名商标	广东省	美得理	得理乐器（珠海）有限公司	乐器（电子琴，数码钢琴）
	河北省	JY	河北金音乐器制造集团有限公司	钢琴
		成乐	饶阳成乐民族乐器有限责任公司	扬琴
		月坛	北方民族乐器制造有限公司	二胡
		秦川	河北秦川文体乐器有限公司	琴行
		乐海	乐海乐器有限责任公司	民族乐器
		秦川乐器	河北秦川文体乐器有限公司	乐器经营
	山东省	KINGSBURG及图	烟台金斯波格钢琴有限公司	钢琴
		仙乐及图	昌乐百灵乐器有限公司	吉他
		博斯纳及图形	烟台博斯纳钢琴制造有限公司	钢琴
		MERCURY	龙口锦盛乐器有限公司	簧（管）乐器
		图形	龙口市博奥乐器制造有限公司	簧(管)乐器
		FAREST及图	龙口金鸣乐器有限公司	笛
	浙江省	HAILUN及图	宁波海伦乐器制品有限公司	钢琴
		嘉德威	杭州嘉德威钢琴有限公司	钢琴
		拉奥特	浙江乐韵钢琴有限公司	钢琴
		LUODELAISI	湖州华谱钢琴有限公司	钢琴
	湖北省	芳鸥	武汉市海平乐器制造有限公司	铜锣
		银可可	武汉银可可琴行有限责任公司	乐器经营
		皇玛HUANGMA	湖北华都钢琴制造有限公司	钢琴、电子琴、乐器键盘
		TOYAMA托雅玛	宜昌金宝乐器制造有限公司	钢琴
		长江	宜昌金宝乐器制造有限公司	钢琴
	福建省	HARMONY（哈曼尼）	福州和声钢琴有限公司	钢琴
	河南省	中州	开封中原民族乐器有限公司	古筝、琵琶
		鸣韵	鸣韵兰考县鸣韵乐器有限公司	吉它、乐器、琵琶、七弦琴
省（市）驰名商标	河北省	JY	河北金音乐器制造集团有限公司	钢琴
		乐海	河北乐海乐器有限责任公司	民族乐器

注：① 中国名牌战略推进委员会2008年第3号公告，2005、2006、2007年公布的中国名牌产品，有效期满后不再继续使用。

② 我国新商标法认定“驰名商标”并非荣誉称号，从2014年5月1日起，“驰名商标”禁止出现在商品包装上，也不能用于广告宣传、展览。

③ 以上发布的品牌信息来源于国家工商行政管理总局，各省市工商行政管理总局，国家质量监督检验检疫总局，各省市地区质量检验局网站的公告信息，如有遗漏，请相关企业与我协会取得联系，进行信息补充和更正。

2017 中国乐器年鉴

CHINA MUSICAL INSTRUMENT YEARBOOK

2016年乐器行业规模以上企业主要经济指标完成情况

（按产品类别划分）

单位：千元

产品类别		中乐器制造	西乐器制造	电子乐器制造	其他乐器及零件制造	总计
汇总企业数（个）		33	137	22	49	241
主营业务收入	2016年累计	4587910	21414225	7389131	5841834	39233100
	2015年累计	4120258	19763978	7030374	5559294	36473904
	同比（%）	11.35	8.35	5.10	5.08	7.56
出口交货值	2016年累计	1681963	6251038	2998102	714105	11645208
	2015年累计	1460874	6478756	3302145	1038647	12280422
	同比（%）	15.13	−3.51	−9.21	−31.25	−5.17
应收账款净额	2016年累计	159059	1343401	423345	391715	2317520
	2015年累计	164513	1380505	477313	341729	2364060
	同比（%）	−3.32	−2.69	−11.31	14.63	−1.97
产成品存货	2016年累计	139429	1072107	233462	174350	1619348
	2015年累计	149846	989135	204279	143719	1486979
	同比（%）	−6.95	8.39	14.29	21.31	8.90
流动资产净值平均余额	2016年累计	946744	8971148	1948429	1447861	13314182
	2015年累计	835062	8179803	2011676	1284429	12310970
	同比（%）	13.37	9.67	−3.14	12.72	8.15
主营业务成本	2016年累计	3882607	18391955	5949823	5090641	33315026
	2015年累计	3487623	16997904	5816414	4869932	31171873
	同比（%）	11.33	8.20	2.29	4.53	6.88
资产总额	2016年累计	1872030	15836645	4297275	2789508	24795458
	2015年累计	1633490	14941576	3679647	2379792	22634505
	同比（%）	14.60	5.99	16.78	17.22	9.55
利润总额	2016年累计	312513	1461501	800947	317887	2892848
	2015年累计	281269	1273902	711740	347060	2613971
	同比（%）	11.11	14.73	12.53	−8.41	10.67
亏损企业（个）	2016年	0	16	2	1	19
	2015年	0	20	3	2	25

（数据来源：国家统计局 中国轻工业信息中心 中国乐器协会信息部）

2016年中国乐器出口世界各大洲概况

洲别	占比（%）	金额（美元）		
		2016年	2015年	同比（%）
北美洲	32.84	515939810	517905584	-0.38
亚洲	28.90	453955379	497428972	-8.74
欧洲	25.02	393015633	408503577	-3.79
南美洲	8.88	139493535	166670865	-16.31
大洋洲	2.59	40729557	46339460	-12.11
非洲	1.76	27705258	52190008	-46.91
合计	100.00	1570839172	1689038466	-7.00

（数据来源：海关总署 中国轻工业信息中心 中国乐器协会信息部）

2016年中国乐器出口贸易组织概况

组织和地区	占比（%）	金额（美元）		
		2016年	2015年	同比（%）
智利自贸区	1.31	20626787	20369441	1.26
欧盟	23.97	376475590	390135763	-3.50
亚太经合组织	62.79	986356354	1022360277	-3.52
日韩	9.47	148834435	155085090	-4.03
秘鲁自贸区	0.51	8020054	8470852	-5.32
东盟	9.46	148533606	162258759	-8.46
中国港澳自贸区	3.41	53495099	58906156	-9.19
新西兰自贸区	0.26	4064935	4558605	-10.83
中国台湾	0.97	15180492	17437769	-12.94
新加坡自贸区	1.25	19581237	23566656	-16.91
金砖国家	5.11	80313362	97493447	-17.62
哥斯达黎加自贸区	0.05	830983	1174956	-29.28
巴基斯坦自贸区	0.11	1750477	2841479	-38.40
合计	100.00	770278059	730021490	5.51

（数据来源：国家海关总署 中国轻工业信息中心 中国乐器协会信息部）

2016年中国乐器海关出口量值

商品名称	单位	数量					
		2016年	2015年	同比(%)	2016年	2015年	同比(%)
竖式钢琴(包括自动钢琴)	台	20505	24915	-17.70	31419633	37610605	-16.46
大钢琴(包括自动钢琴)	台	4311	5740	-24.90	25374201	24390699	4.03
拨弦古钢琴及其他键盘弦乐器	台	4477	5834	-23.26	1114665	1084081	2.82
弓弦乐器	只	1386745	1362151	1.81	79389103	83243053	-4.63
其他弦乐器(如:吉他、小提琴、竖琴)	只	9112955	9635368	-5.42	300038453	350892753	-14.49
铜管乐器	只	750858	662572	13.32	83152720	89259542	-6.84
键盘管风琴;簧风琴及类似的游离金属簧片键盘乐器	只	1926306	1779712	8.24	9853094	9395769	4.87
手风琴及类似乐器	只	394797	349983	12.80	13039048	14975268	-12.93
口琴	只	4999111	5964965	-16.19	10455534	11780163	-11.24
其他管乐器，但游艺场风琴及手摇风琴除外	只	9321905	9008118	3.48	57822222	63912440	-9.53
打击乐器(如鼓、木琴、响板、响葫芦)	只	9708257	9135972	6.26	126440246	139095838	-9.10
通过电产生或扩大声音的键盘乐器	只	4616898	4389406	5.18	357776615	333604159	7.25
其他通过电产生或扩大声音的乐器(如:电吉他)	个	2369363	2608567	-9.17	163149528	193991121	-15.90
百音盒	个	16328322	19701398	-17.12	48107189	58801921	-18.19
未列名的其他乐器	个	72820587	120991955	-39.81	21326341	38595630	-44.74
乐器用弦	千克	289204	358529	-19.34	6402000	7620603	-15.99
钢琴的零件、附件	千克	6717399	6201719	8.32	42840777	42740337	0.24
弦乐器的零件、附件	千克	4158005	3885581	7.01	61004158	52506965	16.18
电子乐器的零件、附件	千克	6292988	5508231	14.25	44806055	43763008	2.38
节拍器、音叉及定音管	千克	76923	97402	-21.03	3191901	2845548	12.17
百音盒的机械装置	千克	401402	364434	10.14	4089353	3605873	13.41
未列名乐器的零件、附件	千克	11657457	12523553	-6.92	80046336	85323090	-6.18
合计					1570839172	1689038466	−7.00

（数据来源：海关总署 中国轻工业信息中心 中国乐器协会信息部）

2016年中国乐器出口国家和地区

（按出口金额排序）

排名	国家和地区	数量（件）			金额（美元）		
		2016年	2015年	同比(%)	2016年	2015年	同比(%)
1	美国	41640830	42168176	−1.25	486330121	489025133	−0.55
2	德国	8061273	7709048	4.57	128728783	138190437	−6.85
3	日本	9137520	7924362	15.31	98700641	100405080	−1.70
4	英国	5640051	6250627	−9.77	74449777	70237218	6.00
5	印度尼西亚	8197317	7868663	4.18	58152571	59616797	−2.46
6	中国香港	4642452	24944284	−81.39	52793814	57689340	−8.49
7	韩国	3199362	4376197	−26.89	50133794	54680010	−8.31
8	荷兰	3897900	3159511	23.37	41775673	47789871	−12.58
9	法国	2534326	2045351	23.91	40313804	44915493	−10.25
10	巴西	2320923	2942209	−21.12	36375784	47840514	−23.96
11	澳大利亚	2007213	2103255	−4.57	35550282	36403032	−2.34
12	加拿大	1581647	1801600	−12.21	29609275	28876798	2.54
13	印度	3219110	2763712	16.48	27093496	28626470	−5.36
14	马来西亚	2495821	3867293	−35.46	26379868	32453937	−18.72
15	墨西哥	2852155	16268060	−82.47	25868571	28957852	−10.67
16	意大利	2100380	2354447	−10.79	21109941	22737926	−7.16
17	比利时	2888941	2415423	19.60	20943957	16234352	29.01
18	智利	2063417	2756250	−25.14	20626787	20369441	1.26
19	新加坡	1590927	1316654	20.83	19581237	23566656	−16.91
20	泰国	1238570	1230724	0.64	18643303	18574373	0.37
21	菲律宾	3535555	5481197	−35.50	17440934	17856713	−2.33
22	阿拉伯联合酋长国	1816554	2396309	−24.19	16360811	18459816	−11.37
23	中国台湾	948305	1304280	−27.29	15180492	17437769	−12.94
24	阿根廷	1236678	2383961	−48.13	14743074	14823078	−0.54
25	西班牙	2699864	2598774	3.89	13208262	15073443	−12.37
26	土耳其	2027307	1894097	7.03	11329281	15559980	−27.19
27	俄罗斯联邦	959619	1338871	−28.33	10728989	12058634	−11.03
28	伊朗	1224492	1946740	−37.10	8220613	11524535	−28.67
29	秘鲁	1054531	1063150	−0.81	8020054	8470852	−5.32
30	哥伦比亚	1238239	1556123	−20.43	7718310	8616315	−10.42
31	越南	385412	1014754	−62.02	7459002	8715395	−14.42
32	瑞典	351371	461383	−23.84	6834645	6171060	10.75
33	尼日利亚	3755476	2844955	32.00	6479349	12909320	−49.81
34	南非	859391	937496	−8.33	6115093	8967829	−31.81
35	以色列	1074706	750991	43.11	5973434	6313682	−5.39
36	捷克共和国	646226	456869	41.45	5946726	4131419	43.94
37	巴拿马	605909	681180	−11.05	5625810	6659453	−15.52
38	波兰	550132	775441	−29.06	5463243	5052835	8.12

排名	国家和地区	数量 （件）			金额（美元）		
		2016年	2015年	同比(%)	2016年	2015年	同比(%)
39	危地马拉	1114354	911952	22.19	5112523	4432794	15.33
40	乌拉圭	379818	513796	−26.08	4475759	5969856	−25.03
41	斯里兰卡	445247	653914	−31.91	4248359	4586808	−7.38
42	新西兰	255414	264978	−3.61	4064935	4558605	−10.83
43	加纳	526571	1875645	−71.93	3918847	6018379	−34.89
44	沙特阿拉伯	595342	560638	6.19	3185992	2472630	28.85
45	芬兰	146942	164654	−10.76	2420841	4222907	−42.67
46	丹麦	400446	386979	3.48	2105345	2189014	−3.82
47	埃及	553747	584608	−5.28	1923797	2380776	−19.19
48	厄瓜多尔	365722	627373	−41.71	1902309	2892207	−34.23
49	瑞士	348203	135416	157.14	1753770	1502180	16.75
50	巴基斯坦	8570525	16833349	−49.09	1750477	2841479	−38.40
51	希腊	493363	443130	11.34	1708376	2050878	−16.70
52	孟加拉国	225571	102430	120.22	1562484	757919	106.15
53	斯洛文尼亚共和国	313382	214787	45.90	1544651	1905251	−18.93
54	黎巴嫩	174221	390107	−55.34	1493916	2072458	−27.92
55	萨尔瓦多	132130	198334	−33.38	1441634	1714896	−15.93
56	爱尔兰	120803	147914	−18.33	1436983	2164918	−33.62
57	摩洛哥	517220	270322	91.33	1400834	1180360	18.68
58	肯尼亚	404355	756570	−46.55	1388457	2910804	−52.30
59	乌克兰	301716	198785	51.78	1358878	856682	58.62
60	拉脱维亚	69415	72034	−3.64	1257062	813057	54.61
61	罗马尼亚	142935	322393	−55.66	1215691	1445103	−15.88
62	伊拉克	568687	1412118	−59.73	1189313	2476630	−51.98
63	波多黎各	159196	218319	−27.08	1143229	905563	26.25
64	葡萄牙	170330	174533	−2.41	1103297	963598	14.50
65	奥地利	284753	167945	69.55	1068909	1239248	−13.75
66	委内瑞拉	32611	123429	−73.58	1056592	5642247	−81.27
67	古巴	32043	30884	3.75	1042308	1588801	−34.40
68	斯洛伐克共和国	51114	45713	11.82	955655	610684	56.49
69	洪都拉斯	161690	117572	37.52	940689	992800	−5.25
70	哈萨克斯坦	77680	64190	21.02	916511	955765	−4.11
71	哥斯达黎加	104510	168371	−37.93	830983	1174956	−29.28
72	挪威	103689	181121	−42.75	829391	1013847	−18.19
73	克罗地亚共和国	115513	120809	−4.38	777788	1433055	−45.73
74	阿尔及利亚	157423	286027	−44.96	769118	1117775	−31.19
75	坦桑尼亚	400204	401263	−0.26	744789	1458150	−48.92
76	玻利维亚	34405	25768	33.52	713108	760595	−6.24
77	澳门	17332	47429	−63.46	701285	1216816	−42.37
78	突尼斯	185824	66240	180.53	693836	849283	−18.30
79	巴布亚新几内亚	77969	120447	−35.27	679754	1455255	−53.29
80	乌兹别克斯坦	34992	116245	−69.90	660450	63613	938.23
81	爱沙尼亚	82538	37853	118.05	658663	267218	146.49

排名	国家和地区	数量（件）			金额（美元）		
		2016年	2015年	同比(%)	2016年	2015年	同比(%)
82	朝鲜	81076	29482	175.00	655037	1771722	-63.03
83	匈牙利	240792	262981	-8.44	629540	383854	64.01
84	约旦	111843	298631	-62.55	601243	1936277	-68.95
85	巴拉圭	86706	96665	-10.30	571957	768278	-25.55
86	科威特	141455	99320	42.42	570629	794402	-28.17
87	马达加斯加	252194	79554	217.01	524457	559227	-6.22
88	毛里求斯	53216	39334	35.29	521747	604916	-13.75
89	尼加拉瓜	55989	52699	6.24	499054	632196	-21.06
90	马耳他	8346	145181	-94.25	487291	212624	129.18
91	阿尔巴尼亚	66688	80873	-17.54	448800	361934	24.00
92	文莱	21217	112524	-81.14	411930	1188605	-65.34
93	塞浦路斯	19815	18821	5.28	395297	372521	6.11
94	尼泊尔	17637	14074	25.32	388275	227354	70.78
95	立陶宛	136042	59614	128.20	367722	356110	3.26
96	多米尼加共和国	71740	160947	-55.43	367506	1915764	-80.82
97	吉布提	702452	562640	24.85	349773	698809	-49.95
98	保加利亚	49861	64932	-23.21	337417	402154	-16.10
99	安哥拉	1525947	216582	604.56	333231	2269760	-85.32
100	苏丹	356853	179924	98.34	328177	259635	26.40
101	科特迪瓦共和国	141734	317535	-55.36	292885	370960	-21.05
102	老挝	510	276	84.78	292430	13719	2031.57
103	阿曼	29616	48385	-38.79	291516	505152	-42.29
104	卡塔尔	45320	92394	-50.95	287372	307414	-6.52
105	扎伊尔	320403	1170384	-72.62	284386	918669	-69.04
106	叙利亚	267831	45041	494.64	272688	418245	-34.80
107	白俄罗斯	24948	49286	-49.38	255454	761070	-66.43
108	喀麦隆	496193	204285	142.89	255086	370447	-31.14
109	塞尔维亚	8994	6304	42.67	239834	157840	51.95
110	斐济	22022	35920	-38.69	222790	651684	-65.81
111	格鲁吉亚	59374	45094	31.67	184076	292588	-37.09
112	巴林	39076	14333	172.63	182319	375875	-51.49
113	塞内加尔	352399	550301	-35.96	163994	496684	-66.98
114	阿塞拜疆	3141	4865	-35.44	127267	126774	0.39
115	刚果	311989	185351	68.32	126909	343276	-63.03
116	索马里	165067	95319	73.17	116924	69892	67.29
117	也门共和国	115313	87914	31.17	116011	209004	-44.49
118	加蓬	19467	19632	-0.84	115382	171990	-32.91
119	利比里亚	43069	80549	-46.53	113233	109237	3.66
120	莫桑比克	110275	264788	-58.35	112141	514902	-78.22
121	牙买加	17306	59359	-70.85	110577	182809	-39.51
122	利比亚	57386	59909	-4.21	105046	214510	-51.03
123	特立尼达和多巴哥	23050	102458	-77.50	93439	350585	-73.35
124	柬埔寨	47553	146708	-67.59	92206	126294	-26.99

排名	国家和地区	数量　（件）			金额（美元）		
		2016年	2015年	同比(%)	2016年	2015年	同比(%)
125	亚美尼亚	3171	353	798.30	92037	30276	203.99
126	巴哈马	14575	32541	−55.21	88729	114217	−22.32
127	博茨瓦那	6264	10703	−41.47	81021	111781	−27.52
128	缅甸	7919	4815	64.47	80125	146270	−45.22
129	贝宁	95351	666751	−85.70	68958	438389	−84.27
130	塞拉利昂	52993	25709	106.13	68275	51345	32.97
131	瓦努阿图	3565	10965	−67.49	65965	571359	−88.45
132	留尼汪	5357	22108	−75.77	58944	113169	−47.92
133	法属波利尼西亚	3827	4492	−14.80	58747	38433	52.86
134	毛里塔尼亚	110725	98326	12.61	52783	82921	−36.35
135	新喀里多尼亚	5831	7488	−22.13	52257	97065	−46.16
136	冰岛	6403	79	8005.06	46141	31126	48.24
137	津巴布韦	8367	27306	−69.36	41746	148413	−71.87
138	东帝汶	4815	1484	224.46	40649	22023	84.58
139	马尔代夫	748	2307	−67.58	38937	20565	89.34
140	几内亚	45379	154979	−70.72	38856	144734	−73.15
141	摩尔多瓦	794	3378	−76.49	32464	78912	−58.86
142	马提尼克岛	233	4906	−95.25	29260	121011	−75.82
143	多哥	23343	17063	36.80	27591	12688	117.46
144	黑山	5137	755	580.40	26772	13021	105.61
145	圭亚那	21073	23008	−8.41	26630	31049	−14.23
146	吉尔吉斯斯坦	523	50024	−98.95	25594	9239	177.02
147	阿富汗	2325	1698	36.93	24785	4523	447.98
148	前南斯拉夫马其顿共和国	2363	62	3711.29	22438	6326	254.69
149	马里	2155	3108	−30.66	22228	41260	−46.13
150	纳米比亚	4417	19301	−77.12	21498	92929	−76.87
151	乌干达	60677	2771	2089.71	20946	847980	−97.53
152	蒙古	3181	554	474.19	18378	30314	−39.37
153	萨摩亚	13367	8217	62.67	14892	15857	−6.09
154	法属圭亚那	1563	9157	−82.93	13968	24778	−43.63
155	塔吉克斯坦	333011	26	1280711.54	13866	4839	186.55
156	所罗门群岛	567	683	−16.98	12890	29155	−55.79
157	伯利兹	7976	10972	−27.31	10444	44603	−76.58
158	苏里南	1747	18220	−90.41	8250	76442	−89.21
159	卢森堡	136	20	580.00	8039	2570	212.80
160	波斯尼亚-黑塞哥维那共和国	89	72	23.61	7890	5257	50.09
161	海地	2974	24636	−87.93	6799	25511	−73.35
162	冈比亚	8558	49199	−82.61	5914	25270	−76.60
163	瓜德罗普岛	89	5279	−98.31	5772	15518	−62.80
164	圣马丁岛	277	3497	−92.08	5696	4536	25.57
165	圣卢西亚	4207	234	1697.86	5532	2531	118.57
166	佛得角	1799	16025	−88.77	4779	31523	−84.84
167	马拉维	8901	28601	−68.88	3979	23805	−83.29

排名	国家和地区	数量（件）			金额（美元）		
		2016年	2015年	同比(%)	2016年	2015年	同比(%)
168	安提瓜和巴布达	600	1015	−40.89	3960	11561	−65.75
169	巴巴多斯	10022	533	1780.30	3892	15786	−75.35
170	马绍尔群岛共和国	133	104	27.88	3828	780	390.77
171	土库曼斯坦	248	32	675.00	3004	12211	−75.40
172	圣多美和普林西比	803	41	1858.54	2397	5654	−57.61
173	汤加	503	4400	−88.57	2236	533487	−99.58
174	塞舌尔	20	443	−95.49	2012	5005	−59.80
175	多米尼亚共和国	420	5435	−92.27	1800	12185	−85.23
176	埃塞俄比亚	306	156820	−99.80	1673	183678	−99.09
177	斯威士兰	1380	45	2966.67	1530	2441	−37.32
178	库腊索岛	61	2811	−97.83	1455	478079	−99.70
179	安道尔	30	633	−95.26	1133	5766	−80.35
180	法罗群岛	17	16	6.25	961	2214	−56.59
181	不丹	16	21	−23.81	895	2709	−66.96
182	赞比亚	155	15724	−99.01	794	3594739	−99.98
183	摩纳哥	5	3	66.67	705	374	88.50
184	荷属安地列斯群岛	24	5	380.00	672	496	35.48
185	赤道几内亚	319	350	−8.86	481	385245	−99.88
186	阿鲁巴岛	46	6169	−99.25	472	20391	−97.69
187	基里巴斯	24	3203	−99.25	421	488376	−99.91
188	中非	2832	2561	10.58	378	4969	−92.39
189	大洋洲其他国家（地区）	51			371		
190	卢旺达	4	76	−94.74	307	13053	−97.65
191	格陵兰	5	21	−76.19	261	2919	−91.06
192	列支敦士登	3	8	−62.50	248	1072	−76.87
193	厄立特里亚	1674	215	678.60	234	1960	−88.06
194	直布罗陀	2	3	−33.33	227	342	−33.63
195	库克群岛	1	5	−80.00	189	739	−74.42
196	布基纳法索	153	16	856.25	167	3506	−95.24
197	百慕大群岛		5	−100.00	153	734	−79.16
198	巴勒斯坦	4	1721	−99.77	115	5024	−97.71
199	乍得	50	5103	−99.02	114	4440	−97.43
200	圣马力诺		1	−100.00	77	121	−36.36
201	尼日尔	332	1365	−75.68	66	7147	−99.08
202	格林纳达	7	13	−46.15	63	1436	−95.61
203	开曼群岛		4	−100.00	62	512	−87.89
204	几内亚(比绍)		25	−100.00	30	3725	−99.19
205	马约特岛		629	−100.00	29	16973	−99.83
206	布隆迪	1	60	−98.33	25	3019	−99.17
207	圣文森特和格林纳丁斯		225	−100.00	12	3218	−99.63
208	莱索托		9	−100.00	10	1324	−99.24
209	英属维尔京群岛		3	−100.00	10	432	−97.69
210	加那利群岛		979	−100.00	2	9419	−99.98

2016年中国乐器各省市海关出口情况

（按出口金额排序）

省（市）	数量（件）			金额（美元）		
	2016年	2015年	同比(%)	2016年	2015年	同比(%)
广东	39376434	70360429	−44.04	570915093	614839939	−7.14
天津	9012722	10926812	−17.52	260304371	308404681	−15.60
江苏	12812458	11587071	10.58	183346621	168677242	8.70
浙江	78353205	97296459	−19.47	168491404	190501060	−11.55
上海	6248123	6594829	−5.26	120896314	123848569	−2.38
山东	3754751	3907679	−3.91	73472375	77320533	−4.98
北京	681044	613746	10.97	46676545	47332625	−1.39
河北	6426371	5548591	15.82	43586537	44266562	−1.54
福建	2492649	2797076	−10.88	35401054	38508461	−8.07
辽宁	440724	364710	20.84	29325630	31263803	−6.20
湖北	468365	514813	−9.02	12805825	14717973	−12.99
黑龙江	935525	1180513	−20.75	7729796	8534826	−9.43
贵州	386011	132085	192.24	3153866	1399362	125.38
江西	253115	785310	−67.77	2854372	5149471	−44.57
安徽	549365	794008	−30.81	2518116	2080147	21.05
湖南	190164	109726	73.31	2250729	4122973	−45.41
河南	333887	377817	−11.63	1278895	1147019	11.50
四川	44687	142386	−68.62	947894	1450983	−34.67
重庆	43142	173147	−75.08	937118	1326065	−29.33
广西	32940	27348	20.45	796428	172866	360.72
新疆	381213	104736	263.98	698561	981405	−28.82
甘肃	27389	63839	−57.10	624416	504559	23.75
云南	5120	98972	−94.83	595033	806514	−26.22
西藏	17355	3280	429.12	360891	152304	136.95
陕西	3894	10636	−63.39	241078	609265	−60.43
宁夏	2792	6396	−56.35	234860	330193	−28.87
吉林	41302	4073	914.04	136467	51862	163.13
内蒙古	1089	12428	−91.24	106320	453440	−76.55
山西	3499	294	1090.14	77140	3696	1987.12
青海	39440	24886	58.48	75423	51234	47.21

2016年立式钢琴出口国家和地区

（按出口金额排序）

排名	国家和地区	数量（台）			金额（美元）		
		2016年	2015年	同比(%)	2016年	2015年	同比(%)
1	美国	3232	3989	−18.98	5300382	6561528	−19.22
2	中国香港	1297	2357	−44.97	2624607	4791171	−45.22
3	德国	1715	1930	−11.14	2373482	2560881	−7.32
4	新加坡	1224	998	22.65	2030530	1566811	29.60
5	伊朗	1337	945	41.48	1965078	1698308	15.71
6	韩国	1171	1561	−24.98	1867643	2415113	−22.67
7	澳大利亚	717	979	−26.76	1655606	1289707	28.37
8	日本	936	578	61.94	1333248	960976	38.74
9	荷兰	781	874	−10.64	1304593	1355349	−3.74
10	法国	995	1136	−12.41	1163445	1382119	−15.82
11	英国	821	1010	−18.71	968491	1226540	−21.04
12	捷克共和国	426	35	1117.14	757596	42423	1685.81
13	意大利	532	562	−5.34	653091	645176	1.23
14	比利时	411	533	−22.89	596423	831245	−28.25
15	加拿大	286	416	−31.25	539624	626307	−13.84
16	俄罗斯联邦	373	345	8.12	489611	513206	−4.60
17	波兰	272	365	−25.48	402659	562259	−28.39
18	泰国	173	347	−50.14	380567	634054	−39.98
19	马来西亚	260	584	−55.48	364427	925307	−60.62
20	土耳其	319	602	−47.01	354001	636340	−44.37
21	新西兰	132	94	40.43	280493	136882	104.92
22	乌兹别克斯坦	233			279134		
23	印度	149	197	−24.37	275221	263892	4.29
24	以色列	206	206	0.00	262329	272627	−3.78
25	朝鲜	216	1045	−79.33	249335	1013625	−75.40
26	黎巴嫩	228	220	3.64	233308	324585	−28.12
27	巴西	278	489	−43.15	221902	390080	−43.11
28	奥地利	118	211	−44.08	215444	311887	−30.92
29	中国澳门	199	305	−34.75	208492	375325	−44.45
30	阿拉伯联合酋长国	137	72	90.28	201697	102934	95.95
31	西班牙	108	106	1.89	170900	153904	11.04
32	中国台湾	67	77	−12.99	144835	144057	0.54
33	塞浦路斯	110	72	52.78	144005	82970	73.56
34	越南	51	79	−35.44	130932	161750	−19.05
35	墨西哥	102	100	2.00	130850	131024	−0.13
36	古巴	47	80	−41.25	129050	270016	−52.21
37	爱尔兰	110	248	−55.65	112635	252190	−55.34
38	马耳他	63	29	117.24	90524	38314	136.27

排名	国家和地区	数量（台）			金额（美元）		
		2016年	2015年	同比(%)	2016年	2015年	同比(%)
39	希腊	74	90	−17.78	68608	87363	−21.47
40	阿根廷	38	71	−46.48	58150	121650	−52.20
41	印度尼西亚	40	57	−29.82	56604	88164	−35.80
42	突尼斯	47	13	261.54	56341	15412	265.57
43	瑞士	39	45	−13.33	56208	68707	−18.19
44	秘鲁	47	21	123.81	56079	24104	132.65
45	阿尔巴尼亚	47	14	235.71	54362	15267	256.08
46	智利	33	48	−31.25	47556	83270	−42.89
47	阿塞拜疆	32			45593		
48	南非	25	35	−28.57	39370	46071	−14.54
49	菲律宾	29	3	866.67	37154	5396	588.55
50	文莱	11	18	−38.89	22406	47845	−53.17
51	挪威	13			20177		
52	波多黎各	15			19627		
53	冰岛	14	13	7.69	19110	18684	2.28
54	埃及	12	61	−80.33	15936	100080	−84.08
55	玻利维亚	11	17	−35.29	13112	21561	−39.19
56	匈牙利	10	2	400.00	13016	3410	281.70
57	拉脱维亚	50	29	72.41	12891	38833	−66.80
58	芬兰	14	35	−60.00	12677	81887	−84.52
59	尼日利亚	8	2	300.00	11780	4090	188.02
60	巴拿马	9	4	125.00	10233	4292	138.42
61	哈萨克斯坦	16			9292		
62	阿曼	5	8	−37.50	7259	10860	−33.16
63	丹麦	4	13	−69.23	6944	15219	−54.37
64	约旦	4	41	−90.24	5452	48502	−88.76
65	马达加斯加	3	5	−40.00	4943	7954	−37.86
66	孟加拉国	2	13	−84.62	4695	19142	−75.47
67	尼泊尔	3			4530		
68	哥伦比亚	3	14	−78.57	4412	16918	−73.92
69	肯尼亚	4	173	−97.69	4300	582046	−99.26
70	扎伊尔	2			2959		
71	亚美尼亚	2			2902		
72	葡萄牙	1	18	−94.44	1515	15964	−90.51
73	缅甸	1	36	−97.22	1490	33108	−95.50
74	塞舌尔	1			1290		
75	厄瓜多尔	1	10	−90.00	1250	11008	−88.64
76	斐济	1			1250		
77	巴巴多斯	1	8	−87.50	1060	10167	−89.57
78	吉布提	1			910		

（数据来源：海关总署 中国轻工业信息中心 中国乐器协会信息部）

2016年三角钢琴出口国家和地区

（按出口金额排序）

排名	国家和地区	数量（台）			金额（美元）		
		2016年	2015年	同比(%)	2016年	2015年	同比(%)
1	美国	1916	2810	−31.81	7504627	11122862	−32.53
2	澳大利亚	300	275	9.09	4100895	1389582	195.12
3	中国香港	97	104	−6.73	1948502	1477930	31.84
4	韩国	146	89	64.04	1321147	386716	241.63
5	新加坡	64	93	−31.18	1252454	590172	112.22
6	德国	227	302	−24.83	1095420	1202203	−8.88
7	英国	171	199	−14.07	660869	734080	−9.97
8	马来西亚	52	49	6.12	540980	284458	90.18
9	荷兰	100	137	−27.01	538554	595825	−9.61
10	越南	17	15	13.33	518720	177839	191.68
11	中国台湾	22	11	100.00	481953	78591	513.24
12	伊朗	114	160	−28.75	454722	420536	8.13
13	捷克共和国	95	64	48.44	445594	279925	59.18
14	加拿大	103	116	−11.21	423674	470895	−10.03
15	新西兰	50	7	614.29	398924	41284	866.29
16	泰国	31	33	−6.06	385941	154726	149.44
17	巴西	99	147	−32.65	315873	481576	−34.41
18	波兰	55	63	−12.70	255626	301518	−15.22
19	日本	69	109	−36.70	253630	432086	−41.30
20	意大利	54	64	−15.63	202850	225975	−10.23
21	法国	46	71	−35.21	193439	295921	−34.63
22	俄罗斯联邦	48	129	−62.79	185995	506618	−63.29
23	乌兹别克斯坦	27			177736		
24	比利时	27	103	−73.79	164414	500313	−67.14
25	以色列	41	45	−8.89	152622	228730	−33.27
26	墨西哥	33	19	73.68	135366	69377	95.12
27	黎巴嫩	27	36	−25.00	114719	124770	−8.06
28	土耳其	33	66	−50.00	112258	199308	−43.68
29	奥地利	24	33	−27.27	105751	159126	−33.54
30	印度	14	19	−26.32	94113	98060	−4.03
31	阿拉伯联合酋长国	22	14	57.14	86424	48944	76.58
32	南非	19	21	−9.52	76486	83883	−8.82
33	丹麦	11	3	266.67	65766	11917	451.87
34	菲律宾	14	1	1300.00	54390	2400	2166.25
35	印度尼西亚	6	26	−76.92	48167	88960	−45.86
36	爱尔兰	15	50	−70.00	40320	148690	−72.88
37	哈萨克斯坦	10			36630		
38	巴拿马	8	6	33.33	29175	22459	29.90

排名	国家和地区	数量 （台）			金额（美元）		
		2016年	2015年	同比(%)	2016年	2015年	同比(%)
39	埃及	6	25	−76.00	28912	87268	−66.87
40	朝鲜	12	20	−40.00	28853	27000	6.86
41	塞浦路斯	9	9	0.00	26827	35285	−23.97
42	卡塔尔	5			26681		
43	瑞士	6	3	100.00	23914	16254	47.13
44	智利	5	7	−28.57	22860	26921	−15.08
45	马达加斯加	4			20610		
46	古巴	3	5	−40.00	20200	86500	−76.65
47	突尼斯	5	2	150.00	18081	6390	182.96
48	匈牙利	5	2	150.00	17085	6992	144.35
49	马耳他	4	3	33.33	16585	8411	97.18
50	阿塞拜疆	4	10	−60.00	16285	36728	−55.66
51	亚美尼亚	4	3	33.33	15244	10995	38.64
52	希腊	5	7	−28.57	13392	15163	−11.68
53	老挝	1			10897		
54	乌克兰	2	3	−33.33	9398	11382	−17.43
55	文莱	2	2	0.00	9100	4737	92.10
56	中国澳门	4	9	−55.56	9000	29640	−69.64
57	格鲁吉亚	1	15	−93.33	8910	45160	−80.27
58	阿曼	2	2	0.00	8336	10890	−23.45
59	阿根廷	2	8	−75.00	6716	39050	−82.80
60	挪威	2			6457		
61	阿尔巴尼亚	2	2	0.00	6400	6987	−8.40
62	约旦	2	6	−66.67	6060	14710	−58.80
63	冰岛	1	1	0.00	4528	4152	9.06
64	玻利维亚	1	1	0.00	3908	3968	−1.51
65	缅甸	1	1	0.00	3647	2200	65.77
66	波多黎各	1			3445		
67	沙特阿拉伯	1	3	−66.67	2641	14985	−82.38
68	尼日利亚	1	1	0.00	2411	206	1070.39
69	芬兰	1	2	−50.00	2092	12608	−83.41

（数据来源：海关总署 中国轻工业信息中心 中国乐器协会信息部）

2016年主要乐器出口额前10位国家和地区

（按出口金额排序）

商品名称	国家和地区数量	排名	国家和地区	数量（件）			金额（美元）		
				2016年	2015年	同比(%)	2016年	2015年	同比(%)
立式钢琴	78	1	美国	3232	3989	-18.98	5300382	6561528	-19.22
		2	中国香港	1297	2357	-44.97	2624607	4791171	-45.22
		3	德国	1715	1930	-11.14	2373482	2560881	-7.32
		4	新加坡	1224	998	22.65	2030530	1566811	29.60
		5	伊朗	1337	945	41.48	1965078	1698308	15.71
		6	韩国	1171	1561	-24.98	1867643	2415113	-22.67
		7	澳大利亚	717	979	-26.76	1655606	1289707	28.37
		8	日本	936	578	61.94	1333248	960976	38.74
		9	荷兰	781	874	-10.64	1304593	1355349	-3.74
		10	法国	995	1136	-12.41	1163445	1382119	-15.82
三角钢琴	69	1	美国	1916	2810	-31.81	7504627	11122862	-32.53
		2	澳大利亚	300	275	9.09	4100895	1389582	195.12
		3	中国香港	97	104	-6.73	1948502	1477930	31.84
		4	韩国	146	89	64.04	1321147	386716	241.63
		5	新加坡	64	93	-31.18	1252454	590172	112.22
		6	德国	227	302	-24.83	1095420	1202203	-8.88
		7	英国	171	199	-14.07	660869	734080	-9.97
		8	马来西亚	52	49	6.12	540980	284458	90.18
		9	荷兰	100	137	-27.01	538554	595825	-9.61
		10	越南	17	15	13.33	518720	177839	191.68
拨弦古钢琴及其他键盘弦乐器	49	1	澳大利亚	200	12	1566.67	183645	6581	2690.53
		2	德国	910	1927	-52.78	160089	290129	-44.82
		3	中国台湾	274	168	63.10	108200	34493	213.69
		4	美国	368	257	43.19	80658	155666	-48.19
		5	俄罗斯联邦	143		#DIV/0!	57200		#DIV/0!
		6	伊朗	132	15	780.00	49409	6278	687.02
		7	中国香港	523	9	5711.11	44527	14535	206.34
		8	加拿大	8	24	-66.67	38163	12753	199.25
		9	巴西	906	1121	-19.18	34212	33314	2.70
		10	泰国	65	585	-88.89	32586	45710	-28.71

商品名称	国家和地区数量	排名	国家和地区	数量（件）			金额（美元）		
				2016年	2015年	同比(%)	2016年	2015年	同比(%)
弓弦乐器	126	1	美国	422815	473671	-10.74	33776127	36246324	-6.82
		2	韩国	104434	90999	14.76	5326648	4897479	8.76
		3	英国	74250	60092	23.56	4320736	3725182	15.99
		4	德国	39819	42125	-5.47	3824446	3892430	-1.75
		5	日本	22792	16595	37.34	2620387	2047234	28.00
		6	加拿大	14603	15254	-4.27	2281444	2352385	-3.02
		7	墨西哥	63947	60935	4.94	2255679	2312341	-2.45
		8	澳大利亚	20489	24818	-17.44	1503573	2060027	-27.01
		9	法国	15585	18948	-17.75	1391322	1265397	9.95
		10	西班牙	20956	17493	19.80	1354497	1355485	-0.07
其他弦乐器	153	1	美国	2505569	2411715	3.89	93777167	97596665	-3.91
		2	德国	523373	584760	-10.50	19262976	24409164	-21.08
		3	巴西	591826	669394	-11.59	18059534	20598434	-12.33
		4	英国	546803	604412	-9.53	12489036	15052525	-17.03
		5	日本	214250	184676	16.01	11616651	9142350	27.06
		6	荷兰	204753	230954	-11.34	9783968	9989292	-2.06
		7	泰国	233343	155574	49.99	8848094	7742153	14.28
		8	韩国	197225	205987	-4.25	8098882	9344752	-13.33
		9	印度	234924	239013	-1.71	7628776	9263196	-17.64
		10	马来西亚	162846	213130	-23.59	7206547	10642613	-32.29
铜管乐器	113	1	美国	237456	197516	20.22	33041613	32014938	3.21
		2	德国	80325	74223	8.22	12210554	11553402	5.69
		3	英国	43473	42064	3.35	5460051	5501054	-0.75
		4	墨西哥	30945	32839	-5.77	3552180	4094570	-13.25
		5	法国	15342	16634	-7.77	3535947	3162081	11.82
		6	日本	21451	16252	31.99	2398581	1765409	35.87
		7	意大利	108532	11791	820.46	1649100	1421405	16.02
		8	智利	21164	20338	4.06	1643618	1344342	22.26
		9	巴西	14871	22137	-32.82	1608070	2649628	-39.31
		10	韩国	10036	14488	-30.73	1560589	1605662	-2.81
键盘管风琴;簧风琴等游离金属簧片键盘乐器	61	1	日本	272032	266311	2.15	2942029	2608370	12.79
		2	土耳其	456265	498030	-8.39	1981071	2126103	-6.82
		3	印度尼西亚	503502	265634	89.55	1922023	1047208	83.54
		4	马来西亚	366840	366642	0.05	1140125	1376795	-17.19
		5	墨西哥	33275	47087	-29.33	218608	275949	-20.78
		6	德国	19348	14500	33.43	203249	128287	58.43
		7	阿根廷	54740	23196	135.99	182935	137330	33.21
		8	斯里兰卡	22100	18128	21.91	179974	148138	21.49
		9	泰国	20240	27309	-25.89	140739	184857	-23.87
		10	厄瓜多尔	27882	34864	-20.03	116355	165461	-29.68

商品名称	国家和地区数量	排名	国家和地区	数量（件）			金额（美元）		
				2016年	2015年	同比(%)	2016年	2015年	同比(%)
手风琴及类似乐器	83	1	美国	42470	34114	24.49	3014012	3421207	-11.90
		2	德国	8417	11655	-27.78	1246767	1365151	-8.67
		3	墨西哥	14730	21923	-32.81	1141862	1396901	-18.26
		4	韩国	6500	76073	-91.46	791336	1609093	-50.82
		5	哥伦比亚	13885	11978	15.92	772152	713949	8.15
		6	智利	12859	26525	-51.52	695801	594972	16.95
		7	乌拉圭	72778	30074	142.00	611918	394557	55.09
		8	巴西	33536	13222	153.64	552917	1352218	-59.11
		9	阿根廷	7154	12478	-42.67	470614	436553	7.80
		10	巴拉圭	23133	21026	10.02	413316	241718	70.99
口琴	98	1	美国	959054	1582567	-39.40	1873711	2570205	-27.10
		2	日本	655165	391597	67.31	1716601	1832076	-6.30
		3	德国	405652	769578	-47.29	1315932	1722642	-23.61
		4	韩国	203280	157809	28.81	956010	488444	95.73
		5	比利时	389862	18190	2043.28	468012	31013	1409.08
		6	土耳其	121735	100150	21.55	357248	359524	-0.63
		7	印度	181056	166516	8.73	353350	311288	13.51
		8	英国	250786	252363	-0.62	303082	352619	-14.05
		9	巴西	194851	151803	28.36	275951	341694	-19.24
		10	智利	94062	88611	6.15	221242	190172	16.34
其他管乐器，但游艺场风琴及手摇风琴除外	126	1	美国	2291630	2095755	9.35	25991688	29259011	-11.17
		2	德国	196700	197821	-0.57	3042955	2855513	6.56
		3	加拿大	337242	321911	4.76	2607151	2421872	7.65
		4	英国	169330	230582	-26.56	2073619	2513484	-17.50
		5	中国香港	14716	67994	-78.36	1693743	1726729	-1.91
		6	韩国	73349	244358	-69.98	1479441	1330638	11.18
		7	澳大利亚	165731	102034	62.43	1252046	1261813	-0.77
		8	墨西哥	659112	460965	42.99	1232930	1034487	19.18
		9	意大利	144175	212365	-32.11	1183945	1587991	-25.44
		10	法国	108766	131141	-17.06	1180037	1297228	-9.03
打击乐器	148	1	美国	2305501	2258808	2.07	43408404	43111574	0.69
		2	德国	421263	518234	-18.71	9095088	9146308	-0.56
		3	日本	756156	537268	40.74	4634123	4897888	-5.39
		4	英国	398925	350766	13.73	4288149	4247088	0.97
		5	荷兰	109386	99143	10.33	3894031	3528219	10.37
		6	墨西哥	117175	154628	-24.22	3668464	3332275	10.09
		7	韩国	363442	581643	-37.51	3521277	4576785	-23.06
		8	阿根廷	145374	172394	-15.67	3243181	1968987	64.71
		9	菲律宾	195843	210650	-7.03	3220765	3023944	6.51
		10	巴西	159027	139619	13.90	2994555	3753373	-20.22

商品名称	国家和地区数量	排名	国家和地区	数量（件）			金额（美元）		
				2016年	2015年	同比(%)	2016年	2015年	同比(%)
通过电产生或扩大声音的键盘乐器	140	1	美国	1384947	995048	39.18	109818577	82831429	32.58
		2	德国	503929	577215	-12.70	43571721	46465349	-6.23
		3	日本	347223	343067	1.21	35292930	35864667	-1.59
		4	中国香港	245303	344209	-28.73	20877029	25275430	-17.40
		5	英国	220752	190502	15.88	19462761	16643439	16.94
		6	法国	171900	182191	-5.65	15693806	17283339	-9.20
		7	韩国	103469	114314	-9.49	13821326	14797977	-6.60
		8	印度	253999	252346	0.66	10985093	9784281	12.27
		9	阿拉伯联合酋长国	114888	125965	-8.79	8773215	8894775	-1.37
		10	澳大利亚	90943	75936	19.76	6529379	6082648	7.34
其他通过电产生或扩大声音的乐器	121	1	美国	824813	783781	5.24	66404135	76860473	-13.60
		2	日本	151681	180714	-16.07	15558041	20938288	-25.70
		3	荷兰	134979	167568	-19.45	13645115	20635108	-33.87
		4	德国	171324	151862	12.82	12987289	14936884	-13.05
		5	英国	120323	99885	20.46	7841743	7433802	5.49
		6	比利时	44708	11742	280.75	7138197	625655	1040.92
		7	马来西亚	51582	25013	106.22	3859930	2440130	58.19
		8	澳大利亚	50509	66019	-23.49	3570263	5491955	-34.99
		9	加拿大	41508	41738	-0.55	3544398	4560021	-22.27
		10	法国	20376	28030	-27.31	1927193	2884944	-33.20
百音盒	116	1	美国	2927147	4160308	-29.64	12017110	16699665	-28.04
		2	英国	1594282	1211669	31.58	6421765	4853479	32.31
		3	中国香港	2117434	2388765	-11.36	4379882	3734377	17.29
		4	墨西哥	557413	535925	4.01	1665073	2124231	-21.62
		5	澳大利亚	287445	238914	20.31	1596026	1021251	56.28
		6	日本	622668	597658	4.18	1471344	1255879	17.16
		7	法国	458836	458215	0.14	1414911	1204458	17.47
		8	新加坡	243644	600055	-59.40	1350779	2302165	-41.33
		9	伊朗	436123	358656	21.60	1298244	1466018	-11.44
		10	中国台湾	108616	269850	-59.75	1239515	2233928	-44.51
其他乐器;各种媒诱音响器、哨子、号角等	165	1	美国	20923479	21039315	-0.55	4033770	3944475	2.26
		2	菲律宾	2136212	3947625	-45.89	1046815	3228187	-67.57
		3	日本	3860773	3287133	17.45	930636	922769	0.85
		4	巴基斯坦	8402047	16635528	-49.49	763914	1432983	-46.69
		5	印度	1599032	1236980	29.27	739156	915334	-19.25
		6	阿拉伯联合酋长国	1126464	1570736	-28.28	732104	1075578	-31.93
		7	西班牙	1506636	1356215	11.09	591642	998251	-40.73
		8	德国	2245552	1725103	30.17	545067	764220	-28.68
		9	马来西亚	816900	1981878	-58.78	494273	1829163	-72.98
		10	危地马拉	723712	575231	25.81	493714	467920	5.51

商品名称	国家和地区数量	排名	国家和地区	数量（件）			金额（美元）		
				2016年	2015年	同比(%)	2016年	2015年	同比(%)
乐器用弦	92	1	印度尼西亚	35589	47835	-25.60	1009756	926202	9.02
		2	美国	17365	17626	-1.48	584761	487832	19.87
		3	比利时	14095	22732	-37.99	477554	691591	-30.95
		4	菲律宾	33191	27018	22.85	473149	345072	37.12
		5	中国香港	9626	10462	-7.99	356553	233639	52.61
		6	德国	10557	10725	-1.57	355096	356735	-0.46
		7	印度	16884	11394	48.18	249542	278772	-10.49
		8	韩国	19410	28879	-32.79	240212	374610	-35.88
		9	新加坡	8498	5407	57.17	192271	78253	145.70
		10	日本	15289	19020	-19.62	190708	528487	-63.91
钢琴的零件、附件	59	1	印度尼西亚	4792266	4374725	9.54	29015157	30031717	-3.38
		2	捷克共和国	462834	360940	28.23	2979849	2409006	23.70
		3	日本	250886	301492	-16.79	2660147	2703943	-1.62
		4	意大利	18652	5812	220.92	2111011	1005795	109.88
		5	德国	276027	237900	16.03	1231504	1035347	18.95
		6	韩国	375566	299113	25.56	1133476	1018225	11.32
		7	伊朗	160350	227151	-29.41	875861	1439325	-39.15
		8	中国台湾	153479	178972	-14.24	746694	950717	-21.46
		9	美国	44301	40642	9.00	420938	426649	-1.34
		10	芬兰	758	125	506.40	345300	632	54536.08
弦乐器的零件、附件	190	1	美国	1096091	811109	35.13	11824698	10414891	13.54
		2	印度尼西亚	523844	598039	-12.41	5142396	4633264	10.99
		3	英国	225027	163409	37.71	5093173	2728001	86.70
		4	日本	292354	306807	-4.71	2862911	2238004	27.92
		5	德国	340858	182591	86.68	2850043	2265802	25.79
		6	中国香港	132906	153674	-13.51	2341698	2383186	-1.74
		7	法国	70774	80533	-12.12	2186470	956146	128.68
		8	西班牙	55008	23707	132.03	1944002	604362	221.66
		9	俄罗斯联邦	78927	24698	219.57	1921622	734622	161.58
		10	澳大利亚	82143	80976	1.44	1684402	1143416	47.31
键盘电子乐器的零件、附件	105	1	美国	1944774	1459233	33.27	10213923	11493900	-11.14
		2	印度尼西亚	665942	861969	-22.74	7820640	9768855	-19.94
		3	中国香港	306129	268184	14.15	7671778	5204272	47.41
		4	韩国	572010	637040	-10.21	3416901	3743369	-8.72
		5	德国	909141	601974	51.03	3117421	2582970	20.69
		6	日本	332474	278863	19.22	2529670	2290735	10.43
		7	马来西亚	229762	146624	56.70	2121725	1563368	35.72
		8	比利时	169170	205372	-17.63	1147345	523846	119.02
		9	英国	194737	163623	19.02	971557	863542	12.51
		10	荷兰	75092	59499	26.21	633137	689908	-8.23

商品名称	国家和地区数量	排名	国家和地区	数量（件）			金额（美元）		
				2016年	2015年	同比(%)	2016年	2015年	同比(%)
节拍器、音叉及定音管	60	1	美国	24681	24304	1.55	987634	1204388	-18.00
		2	中国香港	10666	13564	-21.37	955486	344000	177.76
		3	孟加拉国	5371	57	9322.81	362543	1417	25485.25
		4	德国	8183	6306	29.77	236848	200701	18.01
		5	日本	2894	5637	-48.66	107342	231072	-53.55
		6	英国	3793	2481	52.88	61584	46777	31.65
		7	意大利	1340	1516	-11.61	48865	50668	-3.56
		8	保加利亚	455	989	-53.99	41040	91983	-55.38
		9	印度尼西亚	3679	1845	99.40	37752	32497	16.17
		10	马来西亚	1530	10366	-85.24	37009	100003	-62.99
百音盒的机械装置	46	1	斯里兰卡	95471	94310	1.23	1209759	1127965	7.25
		2	德国	46113	70337	-34.44	529565	779083	-32.03
		3	美国	57747	17151	236.70	408820	155743	162.50
		4	日本	66924	73198	-8.57	355535	350937	1.31
		5	法国	22387	26512	-15.56	302536	356387	-15.11
		6	中国香港	40161	37537	6.99	195281	179520	8.78
		7	荷兰	8232	5469	50.52	133977	91705	46.10
		8	印度	4376	2077	110.69	120997	51075	136.90
		9	英国	4813	1200	301.08	92813	24471	279.28
		10	伊朗	3568	1617	120.66	72370	25135	187.93
其它乐器的零件、附件	136	1	美国	3601611	3747023	-3.88	21743959	22384576	-2.86
		2	德国	1081529	1116835	-3.16	8502700	8544451	-0.49
		3	日本	780583	809503	-3.57	7945943	7960382	-0.18
		4	中国香港	378521	435640	-13.11	3523158	3815335	-7.66
		5	荷兰	316534	472999	-33.08	3494914	4345355	-19.57
		6	中国台湾	238054	271991	-12.48	3095243	3232261	-4.24
		7	英国	429931	425794	0.97	2907992	2976682	-2.31
		8	法国	397406	393376	1.02	2256669	2399154	-5.94
		9	韩国	376428	377390	-0.25	1924538	2055011	-6.35
		10	印度尼西亚	283655	216970	30.73	1869842	1614180	15.84

（数据来源：海关总署 中国轻工业信息中心 中国乐器协会信息部）

2016年中国乐器进口世界各大洲概况

洲别	占比（%）	金额（美元）		
		2016年	2015年	同比（%）
北美洲	5.01	18724489	14888906	25.76
欧洲	18.25	68236370	57298646	19.09
亚洲	75.88	283649900	263154796	7.79
南美洲	0.73	2714984	2612414	3.93
大洋洲	0.03	121777	118352	2.89
非洲	0.10	379380	424924	-10.72
合计	100.00	373826900	338498038	10.44

（数据来源：海关总署 中国轻工业信息中心 中国乐器协会信息部）

2016年中国乐器进口贸易组织概况

组织和地区	占比（%）	金额（美元）		
		2016年	2015年	同比（%）
亚太经合组织	62.79	986356354	1022360277	-3.52
欧盟	23.97	376475590	390135763	-3.50
日韩	9.47	148834435	155085090	-4.03
东盟	9.46	148533606	162258759	-8.46
金砖国家	5.11	80313362	97493447	-17.62
港澳自贸区	3.41	53495099	58906156	-9.19
智利自贸区	1.31	20626787	20369441	1.26
新加坡自贸区	1.25	19581237	23566656	-16.91
中国台湾	0.97	15180492	17437769	-12.94
秘鲁自贸区	0.51	8020054	8470852	-5.32
新西兰自贸区	0.26	4064935	4558605	-10.83
巴基斯坦自贸区	0.11	1750477	2841479	-38.40
哥斯达黎加自贸区	0.05	830983	1174956	-29.28
合计	100.00	1864063411	1964659250	-5.12

（数据来源：国家海关总署 中国轻工业信息中心 中国乐器协会信息部）

2016年中国乐器海关进口量值

商品名称	单位	数量					
		2016年	2015年	同比(%)	2016年	2015年	同比(%)
竖式钢琴(包括自动钢琴)	台	141638	140900	0.52	125580339	117155854	7.19
大钢琴(包括自动钢琴)	台	5753	5940	-3.15	54949092	49855984	10.22
拨弦古钢琴及其他键盘弦乐器	台	734	614	19.54	787111	1014359	-22.40
弓弦乐器	只	1336	857	55.89	1703165	1400856	21.58
其他弦乐器(如:吉他.小提琴.竖琴)	只	191173	131514	45.36	14943079	10164061	47.02
铜管乐器	只	5932	5971	-0.65	4524770	3598099	25.75
键盘管风琴;簧风琴及类似的游离金属簧片键盘乐器	只	371	131	183.21	4170752	2244741	85.80
手风琴及类似乐器	只	765	1203	-36.41	296169	343189	-13.70
口琴	只	76810	32221	138.38	714689	435139	64.24
其他管乐器，但游艺场风琴及手摇风琴除外	只	215003	163477	31.52	7464371	6015230	24.09
打击乐器(如鼓、木琴、响板、响葫芦)	只	1398852	852441	64.10	17960108	14227776	26.23
通过电产生或扩大声音的键盘乐器	只	70760	50342	40.56	29999692	22718221	32.05
其他通过电产生或扩大声音的乐器(如:电吉他)	个	42265	31906	32.47	8600195	6169353	39.40
百音盒	个	16345	29624	-44.83	396398	404594	-2.03
未列名的其他乐器	个	382347	534740	-28.50	404791	346173	16.93
乐器用弦	千克	302599	294454	2.77	6405411	6629745	-3.38
钢琴的零件、附件	千克	5512854	5083373	8.45	23553407	23888536	-1.40
弓弦乐器的零件、附件	千克	383815	374967	2.36	8852883	9256939	-4.36
电子乐器的零件、附件	千克	3297073	3251420	1.40	27879584	28924599	-3.61
节拍器、音叉及定音管	千克	11313	19189	-41.04	517472	674646	-23.30
百音盒的机械装置	千克	8354	7339	13.83	383011	460658	-16.86
未列名乐器的零件、附件	千克	1237511	1231651	0.48	33741052	32588880	3.54
合计					373827541	338517632	10.43

（数据来源：海关总署 中国轻工业信息中心 中国乐器协会信息部）

2016年中国乐器进口国家和地区

（按进口金额排序）

排名	国家和地区	数量（件）			金额（美元）		
		2016年	2015年	同比(%)	2016年	2015年	同比(%)
1	日本	5635784	5195139	8.48	113583704	111216356	2.13
2	印度尼西亚	2793374	2056596	35.83	100890572	92640281	8.91
3	德国	497759	448412	11.00	47433923	36334996	30.55
4	韩国	334749	429970	-22.15	31250399	22959125	36.11
5	美国	188146	182422	3.14	17250508	13257214	30.12
6	中国台湾	1224960	1345639	-8.97	16273687	18820192	-13.53
7	中国内地	851813	720526	18.22	14429361	12442325	15.97
8	意大利	93858	185531	-49.41	4846595	5226951	-7.28
9	马来西亚	1164148	1177589	-1.14	4738152	3175678	49.20
10	捷克共和国	3763	3977	-5.38	4219950	4074834	3.56
11	法国	16743	25632	-34.68	3914837	4002134	-2.18
12	奥地利	10048	2945	241.19	3047499	3112720	-2.10
13	墨西哥	11326	11646	-2.75	2655197	2543214	4.40
14	荷兰	8176	2394	241.52	2156734	2365832	-8.84
15	加拿大	127638	148079	-13.80	1473981	1631692	-9.67
16	泰国	51228	35411	44.67	1420723	882463	61.00
17	英国	120384	108093	11.37	523058	614352	-14.86
18	瑞士	3758	1890	98.84	511330	206153	148.03
19	西班牙	17988	15951	12.77	435488	251879	72.90
20	丹麦	602	332	81.33	375495	273863	37.11
21	土耳其	8543	4420	93.28	275286	226353	21.62
22	越南	1836	2722	-32.55	262125	257177	1.92
23	突尼斯	27208	38186	-28.75	260949	376915	-30.77
24	瑞典	1343	1176	14.20	257340	171033	50.46
25	爱沙尼亚	11	7	57.14	170691	79064	115.89
26	尼泊尔	71973	53130	35.47	151046	119444	26.46
27	澳大利亚	319	476	-32.98	121627	118352	2.77
28	波兰	39	87	-55.17	117926	134315	-12.20
29	中国香港	804	690	16.52	103448	27227	279.95
30	印度	1749	17420	-89.96	100146	169440	-40.90
31	菲律宾	476	1340	-64.48	68141	97864	-30.37
32	罗马尼亚	306	691	-55.72	46708	100689	-53.61
33	匈牙利	252	401	-37.16	45311	62751	-27.79
34	新加坡	2164	627	245.14	40770	27460	48.47
35	特立尼达和多巴哥	343			39739		
36	塞尔维亚	135			37241		
37	科特迪瓦共和国	1605	500	221.00	36519	4318	745.74

排名	国家和地区	数量（件）			金额（美元）		
		2016年	2015年	同比(%)	2016年	2015年	同比(%)
38	斯里兰卡	3018	9	33433.33	26800	1943	1279.31
39	加纳	472	860	-45.12	22676	4823	370.16
40	几内亚	2076	713	191.16	21679	11638	86.28
41	俄罗斯联邦	66	9	633.33	20691	38323	-46.01
42	克罗地亚共和国	13	31	-58.06	17630	23194	-23.99
43	芬兰	36	25	44.00	17600	7030	150.36
44	朝鲜	244	893	-72.68	15373	56690	-72.88
45	埃及	3927	212	1752.36	14468	4425	226.96
46	以色列	799	546	46.34	12505	1962	537.36
47	巴西	174	4	4250.00	10394	1476	604.20
48	比利时	968	21	4509.52	10305	176164	-94.15
49	马里	163	168	-2.98	9753	1413	590.23
50	喀麦隆	1171	1674	-30.05	8155	10728	-23.98
51	斯洛伐克共和国	3	19	-84.21	8006	9322	-14.12
52	巴基斯坦	524	44	1090.91	6572	321	1947.35
53	葡萄牙	14	53	-73.58	6320	12990	-51.35
54	爱尔兰	819	1462	-43.98	5360	3620	48.07
55	希腊	10002	14500	-31.02	4199	1710	145.56
56	智利	135			3656		
57	秘鲁	142			3186		
58	阿根廷	87	422	-79.38	2812	60130	-95.32
59	南非	21			2591		
60	保加利亚	163	71	129.58	2182	9197	-76.27
61	乌克兰	108			1992		
62	斯洛文尼亚共和国	76			1959		
63	肯尼亚	2994	500	498.80	1320	402	228.36
64	老挝	1			1090		
65	国别（地区）不详	22	558	-96.06	641	19594	-96.73
66	尼日利亚	2			476		
67	扎伊尔	2			400		
68	佛得角	5			374		
69	新西兰	2			150		
70	马达加斯加	3			20		

（数据来源：海关总署 中国轻工业信息中心 中国乐器协会信息部）

2016年中国乐器各省市海关进口情况

（按进口金额排序）

省（市）	数量（件）			金额（美元）		
	2016年	2015年	同比(%)	2016年	2015年	同比(%)
上海	2040229	1786264	14.22	192598138	167707732	14.84
广东	2953046	3009277	−1.87	37682988	35101958	7.35
浙江	6115478	5525033	10.69	36219764	42071135	−13.91
北京	541925	315023	72.03	25977758	20781675	25.00
湖北	58917	50317	17.09	20630598	15253403	35.25
天津	395680	516520	−23.40	17152482	19216399	−10.74
江苏	501786	460533	8.96	13728825	11742354	16.92
山东	178070	209806	−15.13	11166480	9418595	18.56
辽宁	72001	83863	−14.14	6609529	7654958	−13.66
河北	184425	103654	77.92	3933256	2288281	71.89
福建	141451	113361	24.78	3377768	2116281	59.61
陕西	7700	1885	308.49	1530199	56721	2597.76
重庆	1421	1674	−15.11	1501423	1224091	22.66
吉林	29	39	−25.64	373250	4164	8863.74
四川	13853	14660	−5.50	320318	1269661	−74.77
江西	773	1279	−39.56	265958	302300	−12.02
湖南	786	229	243.23	253851	1286330	−80.27
云南	64250	37332	72.10	192295	299840	−35.87
贵州	16	409	−96.09	107400	64669	66.08
西藏	29863	10444	185.93	46237	20635	124.07
安徽	21	105	−80.00	39107	31751	23.17
广西	13	165	−92.12	35326	5014	604.55
山西	218			33967		
河南	489	196	149.49	29265	8412	247.90
黑龙江	1134	1976	−42.61	17159	22673	−24.32
新疆	4	186	−97.85	1789	30423	−94.12
海南	17			1566		
内蒙古	8	3	166.67	845	475242	−99.82

2016年立式钢琴进口国家和地区

（按进口金额排序）

排名	国家和地区	数量（台）			金额（美元）		
		2016年	2015年	同比(%)	2016年	2015年	同比(%)
1	日本	59157	63303	-6.55	58890934	58937298	-0.08
2	印度尼西亚	16997	18275	-6.99	32721222	35134281	-6.87
3	韩国	63260	57321	10.36	24450874	15662416	56.11
4	德国	773	613	26.10	5415701	4056809	33.50
5	捷克共和国	775	682	13.64	3245954	2689525	20.69
6	法国	15	35	-57.14	180019	21222	748.27
7	奥地利	55	70	-21.43	116046	90523	28.20
8	美国	78	113	-30.97	87212	124883	-30.17
9	英国	88	99	-11.11	82951	62392	32.95
10	澳大利亚	40	21	90.48	72736	42695	70.36
11	中国内地	99	38	160.53	63508	31675	100.50
12	丹麦	44			60038		
13	马来西亚	28	31	-9.68	34246	36920	-7.24
14	波兰	11	32	-65.63	29703	124334	-76.11
15	越南	15			21483		
16	中国台湾	60	188	-68.09	20111	82984	-75.77
17	意大利	6	3	100.00	19920	2129	835.65
18	印度	34	1	3300.00	14060	7948	76.90
19	荷兰	10	18	-44.44	9000	7930	13.49
20	加拿大	18	33	-45.45	8115	10578	-23.28
21	塞尔维亚	16			7304		
22	俄罗斯联邦	14	7	100.00	6098	3744	62.87
23	中国香港	15			6018		
24	瑞典	6	1	500.00	4050	417	871.22
25	西班牙	4	1	300.00	2709	201	1247.76
26	比利时	6	3	100.00	2648	6975	-62.04
27	希腊	2			2500		
28	乌克兰	8			1808		
29	爱沙尼亚	1			1522		
30	南非	1			943		
31	国别（地区）不详	1			525		
32	芬兰	1	3	-66.67	381	1711	-77.73

（数据来源：海关总署 中国轻工业信息中心 中国乐器协会信息部）

2016年三角钢琴进口国家和地区

（按出口金额排序）

排名	国家和地区	数量（台）			金额（美元）		
		2016年	2015年	同比(%)	2016年	2015年	同比(%)
1	德国	552	454	21.59	23858851	15970074	49.40
2	日本	3137	3364	−6.75	18500416	17873105	3.51
3	印度尼西亚	1701	1720	−1.10	8242216	9267506	−11.06
4	奥地利	39	70	−44.29	1339878	2816082	−52.42
5	意大利	10	19	−47.37	899725	1272930	−29.32
6	捷克共和国	56	75	−25.33	821758	1184902	−30.65
7	美国	82	96	−14.58	761902	1061319	−28.21
8	爱沙尼亚	10	7	42.86	169169	79064	113.96
9	法国	7	13	−46.15	109362	19428	462.91
10	波兰	22			85476		
11	韩国	39	55	−29.09	51932	56867	−8.68
12	中国内地	12			37279		
13	英国	24	35	−31.43	20147	50099	−59.79
14	塞尔维亚	33			20077		
15	加拿大	14	9	55.56	11895	6793	75.11
16	丹麦	9			8246		
17	荷兰	2			4374		
18	比利时	1	7	−85.71	3325	162829	−97.96
19	马来西亚	1	1	0.00	2608	2558	1.95
20	澳大利亚	2	1	100.00	456	1656	−72.46

（数据来源：海关总署 中国轻工业信息中心 中国乐器协会信息部）

2016年中国主要乐器进口额前10位国家和地区

（按进口金额排序）

商品名称	国家和地区数量	排名	国家或地区	数量（件）			金额（美元）		
				2016年	2015年	同比(%)	2016年	2015年	同比(%)
立式钢琴	26	1	日本	59157	63303	-6.55	58890934	58937298	-0.08
		2	印度尼西亚	16997	18275	-6.99	32721222	35134281	-6.87
		3	韩国	63260	57321	10.36	24450874	15662416	56.11
		4	德国	773	613	26.10	5415701	4056809	33.50
		5	捷克共和国	775	682	13.64	3245954	2689525	20.69
		6	法国	15	35	-57.14	180019	21222	748.27

商品名称	国家和地区数量	排名	国家或地区	数量（件）			金额（美元）		
				2016年	2015年	同比(%)	2016年	2015年	同比(%)
立式钢琴	26	7	奥地利	55	70	-21.43	116046	90523	28.20
		8	美国	78	113	-30.97	87212	124883	-30.17
		9	英国	88	99	-11.11	82951	62392	32.95
		10	澳大利亚	40	21	90.48	72736	42695	70.36
三角钢琴	20	1	德国	552	454	21.59	23858851	15970074	49.40
		2	日本	3137	3364	-6.75	18500416	17873105	3.51
		3	印度尼西亚	1701	1720	-1.10	8242216	9267506	-11.06
		4	奥地利	39	70	-44.29	1339878	2816082	-52.42
		5	意大利	10	19	-47.37	899725	1272930	-29.32
		6	捷克共和国	56	75	-25.33	821758	1184902	-30.65
		7	美国	82	96	-14.58	761902	1061319	-28.21
		8	爱沙尼亚	10	7	42.86	169169	79064	113.96
		9	法国	7	13	-46.15	109362	19428	462.91
		10	波兰	22			85476		
拨弦古钢琴及其他键盘弦乐器	10	1	日本	302	542	-44.28	374383	602175	-37.83
		2	德国	7	5	40.00	211038	192086	9.87
		3	韩国	307	38	707.89	90573	10198	788.14
		4	捷克共和国	1			76390		
		5	马来西亚	13			14296		
		6	中国台湾	2			10529		
		7	美国	2	8	-75.00	5782	141125	-95.90
		8	意大利	1			2769		
		9	几内亚	97			778		
		10	英国	2	2	0.00	573	2384	-75.96
弓弦乐器	20	1	意大利	33	58	-43.10	1033112	612194	68.76
		2	德国	162	155	4.52	347914	281606	23.55
		3	法国	44	43	2.33	188199	204246	-7.86
		4	墨西哥	798	21	3700.00	77446	2356	3187.18
		5	美国	43	129	-66.67	12773	87165	-85.35
		6	西班牙	10			8643		
		7	日本	56	40	40.00	6847	5325	28.58
		8	瑞典	65	12	441.67	6166	4723	30.55
		9	捷克共和国	11	211	-94.79	4702	58675	-91.99
		10	匈牙利	15			4125		
其他弦乐器	28	1	印度尼西亚	168278	109202	54.10	8761222	5975566	46.62
		2	美国	1767	978	80.67	2244133	823877	172.39
		3	墨西哥	6606	7633	-13.45	1937529	1880488	3.03
		4	意大利	89	43	106.98	542160	298715	81.50
		5	中国内地	6934	8790	-21.11	342865	244327	40.33
		6	西班牙	1155	756	52.78	272357	185397	46.90
		7	日本	873	132	561.36	181940	146952	23.81

商品名称	国家和地区数量	排名	国家或地区	数量（件）			金额（美元）		
				2016年	2015年	同比(%)	2016年	2015年	同比(%)
其他弦乐器	28	8	德国	343	161	113.04	176734	155672	13.53
		9	中国台湾	1265	1271	-0.47	122983	106227	15.77
		10	加拿大	825	250	230.00	108814	26263	314.32
铜管乐器	21	1	美国	1600	916	74.67	1646458	830367	98.28
		2	德国	248	614	-59.61	892213	1123674	-20.60
		3	日本	916	1075	-14.79	843154	578825	45.67
		4	中国台湾	1409	1014	38.95	701050	442321	58.49
		5	法国	61	195	-68.72	235159	387084	-39.25
		6	瑞士	19	6	216.67	93951	25630	266.57
		7	越南	264	387	-31.78	46012	81579	-43.60
		8	西班牙	61			20855		
		9	荷兰	8			15611		
		10	奥地利	43	40	7.50	13745	31372	-56.19
键盘管风琴;簧风琴等游离金属簧片键盘乐器	13	1	德国	50	2	2400.00	2535085	1794209	41.29
		2	奥地利	2			1247321		
		3	加拿大	4	2	100.00	223500	250500	-10.78
		4	意大利	12	7	71.43	48879	48378	1.04
		5	美国	3	2	50.00	36659	130310	-71.87
		6	日本	60	2	2900.00	35227	887	3871.48
		7	荷兰	2	1	100.00	33964	324	10382.72
		8	新加坡	225			5044		
		9	印度	9	2	350.00	2273	490	363.88
		10	比利时	1	1	0.00	1641	1371	19.69
手风琴及类似乐器	8	1	意大利	105	43	144.19	182635	192279	-5.02
		2	德国	264	75	252.00	72355	31035	133.14
		3	朝鲜	244	893	-72.68	15373	56690	-72.88
		4	俄罗斯联邦	52	1	5100.00	14593	31440	-53.58
		5	塞尔维亚	82			9402		
		6	荷兰	15	1	1400.00	1142	609	87.52
		7	墨西哥	1			472		
		8	比利时	2			197		
口琴	5	1	日本	25437	11882	114.08	456325	246334	85.25
		2	德国	49789	18019	176.31	246834	154761	59.49
		3	新加坡	1374			6042		
		4	中国内地	200	2135	-90.63	5271	32505	-83.78
		5	印度尼西亚	10	20	-50.00	217	405	-46.42
其他管乐器，但游艺场风琴及手摇风琴除外	27	1	日本	9604	11666	-17.68	2873361	1978809	45.21
		2	德国	1428	1777	-19.64	1493851	1098480	35.99
		3	法国	1316	913	44.14	1254087	1115800	12.39
		4	中国台湾	117438	49346	137.99	1108149	1119363	-1.00
		5	美国	1248	312	300.00	313696	225933	38.84

商品名称	国家和地区数量	排名	国家或地区	数量（件）			金额（美元）		
				2016年	2015年	同比(%)	2016年	2015年	同比(%)
其他管乐器，但游艺场风琴及手摇风琴除外	27	6	韩国	17374	12165	42.82	145605	120633	20.70
		7	英国	29128	30521	-4.56	67948	60867	11.63
		8	越南	165			58207		
		9	加拿大	38	187	-79.68	45573	150372	-69.69
		10	印度尼西亚	36766	39960	-7.99	40993	61166	-32.98
打击乐器	48	1	印度尼西亚	974390	523209	86.23	5387244	3301005	63.20
		2	德国	124921	109612	13.97	2266582	2415478	-6.16
		3	美国	38539	31946	20.64	2171576	2108494	2.99
		4	中国台湾	92945	66508	39.75	1767155	1619156	9.14
		5	荷兰	6126	1008	507.74	1639913	1709892	-4.09
		6	日本	7086	6781	4.50	1354886	567880	138.59
		7	泰国	40216	24534	63.92	1045319	635233	64.56
		8	加拿大	13553	16386	-17.29	789119	732450	7.74
		9	中国内地	7555	4014	88.22	372007	272055	36.74
		10	土耳其	7896	3888	103.09	253598	213000	19.06
通过电产生或扩大声音的键盘乐器	15	1	印度尼西亚	42535	36251	17.33	23236244	19203957	21.00
		2	日本	1086	1211	-10.32	1957107	1743902	12.23
		3	中国内地	21431	12146	76.44	1943810	1018771	90.80
		4	马来西亚	4050			1572738		
		5	意大利	445	181	145.86	453009	194140	133.34
		6	美国	20			266348		
		7	荷兰	31	11	181.82	244006	377652	-35.39
		8	瑞典	169	112	50.89	214003	130636	63.82
		9	墨西哥	750			78887		
		10	越南	230	410	-43.90	27086	13291	103.79
其他通过电产生或扩大声音的乐器	20	1	印度尼西亚	30372	21274	42.77	4818458	3516089	37.04
		2	美国	3499	1486	135.46	1390832	529774	162.53
		3	日本	1608	1137	41.42	1090558	643629	69.44
		4	墨西哥	1337	1314	1.75	467368	428409	9.09
		5	中国台湾	1741	1647	5.71	467289	460093	1.56
		6	中国内地	2677	3195	-16.21	187218	229047	-18.26
		7	韩国	431	820	-47.44	52303	152086	-65.61
		8	越南	295	204	44.61	39756	20905	90.17
		9	加拿大	154	29	431.03	23290	9236	152.17
		10	德国	37	677	-94.53	18682	149523	-87.51
百音盒	14	1	瑞士	106	45	135.56	140918	22662	521.83
		2	中国内地	8786	11304	-22.28	107307	219353	-51.08
		3	日本	713	2394	-70.22	36322	49048	-25.95
		4	英国	444	160	177.50	27639	10399	165.79
		5	中国台湾	5681	15136	-62.47	22695	61173	-62.90
		6	美国	23	21	9.52	19883	19014	4.57

商品名称	国家和地区数量	排名	国家或地区	数量（件）			金额（美元）		
				2016年	2015年	同比(%)	2016年	2015年	同比(%)
百音盒	14	7	荷兰	151	68	122.06	18680	8670	115.46
		8	法国	127	330	-61.52	9198	8022	14.66
		9	德国	115	29	296.55	5516	2556	115.81
		10	意大利	25	6	316.67	4087	94	4247.87
其他乐器;各种媒诱音响器、哨子、号角等	21	1	日本	72497	73220	-0.99	156003	142177	9.72
		2	中国台湾	74232	169786	-56.28	65726	96817	-32.11
		3	西班牙	15487	14565	6.33	36953	2683	1277.30
		4	印度尼西亚	917	22	4068.18	35732	208	17078.85
		5	加拿大	107756	127920	-15.76	33057	28925	14.29
		6	中国内地	7742	30308	-74.46	25531	21611	18.14
		7	美国	1644	10983	-85.03	17102	6468	164.41
		8	英国	87785	74810	17.34	14445	11817	22.24
		9	泰国	434	506	-14.23	4952	6180	-19.87
		10	尼泊尔	1821	1010	80.30	4325	3083	40.29
乐器用弦	15	1	美国	48201	48759	-1.14	3585896	3564051	0.61
		2	德国	172701	173472	-0.44	1209380	1349891	-10.41
		3	印度尼西亚	4137	3319	24.65	431471	497306	-13.24
		4	日本	60828	58385	4.18	372327	382215	-2.59
		5	丹麦	274	216	26.85	298103	224871	32.57
		6	奥地利	1671	1460	14.45	130932	137436	-4.73
		7	韩国	9630	1672	475.96	112964	53785	110.03
		8	墨西哥	1714	2508	-31.66	91879	227425	-59.60
		9	意大利	1461	1397	4.58	64368	67841	-5.12
		10	英国	206	71	190.14	51202	49861	2.69
钢琴的零件、附件	14	1	日本	5223011	4794859	8.93	15523463	16375825	-5.21
		2	德国	94001	108479	-13.35	6541365	5986996	9.26
		3	印度尼西亚	173242	149317	16.02	1120111	939082	19.28
		4	韩国	13722	17753	-22.71	274609	502855	-45.39
		5	美国	133	75	77.33	21085	2018	944.85
		6	意大利	525	234	124.36	20879	3455	504.31
		7	捷克共和国	1418	834	70.02	12949	40335	-67.90
		8	马来西亚	1243			11327		
		9	英国	88	382	-76.96	7776	16789	-53.68
		10	中国台湾	4933	3854	28.00	7646	9251	-17.35
弦乐器的零件、附件	28	1	韩国	69161	92311	-25.08	2421588	2705742	-10.50
		2	中国台湾	257894	217657	18.49	2401490	2015685	19.14
		3	中国内地	10125	17954	-43.61	1177794	1813796	-35.06
		4	美国	10243	9055	13.12	975509	794008	22.86
		5	日本	10275	12685	-19.00	557886	554634	0.59
		6	德国	11937	10500	13.69	473554	550435	-13.97
		7	法国	771	771	0.00	323806	264712	22.32

商品名称	国家和地区数量	排名	国家或地区	数量（件）			金额（美元）		
				2016年	2015年	同比(%)	2016年	2015年	同比(%)
弦乐器的零件、附件	28	8	突尼斯	7282	7719	-5.66	121585	91224	33.28
		9	中国香港	758	5	15060.00	93066	456	20309.21
		10	加拿大	1754	1471	19.24	83816	92376	-9.27
键盘电子乐器的零件、附件	23	1	印度尼西亚	1292837	1112686	16.19	8826984	7835185	12.66
		2	中国内地	477929	389584	22.68	6706492	6041379	11.01
		3	韩国	159939	228710	-30.07	3597156	3602966	-0.16
		4	马来西亚	1158538	1177417	-1.60	3091989	3127017	-1.12
		5	日本	41979	49073	-14.46	2229570	2719804	-18.02
		6	意大利	88445	178635	-50.49	1215477	2208871	-44.97
		7	中国台湾	42289	72513	-41.68	956146	2082803	-54.09
		8	美国	5075	8678	-41.52	569771	608184	-6.32
		9	泰国	6874	743	825.17	284707	31956	790.93
		10	突尼斯	19926	27833	-28.41	139364	282760	-50.71
节拍器、音叉及定音管	11	1	中国内地	3186	2711	17.52	229893	201078	14.33
		2	日本	5834	8664	-32.66	201374	282344	-28.68
		3	泰国	1171	7031	-83.35	35187	175342	-79.93
		4	德国	474	272	74.26	33941	819	4044.20
		5	韩国	317	297	6.73	9000	7680	17.19
		6	越南	48	64	-25.00	4770	3726	28.02
		7	美国	54	13	315.38	1536	2257	-31.95
		8	中国台湾	123	94	30.85	1086	762	42.52
		9	奥地利	82	40	105.00	379	417	-9.11
		10	印度	19			275		
百音盒的机械装置	46	1	中国台湾	2527	6643	-61.96	233175	432259	-46.06
		2	中国内地	5825	366	1491.53	149787	13264	1029.27
		3	法国	2			49		
其它乐器的零件、附件	32	1	中国台湾	622413	739820	-15.87	8388266	10260859	-18.25
		2	日本	111325	94686	17.57	7941621	7381133	7.59
		3	印度尼西亚	50624	39834	27.09	7217171	6847690	5.40
		4	美国	75892	68419	10.92	3122355	2186327	42.81
		5	中国内地	299185	236454	26.53	3067327	2293032	33.77
		6	德国	38583	21144	82.48	1563966	833278	87.69
		7	法国	12236	13206	-7.35	1375331	1818546	-24.37
		8	意大利	2094	4169	-49.77	308324	215319	43.19
		9	奥地利	7941	1168	579.88	183910	24010	665.97
		10	荷兰	727	1168	-37.76	131519	81005	62.36

（数据来源：海关总署 中国轻工业信息中心 中国乐器协会信息部）

2017 中国乐器年鉴

CHINA MUSICAL INSTRUMENT YEARBOOK

工作要点

中国乐器协会2016年工作要点

一、建立健全“行业音乐教育服务体系”，筹建“全国音乐教育服务联盟”

完善行业音乐教育服务体系方面，重点落实以下几项工作。

1. 做好音教服务基础工作，组织跨行业的“三个一”活动

音乐教育服务工作涉及的内容很多，其重点工作内容是：教材与教案的选定和师资的管理与考核认证。我们将会同教育学会音乐教育分会，研究探讨教材、教案和师资考核认证的有关办法、路径。尽快使得社会音教师资培训与认证有突破性进展。

组织一次音乐教育服务示范基地省级供需对接交流活动；组织一次琴行及培训机构与音教服务项目对接交流活动；组织一次对老少边穷地区的音乐教育扶贫助教活动。

2. 以创新的思维，组织好上海国际乐器展和北京音乐生活展

协会与上海国展公司、德国法兰克福（香港）国际展览公司联合举办，美国国际音乐制品协会支持的上海国际乐器展2016年于10月24～27日在上海举行。北京音乐生活展于7月3～5日在北京展览馆举办。我们将充分利用“上海国际乐器展”和“北京音乐生活展”这个跨界展示交流与合作的大舞台，全面推广、实施“全国音乐教育服务联盟”的各项工作，从项目的推广与推介、行业高峰论坛、跨界音乐教育服务项目到师资认证考核体系的实施。全方位地展示和介绍“音乐教育服务”的内容和工作体系。同时，发起成立“全国音乐教育服务联盟”。

二、建立健全“科技合作服务体系”，集中解决乐器升级换代的关键技术难题

党的十八届五中全会审议通过了国家“十三五”规划，“十三五”时期，是我国全面建成小康社会、实现“两个一百年”奋斗目标的重要阶段。作为乐器行业，如何落实《中国制造2025》提出的9项任务，怎样从产量大国转变为品质强国？怎样从低端产品走向中高端？只有一个回答：科技创新与核心技术。

在“行业科技服务体系”方面做好以下几方面工作：

1. 做好行业科技合作服务基础工作

协会将继续支持和扩展行业科研基地建设，充分发挥已命名的四个行业科研基地的作用，继续鼓励行业骨干企业共建行业科研基地；发挥骨干企业“国家级、省市级技术中心”的辐射作用；加强分支机构常态化的科技交流合作；积极开发科研院所科技合作项目，扩大跨界科技合作面。协会将有一位主管领导主要负责行业科技合作服务事项。

2. 整合行业及社会资源，重点攻克影响产品质量的技术难题

协会还将充分利用分支机构和产业链上下游技术协作的优势，组织好行业关键课题的联合攻关与资源共享。协会秘书处，要加强行业科技项目的交流与服务平台的各项工作，争取与科研院所联合立项，并创造条件，争取国家和地方的科技资金支持；探讨建立行业技术合作、互惠互利机制和项目交易平台；协会将每年组织一次全行业的科技研讨会，促进行业科技合作和技术创新。近期行业联合攻关的重点项目有：“乐器声学品质评测”“声学木材处理技术应用”和“电子乐器音源研发”等。

3. 努力做好行业科技成果产业化推广

协会将继续将加强乐器行业标准化制修订工

作，按照“标准体系表”和标准制修订计划，按期、高质量地完成标准制修订工作。重点还要加强标准宣贯和标准论证实践调研；继续支持企业申报专利，保护企业知识产权。

三、实施人才战略，加速实施高级技能人才的培训与鉴定工作

人才是乐器行业转型升级和可持续发展的关键，尤其是，普遍提升全行业在岗员工的技术能力与技术水平。所以，深入持久地开展职业技能培训与考核的各项工作，是产业升级的关键。

1. 弘扬“工匠”精神，做好职工技能培训与鉴定

在继续做好全国钢琴调律师培训与鉴定的同时，尽快启动提琴制作工、技师的培训认证体系。从基础和骨干队伍做起，成立资考委，培训考评员；整理编制培训教材；制定相关管理办法；建立资料库；创造条件开展培训与鉴定工作。在扩展到提琴制作工、技师培训与鉴定的同时，希望在国家职业大典列项的“钢琴制作工”“民族拉弦弹拨乐器制作工”“管乐器制作工”“吹奏乐器制作工”“打击乐器制作工”“电鸣乐器制作工”等能够积极创造条件，尽快开展职工技能培训与坚定。

2. 组织全国职业技能比赛，提升职工技能水平

协会已决定并报请中国轻工业联合会人才培训中心，申请联合举办“2016年全国钢琴调律师技能竞赛”，争取得到全国总工会、中国就业培训技术指导中心等政府部门的支持。此项目计划上半年启动区域分赛，2016年9月在广州举行决赛，在上海国际乐器举行颁奖仪式。

四、制定《改善消费品供给专项行动计划》，促进乐器消费升级

1. 制定乐器行业“专项行动计划”，实施“三品战略”

按照中轻联研究制定《改善消费品供给专项行动计划》的统一部署，研究拟定乐器行业“专项行动计划”，提交常务理事会审议。计划从“推动企业质量技术创新、采用先进管理制度和先进标准、以质量提升推动品牌建设、提升劳动者技能和开展质量提升专项活动”等方面全面推动。希望各企业也参照制定本单位的“三年行动计划”。并积极开展质量提升专项行动。协会计划与《消费日报》等媒体合作，组织行业品牌专题推介活动季；组织行业科研课题联合立项和公关活动；坚持召开年度科技、品牌创新交流研讨会。

2. 坚持市场创新，提升乐器消费空间和效益

协会继续支持企业品牌培育服务工作，协助企业加快质量技术创新，加快科技成果转化。继续做好乐器行业标准化工作，发挥骨干企业技术品牌优势，推广先进经验，发挥其示范引领作用。在经济下行压力下，做好乐器市场与政策研究；社会音乐教育市场深度需求；以及民族品牌、老字号、少数民族乐器的传承与创新。

围绕行业关注的市场问题，将继续做好乐器市场监督；支持企业打假维权；倡导行业自律，加强企业售前、售后服务。

五、深入开展行业企业调研，把握运行趋势，及时反映行业诉求

1. 围绕行业发展的共性问题和企业遇到的疑难题展开调查研究

2016年要继续对进口二手钢琴问题，从反倾销、争取政策支持和行业监督三方面努力，力争有所进展；继续呼吁除钢琴之外的乐器出口提高退税率问题；在政府和学校乐器采购中，支持民族品牌公平竞争的问题等问题；呼吁出台支持文化产业项目和乐器小微企业的相关政策等，以及研究影响乐器行业发展的其他问题。

行业2016年调查研究的重点是，一是细化不同类别的市场研究，例如：中小学音乐教育定制产品需求，校园乐器、社区乐器和乡镇乐队用乐器的研究；二是乐器材料及配件行业的研究，从乐器产业链源头研究发展中的问题与改进措施；三是特色乐器产业聚集区的深入研究。

2. 做好“乐器特色产业基地”“音教服务联盟示范基地”的申报、复评和共建工作

2016年要完成杭州中泰乡“竹笛之乡”复评，积极推进天津静海区“特色乐器产业基地”共建项目，积极推进“全国音乐教育服务（武强）示范基地、（黄桥）示范基地”的共建和认证。

协会将研究特色产业集群的常态化服务项目，建立快捷有效的沟通渠道，整合行业优势资源，配合当地政府，研究产业基地发展战略和品牌提升措施。

六、加强行业交流与分支机构建设

1. 加强行业协（学）会和国际同行的交流与合作

在经济全球化的互联网时代，行业跨界整合资源，营造行业更大的发展平台十分重要。协会将继续加强与轻工兄弟协会、音乐教育学会、音协各国分会以及专业院校、科研院所广泛开展合作。继续加强与欧洲音乐联盟、美国国际音乐制品协会、日韩等乐器协会的交流与合作，不断扩展合作项目，有序组织专项活动。除了在美国、德国乐器展方面合作，而且在社会音乐教育、师资培训等方面开展广泛的合作。

2. 加强分支机构建设，扩大和延伸行业服务空间

近期，协会将根据换届后分支机构的实际情况，起草《关于加强协会分支机构管理的若干规定》议案，在争取行业意见的基础上，与2016年理事会审议。各分支机构在完善领导班子结构同时，提出近期工作重点，并采取了一系列改进措施。秘书处会全力配合各分会，落实计划、协调服务，完善配套管理办法，扩大会员队伍，提升服务质量。

加强自身建设，坚持“三严三实”的思想方法和工作作风，调动多方积极性，做好协会基础建设工作，发挥行业协调服务能力。加强分支机构领导班子建设，充分发挥13各分支机构各自的作用，处理好大中小企业、不同经济体和区域发展的关系；处理好分支机构负责人，老中青平稳过渡和交接；完善产品分会、琴行分会和钢琴调律师分会、提琴制作师分会差异化管理模式。从而，充分发挥各个分支机构各自的优势和作用，使协会各项工作更加有活力和规范有效。要积极发展制造业、琴行业和专家个人会员队伍，进一步提升服务质量和增加服务内容，除已有的信息服务、咨询、资质服务外，展会优惠服务和行业科技、品牌、项目推荐等服务外，创新服务会员的新项目、新方法和新路径。

中国乐器协会2016年工作总结

2016年，面对欧美市场低迷、制造成本上升和企业负担加重等困难，中国乐器行业落实供给侧深化改革的要求，逆势而上，努力开发音乐教育市场，积极推进科技创新，实现产品结构、产业结构和经营方式的重大突破。主要体现在，产品更新换代明显加速，中高端产品有所增加；乐器产销与音乐教育结合更加紧密，企业投资结构呈现多元化趋势；乐器制造标准化、精细化程度明显提高；市场与管理信息化，提高企业运营效率和市场适应力；乐器主要产品产销量，如：钢琴、提琴、西管乐器、吉他等产品继续保持全球60~70%的市场占有率。

在全行业共同努力下，主要经济指标继续保持增长态势。乐器规模以上企业主营业务收入预计395亿元，比上年增长6.52%，出口交货值预计120亿元，同比下降3.16%，应收帐款基本持平，产成品存货上升7.56%，主营业务成本上升7.31%，资产总额增加11.35%，利润总额增加14.99%；全行业出口金额预计11.61亿美元，同比下降8.35%，乐器进口金额预计3.64亿美元，同比增长7.38%。从以上数字可以看出，乐器行业经济运营有喜有忧、稳中有升，总体正常可控。乐器出口受国际经济萧条影响呈下降走势，内销继续保持增长趋势，企业成本和负担继续增加，但企业利润却两位数增长，呈现了乐器行业转型升级效果。

一、启动全国音乐教育服务联盟合作平台，创新开拓乐器增量市场

协会将搭建全国音乐教育服务联盟合作平台作为重要任务来抓。目前协会内部已成立了实质性工作机构音乐教育工作委员会；征集了第一批行业推荐音乐培训项目；组织完成音乐教育及师资培训市场调研；召开音乐教育服务专题座谈会，有37个项目申报，9个重点项目会议发言，为全国音乐教育服务联盟合作平台（简称联盟合作平台）启动打下基础。为了在项目交流中统一合作各方的思想认识，推出示范样板项目，2016年6月21日四家合作单位与河北武强县政府共建音乐教育服务示范基地，经过实地考察和专家组评审，确认了示范基地的定位及主要功能，并命名河北武强为全国音乐教育服务示范基地。

7月1日，北京音乐生活展首日，协会与中央音乐学院、全国教育学会音乐教育分会、音协管乐学会联合启动服务联盟合作平台，并组织了主题论坛和项目展示活动。随后四方领导在中央音乐学院召开联席会议，确定了组织框架、主要任务和近期重点工作。9月中旬，联盟师资培训试点班在中央院举办。协会组织制造企业、琴行及培训机构领导赴德国、意大利学习考察，并与德国乐器协会、意大利零售商协会探讨音乐教育合作项目。10月上海乐器展期间，联盟四方与美国音乐制品协会专家团队座谈，组织了联盟服务合作平台新闻发布会。得到国际行业组织的大力支持。服务联盟合作平台的建立，为乐器制造企业、琴行及培训机构、演艺教育专家和高等院校等合作伙伴但见了合作互助的桥梁。为拓展音乐教育和文化生活市场注入了融合发展的活力。

二、制定落实行业技术路线图，推动行业科技合作

按照中轻联统一部署，协会组织专家团队，经过行业调研和反复研究，提出乐器行业“十三五技术路线图”草案，经征求各分支机构意见，形成试行方案，协会落实技术路线图，重点是加强共性项目的攻关和行业科技交流与合作。为了加强行业科技合作，协会先后审批了四个行业科研基地，即：成都川雅木业的声学木材研发基地、海南东盛弘蟒皮乐器材料研发基地、江阴手风琴簧片研发基地和广东红棉乐器吉他通用技术研发及应用技术研发基地。他们依托企业特色技术中心，搭建行业科技交流平台，取得了一定科研成果，并促进了行业科技合作。2016年，协会在制定乐器行业技术路线图的同时，组织了“声学木材研发与应用推广”“民族低音拉弦乐器研发”向联合会立项。12月15日，协会召开七届三次常务理事扩大会暨科技研讨会，

会上王世成理事长总结了行业科技创新的成立和经验，提出了“落实科技合作平台，抓住影响中高端和行业升级的关键技术课题；骨干企业带头，分支机构和特色产业基地把科技合作列为重点；探讨行业科技合作激励机制，搭建技术交易和人才交流平台；博览资源、广开门路，积极组建跨界科研合作平台”等意见。会上组织了“乐器声学木材选材测试与应用”“民族低音拉弦乐器研发与应用”“电鸣乐器MIDI技术研发应用”“乐器配件标准化及专用设备研发”等四个重点合作项目专题研讨，并请中国工业设计协会副理事长余隋怀教授作科技创新讲座。会议还组织代表参观海尔集团总部、中德生态产业园和好美乐艺术中心。

在行业技术进步方面，全行业申请技术专利1369项，比2015年增长22%，其中发明专利350项同比增长17%，实用新型613项，外观设计393项。行业标准化工作，乐标委年内组织了三次专题会议，对推荐性标准进行集中复审，完成了8个国家标准和行业标准的制修订工作共制修订，并组织了委员政策和企业培训。

三、加强技能人才培养，组织国际提琴制作比赛和全国钢琴调律技能比赛

协会始终如一地做好钢琴调律师职业技能培训鉴定工作，共培养了近6000名钢琴调律师。2016年又完成钢琴调律师培训鉴定15批次，共有561人参加，其中5级163人、4级230人、三级154人、2级10人、1级4人。与此同时，提琴制作工、技师培训鉴定积极推进，组织了首批考评员培训认证，提琴制作工和技师培训教材完成了部分级别的讲义，12月9日首批提琴技师培训鉴定试点，26名提琴制作分会会员参加培训鉴定。电鸣乐器培训教材正进入征求意见阶段。为了提升行业职业培训与鉴定水平，协会与日本河合株式会社经对方探讨和办班试点，双方达成共识，与10月签署钢琴调律培训认证合作协议，合作建立国际化职业技术联盟标准，作为国家职业标准的补充和中高端技能人才培训的试点。

为了促进广大职业技能学习的热情，协会与中国就业培训技术指导中心、中国财贸轻纺烟草工会全国委员会、中国轻工业职业技能鉴定指导中心，共同主办2016全国钢琴调律职业技能竞赛。从6月3日启动，7月底8月初完成了全国13个初赛区的培训与初赛，8月份由北京、广东和上海三个行业职业技能鉴定站（所）完成复赛，9月在广州组织决赛。赛事弘扬中华民族工匠精神，坚持高标准严要求。比赛一启动就得到全国各地积极响应，很快组织了12个常规赛区，并在中国残联支持下，专设了盲人调律师赛区。13个初赛区由调律师各地方分会、钢琴骨干企业、琴行、地方行业协会和专业院校联合筹办。初赛选手近400名，进入复赛的选手158名，64名选手进入全国决赛，决赛由广州珠江钢琴集团协办。中国残联支持并拨专款组织了盲人调律师比赛，全国有33名选手参赛，16人进入复赛，最后有4名进入全国决赛。

5月协会和中央音乐学院联合举办第三届中国（北京）国际提琴及琴弓制作比赛。共吸引了来自中、法、德、意、美等9个国家和地区200余名选手，377件乐器参加。最终9把提琴凭借卓越的工艺和声学品质脱颖而出，获得金银铜奖。

协会将技能人才培养作为行业转型升级的重要措施来抓，采取多渠道、多种形式引导职工树立大国工匠精神，努力钻研技术。

四、把握发展动态，反映行业、企业诉求，服务政府服务会员

协会认真落实党和国家经济工作方针政策，努力从供给侧深化改革入手，坚持做好市场和行业调研，把握行业经济运行动态。王世成理事长带队到珠江钢琴艺术中心调研，听取了企业关于“珠江集团艺术教育发展战略”和“文化创意产业园规划”的汇报，并参加“91琴趣”网络平台上线发布会。年中由协会组织对材料配件行业调研，走访了上海、浙江钢琴配件企业，撰写了“供给侧发力，钢琴配件行业首当其冲”的调研报告。

协会以市场为导向，坚持做好行业服务工作，及时反映会员诉求。重点之一，进口二手钢琴反倾销和技术措施，在王会长与国务院及主管部门汇报得到领导批示后，协会随即撰写专题报告，经中轻联主管部门报国家质检总局，并两次与主管部门共同，形成了上报文件等待领导批示。重点之二，支

持专业院校乐器采购，对民族品牌公平待遇的问题，协会以专题报告形式经中轻联报政府主管部门，并在不同场合不同渠道向上反映，引起了主管部门的关注。另外，关于提高乐器出口退税税率经多次反映，钢琴出口退税从1月1日起，由13%提高到17%，其他产品还在积极争取之中；关于协会申请社会音乐师资培训鉴定资质问题，有关领导提出了积极的建议；关于吉他、民族乐器行业提出近期国际市场限制濒危树种材料生产乐器出口的问题，协会以专题报告形式向主管部门反映，中轻联信息中心与商务部沟通，转到国家林业局濒管办，及时给行业、企业提出解决建议。协会对会员单位提出的诉求，做到有问必答，有代表性的重大问题，及时向有关部门报告，并跟踪解决进度。

五、努力创新，抢占高点，办好北京音乐生活展和上海国际乐器展

办好上海国际乐器展和北京音乐生活展，是为行业搭建商贸、科创和国际合作平台，用展会经济拉动乐器市场快速发展。协会与合作伙伴精诚团结，用创新的思维和有力的措施，确保展会年年有新意，每届有突破。

经过第一届大胆尝试，2016年北京音乐生活展集行业和社会合力，坚持跨界引领、时尚共赢的原则，重塑乐器商业和文化价值，从音乐教育、时尚引领和跨界融合视角，切入音乐生活大市场。在西韵、国风、跨乐、乐学、听音、乐享六大主题十大展馆，策划系列专家文化讲坛，与大众零距离亲切互动，参展、参观者踊跃。体现了差异化市场开拓和乐器、教育及文化深度融合。25000平方米展区，近万各界观众奠定了音乐生活展发展的基础。在此期间，合作四方联合启动全国音乐教育服务联盟合作平台。

上海国际乐器展达到11.2万平方米，1909家国内外参展商，13万多观众，成为目前世界最大、最有影响的国际乐器展。行业的深度参与和国际合作，扩大了国际影响力。全国音乐教育服务联盟合作平台新闻发布会、行业论坛、培训课程、华乐论坛、大师讲坛等配套活动火爆。尤其是加大对科技创新板块的支持，在国际MIDI技术交流、钢琴调律师培训基础上，增加了最佳科技创新产品评选活动，展会组委会对4个获奖产品每个奖励一万元。参展商普遍反映本届展会专业观众明显增加，收获颇丰。

六、加强自身建设，提高协会服务能力和服务质量

协会针对分支机构和会员管理方面存在的问题，提出了加强分支机构管理的意见，并组织落实。同时加强与地方行业协会的交流合作。乐器特色产业基地建设有新成果。与天津静海区政府共建乐器特色产业基地，协会先后两次到静海区调研，与地方行业协会和政府主管部门研究共建方案。9月份协会与中轻联联合组织专家组完成静海乐器特色产业基地的评审工作。12月初又组织了杭州余杭区中泰乡（街道）“竹笛之乡”的复评。

协会秘书处转变思想观念和运行机制，在不断完善规章制度同时，引进市场竞争机制，公开招聘人员，并组织了部分中层岗位竞聘上岗试点，随后根据工作需要，成立项目部，扩展行业服务业务，提高信息服务、会员服务和业务组织能力。协会党支部认真结合行业服务工作，认真做“两学一做”自我教育活动，收到较好的效果。

七、协会工作存在的主要问题

（1）部分会员对市场及科技等方面的行业合作认识不足。由于企业创业艰辛，社会化合作基础薄弱，一些企业经营者满足于多年埋头苦干，喜欢单打独斗，科技创新视野不够宽，或多或少存在一定的盲目骄傲自满情绪，这也直接影响了行业交流与合作。

（2）协会分支机构活动不够活跃，大部分分支机构组织了年会和行业交流活动，还有少数分支机构没有开展活动。要充分调动广大会员的积极性，发挥好分支机构和骨干企业的作用尤为重要，这方面有待加强。

协会活动

中国乐器协会理事长王世成率队考察美国NAMM乐器展

1月16日至23日,由中国轻工业联合会副会长、中国乐器协会理事长王世成率领的中国乐器协会代表团赴美国和日本考察，在美国期间，王世成一行考察了NAMM国际乐器展览会，走访行业骨干企业，参加2016NAMM国际乐器联盟会议，出席世界乐器市场论坛，积极推介2016北京音乐生活展、上海国际乐器展览会。协会与美国国际音乐制品协会举行专题座谈，就行业论坛等合作项目交换看法；探讨在音乐教育领域的深度合作，取得丰硕成果。中国乐器协会副理事长王松美、上海国际展览中心有限公司总经理吴江红等陪同出访。

1月20日，王世成一行在美国洛杉矶参加国际乐器联盟会议。王世成在讲话中着重介绍了近期中国乐器协会重视音乐教育、加强推进社会音教服务工作的进展情况，以及2015年，协会与上海国际展览中心有限公司倾力打造的首届“北京音乐生活展”，作为大师、大众与市场的零距离接触平台，将音乐与各类生活元素有机融合，使音乐成为生活元素，让音乐更多、更快地走进人们家庭生活，能让置身其境的爱乐人感受到音乐如空气般的无处不在。在主办方的精心策划和有序组织下，展会取得圆满成功。表示非常欢迎各国乐器同行莅临参观7月在北京举办的第二届“北京音乐生活展”。届时，中国乐器协会拟与中国教育学会音乐教育分会共同发起成立“社会音乐教育服务联盟”，牢牢把握当前市场机遇，共同搭建社会音乐教育合作平台，扩大音乐人口，拓展音教朋友圈，挖掘音教市场内生动力，共同做大作强社会音乐教育市场。美国国际音乐制品协会、德国乐器制造商协会等多家国际乐器行业组织对此表现出浓厚兴趣，并表示将会作为展会支持方鼎立加盟，并在本国乐器会员中积极宣传。

在为期8天的考察中，中国乐器协会向国际乐器界有效传递出当前中国乐器行业致力于强化社会音乐教育服务的新理念，实质性增进了中国乐器协会与国际乐器界交流，为中国乐器行业今后进一步扩大与国际乐器行业的合作开创了新局面。

中国乐器协会理事长王世成赴肃宁调研

3月1日，中国轻工业联合会副会长、中国乐器协会理事长王世成，中国乐器协会常务副理事长曾泽民、秘书长陈晋武等一行在肃宁县县长杨明义、副县长王少杰，以及肃宁乐海乐器公司董事长宋从甲陪同下，对肃宁乐器产业园、乐海乐器公司、肃宁县城市规划馆、华斯国际裘皮城进行调研，并就肃宁乐器产业园和区域经济的发展战略布局召开专题座谈会。

王世成副会长在听取完汇报后指出，肃宁县文化积淀深厚，县域经济轻型结构特色鲜明，不断延展。多年来县政府对地方轻工产业的重视与政策扶持，以中国裘皮之都这一特色产业带动了地方经济的发展。与此同时，准确把握京津翼协同发展的商机，抢占先机，大力发展“千亩乐器文化产业园”

体现了肃宁县委县政府对文化产业发展的重视，中国轻工业联合会和中国乐器协会将全力支持。王世成副会长还对肃宁乐器工业园区的建设提出了“四化”要求：（1）差异化。园区应遵循差异化发展原则，突出重点，统筹推动，不断完善五个平台建设。（2）特色化。以民族乐器作为切入点，加快星海钢琴入驻，形成民乐及西洋乐器的园区特色。（3）市场化。从发展的角度，总体规划，分步实施，用市场化的思路进行园区建设，且勿犯同质化、空心化、平台功能弱化等问题。（4）服务化。服务平台的建设是园区能否成功非常重要的切入点，园区应重点拓展培训、工业旅游等服务产业链。最后，王世成表示，中国乐器协会将通过各类行业公共服务平台，引荐肃宁乐器产业园区项目，同时积极培育和打造肃宁乐器产业集群这一新名片。

中国乐器协会一行参观考察德国法兰克福乐器展览会

4 月7日至10日，德国法兰克福国际乐器、舞台灯光及音响展览会在法兰克福展览中心举行。中国乐器协会秘书长陈晋武、上海国际展览中心有限公司副总经理刘丽瑛等一行8人参观考察了展览。展会有60个国家和地区的2043家参展商参展，主要来自德国、中国、意大利、英国、西班牙、法国、瑞士等国家，有234家中国参展商参展。吸引了来自130多个国家和地区的11万多名观众参观展会。

通过参观考察法兰克福乐器展，进一步了解了欧洲乐器市场的现状和趋势，为协会的下一步开展工作提供了多角度的信息支撑，达到了考察的预期目的。

中国乐器协会七届二次理事（扩大）会议在北京召开

在中国乐器行业提出音教、科技双轮驱动发展战略后，为谋求行业创新深入发展，乐器行业再次强调实施跨界思维，通过科研创新助推乐器行业三品战略优化产业结构。面对欧美经济的持续疲软，发达国家重塑制造业和部分产业东南亚地区的转移，我国制造业优势被挤压的形势下，中国乐器协会七届二次理事（扩大）会议提出推动社会音教联盟项目实施，探寻科技创新与合作交流平台的创建，实现科技成果的全产业链深度转化和中高端转型，更加彰显出协会工作与时俱进的现实意义。

在听取协会秘书处工作报告，以及与会嘉宾针对乐器行业跨界思维转型，谋求三品战略的纵深发展的观点后，中国乐器协会王世成理事长强调，当前乐器行业发展要首先围绕三年品质提升计划，紧抓改革减负、分业施策、消费升级、开放合作、区域战略和产融结合六大政策机遇，企业家要高度关注政策气象表，从跨界思维和三品战略谋求产业转型升级与纵深发展。

王世成理事长一行考察中国乐谷音乐产业园区

5月6日，中国轻工业联合会副会长、中国乐器协会理事长王世成，常务副理事长曾泽民、副理事长王松美、秘书长陈晋武一行，在东高村镇党委书记兼乐谷管委会主任秦海滨，东高村镇镇长孙学新，华东乐器总经理刘云东的陪同下，对平谷区北京华东乐器有限公司、中国乐谷和渔阳国际休闲娱乐基地进行考察调研。

王世成理事长一行首先来到华东乐器，针对华东乐器手工提琴工坊和工业化提琴流水线进行考察调研。在听取华东乐器总经理刘云东的工作汇报后，王世成理事长鼓励华东乐器大胆创新，通过引进和培育中高端人才，依托平谷区固有的提琴产业集群优势，突出企业品牌文化特色，发挥龙头企业的引领作用，促区域乐器产业集群有序向中高端升级转型。为了解平谷区文创产业的发展，王世成理事长一行在东高村镇党委书记秦海滨陪同下，对渔阳国际滑雪场草地公园进行实地考察，王世成理事长鼓励平谷区委领导，采用跨界思维，整合各方资源优势，打造区域文创产业品牌效应和社会影响力。

王世成理事长在听取平谷区领导汇报后表示，创造中国乐谷文创产业休闲园区，定位大气且具有战略前瞻性，同时符合北京四大中心的发展定位，近年来，平谷区在打造国际文化交流、文化创意中心符合北京市都市发展的战略定位。建议平谷区政府进一步提升园区内提琴制造的文化水平，乐器制造产业不仅属于轻工产业，同时助推文化休闲产业的发展，随着中国乐谷的乐器博物馆和国际文化交流活动的展开，将有序提升平谷区音乐文化产业的内涵与品牌价值，有序拓展平谷区的文化影响力。

“全国音乐教育服务联盟”第一次主席团联席会议举行

7月12日，“全国音乐教育服务联盟”第一次主席团联席会议在中央音乐学院举行，中央音乐学院院长俞峰、中国乐器协会理事长王世成、中国教育学会音乐教育分会理事长吴斌、中国音乐家协会管乐学会主席于海、中国乐器协会常务副理事长曾泽民、中央音乐学院继续教育学院院长孔聪等参加了会议。

“全国音乐教育服务联盟”于7月1日正式成立，是由中国乐器协会、中国教育学会音乐教育分会、中国音乐家协会管乐学会、中央音乐学院四家单位联合组建的非法人音乐教育服务平台。按照约定，“服务联盟”实行主席团联席会议事机制，合作各方主要领导组成“联盟”主席团，联席会每年召开一次。本次会议是“联盟”成立以来举行的首次主席团联席会议，会议确定了“服务联盟”下一步的工作方向及若干重点项目。尽快启动“社会音乐教育师资培训与认证”、扩大“全国音乐教育大会”的范围和影响、研发和推广社会音乐教育教材教法、加强与国际同行业协会交流、对已有品牌活动进行相互支持。

全国音乐教育服务联盟师资培训工作座谈会在京举行

7月15日下午，全国音乐教育服务联盟首次师资培训工作座谈会在中央音乐学院举行。中国乐器协会常务副理事长曾泽民、中央音乐学院继续教育学院院长孔聪以及北京姜杰钢琴城姜晓琪，长春新博乐钢琴城周洲、吕硕，大连福韵琴行曲大卫、青岛好美乐公司潘紫艺、杭州天目琴行刘骋等参加座谈会。

此次座谈会是在落实12日召开的联席会议精神，为具体开展社会音乐教育师资培训而进行的，重点征求一线教育机构对于此项工作的意见建议，以及对于培训项目的具体要求。

经过讨论，与会代表在对工作的意见和方法上得到统一，一致同意在进一步调研市场需求的同时，在9月开展小范围的师资培训实验班，并征求学员在学习和实践中的意见和建议反馈，及时调整并完善培训方法和教材，早日将师资培训工作并入正轨。

全国乐器标委会乐器类推荐性标准复审工作会在京举行

7月26日，根据国标委《推荐性标准集中复审工作方案》和工信部通知要求，全国乐标委在京召开乐器类推荐性标准集中复审会，乐标委委员和行业专家40余人参加。会议传达了中国轻工业联合会标准工作会精神，组织学习了国标委和工信部的有关文件，乐标委主任曾泽民结合乐器行业情况对此次推荐性标准集中复审的意义、目标任务和工作原则进行讲解，并提出具体要求。

会议依据文件规定的工作原则，同时考虑到乐器行业发展实际情况，将一项原国标中一般性产品类标准调整为行标，同时把跨行业应用的基础类、方法类和支撑政策类标准，如：《十二平均律的频率与音分的计算》转化到国标。此次国标、行标集中复审，是从国家层面完善技术标准的顶层设计，也是技术标准化工作深化改革的重要措施。乐标委高度重视此次复审活动，也得到了乐器行业的关注和支持。

中国乐器协会与日本河合乐器（中国）公司举行工作会谈

7月27日，日本河合乐器制作所副社长金子和裕到访中国乐器协会，受王世成理事长委托，协会常务副理事长曾泽民与日方一行进行了工作交流。协会秘书长陈晋武、河合乐器（中国）有限公司总经理铃木隆志、河合乐器（上海）贸易有限公司总经理八木正树、副总经理栾秉奇、日本全音出版社负责人等参加会议。双方着重就社会音乐教育、KAWAI高级钢琴调律师培训与认证、器乐教材引进等事宜进行了交流探讨。

曾泽民表示，高级钢琴调律师培养、社会音教师资培训是社会音乐教育服务平台项目的重要组成部分。目前，KAWAI前期举办的几次钢琴调律培训活动，在钢琴调律界发挥了积极作用并积累了一定经验。希望河合乐器（中国）公司进一步发挥高级钢琴调律技术培训优势，在业已积累的良好经验基础上，主动参与社会音乐教育服务项目，在培养高级钢琴调律师、规范社会音乐教材方面继续努力。

河合方面认为，自河合乐器进入中国市场以来，业绩取得长足发展。除钢琴销售外，河合希望与协会共同协作配合，把握当前音教市场发展机遇，运用丰富的国际化经营理念，在提供高附加值售后服务基础上，进一步加强高级钢琴调律人才培养、继续完善音教体系建设，打造品牌优势更好服务中国乐器市场。

全国乐标委手风琴工作组成立会在江阴召开

8月10日，全国乐器标准化技术委员会手风琴工作组成立会暨第一次全体会议在江阴召开。会议得到江苏省和无锡市质量技术监督局以及江阴市政府及主管部门的大力支持。全国乐器标准化技术委员会主任曾泽民、副主任张小川、秘书长王伟，江苏省质量技术监督局副局长张前、无锡市质量技术监督局副局长胡宏、江阴市副市长唐仲贤等领导出席会议。会议由江苏省质量技术监督局标准化处洪森处长主持，张小川副主任宣读成立手风琴工作组的批复。唐副市长代表江阴市政府致辞。张前副局长介绍了江苏省作为技术标准制修订大省，在标准化工作的一系列措施和成果。曾泽民主任介绍乐器行业近期标准化重点工作，对手风琴工作组与科研院所专家结合的做法给予充分肯定。与会领导为手风琴工作组揭牌，并向工作组专家颁发证书。

伴随我国产业转型升级和供给侧改革，全国乐器标准化技术委员会根据手风琴行业科技创新需求和地方质量技术监督局的申请，决定成立手风琴标准化工作组。组长由协会手风琴专业委员会会长时建明担任，副组长曹振民、秘书长王伟、副秘书长缪庆平，成员由手风琴制造业、专业院校和北京乐器研究所等专家13人组成。该工作组在行业专家基础上，聘请了上海师范大学音乐学院李聪教授，南京师范大学音乐学院管科亚副教授、南京艺术学院音乐学院莫祎老师、江阴职业技术学院许洪龙副教授，以及国家轻工业乐器质量监察检测中心贾岳主任等专家。体现了产业链和科研院所跨界融合。

工作组成立后，将尽快梳理手风琴领域的技术标准体系，就当前急需解决，且技术条件比较成熟的课题，组织标准制修订项目组，启动调研和立项工作，广泛吸收各企业参与，积极有序地开展工作。

《编钟》乐器行业标准工作组会议在“编钟之乡”随州举行

8月18日，全国乐器标准化技术委员会《编钟》行业标准工作组第二次会议在湖北随州举行。在随州市政府大力支持下，当地不仅兴建了曾侯乙墓景区和编钟博物馆，而且也培育了一批编钟研发和制造企业，成立了编钟研究所，编钟已经成为随州著名的地方名片。此次《编钟》标准工作会受到了市政府和主管部门的大力支持，市文体新广局、经信委领导到会并致辞，当地媒体全程跟踪报道。

会议由全国乐器标准技术委员会《编钟》工作组组长武汉艾立卡电子有限公司董事长张鉴堂主持，副组长江苏大风乐器有限公司董事长徐宝华、扬州金韵乐器御工坊总经理熊立群、扬州天韵有限公司总经理李同志、扬州圣艺琴筝有限公司总经理包东圣、武汉致嘉乐器公司副总经理李建、随州曾侯乙编钟编磬文化有限公司董事长项绍清、随州市博物馆研究员项章、武汉音乐学院副教授黄晶、武汉机械工艺研究所有限公司董事长高立强及编钟研究室主任刘佑年、北京乐器研究所郭婷等近20位领导和专家参加会议，全国乐器标准化技术委员会主任曾泽民、秘书长王伟到会讲话并协助组织标准研讨。会议由随州曾侯乙编钟编磬文化有限公司协办。

王世成理事长参加“91”琴趣平台上线发布会并考察珠江钢琴艺术中心旗舰店

为了准确把握乐器行业供给侧改革和行业转型升级动态，9月1日中国轻工业联合会领导、中国乐器协会理事长王世成前往广州，参加“91琴趣平台”上线仪式，并视察了广州珠江钢琴集团艺术中心旗舰店。协会常务副理事长曾泽民陪同考察。

启动仪式上，91琴趣公司总经理吴志辉进行业务发布，运营总监杨飞进行了调律服务项目介绍和演示。91琴趣与全国乐器职业技能鉴定（广州）站签署了战略合作协议，并向聘任的六位高级顾问冯高昆、王兴龙、秦敏静、冯汉辉和外籍高级调律师安德鲁先生颁发证书。王世成等与会领导兴致勃勃地参观了91琴趣网络科技公司。

发布会之前，王理事长在珠江钢琴集团副董事长兼总经理李建宁陪同下，到广州珠江钢琴艺术中心旗舰店考察。在参观了展示大厅、数字音乐教室和特色琴房后，热情地与珠江钢琴领导座谈。听取企业关于“集团艺术教育发展战略”和“珠江钢琴文化创意产业园规划”汇报后，王理事长对珠江钢琴积极转型升级和跨越式发展规划给予充分肯定。他说，珠江钢琴发展特点可用“一加三”来概括，一是以钢琴产业为主体，在争得产销量第一的同时，决心争创世界一流品牌；“加三”即“坚持乐器制造与服务业融合”，从社会音乐教育和文化产业孵化园发力，“坚持产业发展与城市发展规划融合”取得政府政策支持，“坚持跨界融合”，把握市场化机遇，创建网络合作平台。在肯定珠江钢琴成功经验的同时，也提出几点建议。李建宁总经理感谢王理事长和行业专家的支持，表示不辜负领导和行业重托，力争在提升中高端产品和跨界服务方面取得新的突破。

中国乐器协会赴德意考察

9月26日至10月1日，应欧洲音乐产业联盟和意大利乐器零售商协会邀请，中国乐器协会常务副理事长曾泽民、提琴分会会长李书、琴行分会副会长曲哲等一行18人远赴德国和意大利，考察了两国的音乐院校及当地琴行，并参观了意大利克雷蒙娜国际乐器展，深度调研了德意两国乐器市场及音乐教育发展现状。考察期间，考察团还与德意两国多家行业组织进行了友好会晤，就产业合作、推进音教服务等进行了深度交流。

在德期间，考察团一行还与欧洲音乐产业联盟秘书长、德国乐器制造协会会长Winfried Baumbach先生进行会晤磋商，双方就中德乐器产业的友好合作进行了诚挚交流。并具体落实了欧洲音乐产业联盟与中国乐器协会共同组织的上海德国学校管乐集体课老师培训班的有关操作事宜和合作协议。还就德国乐器制造商协会组团参加2017年北京音乐生活展、考察北京及周边音乐教育项目等事项交换了意见。

出访意大利期间，正值意大利克雷蒙娜国际乐器展开幕，29日晚，展会主办方克雷蒙娜展览公司主席和总经理接见了考察团一行。Dr.Massimo Bianchedi总经理介绍了克莱蒙娜乐器展的情况。随后，曾泽民常务副理事长介绍了中国上海乐器展的情况，并邀请他们前往参观。

展会期间，曾泽民还与美国NAMM国际部主任Betty举行会晤，双方主要就2016年上海国际乐器展行业高峰论坛与培训课程的选题内容进行了磋商。曾泽民表示，在与NAMM多年合作中，建立了良好的合作关系。NAMM行业高峰论坛和大学培训课程已形成品牌，受到了专业观众的欢迎。希望今后能针对国内乐器市场需求变化，不断拓展论坛和培训课程的内容，并进一步延展，促进中国乐器行业和市场健康有序发展，加快与国际接轨。

为期八天的深度体验式的考察，进一步了解了欧洲乐器市场及音乐教育培训的现状和发展趋势，加强了与相关机构和企业的联系，增进行业合作友谊，为下一步的合作奠定基础。与此同时，还向国际乐器界有效传递出当前中国乐器行业致力于强化社会音乐教育服务的新理念，实质性增进了中国乐器行业与国际乐器界交流，形成很多共识和合作机遇，为中国社会音乐教育深入开展，扩大国际交流合作打下良好基础。

中国乐器产业基地考评专家组赴天津市静海区进行考察评审

根据天津市静海区人民政府向中国轻工业联合会和中国乐器协会提出的《关于申请命名共建天津市静海区•中国乐器产业基地的请示》，按照中国轻工业联合会《中国轻工业特色区域和产业集群共建管理办法》和中国乐器协会《关于共建和授予中国乐器行业特色区域称号的行业管理规范》要求，由中国轻工业联合会科技环保部产业发展处处长邹军，中国乐器协会副理事长王松美，河北金音乐器集团有限公司总经理陈学孔，中国民族管弦乐学会乐器改革制作专业委员会会长丰元凯，江阴金杯安琪乐器有限公司董事长时建明等5人组成的考评专家组，于9月2日对天津市静海区乐器产业进行实地考评，对天津华韵乐器有限公司、天津奥维斯乐器有限公司、天津圣迪乐器有限公司相关乐器企业和机构进行实地考察调研，听取天津市静海区人民政府有关部门关于乐器产业基地的筹建与规划的工作汇报，并提出了建设性的意见。

通过对静海区乐器产业发展基础规模、品种品牌、技术工艺、产业集聚、综合配套、服务平台、设计研发、科研创新等方面的集中调研，专家组经过评审核议，充分肯定静海区乐器产业的发展成果，提出具体的评审意见。专家组认为，天津市静海区党委政府高度重视和大力支持当地乐器产业发展，目标明确，规划合理，切实可行，政策扶持力度较大，静海区乐器产业集群的产业基础较好，综合实力较强，骨干企业具有示范引领作用，区域影响力较大，占有一定的行业地位，基本符合中国轻工业联合会、中国乐器协会有关共建特色区域和产业集群文件的标准要求，一致通过考评，建议授予天津市静海区中国乐器产业基地称号。希望静海区政府和相关企业今后在企业管理、质量提升、自主创新、品牌打造，研发基地建设、标准建设以及公共服务平台建设等相关方面继续做出不懈努力，重点加强公共服务平台建设，更好发挥行业协会作用，加强科技创新和品牌建设，进一步加强区域文化推广，拓展区域文化特色，切实有效实现乐器产业发展规划，为推动当地经济建设，促进产业发展起到促进和带动作用。

“全国钢琴调律职业技能竞赛”决赛在广州圆满落幕

9月21日，由中国乐器协会、中国就业培训技术指导中心、中国轻工业职业技能鉴定指导中心、中国财贸轻纺烟草工会全国委员会共同主办，由广州珠江钢琴集团股份有限公司承办的“全国钢琴调律职业技能竞赛”决赛在广州星海音乐学院举行。

20日上午，中国轻工业联合会党委副书记、中国乐器协会理事长王世成，中国乐器协会常务副理事长曾泽民，珠江钢琴集团副董事长、总经理李建宁，中国乐器协会钢琴调律师分会会长冯高昆，星海音乐学院办公室主任陈钰娴等领导、评委、专家及参赛选手共同出席了开幕式。开幕式由中国乐器协会王松美副理事长主持。

本次决赛的圆满落幕，不仅为今年全国钢琴调律职业技能竞赛画上完美的句号，更展示了我国钢琴调律师队伍的“工匠精神”。相信我国钢琴调律师的高超技能和专业服务，必将为我国乐器行业发展续写新的篇章。

中国乐器协会与日本河合乐器株式会社钢琴调律业务合作签约仪式在京举行

10月11日，中国乐器协会与日本河合乐器株式会社在北京就合作开展钢琴调律业务举行签约仪式。双方在业务互补、资源共享、联合发展的原则下，就钢琴调律技术标准的标准化、调律资格认定之都的完善及运用、专业人才的培育及技术水平的提升、调律服务的普及等方面开展深度合作。中国乐器协会理事长王世成、日本河合乐器株式会社社长河合弘隆等双方领导出席签约仪式。

王世成理事长在发言中表示,目前按照我国钢琴保有量和增量预期分析,钢琴服务市场的调律师缺口很大,特别是三角钢琴和音乐会用琴的中高级调律师供需矛盾更加突出,需要加大工作力度逐步适应市场消费需求、不断满足有效供给。而日本河合乐器有90年的钢琴制造历史和55年钢琴调律师培养经验和技术积累，拥有全套的培训教材和认证管理体系，特别是其培养的MPA钢琴技师能够在国际上为大型音乐会提供服务，并得到一致好评。相信这次以需求为导向的合作将引发充分的再生动力，预期良好的发展前景。

此次双方签订合作协议，目的是为了促进音乐文化的振兴以及音乐产业的发展，发挥行业和国际知名企业在中高级调律师培训中的优势，引进先进技术标准，联合研发国际合作的行业联盟技术标准。并通过特色技术培训，开展行业技能认证活动。同时，作为现有国家职业技能培训与鉴定项目的补充和中高级调律师培训的试点，推动乐器行业职业技能培训工作的深入开展。

全国音乐教育服务联盟发布会在上海举行

10月26日，全国音乐教育服务联盟合作平台（MESA）新闻发布会在上海新国际博览中心举行。中国轻工业联合会会长张崇和以及全国音乐教育服务联盟合作平台四家发起单位领导——中国乐器协会理事长王世成，常务副理事长曾泽民、中国教育学会音乐教育分会理事长吴斌、中央音乐学院副院长周海宏、中国音乐家协会管乐学会主席于海出席了发布会。

发布会上，中国乐器协会常务副理事长曾泽民就音乐教育服务联盟成立及前期工作通报、重点合作项目发布等进行说明。随后，中国轻工业联合会张崇和会长在讲话中对中国乐器协会等四方发起组建全国音教服务联盟合作平台，进行了高度评价，并给出了3点建议：（1）发挥桥梁作用，推动信息共享，利用有效方式推动平台内部教育信息和市场信息的分享，建立与社会大众的信息桥梁，将平台整合过的信息向社会大众开放共享，不断提升社会对音乐教育和乐器行业的了解；（2）丰富服务内容，提升项目质量，平台要以市场为导向，深入研究消费需求，从市场急需的环节入手，充分发挥各方优势，在原有品牌项目基础上，不断开发新的合作项目，坚持服务宗旨，提升服务质量，以优秀服务项目为载体，促进音乐教育市场健康发展；（3）扩展合作的空间，推动持续发展，平台做大做强需要不断汇集优势资源，建立广泛的社会联系，与更多音乐院校、培训机构开展深入合作，整合音乐教育服务资源，提供覆盖范围更广、影响力更大的服务项目，加强国际交流与合作，引进国外优秀资源和先进经验，推动我国音乐教育、乐器行业走向世界。

中国乐器协会理事长王世成代表音教服务联盟四方致辞，他表示：全国音乐教育服务联盟合作平台对乐器行业发展与音乐教育产业进步都具有重要意义，希望通过平台建设带动全社会都来支持、推动和发展中国音乐教育，通过平台各方相互合作开辟新局面，促进音乐文化与社会大众的深度融合，多管齐下普及音乐教育，提升发展乐器文化产业。

美国国际音乐制品协会首席执行官拉蒙德作为MESA支持方代表在会上发言，他表示，希望通过与音教服务平台的深入合作与相互交流，促进各国在音乐教育与乐器文化方面的沟通与合作。

中国乐器协会与欧洲音乐产业联盟在上海举行第十次专题会谈

10月25日中国乐器协会与欧洲音乐产业联盟举行第十次专题座谈。会议由中国乐器协会理事长王世成和欧洲音乐产业联盟轮值主席、意大利乐器零售商协会会长克劳迪亚共同主持。协会常务副理事长曾泽民、秘书长陈晋武，琴行分会青年委员会以及来自捷克、英国、法国、德国、西班牙等国代表参加会议。双方围绕音乐教育交流合作项目探讨、乐器市场及行业信息交流、研究乐器进口关税行业诉求等议题进行了深入讨论。

王世成理事长用“十年磨一剑”来形容双方的精诚合作，充分肯定了中欧乐器行业多年来所取得的丰硕成果，双方在市场信息交流、贸易政策研究等多个方面进行了积极探讨，希望今后双方精准对接乐器市场需求，在协会搭建的“社会音乐教育服务联盟”平台上，努力寻求中欧音乐教育合作新契机，为推动双边市场融合发展而不懈努力。

会上，曾泽民常务副理事长也就2015年全年中国乐器行业运行情况及2016年上半年中国乐器市场最新进展做了情况介绍，期望通过中欧定期乐器信息分享机制，更好分析把握行业变化发展趋势。

欧洲音乐联盟主席克劳迪亚代表欧洲各成员方对双方近年来合作取得的成果表示满意，并赞赏中方9月份精心组织会员公司深度考察德国法兰克福、慕尼黑和意大利米兰、蒙扎、克雷蒙娜音乐教育项目。此举大大增进了双方了解，扩大了彼此共识，为今后双边交流起到良好示范效应。欧方将以合作备忘录为导向，继续加强与协会工作衔接，在信息交流、师资培训、标准制定、音教互访等方面合作取得新成果。

全国音乐教育联盟服务平台与美国NAMM专家举行会谈

10月25日，来自全国音乐教育服务联盟合作平台四家单位的领导和美国国际音像制品协会的国际专家围绕着社会音乐教育话题举行了会谈。

对于音乐教育服务联盟的成立，外国专家都表示了赞赏。英国圣约翰大学社区音乐教育国际研究中心主任辛吉斯教授表示，在英国，乐器制造业、音乐教育、文化演出等几个行业都是相对独立的，大家之间很少发生这样的相互联系。但是随时社会的进步和经济的发展，原本各个行业各自为战的情况已经很难满足社会的需要，因此，这种跨行业的横向联系就显得尤为重要。

参加本次会议的几位外国专家当中，辛吉斯教授和阿比盖尔·达摩尔女士都是从事社会音乐教育方面的专家，其中达摩尔是英国“音乐未来”项目的首席执行官。“音乐未来”就是致力于面向普通人群的音乐教育的项目，达摩尔表示，“音乐未来”项目在英国做了大量的普及音乐教育的工作，将来希望能够通过音乐教育服务联盟这个平台，将这些成功经验介绍到中国来，同时也希望能够把中国一些好的经验和资源带到英国去。

对此，长期从事音乐教育普及工作的中央音乐学院副院长周海宏表示，作为国内最高的音乐学府，中央音乐学院确实培养了许多国际一流的音乐家，但并不代表中央音乐学院就忽视了在普及音乐教育方面的工作。“人们都有一个误解，认为中央音乐学院仿佛高不可攀，其实我们的继续教育学院就是专门从事基础教育方面的工作。”周海宏表示，有了联盟这个平台，今后也希望能够和NAMM以及辛吉斯教授、达摩尔女士等一起做一些有意义的事情。

全国音乐教育服务联盟示范基地主题论坛在上海举行

10月27日，全国音乐教育服务联盟示范基地主题论坛在上海国际展览中心举行，论坛由中国乐器协会秘书长陈晋武主持，中国轻工业联合会王世成、中国乐器协会常务理事长曾泽民、江苏文化厅副厅长马宁、泰兴市、黄桥镇相关领导以及数十家乐器企业的代表参加。

本次活动由中国乐器协会和江苏泰兴市黄桥镇政府共同主办，江苏黄桥乐器文化产业园管委会承办，并由江苏文化产业协会、江苏省文化艺术科学技术协会共同协办。本次活动是推动乐器产业转型升级、探索为音乐产业规范服务模式以及提升轻工特色产业集聚区优化发展的重要举措，也是全国音乐教育服务联盟平台以来的一次重要活动。

作为音乐教育服务联盟合作平台的发起单位，中国乐器协会常务理事长曾泽民在报告中全面介绍了服务联盟的组织构架、工作方式以及联盟策划组织的各种活动。随后，江苏省文化厅副厅长马宁从推动江苏文化艺术普及教育和支持黄桥示范基地的建设等几个方面作了专题讲话。中国乐器协会理事长王世成则从联盟平台的规范建设、战略方向以及今后工作的目标等多个方面做了具体的布署。王世成理事长表示，本次论坛的主题鲜明，内容丰富，理论和实践紧密结合，希望在未来的发展中，黄桥可以结合自身实际，在乐器文化产业与音乐教育产业推广上做出成效，促进音乐教育和乐器小镇的打造更上一层楼。对国内其他地方有条件和有愿望申报全国音乐教育服务联盟示范基地的地方，起到很好的示范作用。

全国乐器标准化技术委员会工作会暨标准审定会在徐州举行

12月11至14日，乐标委工作会暨标准审定会在徐州举行。会议总结了2016年全国乐器标准化技术委员会工作，请中国轻工业联合会李英处长介绍轻工行业标准化工作的形势和要求，张歆副处长就《轻工行业标准制修订工作规范》进行培训。会议审定了《编钟》（行业标准）、《电鸣乐器教学系统配备和安装通用技术规范》（国家标准）和《钢琴用琴凳》（行业标准）。会议得到了徐州市政府、市质监局、文广新局和沛县政府的大力支持，徐州市政府副秘书长施劲松到会祝贺并讲话，徐州市质监局、文广新局和沛县副县长到会。来自全国的乐标委委员及标准工作组专家共67人参加会议。会议由徐州大风乐器有限公司协办。

中轻联李英处长在介绍轻工行业技术标准工作形势时指出，9月14日世界标准化大会召开，习近平主席亲自致辞，将标准化工作提高到国家战略层面，李克强总理致辞对标准化寄予厚望。当前提出的改革措施有，修订标准法、全面整合强制性标准、集中复审推荐性标准、推荐发展团体标准、强化标准化管理等。她结合轻工业标准化情况，从行业管理、标准制修订和推动“三品”战略等方面展开。为了提高各位委员制修订标准的业务能力，会议专门安排中轻联的张歆副处长作业务培训，针对如何更好的做好标准立项、报批工作，从申报项目的情况说明，提高重点项目、公益项目比例，到制修订流程，以及各环节需要注意的事项等，作了深入细致的讲解。

中国乐器协会常务副理事长、乐标委主任曾泽民在总结报告中指出，国家大力推进供给侧深化改革，加速乐器行业转型升级，近年乐标委以市场为导向，努力实现科技创新向技术标准的转换，年内完成推荐性标准集中复审，完善“十三五规划”标准体系方案，并完成8项国家及行业标准的制修订工作，取得了可喜的成绩。他同时也讲到存在的差距和问题。会议由张小川副主任主持，梁志伟副主任宣讲《中轻联团体标准管理办法》，秘书长王伟组织三个标准审定。

中国乐器协会七届三次常务理事扩大会暨科技研讨会在青岛召开

12月15日，中国乐器协会七届三次常务理事扩大会暨科技研讨会在宜商宜居的品牌之都青岛隆重召开。

会议由中国乐器协会秘书长陈晋武主持，青岛海韵琴行总经理莫蓓茜致辞，并祝本次大会顺利召开。本次乐器协会常务理事扩大会的主题是“集行业社会合力，推动科技合作”，意在实现合力共振、合作发展，产生聚合效应。中国乐器协会理事长王世成做重要讲话，协会新一届理事会在乐器行业“十三五”规划的基础上，制定市场开发与科技创新双轮驱动战略。当前乐器行业已制定行业技术路线图，筹备组建共性的科研项目合作平台，支持企业通过对外合作提升研发能力，各骨干企业也投入大量人力物力，在新材料、新技术、新设备、新产品“四新”的深度推进方面成果明显。此次协会常务理事扩大会和科技研讨会，内容丰富、针对性强，提出协会“关于共建乐器行业科技合作平台的意见”；安排合作平台的深层研讨，邀请工业设计专家讲座启迪，组织参观海尔、学习创新经验等，目的在于集聚行业力量，吸收科研院校和其他行业先进的技术和经验，共建科技合作平台，为行业转型升级和中高端产品突破搭台助力。

针对众多嘉宾和行业专家关于乐器科研路径和技术实现的探讨，王世成理事长结合下一步科技创新工作提出了几点意见：（1）结合行业实际，落地科技合作平台，紧抓关键技术课题；（2）骨干企业带头，分支机构和特色产业基地科技工作重点推进，协会做好协调服务；（3）探讨行业科技合作激励机制，搭建技术交易和人才交流平台；（4）博览资源、广开门路，积极组建跨界科研合作平台；（5）完善常态化科技信息、项目服务和人才培养平台。

中国乐器协会常务副理事长曾泽民在总结发言中认为，本届研讨会提出乐器行业科技路线图，为行业科技转型提供发展规划提纲，尚需众筹行业集体智慧。如何落实技术路线图成为全行业需要认真思考并执行的现实议题。当前，由于产品成本和市场问题，倒逼国内乐器行业转型升级，也促使外资企业工厂向东南亚市场进行转移。纵观历史发展，品牌企业的生存发展都是具有历史研发技术沉淀的公司，科研技术成为企业生存的核心要素。相信在全体乐器行业同仁的共同努力下，将“科技合作与创新发展是乐器行业永恒的主题”，共同筑就乐器行业发展的创新蓝图。

分支机构活动

营口乐器协会到访中国乐器协会

1 月13日，营口乐器协会新一届会长郝锋、常务副会长王冬渤、秘书长迟兵一行到访中国乐器协会。在座谈中，郝锋会长介绍了新一届营口乐器协会的换届选举情况，制定营口乐器产业“十三五”规划、振兴乐器产业、打造强势文化品牌以及共建乐器特色产业基地的思路和方案。中国乐器协会常务副理事长曾泽民、秘书长陈晋武参加了会谈。

曾泽民首先祝贺营口乐器协会换届圆满完成，对新一届领导班子求真务实的精神表示赞赏。同时介绍了近期中国乐器协会关于建立“科技服务、音乐教育服务、职业技能培训与鉴定”三个工作体系的有关情况。对新一届营口乐器协会的工作规划、实施方案给予肯定，并介绍了共建乐器特色产业基地的有关规范。表示中国乐器协会将一如既往的支持营口乐器协会工作。希望他们能够在服务平台建设、品牌资源利用同时，加强行业内部和跨界交流与合作。

打击乐器专业委员会换届会在北京举行

3 月10日，中国乐器协会打击乐器专业委员会七届一次换届会在北京举行。天津市津宝乐器有限公司、功学社（天津）商贸有限公司、天津吉华国际贸易有限公司、天津达姆特乐器有限公司、河北怀来锣厂以及武汉海平、廊坊韵迪等十余家打击乐器企业负责人出席会议。中国乐器协会秘书长陈晋武到会并讲话。本次换届会议经过提名和选举，产生新一届分会领导班子成员如下：会长、天津市津宝乐器有限公司刘运斌，副会长、功学社（天津）商贸有限公司林志明，河北怀来锣厂张全富，天津吉华国际贸易有限公司于秉勋，天津达姆特乐器有限公司杜承柱，秘书长、天津市津宝乐器有限公司倪长江。刘运斌会长在讲话中概括介绍了当前打击乐器的国内外形势和环境，号召全行业团结起来，在科技研发、市场开拓方面加强合作交流，共同促进行业繁荣发展。

中国乐器协会秘书长陈晋武在讲话中对新任的会长、副会长表示祝贺，并介绍了协会近期的主要工作，特别强调了工业设计、品牌建设对于企业发展的重要性，希望打击乐器专业委员会在新一届领导的带领下取得更大的成绩和更好的发展。与会主要企业代表还分别介绍了各自的发展以及遇到的问题，特别围绕行业打假问题进行了深入的探讨，会议取得圆满成功。

提琴制作师分会赛前技术交流会在京举行

3月12日，中国乐器协会提琴制作师分会赛前技术交流会在中央音乐学院演奏厅举办。本次交流会主要是为5月即将到来的第三届中国（北京）国际提琴及琴弓制作比赛提供一个赛前分享交流的平台，由中央音乐学院提琴制作研究中心主任、大赛评委会主席郑荃主持。来自吉林、上海、北京及周边地区的专业提琴及琴弓制作师近百人参加交流活动，并带来了20多把提琴半成品供评价、品鉴。

交流会上，中国国际提琴及琴弓制作比赛评委会主席、中国乐器协会提琴制作师分会会长郑荃教授在发言中说：“举办这场活动的主要目的是为国内的提琴制作师服务，帮助大家深入了解比赛对参赛提琴作品的各项要求。比如目前国际提琴制作界比较知名的有法国、德国、意大利等国家举办的制作比赛。中国国际提琴制作比赛主要是遵循意大利提琴比赛的规程和方法进行，对参赛作品的审美标准也更多的是参照意大利提琴的流派风格，参赛作品是在推崇‘含而不露’的东方禅意的整体风格之下，也鼓励突出制作师的个性化技术特点。与此相比，法国提琴制作则主要体现的是‘精巧’的工艺，而德国提琴制作显示的还是其‘精确’的‘民族风’。”

提琴制作工（师）培训与考核鉴定工作会在北京召开

3月17日至18日，中国乐器协会提琴制作工（师）培训与考核鉴定工作会在北京召开。中国乐器协会常务副理事长曾泽民、副理事长王松美、秘书长陈晋武以及来自企业和院校从事提琴制作教学的专家老师、协会负责培训与考核鉴定人员等共41位代表参加了会议。

此次会议的召开标志了提琴制作工（师）职业技能培训与考核鉴定工作正式启动。会上宣布成立中国乐器协会提琴制作工（师）领导小组和中国乐器协会提琴制作工（师）资格考试委员会，介绍了成员组成，颁发了提琴制作工（师）资格考试委员会专家聘书；着重讨论通过了与提琴制作工（师）培训与考核鉴定有关的鉴定规程、实施办法及考试细则等基础性文件，并同期举办了考评员培训班。认证工作是协会落实行业发展“十三五”规划的一项重点工作。职业技能培训工作是提高行业人员基本素质，促进行业转型升级，实现行业加快发展的基础性工作。为更好地落实“十三五”发展规划，满足提琴制作业发展要求，协会决定在成功开展钢琴调律师职业资格认证工作基础上，着手启动提琴制作工（师）职业技能资格培训与考核鉴定工作。

与会代表对提琴制作工（师）培训与考核鉴定工作的鉴定规程和实施办法逐条进行了讨论，并达成修改意见。其中考试细则的实操部分待与会专家修改并反馈意见后完成修订。会后由中国轻工业职业技能鉴定指导中心对申报考评员的27位与会代表进行了考评员的资格培训和考试。轻工业职业技能鉴定指导中心肖雪晴处长对此次培训给予了积极地支持。肖处在正式培训前介绍了国家和轻工行业职业技能资格培训与考核鉴定工作的总体情况，充分肯定了乐器协会职业技能培训考核鉴定工作。此次会议后，提琴制作工（师）职业技能培训考核鉴定工作将全面有序逐步展开，北京、广州、江苏泰兴3个轻工行业特有工种国家职业技能鉴定站和上海职业技能鉴定所将陆续启动提琴制作工（师）培训与考核资格鉴定的前期准备工作。

琴行分会二届二次会长会议在杭州召开

4月15日至16日，中国乐器协会琴行分会二届二次会长会议在杭州召开。参加本次会议的代表充分讨论了琴行分会发展规划、项目调研报告、专项活动开展进程、发展会员以及优秀项目推介等内容，会议议程紧凑，内容丰富、充实，时效性强。中国乐器协会秘书长陈晋武参加了会议。会议由琴行分会副会长兼秘书长刘为明主持，黄茂强会长针对琴行分会的全面工作做了小结；他认为，琴行分会自换届以来，工作开展顺利，大家工作热情高，工作中注重发挥琴行分会的引领作用，并结合全体会员单位各自的优势，工作实效性进一步增强。琴行分会按照预定的工作计划，重点项目开展顺利、专题项目逐步完善、青年委员会作用明显，处处呈现出新的气象。同时，他指出琴行分会的各个方面工作难度很大，会员分散，个性化特征明显，给开展工作带来很多不利。可喜的是大家认识统一，愿望一致，团结意向强。

陈晋武秘书长代表中国乐器协会对琴行分会换届以来的新气象、务实的工作态度、取得的成绩、项目的开展和工作计划的落实给与了充分肯定。同时建议琴行分会应结合自身特点，以市场为引领，按照琴行分会整体发展规划，以务实的态度做好各个方面的工作，让全体会员在协会中发挥作用、得到实惠。同时，充分发挥琴行分会青年委员会的作用，利用新时代的新技术、新理念、新运营模式促进琴行分会各方面工作的创新开展。陈秘书长在发言中还介绍了全国乐器行业的经济运行、乐器协会当前重点工作的情况。

第三届中国国际提琴及琴弓制作比赛在京举行新闻发布会

由中国乐器协会、中央音乐学院联合主办，北京市平谷区中国乐谷、中央音乐学院提琴制作研究中心与中国乐器协会提琴制作师分会承办，中国黄桥乐器文化产业园管委会、江苏凤灵乐器有限公司、北京华东乐器有限公司等协办的第三届中国国际提琴及琴弓制作比赛新闻发布会于4月12日在京举行。中国乐器协会常务副理事长曾泽民，中央音乐学院院长俞峰，北京平谷国家音乐产业基地管理委员会主任秦海滨，中国乐器协会提琴制作师分会会长、比赛评委会主席郑荃，著名小提琴演奏家、本届组委会名誉主席盛中国，著名小提琴演奏家、本届大赛音乐家评委吕思清，黄桥乐器文化产业园管委会主任王晓云，江苏凤灵乐器集团董事长李书，北京华东乐器有限公司副总经理刘凯以及包括人民日报、新华社、光明日报、政协报等20余家媒体出席了新闻发布会。第三届中国国际提琴及琴弓制作比赛旨在促进国际提琴与琴弓制作界的交流，提高中国提琴与琴弓制作的技术水平，为各国青年弦乐器制作师提供展示艺术才华的平台，比赛本届比赛是继2010年、2013年成功举办两届后的又一次高起点、高规格、系列化的国际提琴制作赛事，估计参赛作品将达300件以上。本届比赛评委会由三组共18位评委组成，其中9名外国评委，9名中国评委。

本届比赛涵盖提琴组和琴弓组两大类，其中提琴组含小提琴、中提琴、大提琴，琴弓组含小提琴弓、中提琴弓、大提琴弓、低音提琴弓共计7类参赛项目。比赛将严格依照国际提琴比赛的规则和传统进行，采取匿名的方式以保证比赛的公平与公正。比赛项目设置、评比内容、评奖过程等方面，在与国际专业比赛接轨的同时，也更加注重展示中国专业提琴制作师在提琴及琴弓制作领域的技能水平与技术提升。

通过前两届比赛的积累，目前中国国际提琴制作比赛已经成为世界规模第二的大型专业级提琴及琴弓制作比赛。组委会希望通过中国国际提琴制作比赛的举办，不断提升专业中国提琴制作师的知识与工艺技术水平，推广和扩大中国专业提琴制作的国际声望与影响力，为中外提琴制作界搭建技术交流的分享平台。

电鸣乐器分会2016年年会在上海召开

中国乐器协会电鸣乐器分会于4月26日在上海召开。会议主要议程围绕行业新技术交流及职业技术培训教材编制有关事宜展开。电鸣分会会长盛子斐、副会长范廷国、张小川、柯韵岳、张琳；上海得理公司总经理葛新华以及来自各会员企业代表共30余人参会。中国乐器协会副理事长王松美到会并讲话。

此次年会是电鸣分会换届新班子上任后首次组织的重要活动。王松美副理事长在讲话中充分肯定了上一届电鸣分会的工作，认为电鸣分会能从实际出发，以促进行业共同发展为目标，在保持分会活动的经常性、力求活动主题贴近会员企业需求和活动形式的多样化上表现突出，分会工作的前瞻力、凝聚力和活力得到加强。同时她从新形势下进一步加强管理、发挥好分支机构作用角度对电鸣分会新班子提出要求，一是要重视发展新会员，努力扩大工作范围和影响力；二是结合行业实际，突出行业特点，围绕协会近期音教服务联盟、科技合作平台和职业技能培训认证等工作重点积极开展活动；三是及时代表行业反映企业诉求和典型经验，积极参与协调解决行业共性问题。希望电鸣分会新班子以全新精神面貌，更有针对性的工作，在落实十三五发展规划实现行业转型升级中争取成为最有活力、创意和特点的行业分支机构。此外，王松美还就当前电鸣乐器行业整体运行态势、特点以及协会当前重点工作做了介绍并提出相关工作建议。

全国钢琴调律职业技能竞赛工作会议在京举办

6月3日，为深入贯彻落实党的“十八大”和弘扬“大国工匠”精神，引导和激励全国广大钢琴调律从业人员努力钻研业务，提高技能水平，加快高技能人才队伍建设，实现乐器行业“十三五”规划目标任务，由中国乐器协会、中国就业培训技术指导中心、中国轻工业职业技能鉴定指导中心、中国财贸轻纺烟草工会全国委员会共同主办的“2016年全国钢琴调律职业技能竞赛工作会议”在京举办。

中国轻工业职业技能鉴定指导中心处长肖雪晴，中国乐器协会常务副理事长曾泽民，副理事长王松美，秘书长陈晋武，中国乐器协会钢琴调律师分会会长冯高昆，大赛顾问中国乐器协会钢琴调律师分会原会长金先彬，中国音乐家协会钢琴调律师学会秘书长王兴龙，轻工行业特有工种职业技能鉴定站（北京、广州、上海）代表，沈阳音乐学院、南京艺术学院、河南洛阳理工学院钢琴修造专业学科负责人，安徽省、广东、上海、吉林各地方乐器协会和钢琴调律师协会代表，以及广州珠江、北京星海、宜昌金宝、福州和声等钢琴企业代表近30人出席会议。

中国轻工业职业技能鉴定指导中心处长肖雪晴对大赛的顺利开展表示祝贺，对与会专家和行业人士表示感谢。2016年，有6个行业协会组织的行业赛事获批二类国家级行业竞赛资质。希望中国乐器协会通过赛事，以完善国家行业技能人才职业考评机制为赛事准则，以实际应用为导向，重点突出选拔行业技能人才，做到竞赛标准，公平公正，不断吸纳企业、社会和院校钢琴艺术人才，为更多艺术人才创建才智展现平台。相信通过赛事，集行业之精华，展行业之风采。

针对竞赛的意义和钢琴行业新形势下的特质，乐器协会常务副理事长曾泽民表示，中国钢琴产业保持年产能30万架高位运行已超过10年，产业规模与产能占全球产能75%。当前，全国钢琴保有量近700万架，钢琴调律服务市场需求庞大，注册钢琴调律师人员超过6000人，行业从业人员素质与资质认证亟待规范和推进。此次整合各界资源优势，创建国家级赛事创新平台，成为本次大赛的重要工作。通过赛事选拔人才，弘扬工匠精神，提升钢琴产业品质和国际影响力。

全国钢琴调律职业技能竞赛（北京赛区）在京举行

7月16日至17日，2016全国钢琴调律职业技能竞赛（北京赛区）理论与实操竞赛在北京星海钢琴集团隆重举行。中国乐器协会常务副理事长曾泽民，北京一轻控股集团总经理助理、北京轻工技师学院院长常明，北京一轻控股有限责任公司人力资源部部长龚玉书，北京星海钢琴集团总经理孟宇，技术总监杨杰，工会主席沈庆伟，总经理助理、人力资源部长朱海燕，以及初赛裁判员和来自北京地区近60名专业调律师出席竞赛新闻发布会。本届赛事吸纳年龄从59岁到20岁不等的老、中、轻三代调律师同台竞技，生动再现我国钢琴调律事业的薪火精神传承。与会领导分别致辞，祝贺竞赛隆重启动，北京赛区裁判长谭宝利带领裁判员宣誓就职，与会领导共同为赛事鸣锣开赛，预示2016全国钢琴调律职业技能竞赛全面启动。同时，为提升企业核心技术竞争力，北京星海钢琴岗位练兵技术比武也正式拉开帷幕。

北京星海钢琴集团总经理孟宇代表星海钢琴集团，向与会代表介绍2016全国钢琴调律竞赛北京赛区筹备情况暨岗位练兵技术比武相关方案。孟宇总经理表示，为调动集团员工参赛热情，初赛报名费全免，初赛、复赛成绩优异者都有相应奖励，对于总决赛优胜者将颁发万元奖金以资鼓励。同时，根据一轻控股公司的工作要求，星海钢琴出台岗位练兵技术比武方案，赛事实现内装调律工、整理工、张弦制作工、击弦机制作工、油漆工等九大工种的全覆盖，旨在通过赛事树立尊重技能、尊重人才的良好风气。

中国乐器协会常务副理事长曾泽民致辞中感谢一轻控股集团和星海钢琴集团领导给予赛事的重视和支持，同时肯定参赛选手提升职业素养的进取精神。我国钢琴调律行业技能培训从业人员近6000人，但与我国700万架钢琴保有量和上千万琴童相比，钢琴调律人员总量以及高端音乐会用琴调律人才占比仍有限，在我国钢琴制造业转型升级之时，举行全国性的钢琴技术人才练兵比武，对于培养中高端技术人才具有积极的促进意义。

琴行分会二届三次会长会议在上海召开

10月29日，中国乐器协会琴行分会二届三次会长会议在上海召开。中国乐器协会常务副理事长曾泽民，琴行分会会长黄茂强，副会长周宝强、刘小辉、曲哲、刘为明等以及青年委员会干事周洲、潘紫艺、刘骋等30多名代表出席。

会议由副会长兼秘书长刘为明主持，首先就分会上年度的活动和开支情况作了简要介绍。黄茂强会长随后对当前琴行业的发展状况和存在的种种不良现象做了阐述和分析，并就一些市场营销手段表达了看法，号召琴行业全体单位要积极维护正常市场竞争秩序。

曾泽民副理事长在讲话中首先肯定了本届分会以及青年委员会的工作，介绍了当前音乐教育市场的发展趋势，全国音乐教育服务联盟合作平台成立以来开展的一些有效工作以及部分国际化合作项目的推进情况。指出社会音乐教育市场需要规范，希望琴行分会在继续坚持市场化运作模式下，解放思想，抓重点，看问题要有高度、深度和广度，对规范教育市场的模式进行探讨，同时还对琴行分会各省市的会员发展、行业信息化网络平台和加强会员服务等工作提出了建议和要求。

会议就当前琴行业面临的国际化、品牌化趋势以及电商和资本市场影响等问题展开热烈讨论，并提出应对的措施。琴行业为了应对市场变化，用行业力量规范市场运营标准和规则，在2015年开始在行业内寻求产品定制服务，并通过在民乐、电声、钢琴等领域开展的调研、产品试制等工作，取得了阶段性成果。此次会长会议，把近期有关工作进度进行了通报，并决定联合成立运营平台积极推进。

钢琴调律师技术交流活动在上海举办

10月28日，在上海新国际博览中心，由河合贸易（上海）有限公司和上海市乐器行业协会支持举办的钢琴调律师技术交流活动隆重举办，来自全国各地的钢琴调律师150多人参加。中国乐器协会副理事长王松美、河合贸易（上海）有限公司总经理八木正树、上海市乐器行业协会前会长陈惠庆、中国乐器协会钢琴调律师分会副会长兼秘书长秦敏静、广东职业技能鉴定站站长龙洁勤等有关单位领导出席。

王松美副理事长在致辞中对当前国内调律行业发展情况以及今年调律师分会开展的有关活动做了简要介绍，并把中国乐器协会和日本河合乐器株式会社签署的高级钢琴技师培训等协议做了说明，强调在保留现有的国家职业标准框架下的考核鉴定工作之外，将陆续开展更高级别调律师的培训和行业认证工作，希望通过这项工作的深入开展，可以大幅度提升国内音乐会钢琴调律和维修的技师数量和水平。

钢琴调律，作为钢琴产业中的重要联系纽带，为包括生产、销售和终端用户全产业链开展服务，其重要性不言而喻。而钢琴调律师的技术水平，也直接反映切合钢琴行业的发展阶段。当前，我国的钢琴产量已经连续13年位居世界首位，钢琴产品也从低档走向中档，逐步向高端迈进。在这样的发展阶段，进一步提高钢琴调律师的整体技术水平就至关重要，为此，中国乐器协会钢琴调律师分会以及各省市专业院校和社会团体，也都积极开展有关高级调律技术讲座、国际交流等活动。

钢琴分会2016年年会在上海召开

11月11日，中国乐器协会钢琴分会2016年年会在上海嘉定召开。中国乐器协会常务副理事长曾泽民，中国乐器协会钢琴分会会长李建宁，副会长单位领导宜昌金宝吴天延、上海艾克斯尔刘卫国、北京星海孟宇、烟台博斯纳孙强、宁波海伦陈斌卓、上海钢琴杨盛惠、福州和声林凯等，以及雅马哈、金斯波格、玛珂、华谱等会员单位代表近50人参加。年会由钢琴分会秘书长杨伟华主持。

在会议承办单位上海艾克斯尔乐器音响有限公司刘卫国董事长的欢迎致辞后，钢琴分会会长、广州珠江钢琴集团股份有限公司副董事长李建宁做工作报告，对过去一年国内钢琴行业发展概况，行业取得的进步以及面临的机遇与挑战等问题的思考。

报告认为钢琴行业过去一年的进步主要体现在：品牌并购重组加速，产业结构持续优化升级；强化产业科研创新，产品制造更加多样化、高端化和智能化；钢琴售后服务市场成为拓展热点，消费增量市场持续扩大；互联网+钢琴产业逐步融合，上下游产业链整合拓展；致力培育工匠精神，钢琴调律服务走向高端化、标准化、品牌化。

报告还指出我国钢琴市场仍有较大发展空间，钢琴行业出现的下滑仅仅是短期现象，随着经济水平的提高与居民收入的提高，整个钢琴行业稳定向好。钢琴产业向中高端发展成必然趋势，钢琴市场已逐步从专业化走向了大众化，增量市场大有可为，希望各钢琴企业能够贴近行业特性，加强与音乐教育产业及互联网+的互动，促进全产业链的融合发展，创造全新的产业发展模式，促进钢琴行业的整体转型升级。

中国乐器协会常务副理事长曾泽民关于钢琴产业发展环境和面临挑战的专题报告中，结合中日钢琴行业发展走势和中国特有的发展阶段、特点和挑战，提出要科技、市场两手抓，两手都要硬；要面向资本市场，坚持品牌经营；电商与音乐教育双管齐下探讨钢琴市场新领域；加强行业技术交流合作，完善市场公平竞争机制，共建行业和市场运营机制等应对措施。

口琴专业委员会2016年年会暨六届二次会议在福建宁德召开

中国乐器协会口琴专业委员会2016年年会暨六届二次会议于12月12日在福建宁德召开。中国乐器协会秘书长陈晋武、中国乐器协会口琴专业委员会会长周伟仪及十余家口琴制造企业出席会议。会议由副会长陈滔主持。

会上，首先由会长周伟义简要总结了2016年口琴专业委员会所做的工作和所属口琴工厂取得的成绩。周伟义指出，过去一年，口琴专业委员会向会员单位认真传达乐器协会召开的理事会议精神，学习讨论协会的主要工作，并进行贯彻落实，配合协会做好行业、企业协调工作，积极做好口琴行业创优活动及五十强的推荐评选工作。与此同时，各个企业积极研讨科技进步，不断推广口琴新技术、新设备的运用，开发出很多新品，产品质量不断提高，部分企业和国外的产品差距已经越来越小。周伟义在总结中还表示，根据中国乐器协会提出的要开展音乐教育联盟的要求，口琴专业委员会积极配合各会员单位支持关心口琴音乐教育事业，支持和赞助口琴团体组织开展口琴活动，积极宣传和传播口琴音乐文化。

随后,秘书长孔文忠传达了乐器协会关于召开的音乐教育联盟工作会议精神，并介绍了华夏口琴艺术节的有关情况。

中国乐器协会秘书长陈晋武在会议中认真听取了大家对协会和专业委员会的工作意见和建议，并在讲话中对口琴专业委员会一年来的工作表示肯定，并对今后的工作提出指导性意见，要求大家围绕科技进步和音乐教育这个主题展开工作。他分析了乐器生产的形势和未来发展趋势，同时对口琴专业委员会的工作提出希望和要求，希望口琴专业委员会要团结更多的口琴行业来开展活动。

国际交流

2016年中国乐器协会国际交流与合作

1月

1月16日至23日，由中国轻工业联合会副会长、中国乐器协会理事长王世成率领的中国乐器协会代表团赴美国和日本考察，在美国期间，王世成一行考察了NAMM国际乐器展览会，走访行业骨干企业，参加2016 NAMM国际乐器联盟会议，出席世界乐器市场论坛，积极推介2016北京音乐生活展、上海国际乐器展览会。协会与美国国际音乐制品协会举行专题座谈，就行业论坛等合作项目交换看法；探讨在音乐教育领域的深度合作，取得丰硕成果。中国乐器协会副理事长王松美、上海国际展览中心有限公司总经理吴江红等陪同出访。

1月17日，王世成理事长一行在日本参观考察了YAMAHA挂川钢琴厂、KAWAI龙洋钢琴厂、岛村乐器东京旗舰店和代官山音乐学院。实地了解世界著名乐器企业发展现状，精细化管理经验和社会音乐培训市场情况等。王世成在与日本雅马哈集团总裁、日本乐器协会会长中田卓也，日本河合乐器社长河合弘隆的会谈中强调，中国音乐教育市场挖掘潜力大，拓展空间广，面临着蓬勃发展契机。中国乐器协会将在乐器制造业、文化教育和艺术界之间进行有效整合，筹备发起成立“社会音乐教育服务联盟”。让更多的人体验音乐是各国音乐教育界共同追求，希望今后双方加强音乐教育服务项目、师资人才筹备等方面的合作，促进中国音教服务体系更加符合国际化需求，共同深度开发音乐教育服务市场。日方表示充分理解和赞同中国乐器协会努力推进音乐教育服务和提高社会音乐培训水平的努力，积极支持成立“社会音乐教育服务联盟”，愿和中国乐器同仁一起为全球乐器产业发展而共同努力。

1月20日，王世成一行在美国洛杉矶参加2016国际乐器联盟会议。王世成在讲话中着重介绍了近期中国乐器协会重视音乐教育、加强推进社会音教服务工作的进展情况以及2015年协会与上海国际展览中心有限公司倾力打造的“北京音乐生活展”，作为大师、大众与市场的零距离接触平台，将音乐与各类生活元素有机融合，使音乐成为生活元素，让音乐更多、更快地走进人们家庭生活，能让置身其境的爱乐人感受到音乐如空气般的无处不在。在主办方的精心策划和有序组织下，展会取得圆满成功。表示非常欢迎各国乐器同行莅临参观2016年7月在北京举办的第二届“北京音乐生活展”。届时，中国乐器协会拟与中国教育学会音乐教育分会共同发起成立“社会音乐教育服务联盟”，牢牢把握当前市场机遇，共同搭建社会音乐教育合作平台，扩大音乐人口，拓展音教朋友圈，挖掘音教市场内生动力，共同做大作强社会音乐教育市场。

1月21日，王世成理事长会见美国国际音乐制品协会NAMM主席马克·戈夫、总裁兼首席执行官拉蒙德，双方对2016在上海国际乐器展览会期间举办的NAMM CMIA行业论坛整体架构思路进行了讨论研究，一致同意论坛应紧扣“音乐教育”主题，让音乐教育唱主角，同时在嘉宾选择上突出国际化色彩，由美国、欧洲、日本等发达乐器市场具有丰富音教经验的专业人士担纲，介绍本国特色，相互借鉴经验，取长补短，构建一条能够体现当前时代潮流的音乐教育特色之路。

1月21日，王世成一行应美方邀请来到位于卡尔斯班德的美国国际音乐制品协会（NAMM）总部，兴致勃勃参观了NAMM乐器博物馆。该乐器博物馆以20年为周期，以实物、文字、声音等多种形式惟妙惟肖地讲述了从1890年到2010年以来乐器科技发展、变革、创新之路。馆内的互动体验区，以历史的维度和视角，让人充分感受到乐器技术与其所处时代特色的深度融合。

4月

4月7日至10日，德国法兰克福国际乐器、舞台灯光及音响展览会在法兰克福展览中心举行。中国乐器协会秘书长陈晋武、上海国际展览中心有限公司副总经理刘丽瑛等一行8人参观考察了展览。展会有60个国家和地区的2043家参展商参展，主要来自德国、中国、意大利、英国、西班牙、法国、瑞士等国家，有234家中国参展商参展。吸引了来自130多个国家和地区的11万多名观众参观展会。此次展览会的乐器展馆为8.0、9.0、9.1、10.2和11.0号馆，并全天向公众开放，8.0馆是原声吉他、弦乐器、提琴类乐器及配件，9.0号馆是钢琴馆，11.0号馆是打击乐器和电吉他产品。在11.1号馆专门设置了B2B商务洽谈区域，为展商及专业观众提供不受干扰的场所。本届展会，中国参展商是根据产品的分类，与同类别的国外厂商同馆进行展出。

代表团一行与欧洲音乐产业联盟主席（意大利乐器零售商协会会长）克劳迪·弗斯玛（Claudio Formisano）先生进行会晤。首先，陈晋武秘书长表示，很高兴能在展会上与主席先生见面，简要介绍了协会开展音教服务的进展，9月份协会准备参观在意大利举行的提琴展，希望主席能够在参观音乐教育学校（机构）方面提供帮助。主席先生介绍了意大利乐器零售商协会情况，提出目前中国的乐器产品初级产品居多，希望提高乐器产品的品质，多一些中、高端产品进入欧洲市场。陈秘书长介绍到：协会今年已将提高中高端产品作为协会重要工作之一，已在行业内开展相关工作。主席先生还谈到，上海国际乐器展览会发展很快，是行业重要的展会之一，对2016年上海乐器展论坛的主题提出建议，希望能在行业论坛上作简短发言。座谈就音乐教育参观培训学校等事宜达成共识。上海国际展览中心有限公司副总经理刘丽瑛，简要介绍了上海国际乐器展和公司的业务范围，希望主席先生能够给上海乐器展的发展提些建议，加强双方的合作与交流。

代表团一行参观了展会，并重点走访了协会会员企业的展位，陈晋武秘书长与广州珠江钢琴集团股份有限公司、江苏凤灵乐器集团、天津津宝乐器有限公司、广东红棉乐器有限公司、广州艾茉森电子有限公司、森鹤乐器股份有限公司、北京华东乐器有限公司、南京舒曼钢琴制造有限公司、江苏东方乐器有限公司、晋江力达电子有限公司、南通一诺乐器有限公司和香河天音乐器有限公司等会员企业的老总见面，了解企业的经营运行状况、参展情况，并征求对协会、上海展和北京展的意见和建议等。通过参观考察法兰克福乐器展，进一步了解了欧洲乐器市场的现状和趋势，为协会的下一步开展工作提供了多角度的信息支撑，达到了考察的预期目的。

7月

7月5日，由中国乐器协会钢琴调律师分会主办，吉林省钢琴调律师协会与长春大学、长春光华学院承办的“2016中美钢琴调律技术交流讲座”在长春大学举办，来自北京、上海、天津、广东、江苏、山东等省市的调律从业者和沈阳音乐学院、郑州铁路职业技术学院的老师及学生等近80人参加了此次活动。中国乐器协会钢琴调律师分会会长冯高昆出席活动，并在致辞中强调钢琴调律师职业的重要性，号召广大调律师要认真把握各种学习交流的机会，努力在调律、调整、调音三个阶段取得成绩，同时还对吉林省钢琴调律师协会长期以来坚持为会员服务，开展的多种技术交流活动表示赞赏。交流研讨会主要听取了由美籍华人美国注册钢琴技师（RPT）黄智炜和北京联合大学客座教授李任炜讲授的“卧式钢琴调整”及“钢琴基准音组分律及调律过程的注意要点”等相关钢琴调律与调整的内容。讲座中两位专家与在会的部分学员进行了沟通交流并对来自长春光华学院的学生做了现场指导，学员们的表现得到了专家的一致好评。到会专家还在交流中就美国、日本、韩国以及国内各院校的行业组织工作、专业建设、教学情况等进行了交流与沟通，探讨如何为广大调律师提供更有针对性、更深入的服务。

7月27日，日本河合乐器制作所副社长金子和裕到访中国乐器协会，受王世成理事长委托，协会常务副理事长曾泽民与日方一行进行了工作交流。协会秘书长陈晋武、河合乐器（中国）有限公司总经理铃木隆志、河合乐器（上海）贸易有限公司总经理八木正树、副总经理栾秉奇、日本全音出版社负责人等参加会议。双方着重就社会音乐教育、KAWAI 高级钢琴调律师培训与认证、器乐教材引进等事宜进行了交流探讨。

9月

9月26日至10月1日，应欧洲音乐产业联盟和意大利乐器零售商协会邀请，中国乐器协会常务副理事长曾泽民、提琴分会会长李书、琴行分会副会长曲哲等一行18人远赴德国和意大利，考察了两国的音乐院校及当地琴行，并参观了意大利克雷蒙娜国际乐器展，深度调研了德意两国乐器市场及音乐教育发展现状。考察期间，考察团还与德意两国多家行业组织进行了友好会晤，就产业合作、推进音教服务等进行了深度交流。

9月26日，考察团先期抵达德国，并于当日下午驱车前往路易斯哈芬市，在欧洲音乐产业联盟秘书长、德国乐器制造协会会长Winfried Baumbach先生，前任主席Gerhard先生以及法兰克福展览公司Binu Thomas经理的专程陪同下，参观了当地的一所音乐特色学校。校长Vif Boeckmann先生热情接待考察团一行，并举行了隆重的欢迎仪式。据Vif Boeckmann校长介绍，该校建校于1886年，历史上获得过很多荣誉，学校全员学习音乐，以弦乐、管乐为主。集体课一般从5年级10岁左右开始，到了7年级，乐队就具有一定的演奏水平。随后，考察团先后观摩了不同年级的弦乐队及管乐队集体课程教学。参观结束后，任课教师和考察团双方就启蒙音乐教育、集体授课模式等内容进行了交流与沟通。

9月27日，考察团一行前往德国慕尼黑，考察了当地最大的Musikhaus Hieber琴行。据琴行总经理Adreas Dick先生介绍，该琴行有一百多年历史，经历了多次兼并和扩展，现有面积3余千平方米，员工50名，营业额近1.3亿元人民币。琴行分为综合店和钢琴店两部分，经营主要以吉他、电声乐器、配件、乐谱书籍为主体，面向各类年龄层次不同的客户群体，钢琴销售则以二手钢琴为主，新钢琴以日本雅马哈、卡瓦依居多。Adreas Dick表示，近年来德国乐器市场较为稳定，学校及团体采购不超过营业额5%，主要还是依靠零售。当谈及电商是否对传统乐器销售造成影响时，他认为,实体店的乐器价格和提供的增值服务比电商更具有优势，吸引多数乐器爱好者来实体店进行消费和音乐体验。因此，就德国市场而言，电商对传统的乐器销售冲击不大。

9月28日上午，考察团一行抵达意大利米兰，专程拜访了意大利乐器零售商协会会长Claudio Formisano先生，并参观其公司。Claudio先生首先向考察团介绍了意大利乐器市场现状，他介绍说，意大利乐器制造拥有悠久历史，2009年乐器制造业到达高峰期，乐器行业营业额超过4亿欧元，随后受欧洲大环境的影响，乐器行业开始走下坡路，市场萎靡不振，据意大利乐器零售协会统计，2015年的乐器行业营业额为2.5亿欧元。与之相反，近年来中国乐器行业发展较快，市场份额较大，希望能够加强与中国乐器行业的沟通与交流，尽快扩大意大利在中国市场的份额。针对Claudio会长提出，“为什么中国乐器行业进步如此之快”的问题时，曾泽民常务副理事长表示，近几年，中国乐器制造企业与国际合作紧密，国际订单对产品品质提出较高的要求，倒逼着中国企业不断改造升级。其次，中国改革开放后，引进了先进的技术、设备以及各类技术人才，促进了技术和质量的提升，这些因素共同推进了整个中国乐器产业的快速发展。结束会谈后，Claudio会长陪同考察团一行前往意大利蒙扎市，先后参观了贝拉尼音乐学校及久负盛名的贝祖齐音乐学院，观摩了初级音乐教学和专业教学课程。团员们对其集体课教学模式，以及老师们高超的教学方法和专业态度表示认同和赞许。在随后的会谈中，曾泽民首先对校方的热情接待和安排表示由衷的感谢，他表示，此次考察丰富了我国琴行培训的思路，有助于改善和提升中国社会音乐教育水平，也建立了文化交流及教学实地合作基础，希望今后双方能建立长期联系，加强沟通合作，共同为音乐人才培养做出贡献。随后，考察团一行前往蒙扎市市政厅，蒙扎市市长Roberto Scanagatti先生热情欢迎了来自中国乐器界的朋友们，并愉快的介绍了该市与中国一家文化传播公司最新签订的“共同举办中意灯谜会”的项目协议，同时表示今后愿与中国乐器界开展更广泛的合作。此次出访的最后一站是世界著名的“提琴之乡”克雷蒙娜市，这个仅有19万人口的城市，提琴制作企业及工作室竟有140余家。考察团先后参观了一家提琴工作室及久负盛名的“斯特拉迪瓦里提琴博物馆”。博物馆坐落于克莱蒙娜市中心，由斯特拉迪瓦里基金会创立并管理。该博物馆包括提琴展览区、音乐厅以及实验室。展区分为9个展厅，分别展示了提琴的起源、制作、流行以及世界提琴制作大师作品展示等，系统展现了五个世纪以来提琴发展的沿革。最后，考察团一行在音乐厅里欣赏了一场小提琴独奏音乐会。一位已在世界各地举办过多场独奏音乐会的15岁女孩，现场演奏了五首不同风格的曲目，为大家奉献了一场高水平的演奏会。

9月29日晚，意大利克雷蒙娜国际乐器展展会主办方克雷蒙娜展览公司主席和总经理接见了考察团一行。Dr.Massimo Bianchedi总经理介绍了克莱蒙娜乐器展的情况。随后，曾泽民常务副理事长介绍了中国上海乐器展的情况，并邀请他们前往参观。为期八天的深度体验式的考察，进一步了解了欧洲乐器市场及音乐教育培训的现状和发展趋势，加强了与相关机构和企业的联系，增进行业合作友谊，为下一步的合作奠定基础。与此同时，还向国际乐器界有效传递出当前中国乐器行业致力于强化社会音乐教育服务的新理念，实质性增进了中国乐器行业与国际乐器界交流，形成很多共识和合作机遇，为中国社会音乐教育深入开展，扩大国际交流合作打下良好基础。

10月

10月11日，中国乐器协会与日本河合乐器株式会社在北京就合作开展钢琴调律业务举行签约仪式。双方在业务互补、资源共享、联合发展的原则下，就钢琴调律技术标准的标准化、调律资格认定之都的完善及运用、专业人才的培育及技术水平的提升、调律服务的普及等方面开展深度合作。中国乐器协会理事长王世成、日本河合乐器株式会社社长河合弘隆等双方领导出席签约仪式。

10月25日，2016上海国际乐器展览会召开前夕，中国乐器协会与欧洲音乐产业联盟举行第十次专题座谈。会议由中国乐器协会理事长王世成和欧洲音乐产业联盟轮值主席、意大利乐器零售商协会会长克劳迪亚共同主持。协会常务副理事长曾泽民、秘书长陈晋武，琴行分会青年委员会以及来自捷克、英国、法国、德国、西班牙等国代表参加会议。双方围绕音乐教育交流合作项目探讨、乐器市场及行业信息交流、研究乐器进口关税行业诉求等议题进行了深入讨论。

王世成理事长用“十年磨一剑”来形容双方的精诚合作，充分肯定了中欧乐器行业多年来所取得的丰硕成果，双方在市场信息交流、贸易政策研究等多个方面进行了积极探讨，希望今后双方精准对接乐器市场需求，在协会搭建的“社会音乐教育服务联盟”平台上，努力寻求中欧音乐教育合作新契机，为推动双边市场融合发展而不懈努力。

双方回顾了通过中欧十次会谈所取得的成果，结合9月底中方组团赴德国和意大利考察音乐教育项目和欧盟品牌在国内组织音乐文化活动的情况，本着“精准、互利、创新、共享”的合作原则，中欧双方就今后拟将开展的工作达成共识并形成合作备忘录。进一步加强音乐教育交流与合作，为推动师资培训标准化，共同研究制定中欧音乐教育“联盟标准”；以上海德国学校音乐集体课为试点，进一步与意大利音乐院校开展师资培训及文化交流试点；加强行业及市场信息交流，就进口关税，由欧盟提供现状调查资料，中方及时向主管部门反映行业诉求；促进音乐文化交流，对英、法、捷、德、意各国音乐教育精准对接，中方邀请欧方于2017年5月初来华观摩北京音乐生活展并组织欧盟音乐教师来北京及周边地区考察交流。

会上，曾泽民常务副理事长就2015年全年中国乐器行业运行情况及2016年上半年中国乐器市场最新进展做了情况介绍，期冀通过中欧定期乐器信息分享机制，更好分析把握行业变化发展趋势。欧洲音乐联盟主席克劳迪亚代表欧洲各成员方对双方近年来合作取得的成果表示满意，并赞赏中方9月份精心组织会员公司深度考察德国法兰克福、慕尼黑和意大利米兰、蒙扎、克雷蒙娜音乐教育项目。此举大大增进了双方了解，扩大了彼此共识，为今后双边交流起到良好示范效应。欧方将以合作备忘录为导向，继续加强与协会工作衔接，在信息交流、师资培训、标准制定、音教互访等方面合作取得新成果。

10月25日下午，来自全国音乐教育服务联盟合作平台四家单位的领导和美国国际音像制品协会的国际专家共聚一堂，围绕着社会音乐教育话题举行了会谈。中国乐器协会常务副理事长首先简要介绍了联盟成立的情况以及近半年来联盟所做的主要工作，包括6.21国际乐器演奏日、北京音乐生活展、社会音乐教育师资的培训与国家职业标准的申报工作以及联盟各家单位原有品牌活动等等。

对于音乐教育服务联盟的成立，外国专家都表示了赞赏。英国圣约翰大学社区音乐教育国际研究中心主任辛吉斯教授表示，在英国，乐器制造业、音乐教育、文化演出等几个行业都是相对独立的，大家之间很少发生这样的相互联系。但是随时社会的进步和经济的发展，原本各个行业各自为战的情况已经很难满足社会的需要，因此，这种跨行业的横向联系就显得尤为重要。

美国国际音乐制品协会（以下简称NAMM）国际事务总监石碧天女士与中国的交流非常密切。石碧天表示，经过多年的积累，NAMM在世界许多国家拥有很多资源，将来依托音乐教育服务联盟的平台，可以共同组织许多活动，这些资源都可以用的上。对此，中国教育学会音乐教育分会理事长吴斌称，与NAMM及石碧天女士本人的合作一直非常愉快，下一届全国音乐教育大会将于2017年上海国际乐器展前夕举行，作为大会的主办方，目前遇到的最大的困难就是国际专家的邀请问题，因为审批的手续非常繁杂。吴斌表示，希望能够在这方面能够得到NAMM或者中央音乐学院这样的高校支持。

中国音乐协会管乐学会的于海主席也提出了专家的问题。他介绍说，国内的管乐发展非常迅速，各地的管乐活动蓬勃发展，但目前中国管乐发展面临的最大的问题就是师资匮乏，希望能够通过和国外的合作，加强管乐师资的培训。

参加本次会议的几位外国专家当中，辛吉斯教授和阿比盖尔·达摩尔女士都是从事社会音乐教育方面的专家，其中达摩尔是英国“音乐未来”项目的首席执行官。“音乐未来”就是致力于面向普通人群的音乐教育的项目，达摩尔表示，“音乐未来”项目在英国做了大量的普及音乐教育的工作，将来希望能够通过音乐教育服务联盟这个平台，将这些成功经验介绍到中国来，同时也希望能够把中国一些好的经验和资源带到英国去。

对此，长期从事音乐教育普及工作的中央音乐学院副院长周海宏表示，作为国内最高的音乐学府，中央音乐学院确实培养了许多国际一流的音乐家，但并不代表中央音乐学院就忽视了在普及音乐教育方面的工作。“人们都有一个误解，认为中央音乐学院仿佛高不可攀，其实我们的继续教育学院就是专门从事基础教育方面的工作。”周海宏表示，有了联盟这个平台，今后也希望能够和NAMM以及辛吉斯教授、达摩尔女士等一起做一些有意义的事情。

除此之外，中国乐器协会秘书长陈晋武、中央音乐学院继续教育学院院长孔聪、中国音乐家协会管乐学会副主席姜斯文、上海国际展览公司副总经理王蕾以及中国乐器协会琴行分会青年委员会干事周洲、刘骋、潘紫艺等都参加了此次会谈。

10月26日，由中国乐器协会（CMIA）和美国国际音乐制品协会（NAMM）中美两大行业协会合力打造，云集各路业界权威的行业论坛，每年都以其国际性、高端性与预判性，深受各类制造商、经销商欢迎。论坛采用专题发言和嘉宾讨论的形式，为琴行及培训机构搭建与行业热点对话的平台。论坛紧紧围绕“乐器学奏 相伴一生--促进乐器社会推广，拓展成人音乐教育”，乐器产销和音乐教育领域的国内外重量级嘉宾就当下行业热门主题进行深入解析，各位嘉宾直面乐器市场新变化，探究新方式，共商新选择，深入探讨在中国音乐人口数量不断增加，质量不断提升的背景下，如何以创新模式促进乐器市场与音乐教育有机融合。

国际音乐教育学会轮值主席辛吉斯先生、“音乐未来”首席执行官达摩尔女士、中央音乐学院继续教育学院院长孔聪女士、柏斯音乐集团总裁吴天延先生、大连福音乐器有限公司董事长曲哲先生出席论坛，通过“一对一”“一对多”的访谈模式，共同聚焦乐器教育的社会化、成人化。国内外嘉宾精彩的思想交流和观点风向碰撞为乐器市场开拓了新的“蓝海”。论坛期间，主题演讲围绕乐器行业，向来宾全景展现行业新特点，深入解读新形势，分享求索之道。

10月25日，中国乐器协会应邀参加德国驻上海总领馆举办的德国乐器展商招待晚宴，为德国展商和中国同行搭建合作交流的平台。德国副总领事白约恩表示，经过多年精心培育，上海国际乐器展览市场化、专业化、国际化程度日渐提高，品牌知名度和产业集聚效应越来愈强，鼓励德国乐器参展商用好展会提供的良机，为促进德中乐器市场发展而努力。德国乐器展团涵盖钢琴、管乐、手风琴、乐谱出版、击弦机零配件等乐器产品的各个方面，与中国乐器市场高度融合，受到德国工业经济部和德国驻外机构的鼎力支持。

10月26日，为鼓励并推动乐器行业科技创新，突破行业发展瓶颈，上海国际乐器展首次策划了科技创新产品评选活动。本着专业、权威的原则，MIDI科技新品“优中选优”，最终由评委综合打分选出获奖作品。本次评委阵容几乎汇集了MIDI技术领域的权威专家：北京现代音乐研修学院音乐传媒学院副院长王磊，中国传媒大学音乐与录音艺术学院音乐系主任王铉等专业院校代表；著名声音设计专家杨杰、著名音乐制作人严俊、卢小旭、孟奇、董冬冬、段小林、张火等资深用户代表；Midifan创始人汤楠、键盘中国创始人罗刚以及英国Sonicstate.com编辑Nick Batt，荷兰Gear Junkie创始人/MoogPro产品认证专家Marc van den Hurk等中外知名媒体专家组成。

活动结合展会平台优势，全方位立体化地展示创新科技，演示新品科研，并评选出了优秀产品，以优势企业引领行业技术规范，开拓延伸产品市场，整合业内和跨界科技资源，促进海内外行业间交流与互通，让创新在乐器全行业蔚然成风。

会员名录

中国乐器协会团体会员名录

（截至2016年7月15日）

排序按协会任职和地址

序号	企业名称	会员证号	邮编	地址	联系人	协会任职
1	北京星海钢琴集团有限公司	0001	101111	北京市通州区光机电一体化产业基地科创东五街8号	祝宁伟	副理事长
2	北京乐器研究所	0002	100122	北京市朝阳区南新园西路甲6号	张小川	副理事长
3	上海乐兰电子有限公司	0522	100022	北京市朝阳区西大望路63号阳光财富大厦3层	程建铜	副理事长
4	功学社(天津)商贸有限公司	0219	100061	北京市东城区左安门内大街76号龙潭湖体育馆3楼	林志明	副理事长
5	广州珠江钢琴集团股份有限公司	0030	510388	广东省广州荔湾区花地大道南渔尾西路8号	李建宁	副理事长
6	广东红棉乐器股份有限公司	0038	517000	广东省河源市高新技术开发区高新六路28号	何志强	副理事长
7	深圳市蔚科电子科技开发有限公司	0279	518067	广东省深圳市南山区蛇口南海意库1栋507室	赵哲	副理事长
8	广东声凯乐器有限公司	0073	526200	广东省四会市城中街道三棵榕	黄志康	副理事长
9	得理乐器(珠海)有限公司	0311	519090	广东珠海金湾区联港工业区大林山片区双林东路2号得理工业园	盛子斐	副理事长
10	乐海乐器有限公司	0152	062350	河北省肃宁县师素工业区	宋从甲	副理事长
11	河北金音乐器集团有限公司	0076	053300	河北省武强县周窝乡工业区	陈学孔	副理事长
12	武汉艾立卡电子有限公司	0124	430023	湖北省武汉市东西湖将军五路12号	张琳	副理事长
13	宜昌金宝乐器制造有限公司	0146	443003	湖北省宜昌市宜昌东山经济技术开发区珠海路1号	吴天延	副理事长
14	吟飞科技(江苏)有限公司	0240	213125	江苏省常州市新北区汉江西路101号	范廷国	副理事长
15	江阴金杯安琪乐器有限公司	0251	214443	江苏省江阴市申港镇亚包大道128号	时建明	副理事长
16	江苏凤灵乐器集团	0114	225419	江苏省泰兴市溪桥镇华溪中路18号	李书	副理事长
17	福州和声钢琴股份有限公司	0119	350008	福建福州市仓山区金山工业集中区浦上工业园B区红江路2号	卢书英	副理事长
18	烟台博斯纳钢琴制造有限公司	0188	264670	山东省烟台市高新区博斯纳东路3号	孙强	副理事长
19	上海民族乐器一厂	0020	201101	上海闵行区七宝镇联明路400号	王国振	副理事长
20	上海钢琴有限公司	0019	201900	上海市宝山区宝扬路2222号	杨盛惠	副理事长
21	上海艾克斯尔乐器音响有限公司	0126	201808	上海市嘉定区徐行镇新建一路2411号	刘卫国	副理事长

序号	企业名称	会员证号	邮编	地址	联系人	协会任职
22	上海知音音乐文化股份有限公司	0138	200051	上海市长宁路1200号贝多芬广场3楼	朱文玉	副理事长
23	四川盛音乐器有限公司	0310	610021	四川省成都市新生路6号	黄茂强	副理事长
24	森鹤乐器股份有限公司	0050	315323	浙江省慈溪市逍林镇樟新公路1928号（胜山镇沙滩路）	罗森鹤	副理事长
25	海伦钢琴股份有限公司	0118	315805	浙江省宁波市北仑区龙潭山路36号	陈海伦	副理事长
26	天津市津宝乐器有限公司	0094	301800	天津市宝坻区迎熏街1-2号	刘运斌	副理事长
27	北京华东乐器有限公司	0010	101200	北京市平谷区东高村镇大旺务西路21号	刘云东	常务理事
28	北京中加海资曼钢琴有限公司	0003	101111	北京市通州区光机电一体化产业基地科创东五街8号	谭宝利	常务理事
29	天津华韵乐器有限公司	0087	301615	天津市静海县旭华道13号鹦鹉乐器大厦三楼	罗松森	常务理事
30	广州吉声琴业有限公司	0067	510900	广东省从化市鳌头镇岭南村古塘村106国道边	梁泽敏	常务理事
31	广州格利蒙那提琴有限公司	0208	511430	广东省广州市番禺区大石街涌口村工业三种6号	关尚持	常务理事
32	广东省乐器协会	0470	510080	广东省广州市署前路33号1号楼430室	李爱群	常务理事
33	美得理电子（深圳）有限公司	0128	518000	广东省深圳市福田区中康路卓越城1期4-505	徐俊	常务理事
34	大厂回族自治县华丰铸造有限责任公司	0252	065301	河北省大厂回族自治县夏垫村西	杨山	常务理事
35	河北省怀来锣厂	0055	075431	河北省怀来县新保安镇幸福村	张全富	常务理事
36	饶阳北方民族乐器制造有限责任公司	0129	053900	河北省饶阳县大官厅	杨俊朋	常务理事
37	河北华声乐器制造有限公司	0213	053871	河北省深州市前么头工业区	张立根	常务理事
38	河北秦川文体乐器有限公司	0137	050011	河北省石家庄市建设北大街38号	秦传功	常务理事
39	河南中州民族乐器有限公司	0186	4753300	河南省兰考县固阳镇中州路003号	代胜民	常务理事
40	江苏东方乐器有限公司	0090	214415	江苏省江阴市祝塘云顾路8号	孔文忠	常务理事
41	江苏奇美乐器有限公司	0178	214500	江苏省靖江市经济开发区兴业路	张龙贵	常务理事
42	江苏天鹅乐器有限公司	0045	214526	江苏省靖江市马桥镇北首	陈红梅	常务理事
43	南京舒曼钢琴制造有限公司	0112	210039	江苏省南京市雨花经济开发区龙藏大道9号	王永和	常务理事
44	苏州民族乐器一厂有限公司	0043	215003	江苏省苏州市平江区学士街梵门桥弄15号	易慧银	常务理事
45	江苏大风乐器有限公司	0480	221637	江苏省徐州市沛县张庄镇工业区	徐宝华	常务理事
46	扬州金韵乐器御工坊有限公司	0095	225009	江苏省扬州开发区鸿扬路8号	熊立群	常务理事
47	扬州市天艺民族乐器厂	0173	225123	江苏省扬州市邗江区甘泉镇姚湾村	汪扬	常务理事

序号	企业名称	会员证号	邮编	地址	联系人	协会任职
48	扬州民族乐器研制厂有限公司	0071	225015	江苏省扬州市隋杨路槐泗工业园	田步高	常务理事
49	扬州雅韵琴筝有限公司	0159	225008	江苏省扬州市西区新盛街道蜀岗果园	刘永发	常务理事
50	扬州天韵琴筝有限公司	0299	211407	江苏省扬州市仪征刘集盘古工业园	李同志	常务理事
51	上海国光口琴厂有限公司	0023	201315	上海浦东杨高南路6528号内二楼	周伟义	常务理事
52	苏州公爵琴业有限公司（上海办事处）	0134	200333	上海市金沙江西路1555弄395号	朱庆	常务理事
53	上海中雅钢琴有限公司	0127	201771	上海市青浦区清赵路6158号	马惠忠	常务理事
54	上海国际展览中心有限公司	0199	200366	上海市长宁区娄山关路55号新虹桥大厦8楼	吴江红	常务理事
55	成都川雅木业有限公司	0132	610101	四川省成都市龙泉驿区驿都西路4361号	张华君	常务理事
56	浙江乐韵钢琴有限公司	0389	313218	浙江省德清洛舍工业园顺达路18号	章顺龙	常务理事
57	浙江天目琴行有限公司	0151	310012	浙江省杭州市学院路135号	刘为明	常务理事
58	杭州嘉德威钢琴有限公司	0184	310021	浙江省杭州市江干区丁桥镇临丁路1191号	陈莲琴	常务理事
59	宁波四海琴业有限公司	0211	315137	浙江省宁波鄞州区云龙镇前后陈村	何四海	常务理事
60	天津圣迪乐器有限公司	0284	301646	天津市静海县蔡公庄镇四党口中村	王玉春	常务理事
61	德鑫开元(北京）琴业有限公司	0525	101102	北京经济技术开发区荣华南路10好远荣华鑫泰大厦5号楼1809	王武	理事
62	北京福韵国际工贸有限公司	0492	102605	北京市大兴区青云店镇垡上电镀厂院内	李宝红	理事
63	北京天力凯业贸易有限公司	0092	102615	北京市大兴区长子营镇郑二营村	杨凯	理事
64	北京音乐盛世文化传播有限公司（吉他中国）	0835	100000	北京市东城区交道口菊儿胡同17号南院 魔菇音乐	姜伟	理事
65	北京华韵阿波罗艺术发展中心	0374	100070	北京市丰台区百强大道6号2座2610号	姚远	理事
66	北京卓邦乐米文化传播有限公司	0526	100070	北京市丰台区南四环西路188号总部基地十一区27号楼6层	张新峰	理事
67	北京长安乐器有限公司	0153	100195	北京市海淀区西四环北路15号依斯特大厦610号	马雪松	理事
68	晋江力达电子有限公司	0288	362261	福建省晋江市安海镇第二工业区力达工业楼	吴希达	理事
69	厦门律动钢琴有限公司	0510	362000	福建省泉州市迎津街建材公寓B幢501室	彭清燕	理事
70	福建省爱乐钢琴有限公司	0147	353200	福建省顺昌县双溪镇货场路142、144号	柯松理	理事
71	广州市罗曼士乐器制造有限公司	0241	510860	广东广州市花都区狮领镇育才路13号	郑玉棠	理事
72	佛山市高明区子昊钢琴有限公司	0504	528511	广东省佛山市高明区荷城街道三洲旧清公路(精工发品厂南侧)	温日辉	理事

序号	企业名称	会员证号	邮编	地址	联系人	协会任职
73	广东蓝洋科技有限公司（原佛山市万正涂料有限公司）	0390	528131	广东省佛山市三水区西南镇金本工业园B区	肖亚亮	理事
74	广州欧米勒钢琴有限公司	0655	510460	广东省广州市白云区江高镇神山工业园振兴路77号厂区2号厂房	方扬	理事
75	国家轻工业乐器质量监督检测中心（广州）	0172	510370	广东省广州市荔湾区芳村花地大道壹号国际文化广场三楼C018	龙洁勤	理事
76	广州闻乐教育科技有限公司	0757	510000	广东省广州市天河区科韵路天河软件园建工路13号703房	梁永波	理事
77	广州市大同琴行有限公司	0397	510100	广东省广州市越秀区东川路37号	佟伟彦	理事
78	广州艾茉森电子有限公司	0426	510300	广东省广州市增城区香山大道38号1号楼	刘春清	理事
79	汕头市乐童乐器有限公司	0488	515000	广东省汕头市丹阳庄东区59栋802	孙丽松	理事
80	鲍德温（中山）钢琴乐器有限公司	0032	528412	广东省中山市东升镇观栏村工业区	周有恩	理事
81	河北乐之洋乐器制造有限责任公司	0191	053900	河北省饶阳县大官厅工业园566号	赵爱敏	理事
82	长沙星飞达音乐器材厂	0289	410005	湖南省长沙市芙蓉区东牌楼新世界商贸西1号	劳绍立	理事
83	南京新辉琴行有限公司	0266	210009	江苏省南京市中山北路42号	刘小辉	理事
84	泰兴斯坦特乐器有限公司	0041	225419	江苏省泰兴市黄桥镇华溪西路2号	李荣富	理事
85	扬州市思美民族乐器厂	0282	225244	江苏省扬州江都市武坚镇黄思工业区	胡思林	理事
86	扬州风华国乐琴筝有限公司	0312	225006	江苏省扬州市江都区邵伯工业文化产业园振兴路东首向北200米	刘庆阳	理事
87	扬州市正声民族乐器厂	0145	225000	江苏省扬州市江阳工业园西湖双塘东路28号	周平	理事
88	大连福音乐器有限公司	0654	116011	辽宁省大连市西岗区中山路236号	曲星君	理事
89	龙口锦盛乐器有限公司	0084	265701	山东省龙口市东莱街道大李村	李传术	理事
90	青岛海韵琴行有限公司	0242	266071	山东省青岛市江西路98号乙	莫蓓茜	理事
91	烟台金斯波格钢琴有限责任公司	0052	264006	山东省烟台市经济技术开发区长白山路5号	张绪斌	理事
92	卡西欧(中国)贸易有限公司	0554	200051	上海普陀区凯旋北路1188号B座11楼D	王帅	理事
93	赛乐尔三益乐器(上海)有限公司	0269	201401	上海市奉贤区环城北路753号	李炯国	理事
94	温克尔曼(上海)乐器有限公司	0467	200000	上海市静安区南京西路大田路129号嘉发大厦A座27E	应利星	理事
95	上海灵江乐器有限公司	0598	201101	上海市闵行区中春路8923号B座409室	黄正达	理事
96	于斯教育科技（上海）有限公司	0759	200125	上海市浦东新区御北路385号5号楼	王维	理事
97	上海和乐钢琴有限公司	0337	201716	上海市青浦区练塘工业园区蒸夏路200-8号	姚建芳	理事

序号	企业名称	会员证号	邮编	地址	联系人	协会任职
98	门德尔松钢琴（上海）有限公司	0162	201608	上海市松江区叶榭镇浦亭路88号	郑明统	理事
99	德清县海尔乐器制造有限公司	0171	313218	浙江省德清县洛舍经济开发区文明东路18号	王惠忠	理事
100	湖州杰士德钢琴有限公司	0176	313218	浙江省德清县洛舍镇杨树湾工业园区	鲍海尔	理事
101	杭州爱尔科电子有限公司	0406	311258	浙江省杭州市萧山区闻堰镇长安工业区	朱伟柳	理事
102	湖州华谱钢琴制造有限公司	0174	313218	浙江省湖州市德清县洛舍经济开发区	姚小林	理事
103	浙江友谊电子有限公司	0262	325600	浙江省乐清市经济开发区纬19路268号	陈天浩	理事
104	宁波市江北珂乐乐器有限公司	0321	315000	浙江省宁波市江北区北岸琴森财富创意港295号	蔡赋勇	理事
105	杭州顺和硅橡胶制品有限公司	0530	310000	浙江省杭州市余杭区临平南街道高地工业园	沈国水	理事
106	英昌乐器（中国）有限公司	0335	300300	天津市东丽区崔家码头东侧	陈香菊	理事
107	天津奥维斯乐器有限公司	0354	301646	天津市静海县蔡公庄镇四党口中村	张国民	理事
108	天津盛兴元乐器有限公司	0103	301605	天津市静海县子牙镇潘庄子	王泽云	理事
109	重庆斯威特钢琴有限公司	0089	400709	重庆市北碚区童家溪镇建设村新房组天成小学旁	王建华	理事
110	陕西省文化物资公司	0502	710016	陕西省西安市龙首北路东段4号	张忠民	理事
111	昆明乐器用品有限责任公司	0064	650031	云南省昆明市东风西路289号	伍俊武	理事
112	安庆新华书店有限公司	0617	246003	安徽省安庆市集贤南路2号	肖金和	
113	蚌埠市实力电脑系统集成有限公司	0517	233000	安徽省蚌埠市中荣街120号	江娥	
114	亳州市冠中琴行经营部	0714	236800	安徽省亳州市谯城区建安路与光明路交叉口南二十米路东	陈冠中	
115	合肥永信信息产业股份有限公司	0527	230001	安徽省合肥市阜南路169号东怡金融广场B座5楼	陶满	
116	安徽新思路教育装备有限公司	0635	230085	安徽省合肥市高新区人工湖路西侧金安桃李园F3幢102-302室	张咏梅	
117	合肥桐科电子科技有限公司	0636	230088	安徽省合肥市高新区天怡国际商务中心主楼802室	蔡群	
118	合肥振邦信息科技有限公司	0543	230022	安徽省合肥市高新区望江西路502号西蜀名苑6栋101室	王俊	
119	安徽联正信息工程有限公司	0582	230000	安徽省合肥市金寨路155号黄金广场5幢B座2704室	徐胡静	
120	安徽新华教育图书发行有限公司	0601	230041	安徽省合肥市庐阳区砀山路10号新华物流园综合楼3楼311室	谢正平	
121	合肥信卓网络科技有限公司	0538	230000	安徽省合肥市庐阳区荷塘路50号杏花印务2号楼5层	靳自隐	

序号	企业名称	会员证号	邮编	地址	联系人	协会任职
122	合肥海知音乐器销售有限责任公司	0583	230061	安徽省合肥市庐阳区长江路276号	李扬秋	
123	合肥市乐海琴行有限公司	0717	230001	安徽省合肥市寿春路88号	邵坚	
124	安徽省吉利琴行有限公司	0627	230031	安徽省合肥市蜀山区潜山路与皖河支路交口商之都三楼	王欣	
125	安徽省国声琴行有限公司	0596	230001	安徽省合肥市桐城路77号1号门面	杨保海	
126	合肥市佳音琴行有限责任公司	0388	230061	安徽省合肥市长江西路53号	王琦	
127	安徽健洋体育产业股份有限公司	0818	235037	安徽省淮北市杜集经济开发区202省道以北腾飞路以西	张峰	
128	淮北市兴华家具有限公司	0820	235000	安徽省淮北市杜集经济开发区众诚路2号	郭吉文	
129	安徽吉祥科教设备有限公司	0819	235000	安徽省淮北市杜集经济开发区紫藤路北侧	王飞	
130	淮北市云飞商贸有限责任公司	0823	235000	安徽省淮北市杜集区高岳镇B2-105幢109号	李林军	
131	安徽世鹏教学设备有限公司	0821	235000	安徽省淮北市杜集区滂汇工业区	郭彬	
132	淮北市力得科技发展有限公司	0822	235000	安徽省淮北市相山区相山水路55-11号	张学勇	
133	淮南泰博阳光科技有限公司	0515	232000	安徽省淮南市高新区科技研发中心江淮云大厦2号楼13层	郑喜书	
134	安徽泰隆教育用品有限公司	0591	231300	安徽省舒城县城关镇工业园区	曹长友	
135	宿州新华书店有限公司	0625	234000	安徽省宿州市淮海中路79号	邓琼	
136	安徽和信教学仪器设备有限公司	0514	234000	安徽省宿州市武夷商业城B1区210-222室	陈静	
137	北京爱芝音教教学设备有限公司	0425	102200	北京市昌平区马池口镇乃干屯村203号	宁爱中	
138	六艺星空（北京）文化传播有限公司	0556	100021	北京市朝阳区百子湾石门村路5号创美东朝时代创意园西区1-118室	周鹏	
139	国韵盛世文化传媒股份有限公司	0589	100020	北京市朝阳区东大桥路8号soho尚都北塔A座22层	任晓锋	
140	北京时代众乐琴行有限公司	0667	100101	北京市朝阳区慧忠里304号楼1层304-2	刘小涌	
141	北京中音中音科技有限公司	0486	100022	北京市朝阳区建国路88号SOHO现代城D座0711-0712室	赵易天	
142	北京星王星文化传播有限公司	0638	100123	北京市朝阳区青年路西里2号8-1-1903	邢京	
143	北京银河润泰科技有限公司	0843	100028	北京市朝阳区曙光西里甲6	闫文闻	
144	小叶子(北京)科技有限公司	0687	100027	北京市朝阳区望京SOHO塔2C座910	叶滨	
145	北京快乐神州科技有限公司	0811	100102	北京市朝阳区望京东路8号锐创国际1号楼16F	彭锡涛	
146	北京诺宝文化艺术有限责任公司	0731	100020	北京市朝阳区向军北里瀚海文化大厦809室	李薇	

序号	企业名称	会员证号	邮编	地址	联系人	协会任职
147	北京星海福音琴业有限公司	0278	100061	北京市崇文区夕照寺中街4号	胆美珍	
148	北京奥宇新材料科技开发有限公司	0509	102600	北京市大兴工业开发区金苑路2号	时春利	
149	北京盛世雅歌琴行有限公司	0746	100007	北京市东城区交道口东大街6-6号	于效威	
150	威柏尔乐器(北京)有限公司	0454	100740	北京市东城区王府井大街277号好友写字楼2518室	刘勇	
151	北京兆森乐器有限公司	0484	100141	北京市房山区韩村河镇西东村南	孙伟	
152	北京连怡乐商贸有限公司	0493	102403	北京市房山区琉璃河工业区	苗文来	
153	北京杜兰德科技有限公司	0867	102400	北京市房山区绿地启航国际商务办公区三期13号楼603室	郭树	
154	北京敦善文化艺术股份有限公司	0259	100005	北京市丰台区大红门西马厂甲14号集美文化产业园4号楼3层A08	于添	
155	北京德勇乐器有限公司	0729	100079	北京市丰台区南三环东路6号嘉业大厦B座1104室	闫丕勇	
156	北京索达文化传播有限公司	0500	100070	北京市丰台区南四环188号总部基地2区6号楼3层	叶彩萍	
157	北京金信利科技有限公司（环球乐器网）	0711	100079	北京市丰台区顺三条21号嘉业大厦二期1号楼308室	赵德胜	
158	中国民族器乐学会	0857	100070	北京市丰台区怡海花园恒丰园3号-202	毕可炜	
159	北京龙羽时代科技有限公司	0351	100088	北京市海淀区北三环中路77号27号楼509室	魏剑羽	
160	北京诺健科技发展有限公司	0592	100039	北京市海淀区复兴路甲36号百朗园1122号	李腊	
161	北京蓝摇惠好乐器有限公司	0410	100083	北京市海淀区五道口华清嘉园18-3-102	张学民	
162	北京家训马林巴厂	0850	100089	北京市海淀区紫竹院路100号	王家训	
163	北京安平乐乐器有限责任公司	0539	100089	北京市海淀区紫竹院路100号信弘大厦A221	安青	
164	北京双喜乐器有限公司	0008	101200	北京市平谷区东高村镇大旺务西路37号	陈祖华	
165	北京市产品质量监督检验院	0255	100000	北京市顺义区顺兴路9号	陈梨	
166	金蓝国际乐器（北京）有限公司	0828	065201	北京市通州区东燕郊开发区东贸国际16号楼2单元2011室	吕占武	
167	北京管乐器厂	0004	101111	北京市通州区光机电一体化产业基地科创东五街8号	赵彤	
168	北京珠江钢琴制造有限公司	0836	101108	北京市通州区经济开发区东区靓丽5街8号	冯汉辉	
169	北京律动乐器股份有限公司	0765	101101	北京市通州区梨园镇九棵树西路90号弘祥1979文化产业创意园B座3层律动乐器355室	韦永勇	

序号	企业名称	会员证号	邮编	地址	联系人	协会任职
170	乐器空间	0508	101100	北京市通州区李庄佳苑5号楼2单元902	赵文广	
171	北京佳期提琴制作有限公司	0570	101100	北京市通州区潞城镇武窑村119号	李洪源	
172	北京中艺乐器有限公司	0722	101103	北京市通州区马驹桥镇西马各庄村委会西2000米	李建明	
173	北京莱多乐器有限公司	0670	101105	北京市通州区于家务乡渠头村	杨玉琴	
174	北京星海钢琴集团有限公司北京民族乐器厂	0104	100053	北京市宣武区槐柏树街乙9号楼	宋从甲	
175	厦门市华成琴行有限公司	0774	361003	福建厦门市四明东路9号	伊道生	
176	福建合声钢琴工业制造有限公司	0832	363499	福建省东山县西塘镇拜师街泽园路342号开发区办公室602室	谢福志	
177	福州市鼓楼区正大琴行	0495	350000	福建省福州市鼓楼区安泰中心A座2F9-12号	江其忠	
178	厦门市卓悦商贸有限公司（厦门斯坦伯格钢琴有限公司)	0622	361006	福建省厦门市湖里区高崎南五路220号航空商务广场8号楼2层	叶海鹏	
179	厦门斯坦伯格钢琴有限公司	0675	361101	福建省厦门市翔安区五星路465号之2单元	刘才祥	
180	漳州市龙吟乐器有限公司	0674	363000	福建省漳州市北斗工业园金华路1号	段性皓	
181	钰丰乐器(福建)有限公司	0313	363612	福建省漳州市南靖县丰田镇华侨经济开发区	陈永茂	
182	漳州汉旗乐器有限公司	0846	363000	福建省漳州市芗城区金峰北斗工业园万利达园内金华路1号	林天福	
183	福建亚东钢琴有限公司	0669	363099	福建漳州市芗城区金峰经济开发区北斗工业园	洪亚东	
184	白银辰睿新理念艺术传播有限公司	0770	730900	甘肃省白银市白银区观澜商业街5楼B座辰睿新理念钢琴艺术中心	赵辰睿	
185	建设路莺鸣琴行	0326	737100	甘肃省金昌市建设路66号	任庆根	
186	兰州索万尼琴行有限责任公司	0743	730030	甘肃省兰州市城关区中山路273号	于玮	
187	惠州恒生乐器有限公司	0800	516221	广东深贵州市惠阳区秋长镇西湖村扶贫路	邓忠兵	
188	潮安县吉星乐器有限公司	0405	515636	广东省潮安县龙湖镇三英村石桥头片	成国器	
189	东莞市三基音响科技有限公司	0428	523800	广东省东莞市大朗镇水平村象和路28号	赵亮	
190	东莞市乐手时代乐器有限公司	0776	510000	广东省东莞市高埗镇振兴北路米兰财富园4楼乐手时代乐器	何冬君	
191	东莞市华锦礼品有限公司	0847	523000	广东省东莞市厚街镇下汴村汴康西路鑫浩源科技园一区	姜平	
192	班恩乐器箱包(深圳)有限公司	0551	523000	广东省东莞市虎门镇北栅东访工业区油炸垅五巷一号	詹婷婷	

序号	企业名称	会员证号	邮编	地址	联系人	协会任职
193	东莞市乾方音响设备有限公司	0750	523750	广东省东莞市南城区水濂山绿色路澎峒工业区第1栋3楼	董夷	
194	东莞市超联电子有限公司	0348	523400	广东省东莞市石排镇中坑民营工业区	陈志安	
195	东莞市增旺精密五金有限公司	0531	523700	广东省东莞市塘厦镇莆心湖大道北七号	姜有文	
196	佛山市南海区品贤音乐艺术中心	0662	528000	广东省佛山市南海区季华七路鹏瑞利季华广场3楼	黄建萍	
197	佛山市佰添乐器有限公司	0686	528241	广东省佛山市南海区里水镇和顺官和路金星工业区东门39-7	陈祝军	
198	佛山市南海区海韵乐器制造有限公司	0520	528222	广东省佛山市南海区狮山镇小塘三路西路江湄工业区	胡冬花	
199	佛山市三水龙声乐器制造有限公司	0362	528131	广东省佛山市三水区白坭镇白沙南街一号	李庆炎	
200	佛山市三水区美莱迪乐器制造有限公司	0307	528133	广东省佛山市三水区河口工业大道27号	苏佳年	
201	广州市锦桦乐器有限公司	0465	510460	广东省广州市白云区江高镇五丰东路68号	李德雄	
202	广州华丰乐器制造有限公司	0852	510470	广东省广州市白云区人和镇汉塘村汉塘北路自编19号	李概文	
203	广州市和必括乐器制造有限公司	0553	510430	广东省广州市白云区石井红星工业路10号B座2号	黄斌	
204	广州市鹏联乐器有限公司	0305	510545	广东省广州市白云区钟落潭镇良沙路3663号	邹建全	
205	广州市大铃乐器制造有限公司	0091	511495	广东省广州市番禺区钟村镇胜石村区东涌桥自编之一	罗少宏	
206	广州大明抛光腊有限公司	0568	511495	广东省广州市番禺区钟村镇胜石工业区	胡华明	
207	英氏婴童用品有限公司	0859	510000	广东省广州市海珠区广州大道南788号自编7栋	高峰	
208	广州市法奥臣文化传播有限公司	0634	510000	广东省广州市海珠区新港东路1022号保利世贸E座4208	梁永波	
209	广州市彩虹乐器有限公司	0616	510890	广东省广州市花都区花东镇凤岗村流溪河旁村委对面	王美兰	
210	广州市恒胜箱包有限公司	0606	520800	广东省广州市花都区新华街团结村塘口四队机场安置区商业街	彭兰	
211	广州市鸣雅玛丁尼乐器制造有限公司	0587	510800	广东省广州市花都区新华镇凤凰北路三东工业区	汪宏齐	
212	广东琴趣网络科技有限公司	0812	510700	广东省广州市黄浦区茅岗村坑田大街32号鱼珠智谷E306	麦燕玉	

序号	企业名称	会员证号	邮编	地址	联系人	协会任职
213	广州市雅迪数码科技有限公司	0496	510163	广东省广州市荔湾区桥中中路186号爱国者一楼自编45号	胡伟	
214	广州市德倡行贸易有限公司	0644	510600	广东省广州市荔湾区周门北路40号科工贸园综合大楼1楼1201D	梁惠珍	
215	广州市芳村区共鸣乐器厂	0277	510378	广东省广州市龙溪中路44号B4	李志伟	
216	德国博兰斯勒钢琴(中国)有限公司	0541	510620	广东省广州市天河北路595-599号创新科技广场二楼	方扬	
217	广州弦尚文化传播有限公司	0501	510000	广东省广州市天河区黄村路51号粤安工业园A栋6楼	隋细华	
218	广州市新艺宝乐器有限公司	0309	510620	广东省广州市天河区黄浦大道西177号二楼	凌建聪	
219	广州传音乐器厂	0168	510620	广东省广州市天河区天河路228号广晟大厦1710室	苏常青	
220	广州市拿火信息科技有限公司	0707	510000	广东省广州市越秀区解放北路568号	陆子天	
221	广州市天樱电子有限公司	0763	510600	广东省广州市越秀区明月一路20号明月阁806房	张继发	
222	广州市朗晴发展有限公司	0268	510623	广东省广州市珠江新城华明路9号华普广场西格2613室	周旗	
223	惠阳区秋长全丰育乐用品厂	0234	516221	广东省惠阳区秋长镇长兴路鹏岭工业城	蔡赖丰	
224	惠州市惠阳区吉他行业协会	0831	516211	广东省惠州市惠阳区大剧院1楼右侧办公室	闫兴为	
225	惠州市乐音乐器有限公司	0672	516211	广东省惠州市惠阳区淡水镇铁湖路玉兰别墅D9-10栋	彭爱平	
226	惠州德尚乐器有限公司	0851	516221	广东省惠州市惠阳区秋长益发工业区A栋	钟文辉	
227	惠州市惠阳区秋长侑成乐器木器厂	0414	516221	广东省惠州市惠阳区秋长镇桃南路11号	蔡国宏	
228	惠州市铭仕电子制品有限公司	0785	516211	广东省惠州市惠阳区秋长镇西湖边水村铭仕电子制品有限公司	赵建萍	
229	惠州市惠阳区新圩曼棱乐器厂	0540	516000	广东省惠州市惠阳区新圩镇塘口工业区	李秋云	
230	惠州声柏乐器有限公司	0697	516200	广东省惠州市惠阳区长街道秋长镇岭湖工业区亚来路39号	王振中	
231	鹤山市挚雅乐器有限公司	0602	529737	广东省江门市鹤山市龙口镇北环路6号	杨建勋	
232	揭西县美科电子电器厂	0206	515400	广东省揭西县城环城路西段	张远青	
233	揭西县美乐斯电子电器厂实业有限公司	0537	515400	广东省揭阳市揭西县河婆街道北环一路中段	张伟雄	
234	揭阳市长城乐器有限公司	0097	515541	广东省揭阳市新亨镇白石村	徐金河	

序号	企业名称	会员证号	邮编	地址	联系人	协会任职
235	开平市圣诺电子有限公司	0609	529300	广东省开平市三埠长沙光明路82号102	黄美娴	
236	南雄市罗曼现代钢琴有限公司	0664	512400	广东省南雄市珠玑G323国道旁	李晓勇	
237	汕头市粤升乐器实业有限公司	0507	515063	广东省汕头市大学路叠金工业区三路	吴汉军	
238	深圳市卓乐科技有限公司	0521	518133	广东省深圳市宝安28区陆氏工业大厦2楼	李国飞	
239	深圳市中艺盈科电子有限公司	0355	518101	广东省深圳市宝安35区安华工业区一巷8栋A5	钟永津	
240	深圳市伏荣科技开发有限公司	0459	518100	广东省深圳市宝安区71区加际州大厦A栋5楼	李胜	
241	深圳市魔耳乐器有限公司	0593	518000	广东省深圳市宝安区71区留仙三路25号敬航大厦B栋5楼	朱四华	
242	深圳市阿诺玛乐器有限公司	0658	518000	广东省深圳市宝安区宝田三路宝田工业区56栋6楼	陈海华	
243	深圳市小草音乐网路科技有限公司	0858	518104	广东省深圳市宝安区沙井街道锦程路2070号石厦港联工业园C栋	梁海	
244	深圳市宏伟顺科技发展有限公司	0599	518100	广东省深圳市宝安区新安街道44区富源商贸中心B1403	段建军	
245	深圳戎马广告有限公司(琴行经营报)	0578	518000	广东省深圳市福田区车公庙泰然六路泰然物业大厦207栋301室	林凯	
246	深圳市和普乐器有限公司	0341	518030	广东省深圳市福田区商报东路新景苑1栋603房	毛建平	
247	深圳市伊诺乐器有限公司	0300	518000	广东省深圳市平山区仓坑路家德马峦工业区1区7栋	袁雁	
248	中山市君和文化传播有限公司	0782	528400	广东省中山市东区文化艺术中心培训大楼首层文化商廊第2/3卡	李希珍	
249	中山市小榄镇名乐电子有限公司	0623	528415	广东省中山市小榄镇绩西合一东路8号	梁景富	
250	珠海汇吉洋电子科技有限公司	0532	519000	广东省珠海市斗门区白蕉工业园新科二路26号	王超	
251	珠海顺奇电子科技有限公司	0533	519000	广东省珠海市斗门区白蕉工业园新科二路26号双骏工业园	张志峰	
252	南宁市嘉诚琴行有限公司	0546	530022	广西省南宁市教育路7-2号	林李斌	
253	南宁市鑫金冠琴行	0781	530022	广西省南宁市星湖路37号	陈振华	
254	石阡县泉都民族乐器厂	0512	555100	贵州省石阡县汤山镇洋溪村一组	杨大军	
255	玉屏侗族自治县箫笛行业协会	0865	554000	贵州省铜仁地区玉屏侗族自治县萧笛厂内	杨永华	
256	海南东盛弘蟒业科技股份有限公司	0572	570011	海南省海口红城湖路109号国检公寓1504	胡建智	
257	海口春之声乐器有限公司	0777	570000	海南省海口市龙华路19号	刘林	

序号	企业名称	会员证号	邮编	地址	联系人	协会任职
258	霸州市威名乐器有限公司	0177	065700	河北省霸州市大高各庄工业区	张维明	
259	霸州贝司克斯乐器有限公司	0861	065700	河北省霸州兴港工业园贝斯克斯路	张冉冉	
260	保定市北市区钟鸣琴行	0472	071000	河北省保定市莲池北大街173号	刘金刚	
261	南皮县凯盛乐器制造有限公司	0666	061500	河北省沧州市南皮县西环西路	刘国政	
262	沧州市金狮乐器有限公司	0227	061026	河北省沧州市纸房头工业区	吕宝合	
263	定州市即兴音乐培训学校	0778	073000	河北省定州市北城区大道观小学西行50米	佘会凤	
264	河北铭泽文体用品有限公司	0751	073000	河北省定州市大奇工业区	张江伟	
265	定州市定海体育器材有限公司	0715	073000	河北省定州市唐河循环经济产业园区	李增甫	
266	高碑店佰格乐器箱包厂	0760	074000	河北省高碑店市南大街152号	邓印明	
267	衡水新星乐器有限公司	0482	053000	河北省衡水市人民西路西段20号	付吉茂	
268	河北中轻北方乐器有限公司	0407	053400	河北省衡水市武邑县东风路96号	史占秋	
269	廊坊市圣爱工艺品有限公司	0699	065000	河北省廊坊市安次区仇庄乡景村工业区	邓岳梅	
270	廊坊市日升文体乐器有限公司	0432	065004	河北省廊坊市安次区葛渔城镇西街	胡汝刚	
271	廊坊市永信实业有限公司	0261	065000	河北省廊坊市安次区杨税务	刘家庆 段以晴	
272	廊坊市斯尔曼乐器有限公司	0659	065000	河北省廊坊市安次区祖各庄西口光辉巷	王颂	
273	香河天音乐器有限公司	0060	065402	河北省廊坊香河县香河经济技术开发区运泰路	曹振民	
274	饶阳县海之韵乐器有限公司	0597	053900	河北省饶阳县东草芦村七区46号	李广敖	
275	三河市龙洋乐器有限公司	0393	065200	河北省三河市新集镇	李宝玉	
276	三河市音诗培乐器销售有限公司	0624	65201	河北省三河市燕郊开发区燕顺路1156号纳丹堡东门A座2F-02	梁启群	
277	河北康喜乐器制造有限公司	0756	050000	河北省石家庄市新华区杜兆乡西营村和乐巷4号	张喜	
278	石家庄永宏乐器音响设备有限公司	0230	050000	河北省石家庄市中山东路55号中江文化城四层A1	张奕	
279	廊坊韵迪乐器有限公司	0170	065802	河北省文安县新镇镇工业区	王景川	
280	邢台市哆来咪琴行	0632	054000	河北省邢台市桥西区公园东街246号	宁根山	
281	河北鑫欧泰教学设备制造有限公司	0784	061300	河北省盐山县南环路	徐淑英	
282	河北奥特龙文体器材制造有限公司	0723	061300	河北省盐山县辛霞线路崔刘杨段	刘峰	
283	张家口市桥东新星海乐器商店	0375	075000	河北省张家口市桥东区胜利北路30号平安办公大厦2楼	李立鸣	
284	安阳盛世华彩乐器有限责任公司	0633	455000	河南省安阳市解放大道293号	李建国	

序号	企业名称	会员证号	邮编	地址	联系人	协会任职
285	兰考县成源乐器音板有限公司	0848	475312	河南省兰考县固阳镇工业区3号	汤二法	
286	开封三好乐器有限公司	0566	475312	河南省兰考县固阳镇固牛路	吴大平	
287	兰考县鸣韵乐器有限公司	0642	475312	河南省兰考县堌阳镇乐器工业园区	徐会争	
288	兰考县韵音乐器有限公司	0643	475312	河南省兰考县堌阳镇乐器工业园区	张巧芳	
289	兰考腾云乐器有限公司	0639	475312	河南省兰考县堌阳镇乐器工业园区	胡高云	
290	兰考县古韵乐器配件厂	0641	475312	河南省兰考县堌阳镇梁场村	马鹏	
291	郑州星艺新琴行有限公司	0775	450000	河南省郑州市北二七路96号（金水路和东明路交叉口东30米路南）	翟莲花	
292	河南省宏声琴行有限公司	0547	450000	河南省郑州市文化路117号	刘慧波	
293	郑州普乐仪器仪表有限公司	0690	450006	河南省郑州市中原区伏牛路219号2号楼东1单元5层西户	席延丽	
294	郑州宏鑫科教设备有限公司	0647	450000	河南省郑州市中原区航海路南工人路西帝湖花园东王府7号楼2单元802室	胡明昆	
295	郑州铁路职业技术学院艺术系	0396	451460	河南郑州市郑州新区职教园区前程路9号	从云飞	
296	哈尔滨七星乐器有限公司	0845	150000	黑龙江省哈尔滨市道里区森林朝阳胡同6号2单元1层4号	王世秋	
297	牡丹江和音乐器有限公司	0650	157003	黑龙江省牡丹江市西安区海浪路199号	贾酝	
298	湖北华都钢琴制造有限公司	0427	432721	湖北省广水市广办西河路二路2号	汪其见	
299	随州市曾侯乙编钟编磬文化有限公司	0830	441300	湖北省随州市舜井大街305-2号	项绍清	
300	武汉市乐王乐器有限公司	0293	430060	湖北省武汉市东湖高新技术开发区武大科技园路7号武大航域办公楼A8栋6楼	邢福志	
301	武汉机械工艺研究所有限责任公司	0698	430015	湖北省武汉市东西湖将军路万家墩东村59号	高力强	
302	武汉天歌电子有限公司	0449	430074	湖北省武汉市洪山区民院路15号	周小雯	
303	武汉豪乐特进出口贸易有限公司	0283	430012	湖北省武汉市江岸区百步亭花园新江岸五村188号豪乐特大厦	黄小萍	
304	武汉市海平乐器制造有限公司	0125	430334	湖北省武汉市江岸区云林街65号观湖铂金公寓321房	王志军	
305	武汉致嘉乐器销售有限公司	0100	430050	湖北省武汉市经济开发区民营科技工业园12号M栋	周致嘉	
306	武汉余晓维金手指文化艺术咨询有限公司	0726	430000	湖北省武汉市武昌区和平大道绿地国际金融城B2栋2611室	余小维	
307	武汉开菱电器有限公司	0439	430077	湖北省武汉市武昌区黄鹂路15号	李爽	
308	安斯特早教投资管理湖北有限公司	0737	430000	湖北省武汉市武昌区积玉桥万达公馆五栋1单元502室	蔡德武	

序号	企业名称	会员证号	邮编	地址	联系人	协会任职
309	武汉市武昌区中音琴行	0741	430010	湖北省武汉市武昌区彭刘杨路238号	陈学群	
310	武汉钢的琴音乐文化发展有限公司	0748	430000	湖北武汉市武昌区彭刘杨路228号	伍海波	
311	长沙幻音电子科技有限公司	0688	410205	湖南省长沙高新开发区谷苑路186号湖大科技园孵化大楼东栋201	郭润博	
312	延吉市民族乐器研究所	0154	133000	吉林省延吉市北山街爱丹路125-2号	赵基德	
313	南关区兴华琴行	0663	130000	吉林省长春市南关区大马路吉塔公寓998号	崔京宜	
314	东韵乐器有限公司	0764	215334	江苏昆山开发区黄河南路555号1号房	温福君	
315	彤杺钢琴培训工作室	0833	213000	江苏省常州市新北区三井街道绿都万和城三区商业广场	叶立宇	
316	淮安市经纬教学设备有限公司	0552	223229	江苏省淮安市楚州区施河镇德福北路186号	成鹏	
317	淮安市众兴教学设备有限公司	0856	223215	江苏省淮安市淮安区泾口镇光明居委会	钱国军	
318	江苏润晨科教设备有限公司	0816	223229	江苏省淮安市淮安区施河镇 政和路	王顺国	
319	淮安市成达教学用品有限公司	0813	223229	江苏省淮安市淮安区施河镇德福北路16号	马俊成	
320	淮安市荣佳教学用品有限公司	0679	223200	江苏省淮安市淮安区施河镇德福路100号	郭荣	
321	江苏宇辉教学用品有限公司	0618	223229	江苏省淮安市淮安区施河镇德福南路	刘红兵	
322	江苏奇乐娃实业有限公司	0557	223229	江苏省淮安市淮安区施河镇工业集中区	刘学军	
323	江苏华丰教学装备有限公司	0704	223229	江苏省淮安市淮安区施河镇工业园区	刘长军	
324	江苏乾坤教学设备有限公司	0534	223229	江苏省淮安市淮安区施河镇工业园区	董玉乾	
325	江苏雪峰科教设备有限公司	0817	223229	江苏省淮安市淮安区施河镇工业园区	单平平	
326	江苏爱心教学装备有限公司	0665	223229	江苏省淮安市淮安区施河镇工业园区	施超	
327	江苏锡光教学设备有限公司	0700	223229	江苏省淮安市淮安区施河镇工业园区	钱叙兴	
328	江苏强众科教设备有限公司	0736	223229	江苏省淮安市淮安区施河镇工业园区29号	查永安	
329	江苏万里科教设备有限公司	0814	223229	江苏省淮安市淮安区施河镇工业园区淮河路18号	施守英	
330	江苏航天光电科技有限公司	0558	223229	江苏省淮安市淮安区施河镇工业园区淮河路西首	胡建波	
331	江苏大鹏科教设备有限公司	0621	223229	江苏省淮安市淮安区施河镇淮河路	刘宝珍	
332	江苏百宇兴事业有限公司	0753	223229	江苏省淮安市淮安区施河镇淮河路1号	钱国强	
333	江苏星杨月科教设备有限公司	0645	223229	江苏省淮安市淮安区施河镇世纪大道	杨如忠	
334	江苏兴特教学设备有限公司	0701	223229	江苏省淮安市淮安区施河镇世纪大道	施信忠	

序号	企业名称	会员证号	邮编	地址	联系人	协会任职
335	淮安市长三角科教设备有限公司	0815	223229	江苏省淮安市淮安区施河镇世纪大道13号	施守江	
336	淮安市迅腾教学设备有限公司	0844	223229	江苏省淮安市淮安区施河镇世纪大道16#	宋平安	
337	江苏月星科教设备有限公司	0646	223229	江苏省淮安市淮安区施河镇世纪大道2号	葛彩珍	
338	江苏华光科教设备有限公司	0571	223229	江苏省淮安市淮安区施河镇世纪大道8号	吴斌	
339	江苏利生科教设备有限公司	0619	223229	江苏省淮安市淮安区施河镇世纪大道南侧	殷建风	
340	江苏锡光科教设备有限公司	0555	223229	江苏省淮安市淮安区施河镇太平路西首	钱剑峰	
341	江苏飞鹰科教设备有限公司	0620	223229	江苏省淮安市淮安区施河镇太平西路	秦万兵	
342	江苏安琪尔科教设备有限公司	0735	223200	江苏省淮安市淮安区施河镇太平西路26号	李晓燕	
343	江苏东大科教设备有限公司	0702	223229	江苏省淮安市淮安区施河镇条龙村	胡国政	
344	江苏盛达教学设备有限公司	0795	223229	江苏省淮安市淮安区施河镇长江路1号	王国顺	
345	江苏双丰教学用品有限公司	0798	225229	江苏省淮安市晃哪去施河镇德福路102号	沈卫国	
346	江苏华辰教学设备有限公司	0560	223229	江苏省淮安市施河镇工业园区人民路南首	管益武	
347	淮安市福乐教学设备有限公司	0804	223229	江苏省淮安市施河镇世纪大道	高云军	
348	江苏华睿科教设备有限公司	0805	223229	江苏省淮安市施河镇世纪大道	周艾军	
349	江阴奇灵乐器有限公司	0705	214441	江苏省江阴市申港镇澄路1597号	缪庆益	
350	江阴市鹏程乐器厂	0542	214407	江苏省江阴市徐霞客镇上东村	陆文庆	
351	无锡铃木乐器有限公司	0039	214415	江苏省江阴市祝塘镇人民路1号	缪志兴	
352	昆山德邦木业有限公司	0358	215347	江苏省昆山市巴城镇正仪高科技术产业园富丽路	唐亮	
353	江苏至善教育投资管理有限公司	0519	210002	江苏省南京市白下区游府西街46号20楼	徐德平	
354	南京宏盛毛毡制品有限公司	0367	210000	江苏省南京市溧水区白马工业集中区工业北路2号	赵清双	
355	南京爱韵乐器有限公司	0433	210012	江苏省南京市雨花区软件大道119号丰盛商汇6号楼208室	童磊	
356	南通市荣祖教学设备有限公司	0684	226600	江苏省南通市海安县城东镇农林村12组	朱水荣	
357	江苏富爱科技发展有限公司	0682	226600	江苏省南通市海安县谭港村18组	李富	
358	南通明星琴行有限公司	0668	226001	江苏省南通市环城东路79-1号	朱磊	

序号	企业名称	会员证号	邮编	地址	联系人	协会任职
359	南通市乐王琴业有限公司	0046	226001	江苏省南通市环城东路93号	王夕林	
360	南通一诺乐器有限公司	0603	226001	江苏省南通市南大街38号银河大厦20层	钱军建	
361	江苏省诚信教学设备有限公司	0564	223600	江苏省沭阳县工业园区北区	祁军	
362	江苏三毛教仪成套设备有限公司	0696	223600	江苏省沭阳县工业园区萧山路36号	徐兴俊	
363	江苏省华茂科教设备有限公司	0565	223600	江苏省沭阳县经济开发区永嘉路40号	祁霞	
364	江苏方舟教学设备有限公司	0719	223600	江苏省沭阳县十字工业园区	胡兴艳	
365	宿迁得益教学设备有限公司	0695	223600	江苏省沭阳县书香名邸小区49幢2号商铺	徐志鸿	
366	江苏金太阳科教设备有限公司	0789	223600	江苏省沭阳县西圩乡迎宾路北侧02号	汤亚	
367	江苏柠檬科教设备有限公司	0563	223600	江苏省沭阳县章集工业园区柠檬3号	徐兴俊	
368	江苏名帝教育设备有限公司	0600	223600	江苏省沭阳县珠江路东侧名城2号楼6号商铺	周跃齐	
369	苏州市卓特乐器工艺五金厂	0298	215008	江苏省苏州市白洋湾大街洋南路8号	史超	
370	苏州音华琴行	0585	215000	江苏省苏州市干将东路666号106室	包林庆	
371	苏州市平江区周万春乐器行	0193	215001	江苏省苏州市工业园区扬东路277号晶汇大厦1619-1620室	周健	
372	苏州恒生进出口有限公司	0200	215004	江苏省苏州市西环路1638号国际经贸大厦	周奇生	
373	姑苏区采长尧民乐工作室	0529	215000	江苏省苏州市相城区黄桥镇胡湾工业区旺盛路向东100米富虹塑胶院内3楼	采长尧	
374	泰州裕泰乐器有限公司	0590	225400	江苏省泰兴市黄桥镇城黄西路168号	王庆华	
375	泰兴琴艺乐器有限公司	0218	225419	江苏省泰兴市溪桥镇华溪东路8号	吴建新	
376	江苏省苏创教学设备有限公司	0796	225300	江苏省泰州市高港科技创业园	戴春喜	
377	江苏鸿星教学设备有限公司	0799	225300	江苏省泰州市高港区力铺街道西工业区	吉荣进	
378	泰州永创教学仪器有限公司	0839	225300	江苏省泰州市开发区滨江工业园虹桥村建新组	吴亚芹	
379	泰州市苏北实验仪器有限公司	0797	225300	江苏省泰州市寿巷街道长太新村	芮锦成	
380	无锡市锡艺乐器厂	0194	214112	江苏省无锡市新区梅村镇锡贤路149号	万建平	
381	无锡万声乐器有限公司	0376	214112	江苏省无锡市新区梅村镇新南科技园新南路10号	万小红	
382	无锡市新区古月琴坊	0101	214112	江苏省无锡市新区梅村镇新南路10号	万其兴	
383	吴江市飞浪文化传播有限公司	0573	215228	江苏省吴江市盛泽镇东方花园钻石商业广场三楼	盛志荣	
384	宿迁市金利普教学仪器设备有限公司	0581	223600	江苏省宿迁市沭阳县书香名邸49幢2号商铺	沈念兵	

序号	企业名称	会员证号	邮编	地址	联系人	协会任职
385	徐州宝迪教学设备有限公司	0694	221000	江苏省徐州市淮海西路苏豪时代广场1#-1-1116	徐华剑	
386	徐州市铜山区顺成乐器配件厂	0630	221115	江苏省徐州市铜山区房村镇新庄	刘方盘	
387	江苏玉河教玩具有限公司	0807	225803	江苏省扬州市宝应县曹甸工业园区中央西路15号	唐素芳	
388	扬州云飞教学设备有限公司	0806	225803	江苏省扬州市宝应县曹甸镇工业集中区	罗云谋	
389	江苏康乐玩具有限公司	0808	225800	江苏省扬州市宝应县曹甸镇工业集中区	施乃凤	
390	江苏思礼实业有限公司	0809	225803	江苏省扬州市宝应县曹甸镇工业集中区	李如星	
391	江苏金阳光游乐设备有限公司	0810	225800	江苏省扬州市宝应县曹甸镇工业集中区	好自强	
392	江苏宝乐实业有限公司	0801	225803	江苏省扬州市宝应县草甸工业区	杨军勇	
393	扬州天音乐器厂	0513	225000	江苏省扬州市城北乡槐南路	郑桂珠	
394	扬州格律诗乐器有限公司	0676	225000	江苏省扬州市广陵区康乐新村101栋104	田玉	
395	扬州正和民族乐器厂	0615	225007	江苏省扬州市广陵区头桥镇迎新村	杨越	
396	扬州市邗江嫦娥乐器厂	0506	225107	江苏省扬州市邗江区李典镇长生村	尤永妹	
397	扬州市邗江希音古琴坊	0720	225000	江苏省扬州市邗江区杨庙镇	陈炎	
398	江苏六鑫科教仪器设备有限公司	0648	225218	江苏省扬州市江都区浦头镇工业园区	朱美馀	
399	江苏永创教学仪器有限公司	0838	225200	江苏省扬州市江都区浦头镇工业园区	吴亚芹	
400	扬州玲珑苑琴筝坊	0710	225247	江苏省扬州市江都区武坚镇周西社区兴周路2号	陈后勇	
401	扬州清和文化发展有限公司	0611	225000	江苏省扬州市江阳中路433号金天城519号	金峰	
402	江苏出入境检验检疫局轻工业产品与儿童用品检测中心	0862	225009	江苏省扬州市开发西路10号	陈明	
403	扬州市邗江华音民族乐器厂	0235	225000	江苏省扬州市凯莱巴黎春天小区136栋201室	周杰	
404	扬州市维扬区御声乐器厂	0322	225000	江苏省扬州市西湖镇司徒庙路西首-胡场	杨国富	
405	扬州翔韵琴筝有限公司	0721	225125	江苏省扬州市西区杨庙镇	刘永勤	
406	扬州太古琴坊有限公司	0586	225000	江苏省扬州市仪征刘集镇盘古工业园1号	刘霄	
407	苏州市福合天韵乐器科技有限责任公司	0755	215000	江苏苏州工业园区星湖街328号创意产业园1-B601室	包伟康	

序号	企业名称	会员证号	邮编	地址	联系人	协会任职
408	扬州市邗江区泉声民族乐器厂	0870	225125	江苏扬州市邗江区杨庙镇杨庙村荷花组	颜正友	
409	扬州市百家筝鸣筝业管理有限公司	0445	225000	江苏扬州市维扬路158号百乐门大厦四楼	曲玉利	
410	九江赛璐珞实业有限公司	0855	332300	江西省九江市武宁县万福经济技术开发区万福大道6号	单成鹿	
411	江西省宏声文化艺术发展有限公司	0579	330000	江西省南昌市国安路112号	刘宏	
412	南城县路东教学设备有限公司	0683	344700	江西省南城县株良镇路东村	李后祖	
413	余干县民族乐器有限公司	0319	335100	江西省余干县玉亭镇沙窝大街	张仕先	
414	阿托拉斯乐器制造(大连)有限公司	0356	116600	辽宁省大连市保税区罗湖路9号	王明海	
415	上海唯声提琴制作有限公司	0660	116036	辽宁省大连市甘井子区营城子大黑石观海山庄	陈顺宝	
416	大连龙音乐器有限公司	0671	116600	辽宁省大连市开发区辽河东路88号	王明瑜	
417	沈阳星辉震东音教设备有限公司	0588	110004	辽宁省沈阳市和平区三好街54号A座4门	王渤	
418	营口西尔伯曼钢琴有限公司	0270	115000	辽宁省营口市西市区民兴河北街	丁弘戬	
419	营口(辽宁)乐器产业基地	0567	115003	辽宁省营口市新联大街东1号	张东	
420	营口乐器协会	0503	115000	辽宁营口市沿海产业基地新联大街东1号	郝峰	
421	呼和浩特市艺达乐器商贸有限公司	0742	010050	内蒙古省呼和浩特市新城区兴安北路2号	林清端	
422	内蒙古艺龙琴行商贸有限公司	0761	010010	内蒙古自治区呼和浩特市赛罕区新华东街长安金座D座商业二楼204	靳英士	
423	西宁天韵文化传播有限公司	0793	810000	青海省西宁市城东区南小街40-48号	刘晓娇	
424	青海三益琴行有限公司	0794	810000	青海省西宁市南大街18号负一层	李永文	
425	山东沁诚之窗教育咨询有限公司	0871	274000	山东菏泽市牡丹区大学路菏泽学院锦苑3楼	郑瑞霞	
426	山东省鄄城训福教学仪器邮箱公司	0768	274600	山东鄄城县什集镇工业园	刘建芳	
427	山东鄄城致远科教仪器有限公司	0769	274600	山东鄄城县什集镇工业园777号	陈海红	
428	山东劳立斯世正乐器有限公司	0108	266109	山东青岛城阳区春阳路101号	邓莹	
429	青岛珍妮丝乐器有限公司	0771	266000	山东青岛市市北区西吴路185号	吴丹舟	
430	潍坊大唐乐器发展有限公司	0869	262409	山东省昌乐县唐吾镇乐器产业园	李华波	
431	潍坊惠好乐器有限公司	0419	262409	山东省昌乐县郿部镇工业园	刘志江	
432	昌乐县东方乐器厂	0417	262409	山东省昌乐县郿部镇政府驻地	李凤英	

序号	企业名称	会员证号	邮编	地址	联系人	协会任职
433	山东庆云国健教学设备制造有限公司	0783	253700	山东省德州市庆云县经济开发区民营创业园	张建涛	
434	山东瑞世达体育器材有限公司	0854	253706	山东省德州市庆云县崖口工业园	刘金财	
435	荷泽市八音乐器有限公司	0469	274000	山东省荷泽市牡丹区刘寨	马宏川	
436	山东中艺音美器材有限公司	0767	274000	山东省菏泽市鄄城县富春乡开发区999号	李洪强	
437	济南旭秋乐器有限公司	0441	250100	山东省济南市高新区世纪大道理想嘉园2号楼19屋1909室(小鸭集团)	董念春	
438	济南新泺港琴行有限公司	0824	250000	山东省济南市历下区文化东路94号	宁春玉	
439	济南市金生源乐器厂	0849	250208	山东省济南市章丘区水寨镇范家开发区	范育荣	
440	山东省济宁市颜氏调律工具有限公司	0453	272000	山东省济宁市任城区南张工业园	颜婷婷	
441	山东省雷鸣教学设备有限公司	0841	276000	山东省雷鸣教学设备有限公司	胡晓艳	
442	山东山石麦尔乐器有限公司	0243	252000	山东省聊城市花园北路38号	刘冰	
443	山东省华泰教学设备有限公司	0837	276000	山东省临沂市高新区宝山路113号	李永彬	
444	临沂宗沛斋工贸有限公司	0518	276034	山东省临沂市河东区华龙路	张宗沛	
445	山东奥尚体育产业有限公司	0716	276000	山东省临沂市兰山区后十社区2号楼（聚财商务中心）704号	潘书杰	
446	山东吉诺尔体育器材有限公司	0651	276000	山东省临沂市兰山区小商品城22号楼0767-0768号	李娟	
447	山东艺达民族乐器有限公司	0614	276000	山东省临沂市郯城县李庄镇205国道西侧	何秀亮	
448	龙口特达经贸有限公司	0477	265701	山东省龙口黄城怡园南路19号	王献结	
449	山东泰山管乐器制造有限公司	0131	265701	山东省龙口市东莱大李	赵人兴	
450	龙口金鸣乐器有限公司	0738	265700	山东省龙口市兰高工业园	李廷东	
451	龙口市博奥乐器制造有限公司	0536	265709	山东省龙口市兰高镇仪乐李家村	邹梦纯	
452	青岛吉他平方商贸有限公司	0399	266023	山东省青岛市标山路128号甲	张豪	
453	青岛玄华涂料有限公司	0395	266108	山东省青岛市城阳区流亭街道赵红路南侧	崔丙杰	
454	青岛帕蒂兰德乐器进出口有限公司	0766	266061	山东省青岛市崂山区海尔路61号天宝国际银座2010	展丽	
455	青岛洲际工贸有限公司	0706	266121	山东省青岛市李沧区石沟工业园	刘学同	
456	青岛青大琴行有限公司	0400	266000	山东省青岛市市南区宁夏路127-6号	周克岭	
457	滕州市北辛华彩琴行	0544	277500	山东省滕州市善国北路人才市场对过	梁景永	
458	昌乐乐吉乐器制造有限公司	0411	262417	山东省潍坊市昌乐县崔家庄政府驻地	张立强	
459	无棣县馨雅教学仪器设备有限公司	0842	251913	山东省无棣县车王镇政府驻地	李风军	

序号	企业名称	会员证号	邮编	地址	联系人	协会任职
460	济宁市兖州区声远乐器有限公司	0245	272112	山东省兖州市谷村镇杨村	颜廷学	
461	山东黑木环保材料科技有限公司	0689	256400	山东省淄博市桓台经济开发区泰山路30号	张玲玲	
462	潍坊盛世扬歌乐器有限公司	0657	261021	山东潍坊市奎文区东风东街荣观华府2号楼2406号	尹广军	
463	大同市新百灵音乐文化传播有限责任公司	0271	037008	山西省大同市迎宾街龙新小区 28号A8座	库秀荣	
464	临汾明星琴行有限公司	0758	041000	山西省临汾市尧都区解放路辛寺街6号	卢青	
465	山西普晋琴行有限公司	0334	030001	山西省太原市青年路12号	董武斌	
466	安康市秦艺贸易有限公司	0276	725000	陕西省安康市汉滨区解放路体育巷2号	姚立宪	
467	西安市曹氏乐器修理服务中心	0359	710016	陕西省西安市太华南路新兴路3号院12号楼2门5层2号	曹西歧	
468	西安音乐学院乐器厂	0224	710061	陕西省西安市长安中路108号	黄勇	
469	延安鲁艺文化艺术有限公司	0792	716000	陕西省延安市师范路自来水公司一楼	文星月	
470	西安音乐学院朱雀琴行	0744	710061	陕西西安市长安中路110号	徐胜利	
471	上海市普陀区爱乐琴行	0317	200062	上海兰溪路119号	许俊	
472	中华乐器网	0232	200000	上海南泉北路1015弄401室	窦晓明	
473	菲奥娜乐器(上海)有限公司	0629	200433	上海市宝山区顾北路83号	王幼妹	
474	上海凯恩乐器有限公司	0413	202180	上海市崇明县合兴镇东首	张伟明	
475	上海萨瑟钢琴有限公司	0656	201400	上海市奉贤区拓林镇南华庭大道东海村130号	王立功	
476	上海敦煌乐器有限公司	0185	201400	上海市奉贤区运河北路1025号	吴启明	
477	精工电子商业（上海）有限公司	0681	200021	上海市淮海中路138号上海广场2701-2703室	石井俊太郎	
478	上海海音乐器有限公司	0745	200011	上海市黄浦区中山南路917号	叶晖	
479	上海管乐器厂有限公司	0323	201806	上海市嘉定区外冈镇恒乐路188号	赵时渔	
480	法兰山德乐器(上海)有限公司	0297	201501	上海市金山区枫泾工业园区钱明东路1338弄35号	陈德鹏	
481	上海邦加琴业有限公司	0287	201505	上海市金山区亭林镇东村南4062号	张琳娟	
482	上海艺音乐器有限公司	0734	201503	上海市金山区朱泾工业区东日路186号	曾香梅	
483	上海顶胜钢琴修理厂	0409	201108	上海市闵行区都会路100号	顾名迈	
484	巨吉贸易(上海)有限公司	0435	201108	上海市闵行区都会路1885号丽琴大厦1楼	司马健	
485	瑞宝乐器（上海）有限公司	0779	201199	上海市闵行区庙泾路66号G239室	韩军	
486	上海雅特曼钢琴有限公司	0158	201108	上海市闵行区颛桥镇向阳路1158号	王永金	
487	上海华黎民族乐器厂	0161	201311	上海市南汇区大团镇永春北路88弄68号	唐华军	

序号	企业名称	会员证号	邮编	地址	联系人	协会任职
488	河合贸易(上海)有限公司	0349	200120	上海市浦东南路528号证券大厦北楼2308室	森口昌基	
489	上海英赫曼琴业有限公司	0187	201200	上海市浦东新区川沙镇进贤路250弄6号1102室	唐海林	
490	上海鼎韵乐器有限公司	0693	201311	上海市浦东新区大团镇宣大路688号	唐正君	
491	上海先韵乐器有限公司	0725	201315	上海市浦东新区康桥路1123弄146号	岳倍先	
492	谷估电子商务(上海)有限公司	0652	200000	上海市浦东新区宣桥镇宣秋路567号5号仓库2楼	罗冲	
493	上海晨川琴业材料有限公司	0320	201705	上海市青浦区华新镇民兴工业园区徐华公路3029弄民兴一路59号	郑纪海	
494	上海胤兰乐器有限公司	0111	201722	上海市青浦区莲溪公路3102号	徐建华	
495	中沃舜克管乐器（上海）有限公司	0762	201702	上海市青浦区徐泾镇沪青平公路2152弄8号	谷攀峰	
496	上海凯笙钢琴有限公司	0780	201619	上海市松江区嘉松南路408号9号商业广场北区3F	EDDIE NI	
497	上海东方教具有限公司	0516	201601	上海市松江区泗泾镇方泗路88号	季祥义	
498	施坦威钢琴(上海)有限公司	0499	200131	上海市外高桥保税区富特北路201号第一层A部位		
499	上海乐圣乐器有限公司	0412	200030	上海市裕德路45弄1号1008室	胡祖庭	
500	上海朱里士福里希乐器有限公司	0524	200051	上海市长宁区仙霞路8号仲盛金融中心303A	周文华	
501	上海叮当网络科技有限公司	0802	200000	上海市长宁区中山西路1055号A座205	陈雷	
502	达达里奥贸易（上海）有限公司	0708	200051	上海市长宁区中山西路999号华闻国际大厦1305室	John daddario	
503	深圳市和乐文化传播有限公司	0740	518036	深圳市福田区福中一路2016号深圳音乐厅首层施坦威钢琴专卖店	翁环	
504	深圳市双华鑫电子有限公司	0864	518100	深圳市龙岗区布吉中元路4号楼32栋A305	江中华	
505	惠州壹号琴行有限责任公司	0747	518000	深圳市罗湖区太白路太阳新城6B	王浩然	
506	深圳金色田园教育科技股份有限公司	0773	518057	深圳市南山区高新技术园区南区A8音乐大厦905室	史斌	
507	深圳市艾伦易登文化发展有限公司	0868	518000	深圳市南山区前海星空科技园A栋401	黄彬彬	
508	成都伟航科技有限公司	0677	610000	四川省成都市高新区天府大道1480号高新孵化园德商国际B座505	彭德伟	
509	四川文轩教育科技有限公司	0673	610041	四川省成都市高新区天韵路186号高新国际广场E座401室	李强	
510	成都中一信科教设备有限公司	0754	610041	四川省成都市武侯区洗面桥街35号1栋702号	王霞	

序号	企业名称	会员证号	邮编	地址	联系人	协会任职
511	天府新区成都片区新兴星韵乐器厂	0709	610213	四川省成都市天府新区新兴镇凉水村4组306号	陈东兵	
512	成都市豪兴泰科技有限公司	0791	610043	四川省成都市武侯区簇锦街办聚龙路68号摩尔汽配城11幢10层41号	暨兴培	
513	四川英才教学设备有限公司	0749	621000	四川省绵阳市机场西路98号	张萃超	
514	成都朝阳浪琴乐器制品有限公司	0210	610200	四川省双流县东升镇清泰村	黎明强	
515	自贡市贝尔吉教学仪器设备有限公司	0559	643000	四川省自贡市国家高新技术产业区川南中小企业创业园金川路15号附10号	兰金	
516	重庆海乐文化传播有限公司	0713	400030	重庆市南区南城大道197号2屋	何杰斌	
517	重庆市万州区龙宝雅韵乐器城	0403	404000	重庆市万州区白岩路152号艺术大厦	陈联全	
518	天津市至上乐器有限公司	0498	301800	天津市宝坻区史各庄工业园	袁洪立	
519	天津三卫乐器有限责任公司	0637	300400	天津市北辰区北辰西路联东U谷产业园区29-2号	李国华	
520	天津金雅佳乐器有限公司	0231	300402	天津市北辰区铁东路霍家嘴工业区四号路五门	侯新宇	
521	天津华一乐器有限公司	0787	300273	天津市滨海新区大港小王庄镇小王庄村	陈宝展	
522	天津市东丽区乐林乐器厂	0491	300000	天津市东丽区大毕庄工业区国信路10号	卢启恒	
523	天津乐威乐器有限公司	0724	300240	天津市东丽区南何庄地铁站B出口南50米	苗永伟	
524	天津创丰乐器进出口贸易有限公司	0483	300150	天津市河北区红星路万科城市花园F-409	贺天宝	
525	天津通宝乐器有限公司	0015	300230	天津市河北区南口支路6号	姜静	
526	天津市民族乐器厂	0018	300230	天津市河北区南吱路1号	郭建文	
527	天津市佰笛乐器有限公司	0189	300162	天津市河东区程林庄路华冠丝绸有限公司院内	赵景萱	
528	天津吉驰国际贸易有限公司	0273	301800	天津市宝坻区宝平景苑小区47-4301室	王贵山	
529	天津天同音工贸有限公司	0274	300170	天津市河东区六纬路神州花园26-3-101	王琳	
530	天津市万德弗劳乐器有限责任公司	0444	300011	天津市河东区新开路春华里11-2-401	高志伟	
531	天津市渤轻进出口有限公司	0107	300211	天津市河西区新围堤道5号	韩延林	
532	天津市静海县鸣鹏永兴乐器厂	0786	301605	天津市静海县子牙镇潘庄子	元景梅	
533	天津市静海县恒艺燕京乐器厂	0703	301605	天津市静海县子牙镇潘庄子村	田树恒	
534	天津市恒诚工业用呢有限公司	0732	300308	天津市空港经济区东九道八号	齐朝利	
535	天津扬昇国际贸易有限公司	0408	300192	天津市南开区鞍山西道信诚大厦704室	许心缇	
536	通宝国际贸易（天津）有限公司	0264	300000	天津市塘沽区春风路紫云国际5栋1门201号	恽林	

序号	企业名称	会员证号	邮编	地址	联系人	协会任职
537	天津乐海城乐器配件有限公司	0364	300450	天津市塘沽区春风路紫云国际5栋1门201室	王锡华	
538	天津滨海琴行有限公司	0290	300450	天津市塘沽区上海道1329号	刘祥清	
539	天津达姆特乐器有限公司	0752	301703	天津市武清区大良镇蔡各庄	杜承柱	
540	天津劳伦斯乐器有限公司	0476	301700	天津市武清区京津时尚广场7楼大厦1002室	刘瑞	
541	天津吉华国际贸易有限公司	0860	300380	天津市西青区中北工业园阜盛道22号	张冉冉	
542	新疆乌鲁木齐市亚欧琴行有限公司	0772	830000	新疆乌鲁木齐市中山路377号亚欧琴行四楼	冯良	
543	云南申乐商贸有限公司	0739	650000	云南省昆明市五华区人民西路196号附1号	杨春云	
544	云南民族民间音乐艺术品开发公司	0062	650000	云南省昆明市阳光花园旭苑27栋4单元501	杨声	
545	德清县洛舍森玛钢琴配件厂	0728	313000	浙江省德清县洛舍镇张陆湾工业区	姚小雄	
546	浙江珠江德华钢琴有限公司	0229	313200	浙江省德清县武康镇丰庆街788号	伍锐伟	
547	海盐东方口琴厂	0249	314300	浙江省海盐县海兴西路288号	丁文良	
548	杭州市滨江区艺树琴行	0584	310052	浙江省杭州市滨江区咏渡巷6号	金丽梅	
549	杭州雅马哈乐器有限公司	0212	311241	浙江省杭州市萧山区瓜沥镇沙田头村	小林孝一	
550	杭州声贝音响有限公司	0291	311118	浙江省杭州市余杭区黄湖镇黄湖工业园区兴湖路19号	蔡忠伟	
551	杭州沃尔特数码钢琴有限公司	0267	310023	浙江省杭州市余杭区五常工业区荆长路31号-A	赵为民	
552	杭州余杭鸣声乐器有限公司	0834	311121	浙江省杭州市余杭区中泰街道紫荆村寺前头16-1号	丁小明	
553	上海德宝乐器有限公司	0442	310000	浙江省杭州余杭区白鹭郡北61幢1单元201	葛义云	
554	吴兴东林星火钢琴配件厂	0727	313002	浙江省湖州市吴兴区东林镇锦山工业区	施丽萍	
555	海湾乐器（嘉善）有限公司	0148	314100	浙江省嘉善县惠民街道钱塘路8号	胡华丰	
556	嘉善县歌特乐器商行（宾士琴行）	0595	314100	浙江省嘉善县魏塘街道文化综合市场3楼新华书店	孙刚	
557	上海韵乐电器有限公司	0166	325608	浙江省乐清市淡溪镇石龙头工业区	柯应岳	
558	丽水括苍琴行	0344	323400	浙江省丽水市括苍路222号	叶菊香	
559	临海市均华乐器有限公司	0380	317000	浙江省临海市古城街道聚景路9号	金云声	
560	宁波职业技术学院乐器制造系	0452	315800	浙江省宁波市北仑新大路1069号	胡晓光	
561	宁波市四明琴行有限公司	0420	315000	浙江省宁波市海曙区望京路146号	石海岳	
562	宁波市鄞州正美电子元件厂	0853	315104	浙江省宁波市鄞州区东兴工业区1号楼	赵屈亚	

序号	企业名称	会员证号	邮编	地址	联系人	协会任职
563	宁波音王电声股份有限公司	0306	315104	浙江省宁波市鄞州投资创业园诚信路818号	王祥贵	
564	宁波市镇海磊磊音响器材厂	0605	315201	浙江省宁波市镇海庄市兆龙路368号	徐佩红	
565	瑞安市中联电声乐器有限公司	0803	325204	浙江省瑞安市塘下罗凤北工业区万景路588号	林遵义	
566	绍兴飞达电声厂	0866	312000	浙江省绍兴市皋埠镇银春路15号-1	赵志刚	
567	温岭市箬横多芬琴行	0712	3175107	浙江省温岭市太平街道星光中路287-289号	叶香花	
568	温州市中联异型紧固件有限公司	0485	325000	浙江省温州市瓯海区郭溪下屿工业区富泉路66号格莱姆乐器	陈小秋	
569	新昌县七星街道双明民族乐器厂	0829	312500	浙江省新昌县七星街道下石演60号	俞开明	
570	永康市天目琴行	0575	321300	浙江省永康市华丰西路87弄2幢1号	李依伟	
571	永康市前仓永固乐器厂	0204	321305	浙江省永康市前仓镇前仓村金鸡路156号	蒋学良	
572	浙江一恒教学仪器有限公司	0692	321304	浙江省永康市前仓镇世纪路6号	章青华	
573	浙江学全科教仪器有限公司	0475	321300	浙江省永康市石柱镇下里溪工业区百福临大道9号	蒋学全	
574	浙江康贝尔教学设备有限公司	0790	321300	浙江省永康市总部中心金同大厦26楼	李泽林	
575	永康市新宝乐器有限公司	0863	321300	浙江永康市前仓镇工业区双丰路10号	池中贤	

2017 中国乐器年鉴
CHINA MUSICAL INSTRUMENT YEARBOOK

职业技能鉴定

2016年中国钢琴调律师行业状况

一、行业培训及鉴定数据汇总

2016年，在全国共开展15批次的调律师职业资格考核鉴定工作，共有561人次取得了钢琴调律师职业资格证书，其中：五级163名，四级230名，三级154名，二级（技师）10名，一级（高级技师）4名。截止目前，共有6028名钢琴调律师取得了各级职业资格证书，其中的技师和高级技师人数为352名，占比为5.8%，还有很大提升空间。

二、重要活动及成果

1．2016年全国钢琴调律职业技能竞赛

中国乐器协会、中国就业培训技术指导中心、中国轻工业职业技能鉴定指导中心、中国财贸轻纺烟草工会全国委员会共同主办“2016年全国钢琴调律职业技能竞赛”。

竞赛分初赛、复赛和决赛三个阶段进行。初赛由有关省区市乐器协会、钢琴调律师协（学）会、轻工产业工会和艺术院校等相关机构组织赛点实施；复赛由北京、广州、上海组织赛区实施；全国决赛在广州进行。

本次竞赛有来自全国各地的近 400 名选手参赛，经过初赛、复赛的重重考验，脱颖而出的 62名选手登上决赛的舞台，进行理论考试和实际操作两个部分的激烈角逐。最终，梁钊明、张翀、刘东林分获前三名。

2．2016年亚洲钢琴技师协会年会

11月29日至30日，第三届APTA 亚洲钢琴调律师年会在高雄举办，来自中国乐器协会钢琴调律师分会 CPTA和日本JPTA、韩国KPTA、中国台湾TPTA的共约60名代表参加。中国乐器协会副理事长王松美、中国乐器协会钢琴调律师分会会长冯高昆等一行 7 人参加此次会议。

TPTA会长林斌一代表主办方致辞，强调了APTA的最主要目的就是让大家彼此认识与交流，并分享经验，了解当前调律师如何在行业中有更好的发展。随后，KPTA 会长河江、JPTA 会长齐田健、CPTA 会长冯高昆、TPTA 会长林斌一先后发表专题讲话，介绍各自所在国家和地区钢琴及调律行业发展情况和当前需要面对的主要问题等。

此外，会议还一致同意 2018 年 APTA年会由CPTA在中国内地举办。冯高昆会长对大家表示感谢并发出邀请，强调会议将以技术交流活动为主，同时也邀约各方派出讲师参加届时举办的技术交流活动。

3．调律技术交流活动

7 月 5 日，由中国乐器协会钢琴调律师分会主办，吉林省钢琴调律师协会与长春大学、长春光华学院承办的“2016 中美钢琴调律技术交流讲座”在长春大学举办，来自北京、上海、天津、广东、江苏、山东等省市的调律从业者和沈阳音乐学院、郑州铁路职业技术学院的老师及学生等近 80 人参加了此次活动。由美籍华人美国注册钢琴技师（RPT）黄智炜和北京联合大学客座教授李任炜讲授“卧式钢琴调整”及“钢琴基准音组分律及调律过程的注意要点”等相关内容。

10月28日，由河合贸易（上海）有限公司和上海市乐器行业协会支持举办的钢琴调律技术交流活动在上海乐器展现场隆重举行，来自全国各地的钢琴调律师150多人参加。日本河合乐器株式会社MPA技师小宫山淳围绕“如何成为MPA技师”，美籍华人钢琴技师黄智炜围绕“旧钢琴的调整和维修”展开讲座。

4. CMIA和日本KAWAI合作签约

10月11日，中国乐器协会与日本河合乐器株式会社在北京就合作开展钢琴调律业务举行签约仪式。双方在业务互补、资源共享、联合发展的原则下开展深度合作。中国乐器协会理事长王世成、日本河合乐器株式会社社长河合弘隆代表合作双方在协议书上签字。

三、展望

截至2016年，国务院已先后分四批取消了211项中央部门设置的职业资格，钢琴调律师作为乐器行业开展最早、成果最显著的一项行业资格，经中国乐器协会向上级部门的报告和申请，与提琴制作工、民族乐器制作工、电鸣乐器制作工一起得以暂时保留。但是，随着国家对不涉及生活食品安全领域资格认证的逐步放开，这四项行业资格未来能否继续保留仍不乐观。

与此同时，中国乐器协会为了更好地开展行业培训和鉴定交流等工作，在与日本河合乐器制作所合作开展中高级钢琴调律师培训工作上取得实质进展。成立了由双方领导和专家组成的主席团、专家组，并筛选了10名来自各地（主要是有调律专业院校）的调律教师在2月份进行了初步培训，分两批（5月和7月）赴日本滨松进行深入培训，并将在考核通过后在国内开展高级调律师培训活动。该计划的顺利实施，不仅可以作为现有国家职业技能培训与鉴定项目的补充和中高级调律师培训的试点，推动乐器行业职业技能培训工作的深入开展，也将对整个国内钢琴技术服务的提升有所促进。

2016年全国钢琴调律师考核鉴定情况统计表

单位：人

鉴定站（所）	鉴定日期	五级/初级技能	四级/中级技能	三级/高级技能	二级/技师	一级/高级技师	合计
北京鉴定站	2016年1月（调律班+技师）	12			9	4	25
	2016年4月（考核鉴定）	7	24	11			42
	2016年4月（调律班）	14					14
	2016年7月（沈阳）	6	26	30			62
	2016年10月（调律班+考核鉴定）	21	14	7			42
	小计	60	64	48	9	4	185
广州鉴定站	2015年10月（调律班）	14					14
	2016年4月（考核鉴定）	22	15	5			42
	2016年9月（调律班）	12					12
	2016年10月（考核鉴定）	11	11	4			26
	小计	59	26	9	0	0	94

鉴定站（所）	鉴定日期	五级 / 初级技能	四级 / 中级技能	三级 / 高级技能	二级 / 技师	一级 / 高级技师	合计
上海鉴定所	2016 年 4 月（考核鉴定）	13	39	14			66
	2016 年 10 月（考核鉴定）	31	47	37			115
小计		44	86	51	0	0	181
长春大学	2016 年 4 月（考核鉴定）		4	16			20
郑州铁路职业技术学院	2016 年 5 月（考核鉴定）		34	17	1		52
北京联合大学特殊教育学院	2016 年 5 月（考核鉴定）		13	1			14
南京艺术学院	2016 年 9 月（考核鉴定）		3	12			15
2016 年合计		163	230	154	10	4	561

2016年通过钢琴调律师国家职业资格考核鉴定名单

1. 北京鉴定站

姓名	性别	证书号	级别
宋显明	男	1658003001500003	五级 / 初级技能
孙正文	男	1658003001500012	五级 / 初级技能
马亮	男	1658003001500005	五级 / 初级技能
高崇瑞	男	1658003001500006	五级 / 初级技能
李斐	男	1658003001500001	五级 / 初级技能
王黎杰	男	1658003001500002	五级 / 初级技能
刘佳	男	1658003001500004	五级 / 初级技能
范文韬	男	1658003001500007	五级 / 初级技能
王晓曦	女	1658003001500008	五级 / 初级技能
高志杰	男	1658003001500009	五级 / 初级技能
祁超	男	1658003001500010	五级 / 初级技能
高超	男	1658003001500011	五级 / 初级技能
柳奎年	男	1658003001500042	五级 / 初级技能
黄奕文	男	1658003001500047	五级 / 初级技能
张坤	男	1658003001500044	五级 / 初级技能
彭涛	男	1658003001500041	五级 / 初级技能
陈华	男	1658003001500046	五级 / 初级技能
孙飘飘	女	1658003001500045	五级 / 初级技能

姓名	性别	证书号	级别
王坤洋	男	1658003001500043	五级 / 初级技能
张戬	男	1658003001500036	五级 / 初级技能
刘江华	男	1658003001500027	五级 / 初级技能
杨涛	男	1658003001500039	五级 / 初级技能
宋小兵	男	1658003001500037	五级 / 初级技能
彭鹤	男	1658003001500038	五级 / 初级技能
王春光	男	1658003001500028	五级 / 初级技能
赵振华	男	1658003001500029	五级 / 初级技能
胡泉鑫	男	1658003001500030	五级 / 初级技能
李东峄	男	1658003001500031	五级 / 初级技能
刘秉林	男	1658003001500032	五级 / 初级技能
于豪豪	男	1658003001500033	五级 / 初级技能
杨丽	女	1658003001500034	五级 / 初级技能
祝凯	男	1658003001500035	五级 / 初级技能
洪杨	女	1658003001500040	五级 / 初级技能
贾智宏	男	1658003001500072	五级 / 初级技能
谢祯淼	女	1658003001500055	五级 / 初级技能
李豪清	男	1658003001500060	五级 / 初级技能
刘永庆	男	1658003001500069	五级 / 初级技能
付博	男	1658003001500062	五级 / 初级技能
张光明	男	1658003001500059	五级 / 初级技能
徐慎微	男	1658003001500071	五级 / 初级技能
侯宝民	男	1658003001500073	五级 / 初级技能
刘孔孔	男	1658003001500054	五级 / 初级技能
温碧玉	女	1658003001500074	五级 / 初级技能
李建科	男	1658003001500057	五级 / 初级技能
孟杨邓	女	1658003001500058	五级 / 初级技能
唐萘	男	1658003001500056	五级 / 初级技能
石锰凯	男	1658003001500061	五级 / 初级技能
佟通	男	1658003001500063	五级 / 初级技能
熊正永	男	1658003001500064	五级 / 初级技能
陈牧野	男	1658003001500065	五级 / 初级技能
赵世杰	男	1658003001500066	五级 / 初级技能
宁莉	女	1658003001500067	五级 / 初级技能
张自强	男	1658003001500068	五级 / 初级技能
刘士峰	男	1658003001500070	五级 / 初级技能

姓名	性别	证书号	级别
梁付云	男	1658003001400057	四级 / 中级技能
胡琦	男	1658003001400058	四级 / 中级技能
郑晨	男	1658003001400063	四级 / 中级技能
李鹏斌	男	1658003001400064	四级 / 中级技能
凌野	男	1658003001400065	四级 / 中级技能
黄海广	男	1658003001400054	四级 / 中级技能
靳伟	男	1658003001400062	四级 / 中级技能
贺明燕	女	1658003001400047	四级 / 中级技能
李天枢	男	1658003001400061	四级 / 中级技能
张雍禄	男	1658003001400068	四级 / 中级技能
贲宇航	男	1658003001400051	四级 / 中级技能
葛权威	男	1658003001400052	四级 / 中级技能
王志新	女	1658003001400056	四级 / 中级技能
唐臣诚	男	1658003001400067	四级 / 中级技能
秦文捷	女	1658003001400059	四级 / 中级技能
刘坤	男	1658003001400049	四级 / 中级技能
李鲁滨	男	1658003001400050	四级 / 中级技能
许喆昊	男	1658003001400069	四级 / 中级技能
王海	男	1658003001400053	四级 / 中级技能
曹亚楠	女	1658003001400046	四级 / 中级技能
王璐鹏	男	1658003001400048	四级 / 中级技能
林少南	男	1658003001400055	四级 / 中级技能
彭海军	男	1658003001400060	四级 / 中级技能
安建平	男	1658003001400066	四级 / 中级技能
郭育锋	男	1658003001400158	四级 / 中级技能
吴求福	男	1658003001400151	四级 / 中级技能
戴良文	男	1658003001400154	四级 / 中级技能
王业	男	1658003001400155	四级 / 中级技能
李向阳	男	1658003001400159	四级 / 中级技能
孙伯勋	男	1658003001400146	四级 / 中级技能
王军	男	1658003001400150	四级 / 中级技能
刘亚辉	男	1658003001400149	四级 / 中级技能
吕笑白	男	1658003001400153	四级 / 中级技能
高音傑	男	1658003001400152	四级 / 中级技能
李泰丞	男	1658003001400147	四级 / 中级技能

姓名	性别	证书号	级别
金陶	男	1658003001400157	四级 / 中级技能
蒋天石	男	1658003001400148	四级 / 中级技能
张春宝	男	1658003001400156	四级 / 中级技能
林谋德	男	1658003001300041	三级 / 高级技能
申通	男	1658003001300032	三级 / 高级技能
高少波	女	1658003001300035	三级 / 高级技能
李衍铿	男	1658003001300034	三级 / 高级技能
柳洁	女	1658003001300031	三级 / 高级技能
张宁	男	1658003001300037	三级 / 高级技能
赵厚东	男	1658003001300039	三级 / 高级技能
袁冠发	男	1658003001300040	三级 / 高级技能
李永文	男	1658003001300036	三级 / 高级技能
崔丕文	男	1658003001300033	三级 / 高级技能
苏文义	男	1658003001300038	三级 / 高级技能
唐建勋	男	1658003001300105	三级 / 高级技能
张健强	男	1658003001300106	三级 / 高级技能
张利	男	1658003001300108	三级 / 高级技能
李师苇	女	1658003001300102	三级 / 高级技能
于传正	男	1658003001300104	三级 / 高级技能
王鑫	男	1658003001300107	三级 / 高级技能
于晓童	男	1658003001300103	三级 / 高级技能
俞骞	男	1658003001200003	二级 / 技师
杨金瑞	男	1658003001200010	二级 / 技师
王涛	男	1658003001200008	二级 / 技师
隋延峰	男	1658003001200002	二级 / 技师
孙锐	男	1658003001200005	二级 / 技师
胡莉莉	女	1658003001200004	二级 / 技师
夏维佳	女	1658003001200009	二级 / 技师
李云鹏	男	1658003001200006	二级 / 技师
刘富强	男	1658003001200007	二级 / 技师
王英	女	1658003001100003	一级 / 高级技师
张迪华	男	1658003001100004	一级 / 高级技师
曾祥明	男	1658003001100001	一级 / 高级技师

姓名	性别	证书号	级别
郝贺	男	1658003001100002	一级 / 高级技师

2. 广州鉴定站

姓名	性别	证书号	级别
李艳峰	男	1658003002500005	五级 / 初级技能
陈伟生	男	1658003002500006	五级 / 初级技能
谭俊杰	男	1658003002500010	五级 / 初级技能
朱涛	男	1658003002500011	五级 / 初级技能
周露露	女	1658003002500013	五级 / 初级技能
陈焕升	男	1658003002500007	五级 / 初级技能
丘安华	男	1658003002500008	五级 / 初级技能
王玉徽	男	1658003002500002	五级 / 初级技能
徐尔尔	女	1658003002500014	五级 / 初级技能
高凌云	男	1658003002500009	五级 / 初级技能
林凯锋	男	1658003002500003	五级 / 初级技能
黄锦发	男	1658003002500004	五级 / 初级技能
涂云明	男	1658003002500012	五级 / 初级技能
陈姗	女	1658003002500001	五级 / 初级技能
王绯	女	1658003002500015	五级 / 初级技能
黄创维	男	1658003002500016	五级 / 初级技能
周永昂	男	1658003002500017	五级 / 初级技能
罗阳	男	1658003002500018	五级 / 初级技能
张强	男	1658003002500019	五级 / 初级技能
李玉航	男	1658003002500020	五级 / 初级技能
郭志鑫	男	1658003002500021	五级 / 初级技能
李亚星	男	1658003002500022	五级 / 初级技能
刘宇航	男	1658003002500023	五级 / 初级技能
邓涛	男	1658003002500024	五级 / 初级技能
江国柱	男	1658003002500025	五级 / 初级技能
李楚湘	男	1658003002500026	五级 / 初级技能
黄凯勤	男	1658003002500027	五级 / 初级技能
吴俊丰	男	1658003002500028	五级 / 初级技能
原嘉祺	男	1658003002500029	五级 / 初级技能
罗攀	男	1658003002500030	五级 / 初级技能
彭宗翰	男	1658003002500031	五级 / 初级技能

姓名	性别	证书号	级别
周邦春	男	1658003002500032	五级 / 初级技能
戴艺刚	男	1658003002500033	五级 / 初级技能
钟子杰	男	1658003002500034	五级 / 初级技能
邱晨煜	男	1658003002500035	五级 / 初级技能
杨炜文	男	1658003002500036	五级 / 初级技能
贾晨晨	男	1658003002500049	五级 / 初级技能
李佳	男	1658003002500050	五级 / 初级技能
赵勇	男	1658003002500052	五级 / 初级技能
李仕沾	男	1658003002500054	五级 / 初级技能
朱伟鸿	男	1658003002500058	五级 / 初级技能
贾宁	男	1658003002500056	五级 / 初级技能
杨子铖	男	1658003002500055	五级 / 初级技能
石玉祥	男	1658003002500048	五级 / 初级技能
王梓豪	男	1658003002500053	五级 / 初级技能
廖文锋	男	1658003002500059	五级 / 初级技能
杨华	女	1658003002500051	五级 / 初级技能
冯小伟	男	1658003002500057	五级 / 初级技能
李匆	男	1658003002500043	五级 / 初级技能
余家强	男	1658003002500045	五级 / 初级技能
李贵锋	男	1658003002500041	五级 / 初级技能
曾伟锋	男	1658003002500044	五级 / 初级技能
陈庭辉	男	1658003002500046	五级 / 初级技能
吴伟开	男	1658003002500039	五级 / 初级技能
陈成	男	1658003002500037	五级 / 初级技能
叶卫平	男	1658003002500038	五级 / 初级技能
冯有权	男	1658003002500042	五级 / 初级技能
江莉佳	女	1658003002500047	五级 / 初级技能
张春桂	男	1658003002500040	五级 / 初级技能
童凯	男	1658003002400001	四级 / 中级技能
谢天	男	1658003002400002	四级 / 中级技能
关炜明	男	1658003002400003	四级 / 中级技能
陈佐霆	男	1658003002400004	四级 / 中级技能
李赞清	男	1658003002400005	四级 / 中级技能
晁境阳	男	1658003002400006	四级 / 中级技能
郭劲	男	1658003002400007	四级 / 中级技能

姓名	性别	证书号	级别
莫海涛	男	1658003002400008	四级 / 中级技能
吴志坤	男	1658003002400009	四级 / 中级技能
林子君	女	1658003002400010	四级 / 中级技能
刘伟	男	1658003002400011	四级 / 中级技能
何记钦	男	1658003002400012	四级 / 中级技能
王韧	男	1658003002400013	四级 / 中级技能
汤晓君	女	1658003002400014	四级 / 中级技能
马柏麟	男	1658003002400015	四级 / 中级技能
傅靖	男	1658003002400017	四级 / 中级技能
李子舜	男	1658003002400024	四级 / 中级技能
舒宇怀	男	1658003002400019	四级 / 中级技能
黄俊球	男	1658003002400018	四级 / 中级技能
王钰	女	1658003002400016	四级 / 中级技能
涂东师	男	1658003002400026	四级 / 中级技能
谷庆	男	1658003002400020	四级 / 中级技能
余峰松	男	1658003002400021	四级 / 中级技能
陈君二	男	1658003002400025	四级 / 中级技能
吴伟桂	男	1658003002400023	四级 / 中级技能
张水生	男	1658003002400022	四级 / 中级技能
李兢	男	1658003002300005	三级 / 高级技能
张云华	男	1658003002300001	三级 / 高级技能
王翠娟	女	1658003002300002	三级 / 高级技能
罗志强	男	1658003002300003	三级 / 高级技能
周全民	男	1658003002300004	三级 / 高级技能
陈伟邦	男	1658003002300007	三级 / 高级技能
杨国钦	男	1658003002300008	三级 / 高级技能
梁舸	男	1658003002300009	三级 / 高级技能
陈志平	男	1658003002300006	三级 / 高级技能

3. 上海鉴定所

姓名	性别	证书号	级别
刘彦	女	1658003001500013	五级 / 初级技能
曾绪兵	男	1658003001500014	五级 / 初级技能
范里昂	男	1658003001500015	五级 / 初级技能

姓名	性别	证书号	级别
王超	男	1658003001500016	五级 / 初级技能
林斌	男	1658003001500017	五级 / 初级技能
傅绪雨	女	1658003001500018	五级 / 初级技能
刘强	男	1658003001500019	五级 / 初级技能
陈灏	男	1658003001500020	五级 / 初级技能
綦浩	男	1658003001500021	五级 / 初级技能
段浩然	男	1658003001500022	五级 / 初级技能
蔡佳思	男	1658003001500023	五级 / 初级技能
梅勇	男	1658003001500024	五级 / 初级技能
张航	男	1658003001500025	五级 / 初级技能
王功杰	男	1658003001500075	五级 / 初级技能
宗东明	男	1658003001500076	五级 / 初级技能
尹成超	男	1658003001500077	五级 / 初级技能
车红浩	男	1658003001500078	五级 / 初级技能
胡淳涛	男	1658003001500079	五级 / 初级技能
殷宗铭	男	1658003001500080	五级 / 初级技能
吴艳	男	1658003001500081	五级 / 初级技能
于江波	男	1658003001500082	五级 / 初级技能
周宇航	男	1658003001500083	五级 / 初级技能
薛可可	女	1658003001500084	五级 / 初级技能
鲁勇	男	1658003001500085	五级 / 初级技能
姜朝辉	男	1658003001500086	五级 / 初级技能
项祖乒	男	1658003001500087	五级 / 初级技能
沈畅	男	1658003001500088	五级 / 初级技能
邹祖俊	男	1658003001500089	五级 / 初级技能
叶磊	男	1658003001500090	五级 / 初级技能
陈语	女	1658003001500091	五级 / 初级技能
王飞	男	1658003001500092	五级 / 初级技能
陈晗	女	1658003001500093	五级 / 初级技能
俞岚	女	1658003001500094	五级 / 初级技能
李启剑	男	1658003001500095	五级 / 初级技能
曹陈	女	1658003001500096	五级 / 初级技能
陈立波	男	1658003001500097	五级 / 初级技能
丁慧云	女	1658003001500098	五级 / 初级技能
史敏	女	1658003001500099	五级 / 初级技能
郑文婷	女	1658003001500100	五级 / 初级技能

姓名	性别	证书号	级别
朱志鹏	男	1658003001500101	五级 / 初级技能
张新	女	1658003001500102	五级 / 初级技能
李天华	女	1658003001500103	五级 / 初级技能
沈雁懿	女	1658003001500104	五级 / 初级技能
王杰	男	1658003001500105	五级 / 初级技能
李小磬	男	1658003001500026	四级 / 中级技能
张德乐	男	1658003001400008	四级 / 中级技能
杨宇	男	1658003001400009	四级 / 中级技能
余海啸	男	1658003001400010	四级 / 中级技能
徐龙全	男	1658003001400011	四级 / 中级技能
雷蕾	男	1658003001400012	四级 / 中级技能
周胜	男	1658003001400013	四级 / 中级技能
吴中华	男	1658003001400014	四级 / 中级技能
吴玉花	女	1658003001400015	四级 / 中级技能
金园园	女	1658003001400016	四级 / 中级技能
李鹏喜	男	1658003001400017	四级 / 中级技能
刘彪	男	1658003001400018	四级 / 中级技能
杨立正	男	1658003001400019	四级 / 中级技能
张跃涛	男	1658003001400020	四级 / 中级技能
万阜鑫	男	1658003001400021	四级 / 中级技能
杨肖	男	1658003001400022	四级 / 中级技能
徐弢	男	1658003001400023	四级 / 中级技能
黄凯艺	男	1658003001400024	四级 / 中级技能
杨鹏伟	男	1658003001400025	四级 / 中级技能
高晓亮	男	1658003001400026	四级 / 中级技能
应春涛	男	1658003001400027	四级 / 中级技能
刘长春	男	1658003001400028	四级 / 中级技能
陈康	男	1658003001400029	四级 / 中级技能
马冉	女	1658003001400030	四级 / 中级技能
陈乾	男	1658003001400031	四级 / 中级技能
云付松	男	1658003001400032	四级 / 中级技能
王强	男	1658003001400033	四级 / 中级技能
陈晨	男	1658003001400034	四级 / 中级技能
陆忠岳	男	1658003001400035	四级 / 中级技能
韩冰	男	1658003001400036	四级 / 中级技能

姓名	性别	证书号	级别
陆一航	男	1658003001400037	四级 / 中级技能
乔亮	男	1658003001400038	四级 / 中级技能
杨正为	男	1658003001400039	四级 / 中级技能
苗雨润	女	1658003001400040	四级 / 中级技能
吴斌	男	1658003001400041	四级 / 中级技能
齐青	女	1658003001400042	四级 / 中级技能
李圣权	男	1658003001400043	四级 / 中级技能
马世敏	男	1658003001400044	四级 / 中级技能
胡迪	男	1658003001400045	四级 / 中级技能
樊继	男	1658003001400160	四级 / 中级技能
刘海威	男	1658003001400161	四级 / 中级技能
甄羚钰	女	1658003001400162	四级 / 中级技能
丛利娜	女	1658003001400163	四级 / 中级技能
吴连珍	女	1658003001400164	四级 / 中级技能
徐继恩	男	1658003001400165	四级 / 中级技能
谢国龙	男	1658003001400166	四级 / 中级技能
杜光新	男	1658003001400167	四级 / 中级技能
祝尚成	男	1658003001400168	四级 / 中级技能
张涛	男	1658003001400169	四级 / 中级技能
陈振	男	1658003001400170	四级 / 中级技能
唐玉武	男	1658003001400171	四级 / 中级技能
王俊志	男	1658003001400172	四级 / 中级技能
周浩	男	1658003001400173	四级 / 中级技能
于佟	男	1658003001400174	四级 / 中级技能
陈泽颖	男	1658003001400175	四级 / 中级技能
周彩华	女	1658003001400176	四级 / 中级技能
贾睿	男	1658003001400177	四级 / 中级技能
曾海涛	男	1658003001400178	四级 / 中级技能
刘宗彩	男	1658003001400179	四级 / 中级技能
沈洪扬	男	1658003001400180	四级 / 中级技能
何胜男	女	1658003001400181	四级 / 中级技能
陈瑜	女	1658003001400182	四级 / 中级技能
郭宏琪	男	1658003001400183	四级 / 中级技能
王其波	男	1658003001400184	四级 / 中级技能
王铁山	男	1658003001400185	四级 / 中级技能
张哲	男	1658003001400186	四级 / 中级技能

姓名	性别	证书号	级别
徐一杰	男	1658003001400187	四级 / 中级技能
马明轩	男	1658003001400188	四级 / 中级技能
白雨	女	1658003001400189	四级 / 中级技能
郑伟	男	1658003001400190	四级 / 中级技能
田帅康	男	1658003001400191	四级 / 中级技能
郭栋梁	男	1658003001400192	四级 / 中级技能
窦明烜	男	1658003001400193	四级 / 中级技能
邵长波	男	1658003001400194	四级 / 中级技能
解凯	男	1658003001400195	四级 / 中级技能
刘嘉	男	1658003001400196	四级 / 中级技能
贾雁飞	女	1658003001400197	四级 / 中级技能
何成志	男	1658003001400198	四级 / 中级技能
施宗宗	男	1658003001400199	四级 / 中级技能
陈默	男	1658003001400200	四级 / 中级技能
李怀健	男	1658003001400201	四级 / 中级技能
孔繁茂	男	1658003001400202	四级 / 中级技能
李加虎	男	1658003001400203	四级 / 中级技能
李万更	男	1658003001400204	四级 / 中级技能
侯小林	男	1658003001400205	四级 / 中级技能
王雁滨	男	1658003001400206	四级 / 中级技能
张海龙	男	1658003001300017	三级 / 高级技能
王永飞	男	1658003001300018	三级 / 高级技能
王开贵	男	1658003001300019	三级 / 高级技能
孙大美	男	1658003001300020	三级 / 高级技能
王文明	男	1658003001300021	三级 / 高级技能
王浩	男	1658003001300022	三级 / 高级技能
郑毅	男	1658003001300023	三级 / 高级技能
夏冬	男	1658003001300024	三级 / 高级技能
王鸿林	男	1658003001300025	三级 / 高级技能
李双勇	男	1658003001300026	三级 / 高级技能
徐作敏	男	1658003001300027	三级 / 高级技能
王金龙	男	1658003001300028	三级 / 高级技能
高卫民	男	1658003001300029	三级 / 高级技能
于学帅	男	1658003001300030	三级 / 高级技能
许扬	男	1658003001300109	三级 / 高级技能

姓名	性别	证书号	级别
王恩平	男	1658003001300110	三级 / 高级技能
张辉	男	1658003001300111	三级 / 高级技能
徐龙全	男	1658003001300112	三级 / 高级技能
杨勇	男	1658003001300113	三级 / 高级技能
张伟	男	1658003001300114	三级 / 高级技能
胡为荣	男	1658003001300115	三级 / 高级技能
张德乐	男	1658003001300116	三级 / 高级技能
庞大考	男	1658003001300117	三级 / 高级技能
韩远亮	男	1658003001300118	三级 / 高级技能
周锋	男	1658003001300119	三级 / 高级技能
易耀	男	1658003001300120	三级 / 高级技能
赵鹏	男	1658003001300121	三级 / 高级技能
冯久平	女	1658003001300122	三级 / 高级技能
李红科	男	1658003001300123	三级 / 高级技能
张天福	男	1658003001300124	三级 / 高级技能
陈子鹏	男	1658003001300125	三级 / 高级技能
王先锋	男	1658003001300126	三级 / 高级技能
张斌	男	1658003001300127	三级 / 高级技能
刘兆勋	男	1658003001300128	三级 / 高级技能
杜崔艳	女	1658003001300129	三级 / 高级技能
尚欢	男	1658003001300130	三级 / 高级技能
周胜齐	男	1658003001300131	三级 / 高级技能
王敏柔	女	1658003001300132	三级 / 高级技能
赵伟	男	1658003001300133	三级 / 高级技能
吴元刚	男	1658003001300134	三级 / 高级技能
韩隆政	男	1658003001300135	三级 / 高级技能
谢祥凤	男	1658003001300136	三级 / 高级技能
李本权	男	1658003001300137	三级 / 高级技能
李东	男	1658003001300138	三级 / 高级技能
杨鹏伟	男	1658003001300139	三级 / 高级技能
李灿	男	1658003001300140	三级 / 高级技能
苏馨雨	女	1658003001300141	三级 / 高级技能
唐臣诚	男	1658003001300142	三级 / 高级技能
樊林林	女	1658003001300143	三级 / 高级技能
孔娇娇	女	1658003001300144	三级 / 高级技能
朱周	男	1658003001300145	三级 / 高级技能

4. 南京艺术学院流行音乐学院

姓名	性别	证书号	级别
蔡沁园	女	1658003001300090	三级 / 高级技能
邓思晨	女	1658003001300091	三级 / 高级技能
李恢弘	男	1658003001300092	三级 / 高级技能
茆天驰	女	1658003001300093	三级 / 高级技能
谈祾灏	男	1658003001300094	三级 / 高级技能
汤慧	女	1658003001300095	三级 / 高级技能
徐蕾	女	1658003001300096	三级 / 高级技能
严晓波	男	1658003001300097	三级 / 高级技能
殷桦	女	1658003001300098	三级 / 高级技能
余金苗	女	1658003001300099	三级 / 高级技能
徐晶晶	女	1658003001300100	三级 / 高级技能
王然然	女	1658003001300101	三级 / 高级技能
王沈园	女	1658003001400143	四级 / 中级技能
吴晋娴	女	1658003001400144	四级 / 中级技能
周畅	男	1658003001400145	四级 / 中级技能

5. 北京联大特教学院

姓名	性别	证书号	级别
曲振强	男	1658003001400104	四级 / 中级技能
王念	男	1658003001400105	四级 / 中级技能
王惠云	女	1658003001400106	四级 / 中级技能
侯照昆	男	1658003001400107	四级 / 中级技能
牟红波	男	1658003001400108	四级 / 中级技能
莫彬彬	男	1658003001400109	四级 / 中级技能
王国新	男	1658003001400110	四级 / 中级技能
刘大海	男	1658003001400111	四级 / 中级技能
缪国军	男	1658003001400112	四级 / 中级技能
刘畅	女	1658003001400113	四级 / 中级技能
孟繁迪	女	1658003001400114	四级 / 中级技能
李杰	男	1658003001400115	四级 / 中级技能
曾望志	男	1658003001400116	四级 / 中级技能
田玉祥	男	1658003001300059	三级 / 高级技能

6. 长春大学

姓名	性别	证书号	级别
王嘉	女	1658003001400001	四级 / 中级技能
刘诗洋	女	1658003001400002	四级 / 中级技能
闫梦	女	1658003001400003	四级 / 中级技能
崔佳悦	女	1658003001400004	四级 / 中级技能
范文浩	男	1658003001300001	三级 / 高级技能
杨娇	女	1658003001300002	三级 / 高级技能
毕鑫	男	1658003001300003	三级 / 高级技能
耿宇瑶	女	1658003001300004	三级 / 高级技能
徐贤洋	男	1658003001300005	三级 / 高级技能
朱梦娇	女	1658003001300006	三级 / 高级技能
候世杰	女	1658003001300007	三级 / 高级技能
杨涵	男	1658003001300008	三级 / 高级技能
龙杰	男	1658003001300009	三级 / 高级技能
严化吉	男	1658003001300010	三级 / 高级技能
张富强	男	1658003001300011	三级 / 高级技能
张育搏	男	1658003001300012	三级 / 高级技能
闫鹏	男	1658003001300013	三级 / 高级技能
阿如娜	女	1658003001300014	三级 / 高级技能
朱韩琪	女	1658003001300015	三级 / 高级技能
韩嘉铭	男	1658003001300016	三级 / 高级技能

7. 郑州铁路职业技术学院

姓名	性别	证书号	级别
贾昌琦	男	1658003001400070	四级 / 中级技能
侯嘉辉	男	1658003001400071	四级 / 中级技能
王放	男	1658003001400072	四级 / 中级技能
孟文杰	男	1658003001400073	四级 / 中级技能
韩静	女	1658003001400074	四级 / 中级技能
范田钰	女	1658003001400075	四级 / 中级技能
宋海潮	男	1658003001400076	四级 / 中级技能
路宽远	男	1658003001400077	四级 / 中级技能
王晶	女	1658003001400078	四级 / 中级技能
王晶晶	女	1658003001400079	四级 / 中级技能

姓名	性别	证书号	级别
张莹	女	1658003001400080	四级 / 中级技能
于默晗	女	1658003001400081	四级 / 中级技能
吕坡	男	1658003001400082	四级 / 中级技能
马倩倩	女	1658003001400083	四级 / 中级技能
黄艺洋	女	1658003001400084	四级 / 中级技能
田大地	男	1658003001400085	四级 / 中级技能
晁瑜涵	女	1658003001400086	四级 / 中级技能
王思琪	女	1658003001400087	四级 / 中级技能
张舒恬	女	1658003001400088	四级 / 中级技能
刘梦洁	女	1658003001400089	四级 / 中级技能
王亚龙	男	1658003001400090	四级 / 中级技能
黄琪	男	1658003001400091	四级 / 中级技能
张梦宇	男	1658003001400092	四级 / 中级技能
闫冬	男	1658003001400093	四级 / 中级技能
郭蔚怡	女	1658003001400094	四级 / 中级技能
雷娃	男	1658003001400095	四级 / 中级技能
周创业	男	1658003001400096	四级 / 中级技能
王浩全	男	1658003001400097	四级 / 中级技能
王世博	男	1658003001400098	四级 / 中级技能
贺子龙	男	1658003001400099	四级 / 中级技能
曹志勇	男	1658003001400100	四级 / 中级技能
赵宝	男	1658003001400101	四级 / 中级技能
周景龙	男	1658003001400102	四级 / 中级技能
李奥	男	1658003001400103	四级 / 中级技能
王义铭	男	1658003001300042	三级 / 高级技能
李美	女	1658003001300043	三级 / 高级技能
张鸣	男	1658003001300044	三级 / 高级技能
陈春雨	男	1658003001300045	三级 / 高级技能
张辉	男	1658003001300046	三级 / 高级技能
黄璞	男	1658003001300047	三级 / 高级技能
崔航	男	1658003001300048	三级 / 高级技能
赵文婷	女	1658003001300049	三级 / 高级技能
朱信远	男	1658003001300050	三级 / 高级技能
杜欣欣	女	1658003001300051	三级 / 高级技能
吕绍楠	男	1658003001300052	三级 / 高级技能

姓名	性别	证书号	级别
贾乾	男	1658003001300053	三级 / 高级技能
郭贺	男	1658003001300054	三级 / 高级技能
冯时雨	男	1658003001300055	三级 / 高级技能
李方博	男	1658003001300056	三级 / 高级技能
郝逸铭	男	1658003001300057	三级 / 高级技能
王路佳	男	1658003001300058	三级 / 高级技能
杜保虎	男	1658003001200011	二级 / 技师

8. 沈阳音乐学院

姓名	性别	证书号	级别
胡誉天	男	1658003001500048	五级 / 初级技能
刘思彤	女	1658003001500049	五级 / 初级技能
魏常昊	男	1658003001500050	五级 / 初级技能
王彬彬	女	1658003001500051	五级 / 初级技能
刘赜诚	男	1658003001500052	五级 / 初级技能
梁刚	男	1658003001500053	五级 / 初级技能
李若君	女	1658003001400122	四级 / 中级技能
谢丽娟	女	1658003001400131	四级 / 中级技能
张涵	女	1658003001400132	四级 / 中级技能
程晓晗	女	1658003001400133	四级 / 中级技能
马浩宸	男	1658003001400134	四级 / 中级技能
佟晓蕾	女	1658003001400140	四级 / 中级技能
乔琳	女	1658003001400124	四级 / 中级技能
张媛媛	女	1658003001400125	四级 / 中级技能
于文龙	男	1658003001400126	四级 / 中级技能
张宇	女	1658003001400127	四级 / 中级技能
宋冰	男	1658003001400130	四级 / 中级技能
吴丽杰	女	1658003001400135	四级 / 中级技能
琳玮	男	1658003001400119	四级 / 中级技能
杨建玉	女	1658003001400120	四级 / 中级技能
陈俊明	男	1658003001400129	四级 / 中级技能
王家兴	男	1658003001400137	四级 / 中级技能
杨志达	男	1658003001400138	四级 / 中级技能
刘建新	男	1658003001400118	四级 / 中级技能

姓名	性别	证书号	级别
耿燕	女	1658003001400117	四级 / 中级技能
宋雨浓	男	1658003001400123	四级 / 中级技能
于海洋	男	1658003001400142	四级 / 中级技能
夏丽艳	女	1658003001400141	四级 / 中级技能
韩成	男	1658003001400139	四级 / 中级技能
赵耀	男	1658003001400121	四级 / 中级技能
陈洪伟	男	1658003001400128	四级 / 中级技能
王伟宾	男	1658003001400136	四级 / 中级技能
李颖	女	1658003001300068	三级 / 高级技能
郭大鹏	男	1658003001300061	三级 / 高级技能
周昊	男	1658003001300067	三级 / 高级技能
何昕	女	1658003001300085	三级 / 高级技能
唐磊	男	1658003001300071	三级 / 高级技能
张希宁	男	1658003001300074	三级 / 高级技能
田晓樵	男	1658003001300080	三级 / 高级技能
陈树亮	男	1658003001300089	三级 / 高级技能
杨明远	男	1658003001300087	三级 / 高级技能
周铭哲	男	1658003001300065	三级 / 高级技能
王海啸	男	1658003001300073	三级 / 高级技能
张厚源	男	1658003001300069	三级 / 高级技能
王飞	女	1658003001300070	三级 / 高级技能
蓝青	男	1658003001300075	三级 / 高级技能
耿勇志	男	1658003001300078	三级 / 高级技能
沈晓燕	女	1658003001300079	三级 / 高级技能
刘二宝	男	1658003001300077	三级 / 高级技能
卫巍	男	1658003001300062	三级 / 高级技能
雷宗阳	男	1658003001300076	三级 / 高级技能
曹雷	男	1658003001300060	三级 / 高级技能
栾恒宇	男	1658003001300086	三级 / 高级技能
胡晓舒	男	1658003001300063	三级 / 高级技能
杨程程	女	1658003001300064	三级 / 高级技能
郑博予	男	1658003001300066	三级 / 高级技能
王兆	女	1658003001300081	三级 / 高级技能
赵福臻	女	1658003001300084	三级 / 高级技能
李婵媛	女	1658003001300082	三级 / 高级技能

姓名	性别	证书号	级别
肖康	男	1658003001300083	三级 / 高级技能
费之斌	男	1658003001300072	三级 / 高级技能
黄泳	男	1658003001300088	三级 / 高级技能

乐器检测

国家轻工业乐器质量监督检测中心2016年工作总结

2016年度工作中，在检测中心全体员工的共同努力下，坚持树立科学发展观，坚持推行先进的管理和服务理念，以优质服务为主线，积极开拓检测业务、加强制度建设、规范检测行为，努力提高服务质量，真正做到：科学、公正、准确、及时，确保了各项检测任务顺利完成。

一、实验室管理

中心始终将实验室管理工作作为中心检测工作发展的主线和立足之本，通过开展监督员的监督活动、质量体系的内、外审，对体系实行有效的监督活动，使中心的质量管理体系得到有效的改进，质量目标得到很好的落实。

（1）为了加强制度建设，进一步规范实验室管理和技术操作，2016年初中心改版了《质量手册》和《程序文件》，并对《作业指导书》等系列的质量管理文件进行修订，确保各项规章制度真正落到实处。

（2）中心于2016年8月底顺利通过了CNAS和CMA二合一实验室的复评审+扩项工作，确定中心的检测标准78项；校准能力范围1项。通过评审，我们的组织机构设置、检测/校准设备的配置、标准规范的配备和环境条件等要素均达到了CNAS和CMA评审准则的要求。

（3）坚持提高检测人员素质，通过业务学习、外出培训等方式全面提高检验检测人员的综合业务能力。同时通过参加乐器标准制订等工作完善乐器检测等工作内容；2016年中心检测人员参加各项质量、技术工作培训数量为99人次。

（4）加大检验仪器设备等资源建设的投入。中心购置的ICP-MS等大型检测设备已经到位，目前正在紧张积极调试中，力争成为满足全部检验能力的国家级实验室。

二、检测服务

（1）截至2016年底，中心共完成乐器检测1483台次， 检测产品主要囊括了钢琴、弦鸣乐器、铜管乐器、木管乐器、民族乐器、电声乐器、教学用打击乐器等。

（2）乐器产品的环保认证工作。2016年4月，由中心和中国质量认证中心联合主办的“钢琴环保认证首批获证企业颁证仪式暨认证规则宣贯会”在宁波举行，本次会议旨在推动钢琴产品质量，促进钢琴制造业的健康发展。目前共有五家钢琴企业获得CQC颁发的绿色环保证书。截止到2016年底，中心共完成钢琴环保认证及其他乐器挥发性有害物质限量检测68批次。

三、服务社会、面向大众

我中心网站（www.gjyqjczx.org）自开通以来，一直面向社会播报检测报告信息，为行业、为消费者及采购招标方提供了及时有效的报告查询服务。检测报告的网上播报工作是我中心面向行业的窗口服务，更是面向社会面向广大消费者的窗口服务。我中心在现有资源在播报工作上拓展播报模式及传媒方式，多渠道多元化多方位的开展检测报告播报工作以及报告证明工作。对于采购招标项目，中心还提供了书面证询工作，为采购招标方保驾护航提供权威有效的证明文件。

四、中心发展方向

（1）乐器环保认证工作。钢琴产品环保认证业务的成功开展为其他乐器提供了可持续的发展方向。中心准备在此基础上继续对其他类乐器开展环保认证工作，通过在乐器行业加强环保和生态建设，推动绿色低碳发展在各个领域持续引向深入。

（2）在新的年度中，中心要努力实现“技术一流、质量一流、人才一流、设备一流”的工作目标，求真务实、开拓创新、为中心今后的检测工作保驾护航。

国家轻工业乐器质量监督检测中心

2016年12月31日

2016年度国家轻工业乐器质量监督检测中心检测产品名录

产品名称	商标	型号	生产单位
立式钢琴	珠江	UP118M+	广州珠江钢琴集团股份有限公司
		UH126	
		UP120M	
		UH132	
		UP120R3	
		UP120L	
		UP118M+	
	里特米勒	R2	
	京珠	BU130B	北京珠江钢琴制造有限公司
		BUP126A	
		BUP120H	
		BUP118	
立式钢琴	星海	K-123T	北京星海钢琴集团有限公司
		NU-120A	
		K-125	
		XH-121	
		B120LS	
		XU-120A	
		K-123T	
		K-121T	
		K-120T	
		XH-125	

产品名称	商标	型号	生产单位
立式钢琴	星海	XU-118B	北京星海钢琴集团有限公司
		XUD-20XL	
		XUD-21XL	
		T-25	
		T-22	
		T-21	
	海资曼	133	北京中加海资曼钢琴有限公司
		H-121	
立式钢琴（有害物质限量）		133BB	
立式钢琴	JOHANNES SEILER	GS-120	PT.SAMICK INDONESIA
		GS-122T	
		GS-125D	
	SEILER	ED-126	
		ED-132	
		Germany122	
		Germany126	
	SAMICK	SE-121	
		SK-122	
	PRAMBERGER	PV-121	
		PV-122	
		JP-125	
	Wm.Knabe&Co	WKV-121	
		WKV-132	
		WMV-122	
	BERNSTEIN	IBS-120D	
		BS-122D	
		BS-600	
	KOHLER&CAMPBELL	KC-120	
		KC-121	
		KC-118TD	
	JOHANNES SEILER	GS-122Traditio	
	海伦	HU125C-A	海伦钢琴股份有限公司
立式钢琴（有害物质限量）	KAWAI	KS-S8	宜昌金宝乐器制造有限公司
		KS-A5	
立式钢琴		KS-A9	

产品名称	商标	型号	生产单位
立式钢琴	KAWAI	KS-P132	宜昌金宝乐器制造有限公司
		KS-P126	
		KU-E122	
		KU-E132	
		KU-S3	
		KU-C1	
		KU-C1F	
		KU-S1II	
		KU-A3	
		KU-P1	
	Yangtze River	CP-2	
	WILH.STEINBERG	AT-23D	
		AT-K18	
	SCHONBRUNN	XO-122	
		XO-2	
		XO-3	
		XO-300	
	BARRATT&ROBINSON	BR-121P	
	TOYAMA	TM-120	
		TM-128	
		TM-123	
		TM-126	
	Yangtze River	YG-66	
	KAWAI	KU-A2	
	YAMAHA	118	杭州雅马哈乐器有限公司
		121	
		128	
		131	
		119	
		122	
		YS	
		RADIUS	
		YS5	
		P660	
	斯威特	UP-120	重庆斯威特钢琴有限公司
		UP-121	

产品名称	商标	型号	生产单位
立式钢琴	斯威特	UP-123	重庆斯威特钢琴有限公司
		UP-125	
	希亚	UP-120	
		UP-121	
		UP-123	
		UP-125	
	诗威特	UP-120	
		UP-121	
		UP-123	
		UP-125	
	斯威特	UP-133	
	乾丹	UP-120	重庆乾丹教学仪器设备有限公司
		UP-121	
		UP-123	
		UP-125	
立式钢琴	英昌	YA122N WCP	英昌乐器（中国）有限公司
		YA122N BP	
		YA-122BP	
立式钢琴（有害物质限量）		YA-122BP	
立式钢琴	斯坦伯格	UP123	厦门斯坦伯格钢琴有限公司
	费迪兰德	UP123	
	斯图拉特	KU280	
	夏贝尔	UP123	福建夏贝尔钢琴有限公司
	GEBR.SCHULZ	G20	
	Mendelssohn	121	门德尔松钢琴（上海）有限公司
		123	
		125	
	STROHMENGER	123	
立式钢琴（工艺+化学）	FRANZ SANDNER	SP-210A	法兰山德乐器（上海）有限公司
		FS-123A	
立式钢琴	DUKE	131-GZ	苏州公爵琴业有限公司
		120-M	
立式钢琴（有害物质限量）	公爵	120（A-L）	
立式钢琴	SKILL	SK-121	上海博尊钢琴有限公司

产品名称	商标	型号	生产单位
立式钢琴（有害物质限量）	山东鄄城	UP120M	山东鄄城致远科教仪器有限公司
	SKILL	SK-121	上海韬菲文化传媒股份有限公司
立式钢琴	楠之韵	UP-125B12	江苏楠之韵乐器有限公司
	medri美德瑞	131	上海声奥钢琴厂
立式钢琴（有害物质限量）	斯坦伯格	KU250	厦门斯坦伯格钢琴有限公司
立式钢琴	MIDWAY	UM-21	浙江乐韵钢琴有限公司
		UM-23B	
		UD-25L	
	Irmler(欧米勒)	Q3	广州欧米勒钢琴有限公司
	SPYKER	HD-123G	湖北华都钢琴制造有限公司
	STEINMEYER	TS300	上海欧宝乐器有限公司
	ALDRICH	FA-121	
	STICHEL诗帝堡	ST-AT	广州诗帝堡乐器有限公司
	Hupfeld霍普菲德	Hu121	河北隆尼施钢琴有限公司
	花为媒	UP-125I型	山东中艺音美器材有限公司
	罗兰特（LUOLANTE）	UP-118	上海罗兰特钢琴有限公司
	洛德莱斯（Luodolaisi）	UP-123	湖州华谱钢琴制造有限公司
	杰士德（J.SDER）	K-123	上海杰士德钢琴有限公司
	瓦格纳（WAGLER）	K-118	
	拉奥特	HE-125B	浙江乐韵钢琴有限公司
	克拉维克	AC-122B	
	贝宁	UP-121	上海施艺琴业有限公司
	斯坦劳莱斯	R23A	广州汇艺乐器有限公司
	浦赛尔	UP-121	上海浦赛钢琴有限公司
	M.F.RACHALS	f-3	罗切尔钢琴（上海）有限公司
	卡尔斯坦（KARLSTEIN）	DK-02S	北京米克丽斯蒂国际贸易有限公司
	诺英德曼（NEUGER-MAN）	NE-01S	广州市仁鸣贸易有限公司
	博林达姆	KH-121	香港德巴赫钢琴有限公司
	德巴赫	UP-123	
	罗宾	UP-123	德清县华美罗宾钢琴有限公司
	BUYSETRO	UP-123	上海河合乐器有限公司
	菲奥娜（FIONA）	IJF-500	菲奥娜乐器有限公司

产品名称	商标	型号	生产单位
立式钢琴	文森·威尔曼	T-120	上海杰曼钢琴有限公司
	爱森纳赫	A25-P8	爱森纳赫（上海）钢琴有限公司
	波尔顿	UP-123	德清县海尔乐器制造有限公司
	莎瓦依	P-123	德清县莎瓦依钢琴有限公司
	西尔维娅	SV-121B	上海湖乐府钢琴有限公司
	乐神巴赫	UP-123	上海帕华钢琴有限公司
	博列特	UP-121	德清洛舍惠谱钢琴厂
	斯坦尼	BS-123	上海斯坦尼钢琴有限公司
	铁三角钢琴	UP-123	射阳福莱德乐器贸易有限公司
	博悦钢琴	N121	上海唯肖乐器有限公司
	施诺德	S-123	德清洛舍沁雅钢琴厂
	贝伦斯	UP-123	吴兴贝伦斯钢琴厂
	豪爵	UP-123	浙江德清豪迈钢琴有限公司
	斯宾	W-95	上海叮当网络科技有限公司
	凯特斯	SY-121H	上海赛雅钢琴有限公司
	乔治·布莱耶（GEORG BREYER）	UP-123	环球乔治布莱耶乐器有限公司
	ZHONGHUA QIN-HANG	UP-123	无锡市普韵乐器音响有限公司
	KAIMEI	UP-123	广州乐人乐器有限公司
	舒尔茨（SCHOLZE）	S-125TB	菲奥娜乐器有限公司
	奥伯曼（Obermann&Sohn）	OP-123	上海卡门乐器有限公司
	伊特漫（Ittma）	GL-121F	上海意克莱钢琴有限公司
	格罗川（Gelotch）	GL-121F	上海格罗川钢琴有限公司
	鹭江（LUJIANG）	LJ-M21	厦门律动钢琴有限公司
	布尔戈尔茨（BUSH&GERTS）	CH-3	重庆星睿乐器有限公司
	波西米亚（Bohemia）	U121A	上海德宝乐器有限公司
	舒南（SCHRAMM）	NM-123BK	福建省恩斯特文化产业集团有限公司
	诺曼比尔（NOMAN&BEARD）	SA-121BK	福建省恩斯特文化产业集团有限公司
	卡罗德	121	浙江卡罗德钢琴制造有限公司
	嘉德曼	123	嘉德曼国际实业有限公司
	卡罗德	123	浙江卡罗德钢琴制造有限公司
	曼斯克顿	M-121B	上海音博钢琴有限公司

产品名称	商标	型号	生产单位
立式钢琴	弗兰茨夏沃克（FLANCLSHA-WOK）	V-123A1	上海悠本乐器有限公司
	莱曼	LM-123A	上海文昊钢琴有限公司
	森朗	SL-120	上海森朗钢琴有限公司
	多米格	123	上海耐宙钢琴有限公司
	DOREE	D20H UP-120	上海朵瑞钢琴有限公司
	布鲁诺（BRUNO）	UP-123	上海抓影文化传播有限公司
	科尔门斯	UP-123	上海声奥钢琴厂
	歌德堡（Gote&borg）	123	上海英尔迈钢琴有限公司
	卡诺伊	UP-123	德清卡诺伊乐器有限公司
	波恩	UP-120	上海万记乐器有限公司
	凯百日（KEILBERG）	PR121	厦门克莱本钢琴有限公司
		KB126	
	伯益	UP-123	天牟（上海）钢琴有限公司
	凯百日（KEILBERG）	K123	厦门克莱本钢琴有限公司
	卡萨德修	UP-123 CH-12	上海心铭钢琴有限公司
	沃恩	WN-123B	杭州戴纳钢琴有限公司
	捷堡伯格（Böhme&Sohn）	JB-01	广州市仁鸣贸易有限公司
	维洛克（WHEELOCK）	K122B	上海维美乐器有限公司
	雅菲娜	UP123	上海伦茜钢琴有限公司
	希尔曼	GP-152	德清县华乐钢琴有限公司
	乔治福里德曼	GE-122	上海勃德有限公司
	奥舍Aucher	UP-123C	上海兰语钢琴有限公司
	威尔斯	UP-123	上海悠哈钢琴有限公司
	FOKOYAMA	FK-A5	横滨乐器音响（上海）有限公司
	M.F.RACHALS	F-8	
	FOKOYAMA	FK-119	
	西索尼科	S-121H	西索尼科乐器（香港）有限公司
	巴洛克	BLK-121	上海和协钢琴有限公司
三角钢琴（有害物质限量）	恺撒堡	GH148	广州珠江钢琴集团股份有限公司
		GH160	
		GH170	
		R8	

产品名称	商标	型号	生产单位
三角钢琴（有害物质限量）	星海	XG-150	北京星海钢琴集团有限公司
		HG-148	北京星海钢琴集团有限公司
三角钢琴		XG-168	北京星海钢琴集团有限公司
		XG-150	北京星海钢琴集团有限公司
	海资曼	203	北京中加海资曼钢琴有限公司
		148A	
三角钢琴（有害物质限量）	海伦	HG161	海伦钢琴股份有限公司
		HG178	
三角钢琴	SEILER	Germany278	PT.SAMICK INDONESIA
	SAMICK	SIG-54D	
	BERNSTEIN	BIG-50D	
	KOHLER&CAMPBELL	KIG-50D	
	长江	CJ-275	宜昌金宝乐器制造有限公司
	WILH.STEINBERG	WS-A188	
	楠之韵	GP-275B28	江苏楠之韵乐器有限公司
	Mendelssohn	275	门德尔松钢琴（上海）有限公司
	MIDWAY	GD-152	浙江乐韵钢琴有限公司
	Schiller塞勒	S9	广州欧米勒钢琴有限公司
	施诺德	GP-160	德清洛舍沁雅钢琴厂
	威尔斯	GP-148	上海悠哈钢琴有限公司
口琴	奇美	C调型	江苏奇美乐器有限公司
		16孔64音型	
		12孔48音型	
		QM24	
		8孔	
		8孔	
		QM25-1	
		QM24	
		QM24-9	
		QM24	
		QM24	
	DHS	C调型	
	天鹅	24孔	江苏天鹅乐器有限公司
		SW1664	
		SW1456	
		SW1248	

产品名称	商标	型号	生产单位
口琴	天鹅	SW1040	江苏天鹅乐器有限公司
		SW28	
		C调24孔	
		SW24	
		SW24-8	
		SW1020	
	黑天鹅	SW24H-BK	
	金鸟	半音阶	江阴奇灵乐器有限公司
		复音	
	山东鄄城	24孔	山东鄄城致远科教仪器有限公司
口风琴	奇美	37键	江苏奇美乐器有限公司
		41键宽音域	
		37键	
		37键型	
		32键型	
		QM13	
		QM27	
		37键	
		37键	
		37键	
	DHS	37键型	
		32键型	
	天鹅	SW37J	江苏天鹅乐器有限公司
		SW37	
		SW32J	
		37键	
	沧海	37键	山东沧海体育产业有限公司
	山东鄄城	37键	山东鄄城致远科教仪器有限公司
	岳洋	37键	山东志远教学设备有限公司
吉它	金音	38寸 JYPG-E110C	河北金音乐器集团有限公司
	金音	中级品	
	星座	X1	漳州市熊益工艺品有限公司
	山东鄄城	FG700MS	山东鄄城致远科教仪器有限公司
	花为媒	FG700MS	山东中艺音美器材有限公司
	BINder	BD-YS41A	广州罗尔德乐器有限公司
	Geake	G-101C	长沙吉客音乐用品有限公司

产品名称	商标	型号	生产单位
吉它	雷鸣	41寸 LMJT-303S	山东省雷鸣教学设备有限公司
	/	KB-191	北京卡本飞博碳纤维制品有限公司
		KB-192	
		KB-193	
		KB-194	
	楠之韵	YC-802	江苏楠之韵乐器有限公司
	荟萃	HC61-03	北京荟萃乐平乐器有限公司
	蒙音	MY-41C	内蒙古蒙音文化发展有限公司
	卢森	30寸	四川英才教学设备有限公司
	Nicam N	D-410BR	北京育鹏世纪钢琴城
竖笛	奇美	英式8孔型	江苏奇美乐器有限公司
		英式8孔型	
		英式8孔型	
		英式8孔型	
		英式8孔型	
		德式8孔型	
		英式8孔	
		英式8孔	
		8孔	
		8孔	
		英式8孔	
		英式8孔	
	DHS	德式8孔	
		英式8孔	
	天鹅	6孔	江苏天鹅乐器有限公司
		SW6K	
		SW8K	
竖笛	山东鄄城	6孔	山东鄄城致远科教仪器有限公司
	英才	8孔型	四川英才教学设备有限公司
	奥丽乐斯	KSR-16	江阴市孔声乐器有限公司
	雅马哈	YRS-24B	雅马哈乐器音响（中国）投资有限公司
		YRS-401	
套笛	天鹅	SW8A	江苏天鹅乐器有限公司
	乐海	/	乐海乐器有限公司
	星海	/	北京民族乐器厂

产品名称	商标	型号	生产单位
套笛	奇美	英式8孔型	江苏奇美乐器有限公司
木笛	奇美	德式8孔型	江苏奇美乐器有限公司
木笛	奇美	英式8孔型	江苏奇美乐器有限公司
电子钢琴	CASIO	PX-150	卡西欧电子科技（中山）有限公司
电子钢琴	CASIO	GP-300BK	卡西欧电子科技（中山）有限公司
电子钢琴	CASIO	PX-360M	卡西欧电子科技（中山）有限公司
电子钢琴	CASIO	CTK-1300	卡西欧电子科技（中山）有限公司
电子钢琴（有害物质限量）	CASIO	GP-300BK	卡西欧电子科技（中山）有限公司
电子钢琴（有害物质限量）	CASIO	PX-360M	卡西欧电子科技（中山）有限公司
电子钢琴	凯丽德KERID	KD-8880	晋江市锦乐电子产品有限公司
电子钢琴	凯丽德KERID	KD-8810	晋江市锦乐电子产品有限公司
电子钢琴	凯丽德KERID	KD-8813	晋江市锦乐电子产品有限公司
电子钢琴	凯丽德KERID	KD-8815	晋江市锦乐电子产品有限公司
电子钢琴	雷鸣LEIMING	LM180	晋江市锦乐电子产品有限公司
电子钢琴	雷鸣LEIMING	LM280	晋江市锦乐电子产品有限公司
电子钢琴	雷鸣LEIMING	LM680	晋江市锦乐电子产品有限公司
电子钢琴	莱因克尔LINEKER	LP-135	晋江市锦乐电子产品有限公司
电子钢琴	莱因克尔LINEKER	LP-360	晋江市锦乐电子产品有限公司
电子钢琴	YAMAHA	P-115	天津雅马哈电子乐器有限公司
电子钢琴	YAMAHA	P-48	天津雅马哈电子乐器有限公司
电子钢琴	YAMAHA	P-45	天津雅马哈电子乐器有限公司
电子钢琴	吟飞	TG8825	吟飞科技（江苏）有限公司
电子钢琴	吟飞	TG8853	吟飞科技（江苏）有限公司
电子钢琴	吟飞	TG8855	吟飞科技（江苏）有限公司
电子钢琴	吟飞	DP300	吟飞科技（江苏）有限公司
电子钢琴	吟飞	RP-36	吟飞科技（江苏）有限公司
电子钢琴	吟飞	PDP-330	吟飞科技（江苏）有限公司
电子钢琴	诗威特	SWT-88660	重庆斯威特钢琴有限公司
电子钢琴	斯威特	SWT-88B	重庆斯威特钢琴有限公司
电子钢琴	斯威特	SWT-88660	重庆斯威特钢琴有限公司
电子钢琴	希亚	XY-88B	重庆斯威特钢琴有限公司
电子钢琴	希亚	XY-88660	重庆斯威特钢琴有限公司
电子钢琴	Greaten	IDK-100A	浙江友谊电子有限公司
电子钢琴	YOUNGCHANG	KC8T	浙江友谊电子有限公司
电子钢琴	YOUNGCHANG	KC9	浙江友谊电子有限公司
电子钢琴	美得理	美得理DP165	美得理电子（深圳）有限公司

产品名称	商标	型号	生产单位
电子钢琴	海伦	DUQIII	海伦钢琴股份有限公司
	德亿（DEYI）	高级品	德清欧莱克琴业有限公司
	CRAWZER克拉乌泽	CX-M20	青岛克拉乌泽电子有限公司
电子琴	CASIO	CTK-2200	卡西欧电子科技（中山）有限公司
		CTK-1300	
		CTK-3300	
		CTK-7320	
		CTK-7320	
		CTK-3300	
		CTK-7300	
		MZ-X300	
		CTK-5350	
		CTK-3350	
		CTK-5350	
电子琴（有害物质限量）	CASIO	MZ-X300	
电子琴	YAMAHA	PSR-E353	天津雅马哈电子乐器有限公司
		KB-190	
		KB-191	
		PSR-E253	
		PSR-E353	
	希亚	XY-168C	重庆斯威特钢琴有限公司
	斯威特	SWT-168C	
		SWT-61S	
		SWT-168C	
	吟飞	TB685	吟飞科技（江苏）有限公司
		TB820	
	美得理	M101	美得理电子（深圳）有限公司
		M101	
	小天使	XTS-6199	小天使电子电器有限公司
萨克斯	YAMAHA	YAS-S1	萧山雅马哈乐器有限公司
		YAS-200DR	
		YAS-200DT	
		YBS-32E	雅马哈株式会社
	STARWAY	SDWAS-811	香港施坦威国际集团有限公司
		SDWSS-804	
		SDWTS-815	

产品名称	商标	型号	生产单位
萨克斯	金音	铜制	河北金音乐器集团有限公司
	Otto Meister(大师)	om-10	北京星海钢琴集团有限公司
	迪南	DAS-810	梅森翰姆林乐器（营口）有限公司
	威柏尔	VAS-618T	威柏尔乐器制造（廊坊）有限公司
	奥维斯	/	天津市静海区蔡公庄镇四党口中村
长笛	YAMAHA	YFL-S2	萧山雅马哈乐器有限公司
		YFL-212DT	
		YFL-212DR	
		YFL-212SL	
	Otto Meister(大师)	om-10	北京星海钢琴集团有限公司
	星海	XH-100	
	金音	铜制	河北金音乐器集团有限公司
		铜制	
	Taishan	TSFL-316	山东泰山管乐器制造有限公司
	迪南	DFL-210	梅森翰姆林乐器（营口）有限公司
	STARWAY	SDWFL-401	香港施坦威国际集团有限公司
	奥维斯	/	天津市静海区蔡公庄镇四党口中村
短笛	爱芝音	AZY-GY-802	北京爱芝音教教学设备有限公司
	YAMAHA	YPC-32	雅马哈株式会社
高音单簧管		YCL-S1	萧山雅马哈乐器有限公司
		YCL-200DR	
		YCL-200DT	
低音单簧管		YCL-221II	雅马哈株式会社
高音单簧管	Taishan	TSCL-612	山东泰山管乐器制造有限公司
	Otto Meister(大师)	om-10	北京星海钢琴集团有限公司
	迪南	DCL-110	梅森翰姆林乐器（营口）有限公司
	STARWAY	SDWCL-501	香港施坦威国际集团有限公司
	星海	XC-17J	北京管乐器厂
小号	YAMAHA	YTR-S1	萧山雅马哈乐器有限公司
	雅马哈	YTR-200DR	
	雅马哈	YTR-200DT	
	金音	铜制	河北金音乐器集团有限公司
	金音	铜制	河北金音乐器集团有限公司
	Taishan	TSTR-801	山东泰山管乐器制造有限公司
	Otto Meister(大师)	om-10	北京星海钢琴集团有限公司
	迪南	DTR-300	梅森翰姆林乐器（营口）有限公司

产品名称	商标	型号	生产单位
小号	STARWAY	SDWTR-211	香港施坦威国际集团有限公司
	奥维斯	/	天津奥维斯乐器有限公司
长号	金音	铜制	河北金音乐器集团有限公司
中音号			
次中音号	星海	XBH-210	北京管乐器厂
		XBH-110	
	YAMAHA	YBH-301//02	雅马哈株式会社
上低音号	星海	XEH-210	北京管乐器厂
		XEH-110	
	YAMAHA	YEP-201	雅马哈株式会社
圆号	爱芝音	AZY-GY-806	北京爱芝音教教学设备有限公司
	奥维斯	/	天津奥维斯乐器有限公司
大号	YAMAHA	YBB-105	雅马哈株式会社
抱号	奥维斯	/	天津奥维斯乐器有限公司
筝	乐海	/	乐海乐器有限公司
	星海	/	北京民族乐器厂
	楠之韵	YC-112	江苏楠之韵乐器有限公司
	琴升	163cm	开封悦音乐器有限公司
	琴升	152cm	
	琴升	135cm	
	皇韵	S-163	兰考中正皇韵乐器有限公司
	鸣韵	163cm	上海鸣韵乐器有限公司
	风韵	S21-163	扬州龙凤琴筝有限公司
	雅韵	S21-163	扬州龙凤琴筝有限公司
	LIGE里歌	LGZ-890	里歌中艺乐器音响（北京）有限公司
	中州	G869	河南中州民族乐器有限公司
	敦煌	694KK	上海民族乐器一厂
	大河	S-21	兰考大河乐器有限公司
	传音	S-21	河南传音乐器有限公司
	龙臣	S-21	兰考县龙臣乐器有限公司
	芈乐	S-21	兰考县古韵乐器配件厂
	桐韵	S-21	兰考桐韵民族乐器有限公司
	龙音	S-21	兰考龙吟乐器有限公司
	绘音	S-21	兰考鑫音民族乐器有限公司
	忠音	S-21	兰考县忠音民族乐器厂
	君谊	S-21	兰考县君谊乐器有限公司
	祥音	S-21	兰考祥音乐器有限公司

产品名称	商标	型号	生产单位
筝	弘弦	S-21	兰考弘弦民族乐器有限公司
	凤祥	S-21	兰考凤祥乐器有限公司
	雅音	S-21	兰考雅音民族乐器有限公司
	弘音	新型十二平均律转调筝	兰考县华韵乐器有限公司
	弘音	便携式120	兰考县华韵乐器有限公司
	惊鸿	S-21	兰考县惊鸿民族乐器有限公司
	焦桐	S-21	兰考县韵音乐器有限公司
	神农	S-21	兰考县神农民族乐器厂
	聆韵	S-21	上海奥动贸易有限公司
	润韵	/	扬州润韵琴筝有限公司
	天籁	/	扬州润韵琴筝有限公司
	岳洋	ZY1001	山东志远教学设备有限公司
	打工皇帝	楠木竹简	北京清音乐器有限公司
	沧海	CHI0156	山东沧海体育产业有限公司
古琴	乐海	/	乐海乐器有限公司
	星海	/	北京民族乐器厂
	知韵	蕉叶式	扬州知韵古琴厂
	中州	Q666	河南中州民族乐器有限公司
	龙音	伏羲式	兰考龙吟乐器有限公司
	悦雅		兰考县悦雅民族乐器有限公司
	凤祥		兰考凤祥乐器有限公司
	弘祥	HXGQ-A088	兰考弘祥乐器有限公司
二胡	乐海	/	乐海乐器有限公司
		/	
	星海	/	北京民族乐器厂
		/	
	HS	HS-21	襄城县宏声乐器有限公司
	楠之韵	GP-138	江苏楠之韵乐器有限公司
	中州	E962	河南中州民族乐器有限公司
	敦煌	10A	上海民族乐器一厂
琵琶	乐海	/	乐海乐器有限公司
	星海	/	北京民族乐器厂
	楠之韵	YC-209	江苏楠之韵乐器有限公司
	中州	P899	河南中州民族乐器有限公司
	蒙音	MY-21	内蒙古蒙音文化发展有限公司
	敦煌	543K	上海民族乐器一厂

产品名称	商标	型号	生产单位
琵琶	慧弘	红木型	兰考县旭东民族乐器厂
大阮	乐海	/	乐海乐器有限公司
大阮	星海	/	北京民族乐器厂
中阮	乐海	/	乐海乐器有限公司
中阮	星海	/	北京民族乐器厂
中阮	中州	R668	河南中州民族乐器有限公司
中阮	荟萃	专业红木	北京荟萃乐平乐器有限公司
中阮	月坛	红木	饶阳北方民族乐器制造有限公司
中阮	北方	红木	饶阳北方民族乐器制造有限公司
小阮	乐海	/	乐海乐器有限公司
小阮	星海	/	北京民族乐器厂
京胡	乐海	/	乐海乐器有限公司
京胡	星海	/	北京民族乐器厂
板胡（有害物质限量）	敦煌牌	65B	上海民族乐器一厂
板胡（有害物质限量）	敦煌牌	62B	上海民族乐器一厂
板胡（有害物质限量）	乐海	硬木731	乐海乐器有限公司
板胡（有害物质限量）	乐海	花梨732	乐海乐器有限公司
笛子	山水笛箫乐坊（刘德力制作）	山水笛箫乐坊2016新款培训用葫芦丝	山水笛箫乐坊
笛子	汗韵大漆	E调	杭州市余杭灵声乐器有限公司
笛子	檀韵	红木	江阴市百灵乐器有限公司
笛子	铜岭宇声	813	杭州宇声乐器有限公司
笛子	伶吟	LY-双插精致	杭州黛宝贸易有限公司
笛子	沐铭雅韵、竹霖生	双插白铜精制笛	杭州余杭区中泰街道竹霖生乐器厂
笛子（有害物质限量）	山水笛箫乐坊（刘德力制作）	山水笛箫乐坊2016新款培训用葫芦丝	山水笛箫乐坊
大三弦	乐海	/	河北省沧州市肃宁县乐海乐器有限公司
大三弦	星海	/	北京民族乐器厂
大三弦	荟萃	红木	北京荟萃乐平乐器有限公司
中三弦	乐海	/	乐海乐器有限公司
中三弦	星海	/	北京民族乐器厂
小三弦	乐海	/	乐海乐器有限公司
小三弦	星海	/	北京民族乐器厂
二胡	荟萃	特选紫檀	北京荟萃乐平乐器有限公司
二胡	月坛	红木	饶阳北方民族乐器制造有限公司
二胡	北方	红木	饶阳北方民族乐器制造有限公司
二胡	乐海	/	河北省沧州市肃宁县乐海乐器有限公司

产品名称	商标	型号	生产单位
二胡	星海	/	北京民族乐器厂
京胡	荟萃	专业型	北京荟萃乐平乐器有限公司
琵琶	荟萃	专业红木	北京荟萃乐平乐器有限公司
	月坛	红木	饶阳北方民族乐器制造有限公司
	北方	红木	
柳琴	荟萃	专业花梨	北京荟萃乐平乐器有限公司
箫	檀韵	红木	江阴市百灵乐器有限公司
葫芦丝	锋飞乐器	FF128	云南锋飞贸易有限公司
	/	高音C调	梁河县杜德光葫芦丝制作有限公司
	/	中音降B调	梁河县金孔雀葫芦丝制作有限公司
	/	中音G调	梁河县傣家葫芦丝制作有限公司
	/	高音C调	梁河县哏市芦原葫芦丝文化产业开发有限公司
	/	中音降B调	梁河县艺苑葫芦丝文化产业发展有限公司
	/	中音降B调	梁河县开宏葫芦丝文化传播有限公司
	鸿雀	bB	天津市静海县盛乐乐器厂
	山水笛箫乐坊(刘德力制作)	山水笛箫乐坊培训用葫芦丝	山水笛箫乐坊
	雷鸣	LM-H2024	山东省雷鸣教学设备有限公司
	雷鸣	LM-J5805	
	沧海	CH5001	山东沧海体育产业有限公司
	岳洋	ZY1012	山东志远教学设备有限公司
葫芦丝(有害物质限量)	山水笛箫乐坊(刘德力制作)	山水笛箫乐坊培训用葫芦丝	山水笛箫乐坊
扬琴	荟萃	专业花梨贝雕	北京荟萃乐平乐器有限公司
	月坛	红木402	饶阳北方民族乐器制造有限公司
	北方	红木402	
	乐海	/	乐海乐器有限公司
	星海	/	北京民族乐器厂
	蒙音	MY-402A	内蒙古蒙音文化发展有限公司
柳琴	乐海	/	乐海乐器有限公司
	星海	/	北京民族乐器厂
笙	森雀	HQ68-53	天津市静海县盛乐乐器厂
	乐海	/	乐海乐器有限公司
	星海	/	北京民族乐器厂
	荟萃	HC18-02	北京荟萃乐平乐器有限公司
	蒙音	MY-17C	内蒙古蒙音文化发展有限公司

产品名称	商标	型号	生产单位
唢呐	乐海	/	乐海乐器有限公司
	星海	/	北京民族乐器厂
小提琴	SNOWPINE	MV1414YA 4/4	北京长安乐器有限公司
	M马士特罗	VN-M01～80	上海悦韵乐器有限公司
	威弗	BV200-8000	
	G（杰士诺）	VN-G03～80	
	SIR（伊赛尔）	SIR-I～AAA	
	楠之韵	4/4	江苏楠之韵乐器有限公司
	LIGE里歌	LVL-816	里歌中艺乐器音响（北京）有限公司
小提琴（有害物质限量）	VIF（威弗）	BV200-8000	上海悦韵乐器有限公司
	M马士特罗	VN-M01～80	
	G（杰士诺）	VN-G03～80	
	SIR（伊赛尔）	SIR-I～AAA	
中提琴	LIGE里歌	LVA-756	里歌中艺乐器音响（北京）有限公司
大提琴		LCO-616	
低音提琴		LBA-916	
电吉它	山东鄄城	v110	山东鄄城致远科教仪器有限公司
	花为媒	v110	山东中艺音美器材有限公司
	ALP	ALP吉它	瑞安市中联电声乐器有限公司
	骑士	QS201	四川英才教学设备有限公司
	雷鸣	LM-DJT25	山东省雷鸣教学设备有限公司
	金音	JYPG-E413	河北金音乐器集团有限公司
手风琴	金杯	JH2017	江阴金杯安琪乐器有限公司
		JH2012-A	
		JH2012	
		JH2008H	
		JH2011-60BS	
		JH5120	
		JH2008Z 120BS(三)	
		JH2017Z 96BS	
	格兰德	JH2008H 120BS(三)	
		JH2017H 96BS	
		GH2011 H-60BS	
		GH2012 HA-120BS	
		GH2012 H-120BS	
		GH2008 H-3-120BS	
		GH2017 H-3-96BS	

产品名称	商标	型号	生产单位
手风琴（有害物质限量）	金杯	JH2008 120BS（三）	江阴金杯安琪乐器有限公司
手风琴	岳洋	120贝司	山东志远教学设备有限公司
		80贝司	
		96贝司	
	沧海	120贝司	
		80贝司	
		96贝司	
	J.MEISTER	48BS	北京长安乐器有限公司
	山东鄄城	120BS	山东鄄城致远科教仪器有限公司
	爱迪	120B	香河天音乐器有限公司
		96B	
	爱芝音	AZY-SFQ827	北京爱芝音教教学设备有限公司
	LIGE里歌	LSH-866	里歌中艺乐器音响（北京）有限公司
	雷鸣	LM-12BS	山东省雷鸣教学设备有限公司
	鹦鹉	120贝司三排簧	天津华韵乐器有限公司
月琴	乐海	/	乐海乐器有限公司
	星海	/	北京民族乐器厂
小军鼓	世纪昊佳	SJS-013	山东世纪星文体器材有限公司
	金三惠	SH-XJG-01	北京金三惠科技有限和公司
	锋飞乐器	FF158	云南锋飞贸易有限公司
	沧海	CHXJG18-2016	山东沧海体育产业有限公司
	山东鄄城	XJG-09-2016	山东鄄城致远科教仪器有限公司
	花为媒	XJG-09-2016	山东中艺音美器材有限公司
	山东志远	XJU_ZY21-2016	山东志远教学设备有限公司
	恒晟	XJG-2016-3	山东祥泰文体器材有限公司
	爱芝音	AZY-JG-702	北京爱芝音教教学设备有限公司
	YAMAHA	CSM1465AII	萧山雅马哈乐器有限公司
	奥尚	AS-E85R	山东奥尚体育产业有限公司
	吉诺尔	JNR-JG123K	山东吉诺尔体育器材有限公司
	津宝	30cm	天津市津宝乐器有限公司
		JBS1057	
爵士鼓	世纪昊佳	SJS-009	山东世纪星文体器材有限公司
	TIGER POWER	BMD 3821	比扬（天津）乐器制造有限公司
	爱芝音	AZY-JSG528	北京爱芝音教教学设备有限公司
	津宝	5鼓	天津市津宝乐器有限公司
		7鼓	

产品名称	商标	型号	生产单位
爵士鼓	雷鸣	LM-420G	山东省雷鸣教学设备有限公司
定音鼓	YAMAHA	TP4300R	雅马哈株式会社
木琴	雅马哈	YX30G	雅马哈株式会社
虎音锣	HS	HS-33	襄城县宏声乐器有限公司
	HS宏声	HS-331	
	海鸥	HO-33	
苏锣	BEROFF	BRSL-2	天津市鑫笛科技有限公司
	正达	ZDL-19	泉州正达科技有限公司
	金笛	JD-290A	天津市河东区乐朗琴行
击弦机（有害物质限量）	KAWAI	KU-121	河合乐器（宁波）有限公司
	/	/	宜昌三盈乐器制造有限公司
弦轴板（有害物质限量）	/	1406*200*32mm	敦化市森城钢琴部件有限公司
中盘（有害物质限量）	蓬莱富信	D型号	蓬莱富信木业有限公司
钢琴外壳（有害物质限量）	/	/	德清县华韵钢琴有限公司
钢琴板（有害物质限量）	/	0.5mm	浙江瑞新装饰材料有限公司
中密度纤维板（有害物质限量）	福人	2440*1220*15mm	福人木业（莆田）有限公司
		2440*1220*20mm	
胶合板（琴底板、弦轴板）	/	1455X*265*20mm	敦化市通达木业有限责任公司

乐器标准

2016年度乐器标准化工作总结

一、总体情况

乐器工业是我国国民经济的传统产业和具有较强国际竞争力的产业，在经济和社会发展中发挥着举足轻重的作用。除延续着提高全民素质教育、发展文化事业和文化产业、开拓农村市场，围绕农村公共文化建设，推进乐器下乡，丰富农民精神文化生活，和配合国家教育改革与发展纲要以及教育部颁布中、小学音乐教学器材配备标准的实施等重要任务外，还承担着《轻工业发展规划（2016～2020）》中对乐器工业所提出新的要求与部署。“十三五”是乐器标准主动适应新常态，怎样才能引领“乐器大国”向“乐器强国”转变的关键时期。

二、标准计划项目安排与执行情况

依据《乐器标准体系》列项以及乐器标委会拟定标准制修订工作计划安排和建议，2016年乐器标委会向主管部门提出了1项行业标准计划的申报。2016年7月，工信部第二批行业标准制修订计划中批准了该项目计划（工信厅科[2016]110号，计划号2016-0822T-QB）。按照计划完成年限，全国乐器标委会已于2016年12月中旬完成了该项目计划的审定，并于2016年12月下旬将其材料（电子版）上报中国轻工业联合会。

三、标准批准发布情况

2016年乐器标委会共完成标准报批8项（其中：国家标准3项，行业标准5项）；已发布标准0项（其中：国家标准0项，行业标准0项），在已发布标准中制定标准0项（其中：国家标准0项，行业标准0项），修订标准0项（其中：国家标准0项，行业标准0项）。

乐器标准的制修订不但符合《轻工业“十二五”发展规划》中“大力开拓农村市场，围绕农村公共文化建设，推进乐器下乡，丰富农民精神文化生活”的总体要求，有力的配合了教育部对《小学音乐教学器材配备标准》《初中音乐教学器材配备标准》的实施，有针对性提出了适合当前生产和满足使用功能的技术要求和质量指标，完善了评价方法和易操作的质量判定规则，补充了乐器标准体系，且保证了质量监督部门有据可依、消费者有据可查，承担起了在全国范围内对乐器采购、招投标的质量验收依据。

四、标准宣贯工作情况

2016年本标委会培训及宣贯有以下几项：（1）为了解国际标准化活动程序与规则，秘书处派员参加了国家标准委举办的国际标准化知识、国际标准化工作程序、国际标准编写规则的培训；（2）为规范轻工行业标准制修订工作，本年度乐器标委会派员参加了由中轻联举办的《轻工行业标准制定工作细则》与轻工标准复核员的培训，并经考核获得资格证书；（3）亦为规范乐器标准制修订工作，借本标委会年度工作会议其间，对乐器标委会所属委员及相关人员进行了《轻工行业标准制定工作细则》的讲解与培训；（4）为配合GB/T 28489-2012《乐器有害物质限量》、GB/T 31731-2015《废弃乐器回收利用通用技术规范》、GB/T 10159-2015《钢琴》国家标准的实施，秘书处分批次对部分钢琴企业、民乐分会就标准制定背景、技术内容等进行了讲解与宣贯。

五、参与国际标准化工作情况

2016年， 乐器行业在研主导提出制修订的国际标准提案共 0 项，其中2016年新立项 0 项； 0 项提案为首次制定标准；国际标准提案所属ISO 0 项，IEC 0 项；标准编制进展属已立项 0 项，在研 0 项， 2016年正式发布 0 项。截至2016年底，在国际标准化组织中的任职情况：承担ISO/IEC的技术机构秘书处 0 个，其中 0 个为我国独立承担， 0 个为我国与 0 国共同承担；本行业无 担任主席，无担任主席顾问，无担任秘书，无担任 无国际标准项目召集人；截至12月底本标委会有注册国际标准化专家 0 人次。

六、2016年标准化重点工作总结

1. 乐器强制性标准精简整合情况

按照工信部《关于开展强制性行业标准清理工作的通知（工科函165号文）》和中轻联《关于开展轻工行业强制性标准清理工作的通知（中轻联标准发［2015］58号）》两个文件的部署和强制性标准清理的范围、原则的要求，乐器标委会对不属于“保障人身健康及生命财产安全、国家安全、生态环境安全和满足社会经济管理基本要求范围”的乐器现行强制性标准，将其转化成为了推荐性标准（QB 2100-2007十二平均律音名标注方法）。

2. 乐器推荐性标准集中复审

按照国标委《推荐性标准集中复审工作方案》和中轻联《轻工行业推荐性国家标准复审工作方案》的总体要求和部署，全国乐器标委会秘书处对所归口的112项乐器现行推荐性国家标准和已下达的标准项目计划的“范围、层级、协调性、适用性”等逐项进行了梳理，并拟定了复审方案，于2016年7月在北京市召开了轻工行业（乐器领域）推荐性国家标准集中复审工作会议。参加复审工作会议的委员对112项乐器类（含计划）标准的产业发展、技术内容、标准层级、适用性以及市场需求等逐项进行了审查评估，并根据文件精神与划分处理原则，最终形成了18项现行国家标准和计划项目、1项国标转化为行标；90项现行行标和计划项目继续有效、2项转化为国标的复审结论。

截至到目前，乐器标委会归口管理的乐器类已发布、已报批和包括本次会议审定的国家、行业标准数量共有112项，其中基础通用标准29项、方法标准6项、产品标准74项，材料标准3项，分别占比25%、5%、67%、3%。其中现行国标平均标龄为5.4年，行标为4.9年。

3. 乐器综合标准化工作的推进情况对产业发展的整体支撑和引导作用

乐器标准化作为乐器产业发展的关键环节，在主动融入国家创新体系建设，以产业发展需求为导向的前提下，初步形成了乐器标准化机构和乐器企业各相关方共同参与的工作机制，标准制修订步伐明显加快，乐器标准体系基本形成，原有标准老化和缺失问题逐步解决。形成了一批重要标准促进乐器产业调整和产品升级，提升了我国乐器产品在国际市场的竞争力。到目前为止，乐器标准不但从标准层面对产品的设计、生产、应用提供了技术支撑，维护了消费者利益，为质量监督部门、供需双方、政府采购招投标、国际贸易等提供了可操作的质量评判依据，而且对乐器产业稳定、有序的发展打下了根基。乐器类现有标准符合及属于工信部提出的标准化改革方向与工作重点中明确提出的“关系人民群众切身利益、量大面广、出口贸易大宗产品”所界定的立项原则和方向。

4. 乐器行业落实《中国制造2025》《互联网+行动计划》“消费品工业‘三品’专项行动”《消费品标准和质量提升规划(2016-2020年)》等方面的标准化工作部署和推进情况

（1） 总体思路。深入贯彻国务院关于印发《深化标准化工作改革方案的通知》的精神，突出政府标准的法规性、基础性和公益性，以提升产品质量和技术水平、满足应用需求为目标，进一步加强乐器标准化工作的总体规划和顶层设计，加快产品安全等重点标准的制定与实施，完善和优化乐器综合标准化技术体系，以促进乐器产业健康持续发展为方向。

（2）主要发展方向。推动乐器工业向标准化、智能化方向发展。加强并开展乐器声学品质测评技术（以物理方法探明乐器声音的客观量）；声学材料选择；加工及新材料替代；乐器表面喷涂工艺、新涂料领域的标准化科研和标准的制定；重点发展中小学定制产品；声学品质能达到国际先进或高端产品标准的制定；探讨钢琴调律标准的制定；以技术标准控制乐器原材料中的有害物质等。

（3）工作目标。到2020年，实现乐器标准的质量达到先进国家的水平，初步形成科学合理、技术先进、协调配套的乐器综合标准化技术体系。围绕产品质量提升和产业结构优化需求，加快定制产品、智能产品等通用标准制定，加强产品标签标识等领域标准制定，加快关键材料及零部件、生产制造等产业技术基础标准制定，加强节能、节水、节材和环保等方面的标准化工作力度，对涉及安全生产、测试方法、术语、声音测评等领域为优先目标，总体上满足“十三五”期间乐器产业的发展需求。在国际标准化活动中将积极参与，借助“一带一路”的平台，加强与国际间在乐器标准化的交流与交往，加快我国乐器标准向国际转化的进程，开展乐器标准中、外文版的翻译，力争在我国组建成立乐器领域相关标准化组织秘书处并承担相关职务，从而促进我国乐器标准的发展，提升我国乐器行业的国际地位。持续开展标准对比工作，加快转化重要国际标准。强化标准支撑作用，鼓励企业采用国际或出口标准，制定严于国家标准、行业标准、地方标准的企业标准，并自我声明公开执行标准。培育和发展具有国际影响力的团体标准。积极主导和参与国际标准制修订，推动我国优势产业技术标准成为国际标准。

5. 标准化科研

2016年秘书处与北京乐器研究所共同承担了《乐器生产粉尘防治及回收利用》标准化科研项目，为制定安全生产领域的标准打下了基础和积累了经验，目前项目正处于验收阶段。

七、存在问题及建议

我国乐器制造业已有60多年的历史，但由于基础较薄弱，加之基础性科研工作开展不力，造成中国乐器整体质量水平不高，从而限制或制约了乐器标准水平的提升。从标准工作的角度分析，主要表现在：（1）企业参与标准制定、贯彻的积极性不够高，对标准、标准化工作与之对应生产各个环节的重要性还缺乏透彻的认识；（2）标准情报工作搜集滞后，未能将国际新技术、新工艺资料及时更新；（3）标准工作经费不足，数据的实验与实证无法深入，造成乐器标准水平整体偏低和部分缺失；（4）由于乐器产品品种繁多，工艺及技术差异大，还有不少产品及零配件尚未制定标准，较大程度存在标准间配套问题；（5）标准监督不力，执行标准意识淡薄；（6）专用检测设备与手段的不完善或缺失亦制约了标准水平的提高；（7）缺少标准化人员培育、培训的机制。

八、2017年工作重点

为更坚决的贯彻执行国家相关政策和为了加强自身建设，在乐器标准层面引领和支撑国家“消费品安全、安全生产”等的一系列规定，拟在今后分阶段重点开展以下工作：一是按照《消费品标准化工程建设的总体方案》，并结合与乐器行业的实际情况，着手做好调研工作，摸清行业、教学用乐器、贸易等的需求；二是在调研的基础上，做好顶层设计和规划，构建乐器安全标准体系框架的同时，提出和制定符合实际需求的乐器质量安全的体系框图和体系表；三是目前乐器行业“安全、绿色”等领域标准工作刚刚起步、数量不多、还不能有效的形成体系的情况下，转变思路，打破原有仅注重产品标准、方法标准制定的观念，在继续完善现有标准体系的框架下，增加和补充乐器“安全生产”领域标准的制定，以协助企业在生产中对所产生粉尘的易爆、易燃性等隐患进行防范与防治，四是开展应对欧盟REACH法规对出口乐器的壁垒，并在调查与研究的基础上，提出乐器产品中使用化学品的预防性管理方案、措施与标准，逐步对化学品中的危险物质在技术标准层面加以控制，同时强化其检测技术和手段。

附表1 重点标准计划项目完成情况统计表

序号	计划编号	项目名称	完成年限	项目进度	备注
1	20153469-T-607	电鸣乐器教学系统配备及安装通用技术规范	2016	已报批	

注：“项目进度”栏根据项目情况，填写“研制中”“已报批”“已发布”。

附表2 2009年~2016年行业标准计划项目完成情况统计表

单位：项

序号	年度	立项数	完成情况		
			已发布	已报批	编制中
1	2009	19	19		
2	2010	19	19		
3	2011	6	6		
4	2012	10	10		
5	2013	6	6		
6	2014	0	0	3	
7	2015	5	0	2	
8	2016	1	0	5	
总计		66	60	10	

附表3 2009年~2016年报批行业标准情况统计表

年度	报批项目数（项）	备注
2009	10	
2010	0	
2011	21	
2012	13	
2013	10	
2014	3	
2015	2	
2016	5	
总计	64	

注：本表“年度”栏填写报批年度，不是表2中的立项年度。

附表4 2016年行业标准批准发布情况统计表

序号	行业/领域	制修订项目批准发布情况统计		
		总计	制定（项）	修订（项）
1	乐器	0	0	0
合计				

附表5 我标委会主导提出在研国际标准项目表

序号	标准名称（中文）	备注
	无	

注：备注栏填写标准编制所处阶段，如：“已立项”“在研”

全国乐器标委会秘书处

2016.1

乐器标准目录

1. 国家标准

序号	标准编号及年代号	标准名称
1	GB/T 10159-2015	钢琴
2	20142551-T-607	电子琴通用技术条件
3	20142550-T-607	电子琴的环境试验要求和试验方法
4	GB/T 23146-2008	十二平均律的频率与音分的计算
5	GB/T 23151-2008	乐器产品使用说明的编制原则
6	GB/T 23173-2008	乐器分类
7	GB/T 25454-2010	电鸣乐器均衡类音效装置通用技术条件
8	GB/T 25455-2010	电鸣乐器放音设备 设备音乐性能评价规范
9	GB/T 25456-2010	钢琴用毡
10	GB/T 25457-2010	钢琴弦轴板
11	GB/T 28484-2012	电鸣乐器压缩与扩展类音效装置通用技术条件
12	GB/T 28489-2012	乐器有害物质限量

序号	标准编号及年代号	标准名称
13	GB/T 30414-2013	乐器音乐信号采集规范
14	GB/T 31109-2014	乐器声学品质评价方法
15	GB/T 31731-2015	废弃乐器回收利用通用技术规范
16	GB/T 33726-2017	乐器中文通用名称
17	GB/T 33722-2017	电鸣乐器音色与音乐风格中文通用名称
18	GB/T 33723-2017	乐器声学品质主观评价人员等级规范
19	20153469-T-607	电鸣乐器教学系统配备与安装通用技术规范

2. 行业标准

序号	标准编号及年代号	标准名称
1	QB/T 1153-2014	吉它
2	QB/T 1207.1-2011	民族弦鸣乐器通用技术条件
3	QB/T 1207.2-2011	琵琶
4	QB/T 1207.3-2011	筝
5	QB/T 1207.4-2011	阮
6	QB/T 1207.5-2011	三弦
7	QB/T 1207.6-2011	月琴
8	QB/T 1207.7-2011	京胡
9	QB/T 1207.8-2011	二胡
10	QB/T 1298-2014	手风琴通用技术条件
11	QB/T 1299-2011	口琴
12	QB/T 1477-2012	电子钢琴
13	QB/T 1657.1-2012	唇振动气鸣乐器通用技术条件
14	QB/T 1657.2-2012	小号
15	QB/T 1657.3-2012	圆号
16	QB/T 1657.4-2012	长号
17	QB/T 1657.5-2012	中音号
18	QB/T 1657.6-2012	低音号
19	QB/T 1658.1-2012	簧振动和边棱音气鸣乐器通用技术条件
20	QB/T1658.2-2012	长笛 短笛

序号	标准编号及年代号	标准名称
21	QB/T 1658.3-2012	单簧管
22	QB/T 1658.4-2012	高音双簧管
23	QB/T 1658.5-2012	低音双簧管
24	QB/T 1658.6-2012	萨克斯管
25	QB/T 1817-2010	琴弦通用技术条件
26	QB/T 1818-2010	提琴弦
27	QB/T 1947.1-2012	民族气鸣乐器通用技术条件
28	QB/T 1947.2-2012	笛子
29	QB/T 1947.3-2012	笙
30	QB/T 1947.4-2012	箫
31	QB/T 1947.5-2012	唢呐
32	QB/T 1948-2011	柳琴
33	QB/T 1949-2011	扬琴
34	QB/T 1984-2000	风琴
35	QB/T 1985-2000	风琴音簧
36	QB 2100-2007	十二平均律音名标注方法（已转化为推荐性）
37	QB/T 2167-2013	4/4小提琴
38	QB/T 2168-2013	4/4小提琴弓
39	QB/T 2169-2014	电吉它
40	QB/T 2175.1-1995(2009)	响铜体鸣乐器通用技术条件
41	QB/T2175.2-1995(2009)	虎音锣
42	QB/T 2175.3-1995(2009)	武锣
43	QB/T 2175.4-1995(2009)	苏锣
44	QB/T 2175.5-1995(2009)	手锣
45	QB/T 2175.6-1995(2009)	抄锣
46	QB/T 2175.7-1995(2009)	水镲
47	QB/T 2175.8-1995(2009)	吊镲
48	QB/T 2175.9-1995(2009)	军镲
49	QB/T 2279-2013	钢琴击弦机
50	QB/T 2417-2011	校音器
51	QB/T 2444-2010	钢琴零部件名称

序号	标准编号及年代号	标准名称
52	QB/T 2587-2013	4/4大提琴
53	QB/T 2607-2013	提琴弓通用技术条件
54	QB/T 2663-2013	4/4大提琴弓
55	QB/T 2740-2014	口风琴
56	QB/T 4131-2010	键盘乐器键宽尺寸系列
57	QB/T 2838-2014	爵士鼓
58	QB/T 2841-2007	乐器调音装置及准确度等级判定
59	QB/T 2916-2017	自由低音手风琴
60	QB/T 2978-2008	钢琴音板
61	QB/T 2979-2008	乐器用材 钢琴锯材
62	QB/T 4014-2010	电子鼓通用技术条件
63	QB/T 4015-2010	MIDI键盘通用技术条件
64	QB/T 4016-2010	中提琴弓
65	QB/T 4017-2010	倍大提琴弓
66	QB/T 4018-2010	倍大提琴
67	QB/T 4019-2010	中提琴
68	QB/T 4129-2010	吉它弦
69	QB/T 4130-2010	竖笛
70	QB/T 4181-2011	古琴
71	QB/T 4220-2011	乐器用材 提琴锯材
72	QB/T 4323-2012	钢琴弦
73	QB/T 4324-2012	电鸣乐器用效果器通用技术条件
74	QB/T 4325-2012	电鸣乐器放音设备 多功能音箱
75	QB/T 4326-2012	电鸣乐器放音设备 电吉它用音箱
76	QB/T 4327-2012	键盘乐器用音箱通用技术条件
77	QB/T 4328-2012	电子鼓用音箱通用技术条件
78	QB/T 4489-2013	半音阶口琴
79	QB/T 4487-2013	电鸣乐器电声性能测量方法
80	QB/T 4491-2013	电鸣乐器电源适配器通用技术条件
81	QB/T 4490-2013	电鸣乐器放音设备 踏板控制器通用技术条件
82	QB/T 4488-2013	电子管风琴

序号	标准编号及年代号	标准名称
83	QB/T 4771-2014	管钟
84	QB/T 4772-2014	定音鼓
85	QB/T 4773-2014	木琴
86	QB/T 4842-2015	陶笛
87	QB/T 4843-2015	巴乌
88	QB/T 4841-2015	葫芦丝
89	2015-0520T-QB	板胡
90	2015-0521T-QB	节拍器
91	2015-0522T-QB	筝弦
92	2015-1766T-QB	编钟
93	2016-0822T-QB	钢琴用琴凳

（全国乐器标准化技术委员会秘书处 提供）

乐器专利

2016年度中国乐器专利概述

中国乐器专利发布产品分布广泛，涵盖键盘乐器、弹拨乐器、民族乐器、电声乐器、打击乐器、弦乐器等各个门类。2016年1~4季度，中国乐器行业发布专利数量共计1383项，与2015年1369项略有增长。其中发明专利388项，较2015年350项增加38项；实用新型587项，较2015年613项略有下降；外观设计381项，较2015年393项略有减少。

从以上数据分析，2016年中国乐器行业专利发布数量整体呈继续上升态势，发明专利数量所占比重逐步增大，显示出乐器专利结构更趋优化，专利质量进一步提升，也从一个侧面反映出乐器行业不断注重以创新驱动引领发展，以要素驱动提质增效。

2016年11月，国家知识产权局在京发布并解读《关于严格专利保护的若干意见》，意见从“充分履行执法监管职责，加大打击专利侵权假冒力度”“加强授权确权维权协调，提升专利保护的效率和质量”“推进行政、司法有机衔接，进一步加强跨部门执法协作”“加强维权援助平台建设，拓宽专利保护公益服务渠道”等方面，提出了全面加强专利保护监管、加快建立快速协同保护体系、推进行政执法与民事保护优势互补、深化维权援助举报投诉机制、加强信息公开与社会信用体系建设工作、积极拓展执法交流合作、强化制度保障等33条严格专利保护的具体措施。

《意见》的制定实施是深入落实中央有关决策部署的体现，有利于营造创新发展的良好环境，有利于维护专利权人的合法权益，有利于创新专利保护体制机制，是切实解决人民群众关心的实际问题的体现。

下一步，国家知识产权局将加强政策解读和任务细化，要求各地知识产权局结合本地区实际，研究制定具体落实方案，并将落实情况纳入年度绩效考核工作中，确保政策有效落地，加快形成严格专利保护工作机制与大保护工作格局。在社会宏观对知识产权认识不断提高的基础上，各类乐器企业日益注重乐器产品品牌形象，2016年上海国际乐器展览会期间专门设置知识产权办公室，对涉及知识产权侵权纠纷进行调查、取证并积极协调处理，有效引导了乐器企业不断通过知识产权维护自身合法权益。

2015~2016年度中国乐器专利发布数量一览表

类别＼年份	2015年	2016年	同比（%）
发明专利	350	388	9.7%
实用新型	613	587	-4.4%
外观设计	393	381	-3.1%
总计	1369	1383	1%

2016年中国乐器专利发布目录

类别	名称	专利类型	申请（专利）号	公开（公告）日	申请（专利权）人	发明（设计）人
乐器综合	打击乐器	外观设计	CN201530239293.4	2016.01.06	高德·诺曼德	高德·诺曼德
	一种在智能移动设备上实现的乐器音频实时分割方法	发明专利	CN201510549631.3	2016.01.06	武汉工程大学	冷娇娇 赵彤洲 方晖 李翔 李碧 翟畅
	一种乐器专用不饱和双固化聚酯亮光黑面漆	发明专利	CN201510687959.1	2016.01.06	青岛展辰新材料有限公司	李文艳 朱强 刘志刚 钟荆祥
	一种驱动装置及使用该驱动装置的摆臂式游乐器	发明专利	CN201510663913.6	2016.01.06	张甲戌	张甲戌
	激励器的安装结构及乐器	实用新型	CN201520563623.X	2016.01.06	雅马哈株式会社	澄野慎二 松尾祥也
	键盘类乐器弹奏指导系统及教学方法	发明专利	CN201510737056.X	2016.01.13	广州乐弥信息科技有限公司	廖俊杰
	电子键盘乐器	外观设计	CN201530261270.3	2016.01.13	雅马哈株式会社	何塞·冈萨雷斯
	电子键盘乐器	外观设计	CN201530241854.4	2016.01.13	雅马哈株式会社	鹫尾和哉
	一种打击乐器的止音垫、制作方法及其使用方法	发明专利	CN201510720580.6	2016.01.13	温州市中联异型紧固件有限公司	杜凌云
	一种打击乐器鼓	实用新型	CN201520713525.X	2016.01.13	程婷	程婷
	一种新型打击乐器鼓	实用新型	CN201520712940.3	2016.01.13	程婷	程婷
	一种弦乐器调音装置	实用新型	CN201520763387.6	2016.01.13	满君怡	满君怡
	乐器指力练习盘	外观设计	CN201530333032.9	2016.01.20	林一明	林一明
	乐器用控制面板	外观设计	CN201530074878.5	2016.01.20	英吉斯设计有限责任公司	J·曼加洛
	一种改进的民族弹击乐器筑琴	实用新型	CN201520760265.1	2016.01.20	吉林省文化科技研究所	冯志彬 赵德林 李松
	用于对弦乐器进行加振的装置	发明专利	CN201480032751.X	2016.01.20	小林功儿 小林正儿	小林功儿
	具有敲击区域检测功能的电子打击乐器	发明专利	CN201510662676.1	2016.01.20	得理电子（上海）有限公司	陆克明 张继波 李兴伟
	乐器指力练习盘	实用新型	CN201520674173.1	2016.01.20	林一明	林一明
	一种乐器切边卷边设备	实用新型	CN201520561406.7	2016.01.20	天津瑞维斯特乐器有限公司	吴承森 周家印
	多功能组合乐器	实用新型	CN201520777442.7	2016.01.20	吴芝潭	吴芝潭
	一种用于室外演出的便携式可调扩音式电子乐器	实用新型	CN201520446696.0	2016.01.20	张启	张启
	乐音控制装置、电子乐器以及乐音控制方法	发明专利	CN201510408581.7	2016.01.27	卡西欧计算机株式会社	森山修
	一种用于弓弦乐器上的控弓装置	发明专利	CN201510769394.1	2016.01.27	赵长海	赵罡
	一种乐器收纳装置	实用新型	CN201520804967.5	2016.01.27	铁岭师范高等专科学校 依晓明	依晓明

类别	名称	专利类型	申请（专利）号	公开（公告）日	申请（专利权）人	发明（设计）人
乐器综合	电子乐器存放柜	实用新型	CN201520779819.2	2016.01.27	南光宁	南光宁
	电子打击乐器用踏板装置	发明专利	CN201510336462.5	2016.02.03	罗兰株式会社	森良彰
	一种敲击弦乐器的音乐多音符估计方法及系统	发明专利	CN201410325609.6	2016.02.03	中国科学院声学研究所 北京中科信利技术有限公司	周若华 万玉龙 颜永红 王宪亮
	一种智能化滚珠乐器	实用新型	CN201520779943.9	2016.02.03	尚华军	尚华军
	用于声学换能器的安装结构和乐器	发明专利	CN201510463486.7	2016.02.10	雅马哈株式会社	村上浩之 松尾祥也
	电子键盘乐器	发明专利	CN201510358382.X	2016.02.10	罗兰株式会社	高田征英 诸桥有希博 宇野史郎
	节奏乐器的综合支架	发明专利	CN201410364602.5	2016.02.10	天津市津宝乐器有限公司	李中华
	乐器及乐器用部件	发明专利	CN201380077749.X	2016.02.17	雅马哈株式会社	加藤忠晴 本地由和 中村纯 二宫世理子 昆仁毅 加藤隼人 门林映美 松井优树 川端太郎
	一种竹制吹奏乐器埙的制作方法	发明专利	CN201410395473.6	2016.02.17	唐昭荣	唐昭荣
	具有敲击区域检测功能的电子打击乐器	实用新型	CN201520794392.3	2016.02.17	得理电子（上海）有限公司	陆克明 张继波 李兴伟
	具有改进的人体工程学的用于乐器的键盘	发明专利	CN201480040087.3	2016.03.02	意戈德赛斯有限公司	P·切卡里尼
	键盘乐器	发明专利	CN201510424876.3	2016.03.02	雅马哈株式会社	松井优树
	触摸检测装置、电子乐器以及方法	发明专利	CN201510486809.4	2016.03.02	卡西欧计算机株式会社	池田晃
	一种弦乐器	实用新型	CN201520829233.2	2016.03.02	管建华	管建华
	模组化电子音乐键盘乐器	实用新型	CN201490000409.7	2016.03.02	罗南·利夫希茨 雪伦·勒纳	罗南·利夫希茨 雪伦·勒纳
	电子键盘乐器	外观设计	CN201530391457.5	2016.03.09	雅马哈株式会社	竹井邦浩
	一种乐器	发明专利	CN201510698360.8	2016.03.09	施政	施政 潘峥争 王欣
	自动演奏机械装置及敲击乐器自动演奏系统	发明专利	CN201510756965.8	2016.03.09	清华大学	施炯明 王子宁 于强 李天奇 曹家铭 张泽 宝鑫 郑钢铁
	用于监测乐器学习的方法及装置	发明专利	CN201510661898.1	2016.03.09	小米科技有限责任公司	张蕊
	乐器结构	实用新型	CN201520777687.X	2016.03.09	升威企业有限公司	林志成
	电子乐器	发明专利	CN201510565040.5	2016.03.16	株式会社河合乐器制作所	佐藤拓也
	键盘装置及键盘乐器	发明专利	CN201510566014.4	2016.03.16	卡西欧计算机株式会社	星野晓久 谷口弘和

类别	名称	专利类型	申请（专利）号	公开（公告）日	申请（专利权）人	发明（设计）人
乐器综合	一种键盘乐器支撑装置	实用新型	CN201520909498.3	2016.03.16	袁豆豆	史小溪 袁豆豆
	铜管乐器唇振练习器	外观设计	CN201530442438.0	2016.03.23	张廷杰	张廷杰
	一种基于投影的乐器学习辅助系统	发明专利	CN201610003917.6	2016.03.23	中国人民解放军装甲兵工程学院	邵思杰 但伟 曹勇 王俊伟 沈斌 韩磊 顾程 曹一宁 曾圆 张凯 魏华锋 杨茗皓
	一种基于LED指示的乐器学习辅助系统	发明专利	CN201610003919.5	2016.03.23	中国人民解放军装甲兵工程学院	邵思杰 曹勇 曾圆 张凯 魏华锋 杨茗皓 顾程 季威 乔新勇 李华莹 熊伟 王加张宇
	一种基于传感器反馈的乐器学习辅助系统	发明专利	CN201610003918.0	2016.03.23	中国人民解放军装甲兵工程学院	邵思杰 林海 曹勇 季威 熊伟 沈斌 张宇 顾程 王树炜 古丛 曾圆 张凯 魏华锋 杨茗皓
	一种弦乐器用肩垫	实用新型	CN201520807330.1	2016.03.23	庞善锋	庞善锋
	二型管乐器支架	外观设计	CN201530322268.2	2016.03.30	天津市津宝乐器有限公司	李中华
	乐器架	外观设计	CN201530393222.X	2016.03.30	HOSCO株式会社	细川真史
	一种乐器均衡器供电电源	实用新型	CN201520789915.5	2016.03.30	宋冠雄	宋冠雄
	背包(非洲鼓乐器包DBP-06)	外观设计	CN201530416869.X	2016.03.30	周成	周成
	一种铜管乐器活塞芯及其制备方法	发明专利	CN201510929554.4	2016.03.30	费春霞	费春霞
	一种木管乐器用哨片的清洁剂及其制备方法	发明专利	CN201510929628.4	2016.03.30	吴来友	吴来友
	乐音控制装置、乐音控制方法及电子乐器	发明专利	CN201510607702.0	2016.03.30	卡西欧计算机株式会社	岩濑广
	一种木管乐器用软垫及其制备方法	发明专利	CN201510929627.X	2016.03.30	吴来友	吴来友
	乐器电动调音弦钮装置	实用新型	CN201520913498.0	2016.03.30	彭正宇	彭正宇
	键盘类乐器弹奏指导系统	实用新型	CN201520865020.5	2016.03.30	广州乐弥信息科技有限公司	廖俊杰
	一种打击乐器的止音垫	实用新型	CN201520852062.5	2016.03.30	温州市中联异型紧固件有限公司	杜凌云
	宽音域木管乐器	发明专利	CN201410815319.X	2016.03.02	南甲洙	南甲洙
	触摸检测装置、电子乐器以及方法	发明专利	CN201510486809.4	2016.03.02	卡西欧计算机株式会社	池田晃
	一种乐器	发明专利	CN201510698360.8	2016.03.09	施政	施政 潘峥争 王欣

类别	名称	专利类型	申请（专利）号	公开（公告）日	申请（专利权）人	发明（设计）人
乐器综合	自动演奏机械装置及敲击乐器自动演奏系统	发明专利	CN201510756965.8	2016.03.09	清华大学	施炯明 王子宁 于强 李天奇 曹家铭 张泽 宝鑫 郑钢铁
	吉他调音系统及弦乐器调音设备	发明专利	CN201510703855.5	2016.03.16	上海斐讯数据通信技术有限公司	包嘉裕
	一种基于投影的乐器学习辅助系统	发明专利	CN201610003917.6	2016.03.23	中国人民解放军装甲兵工程学院	邵思杰 但伟 曹勇 王俊伟 沈斌 韩磊 顾程 曹一宁 曾圆 张凯 魏华锋 杨茗皓
	一种基于LED指示的乐器学习辅助系统	发明专利	CN201610003919.5	2016.03.23	中国人民解放军装甲兵工程学院	邵思杰 曹勇 曾圆 张凯 魏华锋 杨茗皓 顾程 季威 乔新勇 李华莹 熊伟 王加张宇
	一种基于传感器反馈的乐器学习辅助系统	发明专利	CN201610003918.0	2016.03.23	中国人民解放军装甲兵工程学院	邵思杰 但伟 曹勇 王俊伟 沈斌 韩磊 顾程 曹一宁 曾圆 张凯 魏华锋 杨茗皓
	乐音控制装置、乐音控制方法及电子乐器	发明专利	CN201510607702.0	2016.03.30	卡西欧计算机株式会社	岩濑广
	一种铜管乐器活塞芯及其制备方法	发明专利	CN201510929554.4	2016.03.30	费春霞	费春霞
	一种用于小提琴等弓弦乐器上的按键装置	发明专利	CN201510769740.6	2016.04.06	赵长海	赵罡
	一种带有高度可调上弦枕的乐器指板	发明专利	CN201610002913.6	2016.04.06	河北金音乐器集团有限公司	陈学孔
	键盘乐器弹奏人机互动装置	实用新型	CN201520841588.3	2016.04.06	卓强	卓强 朱昌军
	一种木管乐器哨片修剪器	发明专利	CN201410463565.3	2016.04.06	三峡大学	邵航
	背包(非洲鼓乐器包DBP-02)	外观设计	CN201530416723.5	2016.04.06	周成	周成
	背包(非洲鼓乐器包DBM-03)	外观设计	CN201530416868.5	2016.04.06	周成	周成
	背包(非洲鼓乐器包DBP-04)	外观设计	CN201530416792.6	2016.04.06	周成	周成
	乐器音符标贴	外观设计	CN201530394059.9	2016.04.06	李小平	李小平
	一种电声乐器节奏可控的方法及其对卡拉OK的改进	发明专利	CN201610033387.X	2016.04.13	李元辉	李元辉
	弦乐器调弦装置和方法、移动端和移动终端调弦方法	发明专利	CN201510822863.1	2016.04.13	上海斐讯数据通信技术有限公司	郑小骏
	打击、吹奏和拍击乐器以及乐器布置	发明专利	CN201480046837.8	2016.04.13	斯蒂芬·施普伦格尔	斯蒂芬·施普伦格尔
	一种四弦拨弦乐器	实用新型	CN201520770036.8	2016.04.13	钰丰乐器（福建）有限公司	陈永茂
	背包(非洲鼓乐器包DBP-09)	外观设计	CN201530416779.0	2016.04.13	周成	周成

类别	名称	专利类型	申请（专利）号	公开（公告）日	申请（专利权）人	发明（设计）人
乐器综合	背包(非洲鼓乐器包DBM-04)	外观设计	CN201530416705.7	2016.04.13	周成	周成
	背包(非洲鼓乐器包DBP-11)	外观设计	CN201530416731.X	2016.04.13	周成	周成
	背包(非洲鼓乐器包DBP-08)	外观设计	CN201530416704.2	2016.04.14	周成	周成
	背包(非洲鼓乐器包DBP-01)	外观设计	CN201530416732.4	2016.04.14	周成	周成
	一种模块化自动化弦乐器	发明专利	CN201410547942.1	2016.04.20	徐杰	徐杰
	基于辅助摄像头的键盘乐器弹奏音符识别系统	发明专利	CN201410502236.5	2016.04.20	上海渐华科技发展有限公司	王奇迪
	键盘乐器的白键	发明专利	CN201510650044.3	2016.04.20	雅马哈株式会社	山本信
	一种乐器支架	实用新型	CN201520806691.4	2016.04.20	宁波音王电声股份有限公司	吕一鸣 章以印
	乐器竖杆夹座	实用新型	CN201520862049.8	2016.04.20	廖村淇	廖村淇
	乐器架子（UK）	外观设计	CN201530456777.4	2016.04.20	胡旭东	胡旭东
	一种弦乐器的腕部调整装置	发明专利	CN201480014415.2	2016.04.27	林桂斯特·米歇尔·达莲娜	林桂斯特·米歇尔·达莲娜
	键盘乐器	发明专利	CN201510665054.4	2016.04.27	雅马哈株式会社	泉谷仁 石井润 大场保彦 小关信也
	一种乐器教学琴键指示装置	实用新型	CN201520845741.X	2016.04.27	王雅韵	王雅韵 王建忠
	弓拉弦鸣乐器	实用新型	CN201520995283.8	2016.04.27	贵州省民族乐团有限责任公司	龙国洪 廖晓东 扶燕 冯彬 付恒 周子杰
	一种多功能乐器布罩	发明专利	CN201610030448.7	2016.04.27	济南大学	侯延爽
	弦乐器用弦单元结构体以及具备其的电子弦乐器	发明专利	CN201410521606.X	2016.04.27	金东贤	金东贤
	一种学生两用训练乐器	实用新型	CN201521118479.5	2016.05.04	临沂大学	李婧
	可模块化建造的新型弦乐器种类	发明专利	CN201210579343.9	2016.05.04	徐杰	徐杰
	一种曲面木质乐器配件的成型装置	发明专利	CN201510916013.8	2016.05.04	程婷	程婷
	乐器练习台桌	实用新型	CN201520977292.4	2016.05.11	吕红艳	吕红艳
	一种交互式弦乐器教学系统	发明专利	CN201610165863.3	2016.05.11	深圳视感文化科技有限公司	林龙 张博涵 赵岩 宋君
	用于弦乐器的变调夹	发明专利	CN201510740758.3	2016.05.11	C7th有限责任公司	尼古拉斯·约翰·坎普林 克里斯托夫·诺埃尔·希恩 西蒙·约翰·坎普林
	乐器玩具(儿童益智)	发明专利	CN201530493760.6	2016.05.11	江阴飞繁乐器有限公司	李飞 王丽
	管乐器脖带调节扣	实用新型	CN201520893878.2	2016.05.11	青岛普路太工贸有限公司	杜洵
	一种乐器箱包	实用新型	CN201520920275.7	2016.05.11	伍力成	伍力成

类别	名称	专利类型	申请（专利）号	公开（公告）日	申请（专利权）人	发明（设计）人
乐器综合	一种打击乐器娱乐装置	实用新型	CN201521102412.2	2016.05.18	石谷	石谷
	处理装置、处理方法以及电子乐器	发明专利	CN201510598358.3	2016.05.18	卡西欧计算机株式会社	长坂浩明
	电子键盘乐器	外观设计	CN201530418873.X	2016.05.18	雅马哈株式会社	胜又良宏
	乐器吹嘴束圈的结构	实用新型	CN201520943946.1	2016.05.25	刘兆煌	刘兆煌
	一种金属乐器的保养设备	实用新型	CN201521118701.1	2016.05.25	林子涵	林子涵
	一种带有高度可调上弦枕的乐器指板	实用新型	CN201620005225.0	2016.06.01	河北金音乐器集团有限公司	陈学孔
	一种配套式打击乐器表演设施	实用新型	CN201620014442.6	2016.06.01	石谷	石谷
	一种乐器包装盒	实用新型	CN201620005892.9	2016.06.08	高保国	高保国
	弦乐器拾音器安装结构	实用新型	CN201521010673.1	2016.06.08	王哲宏	王哲宏
	带有蓝牙接收功能的乐器连接线	实用新型	CN201521017928.7	2016.06.08	惠阳倍铃乐器配件有限公司	鲁大现
	连接锁紧机构及乐器装置	发明专利	CN201610153417.0	2016.06.08	得理电子（上海）有限公司	郑荃文 张继波
	弦乐器的颤音装置	发明专利	CN201480057267.2	2016.06.08	特奥多尔·季米特洛夫·马斯拉罗夫	特奥多尔·季米特洛夫·马斯拉罗夫
	用于乐器拾音器的电池盒	实用新型	CN201521017879.7	2016.06.08	惠阳倍铃乐器配件有限公司	鲁大现
	乐器演奏评判的方法和装置	发明专利	CN201511001260.1	2016.06.15	百度在线网络技术（北京）有限公司	宋治云
	一种新型的音乐器材安全放置箱	实用新型	CN201620031742.5	2016.06.22	李振奇	李振奇 毕宏伟 韩立民
	服务于特殊人群的非接触式智能电子乐器	发明专利	CN201510112971.X	2016.06.22	西安邮电大学	赵广元 刘柯 王文洁 鲁胜奇 张珊珊 江小武 汪万波 王垚垚
	乐器箱包	外观设计	CN201630038271.6	2016.06.22	伍力成	伍力成
	带有寻找功能的乐器盒	实用新型	CN201620082617.7	2016.06.29	河南理工大学万方科技学院	党勰
	一种弦乐器演奏音质自动判别方法	发明专利	CN201610066930.6	2016.06.29	西安交通大学	管晓宏 杜友田 丁梦莹 雷喆
	乐器挂架	外观设计	CN201630056979.4	2016.06.29	王智荣	王智荣
	一种乐器盒	实用新型	CN201620082640.6	2016.06.29	河南理工大学万方科技学院	张叶林
	一种儿童打击乐器	实用新型	CN201620122780.1	2016.06.29	江西现代职业技术学院	肖磊 章俊
	便携式乐器支撑装置	实用新型	CN201620122462.5	2016.06.29	哈尔滨学院	修雪卿
	可遥控开启的乐器盒	实用新型	CN201620082655.2	2016.06.29	河南理工大学万方科技学院	周海岩
	乐器支架用把手	外观设计	CN201530558392.9	2016.07.06	德国亚虹实业有限公司	亚历山大·皮奇曼

类别	名称	专利类型	申请（专利）号	公开（公告）日	申请（专利权）人	发明（设计）人
乐器综合	一种模拟弓弦类乐器的微感掌上乐器	发明专利	CN201610079656.6	2016.07.06	北京千音互联科技有限公司	黄国君 黄国鹏 黄国坤
	用于弦乐器的数字音频处理系统	发明专利	CN201610292562.7	2016.07.06	广州博创乐器有限公司	布莱德里·罗伊·克拉克
	打击乐器	发明专利	CN201480061206.3	2016.07.13	B·G·福里西克	B·G·福里西克
	一种新型吹管乐器	实用新型	CN201620137893.9	2016.07.13	河北心弦乐器制造有限公司	张于杰
	键盘乐器的振动检测机构	发明专利	CN201510952553.1	2016.07.13	雅马哈株式会社	泉谷仁
	乐器包	发明专利	CN201410830221.1	2016.07.20	天津市金奥林箱包有限公司	杨永闯
	带有指纹识别开启功能的乐器盒	实用新型	CN201620082653.3	2016.07.20	河南理工大学万方科技学院	陈雷锋
	乐器箱包	发明专利	CN201410830246.1	2016.07.20	天津市金奥林箱包有限公司	杨永闯
	一种管状乐器支架	发明专利	CN201610301720.0	2016.07.20	乔正军	乔正军
	一种乐器支架	实用新型	CN201620092098.2	2016.07.20	河南理工大学万方科技学院	刘明
	乐器挂架	外观设计	CN201630056980.7	2016.07.27	王智荣	王智荣
	博物馆乐器电子展厅	实用新型	CN201410824752.X	2016.07.27	王文波	王文波
	一种弹拨乐器	实用新型	CN201620164834.0	2016.07.27	王雷	王雷
	钹式打击乐器的安装装置	发明专利	CN201610041410.X	2016.07.27	雅马哈株式会社	田那边惠美
	数字多功能乐器	发明专利	CN201610015346.8	2016.07.27	科思摩根欧姆股份有限公司	姜辰熙 金昞喜 徐荣皓
	弦鸣乐器的复共鸣器及弦鸣乐器	发明专利	CN201610124672.2	2016.07.27	苏州市福合天韵乐器科技有限责任公司	陈泽 陈意 陈欣
	一种乐器组合大象玩具	实用新型	CN201620139892.8	2016.07.27	陈国雄	陈国雄
	乐器配件（共鸣器2）	外观设计	CN201630045374.5	2016.08.03	周冲	周冲
	乐器架用基座盖	外观设计	CN201530558388.2	2016.08.03	德国亚虹实业有限公司	亚历山大·皮奇曼
	一种智能掌上管笛类乐器、演奏系统及方法	发明专利	CN201610280675.5	2016.08.03	北京千音互联科技有限公司	王金梅
	一种新型乐谱与乐器两用支架	实用新型	CN201620205501.8	2016.08.03	苏嘉宁	苏嘉宁
	一种新型乐谱与乐器两用支架	实用新型	CN201620205501.8	2016.08.03	苏嘉宁	苏嘉宁
	一种智能掌上乐器及演奏方法	发明专利	CN201610312748.4	2016.08.10	北京千音互联科技有限公司	王金梅
	一种有微调琴码的弹拨乐器	实用新型	CN201620181309.X	2016.08.10	吉林省文化科技研究所	冯志彬 赵德林 李松
	乐器配件（共鸣器3）	外观设计	CN201630045373.0	2016.08.17	周冲	周冲
	乐器配件（共鸣器1）	外观设计	CN201630045375.X	2016.08.17	周冲	周冲
	乐器配件（共鸣器4）	外观设计	CN201630045376.4	2016.08.17	周冲	周冲

类别	名称	专利类型	申请（专利）号	公开（公告）日	申请（专利权）人	发明（设计）人
乐器综合	扩音器（乐器）	外观设计	CN201630056292.0	2016.08.17	方惠华	方惠华
	吹管类乐器保温箱	发明专利	CN201510028392.7	2016.08.17	临沂宗沛斋工贸有限公司	张宗沛 王宝春
	弦乐器律制与音高速调结构及使用其的弦乐器	实用新型	CN201620176717.6	2016.08.17	杨帆	杨帆
	一种防水乐器背带	实用新型	CN201620266822.9	2016.08.17	跃音科技（深圳）有限公司	吕国豪
	一种模拟弓弦类乐器的微感掌上乐器	实用新型	CN201620114810.4	2016.08.17	北京千音互联科技有限公司	黄国君 黄国鹏 黄国坤
	弦乐器音质训化装置	发明专利	CN201610385148.0	2016.08.17	陈世江	陈世江
	一种用植物奏乐的乐器	实用新型	CN201620243757.8	2016.08.24	浙江大学	胡旭升 张克俊 段轲 梁家铭 梁策
	一种二胡乐器盒	实用新型	CN201521137224.3	2016.08.24	乐克拉（天津）文化传播有限公司	郑康义
	一种乐器拨片的印刷工艺	发明专利	CN201410610024.9	2016.08.24	重庆市涪陵区夏氏印务有限公司	夏先福 熊鸣友
	弹拨乐器拾音器	实用新型	CN201620271756.4	2016.08.24	李兴	李兴
	弦乐器	实用新型	CN201620247755.6	2016.08.24	胡旭东	胡旭东
	电子键盘乐器	外观设计	CN201630063401.1	2016.08.31	株式会社扩乐格	山口宏司
	乐器架	实用新型	CN201620101219.5	2016.08.31	河南理工大学万方科技学院	杨如倩
	一种交互电子乐器	实用新型	CN201620077167.2	2016.08.31	汎达科技（深圳）有限公司	沈兴源
	一种多功能乐器用键盘	实用新型	CN201620280449.2	2016.08.31	李唯宇	李唯宇
	键盘练习乐器	实用新型	CN201620069079.8	2016.08.31	信阳农林学院	何鑫
	乐器清洁棒	实用新型	CN201620069081.5	2016.08.31	信阳农林学院	何鑫
	一种弦乐器音准校准装置	实用新型	CN201520839273.5	2016.08.31	歌尔声学股份有限公司	杜洋
	乐器架用固定螺母	外观设计	CN201530558389.7	2016.09.07	德国亚虹实业有限公司	亚历山大·皮奇曼
	一种新型光电乐器	发明专利	CN201610353180.0	2016.09.07	中山大学	王嘉辉 黄梓钊 郭嘉阳 薛钊鸿 蔡志岗 汤文龙 洪伟槟
	乐器音箱（BP20S）	外观设计	CN201630071178.5	2016.09.07	深圳市酷乐科技有限公司	盛靓
	乐器（鼓）	外观设计	CN201630040724.9	2016.09.07	成都信缘利众乐器有限公司	刘信华
	基于人工智能的动作识别的乐器模拟方法和装置	发明专利	CN201610214470.7	2016.09.07	百度在线网络技术（北京）有限公司	黄永祥 徐倩 刘尧 李静 周超
	一种多层结构乐器包材料及乐器包	实用新型	CN201620342303.6	2016.09.07	高碑店市佰格乐器箱包厂	邓冰伟

类别	名称	专利类型	申请（专利）号	公开（公告）日	申请（专利权）人	发明（设计）人
乐器综合	一种声乐乐器盛放装置	实用新型	CN201620359772.9	2016.09.14	廖星麟	夏多多 许莲花
	一种琴体、琴弓、教学型拉弦乐器、演奏系统及方法	发明专利	CN201610456728.4	2016.09.14	北京千音互联科技有限公司	王金梅
	一种管状乐器支架	实用新型	CN201620412373.4	2016.09.14	乔正军	乔正军
	一种用于电子弹奏乐器的调节式支撑教学设备	实用新型	CN201620398533.4	2016.09.14	湖南城市学院	李翔
	一种乐器用支架	实用新型	CN201620378120.X	2016.09.21	河南理工大学万方科技学院	张叶林
	弦乐器的拨弦片	外观设计	CN201630110843.7	2016.09.21	亚尼切克皮克斯股份有限公司	扬·亚尼切克
	具有传感器的管乐器的控制系统、智能乐器	发明专利	CN201610556940.8	2016.09.21	吕舒宏	吕舒宏
	乐器支架管套	外观设计	CN201630144575.0	2016.09.21	天津达姆特乐器有限公司	杜承柱
	管乐器的哨管	实用新型	CN201620324584.2	2016.09.28	张宁 邓世忠 闫丕勇	张宁 邓世忠 闫丕勇
	一种管状乐器演奏提示架	发明专利	CN201610301759.2	2016.09.28	乔正军	乔正军
	用于改变带弦的音乐器具的弦的张力的设备	发明专利	CN201580007695.9	2016.09.28	爱乐威纳克有限责任公司	乔迪·卡尼韦利格里福尔斯
	一种音孔调节型管乐器的控制系统、智能乐器	发明专利	CN201610561292.5	2016.09.28	吕舒宏	吕舒宏
	一种可穿戴电子乐器	实用新型	CN201620377411.7	2016.09.28	李浩亮 宋纪元 张晓煜 崔业欣 冷峻 卢楚杰	李浩亮 宋纪元 张晓煜 崔业欣 冷峻 卢楚杰
	排鼓乐器旋转固定装置	实用新型	CN201620193015.9	2016.09.28	苏州干将坊文化传播有限公司	金磊
	由乐器控制的香味发生系统	实用新型	CN201620164379.4	2016.09.28	杭州弥香科技有限公司	郭屹
	组合乐器（大象）	外观设计	CN201630043122.9	2016.09.28	陈国雄	陈国雄
	电子装置和在电子装置中识别弦乐器演奏的方法	发明专利	CN201610144693.0	2016.09.29	三星电子株式会社	全大荣 金廷洙 金暎旼 朴贞敏 吴京锡
	一种用于乐器音腔的弱音消音设备	发明专利	CN201510070823.6	2016.10.05	成都瑟曼伽科技有限公司	黄丹
	一种能生成数字化乐谱和联网的指板弹拨乐器设备	发明专利	CN201510073489.X	2016.10.05	成都瑟曼伽科技有限公司	黄丹
	电子管乐器	发明专利	CN201610149533.5	2016.10.05	卡西欧计算机株式会社	原田荣一 酒井胜利 春日一贵 林龙太郎 上原直隆
	电子管乐器	发明专利	CN201610157444.5	2016.10.05	卡西欧计算机株式会社	原田荣一
	共鸣音发生装置、共鸣音发生方法以及电子乐器	发明专利	CN201610169137.9	2016.10.05	卡西欧计算机株式会社	伊藤直明
	一种弦鸣乐器智能调律装置	实用新型	CN201620082880.6	2016.10.05	华南理工大学	滕海峰 马波

类别	名称	专利类型	申请（专利）号	公开（公告）日	申请（专利权）人	发明（设计）人
乐器综合	一种乐器挂钩及安装方法	发明专利	CN201610515554.4	2016.10.12	深圳市阿诺玛乐器有限公司	陈海华
	一种电子打击乐器的工作原理	发明专利	CN201610317076.6	2016.10.12	成都云创新科技有限公司	刘德文 阮广璇 陈洪波
	电子乐器的键盘装置	发明专利	CN201510740599.7	2016.10.12	罗兰株式会社	高田征英 诸桥有希博 宇野史郎
	手拨单转调箜篌乐器	发明专利	CN201610601907.2	2016.10.12	成都新海星文化传播有限公司	何岳峰 陈漫丹 杨熙
	一种多功能音乐器材支架	实用新型	CN201620455717.X	2016.10.12	鹤壁职业技术学院	杨冯圆
	一种键盘乐器数字化输入系统	发明专利	CN201610389347.9	2016.10.19	附点信息科技（上海）有限公司	徐璟
	一种箫或洞箫乐器可调节音调金属吹口	实用新型	CN201620448709.2	2016.10.19	吴伟	吴伟
	一种结实耐用的乐器鼓	实用新型	CN201620114132.1	2016.10.19	成都信缘利众乐器有限公司	刘信华
	一种多功能乐器箱包	实用新型	CN201620460291.7	2016.10.19	济宁市技师学院	李明
	一种具有LED的包含指套和传感器的智能管乐器、智能长笛	发明专利	CN201610634282.X	2016.10.26	何萍萍	何萍萍
	木管乐器用支持系统	发明专利	CN201480006709.0	2016.10.26	株式会社巽乐器	巽朗
	一种弦乐器	发明专利	CN201610535202.5	2016.10.26	蒙阴县梦想艺术团	刘长营
	一种敲打乐器的齿轮	发明专利	CN201610401335.3	2016.10.26	黄健	黄健
	一种管乐器收纳盒	实用新型	CN201620549675.6	2016.10.26	黑河学院 王飞 孙晓飞 徐族屏 丛永柱	王飞 孙晓飞 徐族屏 丛永柱
	一种全身心自由运动的全民体育锻炼健康娱乐器	发明专利	CN201610524628.0	2016.10.26	万金林 曲广生	万金林 曲广生
	键盘装置及键盘乐器	发明专利	CN201610215083.5	2016.10.26	卡西欧计算机株式会社	西村雄一
	弦乐器调弦装置、方法和带有调弦装置的弦乐器	发明专利	CN201610532080.4	2016.10.26	央金措	央金措
	一种具有LED和传感器的智能管乐器的控制系统、智能乐器	发明专利	CN201610626579.1	2016.10.26	何萍萍	何萍萍
	一种专业戏曲八组合打击乐器架	实用新型	CN201620136971.3	2016.11.02	王天刚	王天刚
	一种乐器的转阀活塞和转阀	发明专利	CN201610479335.5	2016.11.02	江苏沃格瑞特乐器制造有限公司	罗玉莲
	乐器包	外观设计	CN201630248049.9	2016.11.09	刘以峰	刘以峰
	用于弦乐器的检测系统	发明专利	CN201580014303.1	2016.11.09	O.M.B.吉他有限公司	S·米兹拉希 B·Z·特依
	一种智能掌上乐器、演奏系统及方法	发明专利	CN201610569296.8	2016.11.09	北京千音互联科技有限公司	王金梅
	一种成型的金属或合金乐器及其组件的方法	发明专利	CN201610482690.8	2016.11.09	江苏沃格瑞特乐器制造有限公司	罗玉莲
	戏剧电脑乐器系统	发明专利	CN201510226564.1	2016.11.09	郑昌焕	郑昌焕

类别	名称	专利类型	申请（专利）号	公开（公告）日	申请（专利权）人	发明（设计）人
乐器综合	用于电子键盘乐器的键盘装置以及用于电子键盘乐器的释放传递构件的安装结构	发明专利	CN201610276318.1	2016.11.09	株式会社河合乐器制作所	石田秀行
	一种可调不锈钢乐器支架	发明专利	CN201610386074.2	2016.11.09	新昌县儒岙晨辉不锈钢制品厂	盛健平
	一种电子乐器的关联方法、系统及其电子设备	发明专利	CN201610402594.8	2016.11.09	得理电子（上海）有限公司	周昊来 满意
	一种智能掌上管笛类乐器、吹管及演奏系统	发明专利	CN201620382670.9	2016.11.09	北京千音互联科技有限公司	王金梅
	乐器合奏面板及乐器合奏装置	发明专利	CN201610486466.6	2016.11.16	江苏沃格瑞特乐器制造有限公司	罗玉莲
	包含LED具有传感器的智能管乐器的控制系统、智能乐器	发明专利	CN201610626538.2	2016.11.16	吕舒宏	吕舒宏
	电子乐器	发明专利	CN201610685549.8	2016.11.16	雅马哈株式会社	池谷忠彦 郑宇新
	一种敲击式乐器	发明专利	CN201610536013.X	2016.11.16	刘德平	刘德平
	一种管乐器的支架	发明专利	CN201610784556.3	2016.11.16	邓世忠	邓世忠
	用于声换能器的安装结构、乐器以及声换能器的安装方法	发明专利	CN201580015976.9	2016.11.16	雅马哈株式会社	大西健太
	一种具有传感器和智能指环的智能管乐器、智能乐器	发明专利	CN201610561255.4	2016.11.16	何萍萍	何萍萍
	用于声换能器的安装结构以及乐器	发明专利	CN201580015948.7	2016.11.16	雅马哈株式会社	大西健太 澄野慎二
	一种电子乐器键盘	实用新型	CN201620642720.2	2016.11.16	张立国	姜夙 张征 曹春光 张立国
	一种敲打乐器的齿轮	实用新型	CN201620551567.2	2016.11.16	黄健	黄健
	拆分式电子键盘乐器	实用新型	CN201620567047.0	2016.11.16	林德成	林德成
	笛子（乐器）	外观设计	CN201630171671.4	2016.11.23	金龙	金龙
	箫（乐器）	外观设计	CN201630171650.2	2016.11.23	金龙	金龙
	乐器护理装置	外观设计	CN201630113962.8	2016.11.23	尹星	尹星
	乐器护理装置	外观设计	CN201630113962.8	2016.11.23	尹星	尹星
	原声架子鼓以及包括这种原声架子鼓的乐器总成	发明专利	CN201580016879.1	2016.11.23	萨瓦列斯	达里奥·皮内利
	用于弦乐器的数字音频处理系统	实用新型	CN201620407635.8	2016.11.23	广州博创乐器有限公司	布莱德里·罗伊·克拉克
	乐器包（弯管高音萨克斯）	外观设计	CN201630362718.5	2016.11.30	高碑店市佰格乐器箱包厂	邓冰伟
	乐器包（单簧管）	外观设计	CN201630362545.7	2016.11.30	高碑店市佰格乐器箱包厂	邓冰伟
	乐器包（一体高音萨克斯）	外观设计	CN201630362716.6	2016.11.30	高碑店市佰格乐器箱包厂	邓冰伟
	乐器包（中音和次中音萨克斯）	外观设计	CN201630362544.2	2016.11.30	高碑店市佰格乐器箱包厂	邓冰伟

类别	名称	专利类型	申请（专利）号	公开（公告）日	申请（专利权）人	发明（设计）人
乐器综合	乐器包（小号）	外观设计	CN201630362717.0	2016.11.30	高碑店市佰格乐器箱包厂	邓冰伟
	乐器包（长号）	外观设计	CN201630362535.3	2016.11.30	高碑店市佰格乐器箱包厂	邓冰伟
	乐器包（中音萨克斯和次中音萨克斯）	外观设计	CN201630362543.8	2016.11.30	高碑店市佰格乐器箱包厂	邓冰伟
	一种弦乐器及其制作方法	发明专利	CN201610482876.3	2016.11.30	江苏沃格瑞特乐器制造有限公司	罗玉莲
	一种用于乐器的扩音传感器	发明专利	CN201620408273.4	2016.11.30	杨朱宁	杨朱宁
	一种弦乐器	实用新型	CN201620716854.4	2016.11.30	蒙阴县梦想艺术团	刘长营
	一种具有屏蔽功能的乐器扩音器	实用新型	CN201620408197.7	2016.11.30	杨朱宁	杨朱宁
	二胡等弦乐器琴筒凹凸槽链接结构	实用新型	CN201620631850.6	2016.11.30	曲尧刚	曲尧刚
	电子乐器	发明专利	CN201610775058.2	2016.12.07	哈尔滨固泰电子有限责任公司	赵宏伟
	包含LED具有传感器的智能管乐器的电路系统、智能乐器	发明专利	CN201610626576.8	2016.12.07	吕舒宏	吕舒宏
	基于无线传感网络的弦乐器自动调音方法	发明专利	CN201610578519.7	2016.12.07	福建工程学院	蔡沛纬 白羽铃 章静 陈乐 廖律超 潘正祥 薛醒思 宋天文 陈宇
	一种具有空间音效感的可柔性配置扬声器阵列的电子乐器	发明专利	CN201610808359.0	2016.12.07	广州丰谱信息技术有限公司	韦岗 曹燕 杨萃
	一种具有传感器和智能指环的智能管乐器的控制系统、智能乐器	发明专利	CN201610552732.0	2016.12.07	何萍萍	何萍萍
	一种交互式动态彩色形意释谱方法与乐器弹奏教练装置	发明专刘	CN201610808301.6	2016.12.07	广州丰谱信息技术有限公司	韦岗 杨萃 曹燕
	一种手戴式智能乐器演奏方法	发明专利	CN201610730904.9	2016.12.07	北京千音互联科技有限公司	黄皓天 黄元佐
	一种基于微型摄像头的智能手环乐器	实用新型	CN201620445332.5	2016.12.07	北京千音互联科技有限公司	王金梅
	一种基于微型摄像头的智能手环乐器	实用新型	CN201620445332.5	2016.12.07	北京千音互联科技有限公司	王金梅
	一种嘴含式、项圈式乐器及演奏系统	实用新型	CN201620687625.4	2016.12.07	北京千音互联科技有限公司	王金梅
	一种基于微型雷达的智能手环乐器	实用新型	CN201620445333.X	2016.12.07	北京千音互联科技有限公司	王金梅
	一种安装于乐器上的扩音传感器	实用新型	CN201620408810.5	2016.12.07	杨朱宁	杨朱宁
	基于无线传感网络的擦弦乐器辅助教学方法	发明专利	CN201610578609.6	2016.12.14	福建工程学院	蔡沛纬 白羽铃 章静 何尧 刘垣 潘正祥 廖律超 张顺淼

类别	名称	专利类型	申请（专利）号	公开（公告）日	申请（专利权）人	发明（设计）人
乐器综合	一种改性材料及乐器弦	发明专利	CN201610679177.8	2016.12.14	广州市罗曼士乐器制造有限公司	郑晓明
	一种基于音频识别的乐器教学辅助方法	发明专利	CN201610544855.X	2016.12.14	赵倩仪	赵倩仪
	智能乐器	发明专利	CN201610800203.8	2016.12.14	熊周艺	熊周艺
	一种电子打击乐器	实用新型	CN201620779537.7	2016.12.14	江苏沃格瑞特乐器制造有限公司	罗玉莲
	一种自适应调音方法、装置及弦乐器		CN201610596961.2	2016.12.21	深圳天珑无线科技有限公司	侯孝勇
	一种具有LED和传感器的智能管乐器、智能乐器	发明专利	CN201610627220.6	2016.12.21	何萍萍	何萍萍
	一种乐器合成的培训方法及其装置	发明专利	CN201610910846.8	2016.12.21	楼益程	楼益程
	弦乐器中乐音位置的确定方法	发明专利	CN201610633266.9	2016.12.21	周安民	周安民
	一种具有传感器的智能管乐器、智能乐器	发明专利	CN201610562579.X	2016.12.21	何萍萍	何萍萍
	一种内锥管式管乐器	发明专利	CN201610890435.7	2016.12.21	李有良	李有良
	一种乐器挂钩	实用新型	CN201620690759.1	2016.12.21	深圳市阿诺玛乐器有限公司	陈海华
	顶板结构及键盘乐器	实用新型	CN201620229067.7	2016.12.21	卡西欧计算机株式会社	岛田和夫
	一种节奏乐器支架	实用新型	CN201620793684.X	2016.12.21	济宁市技师学院	李明
	一种用于电声乐器切换器的信号显示装置	实用新型	CN201620626298.1	2016.12.21	深圳市魔耳乐器有限公司	黎云 斯科特保罗 罗伯特
	用于木质乐器的开磨孔器	实用新型	CN201620555709.2	2016.12.21	孔泉	孔泉
	弦乐器	外观设计	CN201630257596.3	2016.12.28	乐盟国际股份有限公司	蔡雨婷
	一种防滑乐器支架	发明专利	CN201510339510.6	2016.12.28	天津市两友机械配件有限公司	闫永增
	免安装的一体式电子乐器架	实用新型	CN201620821134.4	2016.12.28	哈尔滨学院	修雪卿
钢琴	电子钢琴	外观设计	CN201530284075.2	2016.01.06	罗兰株式会社	三石健太 三浦郁彦 北川喜康
	一种钢琴轴针测力装置	实用新型	CN201520743784.7	2016.01.06	森鹤乐器股份有限公司	冯岳飞 罗丽仙 陈利亚 黄建龙 张立峰 周金财 杨杰峰 霍海庆
	钢琴键盘动作的检测装置(纠错大师)	外观设计	CN201530347663.6	2016.01.13	大连佳音科技有限公司	刘再新
	钢琴凳(三)	外观设计	CN201530362107.6	2016.01.13	渤海大学	姜莹名 臧学军 刘卉 杜美佳
	钢琴凳(二)	外观设计	CN201530362108.0	2016.01.13	渤海大学	赵繁荣 杜美佳 桑素萍 冷南妮
	一种电动自行钢琴	发明专利	CN201510713601.1	2016.01.13	东华大学	陈益松

类别	名称	专利类型	申请（专利）号	公开（公告）日	申请（专利权）人	发明（设计）人
钢琴	一种钢琴谱架	实用新型	CN201520600309.4	2016.01.13	高满珍	高满珍
	钢琴凳(一)	外观设计	CN201530362109.5	2016.01.20	渤海大学	赵繁荣 杜美佳 桑素萍 冷南妮
	钢琴扁键钉	外观设计	CN201530295602.X	2016.01.20	宁波市北仑乐器配件制造有限公司	刘浪
	基于碳纤维材料的改进型钢琴弦锤柄	发明专利	CN201510761740.1	2016.01.20	成都伯格特钢琴自动演奏系统有限公司	柯克·乔治·伯格特
	一种钢琴用乐谱架	实用新型	CN201520539454.6	2016.01.20	赵春晓	赵春晓 田鹤霄 周亚丽
	一种可发夜光的钢琴外壳	实用新型	CN201520750702.1	2016.01.20	宜昌金宝乐器制造有限公司	罗扬 熊南方 张晓龙
	一种钢琴盖板缓降器	实用新型	CN201520581564.9	2016.01.20	吴金全	吴金全
	一种三角钢琴琴键气动压铅装置	实用新型	CN201520750663.5	2016.01.20	宜昌金宝乐器制造有限公司	杨超 熊南方
	一种基于MEMS传感器的钢琴学习姿态矫正装置	实用新型	CN201520550585.4	2016.01.21	苏州创动智能科技有限公司	高洪连
	一种改进型轻质钢琴卡钉柱	发明专利	CN201510789067.2	2016.01.27	成都伯格特钢琴自动演奏系统有限公司	柯克·乔治·伯格特
	钢琴背架	外观设计	CN201530381535.3	2016.01.27	德国门德尔松钢琴有限公司	郑明统
	钢琴散热器	外观设计	CN201530372330.9	2016.01.27	佛山市盛田嘉照明设备有限公司	许亚东
	钢琴键子深度测量仪和钢琴键子深度测量方法	发明专利	CN201510884913.9	2016.02.03	广州珠江恺撒堡钢琴有限公司	卢洁 何建玮 何文宇 李建萍
	一种改良式钢琴键盘	实用新型	CN201520744380.X	2016.02.03	郭伟和	郭伟和
	钢琴键子触感测量块和钢琴键子触感测量方法	发明专利	CN201510883583.1	2016.02.04	广州珠江恺撒堡钢琴有限公司	何建玮 卢洁 何文宇 李建萍
	钢琴（古典色镂空雕刻式亚光型）	外观设计	CN201530394769.1	2016.02.10	上海圣卡罗乐器有限公司	陈耀萍
	钢琴（深浅渐变色大谱架弯腿型）	外观设计	CN201530394574.7	2016.02.10	上海圣卡罗乐器有限公司	陈耀萍
	一种立式钢琴击弦机的背档撑架	实用新型	CN201520590108.0	2016.02.10	河南理工大学万方科技学院	马娇
	一种移动式钢琴安装架	实用新型	CN201520763190.2	2016.02.10	卿熠	卿熠
	钢琴电柜功能测试装置	发明专利	CN201510822248.0	2016.02.17	卡尔迈耶（中国）有限公司	丁永霞
	多用钢琴琴谱固定支架	实用新型	CN201520703211.1	2016.02.17	陈虹茜	陈虹茜
	一种高耐磨性的钢琴琴键	实用新型	CN201520590107.6	2016.02.17	河南理工大学万方科技学院	马娇
	钢琴琴谱固定装置	实用新型	CN201520756849.1	2016.02.17	李东泉	李东泉
	钢琴手型矫正器	实用新型	CN201520480476.X	2016.02.17	杨程程	杨程程 史爽 邵金琳 苏秋玲 吴昊

类别	名称	专利类型	申请（专利）号	公开（公告）日	申请（专利权）人	发明（设计）人
钢琴	钢琴琴谱辅助夹具	实用新型	CN201520787567.8	2016.02.17	牛思萌	牛思萌
	用于钢琴的弹簧调整叉	实用新型	CN201520809924.6	2016.02.24	李颖	李颖
	一种基于手机端的钢琴调音系统	发明专利	CN201510823364.4	2016.03.02	上海师范大学	彭也 殷业 赵艳 卫皓茜 唐炜 张笑航 胡浪 张伟
	一种钢琴支架	实用新型	CN201520860963.9	2016.03.02	唐飞	唐飞 赵英华 金咏梅 郭扬 何苗
	一种实用电子钢琴键盘	实用新型	CN201520762965.4	2016.03.02	湖南城市学院	游姣婧
	新型钢琴练习凳	实用新型	CN201520740934.9	2016.03.02	哈尔滨理工大学	杨晓华
	一种实用钢琴凳	实用新型	CN201520763077.4	2016.03.02	湖南城市学院	游姣婧
	一种多功能钢琴谱架	实用新型	CN201520860960.5	2016.03.02	关晨忱	关晨忱
	一种钢琴琴谱自动翻页支架	实用新型	CN201520845508.1	2016.03.16	康峰	康增宇 康峰
	基于碳纤维材料的改进型钢琴弦锤柄	实用新型	CN201520891712.7	2016.03.16	成都伯格特钢琴自动演奏系统有限公司	柯克·乔治·伯格特
	一种钢琴弱音器	实用新型	CN201520828126.8	2016.03.16	鹤壁职业技术学院	杨冯圆
	钢琴辅助学习装置	实用新型	CN201520740936.8	2016.03.16	哈尔滨理工大学	杨晓华
	一种钢琴码克弦轴孔综合定位加工方法	发明专利	CN201510732984.7	2016.03.23	湖北大学	胡东红 张玲 刘景源 曹祥杨 叶波 王平江
	一种新型结构电钢琴键盘	实用新型	CN201520531812.9	2016.03.23	北京乐器研究所	孙朝平 唐建 韩国芳 聂茂红 贾唯巍
	一种可调节钢琴琴谱架	实用新型	CN201520912936.1	2016.03.23	屈文凤	屈文凤
	一种改进型轻质钢琴卡钉柱	实用新型	CN201520915894.7	2016.03.23	成都伯格特钢琴自动演奏系统有限公司	柯克·乔治·伯格特
	智能双向反馈触摸钢琴开关(2)	外观设计	CN201530309669.4	2016.03.30	曾祥龙	曾祥龙
	一种应用纳米喷镀技术喷镀钢琴外壳的设备及喷镀方法	发明专利	CN201610018899.9	2016.03.30	宜昌金宝乐器制造有限公司	罗扬 庄联森 熊南方 张晓龙 刘杰玉
	一种钢琴教学用琴谱架	实用新型	CN201520958135.9	2016.04.06	华东交通大学	彭芳
	一种新型家居钢琴	实用新型	CN201520953678.1	2016.04.13	邵鹏程	周利坚 邵鹏程
	一种用于智能电钢琴显示屏的直流安全升降系统	发明专利	CN201511027708.7	2016.04.13	熊世林	熊世林
	一种钢琴教学用琴谱架	实用新型	CN201520947185.7	2016.04.20	高华曼	高华曼 龙琳 吴威 刘恒 熊飞飞
	一种钢琴架	发明专利	CN201610064959.0	2016.04.20	王健	王健
	钢琴铁板的粉末喷涂装置	发明专利	CN201410500704.5	2016.04.20	宜昌金宝乐器制造有限公司	罗扬 熊南方 吴天延
	一种钢琴用乐谱架	实用新型	CN201521038679.X	2016.04.27	大庆师范学院	刘菁菁 李轶男 郭艳波

类别	名称	专利类型	申请（专利）号	公开（公告）日	申请（专利权）人	发明（设计）人
钢琴	一种新型钢琴指力练习装置	实用新型	CN201520960647.9	2016.04.27	河南工业职业技术学院	王晶晶 张方方 李楠 王滢婕 田中瑞 孟俊 王冬冬 赵海娟 裴蕾 焦韫静
	一种钢琴调音仪器	发明专利	CN201610038382.6	2016.04.27	胡原原	胡原原
	智能三角钢琴	外观设计	CN201530453918.7	2016.04.27	易弹信息科技（上海）有限公司	李晖
	一种教学使用的钢琴	实用新型	CN201521032564.X	2016.05.04	大庆师范学院	李铁男 刘菁菁 郭艳波
	一种钢琴琴键	发明专利	CN201610083146.6	2016.05.04	刘宝利	刘宝利
	一种立式钢琴音板的制作方法	发明专利	CN201610016687.7	2016.05.04	森鹤乐器股份有限公司	冯岳飞 徐伟 韩佳彤
	钢琴	外观设计	CN201530285763.0	2016.05.04	杭州永迪电器器材厂 倪稼彬	倪稼彬
	钢琴键杆	实用新型	CN201521088135.4	2016.05.18	临海市均华乐器有限公司	翟林杰
	钢琴木卡丁	实用新型	CN201521087588.5	2016.05.18	临海市均华乐器有限公司	翟林杰
	钢琴键杆中销导向结构	实用新型	CN201521089575.1	2016.05.18	临海市均华乐器有限公司	翟林杰
	一种升降式电子钢琴踏板	实用新型	CN201521135580.1	2016.05.18	天津市欧斯曼乐器有限公司	吴宝忠 张俊秀
	一种多功能钢琴音乐课桌	实用新型	CN201620033804.6	2016.05.25	湖南城市学院	游姣婧
	一种提高演艺环境色彩的钢琴光演装置	实用新型	CN201521118790.X	2016.05.25	林子涵	林子涵
	一种新型钢琴结构	实用新型	CN201520975122.2	2016.05.25	山西大同大学	马晓婕 马晓婵
	一种智能电子钢琴教学系统	发明专利	CN201610123409.1	2016.05.25	广州市贝斯曼乐器有限公司	周毅强
	一种立式钢琴击弦机组装方法	发明专利	CN201610016686.2	2016.06.01	森鹤乐器股份有限公司	冯岳飞 徐伟 李卫
	可调式钢琴琴弦固定装置	实用新型	CN201521090903.X	2016.06.01	湖南城市学院	赵婷
	立式钢琴键盘教学模型	实用新型	CN201620038240.6	2016.06.01	侯洪亮	侯洪亮
	钢琴手指横向拉伸锻练器	实用新型	CN201620030159.2	2016.06.01	孙浩然	孙浩然
	电钢琴	外观设计	CN201530519153.2	2016.06.01	株式会社扩乐格	小林匡辅
	钢琴缓降器	外观设计	CN201530441693.3	2016.06.01	深圳市阿尔乐乐器有限公司	张建锋
	一种可辅助钢琴演奏的电子乐谱	发明专利	CN201410715384.5	2016.06.08	广西南宁牛华电子科技有限公司	温少华 温少强
	具有音频输出功能的立式钢琴	发明专利	CN201410638560.X	2016.06.08	潘宝城	潘宝城 李雪
	一种连接强度好的钢琴踏脚	实用新型	CN201620044914.2	2016.06.08	湖南科技学院	胡琼方
	一种具有智能引导自学功能的数码钢琴	实用新型	CN201520985662.9	2016.06.08	湖北华都钢琴制造有限公司	汪其见 李文平 李争召

类别	名称	专利类型	申请（专利）号	公开（公告）日	申请（专利权）人	发明（设计）人
钢琴	钢琴键盘数字信号输出系统	实用新型	CN201620049198.7	2016.06.08	陈文斌	陈文斌
	一种适用范围广的便于移动的音乐钢琴	实用新型	CN201620038564.9	2016.06.08	湖南城市学院	游姣婧
	一种多功能钢琴谱架	实用新型	CN201620040204.2	2016.06.08	哈尔滨学院	张宇
	钢琴白键（400木）	外观设计	CN201630020026.2	2016.06.08	天津桃园电子有限公司	李东勋
	钢琴键子触感测量块	实用新型	CN201520998113.5	2016.06.08	广州珠江钢琴集团股份有限公司	何建玮 卢洁 何文宇 李建萍
	钢琴键子深度测量仪	实用新型	CN201520998184.5	2016.06.08	广州珠江钢琴集团股份有限公司	何建玮 卢洁 何文宇 李建萍
	一种无声隐藏式钢琴键盘盖	实用新型	CN201520985586.1	2016.06.08	湖北华都钢琴制造有限公司	汪其见 李文平 李争召
	钢琴黑键（30）	外观设计	CN201630020021.X	2016.06.08	天津桃园电子有限公司	李东勋
	钢琴白键（400）	外观设计	CN201630020025.8	2016.06.08	天津桃园电子有限公司	李东勋
	钢琴黑键（400）	外观设计	CN201630004373.6	2016.06.08	天津桃园电子有限公司	李东勋
	钢琴支架（400）	外观设计	CN201630020027.7	2016.06.08	天津桃园电子有限公司	李东勋
	钢琴导片（30）	外观设计	CN201630020039.X	2016.06.08	天津桃园电子有限公司	李东勋
	钢琴导片（400）	外观设计	CN201630020029.6	2016.06.08	天津桃园电子有限公司	李东勋
	钢琴支架（30）	外观设计	CN201630020022.4	2016.06.08	天津桃园电子有限公司	李东勋
	钢琴弹簧（400）	外观设计	CN201630020023.9	2016.06.08	天津桃园电子有限公司	李东勋
	钢琴扩展的柔音踏板	发明专利	CN201480058948.0	2016.06.15	施坦威乐器公司	M.S.琼斯 S.G.利姆 S.Y.凯纳吉
	用于一次完成制作钢琴弦钮的数控加工系统	发明专利	CN201410671077.1	2016.06.15	宜昌金宝乐器制造有限公司	罗扬 张勇 黄维 王军
	一种自适应安装的钢琴演奏动作检测电路	发明专利	CN201610117774.1	2016.06.15	大连佳音科技有限公司	刘再新
	钢琴马克弦枕结构	发明专利	CN201610137091.2	2016.06.15	湖州华谱钢琴制造有限公司	姚小林
	一种自适应安装的钢琴演奏动作检测装置	发明专利	CN201610119426.8	2016.06.15	大连佳音科技有限公司	刘再新
	一种钢琴琴谱自动翻页装置	实用新型	CN201620082692.3	2016.06.15	河南理工大学万方科技学院	马娇
	自动翻页式钢琴琴谱架	实用新型	CN201521143712.5	2016.06.15	汤佩娟	汤佩娟
	一种钢琴练习辅助装置	实用新型	CN201521139693.9	2016.06.15	何幸宜	何幸宜
	太极式钢琴振动音板	实用新型	CN201521032640.7	2016.06.15	王鲁予	王鲁予

类别	名称	专利类型	申请（专利）号	公开（公告）日	申请（专利权）人	发明（设计）人
钢琴	钢琴手指纵向拉伸锻练器	实用新型	CN201620021817.1	2016.06.15	孙浩然	孙浩然
	数码钢琴（F81）	外观设计	CN201530511362.2	2016.06.15	广州艾茉森电子有限公司	卢毅明 刘春清
	钢琴白键（30）	外观设计	CN201630020024.3	2016.06.15	天津桃园电子有限公司	李东勋
	四脚踏式数码钢琴及加强重音的方法	发明专利	CN201610136417.X	2016.06.22	武汉致嘉乐器有限公司	余济临 周锐 余曦
	钢琴采播装置及琴键校准方法	发明专利	CN201610213505.5	2016.06.22	易弹信息科技（上海）有限公司	胡思伟
	钢琴扩展的柔音踏板	发明专利	CN201480058949.5	2016.06.22	施坦威乐器公司	M.S.琼斯 S.Y.凯纳吉 S.G.利姆
	一种具有电子琴谱的音乐钢琴	实用新型	CN201620052988.0	2016.06.22	湖南城市学院	游姣婧
	一种用于智能电钢琴显示屏的直流安全升降系统	实用新型	CN201521131488.8	2016.06.22	熊世林	熊世林
	一种儿童专用钢琴手型矫正器	实用新型	CN201521018085.2	2016.06.22	许可臻	许可臻
	一种自动升降式钢琴识谱装置	实用新型	CN201620038240.5	2016.06.22	湖南城市学院	游姣婧
	隐藏式滚轮连杆钢琴缓降器	外观设计	CN201530540706.2	2016.06.22	吴金全 孟惟	吴金全 孟惟
	电钢琴	外观设计	CN201630024878.9	2016.06.22	青岛美嘉乐器有限公司	丁桂斌
	一种钢琴制音器头结构	发明专利	CN201610160144.2	2016.06.29	浙江乐韵钢琴有限公司	章顺龙 何剑鑫
	一种电子智能钢琴踏板调节系统	发明专利	CN201610231827.2	2016.06.29	安徽克洛斯威智能乐器科技有限公司	熊世林
	一种微功率直流电机控制电路及其控制方法，电钢琴	发明专利	CN201610231167.8	2016.06.29	安徽克洛斯威智能乐器科技有限公司	熊世林
	钢琴弧形桥码结构	发明专利	CN201610160148.0	2016.06.29	浙江乐韵钢琴有限公司	章顺龙 何剑鑫
	矫正坐姿钢琴凳	发明专利	CN201410711174.9	2016.06.29	刘冬	刘冬 封戈
	钢琴铸铁板结构	发明专利	CN201610160149.5	2016.06.29	浙江乐韵钢琴有限公司	章顺龙 何剑鑫
	新型数码钢琴及其工作方法	发明专利	CN201610188209.4	2016.06.29	广州艾茉森电子有限公司	卢毅明 刘春清
	一种多功能升降钢琴椅	实用新型	CN201620040270.X	2016.06.29	哈尔滨学院	张宇
	交互式钢琴	实用新型	CN201521119996.4	2016.06.29	宜昌金宝乐器制造有限公司	吴天延
	声乐演唱用钢琴的自动调整装置	实用新型	CN201620122461.0	2016.06.29	哈尔滨学院	修雪卿
	钢琴演奏乐谱架	实用新型	CN201620095177.9	2016.06.29	河南理工大学万方科技学院	姚丽娜
	钢琴（GY12-123幸福天使）	外观设计	CN201530524992.3	2016.06.29	杭州嘉德威钢琴有限公司	陈莲琴
	钢琴（GS6-123嘉德威荣耀）	外观设计	CN201530524988.7	2016.06.29	杭州嘉德威钢琴有限公司	陈莲琴

类别	名称	专利类型	申请（专利）号	公开（公告）日	申请（专利权）人	发明（设计）人
钢琴	钢琴（GR2孔雀公主）	外观设计	CN201630034058.8	2016.06.29	薛行成	陈莲琴
	一种钢琴琴谱支架	实用新型	CN201620082691.9	2016.06.29	河南理工大学万方科技学院	姚丽娜
	自动翻页式钢琴谱架	实用新型	CN201620151783.8	2016.06.29	渤海大学	张贺达 李玉峰 谢霜
	钢琴（GR18-126幸运永相随）	外观设计	CN201530524986.8	2016.06.29	杭州嘉德威钢琴有限公司	陈莲琴
	电子钢琴（38合1-32038）	外观设计	CN201630057968.8	2016.06.29	袁海根	袁海根
	钢琴自动演奏教学系统	发明专利	CN201511011483.6	2016.07.06	宜昌金宝乐器制造有限公司	吴天延
	交互式钢琴及交互方法	发明专利	CN201511011485.5	2016.07.06	宜昌金宝乐器制造有限公司	吴天延
	一种钢琴生产线的轨道装置	发明专利	CN201610301092.6	2016.07.13	福州和声钢琴有限公司	林建忠 黄苏东
	一种钢琴灯	实用新型	CN201620127930.8	2016.07.13	长沙师范学院	唐鸣
	一种钢琴乐谱架	实用新型	CN201620111341.0	2016.07.13	鞍山师范学院	于广壮
	钢琴（长江御系列钢琴CR-132）	外观设计	CN201630084179.3	2016.07.13	宜昌金宝乐器制造有限公司	熊南方 吕露
	一种可拆分并转换发声模式的子母式钢琴	发明专利	CN201610108783.4	2016.07.20	潘宝城	潘宝城 夏竹筠 李昕
	一种钢琴手势识别操控系统	实用新型	CN201620088254.8	2016.07.20	易弹信息科技（上海）有限公司	李晖 刘晓露
	带有应用软件界面的三角钢琴	外观设计	CN201530548249.1	2016.07.20	易弹信息科技（上海）有限公司	李晖
	一种钢琴音源构件的制造方法	发明专利	CN201610300821.6	2016.07.27	福州和声钢琴有限公司	林建忠 黄苏东
	一种自适应安装的钢琴演奏动作检测装置	实用新型	CN201620152731.2	2016.07.27	大连佳音科技有限公司	刘再新
	可调式钢琴坐凳	实用新型	CN201620151310.8	2016.07.27	渤海大学	张贺达 李玉峰 谢霜
	一种便于教学的钢琴自动翻谱器	实用新型	CN201620169310.0	2016.07.27	西安文理学院	王娟
	一种三角钢琴用金属立柱	发明专利	CN201610300765.6	2016.08.03	福州和声钢琴有限公司	林建忠 黄苏东
	一种便于放置乐谱的新型钢琴	实用新型	CN201620246286.6	2016.08.03	泰山医学院	韩海军 张蕾
	一种用于钢琴球墨铸铁骨铣削及钻孔的设备	实用新型	CN201620237643.2	2016.08.03	天津市玮苓乐器有限公司	戴清华
	儿童电钢琴	实用新型	CN201620246976.1	2016.08.03	程俊儒	程俊儒
	钢琴	实用新型	CN201620165190.7	2016.08.03	杭州弥香科技有限公司	郭屹
	带有应用软件界面的立式钢琴	实用新型	CN201530453864.4	2016.08.03	易弹信息科技（上海）有限公司	李晖
	儿童电钢琴	外观设计	CN201630073943.7	2016.08.03	程俊儒	程俊儒

类别	名称	专利类型	申请（专利）号	公开（公告）日	申请（专利权）人	发明（设计）人
钢琴	一种钢琴弦槌槌脚的加工方法	发明专利	CN201610409333.9	2016.08.10	森鹤乐器股份有限公司	张开峰
	便携式钢琴键盘	实用新型	CN201620163911.0	2016.08.10	北京怡同科技有限公司	曹军 付明杰
	带有应用软件界面的立式钢琴	实用新型	CN201630029591.5	2016.08.10	易弹信息科技（上海）有限公司	李晖
	智能三角钢琴	外观设计	CN201630029593.4	2016.08.10	易弹信息科技（上海）有限公司	李晖
	智能立式钢琴	实用新型	CN201630029584.5	2016.08.11	易弹信息科技（上海）有限公司	李晖
	一种钢琴键盘	实用新型	CN201620124960.3	2016.08.17	鞍山师范学院	蔡翠华
	一种应用纳米喷镀技术喷镀钢琴外壳的设备	实用新型	CN201620026828.9	2016.08.17	宜昌金宝乐器制造有限公司	罗扬 庄联森 熊南方 张晓龙 刘杰玉
	可进行高效清灰的智能钢琴	实用新型	CN201620292075.6	2016.08.17	安徽克洛斯威智能乐器科技有限公司	熊世林
	一种钢琴乐谱架	实用新型	CN201620127928.0	2016.08.17	长沙师范学院	唐鸣
	一种防尘防锈钢琴罩	实用新型	CN201620224277.7	2016.08.17	浙江迪野农业装备有限公司	吴永淼
	钢琴脚踏高度调节装置	实用新型	CN201620263888.2	2016.08.17	樊明迪	樊明迪
	钢琴（HG-123TM）	外观设计	CN201630172113.X	2016.08.17	福州和声钢琴有限公司	林建忠 黄苏东
	带有应用软件界面的三角钢琴	外观设计	CN201630029598.7	2016.08.17	易弹信息科技（上海）有限公司	李晖
	钢琴（H-123B11-R）	外观设计	CN201630172138.X	2016.08.17	福州和声钢琴有限公司	林建忠 黄苏东
	智能钢琴新型防污琴键盖板结构	实用新型	CN201620279999.2	2016.08.18	长沙师范学院	唐鸣
	具有断联手感的数码钢琴键盘结构及数码钢琴	发明专利	CN201610186801.0	2016.08.24	广州艾茉森电子有限公司	卢毅明 刘春清
	一种钢琴感应系统	发明专利	CN201410635295.X	2016.08.24	庄文土	庄文土
	交互式钢琴训练系统	发明专利	CN201480057634.9	2016.08.24	麦卡斯音乐公司	凯文·迈克尔·麦卡锡 詹森·迈克尔·麦克威 詹森·马克·埃里克森 扎卡里·埃德温·埃夫兰 马克·泰勒 托马斯·霍尔·鲁舍 大卫·恰尔内茨基
	一种钢琴谱架	发明专利	CN201610462495.9	2016.08.24	高伟	高伟
	能够进行网络示范演奏和实时视频教学的数字化钢琴	发明专利	CN201510485764.9	2016.08.24	杨飞	杨飞
	电钢琴琴键	实用新型	CN201620230981.3	2016.08.24	广州市天艺电子有限公司	陆文君 林卓捷

类别	名称	专利类型	申请（专利）号	公开（公告）日	申请（专利权）人	发明（设计）人
钢琴	一种三触点式电子钢琴键盘电路	实用新型	CN201620231684.0	2016.08.24	广州市天艺电子有限公司	魏文生 董玉金
	一种适用于初学者的钢琴	实用新型	CN201620297761.2	2016.08.24	安徽克洛斯威智能乐器科技有限公司	熊世林
	带有弹出式乐谱盒的智能钢琴	实用新型	CN201620292160.2	2016.08.24	安徽克洛斯威智能乐器科技有限公司	熊世林
	一种适用于不同身高初学者且具有提醒功能的钢琴	实用新型	CN201620297635.7	2016.08.24	安徽克洛斯威智能乐器科技有限公司	熊世林
	一种适用于初学者且具有照明功能的钢琴	实用新型	CN201620297773.5	2016.08.24	安徽克洛斯威智能乐器科技有限公司	熊世林
	一种适用于不同身高初学者且具有提醒和照明功能的钢琴	实用新型	CN201620297600.3	2016.08.24	安徽克洛斯威智能乐器科技有限公司	熊世林
	一种适用于不同身高初学者的且具有照明功能的钢琴	实用新型	CN201620297644.6	2016.08.24	安徽克洛斯威智能乐器科技有限公司	熊世林
	一种儿童学钢琴用脚踏座椅	实用新型	CN201620107715.1	2016.08.24	鞍山师范学院	于广壮
	蓝牙串口设备和机械钢琴弹奏信息的采集装置	实用新型	CN201620311344.9	2016.08.24	福州贝思克教育科技有限公司	林峥嵘
	电钢琴	外观设计	CN201630188225.4	2016.08.24	福建省优必胜电子科技发展有限公司	黄书林
	钢琴	外观设计	CN201630154696.3	2016.08.24	董育宏	董育宏
	一种钢琴琴键及其中档支撑	发明专利	CN201610445548.6	2016.08.31	刘宝利	刘宝利
	一种钢琴及钢琴跟弹系统	发明专利	CN201610371803.7	2016.08.31	小叶子（北京）科技有限公司	胥晓叶 沈泽涵 王乐章
	一种用于升降显示屏的微功率直流电机控制电路及电钢琴	发明专利	CN201620312685.8	2016.08.31	安徽克洛斯威智能乐器科技有限公司	熊世林
	智能钢琴的新型防鼠装置	实用新型	CN201620291966.X	2016.08.31	安徽克洛斯威智能乐器科技有限公司	熊世林
	一种训练表演两用电子钢琴	实用新型	CN201620282594.4	2016.08.31	长沙师范学院	陈琳
	可进行全面拾音的智能钢琴	实用新型	CN201620317738.5	2016.08.31	安徽克洛斯威智能乐器科技有限公司	熊世林
	具有防盗功能的智能钢琴	实用新型	CN201620292076.0	2016.08.31	安徽克洛斯威智能乐器科技有限公司	熊世林
	一种教学钢琴	实用新型	CN201620110171.4	2016.08.31	商丘职业技术学院 张潇予 王建英 曹玉升	郑新 张潇予 王建英 吴君 张丽莹 常艳华 王雪梅 高杰 曹玉升
	一种具有提示键位和评分功能的智能钢琴系统	实用新型	CN201620317323.8	2016.08.31	安徽克洛斯威智能乐器科技有限公司	熊世林
	一种具有录音和提示键位功能的智能钢琴系统	实用新型	CN201620317216.5	2016.08.31	安徽克洛斯威智能乐器科技有限公司	熊世林
	一种具有矫正手型和照明功能的钢琴	实用新型	CN201620297722.2	2016.08.31	安徽克洛斯威智能乐器科技有限公司	熊世林
	一种具有录音和评分功能的智能钢琴系统	实用新型	CN201620317794.9	2016.08.31	安徽克洛斯威智能乐器科技有限公司	熊世林

类别	名称	专利类型	申请（专利）号	公开（公告）日	申请（专利权）人	发明（设计）人
钢琴	一种用于智能钢琴的调音系统	实用新型	CN201620317553.4	2016.08.31	安徽克洛斯威智能乐器科技有限公司	熊世林
	一种安全防护钢琴盖板	实用新型	CN201620285704.2	2016.08.31	周宸旭	周宸旭
	一种多人使用的旋转教学钢琴	实用新型	CN201620038241.X	2016.08.31	湖南城市学院	游姣婧
	一种具有评分与视频录音功能的智能钢琴系统	实用新型	CN201620317770.3	2016.08.31	安徽克洛斯威智能乐器科技有限公司	熊世林
	一种具有调音和视频功能的智能钢琴系统	实用新型	CN201620319656.4	2016.08.31	安徽克洛斯威智能乐器科技有限公司	熊世林
	一种电子智能钢琴踏板调节系统	实用新型	CN201620312659.5	2016.08.31	安徽克洛斯威智能乐器科技有限公司	熊世林
	一种具有提示键位与评分录音功能的智能钢琴系统	实用新型	CN201620319561.2	2016.08.31	安徽克洛斯威智能乐器科技有限公司	熊世林
	一种具有提示键位与评分视频功能的智能钢琴系统	实用新型	CN201620317559.1	2016.08.31	安徽克洛斯威智能乐器科技有限公司	熊世林
	带有按摩座椅的智能钢琴	实用新型	CN201620276847.7	2016.08.31	安徽克洛斯威智能乐器科技有限公司	熊世林
	一种钢琴键盘动作检测装置	实用新型	CN201620343925.0	2016.08.31	范琳琳	范琳琳
	一种互联网智能钢琴	实用新型	CN201620317468.8	2016.08.31	安徽克洛斯威智能乐器科技有限公司	熊世林
	一种具有评分与录音调音功能的智能钢琴系统	实用新型	CN201620317398.6	2016.08.31	安徽克洛斯威智能乐器科技有限公司	熊世林
	三角钢琴键盘教学模型	实用新型	CN201620051499.3	2016.08.31	侯洪亮	侯洪亮
	智能钢琴的滑动乐谱装置	实用新型	CN201620291999.4	2016.08.31	安徽克洛斯威智能乐器科技有限公司	熊世林
	智能钢琴的新型三段式琴盖支架	实用新型	CN201620292015.4	2016.08.31	安徽克洛斯威智能乐器科技有限公司	熊世林
	可进行自由移动的智能钢琴	实用新型	CN201620276732.8	2016.08.31	安徽克洛斯威智能乐器科技有限公司	熊世林
	一种具有手型错误提醒功能且可调节高度的钢琴	实用新型	CN201620297705.9	2016.08.31	安徽克洛斯威智能乐器科技有限公司	熊世林
	一种可伴奏练声的电子钢琴	实用新型	CN201620282593.X	2016.08.31	长沙师范学院	陈琳
	教学用钢琴	实用新型	CN201620095186.8	2016.08.31	河南理工大学万方科技学院	马娇
	一种具有提示键位功能的智能钢琴系统	实用新型	CN201620317780.7	2016.08.31	安徽克洛斯威智能乐器科技有限公司	熊世林
	乐谱位置可自动调节的智能钢琴	实用新型	CN201620292039.X	2016.08.31	安徽克洛斯威智能乐器科技有限公司	熊世林
	一种具有提示键位和调音功能的智能钢琴系统	实用新型	CN201620317490.2	2016.08.31	安徽克洛斯威智能乐器科技有限公司	熊世林
	智能钢琴的显示屏全方位调节装置	实用新型	CN201620317430.0	2016.08.31	安徽克洛斯威智能乐器科技有限公司	熊世林
	一种互联网智能钢琴系统	实用新型	CN201620317541.1	2016.08.31	安徽克洛斯威智能乐器科技有限公司	熊世林

类别	名称	专利类型	申请（专利）号	公开（公告）日	申请（专利权）人	发明（设计）人
钢琴	一种钢琴弦轴止动装置	实用新型	CN201620082913.7	2016.08.31	华南理工大学	马波 滕海峰
	可进行自动补光的智能钢琴	实用新型	CN201620276723.9	2016.08.31	安徽克洛斯威智能乐器科技有限公司	熊世林
	一种教学钢琴	实用新型	CN201620141212.6	2016.09.07	潘宝城 山东英才学院	潘宝城 李雪 赵吉东 潘升东 窦丽丽
	钢琴（HG-123L-R）	外观设计	CN201630172114.4	2016.09.07	福州和声钢琴有限公司	林建忠 黄苏东
	钢琴（双龙戏珠+龙凤呈祥）	外观设计	CN201630258917.1	2016.09.07	上海邦加琴业有限公司	陈华云
	数码钢琴（P200）	外观设计	CN201630097546.3	2016.09.07	广州艾茉森电子有限公司	卢毅明 刘春清
	钢琴（2）	外观设计	CN201630049583.7	2016.09.07	湖州华谱钢琴制造有限公司	姚小林
	手卷钢琴（型号PC88）	外观设计	CN201630228030.8	2016.09.07	骆伟华	骆伟华
	智能钢琴	外观设计	CN201630059262.5	2016.09.07	小叶子（北京）科技有限公司	胥晓叶 沈泽涵 王乐章
	钢琴（1）	外观设计	CN201630049566.3	2016.09.07	湖州华谱钢琴制造有限公司	姚小林
	钢琴（3）	外观设计	CN201630049565.9	2016.09.08	湖州华谱钢琴制造有限公司	姚小林
	自助钢琴弹奏练习器	发明专利	CN201610544999.5	2016.09.14	罗永	罗永
	一种自适应安装的钢琴演奏动作检测装置	实用新型	CN201620160207.X	2016.09.14	大连佳音科技有限公司	刘再新
	钢琴面板结构	实用新型	CN201620173885.X	2016.09.14	湖州华谱钢琴制造有限公司	姚小林
	一种高度可调节的钢琴脚轮	实用新型	CN201620411581.2	2016.09.14	福州和声钢琴有限公司	林建忠 黄苏东
	钢琴马克弦枕结构	实用新型	CN201620184933.5	2016.09.14	湖州华谱钢琴制造有限公司	姚小林
	一种智能化程度高的电钢琴装置	实用新型	CN201620316496.8	2016.09.14	湖南城市学院	游姣婧
	一种钢琴用音响共鸣钟	实用新型	CN201620411148.9	2016.09.14	福州和声钢琴有限公司	林建忠 黄苏东
	一种立式钢琴键盘手感调节装置	实用新型	CN201620411174.1	2016.09.14	福州和声钢琴有限公司	林建忠 黄苏东
	一种钢琴铸铁板固定连接螺钉	实用新型	CN201620411379.X	2016.09.14	福州和声钢琴有限公司	林建忠 黄苏东
	一种立式钢琴复奏加速机构	实用新型	CN201620411360.5	2016.09.14	福州和声钢琴有限公司	林建忠 黄苏东
	一种立式钢琴	实用新型	CN201620409966.5	2016.09.14	唐飞	唐飞 张静文 刘思飞 金顺福 金学洙

类别	名称	专利类型	申请（专利）号	公开（公告）日	申请（专利权）人	发明（设计）人
钢琴	钢琴（HG-153GD8）	外观设计	CN201630203775.9	2016.09.14	福州和声钢琴有限公司	林建忠 黄苏东
	钢琴凳	外观设计	CN201630207574.6	2016.09.14	王所玲	王所玲
	一种投影式钢琴指引系统及控制方法	发明专利	CN201610559259.9	2016.09.21	邵松 陆晓静 邵静怡	邵松 陆晓静 邵静怡
	一种带4G无线通信的智能电钢琴	实用新型	CN201620352722.8	2016.09.21	深圳市八斗科技有限公司	胡红剑
	虚拟钢琴投影装置	实用新型	CN201620434640.8	2016.09.21	余思宇	余思宇
	一种防尘式智能钢琴	实用新型	CN201620411132.8	2016.09.21	安徽克洛斯威智能乐器科技有限公司	熊世林
	一种具有醒目提示式按键的智能钢琴	实用新型	CN201620411159.7	2016.09.21	安徽克洛斯威智能乐器科技有限公司	熊世林
	一种提高儿童练琴积极性的智能钢琴	实用新型	CN201620411196.8	2016.09.21	安徽克洛斯威智能乐器科技有限公司	熊世林
	钢琴复合板材加工装置	实用新型	CN201620216125.2	2016.09.21	浙江乐韵钢琴有限公司	章顺龙 何剑鑫
	一种多用钢琴琴谱固定支架	实用新型	CN201620288441.0	2016.09.21	赵子征	赵子征
	一种具有后触的智能数码钢琴键盘结构	实用新型	CN201620428177.6	2016.09.21	海伦钢琴股份有限公司	陈海伦
	一种具有书页定位功能的智能钢琴	实用新型	CN201620411173.7	2016.09.21	安徽克洛斯威智能乐器科技有限公司	熊世林
	一种具有声控功能的钢琴节拍器	实用新型	CN201620452877.9	2016.09.21	大连艺术学院	李莉
	一种多功能钢琴凳	实用新型	CN201620311833.4	2016.09.21	湖南城市学院	蔡志妮
	一种便携式智能钢琴	实用新型	CN201620411157.8	2016.09.21	安徽克洛斯威智能乐器科技有限公司	熊世林
	具有弹奏指导功能的数码钢琴	实用新型	CN201620277061.7	2016.09.28	广州艾茉森电子有限公司	卢毅明 刘春清
	一种钢琴教学板	实用新型	CN201620140797.X	2016.09.28	中北大学	王小侠 杨宇娟 郭柯成
	一种三角钢琴后顶盖开合度调节装置	实用新型	CN201620438453.7	2016.09.28	长沙师范学院	秦青
	一种立式钢琴搬运器	实用新型	CN201620438452.2	2016.09.28	长沙师范学院	秦青
	钢琴铸铁板结构	实用新型	CN201620216123.3	2016.09.28	浙江乐韵钢琴有限公司	章顺龙 何剑鑫
	一种智能钢琴琴键清洗擦	实用新型	CN201620411216.1	2016.09.28	浙江乐韵钢琴有限公司	章顺龙 何剑鑫
	一种钢琴制音器头结构	实用新型	CN201620216096.X	2016.09.28	浙江乐韵钢琴有限公司	章顺龙 何剑鑫
	电钢琴黑白键的安装结构	实用新型	CN201620379413.X	2016.09.28	福建鑫亿电子科技有限公司	张建阳
	新型数码钢琴	实用新型	CN201620251647.6	2016.09.28	广州艾茉森电子有限公司	卢毅明 刘春清

类别	名称	专利类型	申请（专利）号	公开（公告）日	申请（专利权）人	发明（设计）人
钢琴	一种钢琴生产线的轨道装置	实用新型	CN201620411426.0	2016.09.28	福州和声钢琴有限公司	林建忠 黄苏东
	电钢琴重锤键盘的消音装置	实用新型	CN201620379411.0	2016.09.28	福建鑫亿电子科技有限公司	张建阳
	具有断联手感的数码钢琴键盘结构及数码钢琴	实用新型	CN201620249733.3	2016.09.28	广州艾茉森电子有限公司	卢毅明 刘春清
	一种钢琴中音区后倍音弦枕结构	实用新型	CN201620423707.8	2016.09.28	海伦钢琴股份有限公司	陈海伦
	一种钢琴复合音板	实用新型	CN201620237109.1	2016.09.28	天津市玮苓乐器有限公司	戴清华
	用于钢琴调节器的大缩调扳	实用新型	CN201620354261.8	2016.09.28	李颖	李颖
	钢琴弧形桥码结构	实用新型	CN201620216124.8	2016.09.28	浙江乐韵钢琴有限公司	章顺龙 何剑鑫
	一种三角钢琴用金属立柱	实用新型	CN201620411283.3	2016.10.05	福州和声钢琴有限公司	林建忠 黄苏东
	一种具有保护装置的智能钢琴	实用新型	CN201620484331.1	2016.10.05	安徽克洛斯威智能乐器科技有限公司	熊世林
	一种智能记录钢琴	实用新型	CN201620484284.0	2016.10.05	安徽克洛斯威智能乐器科技有限公司	熊世林
	弧形钢琴	实用新型	CN201620127974.0	2016.10.05	胡力山	胡力山
	一种能够自动调节的智能钢琴	实用新型	CN201620484324.1	2016.10.05	安徽克洛斯威智能乐器科技有限公司	熊世林
	智能训练钢琴	实用新型	CN201620483923.1	2016.10.05	安徽克洛斯威智能乐器科技有限公司	熊世林
	一种智能钢琴	实用新型	CN201620483909.1	2016.10.05	安徽克洛斯威智能乐器科技有限公司	熊世林
	一种用于智能钢琴上的调节装置	实用新型	CN201620484272.8	2016.10.05	安徽克洛斯威智能乐器科技有限公司	熊世林
	一种用于智能钢琴上的固定结构	实用新型	CN201620483921.2	2016.10.05	安徽克洛斯威智能乐器科技有限公司	熊世林
	一种能够自动升降的智能钢琴	实用新型	CN201620484325.6	2016.10.05	安徽克洛斯威智能乐器科技有限公司	熊世林
	一种弹钢琴用的指套	实用新型	CN201620300984.X	2016.10.12	林箬子	林箬子
	钢琴	外观设计	CN201630337971.5	2016.10.12	谭海峰	谭海峰
	钢琴支撑板	外观设计	CN201630337981.9	2016.10.12	谭海峰	谭海峰
	智能钢琴	外观设计	CN201630038921.7	2016.10.12	小叶子（北京）科技有限公司	吴玉生 胥晓叶 沈泽涵 王乐章
	一种智能钢琴	发明专利	CN201610640291.X	2016.10.12	姜逸	姜逸
	一种立式钢琴顶杆的加工方法	发明专利	CN201610409332.4	2016.10.12	森鹤乐器股份有限公司	张开峰
	一种立式钢琴顶杆的加工方法	发明专利	CN201610409332.4	2016.10.12	森鹤乐器股份有限公司	张开峰
	钢琴凳	发明专利	CN201610652039.0	2016.10.12	姜逸	姜逸

类别	名称	专利类型	申请（专利）号	公开（公告）日	申请（专利权）人	发明（设计）人
钢琴	新式智能钢琴	实用新型	CN201620380467.8	2016.10.12	刘文彦	刘文彦
	智能数码钢琴	实用新型	CN201620380494.5	2016.10.12	刘文彦	刘文彦
	一种电钢琴的立体旋转安装架	实用新型	CN201620497024.7	2016.10.12	黄山学院	李英卓 李曼瑞
	一种新型趣味LED钢琴地砖灯	实用新型	CN201620119584.9	2016.10.12	安徽汉思电气技术股份有限公司	何庆亮
	一种钢琴脚踏板防滑套	实用新型	CN201620310498.6	2016.10.12	安徽汉思电气技术股份有限公司	何庆亮
	一种钢琴乐谱承载装置	实用新型	CN201620463527.2	2016.10.12	张教华	张教华
	一种新型的钢琴	实用新型	CN201620503773.6	2016.10.12	荆楚理工学院	胡贤波
	实时提醒钢琴课的方法及系统	发明专利	CN201610658373.7	2016.10.26	张婧	张婧
	三角钢琴弦列总成解剖展示品	发明专利	CN201610649106.3	2016.10.26	成都川雅木业有限公司	张华君 商继红 张蕾 郝明生
	钢琴教学中发音校正方法及系统	发明专利	CN201610659212.X	2016.10.26	张婧	张婧
	一种立式钢琴转击器总木的加工方法	发明专利	CN201610409175.7	2016.10.26	森鹤乐器股份有限公司	张开峰
	一种钢琴用外饰浮雕及制备方法	发明专利	CN201610382067.5	2016.10.26	福州和声钢琴有限公司	林建忠 黄苏东
	一种电子智能钢琴及其指法矫正装置与指法矫正方法	发明专利	CN201610591516.7	2016.10.26	安徽克洛斯威智能乐器科技有限公司	熊世林
	立式钢琴弦列总成解剖展示品	发明专利	CN201610648096.1	2016.10.26	成都川雅木业有限公司	张华君 商继红 张蕾 郝明生
	卡扣式电钢琴重锤键盘	实用新型	CN201620379409.3	2016.10.26	福建鑫亿电子科技有限公司	张建阳
	基于智能手机的钢琴演奏机器人	实用新型	CN201620529909.0	2016.10.26	三峡大学	张力 王昱 张思达
	转轴式电钢琴重锤键盘	实用新型	CN201620379407.4	2016.10.26	福建鑫亿电子科技有限公司	张建阳
	电钢琴黑白键的导向结构	实用新型	CN201620379412.5	2016.10.26	福建鑫亿电子科技有限公司	张建阳
	一种凹凸复模钢琴键盘布擦	实用新型	CN201620231995.7	2016.10.26	刘曦檬	刘曦檬
	一种可折叠式教学钢琴	实用新型	CN201620542847.7	2016.10.26	大庆师范学院	吕淑新 王宇婧 张宁
	钢琴座地灯	外观设计	CN201630164420.3	2016.11.02	江伟业	江伟业
	一种钢琴缓降装置	实用新型	CN201620176564.5	2016.11.02	宁波市五角阻尼股份有限公司	蔡赋勇
	能在黑暗环境下使用的智能钢琴	实用新型	CN201620280006.3	2016.11.02	安徽克洛斯威智能乐器科技有限公司	熊世林
	键盘（钢琴）	外观设计	CN201630232482.3	2016.11.09	福建鑫亿电子科技有限公司	张建阳
	一种钢琴智能压键档装置	发明专利	CN201610609827.1	2016.11.09	福建珠江埃诺教育管理有限公司	卓强 朱昌君

类别	名称	专利类型	申请（专利）号	公开（公告）日	申请（专利权）人	发明（设计）人
钢琴	钢琴答题错误率的获取方法及系统	发明专利	CN201610658263.0	2016.11.09	张婧	张婧
	一种自动钢琴演奏系统中多音轨MIDI文件的演奏方法	发明专利	CN201610627686.6	2016.11.09	杭州电子科技大学	潘蕾全 吴以凡 方俊鹏 张桦 戴国骏
	一种立式电钢琴平板智能进出装置	发明专利	CN201610606994.0	2016.11.09	海伦钢琴股份有限公司	陈海伦 贺永辉 郑翠萍
	一种钢琴围板打磨装置	实用新型	CN201620597870.6	2016.11.09	湖南城市学院	李琼
	一种卧式钢琴铝制音档	实用新型	CN201620558310.X	2016.11.09	森鹤乐器股份有限公司	岑迪锋
	一种具有录音功能的互联网智能钢琴系统	实用新型	CN201620317812.3	2016.11.09	安徽克洛斯威智能乐器科技有限公司	熊世林
	一种智能钢琴	实用新型	CN201620411240.5	2016.11.09	安徽克洛斯威智能乐器科技有限公司	熊世林
	一种用于立式钢琴的谱架	实用新型	CN201620438454.1	2016.11.09	长沙师范学院	秦青
	一种钢琴键擦洗装置	实用新型	CN201620601832.3	2016.11.09	湖南城市学院	李琼
	用于钢琴教学的琴谱支架	实用新型	CN201620542846.2	2016.11.09	大庆师范学院	张宁 王宇婧 吕淑新
	一种卧式钢琴铝制音器抬档	实用新型	CN201620555776.4	2016.11.09	森鹤乐器股份有限公司	岑迪锋
	一种立式钢琴铜管音头钮	实用新型	CN201620555928.0	2016.11.09	森鹤乐器股份有限公司	岑迪锋
	一种卧式钢琴延音拨杆拉杆	实用新型	CN201620555380.X	2016.11.09	森鹤乐器股份有限公司	岑迪锋
	自动保养型智能钢琴	实用新型	CN201620291992.2	2016.11.09	安徽克洛斯威智能乐器科技有限公司	熊世林
	一种钢琴粘合用的压紧装置	实用新型	CN201620600540.8	2016.11.09	湖南城市学院	李琼
	琴键可以按压发光的智能钢琴	实用新型	CN201620292028.1	2016.11.09	安徽克洛斯威智能乐器科技有限公司	熊世林
	一种钢琴琴键	实用新型	CN201620117856.1	2016.11.09	刘宝利	刘宝利
	钢琴彩键模型	外观设计	CN201630158314.4	2016.11.16	北京儿童创客教育科技有限公司	李浩
	一种钢琴自动演奏教学系统	发明专利	CN201610722732.0	2016.11.16	郑州师范学院	翟玥坤 张贞 常丽文
	一种钢琴智能演奏训练系统	发明专利	CN201610627751.5	2016.11.16	王謦仪	王謦仪
	一种新型教学用钢琴	实用新型	CN201620611755.X	2016.11.16	曲靖师范学院	季毅
	一种新型表演钢琴	实用新型	CN201620639434.0	2016.11.16	湖南城市学院	曹泓
	钢琴	外观设计	CN201630269617.3	2016.11.23	赞塔钢琴有限责任公司	恩佐·伯蒂
	一种辅助钢琴使用的钢琴镜	发明专利	CN201510190668.1	2016.11.23	乐永进	乐永进
	钢琴键盘	实用新型	CN201620609569.2	2016.11.23	井源源	井源源 虎妮 肖鹏斌

类别	名称	专利类型	申请（专利）号	公开（公告）日	申请（专利权）人	发明（设计）人
钢琴	一种钢琴键盘缓降装置	实用新型	CN201620310274.5	2016.11.23	闫雨	闫雨 彭明妍 钟钰伟
	钢琴静音装置	实用新型	CN201620310275.X	2016.11.23	闫雨	闫雨 张丽丽 赵妍
	一种用于钢琴的杂音屏蔽扩音器	实用新型	CN201620665399.X	2016.11.23	嵊州市福音琴行	刘松
	智能钢琴的显示屏收放装置	实用新型	CN201620317740.2	2016.11.23	安徽克洛斯威智能乐器科技有限公司	熊世林
	一种钢琴琴脚组件	实用新型	CN201620428408.3	2016.11.23	湖南工业大学	唐玲
	一种用于钢琴的扩音器	实用新型	CN201620640316.1	2016.11.23	嵊州市福音琴行	刘松
	可调钢琴踏脚	实用新型	CN201620609567.3	2016.11.23	井源源	井源源 虎妮 肖鹏斌
	带有可移动显示屏的智能钢琴	实用新型	CN201620317763.3	2016.11.23	安徽克洛斯威智能乐器科技有限公司	熊世林
	带有应用软件界面的立式钢琴	外观设计	CN201530548251.9	2016.11.30	易弹信息科技（上海）有限公司	李晖
	钢琴（2）	外观设计	CN201630275434.2	2016.11.30	浙江乐韵钢琴有限公司	章顺龙 何剑鑫
	具有提高音质效果的钢琴	实用新型	CN201620415561.2	2016.11.30	杨鸿滨	杨鸿滨
	一种用于钢琴的可调扩音传感器	实用新型	CN201620408252.2	2016.11.30	杨朱宁	杨朱宁
	一种钢琴键式座椅结构	实用新型	CN201620763669.0	2016.11.30	伍德	伍德
	智能教学钢琴	实用新型	CN201620686523.0	2016.11.30	许昌学院	申璐莹
	钢琴竖拼成型弦码及成型装置	实用新型	CN201620674931.4	2016.11.30	宜昌金宝乐器制造有限公司	胡锋 庄联森 熊南方 董林 钟源
	一种智能钢琴教学系统	发明专利	CN201610567004.7	2016.12.07	南阳理工学院	舒甜 刘帅 王侃
	钢琴学习指导系统	发明专利	CN201610772256.3	2016.12.07	广州音乐猫乐器科技有限公司	冯山
	一种钢琴盖板控制机构	实用新型	CN201620598352.6	2016.12.07	贵州民族大学	朱莎
	一种钢琴	实用新型	CN201620500125.5	2016.12.07	易弹信息科技（上海）有限公司	刘晓露
	一种多功能便携触摸小钢琴	发明专利	CN201610615731.6	2016.12.14	广东工业大学	李伟昌 于兆勤 陈凯帆 孙城翠 黄志滨 廖锡博 贺晓雨 李伟根
	具有断联手感的数码钢琴键盘结构及数码钢琴	实用新型	CN201620251649.5	2016.12.14	广州艾茉森电子有限公司	卢毅明 刘春清
	一种家用电子钢琴	实用新型	CN201620716156.4	2016.12.14	天津市欧斯曼乐器有限公司	吴宝忠
	一种带节拍器的钢琴乐谱架	实用新型	CN201620716160.0	2016.12.14	天津市欧斯曼乐器有限公司	吴宝忠
	一种钢琴架子鼓	实用新型	CN201620715969.1	2016.12.14	天津市欧斯曼乐器有限公司	吴宝忠

类别	名称	专利类型	申请（专利）号	公开（公告）日	申请（专利权）人	发明（设计）人
钢琴	立式钢琴脚轮	实用新型	CN201620629067.6	2016.12.14	宁波四海琴业有限公司	何四海
	一种钢琴弹奏手形的检测装置	发明专利	CN201610871342.X	2016.12.21	无锡吾成互联科技有限公司	华歆 钦赛勇
	儿童钢琴课程的约课方法及系统	发明专利	CN201610658372.2	2016.12.21	张婧	张婧
	一种具备稳定性音效的智能电子钢琴	发明专利	CN201610890586.2	2016.12.21	安徽克洛斯威智能乐器科技有限公司	熊世林
	一种钢琴弹奏音准的检测装置	发明专利	CN201610874219.3	2016.12.21	无锡吾成互联科技有限公司	华歆 钦赛勇
	钢琴弦列木骨架总成	发明专利	CN201610644551.0	2016.12.21	成都川雅木业有限公司	张华君 商继红 张蕾 郝明生
	钢琴网络课程的实时提醒方法及系统	发明专利	CN201610659214.9	2016.12.21	张婧	张婧
	控制装置及钢琴演示系统	实用新型	CN201620164748.X	2016.12.21	深圳市众为创造科技有限公司	宋君毅
	新型钢琴搬运车	实用新型	CN201620692719.0	2016.12.21	北京四通搬家有限公司	于洋
	一种用于三角电钢琴谱架板的自动翻转机构	实用新型	CN201620806025.5	2016.12.28	海伦钢琴股份有限公司	陈海伦 戴一磊 戴旭东
	一种多用途的三角钢琴固定铰座	实用新型	CN201620805742.6	2016.12.28	海伦钢琴股份有限公司	陈海伦 汪安存 顾寅晓
吉他	一种分体组装的吉他及其制作方法	发明专利	CN201510643463.4	2016.01.06	广州市威柏乐器制造有限公司	凌建聪
	吉他变调夹	外观设计	CN201530358760.5	2016.01.06	深圳市阿尔乐乐器有限公司	张建锋 陈冲
	吉他变调夹	外观设计	CN201530356492.3	2016.01.06	深圳市阿尔乐乐器有限公司	张建锋 陈冲
	吉他变调夹(带取弦器)	外观设计	CN201530367027.X	2016.01.06	北京律动乐器有限公司	韦永勇
	一种吉他变调夹	实用新型	CN201520695048.9	2016.01.06	深圳市卓乐科技有限公司	许东青 李群超 王发芳 李国飞
	吉他拨弦手势训练器	实用新型	CN201520515256.6	2016.01.06	徐州工程学院	刘丽丽 陈亮
	吉他音箱（BT-45R）	外观设计	CN201530315490.X	2016.01.13	尹广军	尹广军
	吉他音箱（bt-150）	外观设计	CN201530315489.7	2016.01.13	尹广军	尹广军
	吉他音箱（AC-45R）	外观设计	CN201530315427.6	2016.01.13	尹广军	尹广军
	便于轻松调节吉他背带长度尺寸的装置	实用新型	CN201520630749.4	2016.01.13	罗丽秀	罗丽秀
	吉他	外观设计	CN201530263985.2	2016.01.20	爱乐威纳克有限责任公司	乔迪·卡尼韦利格里福尔斯
	半悬浮式原声吉他桥鞍	实用新型	CN201520720932.3	2016.01.20	曾可	曾可
	可调式吉他弦枕	实用新型	CN201520370203.X	2016.01.20	孔睿	孔睿
	吉他效果器（GT01）	外观设计	CN201530322996.3	2016.01.27	郑顺昌	郑顺昌

类别	名称	专利类型	申请（专利）号	公开（公告）日	申请（专利权）人	发明（设计）人
吉他	吉他（便携式）	外观设计	CN201530352410.8	2016.02.03	吉他人声有限公司	王天河
	一种分体组装的吉他	实用新型	CN201520773830.8	2016.02.03	广州市威柏乐器制造有限公司	凌建聪
	吉他（TD-90S）	外观设计	CN201530385395.7	2016.02.03	洪银山	洪银山
	吉他（RC-30C）	外观设计	CN201530385225.9	2016.02.03	洪银山	洪银山
	折叠式吉他支架	实用新型	CN201520775924.9	2016.02.03	宁波超杰电子科技有限公司	肖建福
	三分频吉他拾音器	实用新型	CN201520599256.9	2016.02.03	陈文翰	陈文翰
	一种防丢失磁性吉他拨片	实用新型	CN201520809298.0	2016.02.03	武汉理工大学	陈克强 胡江 胡方凡
	一种吉他混合拾音电路	实用新型	CN201520494827.2	2016.02.03	戴挺	戴挺 吴垡址 蔡文普
	一种吉他琴柄安装结构	发明专利	CN201510746486.8	2016.02.10	惠州市恩雅乐器有限公司	胡海明
	一种具有拨片的吉他支架	实用新型	CN201520808463.0	2016.02.10	铁岭师范高等专科学校 张楠	张楠
	吉他（朗声）	外观设计	CN201530242796.7	2016.02.17	怀远县君诚商贸有限责任公司	王静
	吉他	外观设计	CN201530387259.1	2016.02.17	铁岭师范高等专科学校	皇丽莉
	吉他（带扬声器）	外观设计	CN201530318243.5	2016.02.24	梁泽敏	梁泽敏
	吉他头型（RK-ELITE-75）	外观设计	CN201530288328.3	2016.02.24	艾克斯尔乐器有限公司	刘祥德
	一种吉他效果器电源支架	实用新型	CN201520794378.3	2016.02.24	深圳发烧友乐器有限公司	黄坚
	吉他架（V形）	外观设计	CN201530385351.4	2016.03.02	敖勇	敖勇
	吉他架（U形）	外观设计	CN201530385282.7	2016.03.02	敖勇	敖勇
	一种吉他立体拨片	实用新型	CN201520828804.0	2016.03.09	寇庆山	寇庆山
	一种吉他悬挂装置	实用新型	CN201520759342.1	2016.03.09	宁波音王电声股份有限公司	安泽
	金丝楠木吉他	外观设计	CN201530448129.4	2016.03.16	陆斌	陆斌
	吉他调音系统及弦乐器调音设备	发明专利	CN201510703855.5	2016.03.16	上海斐讯数据通信技术有限公司	包嘉裕
	适用于吉他拨片拨弦的手电钻专用钻头	发明专利	CN201610026693.0	2016.03.23	罗洋洋	罗洋洋
	便于养护面板的吉他护板	发明专利	CN201610026670.X	2016.03.23	罗洋洋	罗洋洋
	吉他	外观设计	CN201530425656.3	2016.03.23	郭新庆	郭新庆
	九弦弧面指板吉他	发明专利	CN201510950482.1	2016.03.23	巫山县创想乐器工作坊	郑福君
	具有保健功能的吉他/贝斯琴弦	发明专利	CN201610026646.6	2016.03.23	罗洋洋	罗洋洋
	一种带弹性结构的新型吉他滑棒	发明专利	CN201610026704.5	2016.03.23	罗洋洋	罗洋洋

类别	名称	专利类型	申请（专利）号	公开（公告）日	申请（专利权）人	发明（设计）人
吉他	组合式吉他拨片	发明专利	CN201610026696.4	2016.03.23	罗洋洋	罗洋洋
	一种新型吉他拨片	发明专利	CN201610026633.9	2016.03.23	罗洋洋	罗洋洋
	一种适用于夹持音频线的吉他背带夹	发明专利	CN201610026678.6	2016.03.23	罗洋洋	罗洋洋
	一种扩音木吉他	实用新型	CN201520745438.2	2016.03.23	钞晨	钞晨
	电子吉他架	外观设计	CN201530466296.1	2016.03.30	广州音乐猫乐器科技有限公司	冯山
	带弹性结构的新型吉他滑棒	发明专利	CN201610026705.X	2016.03.30	罗洋洋	罗洋洋
	适用于夹持音频线的吉他背带夹	发明专利	CN201610026679.0	2016.03.30	罗洋洋	罗洋洋
	一种新型吉他护板	发明专利	CN201610026669.7	2016.03.30	罗洋洋	罗洋洋
	一种带手电钻专用钻头的吉他拨片	发明专利	CN201610026695.X	2016.03.30	罗洋洋	罗洋洋
	一种吸塑板吉他音箱箱体	实用新型	CN201520789913.6	2016.03.30	宋冠雄	宋冠雄
	一种吉他变调夹	实用新型	CN201520753818.0	2016.03.30	北京律动乐器有限公司	韦永勇
	一种可伸缩式吉他和弦练习器	实用新型	CN201520940680.5	2016.03.30	汤桥	汤桥
	一种新型吉他拨片	实用新型	CN201520488035.4	2016.03.30	河南理工大学万方科技学院	张叶林 马娇
	吉他指弹跨度练习手套	实用新型	CN201520949809.9	2016.03.30	汤桥	汤桥
	一种落地折叠式吉他支架	实用新型	CN201520861154.X	2016.03.30	深圳市阿诺玛乐器有限公司	陈海华
	吉他	实用新型	CN201520961614.6	2016.04.06	通化师范学院	王冰
	一种适用于电吉他的无线发射器	实用新型	CN201520935223.7	2016.04.06	恩平市帕思高电子科技有限公司	胡宇鹏
	电子吉他(玩具)	外观设计	CN201530449505.1	2016.04.06	朱雁鸿	朱雁鸿
	电子吉他	外观设计	CN201530465573.7	2016.04.06	广州音乐猫乐器科技有限公司	冯山
	适用于吉他琴弦和指板涂抹护理液的装置	发明专利	CN201610026664.4	2016.04.13	罗洋洋	罗洋洋
	一种吉他弦桥	发明专利	CN201610022209.7	2016.04.13	瑞安市中联电声乐器有限公司	林瑞荣
	一种可折叠式无头电吉他	发明专利	CN201610021589.2	2016.04.13	瑞安市中联电声乐器有限公司	林瑞荣
	一种吉他弦锁	发明专利	CN201610020702.5	2016.04.13	瑞安市中联电声乐器有限公司	林瑞荣
	一种带弹性结构的吉他滑棒	发明专利	CN201610026706.4	2016.04.13	罗洋洋	罗洋洋
	无内支撑件的吉他	实用新型	CN201520947842.8	2016.04.13	刘宇航	刘宇航 刘守舵
	一种新型吉他滑棒	发明专利	CN201610026708.3	2016.04.13	罗洋洋	罗洋洋
	新型吉他滑棒	发明专利	CN201610026709.8	2016.04.13	罗洋洋	罗洋洋

类别	名称	专利类型	申请（专利）号	公开（公告）日	申请（专利权）人	发明（设计）人
吉他	吉他下骑(海豚)	外观设计	CN201530398272.7	2016.04.13	钰丰乐器（福建）有限公司	陈永茂
	电吉他琴体	外观设计	CN201530465660.2	2016.04.13	刘冰	刘冰
	吉他	外观设计	CN201530392079.2	2016.04.13	亚伯拉罕·约书亚·韦克特	亚伯拉罕·约书亚·韦克特
	便于收纳存放的电吉他摇杆	发明专利	CN201610026714.9	2016.04.20	罗洋洋	罗洋洋
	一种吉他双摇弦桥	发明专利	CN201610021807.2	2016.04.20	瑞安市中联电声乐器有限公司	林瑞荣
	带弹性结构的吉他滑棒	发明专利	CN201610026707.9	2016.04.20	罗洋洋	罗洋洋
	一种音色丰富的新型吉他滑棒	发明专利	CN201610026702.6	2016.04.20	罗洋洋	罗洋洋
	一种吉他琴柄安装结构	实用新型	CN201520878491.X	2016.04.20	惠州市恩雅乐器有限公司	胡海明
	一种吉他琴头组件加工机	实用新型	CN201521016146.1	2016.04.20	彭进辉	彭进辉
	音色丰富的新型吉他滑棒	发明专利	CN201610026703.0	2016.04.20	罗洋洋	罗洋洋
	一种夏威夷吉他实心滑棒	发明专利	CN201610026692.6	2016.04.20	罗洋洋	罗洋洋
	吉他包(E1bag)	外观设计	CN201530447489.2	2016.04.20	彭进辉	彭进辉
	五头吉他架	外观设计	CN201530420408.X	2016.04.20	梁国柱	梁国柱
	七头吉他架	外观设计	CN201530420410.7	2016.04.20	梁国柱	梁国柱
	电吉他	外观设计	CN201530462402.9	2016.04.20	黑龙江省伊瑷斯霹吉他研究所	陈晓方 李光玉 崔静波
	一种适用于临时找平吉他品丝的装置	发明专利	CN201610026653.6	2016.04.27	罗洋洋	罗洋洋
	一种新型智能吉他	实用新型	CN201520882111.X	2016.04.27	北京视感科技有限公司	张博涵 林龙 宋君
	吉他	外观设计	CN201530440137.4	2016.04.27	王龙朋	王龙朋 牛志强
	吉他包（Mayson）	外观设计	CN201530496866.1	2016.04.27	广州市尚律曼森乐器制造有限公司	汪宏齐
	一种饲料用吉他霉素固体微囊的生产方法	外观设计	CN201610003754.1	2016.05.04	无锡华诺威动物保健品有限公司	蒋银屏 黄剑飞 许乐乐 王庆
	一种无头电吉他	发明专利	CN201610020508.7	2016.05.04	瑞安市中联电声乐器有限公司	林瑞荣
	一种适用于冬季弹奏吉他的手套	发明专利	CN201610103401.9	2016.05.04	罗福仲	罗福仲
	一种便于手指捏持吉他拨片的装置	发明专利	CN201610103391.9	2016.05.04	罗福仲	罗福仲
	一种便于托举琴颈的吉他变调夹	发明专利	CN201610103402.3	2016.05.04	罗福仲	罗福仲
	一种十二弦吉他变调夹	发明专利	CN201610103397.6	2016.05.04	罗福仲	罗福仲
	便于安装和更换的吉他品丝	发明专利	CN201610026691.1	2016.05.04	罗洋洋	罗洋洋
	一种便于手指捏持的吉他拨片	发明专利	CN201610103392.3	2016.05.04	罗福仲	罗福仲

类别	名称	专利类型	申请（专利）号	公开（公告）日	申请（专利权）人	发明（设计）人
吉他	吉他包	外观设计	CN201530548273.5	2016.05.04	广州市拿火信息科技有限公司	陆子天
	吉他	外观设计	CN201530479612.9	2016.05.04	陈志强	陈志强
	电吉他琴头	外观设计	CN201530446537.6	2016.05.04	柳云辉	柳云辉
	一种便于固定和取出弦头的吉他固弦锥	发明专利	CN201610103390.4	2016.05.11	罗福仲	罗福仲
	一种便于夹持吉他拨片的眼镜	发明专利	CN201610103393.8	2016.05.11	罗福仲	罗福仲
	一种便于与木吉他尾钉拾音器输出插口配套使用的背带扣	发明专利	CN201610103370.7	2016.05.11	罗福仲	罗福仲
	一种便于携带和取用的吉他拨片	发明专利	CN201610103394.2	2016.05.11	罗福仲	罗福仲
	一种吉他头尾板安装机	实用新型	CN201521014068.1	2016.05.11	彭进辉	彭进辉
	一种吉他合桶机	实用新型	CN201521065781.9	2016.05.11	彭进辉	彭进辉
	一种吉他磨框机	实用新型	CN201521066045.5	2016.05.11	彭进辉	彭进辉
	吉他	外观设计	CN201530476702.2	2016.05.11	赖国强	赖国强
	九头吉他架	外观设计	CN201530420409.4	2016.05.11	梁国柱	梁国柱
	基于防护结构的吉他弦扭保护装置	发明专利	CN201610175156.2	2016.05.18	绵阳安智圣达创意科技有限公司	冯雪
	一种吉他效果器用固定踏板	实用新型	CN201520931073.2	2016.05.18	陈亚迪	陈亚迪
	带防伪标识的吉他	实用新型	CN201521030396.0	2016.05.18	深圳鑫通运科信息技术有限公司	陈英杰 辛伟强 李辰奎
	一种吉他指板贴合机	实用新型	CN201521014096.3	2016.05.18	彭进辉	彭进辉
	吉他袋（天蝎座）	外观设计	CN201530533411.2	2016.05.18	王彩虹	王彩虹
	吉他袋（白羊座1）	外观设计	CN201530533406.1	2016.05.18	王彩虹	王彩虹
	吉他袋（双子座）	外观设计	CN201530533401.9	2016.05.18	王彩虹	王彩虹
	吉他袋（白羊座2）	外观设计	CN201530533404.2	2016.05.18	王彩虹	王彩虹
	吉他变调夹	外观设计	CN201530487229.8	2016.05.18	深圳市阿尔乐乐器有限公司	张建锋
	一种能产生刮擦音效的木吉他护板	发明专利	CN201610132030.7	2016.05.25	罗福仲	罗福仲
	一种吉他拾音器内置电池拆卸和安装定位机构	发明专利	CN201610088027.X	2016.05.25	广州博创乐器有限公司	布莱德里·罗伊·克拉克
	吉他带	外观设计	CN201530555372.6	2016.05.25	姜苏	姜苏
	全角魔块吉他（带多种颜色指板）	外观设计	CN201530551696.2	2016.05.25	朱金泰	朱金泰
	一种可充电的吉他	发明专利	CN201510959743.6	2016.06.01	常熟市先锋乐器有限公司	马建锋
	一种新型吉他谱架	发明专利	CN201510998294.6	2016.06.01	青岛朝阳华泰管理咨询服务有限公司	李志华
	一种吉他用护臂	实用新型	CN201620005269.3	2016.06.01	翟常森	翟常森

类别	名称	专利类型	申请（专利）号	公开（公告）日	申请（专利权）人	发明（设计）人
吉他	一种吉他贴音梁机	实用新型	CN201521013951.9	2016.06.01	彭进辉	彭进辉
	缺角魔块吉他（带多种颜色指板）	外观设计	CN201530551697.7	2016.06.01	朱金泰	朱金泰
	三头吉他架	外观设计	CN201530420407.5	2016.06.01	梁国柱	梁国柱
	吉他（TT60C高低桶形）	外观设计	CN201530430423.2	2016.06.01	洪银山	洪银山
	一种全自动智能调弦吉他	实用新型	CN201620061650.1	2016.06.08	范帅	范帅 马震
	一种音色丰富的新型吉他滑棒	实用新型	CN201620038892.9	2016.06.08	罗洋洋	罗洋洋
	组合式吉他拨片	实用新型	CN201620038886.3	2016.06.08	罗洋洋	罗洋洋
	吉他侧板成形剪切机	实用新型	CN201521142641.7	2016.06.08	彭进辉	彭进辉
	一种带弹性结构的新型吉他滑棒	实用新型	CN201620038894.8	2016.06.08	罗洋洋	罗洋洋
	带弹性结构的新型吉他滑棒	实用新型	CN201620038895.2	2016.06.08	罗洋洋	罗洋洋
	带弹性结构的吉他滑棒	实用新型	CN201620038897.1	2016.06.08	罗洋洋	罗洋洋
	一种新型吉他滑棒	实用新型	CN201620038898.6	2016.06.08	罗洋洋	罗洋洋
	一种琴颈加强型吉他	实用新型	CN201521068984.3	2016.06.08	马大树	马大树
	电吉他	外观设计	CN201530469571.5	2016.06.08	雅马哈株式会社	P·斯托拉斯基 铃木俊英
	一种带弹性结构的吉他滑棒	实用新型	CN201620038896.7	2016.06.08	罗洋洋	罗洋洋
	吉他	外观设计	CN201630033474.6	2016.06.08	魏婕	魏婕
	一种可折叠式无头电吉他	实用新型	CN201620030094.1	2016.06.15	瑞安市中联电声乐器有限公司	林瑞荣
	音色丰富的新型吉他滑棒	实用新型	CN201620038893.3	2016.06.15	罗洋洋	罗洋洋
	适用于吉他琴弦和指板涂抹护理液的装置	实用新型	CN201620038854.3	2016.06.15	罗洋洋	罗洋洋
	新型吉他滑棒	实用新型	CN201620038900.X	2016.06.15	罗洋洋	罗洋洋
	一种指板带有弧度的吉他	实用新型	CN201521080464.4	2016.06.15	惠州市恩雅乐器有限公司	胡海明
	适用于吉他拨片拨弦的手电钻专用钻头	实用新型	CN201620038883.X	2016.06.15	罗洋洋	罗洋洋
	适用于夹持音频线的吉他背带夹	实用新型	CN201620038868.5	2016.06.15	罗洋洋	罗洋洋
	一种吉他弦桥	实用新型	CN201620031489.3	2016.06.15	瑞安市中联电声乐器有限公司	林瑞荣
	一种吉他拉槽延音结构	实用新型	CN201521083156.7	2016.06.15	惠州市恩雅乐器有限公司	胡海明
	一种夏威夷吉他实心滑棒	实用新型	CN201620038882.5	2016.06.15	罗洋洋	罗洋洋
	适合于与手电钻专用钻头配套使用的吉他拨片	实用新型	CN201620038884.4	2016.06.15	罗洋洋	罗洋洋
	一种无头电吉他	实用新型	CN201620032058.9	2016.06.15	瑞安市中联电声乐器有限公司	林瑞荣

类别	名称	专利类型	申请（专利）号	公开（公告）日	申请（专利权）人	发明（设计）人
吉他	吉他（凤图案）	实用新型	CN201530514578.4	2016.06.15	山东劳立斯世正乐器有限公司	邓莹
	吉他（梅花图案）	外观设计	CN201530522643.8	2016.06.15	山东劳立斯世正乐器有限公司	邓莹
	吉他（菱形花纹）	外观设计	CN201530517075.2	2016.06.15	山东劳立斯世正乐器有限公司	邓莹
	一种适用于夹持音频线的吉他背带夹	实用新型	CN201620038866.6	2016.06.15	罗洋洋	罗洋洋
	吉他（尤克里里1）	外观设计	CN201630029764.3	2016.06.15	刘晓丹	刘晓丹
	吉他（荷花图案）	外观设计	CN201530514534.1	2016.06.15	山东劳立斯世正乐器有限公司	邓莹
	DIY组装吉他	外观设计	CN201630003733.0	2016.06.15	河北金音乐器集团有限公司	陈学孔
	吉他包	外观设计	CN201530476703.7	2016.06.15	赖国强	赖国强
	吉他（牡丹图案）	外观设计	CN201530523204.9	2016.06.15	山东劳立斯世正乐器有限公司	邓莹
	吉他（紫荆花图案）	外观设计	CN201530530139.2	2016.06.15	山东劳立斯世正乐器有限公司	邓莹
	吉他（三角花纹）	外观设计	CN201530530143.9	2016.06.15	山东劳立斯世正乐器有限公司	邓莹
	吉他变调夹	外观设计	CN201630034926.2	2016.06.15	深圳市阿尔乐乐器有限公司	张建锋
	一种新型吉他护板	实用新型	CN201620038857.7	2016.06.16	罗洋洋	罗洋洋
	一种带手电钻专用钻头的吉他拨片	实用新型	CN201620038885.9	2016.06.16	罗洋洋	罗洋洋
	适合于与手电钻专用钻头配套使用的吉他拨片	发明专利	CN201610026694.5	2016.06.22	罗洋洋	罗洋洋
	一种适用于临时找平吉他品丝的装置	实用新型	CN201620038837.X	2016.06.22	罗洋洋	罗洋洋
	一种新型的吉他装饰木条	实用新型	CN201620061380.4	2016.06.22	刘建军	刘建军
	便于安装和更换的吉他品丝	实用新型	CN201620038881.0	2016.06.22	罗洋洋	罗洋洋
	吉他（LAVAGUITARclassic）	外观设计	CN201630028718.1	2016.06.22	广州市拿火信息科技有限公司	陆子天
	吉他（龙图案）	外观设计	CN201530516946.9	2016.06.22	山东劳立斯世正乐器有限公司	邓莹
	吉他效果器部件	外观设计	CN201530457877.9	2016.06.22	山西比洋之声乐器销售有限公司	王玮
	电吉他（1）	外观设计	CN201630042944.5	2016.06.22	刘璐	刘璐
	一种适用于冬季弹奏吉他的手套	实用新型	CN201620141363.1	2016.06.29	罗福仲	罗福仲
	一种便于携带和取用的吉他拨片	实用新型	CN201620141353.8	2016.06.29	罗福仲	罗福仲

类别	名称	专利类型	申请（专利）号	公开（公告）日	申请（专利权）人	发明（设计）人
吉他	一种便于固定和取出弦头的吉他固弦锥	实用新型	CN201620141345.3	2016.06.29	罗福仲	罗福仲
	一种十二弦吉他变调夹	实用新型	CN201620141358.0	2016.06.29	罗福仲	罗福仲
	一种吉他弦锁	实用新型	CN201620031629.7	2016.06.29	瑞安市中联电声乐器有限公司	林瑞荣
	一种电吉他的面板总成	实用新型	CN201521118398.5	2016.06.29	瑞安市中联电声乐器有限公司	林瑞荣
	一种便于托举琴颈的吉他变调夹	实用新型	CN201620141364.6	2016.06.29	罗福仲	罗福仲
	一种便于手指捏持的吉他拨片	实用新型	CN201620141349.1	2016.06.29	罗福仲	罗福仲
	吉他（尤克里里5）	外观设计	CN201630053407.0	2016.06.29	刘晓丹	刘晓丹
	吉他（尤克里里2）	外观设计	CN201630029762.4	2016.06.29	刘晓丹	刘晓丹
	一种便于夹持吉他拨片的眼镜	实用新型	CN201620141352.3	2016.06.29	罗福仲	罗福仲
	吉他琴头	外观设计	CN201630024804.5	2016.06.29	陈一飞	陈一飞
	吉他架	外观设计	CN201630050952.4	2016.06.29	黄奇	王剑
	一种吉他双摇弦桥	实用新型	CN201620031956.2	2016.07.06	瑞安市中联电声乐器有限公司	林瑞荣
	一种夏威夷吉他面板	实用新型	CN201620068526.8	2016.07.06	佛山市南海明德乐器有限公司	申民
	电吉他（2）	外观设计	CN201630042945.X	2016.07.06	刘璐	刘璐
	单板吉他（3）	外观设计	CN201530570636.5	2016.07.06	佛山市南海明德乐器有限公司	申民
	吉他拨片包装盒（拿火）	外观设计	CN201630105614.6	2016.07.06	广州市拿火信息科技有限公司	陆子天
	单板吉他（2）	外观设计	CN201530570637.X	2016.07.06	佛山市南海明德乐器有限公司	申民
	吉他包装袋	外观设计	CN201530479466.X	2016.07.06	陈志强	陈志强
	单板吉他（1）	外观设计	CN201530570638.4	2016.07.06	佛山市南海明德乐器有限公司	申民
	吉他效果器主机	外观设计	CN201530457568.1	2016.07.06	山西比洋之声乐器销售有限公司	王玮
	一种基于DSP音频信号处理技术的吉他功放	发明专利	CN201610118506.1	2016.07.13	宁波音王电声股份有限公司	刘达 屠永波
	吉他拨片（拿火）	外观设计	CN201630100304.5	2016.07.13	广州市拿火信息科技有限公司	陆子天
	吉他（尤克里里4）	外观设计	CN201630029760.5	2016.07.13	刘晓丹	刘晓丹
	吉他	外观设计	CN201630105674.8	2016.07.13	福州恋森乐器有限公司	廖俊伟
	随形吉他盒	发明专利	CN201410830223.0	2016.07.20	天津市金奥林箱包有限公司	杨永闯
	方形吉他盒	发明专利	CN201410830061.0	2016.07.20	天津市金奥林箱包有限公司	杨永闯

类别	名称	专利类型	申请（专利）号	公开（公告）日	申请（专利权）人	发明（设计）人
吉他	一种带轴承的吉他电位器旋钮	发明专利	CN201610233912.2	2016.07.20	罗叶叶	罗叶叶
	吉他	外观设计	CN201630105678.6	2016.07.20	福州恋森乐器有限公司	廖俊伟
	一种易于按弦的吉他	发明专利	CN201610277184.5	2016.07.21	邹桂平	邹桂平
	带人声拾音功能的吉他	实用新型	CN201620155355.2	2016.07.27	陈罕	陈罕
	吉他琴头	外观设计	CN201630123285.8	2016.07.27	惠州市布鲁斯乐器有限公司	张华
	音调控制功能的原声吉他	发明专利	CN201480069112.0	2016.08.03	株式会社歌斐木	李奎宪
	一种吉他用折叠支架	实用新型	CN201620246393.9	2016.08.03	泰山医学院	韩海军 张蕾
	吉他	外观设计	CN201630120204.9	2016.08.03	王保强	王保强
	吉他效果器用固定踏板	外观设计	CN201530469375.8	2016.08.03	陈亚迪	陈亚迪
	吉他琴头(道驰)	外观设计	CN201530444754.1	2016.08.03	何祺祥	何祺祥
	电吉他柄头	外观设计	CN201530548934.4	2016.08.03	郭树荣	郭树荣
	吉他拾音器	外观设计	CN201530538214.X	2016.08.03	田家树	田家树
	吉他	外观设计	CN201630075576.4	2016.08.03	郝心勤	郝心勤
	吉他和弦变调夹	外观设计	CN201630109318.3	2016.08.03	岳高兴	岳高兴
	吉他琴头(吉姆)	外观设计	CN201530444753.7	2016.08.03	何祺祥	何祺祥
	吉他（尤克里里3）	外观设计	CN201630029761.X	2016.08.10	刘晓丹	刘晓丹
	吉他包（唐30）	外观设计	CN201630017901.1	2016.08.10	曾建辉	曾建辉
	吉他（古典挖槽柄头）	外观设计	CN201630158300.2	2016.08.10	广州华丰乐器制造有限公司	黄振熙
	电子音乐吉他	外观设计	CN201630025295.8	2016.08.10	林镇文	林镇文
	吉他(雕花)	外观设计	CN201530553099.3	2016.08.10	彭进辉	彭进辉
	吉他放大器	外观设计	CN201530531223.6	2016.08.10	雅马哈株式会社	铃木俊英
	民谣吉他	外观设计	CN201630026240.9	2016.08.10	朱平	朱平
	吉他护片	外观设计	CN201630003535.4	2016.08.10	福州恋森乐器有限公司	廖俊伟
	吉他弦桥	外观设计	CN201630007667.4	2016.08.10	歌斐木	李奎宪
	吉他（ST）	外观设计	CN201630118135.8	2016.08.10	柯尔特乐器（大连）有限公司	荣晓丽
	全瓦楞纸缓冲音响吉他箱型的包装箱	发明专利	CN201610296358.2	2016.08.17	美盈森集团股份有限公司	陈有添
	一种吉他包	实用新型	CN201620260810.5	2016.08.17	吕国豪	吕国豪
	一种实木芯复合吉他音板	实用新型	CN201620237641.3	2016.08.17	天津市玮苓乐器有限公司	戴清华
	一种带轴承的吉他电位器旋钮	实用新型	CN201620316059.6	2016.08.17	罗叶叶	罗叶叶
	吉他	外观设计	CN201630099932.6	2016.08.17	菏泽市开发区笛韵乐器有限公司	王玉涛

类别	名称	专利类型	申请（专利）号	公开（公告）日	申请（专利权）人	发明（设计）人
吉他	吉他（CL）	外观设计	CN201630118141.3	2016.08.17	柯尔特乐器（大连）有限公司	荣晓丽
	吉他护板（喙）	外观设计	CN201630158297.4	2016.08.17	广州华丰乐器制造有限公司	黄振熙
	吉他护板（水滴）	外观设计	CN201630158294.0	2016.08.17	广州华丰乐器制造有限公司	黄振熙
	吉他（K）	外观设计	CN201630152399.5	2016.08.17	柯尔特乐器（大连）有限公司	荣晓丽
	木圆背吉他（woodovationGui-TAR）	外观设计	CN201630132602.2	2016.08.17	金容兰	金容兰
	吉他（口轮花D3）	外观设计	CN201630158299.3	2016.08.17	广州华丰乐器制造有限公司	黄振熙
	吉他（民谣方形柄头）	外观设计	CN201630158298.9	2016.08.17	广州华丰乐器制造有限公司	黄振熙
	吉他（口轮花D1）	外观设计	CN201630158295.5	2016.08.17	广州华丰乐器制造有限公司	黄振熙
	改进结构的小吉他	实用新型	CN201620043402.4	2016.08.24	胡旭东	胡旭东
	一种便于观察吉他弹奏指法的变调夹	发明专利	CN201610535804.0	2016.08.31	罗道仟	罗道仟
	带人声拾音功能的吉他	实用新型	CN201620238032.X	2016.08.31	陈罕	陈罕
	木吉他柄自动加工设备	实用新型	CN201620086609.X	2016.08.31	广州市威柏乐器制造有限公司	凌建聪
	吉他	外观设计	CN201630184179.0	2016.08.31	钟海平	钟海平
	吉他护肘	外观设计	CN201630031230.4	2016.08.31	枣庄森氏吉他制作有限公司	王成森
	吉他	外观设计	CN201630078717.8	2016.08.31	郭新庆	郭新庆
	吉他（水瓶座）	外观设计	CN201630219564.4	2016.08.31	唐晓峰	唐晓峰
	吉他头	外观设计	CN201630050077.X	2016.08.31	艾鸽公司	杰拉德·贾尼尔
	吉他	外观设计	CN201630031253.5	2016.08.31	枣庄森氏吉他制作有限公司	王成森
	吉他	外观设计	CN201630031281.7	2016.08.31	枣庄森氏吉他制作有限公司	王成森
	吉他包	外观设计	CN201630189909.6	2016.08.31	义乌火花信息科技有限公司	史鹏飞
	吉他	外观设计	CN201630184174.8	2016.08.31	义乌火花信息科技有限公司	史鹏飞
	一种能同时和全面观察吉他弹奏指法的夹子	发明专利	CN201610535793.6	2016.09.07	罗道仟	罗道仟
	一种适用于支撑电吉他琴体的琴垫	发明专利	CN201610536027.1	2016.09.07	罗道仟	罗道仟
	一种便于观察吉他弹奏指法的夹子	发明专利	CN201610535803.6	2016.09.07	罗道仟	罗道仟

类别	名称	专利类型	申请（专利）号	公开（公告）日	申请（专利权）人	发明（设计）人
吉他	具有扩音功能的木吉他	实用新型	CN201620346946.8	2016.09.07	黑龙江工业学院	曲雁 黄滞 仲维军
	一种自锁型吉他壁挂支架	实用新型	CN201620364487.6	2016.09.07	湖南城市学院	李翔
	吉他	外观设计	CN201630042214.5	2016.09.07	梁永欢	梁永欢
	吉他支架	外观设计	CN201630146293.4	2016.09.07	吴利栋	吴利栋
	吉他	外观设计	CN201630039932.7	2016.09.07	梁永欢	梁永欢
	吉他	外观设计	CN201630284497.4	2016.09.14	江苏小果乐器科技有限公司	欣文赋
	一种吉他	发明专利	CN201610277185.X	2016.09.21	邹桂平	邹桂平
	一种具有储藏功能的吉他	实用新型	CN201620428955.1	2016.09.21	福州恋森乐器有限公司	廖俊伟
	一种带有支撑架的吉他	实用新型	CN201620426133.X	2016.09.21	福州恋森乐器有限公司	廖俊伟
	便携式吉他调音器	实用新型	CN201620212713.9	2016.09.21	陕西职业技术学院	朱飞晔
	一种吉他	实用新型	CN201620429220.0	2016.09.21	福州恋森乐器有限公司	廖俊伟
	一种便于悬挂的吉他	实用新型	CN201620426381.4	2016.09.21	福州恋森乐器有限公司	廖俊伟
	一种便于使用的吉他	实用新型	CN201620429293.X	2016.09.21	福州恋森乐器有限公司	廖俊伟
	民谣吉他琴头（ASTURIAS）	外观设计	CN201630249342.7	2016.09.21	福州市功琴坊乐器有限公司	范水旺
	吉他头	外观设计	CN201630241043.9	2016.09.21	刘建军	刘建军
	民谣吉他琴头（桑迪杰尼）	外观设计	CN201630249250.9	2016.09.21	福州市功琴坊乐器有限公司	范水旺
	音量可调吉他	发明专利	CN201610330859.8	2016.09.28	胡振华	胡振华
	一种便于观察吉他弹奏指法的装置	发明专利	CN201610535802.1	2016.09.28	罗道仟	罗道仟
	一种多功能可书写吉他乐谱架	实用新型	CN201620419498.X	2016.09.28	吴晓辉	吴晓辉 臧俊斌 吴娟娟 张宏刚 吕帅 白建胜 郭耀红 李亚楠
	一种吉他的改进结构	实用新型	CN201620396951.X	2016.09.28	广州华丰乐器制造有限公司	黄振熙
	吉他的弦线安装结构	实用新型	CN201620394826.5	2016.09.28	广州华丰乐器制造有限公司	黄振熙
	一种带有支架板的吉他	实用新型	CN201620426239.X	2016.09.28	福州恋森乐器有限公司	廖俊伟
	一种无线吉他MIDI控制器	实用新型	CN201620323971.4	2016.09.28	东莞市龙健电子有限公司	孙辉
	一种带香囊的吉他拨片	实用新型	CN201620446567.6	2016.09.28	罗叶叶	罗叶叶
	一种小学生用吉他琴盒	实用新型	CN201620418312.9	2016.09.28	贺欣然	贺欣然

类别	名称	专利类型	申请（专利）号	公开（公告）日	申请（专利权）人	发明（设计）人
吉他	无线吉他传输系统	外观设计	CN201630165464.8	2016.09.28	深圳市伏荣科技开发有限公司	李卫
	木圆背吉他桶(woodovationGuiTARTONG)	外观设计	CN201630093442.5	2016.09.28	金容兰	金容兰
	吉他（ROSBACH）	外观设计	CN201630112486.8	2016.09.28	洪银山	洪银山
	吉他（音孔花）	外观设计	CN201630031346.8	2016.09.28	枣庄森氏吉他制作有限公司	王成森
	吉他头（皇冠）	外观设计	CN201630054829.X	2016.09.28	李妙婷	李妙婷
	吉他指板	外观设计	CN201630031178.2	2016.09.28	枣庄森氏吉他制作有限公司	王成森
	一种尤克里里及古典吉他连接背带的固定装置	实用新型	CN201620400990.2	2016.10.05	尹星	尹星
	一种可自动调节吉他面板厚度的制造装置	实用新型	CN201620392213.8	2016.10.12	泰兴市凤灵吉他制造有限公司	李晓凌
	一种能同时和全面观察吉他弹奏指法的装置	发明专利	CN201610535801.7	2016.10.12	罗道仟	罗道仟
	一种可自动弹奏的吉他结构	发明专利	CN201610508211.5	2016.10.12	陈华斌	陈华斌
	一种带锉刀的吉他变调夹	发明专利	CN201610583037.0	2016.10.12	罗道仟	罗道仟
	一种带锯条的吉他变调夹	发明专利	CN201610583041.7	2016.10.12	罗道仟	罗道仟
	一种具有锉刀功能的吉他变调夹	发明专利	CN201610583030.9	2016.10.12	罗道仟	罗道仟
	一种多功能吉他侧板热弯成形装置	实用新型	CN201620460342.6	2016.10.12	宗晓骏	宗晓骏
	一种新型带钟表的吉他	实用新型	CN201620326777.1	2016.10.12	泰兴市凤灵吉他制造有限公司	李晓凌
	吉他演奏器	实用新型	CN201620346467.6	2016.10.12	刘文彦	刘文彦
	可调式吉他部件以及微调高结构	实用新型	CN201620476704.0	2016.10.12	刘众喜	刘众喜
	一种吉他的自动调音装置	实用新型	CN201620497155.5	2016.10.12	黄山学院	李英卓
	一种可自动松紧琴弦的吉他琴头	实用新型	CN201620326778.6	2016.10.12	泰兴市凤灵吉他制造有限公司	李晓凌
	一种具有散热功效的吉他	实用新型	CN201620326779.0	2016.10.12	泰兴市凤灵吉他制造有限公司	李晓凌
	一种方便使用乐谱的吉他	实用新型	CN201620326782.2	2016.10.12	泰兴市凤灵吉他制造有限公司	李晓凌
	智能自动演奏教学吉他	实用新型	CN201620346857.3	2016.10.12	刘文彦	刘文彦
	一种设有内六角扳手的电吉他变调夹	发明专利	CN201610536021.4	2016.10.26	罗道仟	罗道仟
	一种具有内六角扳手功能的电吉他变调夹	发明专利	CN201610583047.4	2016.10.26	罗道仟	罗道仟
	一种带内六角扳手的电吉他变调夹	发明专利	CN201610536026.7	2016.10.26	罗道仟	罗道仟

类别	名称	专利类型	申请（专利）号	公开（公告）日	申请（专利权）人	发明（设计）人
吉他	一种古典吉他尼龙弦的紧锁装置	发明专利	CN201610647680.5	2016.11.09	罗道仟	罗道仟
	一种便于安装固定尼龙弦的古典吉他琴桥	发明专利	CN201610647645.3	2016.11.09	罗道仟	罗道仟
	一种设有锉刀的吉他变调夹	发明专利	CN201610583046.X	2016.11.09	罗道仟	罗道仟
	一种改进型吉他指板	发明专利	CN201610647702.8	2016.11.09	罗道仟	罗道仟
	一种带十字螺丝刀的吉他卷弦器	发明专利	CN201610733795.6	2016.11.16	罗道仟	罗道仟
	一种吉他的品位记号	发明专利	CN201610775566.0	2016.11.16	罗福仲	罗福仲
	一种便于保管的吉他固弦锥	发明专利	CN201610739900.7	2016.11.16	罗道仟	罗道仟
	一种带手电的吉他卷弦器	发明专利	CN201610732575.1	2016.11.16	罗道仟	罗道仟
	一种带润滑油的吉他卷弦器	发明专利	CN201610732592.5	2016.11.16	罗道仟	罗道仟
	一种便于防护音频插头的吉他卷弦器	发明专利	CN201610740163.2	2016.11.16	罗道仟	罗道仟
	一种用于吉他的拾音器	发明专利	CN201610691378.X	2016.11.16	广东履安实业有限公司	郑华良 蒋金华 陈丽珍
	一种带吉他定音笛的耳环	发明专利	CN201610751013.1	2016.11.16	罗福仲	罗福仲
	一种具有锉刀功能的吉他固弦锥起锥器	发明专利	CN201610740423.6	2016.11.16	罗道仟	罗道仟
	一种带吉他定音笛的打火机	发明专利	CN201610750993.3	2016.11.16	罗福仲	罗福仲
	一种能收纳固弦锥的吉他卷弦器	发明专利	CN201610733788.6	2016.11.16	罗道仟	罗道仟
	一种带护理液的吉他卷弦器	发明专利	CN201610732587.4	2016.11.16	罗道仟	罗道仟
	一种带毛刷的吉他固弦锥起锥器	发明专利	CN201610740081.8	2016.11.23	罗道仟	罗道仟
	一种吉他鼓身的面板	发明专利	CN201610485341.1	2016.11.23	江苏沃格瑞特乐器制造有限公司	罗玉莲
	一种能避免琴弦走音的吉他旋钮	发明专利	CN201610764091.5	2016.11.23	罗福仲	罗福仲
	一种具有套筒扳手功能的吉他固弦锥起锥器	发明专利	CN201610740572.2	2016.12.07	罗道仟	罗道仟
	一种带十字螺丝刀的吉他固弦锥起锥器	发明专利	CN201610732574.7	2016.12.07	罗道仟	罗道仟
	一种带吉他定音笛的项链	发明专利	CN201610751014.6	2016.12.07	罗福仲	罗福仲
	一种带十字螺丝刀的吉他固弦锥起锥器	发明专利	CN201610732574.7	2016.12.07	罗道仟	罗道仟
	一种电吉他的新型音量旋钮嵌件	发明专利	CN201610886380.2	2016.12.14	罗福仲	罗福仲
	一种十二弦吉他的新型滑动变调夹	发明专利	CN201610886453.8	2016.12.14	罗福仲	罗福仲
	一种带无线发射功能的便携电吉他	发明专利	CN201610606118.8	2016.12.14	武汉艾立卡电子有限公司	张斌

类别	名称	专利类型	申请（专利）号	公开（公告）日	申请（专利权）人	发明（设计）人
吉他	一种适用于十二弦木吉他的双槽固弦锥	发明专利	CN201610886377.0	2016.12.14	罗福仲	罗福仲
	一种牢固可靠的吉他背带扣	发明专利	CN201610886361.X	2016.12.14	罗福仲	罗福仲
	一种便于存放和取用吉他拨片的吉他护板	发明专利	CN201610886639.3	2016.12.14	罗福仲	罗福仲
	一种新型吉他薄拨片	发明专利	CN201610886379.X	2016.12.14	罗福仲	罗福仲
	一种便于产生合唱音效的吉他拨片	发明专利	CN201610886641.0	2016.12.14	罗福仲	罗福仲
	一种电吉他的新型音量旋钮嵌件	发明专利	CN201610886380.2	2016.12.14	罗福仲	罗福仲
	一种能产生合唱音效的吉他拨片	发明专利	CN201610886642.5	2016.12.21	罗福仲	罗福仲
	一种原声吉他音板的热处理工艺	发明专利	CN201610697600.7	2016.12.21	广州市拿火信息科技有限公司	钟锐 陆子天
	一种改进型吉他背带扣	发明专利	CN201610886449.1	2016.12.21	罗福仲	罗福仲
	一种便于携带的吉他拨片	发明专利	CN201610886463.1	2016.12.21	罗福仲	罗福仲
	一种能产生空旷音效的吉他拨片	发明专利	CN201610886375.1	2016.12.21	罗福仲	罗福仲
扬琴	不易变形的扬琴琴体结构	发明专利	CN201510787774.8	2016.02.03	吴汉军	吴汉军
	一种扬琴增音效琴架	实用新型	CN201520388723.3	2016.02.10	刘琪勤 杨道顺 刘晓	刘琪勤
	低音扬琴	实用新型	CN201520717968.6	2016.03.02	宋从甲	宋从甲
	一种可伸缩扬琴琴竹	实用新型	CN201520953317.7	2016.04.13	燕山大学	张丽娜
	不易变形的扬琴琴体结构	实用新型	CN201520913860.4	2016.04.20	吴汉军	吴汉军
	一种扬琴	实用新型	CN201620086390.3	2016.06.22	饶阳县华音乐器有限公司	李铁成 项仁富
	一种扬琴架	实用新型	CN201620086389.0	2016.06.22	饶阳县华音乐器有限公司	李铁成 项仁富
	一种扬琴演奏机器人	发明专利	CN201610299972.4	2016.07.06	中国地质大学（武汉）	刘银 张宁 张伟民 董博
	一种扬琴机器人手腕敲击控制方法及敲击装置	发明专利	CN201610235431.5	2016.07.20	中国地质大学（武汉）	张伟民 肖坤 雷波 周莉 黄司祺 张宁 郑佳丽
	扬琴箱	发明专利	CN201410826496.8	2016.07.20	天津市金奥林箱包有限公司	杨永闯
	一种有顺序排列的十二平均律扬琴	实用新型	CN201620155003.7	2016.07.27	冯祺孟	冯祺孟
	一种有顺序排列的十二平均律扬琴	发明专利	CN201610122583.4	2016.08.17	冯祺孟	冯祺孟
	一种扬琴机器人手腕敲击装置	实用新型	CN201620318083.3	2016.08.31	中国地质大学（武汉）	张伟民 肖坤 雷波 周莉 黄司祺 张宁 郑佳丽
	支撑扬琴的固定装置	实用新型	CN201620181474.5	2016.09.14	哈尔滨师范大学	庞卓

类别	名称	专利类型	申请（专利）号	公开（公告）日	申请（专利权）人	发明（设计）人
扬琴	一种关节型扬琴演奏机器人	发明专利	CN201610539135.4	2016.09.21	中国地质大学(武汉)	周莉 周黎 黄司祺 张宁 安凯 熊德云 王建涛 熊宏 雷波 张伟民
	一种扬琴及扬琴转调器	实用新型	CN201620123012.8	2016.11.09	蔡定武	蔡定武
	便携式扬琴	发明专利	CN201610656301.9	2016.11.16	乐海乐器有限公司	宋营彬 刘寒立 宋恩辉
	一种扬琴增音效琴架	实用新型	CN201620612054.8	2016.11.16	湖南城市学院	刘科
	一种用于扬琴演奏的双面琴竹	实用新型	CN201620611257.5	2016.11.23	湖南城市学院	刘科
	一种扬琴止音器	实用新型	CN201620384362.X	2016.11.23	周邦春	周邦春
	一种新型扬琴的弦轴	实用新型	CN201620383170.7	2016.11.30	周邦春	周邦春
	一种演奏扬琴的机器人机械结构	实用新型	CN201620722661.X	2016.12.14	中国地质大学(武汉)	周莉 周黎 黄司祺 张宁 安凯 熊德云 王建涛 熊宏 雷波 张伟民
古筝	古筝（景泰蓝国宝）	外观设计	CN201530277209.8	2016.01.13	徐宝华	徐宝华
	古筝（红木窗花飞天）	外观设计	CN201530277658.2	2016.01.13	徐宝华	徐宝华
	古筝（景泰蓝荷花）	外观设计	CN201530277207.9	2016.01.13	徐宝华	徐宝华
	古筝（红木浮雕高山流水）	外观设计	CN201530277387.0	2016.01.13	徐宝华	徐宝华
	古筝（红木竹简）	外观设计	CN201530277500.5	2016.01.13	徐宝华	徐宝华
	古筝（景泰蓝山水）	外观设计	CN201530277203.0	2016.01.13	徐宝华	徐宝华
	古筝（楠木窗花荷韵）	外观设计	CN201530277202.6	2016.01.13	徐宝华	徐宝华
	古筝（景泰蓝孔雀）	外观设计	CN201530277189.4	2016.01.13	徐宝华	徐宝华
	古筝（景泰蓝红木铜雕）	外观设计	CN201530277206.4	2016.01.13	徐宝华	徐宝华
	古筝（红木窗花荷韵）	外观设计	CN201530277649.3	2016.01.13	徐宝华	徐宝华
	古筝（红木刻字）	外观设计	CN201530277664.8	2016.01.13	徐宝华	徐宝华
	古筝（景泰蓝飞天）	外观设计	CN201530277212.X	2016.01.13	徐宝华	徐宝华
	古筝（红木浮雕）	外观设计	CN201530277623.9	2016.01.13	徐宝华	徐宝华
	古筝（红木螺钿）	外观设计	CN201530277628.1	2016.01.13	徐宝华	徐宝华
	古筝快速变调器	外观设计	CN201530238475.X	2016.01.13	徐宝华	徐宝华
	古筝（楠木竹简）	外观设计	CN201530277205.X	2016.01.13	徐宝华	徐宝华
	古筝（景泰蓝空谷幽兰）	外观设计	CN201530277187.5	2016.01.13	徐宝华	徐宝华
	一种用核桃做饰片的古筝	实用新型	CN201520784361.X	2016.01.20	宋从甲	宋从甲
	易于调音的便携式古筝	实用新型	CN201520728453.6	2016.01.27	金坚	金坚
	一种古筝穿弦结构	实用新型	CN201520762126.2	2016.01.27	上海民族乐器一厂	李素芳 马超
	一种带谱架的古筝	实用新型	CN201520975524.2	2016.04.06	新余学院	袁美清
	古筝(艺海扬帆)	外观设计	CN201530442275.6	2016.04.13	陈后勇	陈后勇
	古筝(艺海拾贝)	外观设计	CN201530443961.5	2016.04.13	陈后勇	陈后勇

类别	名称	专利类型	申请（专利）号	公开（公告）日	申请（专利权）人	发明（设计）人
古筝	古筝	外观设计	CN201530413088.5	2016.04.13	张马林	张马林
	古筝(龙凤呈祥)	外观设计	CN201530443962.X	2016.04.13	陈后勇	陈后勇
	古筝(莲心不染)	外观设计	CN201530443963.4	2016.04.13	陈后勇	陈后勇
	古筝	外观设计	CN201530413177.X	2016.04.13	张马林	张马林
	古筝（汉楠木雕刻九州龙吟）	外观设计	CN201530447501.X	2016.04.20	刘胜	刘胜
	古筝（EP紫檀浅雕西湖春色）	外观设计	CN201530447808.X	2016.04.20	刘胜	刘胜
	古筝（黄花梨浮雕鸳鸯戏水）	外观设计	CN201530447602.7	2016.04.27	刘胜	刘胜
	古筝（紫檀雕刻琴聖九州龙吟）	外观设计	CN201530447591.2	2016.04.27	刘胜	刘胜
	古筝（黑檀浅雕高山流水）	外观设计	CN201530447538.2	2016.04.27	刘胜	刘胜
	一种镂空式古筝音梁	实用新型	CN201520857271.9	2016.05.04	胡明波	胡明波
	一种三拼式古筝面板	实用新型	CN201520857484.1	2016.05.05	胡明波	胡明波
	古筝（雅致诗词）	外观设计	CN201530501821.9	2016.05.18	扬州木传奇乐器有限公司	谈正荣
	古筝	实用新型	CN201521079504.3	2016.05.25	通化师范学院	朱雅楠
	一种可调式古筝琴架	实用新型	CN201521006942.7	2016.06.01	重庆龙之火文化传播有限公司	刘薇薇
	古筝（清音幽韵）	外观设计	CN201530527458.8	2016.06.01	扬州木传奇乐器有限公司	谈正荣
	古筝（清香怡人）	外观设计	CN201530530151.3	2016.06.01	扬州木传奇乐器有限公司	谈正荣
	古筝（阳春白雪）	外观设计	CN201530505416.4	2016.06.01	扬州木传奇乐器有限公司	谈正荣
	一种古筝指甲套	实用新型	CN201620024421.2	2016.06.08	于雪妍	于雪妍
	一种带拉手万向轮古筝琴套	实用新型	CN201620015623.0	2016.06.08	郝方	郝方
	古筝	外观设计	CN201630017724.7	2016.06.08	李张振	李张振
	古筝（金蝶狂舞）	外观设计	CN201530569290.7	2016.06.08	开封悦音乐器有限公司	吴扎根
	古筝	外观设计	CN201630013047.1	2016.07.06	李君	李君
	一种古筝指甲套	发明专利	CN201410761702.1	2016.07.13	梁雪媛	梁雪媛
	一种便携式古筝架	实用新型	CN201620189009.6	2016.07.13	湖南城市学院	李翊旻
	古筝（金色牡丹）	外观设计	CN201630073657.0	2016.07.13	王明忠	王明忠 焦昆 李胜文 郭海涛
	一种新型古筝架	发明专利	CN201410804145.7	2016.07.20	天津市昭孚五金制品有限公司	王菊荣
	一种教学用古筝	实用新型	CN201620246206.7	2016.08.03	泰山医学院	韩海军 张蕾
	一种古筝支撑架	实用新型	CN201620221168.X	2016.08.03	刘小惠	刘小惠
	古筝（出水芙蓉）	外观设计	CN201630107523.6	2016.08.03	王明忠	王明忠 焦昆 李胜文 郭海涛

类别	名称	专利类型	申请（专利）号	公开（公告）日	申请（专利权）人	发明（设计）人
古筝	古筝（绝色芙蓉）	外观设计	CN201530569293.0	2016.08.03	开封悦音乐器有限公司	吴扎根
	古筝（汉宫秋月）	外观设计	CN201630098622.2	2016.08.17	刘庆阳	刘庆阳
	古筝（黑仕女）	外观设计	CN201630034154.2	2016.08.17	陈娟	陈娟
	长度可调的古筝拨片	实用新型	CN201620357398.9	2016.08.31	赵耘艺	赵耘艺
	古筝（金石可镂）	外观设计	CN201630175899.0	2016.09.07	张马林	张马林
	古筝（梦里青花）	外观设计	CN201630034155.7	2016.09.07	陈娟	陈娟
	古筝脚架（鹦鹉）	外观设计	CN201630280311.8	2016.09.07	张长根	杨春燕
	古筝（5698TLC垂香绿影）	外观设计	CN201630123214.8	2016.09.14	上海民族乐器一厂	吴姝蓉
	古筝（5695LCJ缤纷年代）	外观设计	CN201630123242.X	2016.09.14	上海民族乐器一厂	吴姝蓉
	古筝（59698LCC香榭花园）	外观设计	CN201630123238.3	2016.09.14	上海民族乐器一厂	钱冰菁
	古筝（5698TJ清宫怡梦）	外观设计	CN201630123241.5	2016.09.14	上海民族乐器一厂	吴姝蓉
	古筝（59692J夏末之晨）	外观设计	CN201630123239.8	2016.09.14	上海民族乐器一厂	胡国平
	古筝（5698F吉光凤羽）	外观设计	CN201630123217.1	2016.09.14	上海民族乐器一厂	林飞
	古筝（5695LCC竹韵清风）	外观设计	CN201630123244.9	2016.09.14	上海民族乐器一厂	王琳琳
	古筝（5695JLC孔雀翎）	外观设计	CN201630123220.3	2016.09.14	上海民族乐器一厂	林飞
	古筝（竹简）	外观设计	CN201630175904.8	2016.09.14	张马林	张马林
	古筝（5696T清幽夏梦）	外观设计	CN201630123218.6	2016.09.14	上海民族乐器一厂	王琳琳
	古筝（浮光溢彩）	外观设计	CN201630089104.4	2016.10.05	兰考祥音民族乐器有限公司	范慧敏
	古筝（花开富贵）	外观设计	CN201630089105.9	2016.10.05	兰考祥音民族乐器有限公司	范慧敏
	古筝（绝色芙蓉）	外观设计	CN201630201688.X	2016.10.05	兰考祥音民族乐器有限公司	范慧敏
	古筝调音盒	发明专利	CN201510064225.8	2016.10.05	阚元凤	阚元凤
	古筝（一）	外观设计	CN201630290764.9	2016.10.12	兰考天中乐器有限公司	肖世腾
	古筝（国色天香）	外观设计	CN201630291199.8	2016.10.12	兰考天中乐器有限公司	肖世腾
	古筝（清明上河图）	外观设计	CN201630290762.X	2016.10.12	兰考天中乐器有限公司	肖世腾
	古筝（鸟语花香）	外观设计	CN201630290761.5	2016.10.12	兰考天中乐器有限公司	肖世腾
	古筝（荷塘月色）	外观设计	CN201630290745.6	2016.10.12	兰考天中乐器有限公司	肖世腾
	古筝（二）	外观设计	CN201630290744.1	2016.10.12	兰考天中乐器有限公司	肖世腾
	古筝（丹枫迎秋）	外观设计	CN201630290759.8	2016.10.12	兰考天中乐器有限公司	肖世腾

类别	名称	专利类型	申请（专利）号	公开（公告）日	申请（专利权）人	发明（设计）人
古筝	一种用于古筝教学的古筝摆放架	实用新型	CN201620472573.9	2016.10.12	滨州学院	冀潇彦
	传统古筝转调头	实用新型	CN201620066929.9	2016.10.12	鲁广文	鲁广文
	一种面板画古筝	实用新型	CN201620465994.9	2016.10.19	杨文丰	杨文丰
	古筝（浩然正气）	外观设计	CN201630278127.X	2016.10.26	开封悦音乐器有限公司	吴扎根
	古筝（5698JT大家闺秀）	外观设计	CN201630123216.7	2016.10.26	上海民族乐器一厂	吴姝蓉
	古筝演奏放置台	实用新型	CN201620528347.8	2016.10.26	钱媛媛 孙伟	钱媛媛 孙伟
	古筝（荷塘清幽(2)）	外观设计	CN201630175905.2	2016.11.09	张马林	张马林
	古筝	外观设计	CN201630324679.X	2016.11.16	徐州星皓乐器有限公司	王斌
	古筝（国色天香(2)）	外观设计	CN201630175900.X	2016.11.23	张马林	张马林
	古筝	外观设计	CN201630152787.3	2016.11.23	陈后勇	陈后勇
	一种古筝	外观设计	CN201620382463.3	2016.11.23	徐海涛	钱华 骆宏顺 徐海涛 徐松年
	小古筝（狐狸娃娃）	外观设计	CN201630392272.0	2016.12.07	扬州汉宫民族乐器有限公司	殷智峰
	古筝（回纹）	外观设计	CN201630414554.6	2016.12.07	杨春燕	杨春燕
	古筝（银丝蝴蝶）	外观设计	CN201630415025.8	2016.12.07	杨春燕	杨春燕
	古筝防尘活动罩	实用新型	CN201620739968.0	2016.12.07	刘慧	刘慧
	古筝乐谱摆放架	实用新型	CN201620739967.6	2016.12.07	刘慧	刘慧
	一种方便调节角度的古筝架	实用新型	CN201620724880.1	2016.12.07	姚相玉	姚相玉
	古筝演奏支撑架	实用新型	CN201620739987.3	2016.12.07	刘慧	刘慧
	古筝	外观设计	CN201630152764.2	2016.12.21	陈后勇	陈后勇
	金属古筝	实用新型	CN201620692925.1	2016.12.21	聂益胜	聂益胜
	古筝（工艺核桃）	外观设计	CN201630352330.7	2016.12.28	熊立斌	熊立斌
琵琶	双反射琵琶	实用新型	CN201520711981.0	2016.01.20	常恒	杨秀玉 常汇雯 常恒
	一种教学使用的新型琵琶	实用新型	CN201520920924.3	2016.03.30	黑河学院	孔鞠 史桂丽
	扇柄(琵琶头)	外观设计	CN201530572166.6	2016.06.08	盛春	盛春
	凤尾式超薄琵琶	外观设计	CN201530554472.7	2016.07.13	曹卫东	曹卫东
	燕尾式盖面双音孔镶边琵琶	外观设计	CN201530554488.8	2016.08.03	曹卫东	曹卫东
	琵琶（jt0001）	外观设计	CN201530465781.7	2016.08.17	靳婷	靳婷
	琵琶（5541LC大家闺秀）	外观设计	CN201630123212.9	2016.09.14	上海民族乐器一厂	吴姝蓉
	琵琶（5541F云起龙骧）	外观设计	CN201630123237.9	2016.09.14	上海民族乐器一厂	钱冰菁
	凤尾式超薄坤式琵琶装置	外观设计	CN201620061332.5	2016.09.21	曹卫东	曹卫东
	一种水晶琵琶	实用新型	CN201620214574.3	2016.09.22	长沙师范学院	李菁

类别	名称	专利类型	申请（专利）号	公开（公告）日	申请（专利权）人	发明（设计）人
琵琶	一种后桥壳琵琶孔通用镗孔刀具	实用新型	CN201620251703.6	2016.10.12	四川都江机械有限责任公司	赵春林
	电琵琶	外观设计	CN201630071898.1	2016.11.23	杨皓	杨皓
萨克斯	一种倒插式萨克斯弯脖管和萨克斯主管平行接口结构	实用新型	CN201520796681.7	2016.03.02	吴建林	吴建林
	可调音准萨克斯嘴子弯	外观设计	CN201530441546.6	2016.03.30	天津市津宝乐器有限公司	岳正秋
	萨克斯风弯脖的结构	实用新型	CN201520944950.X	2016.05.25	刘兆煌	刘兆煌
	可调音准萨克斯嘴子弯	实用新型	CN201520888775.7	2016.06.01	天津市津宝乐器有限公司	岳正秋
	萨克斯风管式免插电扬声器	实用新型	CN201620262080.2	2016.09.28	张智程	张智程
	一种萨克斯管用哨片	实用新型	CN201620445234.1	2016.10.05	曹祯	曹祯
	萨克斯泡泡器	外观设计	CN201630195371.X	2016.10.26	陈实人	陈实人
鼓	大鼓背架	发明专利	CN201410345683.4	2016.01.20	天津市津宝乐器有限公司	吴定军
	早教智能手拍鼓	实用新型	CN201520394833.0	2016.01.20	陈灵燕	陈灵燕
	行进联音鼓支架	发明专利	CN201410268799.2	2016.01.27	天津市津宝乐器有限公司	吴定军
	行进大鼓壁卡	发明专利	CN201410271131.3	2016.01.27	天津市津宝乐器有限公司	戴勇才
	联音鼓	发明专利	CN201410268691.3	2016.01.27	天津市津宝乐器有限公司	戴勇才
	鼓用消音装置	实用新型	CN201520789658.5	2016.01.27	天津市双翼乐器有限公司	郑海滨
	一种智能棒控架子鼓	实用新型	CN201520780029.6	2016.02.03	尚华军	尚华军
	板鼓支架	外观设计	CN201530322269.7	2016.02.10	天津市津宝乐器有限公司	李中华
	三型行进小鼓	外观设计	CN201530322111.X	2016.02.10	天津市津宝乐器有限公司	吴定军 裴小虎
	非洲鼓支架	发明专利	CN201410364603.X	2016.02.10	天津市津宝乐器有限公司	李中华
	康茄鼓落地支架	发明专利	CN201410364605.9	2016.02.10	天津市津宝乐器有限公司	李中华
	鼓架	发明专利	CN201510128661.7	2016.02.10	罗兰株式会社	森良彰
	一种鼓点节奏发音器	实用新型	CN201520556742.2	2016.02.10	丁书强	丁书强
	康茄鼓支架	发明专利	CN201410364216.6	2016.02.10	天津市津宝乐器有限公司	李中华
	钢舌鼓	外观设计	CN201530307871.3	2016.02.17	吕乐	吕乐
	箱鼓支架	发明专利	CN201410388865.X	2016.02.17	天津市津宝乐器有限公司	李中华
	电鼓支撑装置	发明专利	CN201410402916.X	2016.02.17	天津市津宝乐器有限公司	李中华

类别	名称	专利类型	申请（专利）号	公开（公告）日	申请（专利权）人	发明（设计）人
鼓	电子发光鼓	实用新型	CN201520794915.4	2016.02.17	声鼓事业有限公司	曹映琪 巫政洁
	金属鼓腔非洲鼓	外观设计	CN201530429398.6	2016.03.02	霸州市威名乐器有限公司	张维明
	一种背挎式电子鼓	实用新型	CN201520832430.X	2016.03.02	沈玉强	沈玉强
	音箱（鼓）	外观设计	CN201530384222.3	2016.03.09	西北工业大学明德学院	白珍 冯强
	一种架子鼓鼓槌	实用新型	CN201511004143.0	2016.03.09	常熟市先锋乐器有限公司	马建锋
	电子鼓盘	外观设计	CN201530447145.1	2016.03.23	古衍平	古衍平
	鼓（色空音舌鼓）	外观设计	CN201530393383.9	2016.03.30	艺海心常态（北京）文化传播有限公司	安永海
	哑鼓垫	外观设计	CN201530436172.9	2016.03.30	天津市津宝乐器有限公司	李中华
	鼓皮	实用新型	CN201520647438.9	2016.03.30	天津市津宝乐器有限公司	吴定军
	仿真鼓	实用新型	CN201520887122.7	2016.03.30	天津市津宝乐器有限公司	李中华
	行进鼓用鼓皮	实用新型	CN201520648560.8	2016.03.30	天津市津宝乐器有限公司	吴定军
	电子鼓用踢垫	外观设计	CN201530391655.1	2016.04.06	雅马哈株式会社	铃木俊英
	鼓(迷你双面)	外观设计	CN201530346192.7	2016.04.06	张壮彬	张壮彬
	电子木箱鼓	外观设计	CN201530425196.4	2016.04.13	罗兰株式会社	西裕之 稲垣洋司
	一种鼓	发明专利	CN201610028898.2	2016.04.13	温州市中联异型紧固件有限公司	杜凌云
	手鼓(葡萄探索号教育玩具套件之一)	外观设计	CN201530448553.9	2016.04.20	上海葡萄纬度科技有限公司	谢磊
	一种鼓盘固定装置	实用新型	CN201521004022.1	2016.04.20	吟飞科技（江苏）有限公司	赵平 梁俊伟 范廷国
	架子鼓消音器	实用新型	CN201521048492.8	2016.04.20	王春阳	王春阳
	非洲鼓	外观设计	CN201530469902.5	2016.04.27	张江	张江
	电子鼓的鼓镲组件与控制器的无线通讯系统	发明专利	CN201510926767.1	2016.05.04	吟飞科技(江苏)有限公司	赵平 范廷国 陈国斌 沈林
	一种高灵敏性架子鼓	发明专利	CN201510959788.3	2016.05.04	常熟市先锋乐器有限公司	马建锋
	电子鼓的鼓镲组件与控制器的无线通讯系统	实用新型	CN201521033175.9	2016.05.04	吟飞科技(江苏)有限公司	赵平 范廷国 陈国斌 沈林
	一种防尘式喇叭面地鼓	实用新型	CN201521063874.8	2016.05.04	天津市一那唯特乐器贸易有限公司	李国华
	鼓	外观设计	CN201530230500.X	2016.05.04	刘若帆	刘若帆
	一种拼接式边击静音军鼓垫	实用新型	CN201521071198.9	2016.05.04	天津市一那唯特乐器贸易有限公司	李国华

类别	名称	专利类型	申请（专利）号	公开（公告）日	申请（专利权）人	发明（设计）人
鼓	一种鼓组静音垫	实用新型	CN201521071197.4	2016.05.11	天津市一那唯特乐器贸易有限公司	李国华
	金属鼓腔非洲鼓	实用新型	CN201520855529.1	2016.05.11	霸州市威名乐器有限公司	张维明
	大鼓壁卡	发明专利	CN201410581978.1	2016.05.18	天津市津宝乐器有限公司	李中华
	机器人(鼓手)	外观设计	CN201530526634.6	2016.05.18	上海太敬投资集团有限公司 上海太敬机器人有限公司	姜声华
	一种记录击打数量的架子鼓	实用新型	CN201521124180.0	2016.05.25	河南理工大学万方科技学院	许立喆
	三合一鼓	发明专利	CN201410592474.X	2016.06.01	天津市津宝乐器有限公司	吴定军 戴永才 裴晓虎
	整体式排鼓支架	发明专利	CN201410582201.7	2016.06.01	天津市津宝乐器有限公司	李中华
	分体式排鼓支架	发明专利	CN201410581824.2	2016.06.01	天津市津宝乐器有限公司	李中华
	原声鼓鼓声内置放大器	发明专利	CN201410581345.0	2016.06.01	天津市津宝乐器有限公司	吴定军
	排鼓壁卡	发明专利	CN201410581700.4	2016.06.01	天津市津宝乐器有限公司	李中华
	军鼓沙带调节器	发明专利	CN201410605677.8	2016.06.01	天津市津宝乐器有限公司	吴定军 戴永才
	多音鼓	外观设计	CN201530440905.6	2016.06.01	天津市津宝乐器有限公司	李中华
	电子架子鼓	发明专利	CN201610192175.6	2016.06.08	广州艾茉森电子有限公司	卢毅明 刘春清
	套装鼓	外观设计	CN201530549492.5	2016.06.08	胡德涛	胡德涛
	一种架子鼓双踩锤	实用新型	CN201521112139.1	2016.06.08	天津灵角创意科技有限公司	刘羽
	一种防滑性架子鼓鼓槌	发明专利	CN201610213399.0	2016.06.15	太仓市方克乐器有限公司	柳奕帆
	一种曲面架子鼓鼓槌	发明专利	CN201610213085.0	2016.06.15	太仓市方克乐器有限公司	柳奕帆
	一种可弯曲组合架子鼓连接杆	发明专利	CN201610213343.5	2016.06.15	太仓市方克乐器有限公司	柳奕帆
	一种续接式架子鼓打击棒	发明专利	CN201610213341.6	2016.06.15	太仓市方克乐器有限公司	柳奕帆
	一种鼓腔调节式架子鼓	发明专利	CN201610213398.6	2016.06.15	太仓市方克乐器有限公司	柳奕帆
	一种连体式双面架子鼓	发明专利	CN201610213397.1	2016.06.15	太仓市方克乐器有限公司	柳奕帆
	一种鼓腔变音调节式架子鼓	发明专利	CN201610213836.9	2016.06.15	太仓市方克乐器有限公司	柳奕帆

类别	名称	专利类型	申请（专利）号	公开（公告）日	申请（专利权）人	发明（设计）人
鼓	电子鼓	外观设计	CN201630003557.0	2016.06.22	深圳市阿诺玛乐器有限公司	
	一种镂空式吸汗架子鼓打击棒	发明专利	CN201610213968.1	2016.06.29	太仓市方克乐器有限公司	柳奕帆
	竹鼓凳	外观设计	CN201630056744.5	2016.06.29	项天斌	项天斌
	具有变调的音乐鼓面	发明专利	CN201510305438.5	2016.06.29	雷莫公司	R·D·贝里 C·惠廷顿
	鼓棒筒	外观设计	CN201630077110.8	2016.07.06	王智荣	王智荣
	炫彩灯光爵士鼓	外观设计	CN201630021811.X	2016.07.06	蔡润钦	蔡润钦
	鼓棒筒	外观设计	CN201630077107.6	2016.07.06	王智荣	王智荣
	一种新型铃鼓	实用新型	CN201620041291.3	2016.07.06	北京泰莱特斯贸易有限责任公司	韩志浩
	一种多层结构的架子鼓打击棒	发明专利	CN201610213344.X	2016.07.06	太仓市方克乐器有限公司	柳奕帆
	一种螺纹连接式架子鼓	发明专利	CN201610213741.7	2016.07.06	太仓市方克乐器有限公司	柳奕帆
	一种内消音式架子鼓	发明专利	CN201610213342.0	2016.07.06	太仓市方克乐器有限公司	柳奕帆
	低碳响声定音锣鼓	发明专利	CN201610307782.2	2016.07.13	潘泉方	潘泉方
	一种架子鼓消音装置	实用新型	CN201521068518.5	2016.07.20	薛燕芬	薛燕芬
	具有可移除的响弦组合件的音乐鼓	发明专利	CN201510671671.5	2016.07.27	雷莫公司	M·D·麦克丹尼尔
	拍拍鼓	外观设计	CN201530559633.1	2016.08.03	陈坤明	陈坤明
	非洲鼓（2）	外观设计	CN201630101009.1	2016.08.03	霸州市威名乐器有限公司	张维明
	非洲鼓（1）	外观设计	CN201630101008.7	2016.08.03	霸州市威名乐器有限公司	张维明
	卡宏鼓（PAD平板款）	外观设计	CN201530432198.6	2016.08.03	赵进荣	赵进荣
	双邦哥鼓	外观设计	CN201530432200.X	2016.08.03	赵进荣	赵进荣
	电鼓音箱（DM35）	外观设计	CN201630071176.6	2016.08.03	深圳市酷乐科技有限公司	盛靓
	一种新型多功能架子鼓	实用新型	CN201620246288.5	2016.08.03	泰山医学院	韩海军 张蕾
	一种电子鼓	实用新型	CN201620231634.2	2016.08.03	宁波华悦乐器有限公司	吴绍龙 王富国
	一种多功能电子鼓娱乐系统	发明专利	CN201610341577.8	2016.08.03	宁波音王电声股份有限公司	李欣
	鼓（麒麟脚）	外观设计	CN201630081713.5	2016.08.10	施绍汉	施绍汉
	旋转自锁打击鼓垫装置	发明专利	CN201610153229.8	2016.08.10	得理电子（上海）有限公司	冯德荣 张继波
	手鼓	外观设计	CN201530545047.1	2016.08.17	西安昭泰文化发展有限公司	朱亮亮

类别	名称	专利类型	申请（专利）号	公开（公告）日	申请（专利权）人	发明（设计）人
鼓	卡宏鼓（旅行款C68）	外观设计	CN201530432199.0	2016.08.17	赵进荣	赵进荣
	镠鼓（jt0001）	外观设计	CN201530459077.0	2016.08.17	靳婷	靳婷
	拨浪鼓	实用新型	CN201620044543.8	2016.08.17	郭生官	郭生官
	一种架子鼓鼓槌及其制造方法	发明专利	CN201610481710.X	2016.08.17	江苏沃格瑞特乐器制造有限公司	罗玉莲
	鼓垫、制造方法及电子鼓	发明专利	CN201610201887.X	2016.08.17	杭州顺和硅橡胶制品有限公司 杭州顺凌新材料科技有限公司	沈国水 王伟基
	一种易于调节的多彩鼓	实用新型	CN201521124066.8	2016.08.24	乐克拉（天津）文化传播有限公司	郑康义
	一种架子鼓平面消音垫	发明专利	CN201610213675.3	2016.08.24	太仓市方克乐器有限公司	柳奕帆
	一种可重叠架子鼓	发明专利	CN201610213486.6	2016.08.24	太仓市方克乐器有限公司	柳奕帆
	一种螺纹连接式架子鼓打击棒	发明专利	CN201610213215.0	2016.08.24	太仓市方克乐器有限公司	柳奕帆
	一种螺纹连接式架子鼓打击棒	实用新型	CN201620284622.6	2016.08.31	太仓市方克乐器有限公司	柳奕帆
	一种鼓腔变音调节式架子鼓	实用新型	CN201620285229.9	2016.08.31	太仓市方克乐器有限公司	柳奕帆
	一种鼓腔调节式架子鼓	实用新型	CN201620285030.6	2016.08.31	太仓市方克乐器有限公司	柳奕帆
	一种镂空式吸汗架子鼓打击棒	实用新型	CN201620284218.9	2016.08.31	太仓市方克乐器有限公司	柳奕帆
	一种内消音式架子鼓	实用新型	CN201620285358.8	2016.08.31	太仓市方克乐器有限公司	柳奕帆
	一种连体式双面架子鼓	实用新型	CN201620285354.X	2016.08.31	太仓市方克乐器有限公司	柳奕帆
	一种螺纹连接式架子鼓	实用新型	CN201620285360.5	2016.08.31	太仓市方克乐器有限公司	柳奕帆
	一种可重叠架子鼓	实用新型	CN201620285029.3	2016.08.31	太仓市方克乐器有限公司	柳奕帆
	一种微开放式架子鼓	实用新型	CN201620284581.0	2016.08.31	太仓市方克乐器有限公司	柳奕帆
	一种防滑性架子鼓鼓槌	实用新型	CN201620284621.1	2016.08.31	太仓市方克乐器有限公司	柳奕帆
	拨浪鼓	外观设计	CN201530544941.7	2016.09.07	西安昭泰文化发展有限公司	朱亮亮
	鼓	外观设计	CN201630143897.3	2016.09.07	杨凌新声铜鼓乐器有限公司	刘松林
	一种鼓	实用新型	CN201620289639.0	2016.09.07	温州市中联异型紧固件有限公司	杜凌云
	哑鼓垫	实用新型	CN201520872445.9	2016.09.14	天津市津宝乐器有限公司	李中华

类别	名称	专利类型	申请（专利）号	公开（公告）日	申请（专利权）人	发明（设计）人
鼓	音舌鼓	外观设计	CN201630155083.1	2016.09.21	奴热里·艾尼	奴热里·艾尼
	军鼓架扣板	外观设计	CN201630144574.6	2016.09.21	天津达姆特乐器有限公司	杜承柱
	鼓耳	外观设计	CN201630144573.1	2016.09.21	天津达姆特乐器有限公司	杜承柱
	一种乐鼓鼓圈	实用新型	CN201620158629.3	2016.09.21	天津市蓉康金属制品有限公司	邱玉明
	一种方便安装与调节的乐鼓	实用新型	CN201620158769.0	2016.09.21	天津市蓉康金属制品有限公司	邱玉明
	一种用于架子鼓的套管接头	实用新型	CN201620181974.9	2016.09.28	天津市得艺乐器有限公司	李剑锐
	一种用于架子鼓的手拧螺母	实用新型	CN201620181973.4	2016.09.28	天津市得艺乐器有限公司	李剑锐
	一种可调节式大鼓调节底座	实用新型	CN201620268862.7	2016.09.28	徐升	徐升 李振奇 马伊莎
	一种便携式钢舌鼓	实用新型	CN201620248190.3	2016.09.28	王星	王星
	电子架子鼓	实用新型	CN201620256636.7	2016.09.28	广州艾茉森电子有限公司	卢毅明 刘春清
	一种用于架子鼓的万向杆连接装置	实用新型	CN201620173025.6	2016.09.28	天津市得艺乐器有限公司	李剑锐
	一种用于架子鼓的便携式外四角扳手	实用新型	CN201620173024.1	2016.09.28	天津市得艺乐器有限公司	李剑锐
	鼓面皮和鼓	发明专利	CN201610140275.4	2016.10.05	雅马哈株式会社	和田洋平 桥本隆二
	声学鼓	发明专利	CN201310418966.2	2016.10.12	雅马哈株式会社	桥本隆二
	手鼓（A）	外观设计	CN201630100775.6	2016.10.12	刘灿灿	刘灿灿
	带有固定垫的充气式电子爵士鼓	发明专利	CN201510124675.1	2016.10.19	华得科技股份有限公司	何天华
	制作鼓面用之成型模具	实用新型	CN201620256724.7	2016.10.19	陈弘辉	陈弘辉
	一种结实耐用的乐器鼓	实用新型	CN201620114132.1	2016.10.19	成都信缘利众乐器有限公司	刘信华
	手鼓(C)	外观设计	CN201630100769.0	2016.10.19	张韩	张韩
	一种可弯曲组合架子鼓连接杆	实用新型	CN201620284464.4	2016.11.09	太仓市方克乐器有限公司	柳奕帆
	一种架子鼓	实用新型	CN201620416519.2	2016.11.09	天津达姆特乐器有限公司	杜承柱
	鼓乐音箱	发明专利	CN201610610067.6	2016.11.16	吕栋	吕栋
	一种非接触触发式网状电子鼓	发明专利	CN201610715194.2	2016.11.16	宁波音王电声股份有限公司	钟发志 杜宗辉
	一种吉他鼓身的面板		CN201610485341.1	2016.11.23	江苏沃格瑞特乐器制造有限公司	罗玉莲

类别	名称	专利类型	申请（专利）号	公开（公告）日	申请（专利权）人	发明（设计）人
鼓	原声架子鼓以及包括这种原声架子鼓的乐器总成	实用新型	CN201580016879.1	2016.11.23	萨瓦列斯	达里奥·皮内利
	表面具有图纹之鼓皮及其制作方法	实用新型	CN201610475179.5	2016.11.23	天津普朗多乐器有限公司	陆爱军
	一种具有防滑吸汗功能的架子鼓鼓棒	发明专利	CN201610787783.1	2016.11.23	罗福仲	罗福仲
	立鼓	外观设计	CN201630143885.0	2016.11.23	杨凌新声铜鼓乐器有限公司	刘松林
	一种虚拟架子鼓	发明专利	CN201610834119.8	2016.11.30	西北农林科技大学	龙燕 史颖刚 陈帝伊 刘利 赵继政 宋怀波
	一种单进双出阀门控制消音鼓	实用新型	CN201620683631.2	2016.11.30	广东华创风实业有限公司	袁金华 袁旭
	一种电子鼓的鼓脚	实用新型	CN201620677067.3	2016.11.30	吟飞科技(江苏)有限公司	梁俊伟 赵平 秦宏伟 眭黎凡 朱磊 范廷国
	戏剧电子锣鼓	实用新型	CN201620422114.X	2016.11.30	汤正顺	汤正顺
	鼓（布依圣鼓）	外观设计	CN201630336251.7	2016.11.30	曹智勇	曹智勇
	便携式电子鼓	外观设计	CN201630310584.2	2016.11.30	曾运胜	曾运胜
	鼓的踏板装置	实用新型	CN201510243750.6	2016.12.07	星野乐器株式会社	平泽谕
	一种能防滑吸汗的架子鼓鼓棒	发明专利	CN201610780122.6	2016.12.07	罗福仲	罗福仲
	一种带香囊的架子鼓鼓棒	发明专利	CN201610775591.9	2016.12.07	罗福仲	罗福仲
	架子鼓（jt0001）	外观设计	CN201530459133.0	2016.12.07	靳婷	靳婷
	架子鼓	外观设计	CN201630177157.1	2016.12.07	广州智惟高教育科技有限公司	李慈
	一种用于架子鼓的扩音传感器	实用新型	CN201620408840.6	2016.12.07	杨朱宁	杨朱宁
	一种鼓架	实用新型	CN201620679329.X	2016.12.14	得理电子（上海）有限公司	张光中 高超 张继波
	电子鼓的管内排线结构	实用新型	CN201620680615.8	2016.12.14	得理电子（上海）有限公司	张光中 高超 张继波
	一种钢琴架子鼓	实用新型	CN201620715969.1	2016.12.14	天津市欧斯曼乐器有限公司	吴宝忠
	可折叠鼓架	实用新型	CN201620679353.3	2016.12.14	得理电子（上海）有限公司	冯德荣
	硅胶电子鼓(W759)	外观设计	CN201630201939.4	2016.12.14	康新红	康新红
	一种鼓架上鼓棒袋安装结构	实用新型	CN201620733081.0	2016.12.21	漳州汉旗乐器有限公司	林天福
	一种架子鼓用安全耐用型低音大鼓	发明专利	CN201610763701.X	2016.12.21	太仓市方克乐器有限公司	柳奕帆
	一种练习用静音型架子鼓吊镲	发明专利	CN201610765845.9	2016.12.21	太仓市方克乐器有限公司	柳奕帆
	一种新型架子鼓鼓棒	发明专利	CN201610775570.7	2016.12.21	罗福仲	罗福仲

类别	名称	专利类型	申请（专利）号	公开（公告）日	申请（专利权）人	发明（设计）人
鼓	鼓架	外观设计	CN201630293194.9	2016.12.21	得理电子（上海）有限公司	高超
	一种鼓架上鼓台平面安装结构	实用新型	CN201620733049.2	2016.12.21	漳州汉旗乐器有限公司	林天福
	鼓皮	外观设计	CN201630320366.7	2016.12.28	孙文东	孙文东
	音舌鼓	外观设计	CN201630362838.5	2016.12.28	海依沙尔·尼和买提	海依沙尔·尼和买提
号	长号	发明专利	CN201410344698.9	2016.02.10	天津市津宝乐器有限公司	张铁良
	学生长号	发明专利	CN201510791584.3	2016.02.17	怡高企业（中山）有限公司	施维雄
	长号(jbsl-960)	外观设计	CN201530436207.9	2016.03.30	天津市津宝乐器有限公司	潘跃强
	长号(JBSL-706)	外观设计	CN201530428321.7	2016.03.30	天津市津宝乐器有限公司	潘跃强
	行进大抱号(SB50)	外观设计	CN201530428263.8	2016.03.30	天津市津宝乐器有限公司	潘跃强
	六键三排圆号(JBFH-615)	外观设计	CN201530428338.2	2016.03.30	天津市津宝乐器有限公司	潘跃强
	旅行小抱号（F调五键 JBFB-533）	外观设计	CN201530428339.7	2016.03.30	天津市津宝乐器有限公司	潘跃强
	小抱号（A降E四立键+1扁键 JBEB-730）	外观设计	CN201530428232.2	2016.03.30	天津市津宝乐器有限公司	潘跃强
	五键弯脖抱号(JBBB-213)	外观设计	CN201530428388.0	2016.03.30	天津市津宝乐器有限公司	潘跃强
	粗管低音袖珍小号	实用新型	CN201520769058.2	2016.03.30	天津奥维斯乐器有限公司	张国民
	圆号(双排塑料)	外观设计	CN201530515164.3	2016.05.18	张宁 邓世忠 闫丕勇	张宁 邓世忠 闫丕勇
	双排塑料圆号	实用新型	CN201521011009.9	2016.05.18	张宁 邓世忠 闫丕勇	张宁 邓世忠 闫丕勇
	学生长号	实用新型	CN201520917868.8	2016.05.25	怡高企业（中山）有限公司	施维雄
	单喇叭号角	外观设计	CN201530541790.X	2016.05.25	徐桂忠	徐桂忠
	小号（jt0001）	外观设计	CN201530466315.0	2016.06.15	靳婷	靳婷
	一种安装于长号上的扩音器	实用新型	CN201620644963.X	2016.11.23	嵊州市悦音琴行	刘松
口琴	横笛式口琴	实用新型	CN201520668518.2	2016.02.03	罗丽秀	罗丽秀
	便于保持卫生清洁的口琴	实用新型	CN201520668411.8	2016.02.03	罗丽秀	罗丽秀
	十孔口琴	实用新型	CN201520683696.2	2016.02.17	张向明	张向明
	一种13孔贝司布鲁斯口琴	发明专利	CN201510784740.3	2016.03.09	江苏东方乐器有限公司	孔文忠
	一种布鲁斯口琴	发明专利	CN201510784996.4	2016.03.09	江苏东方乐器有限公司	孔文忠

类别	名称	专利类型	申请（专利）号	公开（公告）日	申请（专利权）人	发明（设计）人
口琴	一种24孔琶音口琴	发明专利	CN201510784997.9	2016.03.09	江苏东方乐器有限公司	孔文忠
	一种铃铛口琴	发明专利	CN201510784934.3	2016.03.09	江苏东方乐器有限公司	孔文忠
	一种电子指导教学口琴	实用新型	CN201520815369.8	2016.03.16	朱文洁	朱文洁
	口琴(2)	外观设计	CN201530286377.3	2016.03.30	江阴市孔声乐器有限公司	孔真清
	一种13孔贝司布鲁斯口琴	实用新型	CN201520911628.7	2016.04.27	江苏东方乐器有限公司	孔文忠
	一种24孔琶音口琴	实用新型	CN201520911439.X	2016.04.27	江苏东方乐器有限公司	孔文忠
	一种布鲁斯口琴	实用新型	CN201520911438.5	2016.04.27	江苏东方乐器有限公司	孔文忠
	一种铃铛口琴	实用新型	CN201520911471.8	2016.04.27	江苏东方乐器有限公司	孔文忠
	一种新型48组自由组合式和弦口琴	实用新型	CN201520938423.8	2016.04.27	江苏东方乐器有限公司	孔文忠
	一种12孔全吹吸推杆全音阶口琴	实用新型	CN201520709190.4	2016.05.18	孔得宇 杨晟	孔得宇 杨晟
	便携式即插即用半音阶口琴加热器	实用新型	CN201620051204.2	2016.06.08	南京工业职业技术学院	唐华 汪振胜 宋逍遥 戴娟
	多功能口琴混响装置	实用新型	CN201620092155.7	2016.06.22	牛峥	牛峥
	口琴	发明专利	CN201410851939.9	2016.07.27	上海市闸北区中小学科技指导站	金一帆
	可自动清洁口琴的口琴盒	实用新型	CN201520993427.6	2016.08.03	马鞍山市翔宇机械自动化科技有限公司	丑鹏飞
	口琴(排箫)	外观设计	CN201530543631.3	2016.08.17	李磊	王瑞
	24孔复音口琴	实用新型	CN201620225256.7	2016.08.31	江苏天鹅乐器有限公司	陈滔
	一种可调吹奏音位的组合口琴	发明专利	CN201610277550.7	2016.09.21	王金志	王金志
	一种口琴演奏排架	实用新型	CN201620431398.9	2016.09.21	王忠喜	王忠喜
	一种口琴教学演示板	实用新型	CN201620257449.0	2016.12.07	贵港市港北区荷城小学	李鸿基
二胡	一种降噪提音色的新型二胡琴码	实用新型	CN201620409831.9	2016.10.05	王家胜	王家胜
	一种二胡机器人	实用新型	CN201620407875.8	2016.10.05	安徽击尔智能科技有限公司	王海 华涵锌 马灿臻 杨其
	二胡指板音准校正器	实用新型	CN201620497632.8	2016.10.12	江南大学	沈雷强 陈建文 徐长林 陈立科 江博
	音量可调的二胡琴马	发明专利	CN201610330856.4	2016.10.12	胡振华	胡振华
	螺旋式锁紧琴托二胡	实用新型	CN201620529293.7	2016.10.26	钟伟	钟伟

类别	名称	专利类型	申请（专利）号	公开（公告）日	申请（专利权）人	发明（设计）人
二胡	二胡反式顶升大螺母微调校音多功能千斤	实用新型	CN201620482905.1	2016.10.26	陈正年	陈正年
	同料二胡	实用新型	CN201620542175.X	2016.11.16	邢西凯	邢西凯
	二胡手柄（竹报平安）	外观设计	CN201630163469.7	2016.11.23	蒋联合	蒋联合
	二胡手柄（和气满堂）	外观设计	CN201630163467.8	2016.11.23	蒋联合	蒋联合
	二胡手柄（财源滚滚）	外观设计	CN201630163468.2	2016.11.23	蒋联合	蒋联合
	一种可调节弦音的二胡千斤	外观设计	CN201620442843.1	2016.11.30	鹤壁职业技术学院	胡艳芳
	一种二胡琴托	外观设计	CN201620624347.8	2016.11.30	胡云霞	胡云霞
	二胡等弦乐器琴筒凹凸槽链接结构	实用新型	CN201620631850.6	2016.11.30	曲尧刚	曲尧刚
	可折叠式二胡弓	实用新型	CN201620502155.X	2016.12.07	周钰	周钰
	可折叠式二胡	实用新型	CN201620509077.6	2016.12.07	周钰	周钰
	六角放射性二胡琴码	实用新型	CN201620740479.7	2016.12.14	沈洋	沈洋 付晓东
	二胡手柄（知竹常乐）	外观设计	CN201630163466.3	2016.12.28	蒋联合	蒋联合
	一种二胡琴码	实用新型	CN201521124068.7	2016.12.28	乐克拉（天津）文化传播有限公司	郑康义

新产品

乐器行业创新产品纵览

【编者按：我国轻工业“十三五”规划提出，面对产业结构、社会结构、需求结构的“三重转型”，乐器行业进入结构优化、增速换挡、经济驱动转化的战略关键期。提升企业自主创新能力，加强重点乐器核心部件、核心技术的研发与突破，促进产业形态向中高端迈进，成为乐器行业“十三五”战略规划的核心要务之一。在乐器行业技术路线图指引下，各骨干企业投入大量人力物力，在新材料、新技术、新设备、新产品“四新”的深度推进方面成果明显，产品更新换代趋向中高端，面向音乐教育市场配套产品研发日趋活跃，乐器制造标准化、精细化程度明显提高。本刊收录的2016乐器行业强势产品，集中反映了骨干企业在乐器专用材料、音源结构设计、声学品质提升、数字音频技术和乐器专用配件科研领域的创新成果与研发智慧。】

1. 广州珠江钢琴集团股份有限公司

恺撒堡KHB2

恺撒堡KHA2钢琴

恺撒堡KH系列钢琴

恺撒堡KH系列钢琴在欧洲传统工艺的基础上，全系列应用前倾背架技术，使弦槌击弦后倾角提升40~50%，有效提升立式琴“复振”性能，键盘控制更加灵敏和精确。新型击弦机还增加“制音杆可微调螺钉”，进一步改进核心零件，有效保证制音器同步启动，提升延音踏瓣控制性能。根据高、中、低音区琴弦的不同张力，KH钢琴背柱采用不等距、非对称式结构设计，均衡对各音区承受力量，为整架钢琴提供强有力支撑，保证弹奏性能和结构稳定。同时，KH钢琴高音侧前方脚轮采用人性化设计，可根据放置区域地面情况调节脚轮高度，保证钢琴平稳放置。值得一提的是，恺撒堡KHB系列采用双背档击弦机，背档顶杆推动背档转动，用缩短弦槌击弦距离方式减弱击弦力度，精准处理音量和延长音，满足高难度曲目演奏要求。恺撒堡KHB一系列钢琴采用不等厚实木音板，根据各个音区共振频率的差异性，通过物理数据进行分析，在传统实木音板基础上改进，使钢琴的共鸣系统更符合自然规律，达到音区共振平衡。通透明亮的高音、圆润柔美的中音、浑厚有力的低音，音音相和相谐，富于歌唱性。

里特米勒RS系列钢琴

里特米勒RS系列钢琴采用古典镂空谱架，每一线条都经制造师手工精雕细磨，舒展稳重地承托琴谱，在古拙大方中体现欧洲造琴的精湛工艺和审美精髓，完美再现钢琴艺术永恒的典雅及高贵。矩形扩音槽增大了音箱的容积，达到扩音效果的同时又给整架钢琴的形象带来了奇妙的变化，视觉上更富文艺气息。RS系列弦码采用弯压结构设计，音频振动响应更精确、迅速，由多层硬木交错拼接而成的弦轴板，有效提升钢琴结构稳定性，减低振动的能量损失，保证音准稳定性。不等厚加强型的演奏会级实木音板，最高程度激发了音板振动潜力，极贴合钢琴共鸣系统的发声规律，丰富了钢琴的音响效果，在各种不同的气候条件下均能保持优良的音色。德国roslau钢线制成的琴弦和传统沙铸的铁板，使钢琴音色更清亮纯净，音准更稳定。

2. 上海民族乐器一厂

刘德海·高占春八十寿诞限量版琵琶

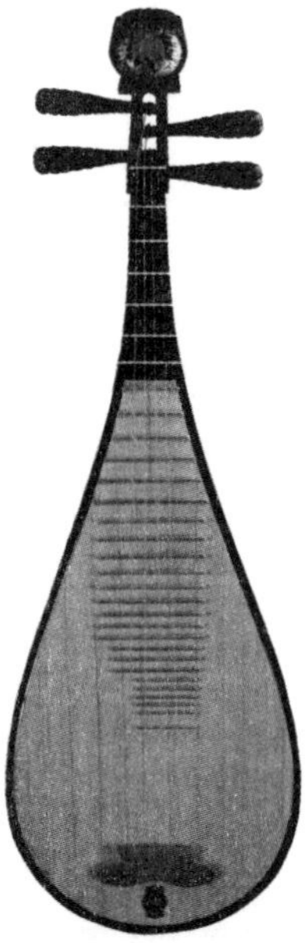

2016年，同属牛的中国著名琵琶演奏家、教育家刘德海，与琵琶制作国家高级技师、非遗代表性传承人高占春正值80大寿，上海民族乐器一厂特推出80把琵琶以示祝贺。限量版琵琶以“孺子牛”形象为主要设计元素，与两位大师勤恳、敬业、执着无畏的精神十分贴切。琵琶头饰选用传统朱砂红天然漆多遍髹涂作底，牛的图案采用局部堆高和莳绘工艺，加之红、金相映的视觉冲击，一头饱满强悍、富有力量和生气的孺子牛尽显眼中。琵琶背板处，选用24K金粉描绘刘德海先生的琵琶曲谱手稿，极具纪念意义和收藏价值。此次推出的80把限量版琵琶，每把琵琶均由高占春监制、刘德海鉴定，并按照音色效果享有不同的名称，匠心独具。

敦煌五行系列限量版古筝

五行系列限量版古筝为“金、木、水、火、土”五款，由上海民族乐器一厂与漆艺大师协同创作。其设计思想来源于上古时期我国先民对自然界的认识，遵循宇宙万物循环不已的中国哲学观。此系列古筝运用中国传统髹漆工艺作装饰，用大漆在琴体上裱苎麻，天然漆材温润如玉，极具视觉美感。细节处，用999银全手工掐丝出纹样，并撒以色粉和贴箔，达到集韵味于一器。此系列古筝在中国传统民族乐器视觉样式上进行了创新性探索。

敦煌霸王别姬古筝

《霸王别姬》是京剧相当重要的戏码之一，此剧原名《楚汉争》，根据昆曲《千金记》和《史记·项羽本纪》编写而成。霸王别姬古筝提取京剧服装的元素，取其精华，再进行排列组合。采用不对阵的构图方式，大面积的留白处理使整个画面更具有联想空间。工艺上采用银丝镶嵌的工艺制作，温婉秀气，是传统文化的一种象征。

四君子系列古筝

梅、兰、竹、菊自古就是中国文人心目中的“四君子”。此系列古筝融汇我国传统的窗棂文化，将不同形态的窗棂与梅、兰、竹、菊字体的设计相结合，采用银丝和贝雕镶嵌的制作工艺，鲜明的色彩对比使得整个古筝更具有舞台表现力。小板处配以梅、兰、竹、菊诗句烘托主题，将浓浓的历史文化精华融入其中，构成一副优美图案。

3. 江苏泰兴凤灵乐器有限公司

贝拉乐器系列

江苏凤灵乐器集团贝拉系列弦鸣乐器，拥有垂直弦排（与音板）双音箱。箱体结构可以实现小、中、大（体积）对应高、中、低（音）的系列化，意在解决中国民族乐队无系列化弦乐器这一重大问题。该产品于2011年获得国家实用新型专利（专利号：ZL201120571129.X），经过科学分析和改良后，第三代创新产品已申报国家发明专利。2013年，被评定为“2013年度文化部科技创新项目”。整个系列包含怀贝琴、台贝琴、中竹贝和凤贝琴。其中怀贝琴是贝拉竹系列的高音弹拨乐器，定音GDAE（5263），其指板置于音箱平面之上，是一种新颖的设计，如此简约琴颈位置，增加音箱容积，使琴体结构完全稳定，且造型别具一格。演奏持琴左手大指位于指板下方孔内，另四指在指板上触弦按指。台贝琴是平台式的贝拉乐器，拟用弦七条，定音7362514。现用弦六条，定音362514，左手5指按弦取音，右手5指弹弦发声，可以很方便地奏出丰富的和声。其设计的巧思之处是指板和主体音箱之间又构成一个音箱，这一音箱的音孔又恰为音品的徽记尤为巧妙。

台贝琴

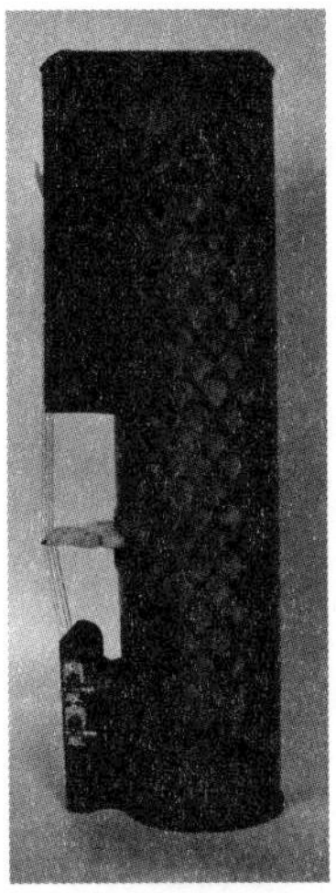

台贝琴

江苏凤灵乐器集团弦鸣系列乐器低音贝拉琴，采用木材和竹材，外观采用竹雕工艺，演奏技术采用拉弦、弹拨形式。贝拉琴是结构创新的弦鸣乐器，它拥有垂直弦排（与音板）双音箱。这种箱体结构可以实现小、中、大（体积）对应高、中、低（音）的系列化，也从而一举解决中国民族乐队无系列化弦乐器这一重大问题。

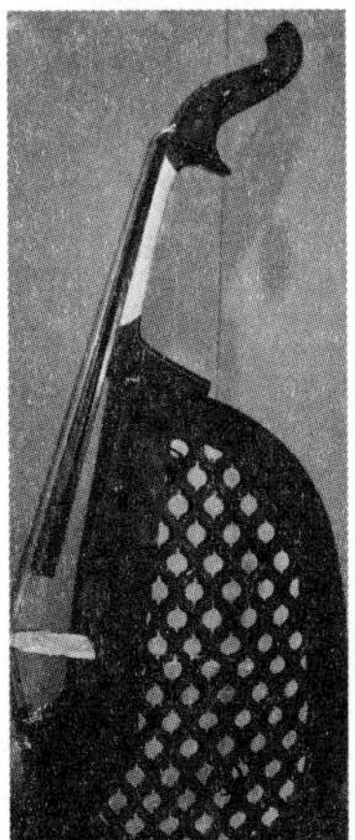

低音贝拉

4. 海伦钢琴股份有限公司

维也纳系列立式钢琴

海伦钢琴·维也纳系列，技术与艺术的交融，科学与美学的碰撞。更高稳定性、耐候性，声学品质更佳，外观更加典雅精致。该系列缘起于奥地利维也纳名琴“文德隆”钢琴，“文德隆”现为海伦公司子品牌。该系列立式琴拥有诸多领先的科技配置：铸铝合金防变形专利中盘、欧式插装式专利弱音档、多边形不等宽不等厚音板、下倍音弦枕特殊设计、不等距背柱结构、紫外线防伪的德国进口艾伯（ABEL）弦槌，弦槌配置德国VFG弦槌毛毡且全部配置德国进口VFG芯毡、硬桃花心木弦槌木芯、双色红乌木黑键、云杉全实木琴键。强力欧式矩形专利铁板高精度真空铸造而成。特制欧式击弦机，采用德国雷诺（RENNER）技术。定位孔工艺发明专利保障钢琴的装配精度，进口高精度CNC数控加工中心，使钢琴部件的细节拥有更高精度。自动磨擦琴弦机专利使音准长期稳定。

v123直腿 木纹 带静音系统PAD1300

vd3 1300

5. 柏斯音乐集团

2016年，柏斯音乐集团在音乐推广、音乐教育、乐器生产、乐器销售四轮驱动，齐头并进，各项举措推动跨行业，跨领域的协同创新，在材料、工艺、设备、产品研发等方面突破主要关键技术，促进企业数字化、网络化、智能化发展。

长江CR-A188钢琴，是2015年全新推出的"御"系列型号之一。"为追梦者'御'制 缔造完美音色"，长江CR-A188钢琴承袭长江旗舰款CGF-X1之经典，引领三角钢琴之未来。不但拥有三角钢琴独有的整体平衡感，更完美承袭了CGF系列舒适的手感、明亮圆润的音色和丰富的表现力。

GROTRIAN（高天） Makassar 192具有182年历史的德国Grotrian（高天）重磅呈现原装德国进口Makassar 192三角钢琴。琴身选用苏拉威西岛望加锡黑檀木，音板采用阿尔卑斯山高海拔百年云杉，高冷铂金色铁板和专属菱形钢丝，高雅珍贵而夺目。

GROTRIAN（高天） Makassar 192

WILH.STEINBERG S130 Apple Tree，独一无二的S130 Apple Tree不仅延续着德国的传统特色与经典工艺，更配上Renner击弦机、Strunz 音板、Renner弦槌、德国Klüge 键盘以及Röslau琴弦等顶级钢琴部件，呈现完美音色；同时Apple Tree还别具匠心的采用欧洲南部直径在30CM以上，十分稀有的苹果树，并凭借顶尖的德国工艺及技术，精工细作，完美融合了苹果树吸收地下矿物质自然形成的纹理与苹果木本身的颜色，在外观上形成与众不同、绚丽十足的火焰花纹，尽显"私人订制"的时尚与个性。

WILH.STEINBERG S130 Apple Tree

长江御系列CR-123珍藏版钢琴，承袭长江九尺三角钢琴的经典音色，精选世上名贵稀有的正宗印尼黑檀木，珍贵细腻的材质完美融合其独特的黑色花纹，让长江CR-123钢琴由内而外展现出如艺术大师般的深邃和典雅，在低调中尽显奢华底蕴；光洁如玉的温润外观、来自阿拉斯加原始林优质的云杉音板、德国进口的RENNER弦槌、实木乌木键盘……让您感受到纯正的古典气息；钢琴舒适的手感、明亮圆润的音色和丰富的表现力，更为您带来"灵与乐"的交融。高雅而古朴、纯粹而震撼，长江钢琴御系列CR-123珍藏版钢琴——成就永恒的珍藏典范。

长江御系列CR-123珍藏版钢琴

6. 河北金音乐器集团有限公司

电声小提琴系列

金音集团研发的被授予外观设计专利的三款电

"JY"电声小提琴

声小提琴。分别为：电声琴（蝶飞）、电声琴（爱神）、电声琴（如意）。这三款电声小提琴在音色和穿透力方面都体现出了完美的效果，外观设计无论是琴体的厚度、重量、及演奏的舒适度都给演奏者以人琴合一的完美演奏感觉。这三款电声琴均采用先进的数控铣技术加工琴体、面板、和“JY”音孔，制作工艺更加精致。在不连接音响时，声音也比较洪亮。琴体重量较轻，演奏更舒畅。让经典更时尚更有魅力！

7. 天津津宝乐器有限公司

MASTER 舞台演奏系列爵士鼓

硬件配置：WXWS独特设计理念，连接处全部镂空设计，使用方便舒适，作为津宝高性价比爵士鼓系列产品，一直不断引入专业高端配置。鼓腔由全桦木制成，音色温暖而富有放射性并且充满力度。鼓腔侧放能承受静压100kg，垂直放置能承受静压500kg以上，粘合板材采用世界第一名牌荷兰太尔公司生产符合E2级欧盟环保检测标准的强力胶水，高温快速干燥成型，使产品性能坚固持久，不圆度全部控制在1.5mm以内，鼓腔鲜亮光滑、环保。万向球珠型通鼓支架：它具有调节起来更轻便、更稳固的特点，只需调节一个螺栓就可以得到几乎所有你所需要的角度；双拉式硬件支撑脚：高标准的硬件通常要求其具有良好负重能力的同时又非常轻便，所有部件之间的高精确性保证了使用者可以轻松的将鼓调节到专业标准。

MASTER 系列长号

由津宝乐器公司强力推出的经典之作——MASTER系列长号，号嘴独特的设计，使高音演奏变得更容易，能让演奏者随心所欲，键形设计及按键手感舒适符合人体工学性能，演奏时触键灵活，气密性良好，机械性能协调统一，外观处理均匀、工艺美观，从细节发现需求，臻于至善地追求品质，匠心独具，成为卓越品质的创造者，并得到国内外长号演奏大师赵瑞林以及院团专家的的一致好评。值得一提的是，津宝大管采用精选优质枫木质材质制作管体，演奏快速乐曲时触键灵活密闭良好，机械性能协调统一，按键手感舒适符合人体工学性能。外观喷漆均匀、工艺美观。

8. 广东红棉乐器股份有限公司

红棉吉他精品系列

回顾2016 年，红棉乐器锐意以“互联网+”的思维，致力创意新品，通过融合互联网+ 智能化的元素，使其具有前瞻性和时尚特质，从产品功能、品质、科技元素等方面，不断创造新的附加值。近年来，广东红棉乐器股份有限公司以全球发展为定位，整合资源建立了全新的产业基地，被成功认定为高新技术企业、省级工程技术研发中心，得到了国内外同行充分认可，为中国乐器品牌赢得了荣誉。红棉D116/G116吉他，选用云杉木+沙比利+新西兰松木，为41寸初学者民谣吉他，匠艺夹板，简单

C41　　D116AC　　G83B

玩音乐。G83B型吉他为36寸相思木全单轻奢款。入骨相思，只为小众的天然原声，限量珍藏。C41红棉乐器新款古典吉他，39寸进阶级面单吉他，大师甄选，匠艺单板。

9. 乐海乐器有限公司

“虎啸”402型扬琴

“海之尊”精品系列——“虎啸”402型扬琴,是一款新式专业演奏型扬琴，属于乐海乐器公司“海之尊”品牌中高级演奏扬琴系列产品龙吟低音、凤鸣高音的配套产品。虎啸扬琴音域较402型扬琴音域略有增加。由原来的大字组#F到小字三组b4扩展至大字组E到小字四组d4，主要是向上延伸低半音码增加三个低音区半音。这样使扬琴由低至高的音域内半音齐全。因其音域较宽，在承担独奏、重奏及合奏及适用在扬琴乐团和大型民族乐团及中小型民族乐队演奏中可分别担任高、中、低音三个声部的演奏。

本产品由乐海乐器公司2016年立项研发。产品研发理念是设计一种较402型扬琴半音更为齐全的“专业化独奏扬琴”，其音位排列仍与402型扬琴基本相同，增加低音区三个变化半音，使演奏低音区的半音阶时更为方便，是完善402型扬琴演奏功能的升级产品，亦称为“虎啸402型扬琴”（属中音扬琴范畴）。“虎啸”意为形容其琴发出的音响犹如猛虎展示雄威的吼叫之声。虎啸402型扬琴配有反射效果的板式“海之尊专用琴架”，使演奏“虎啸402型扬琴”时的舞台造型更为新颖，音响艺术效果更加丰富，表演区域更宽，音乐表现力明显增强。

海之尊虎啸扬琴音位弦序图

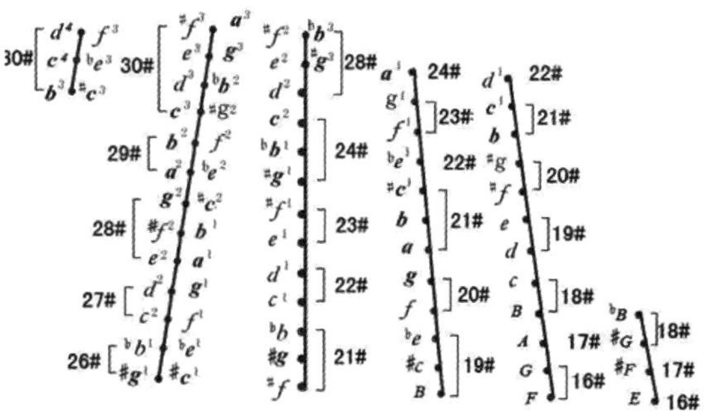

图：音位弦序图

10. 烟台博斯纳钢琴制造有限公司

2016年，博斯纳立式钢琴独有的音源设计——悬浮音板获得国家专利保护。其显著特点是音域宽广、中低音浑厚、高音明亮透彻。此款钢琴的音质音色优美，触感舒适、灵敏，表现力丰富；其外观设计美观大气、做工精细、配置高端，既是一款性价比很高的高档立式琴，也是专业演奏的上佳选择。

GBT187CMW

由当今德国著名设计大师精心设计，同时，采用了德国先进的制造技术与加工工艺，使之更加科学先进、精密细致，其声学品质和演奏性能无与伦比，完美体现了德国钢琴圆润、厚重绵长、柔和的音质音色特点。主要材料采用高品质进口材料，外观装饰采用的是传统的镶嵌贴花工艺，造型古朴典雅。

GBT187CMW

GBT217

此款系舞台专业演奏使用的大型钢琴，完全以欧洲德国的高品质为设计依据和理念，除了大量采用计算机数据计算和辅助设计外，在加工制造中采用了大量

GBT127BB

的德国的先进而严格的隐形技术。本产品既适用于演奏古典音乐，也适用于演奏通俗音乐和爵士音乐。其音量宏大、音色优美，既浑厚雄壮、圆润绵长又明快透彻；键盘触感舒适，弹奏自如，表现力丰富多彩。其声学品质和演奏性能均为专业演奏级大琴。其重要部件材料选用的是进口优质材料，如原装德国的RENNER（软纳）击弦机；原装德国RENNER（软纳）或ABEL（阿贝尔）榔头；德国ROSLAU（露丝劳）钢丝；德国DEHONIT（帝豪尼特）弦轴板；欧洲优质云杉等等。

11. 吟飞科技(江苏)有限公司

第二代全新系统电子管风琴——RINGWAY RS800 E-Organ

由吟飞科技（江苏）有限公司自主研发和生产的第二代全新系统电子管风琴RS800，是一款延续和继承了RS1000E优秀基因，全新打造的具有弧形琴身设计、RWA第二代音源、中/英文UI界面、强大的音频文件支持、上/下双61键键盘、25键标准脚键盘、强大的双踏板、便捷的USB、超强的PAD等一系列强大功能的电子管风琴。另外，全面而又丰富的作品及配套教材资源，受到全国众多知名教授、专家及教师团队的青睐。“吟飞”RS800是一款适合全年龄段人士学习、教学和演奏的电子管风琴。愿它和我们一起，为中国电子管风琴事业的发展炫出自己的力量！

12. 中美合资江阴金杯安琪乐器有限公司

格兰德高端手风琴系列

金杯公司最新研发的格兰德GH1608、GH1008 HC、GH101 HC坤琴系列推向市场，她们的面世，填补了我国手风琴制造世界无“坤琴”系列的空白。格兰德坤琴系列手风琴在保留41键120贝斯完整音域的基础上，采用窄键和插入式设计理念，从而使该犀利手风琴外观和尺寸较同规格传统琴缩小15%，减重21%，线条更流畅，造型更优美。键盘和贝斯部分全部采用进口玛瑙材料，彰显高端。贝斯机则采用国际最先进的意大利式结构方式，纯手工打造，间隙公差小，表面光洁度高，摩擦系数小，降噪明显。坤琴系列GH1008HC以及GH1012HC右手键盘部分采用意式黑、白键分别串轴结构，缩小并均衡了键与键之间的间隙，使演奏手感大大提升。

GH1008HC2

GH1012HC2

GH5050是最新研制开发的一款高档回声演奏琴，吸纳了国际最新手风琴设计理念，外观时尚新颖，采用烤漆工艺，加入七彩散光点，色彩绚丽，能有效增强舞台表现效果并可满足演奏者个性定制的需求。GH5050手风琴采用高等级簧片，发音灵敏度高，音色纯正。音域宽为e—f，50个有效音。回声结构采用了“2+2”音列组合结构模式，采用后背往复式变音器，使手风琴正面更加简洁美观，演奏时操作更加便捷。贝司机采用了全新结构，增强了推杆的强度，提高了工艺的精度，最大限度减少金属撞击声对演奏效果的影响。JH5050手风琴手感舒适自如，音色优美能充分满足演奏者对高档演奏用琴的需求。

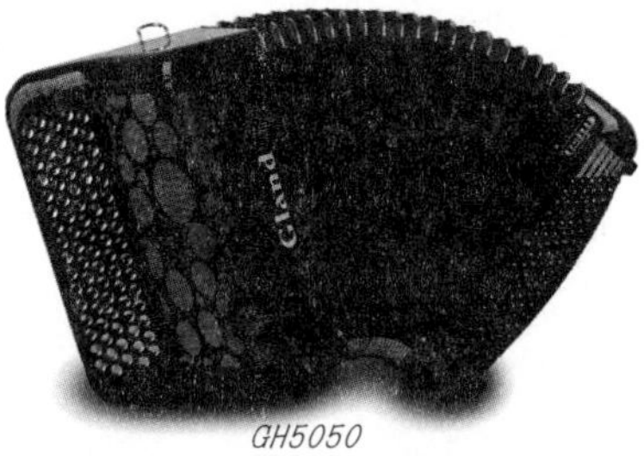

GH5050

13. 江苏东方乐器有限公司

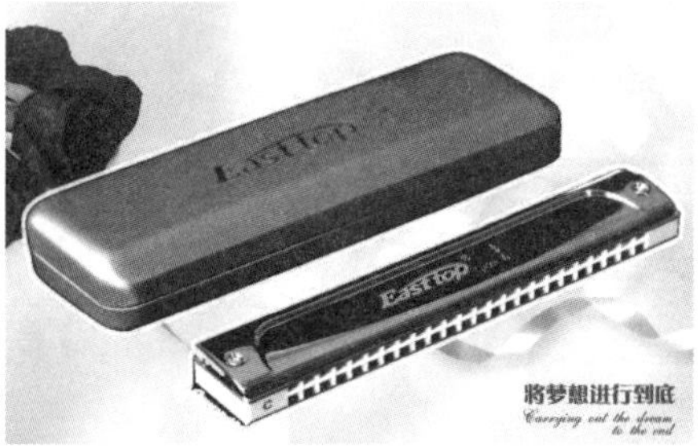

型号：008K升级版

材料：德国进口音簧，电镀铜座板，不锈钢螺丝，电镀铜盖板，食品级ABS琴格/纯铜琴格

包装：高档塑盒

尺寸：100mm×28mm×18mm

净重：83g

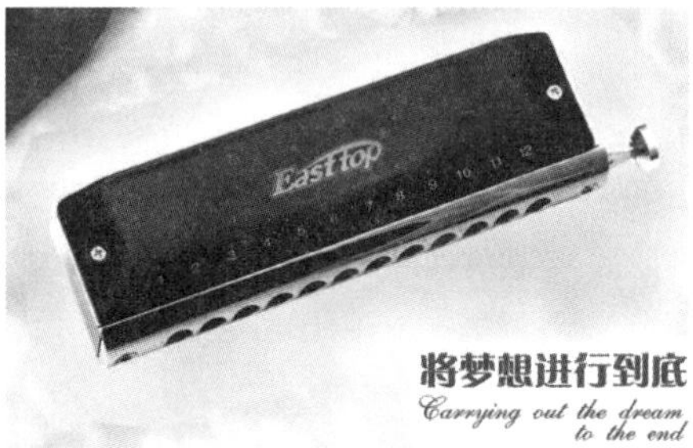

型号：2406S

材料：德国进口音簧，电镀铜座板，不锈钢螺丝，电镀铜盖板，食品级ABS琴格/纯铜琴格

包装：高档皮盒

尺寸：177mm×28mm×20mm

净重：172g

型号：梦想者

名称：12孔半音阶口琴

品牌：Easttop/东方鼎

颜色：黑色、银色

规格：142mm×31mm×42mm，约233.1g

盖板：铜

座板：加厚铜座板

音簧：进口磷青铜合金，抗腐蚀，不易老化，不易脱落，音色优美醇厚。

琴格：黑色环保树脂琴格、铜格

配件：不锈钢螺丝

14. 上海乐兰电子有限公司

ATV新品 配置a D 5音源，当演奏轻柔时，鼓声是平滑圆润，当用力演奏时，鼓声有威严的冲击力在每次练习、演奏和表演中获得灵感这就是人与乐器的关联。演奏的原动力和情绪激荡都由ATV乐器所创造。几十年来，大部分电鼓在鼓腔中仅仅使用一个锥形海绵因此，当演奏到鼓面特定的区域时，会发生反馈力度不均匀，或爆音等问题ATV领先的技术，增加鼓腔内锥形海绵的数量彻底改变拾音方式让每个音符的体现更加真实、自然在ATV诞生之前电鼓中最优质的镲片仅仅停留在三触发的技术上我们技术革命是每个部分都可以像真实的镲片那样，无论是力度、摇摆、音色层次变化都将改写电子镲片的历史。

为了带来真实自然的手感， aFrame的演奏区域表面使用高科技材料， 拥有出色的弹力和摩擦感，同时又具有传统鼓皮的熟悉感觉。演奏aFrame时那种无拘无束的自然感受会让人一试难忘。天然的竹质框架为可再生资源， 同时也提高了aFrame的可玩性。竹质框架的制造商为日本著名的FUJIGEN公司， 是一家历史悠久、口碑极高的吉他制造商， 同时也涉足汽车领域， 为汽车制造实木内饰。

Exercise Series旗舰级家庭练习套鼓

旗舰级家庭练习套鼓适用于初学和想要提高电鼓水平的演奏者，宽广的敲击动态范围可以获得

到更加真实的演奏体验。高品质“采样”并非录制的音乐，而是音频源素材。它比传统的录音采样方式更为精密准确。网状鼓面军鼓，层状结构和硅胶材质的打击垫和镲片最大程度接近真实套鼓演奏手感。内置20首高品质练习乐曲，针对中国用户喜爱的风格制作的专业无鼓伴奏，支持练习乐曲标记功能，乐曲文件必须为16bit/48kHz WAV格式。可视化工具可以更清楚直观地显示您敲击的动态和时值，更加有效监督你的练习准确性。

15. 赛乐尔三益乐器(上海)有限公司

迄今，三益及旗下品牌大部分在印尼工厂生产制造，包括赛乐尔ED系列GS系列、柯纳比、科伦金堡、普拉姆伯格、伯恩斯坦、克诺伯及乔治斯泰克。2016年，三益集团投入1500万美元扩建了印尼工厂，改善原厂房的同时重建四座新厂房：油漆、配件，三角，立式，投资500 万美元用于扩建德国工厂，采购了一批世界一流数控设备，引进了国际先进制造技术及人才，钢琴制造工艺大幅提升，品质更加稳定。

赛乐尔ED126D-EBHP

精准的敲击、完美的音质以及出色的耐久性是赛乐尔立式钢琴有别于其他钢琴的优点。以精确度和高水准著称，非常完美的声音，具有演奏会钢琴的特性，更有理想的琴弦和扩展音板，从而发出使人为之感动的声音。骨架印尼原产，采用云杉木双层音板，德国Renner榔头，黑檀木黑键键盘，前脚轮黄铜制。

GS122Traditio-MAHP

Traditio，源自意大利语。意为“传统”，采用了德国传统设计及制造理念，特别提及的是，该款型号对击弦机处理及后期冗长的调整过程均由手工打磨为主，机械为辅，制造过程及完成周期相比其他款式历时较长，声音的稳定性非常强，受环境影响也相对较小，这是对品质更进一步的严格要求。骨架印尼原产，采用云杉木双层音板，德国FFW榔头，黑檀木黑键键盘，前脚轮黄铜制。

SK122M EBHP

这一型号可以使钢琴和室内装饰融为一体，丰满优美的声音会使全家洋溢着幸福与快乐。骨架印尼原产，云杉木制成的坚固双层音板，碾压而成的云杉木背柱，真空处理的钢板，德国FFW顶级榔头。

16. 博兰斯勒钢琴(中国)有限公司

德国博兰斯勒水晶幻彩顶级定制钢琴

这是一个令人无比欣喜的艺术品，华丽中透露着精致，优雅中彰显出未来！164年代代相传的德国国宝博兰斯勒钢琴，那被音乐史上无数最富盛名的作

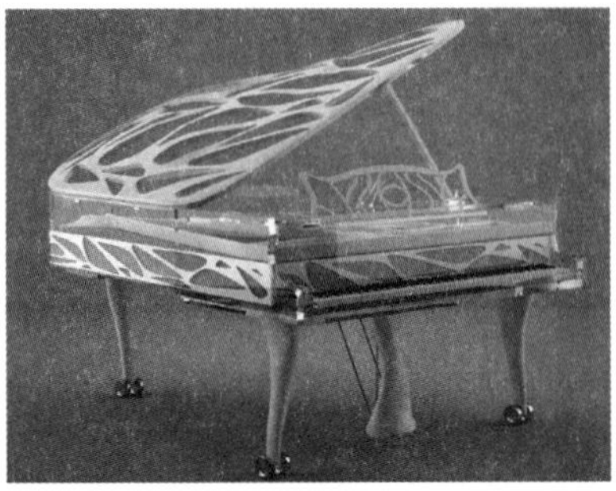

曲家赞不绝口的黄金音色，正是这一艺术品最珍贵价值所在！拥有如此独特优雅而超越未来的外表为经过2个世纪捶打的精湛工艺保驾护航，这一艺术品无疑将是最有品味的人士所向往拥有的收藏，天马行空的设计风格，张扬的个性，代代相传的精湛工艺，永恒的经典都在其中绽放无遗。如同创始人尤里乌斯·博兰斯勒“打造各方面最顶级的钢琴”的质朴而执着的创立宣言，顶级钢琴制造商博兰斯勒的第五代家族企业传人克里斯蒂安·博兰斯勒博士为了制造水晶系列钢琴，甚至收购了一整个水晶工厂，怀抱如此热情与执着，还有什么样超越想象的艺术品是我们不能期待的呢？

德国欧米勒系列

欧米勒莱比锡（Irmler Leipzig）系列由德国国宝博兰斯勒钢琴有限公司位于德国莱比锡的工厂制造，目前有IR132L,IR126L两种型号。采用全实木琴架系统 博兰斯勒特别设计，欧洲高纬度严寒地带实木云杉音板，实木 云杉肋木，博兰斯勒码桥专利技术，德国RÖSLAU琴弦，德国博兰斯勒特别订制版ABEL榔头。全系产品由位于莱比锡的博兰斯勒工厂的资深技师打造而成，精选上等原料被赋予全新艺术生命。德国欧米勒R系列最大的亮点就在于全部采用德国顶级雷诺击弦机。击弦机是一架钢琴最核心的部分，类似人体心脏。钢琴键盘机械的运转、下键的灵敏度、触感等所有与弹奏有关的部分，击弦机在这些部分均起着最为关键的核心作用。R系列钢琴出厂前所经过的反复调律与整音，均由欧米勒工厂最具经验的技师亲自操刀完成！

欧米勒莱比锡系列

欧米勒R6E

德国塞勒钢琴S123K

Gustav Johann Schiller于19世纪创立了属于自己的钢琴品牌——SCHILLER，并因具有其独特风格而很快被认可。如今的SCHILLER钢琴被德国国宝博兰斯勒钢琴所拥有，由博兰斯勒设计制造，塞了钢琴——以最平易的价格，享受德国品质。呈现在您眼前的一切，从整体的轮廓线条，到每一个饰面的细微纹路，都经设计师的精心细腻考究；曲线饱满的弧线设计，释放出古典奢华的贵族气质。博兰斯勒监制特别灵敏击弦机，让每一次触键都能得到最为恰到好处的体验。完美的音色，良好正确的触感，塞勒钢琴为每一个孩子的学琴之旅提供最坚实可靠的基础。

17. 河北华声乐器制造有限公司

华声品牌次中音萨克斯HSS-923的音色具有丰富的表现力，吹奏感极佳，产品音色圆润温暖。该萨克斯的独特之处在于其能让你轻松完成高难度复杂的音程，并在任何音域都极易吹奏，使乐手能挥洒自如的表达多种多样的音乐类型。对于管径开口的特别设计增加了在演奏各音域乐曲时的灵活性。法式曲线设计、乐器配备优质垫片，淬火烤蓝针簧、珍珠打磨按键、高音F#键、漆金镀层、手工雕花喇叭口的完美结合，使HSS-923次中音萨克斯拥有明亮精准的吹奏效果、操作自如及轻松舒适的演奏体验感。华声品牌萨克斯之所以具有极高的吹奏性和操作性，其关键在于华声拥有一批技艺精湛，经验丰富的专业技师，每支乐器组装完成后，又经过专业技师调试将每支乐器调整到最佳状态，确保每支乐器都能以最完美的样貌呈献给大众。

华声品牌四键双排圆号HSY-640 四键双排圆号HSY-640配备了机键连动系统使转阀能更快速，顺畅和准确的运作。同时更为细致地关注了支撑物的定位，以及阀键和拇指操纵杆的人体工程学角度安排。四键双排圆号HSY-640对于室内音乐演出效果极佳，其带有一个简短的导管，适合快速响应，它能为那些极其轻柔、甚至断章的部分提供所需的保证。从 F 调转到 Bb 调是由 2 个独立的回转式阀键操作，旨在为HSY-640提供一个非常轻柔和精益品质的音色。这样一套宜人的、阵容整齐的专业设备的诞生能让高音域的演奏异常轻松。

华声品牌四扁键抱号HSD-749其特点包括四个活塞缸管结构，包括可拆卸缸管与调音管组以降低维护修理成本。其优异的制作工艺，吹奏性能及稳定性使HSD-749抱号的音色表现能够胜任独奏或是乐队合奏需要。华声品牌HSD-749抱号选用高质量合金、黄铜、镍银外滑管、清漆和镀银制作组合而成。这些材料在制作乐器过程中不断的检测和专业挑选，以确保HSD-749能保持最完美的震动和呈现最好的音质。精准的设计和装配标准是建立在经验丰富的手工工艺和艺术设计制作基础之上：无钎焊接、去毛刺、抛光、镀层和电镀这些幕后工序成就了HSD-749这支完美的乐器，演奏时仿佛在音乐家对面聆听一般。每一支华声品牌HSD-749抱号，在出厂前都由经验丰富的乐器技师进行调试，在到达您手中的时候就是最优质和完美的乐器。

18. 英昌乐器(中国)有限公司

英昌钢琴： YP125F BDRCP-S**源承英昌60周年创新音源设计**

英昌60周年经典纪念款，集合英昌人对艺术作品一丝不苟的创作精神，产品外观雕工精湛细腻，细节处理栩栩如生，精细打磨、多道喷漆，使得产品光泽亮丽质感强烈。内部精选上等进口资材，从产品的内在工艺到创意外观设计一丝不苟，彰显欧洲雍容华贵生活的设计风格，并拥有高雅纯净的皇室音色，堪称英昌乐器60周年典藏之作。

阿尔伯特.韦伯萨克斯

阿尔伯特.韦伯 萨克斯是世界著名萨克斯演奏家沃伦希尔先生经过严格试揍改良

最终确认定制签名的高端专业演奏用萨克斯-II型/IV型。铜材分别采用日本黄铜和德国青铜制造，意大利皮垫，气密性好，表面处理电镀工艺，无铅焊接，全部工艺由20多年的匠人根据warren Hill的要求精心制作和调试，手工雕花饱满漂亮，专业定制级萨克斯弯脖，把位舒服，按键的链接性流畅，声音的音乐质感强。韩国进口吊带，独特的设计使演奏者颈部舒服。

Kurzweil**数码钢琴**MP320

产品媲美真实的钢琴体验，2GB**超多音源！**

精选88种触动人心的音源组合作为出场设置。Kurzweil 独有的“KSR”（键盘发送收系统）产生的琴弦共鸣效果和半踏设计，使爱乐人倾听最新高清音质Japanese Grand（特别优化后的MP310 / 320）和German D Grand。还包括从Forte SE款广泛地选择了大量定制音源，如Harpsichord，73 Rhodes和Celeste。

琴体设计简约时尚，配置缓降钢琴琴盖，可以满足任何家庭、学校和正式音乐场合的需要。内置节拍伴奏模式和节拍器，在演奏中可享受69种多样化的预录鼓点音轨和传统节拍器模式带来的体验。配有标准持音踏板（有半阻尼器效应）、延音踏板与柔音踏板。两种琴键可供选择：全配重分级锤感键盘（MP310），或是具有真实钢琴的演奏效果的木质全配重分级锤感键盘（MP320）。两款琴体都配有3点速度传感器。配备一个操作简易的、带有录音插入功能的单轨歌曲录音机，可以录音、完善和存储多达10首自己弹奏的乐曲。拥有简单、清晰的控制面板和单镀铬的LCD显示屏，包括声音/节奏/歌曲选择，变调功能、音色分割/音色叠加/双钢琴演奏模式等，让所有功能的使用都变得简单。这款数码钢琴有红木纹理和白色两款琴身设计，都配有固定的乐谱架、滑动式键盘琴盖、双25W、4-扬声器立体音响系统。

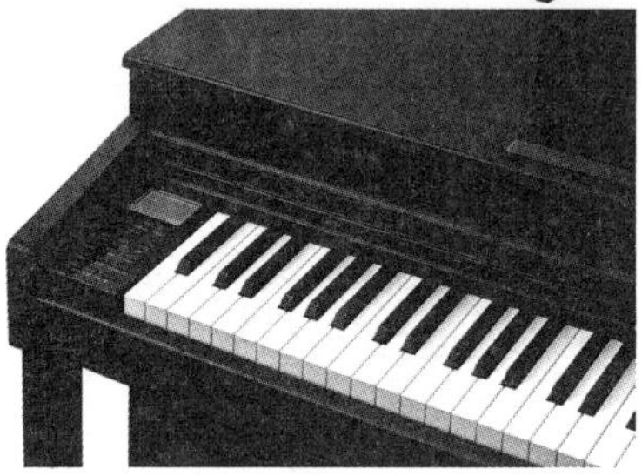

2017 中国乐器年鉴

CHINA MUSICAL INSTRUMENT YEARBOOK

海外资讯篇之一：全球乐器与音响制品行业225强

2015年全球乐器市场评估报告

【编者按：油价下跌，经济增幅放缓、局势动荡，2015年音乐制品行业备受影响。2015年全球音乐制品销售总额约162亿美元，较2014年的167亿美元下降3%。本文附表收集的来自世界5大洲共43个国家和地区，占世界人口总数70%，根据各类政府部门、贸易组织发布的数据，估算出以上国家和地区的乐器、音响市场零售总额。专门在统计中列入衡量经济总体发展水平的指标：国内生产总值和人均国民生产总值，这两项指标可较好反映经济活跃度和行业的市场潜力。另外，由于音乐制品行业发展与一国人口结构密切相关，因此人均年龄作为重要指标也被列入统计范围。因商业环境、文化、人口等因素，各国市场下滑幅度不均，像巴西、俄罗斯和委内瑞拉等国家市场降幅超过均值。】

2015年中东等多地区局势持续动荡，给世界经济蒙上阴影，对于全球音乐制品行业也是消极因素。与市场需求乏力相比，相关国家和地区局势不稳定又造成汇率波动，这种情况带来的影响更大，综合因素叠加在一起，世界乐器实际销售额下降。

据本刊分析，在跟踪的43个国家和地区中，32国使用本国货币，为便于国别市场销售额比较，本文金额单位统一换算为美元，有13个国家乐器市场销售额下降，13国市场增长，另17国表现平稳。无论美元、日元或欧元，一国的货币是衡量经济活动的标尺，金额统一换算为美元后，尽管利于比较，但并非完美无缺：货币毕竟不像标尺可准确衡量数据，货币汇率总是随市场变化而实时波动。2014年至2015年，美元汇率几乎对世界每一种货币都有所升值。因此，用升值后的美元这把“大标尺”来衡量的话，会发现经济指标的数值偏小。整体而言，除美国外，各国乐器市场销售额平均下降幅度为6.7%。如不考虑美元升值影响，市场下滑仅不到1%。2015年，市场表现差异最大的还是巴西、俄罗斯、印度、中国等“金砖国家”。

“金砖”在指代俄罗斯和巴西时，似乎已失去原有意义。2015年，音乐制品市场的“制高点”和“最低点”，都出现在金砖四国中。印度和中国是世界人口最多的国家，市场增速领跑世界。而在跑道的另一端，俄罗斯和巴西则“步履蹒跚”。

2015年，印度经济环境改善，中产阶级人数增加，全印分销体系进一步加强，音乐音乐制品销售额涨幅1.25亿美元，增长14.7%。然而，销售势头喜人并不能掩盖印度仍是小众市场这一客观现实。印度在世界音乐制品行业排名第16位，仅排在人口仅800万的小国瑞士之前。

印度人均乐器消费额仅0.1美元，与全球人均乐器消费额3.29美元相比相距甚远。印度12亿人口仍蕴藏着巨大市场开拓潜力。印度市场不像其他发达国家库存过剩，市场基本是乐器新品，鲜有二手乐器与其竞争。

另一个乐器销售增速显著的国家是中国，2015年中国音乐制品销售额增幅8.5%，达15亿美元。钢琴市场蓬勃发展是中国乐器市场增长的突出体现。在西方，钢琴作为家庭社会地位的标志已经淡化，但目前钢琴在中国需求强劲。据估算，中国钢琴市场规模约30万架，比其他所有国家钢琴市场总合加起来还大一倍。

改革开放前的中国，社会对音乐的认同度不高。20世纪50和60年代，西方音乐被认为是“帝国主义产物”在中国禁止传播。爵士乐也因“没落腐朽”而受限制，西方摇滚乐基本上也是“靠边站”。直到1980年代后，随着中国几家知名音乐学院恢复办学，这种势头才被慢慢扭转过来，在此过程中钢琴市场逐步展现出发展潜力。

中国政府部门对音乐发展持宽容态度，也是乐器制品销售被看好的因素之一。相比而言，2015年，巴西和俄罗斯音乐制品市场分别下降34%和29.6%，与中国和印度的发展形成鲜明差距。巴西和俄罗斯相距甚远，但两国共同之处是经济发展严重依赖石油。油价从每桶100美元骤降至50美元，使两国经济遭受严峻挑战。政府部门提振经济举措效果不佳，国民可支配收入减少，消费者对于征收高额关税的进口产品望而却步，吉他、钢琴及其他音乐制品销售情况不甚乐观。

音乐制品市场动力不足的另一大原因是人口数量下滑，日本市场就是例证。2015年日本人口数量减少约0.2%。人口数量下滑意味着人口老化，消费人群减少，音乐制品市场销售大幅下滑，下降比例高达18%。

出生率低，也让欧洲国家步日本后尘。拥有丰富经济资源的欧洲发达国家，音乐制品市场消费主力——12~30岁人口逐年下降，例如德国人均经济收入4.6万美元，人口平均年龄为46.8岁；而欠发达国家情况正好相反，在菲律宾，人均经济收入仅2800美元，但该国人口平均年龄仅23.4岁，如此推断，今后驱动市场增长的最佳途径，在于持续不断提高发展中国家经济发展水平。

从乐器市场趋势来看，二手乐器供应逐渐增加，技术进步产品价格也在慢慢降低，几乎所有国家均体现出以上两大特点。大量网络服务类和数码音乐产品出现，使二手乐器市场规模日益庞大。过去25年来，欧洲、日本和北美地区乐器市场已售吉他数量达5000万把，其中有多少会成为二手乐器再次进入市场流通？大家可能会各执一词，但可以肯定的是，部分二手乐器进入市场再次流通后，挤压了新品吉他的销售空间。

类似的情况还有，技术发展日新月异，智能手机、手提电脑和平板电视也对乐器及音像制品造成销售影响。20年前售价3000美元的键盘集音器现在仅标价300美元。技术进步，产品价格走低，让利于民后赢家是市场，因此承压的制造商和经销商必须努力谋求发展，适应市场竞争。

本报告数据来源于世界贸易组织（WTO）。近50年来，世贸组织专家开发了一整套产品标准编码，商品包罗万象既有飞机也有医疗检查仪。在商品出口海关时均需申报编码，这些数字形成了国际贸易主体脉络，显示出商品流向的清晰图景。目前，世界音乐制品产量较大的国家和地区约20个，包括中国、日本、韩国、越南、美国、欧盟国家及中国台湾地区。运用WTO数据分析，可细致量化各国音乐制品市场规模。

数据在描述不同国家和地区乐器市场表现的同时，也能大致体现出今后行业变化趋势。全球音乐制品行业总值162亿美元，放在世界经济整体格局中，几乎可以忽略不计：行业年度总产值仅相当于全球石油一天的产值或全球智能手机十天的销售额。尽管规模微不足道，但产业链条已完全国际化：日本的电子键盘可以出口到南美洲的苏里南，美国制造的吉他在黎巴嫩有售。行业的各类高端品牌几乎在全世界195个国家和地区都能找到身影。

音乐人人都需要，乐器是各国人民体验音乐美好的载体，这种曼妙的精神产品无可替代。值得欣慰的是，乐器制品源源不断销往世界各地，背后彰显出乐器厂商忠于行业发展的执着信念！

（常杰编译自美国《音乐贸易》2016年第12期）

2015年全球主要国家和地区乐器市场份额排名

国家和地区	2015 年乐器销售额（美元）	同比（%）	人均乐器消费额（美元）	占全球乐器市场份额（%）	全球乐器市场排名	2015 年人口	国民生产总值（百万美元）	人均国民生产总值（美元）	10 年年均增长率（%）	国民平均年龄
美国	7100000000	0.80	21.36	43.40	1	323995528	17950	55402	2.00	37.6
中国内地	1500000000	8.50	1.09	9.30	2	1373541278	10980	7993	9.80	37.1
日本	1200000000	-18.60	9.47	7.40	3	126702133	4123	32540	0.00	46.9
德国	950000000	-5.50	11.77	5.90	4	80722792	3358	41599	1.80	46.8
加拿大	730500000	-1.10	20.64	4.40	5	35362905	1552	43887	2.00	42
法国	685000000	-7.90	10.26	4.30	6	66836154	2422	36237	0.90	41.2
英国	515000000	-5.30	7.00	3.20	7	64430428	2849	44218	1.90	40.5
澳大利亚	363000000	-2.40	15.79	2.30	8	22992654	1075	46754	2.20	38.6
意大利	355000000	-8.70	5.73	2.20	9	62007540	1816	29286	0.90	45.1
韩国	282000000	-5.70	5.54	1.70	10	50924172	1377	27040	3.20	41.2
巴西	190500000	1.00	0.92	1.20	11	205823665	1773	8614	2.80	31.6
墨西哥	187000000	-2.60	1.52	1.20	12	123166749	1144	9288	3.30	28
荷兰	170000000	-5.00	9.99	0.40	13	17067967	738	43397	1.00	42.5
中国香港	143000000	2.10	19.95	0.90	14	7167403	309	43111	3.50	44
比利时	140000000	-7.30	12.27	0.90	15	11409077	454	39854	1.50	41.4
印度	125000000	14.70	0.10	0.80	16	1266883598	2091	1650	4.40	27
瑞士	115000000	-12.20	14.08	0.70	17	8179294	664	81124	1.90	42
中国台湾	98000000	-8.40	4.18	0.60	18	23464787	523	22314	3.00	40.2
西班牙	93500000	-7.10	1.82	0.60	19	48563476	1200	24709	0.00	42.3
俄罗斯	88000000	-29.60	0.62	0.50	20	142355415	1325	9307	-0.10	39.3
瑞典	82000000	-10.90	8.30	0.50	21	9880604	492	49845	1.90	41.2
奥地利	78000000	-11.40	8.95	0.50	22	8711770	375	42987	1.40	43.8
菲律宾	76000000	1.30	0.74	0.50	23	102624209	292	2845	2.90	23.4
泰国	73000000	-5.20	1.07	0.60	24	68200824	395	5796	2.90	37.2
丹麦	72000000	-7.70	12.87	0.40	25	5593785	259	46247	2.10	42
挪威	70800000	-5.30	13.45	0.40	26	5265158	390	73967	2.20	39.1
芬兰	70000000	-6.70	12.73	0.40	27	5498211	225	40992	2.00	42.4
土耳其	70000000	-2.80	0.87	0.40	28	80274604	733	9134	2.20	30.5
阿根廷	60200000	0.70	1.49	0.40	29	43886748	516	11748	0.50	31.5

国家和地区	2015 年乐器销售额（美元）	同比（%）	人均乐器消费额（美元）	占全球乐器市场份额（%）	全球乐器市场排名	2015 年人口	国民生产总值（百万美元）	人均国民生产总值（美元）	10 年年均增长率（%）	国民平均年龄
阿联酋	65000000	0.00	7.99	0.40	30	5927484	345	58287	1.90	30.3
新加坡	59000000	-3.30	10.60	0.40	31	5781728	293	50591	3.00	34.3
智利	56200000	-1.70	3.18	0.30	32	17650114	240	13608	2.10	34
以色列	53000000	1.00	6.48	0.30	33	8174527	296	33201	2.20	29.7
波兰	50000000	-9.70	1.30	0.30	34	38523261	474	12217	2.90	40.3
印度尼西亚	39000000	13.30	0.15	0.20	35	258316051	859	3325	4.10	29.9
捷克共和国	38000000	-15.50	3.57	0.20	36	10644842	332	31235	1.80	41.7
马来西亚	36000000	5.10	1.21	0.20	37	30449962	296	9727	3.10	28.2
哥伦比亚	33500000	-13.00	0.71	0.20	38	47220856	293	6209	2.90	29.6
爱尔兰	30000000	4.50	6.06	0.20	39	4952473	238	48157	3.80	36.4
秘鲁	29500000	-1.70	0.96	0.18	40	30741062	192	6252	2.00	27.1
葡萄牙	14800000	-12.40	1.37	0.10	41	10833816	200	18414	0.50	41.8
委内瑞拉	12000000	0.00	0.39	0.08	42	30912000	239	7760	-1.00	28
希腊	11500000	-17.90	1.07	0.10	43	10773253	195	18128	-1.10	44.2

美国《音乐贸易》杂志公布 2015年度世界乐器和音响制品行业225强

【编者按：2016年第12期美国《音乐贸易》杂志公布了2015年世界乐器和音响225强，汇聚国际音乐制品行业精华的225强的“集团军”年度营业收入总额达208亿美元，员工总数11.4万人。来自世界5大洲、26个国家和地区的225家乐器制造、销售公司饱含对音乐的挚爱之情，继续为世界各地的爱乐人带来精彩乐器体验。225强公司来源国家和地区前五位分别是，美国（83家），日本（26家），中国（23家），德国（18家）以及上榜公司数量均为7家的加拿大、韩国、中国台湾。】

音乐堪称“世界语言”，但在各国的表达方式却不尽相同。向世界各地的音乐人提供品质不凡的音乐创作工具一乐器，需要更高层次的国际合作。这里的合作并非官方的“外交公约”或“联合国协议”，而是指各公司之间以合作的角度来考虑如何更好满足用户日益提高的音乐需求。

在音乐制品行业225强的全球榜单排名中，“合作”一词，已演绎成一幅相互依存的现实图景。本次榜单包括世界5大洲、26个国家和地区的225家音乐制品公司。上榜的公司几乎都是国际性乐器公司，其生存和发展有赖于跨国、跨境的合作关系。

从乐器公司类型分析，上榜公司既包括乐器制造商、分销商、乐谱出版商以及混合型乐器厂商，也有集乐器制造、分销、销售为一体的全产业链公司。总体而言，225强“集团军”收入总额达208亿美元，员工总数11.4万人。

本文在榜单中加注了公司的“来源国家或地区”，只是表明公司总裁的办公地点，据粗略估计，这些跨国公司生产收入的75%在母国之外，收益的40%来源于国外市场。全球贸易的互通互联，是联接各大乐器公司的重要纽带。近2个世纪以来，超越国界、战争，形成一个统一的“世界政府”，一直是不少憧憬空想的“乌托邦”夙愿。而现实中，世界225强似乎以音乐为纽带，发展成为人员、资产遍及世界各地“跨国集团”。

物流便捷化大大提升带动了音乐制品行业的国际化，以较低成本迅速配置大容量的商品，使得相隔遥远的地区实现了非常便捷的贸易进出口。乐器经销商可从世界各地进口商品，而拥有品牌的大公司也可在不少地区寻求生产合作代理。

全球化也对公司文化产生了显著的积极影响。20年前，榜单上的很多乐器制造公司致力于垂直式生产，即在自己的全资工厂中大量生产音乐制品，认为这样既能保证质量又能提升效率。曾几何时，外包一度被认为是“负面词汇”，但生产实践逐渐证实，外包的集中化生产，带动各类音乐制品产品品质明显提升。时至今日，从2015年度榜单来看，越来越多的公司与生产厂分离，并将生产环节分包给OEM代理加工厂，加工厂完全专注于生产，有效了实现成本集约化。

世界225强榜单包括乐器制造商、分销商和乐谱出版商等各类企业形态。纵览收入总值和员工人数，就可其估算其规模大小。每家公司各有千秋，要想深入了解企业内部，仍须细致分析。所有企业的成功经验，最终都可归结为有效的组织管理和对乐器制作的深邃理解。例如马丁吉他公司对于木材选购、粘合、上漆等制作加工程序有着精准理解，为公司制作精品吉他提供了有力保证；布菲公司能把精选的非洲黑木打磨成外观精美、质量上乘的黑管，除法国人掌握这种技艺，这种技术绝活外界“知之甚少”，布菲单簧管因此成为高端管乐演奏者的首选；在南美，不少国家货币汇率持续波动，乐器进口“雪上加霜”，因此，进军南美市场的关键完全取决于当地经销商的代理实力。总体而言，乐器225强总体营收208亿美元与其实力“名符其实”。

在全球乐器环境面临多样化背景下，经营面临相似情况：产品库存积压、人口红利减少、商品售价降低。鉴于经营差异，每年225强的榜单既有新公司“上榜”，也有老公司“落榜”，2015年是尤为特殊的一年：行业几乎没有兼并、重组事件，相反，绝大多数公司更加注重集中力量聚焦核心业务。

要对行业大佬经营状况进行总结归纳，编制这样一份“座次”榜单殊为不易，这里，首先要明确回答一个问题：“究竟哪些公司属于音乐制品行业？”自2005年“车库乐队”（GarageBand）软件面世后，苹果公司已销售出4000万套这种多轨录音系统软件。但由于音乐并非苹果公司主业，苹果的销售业绩并不在我们统计之列；Bose也通过乐器销售渠道销售音响制品，但其50亿美元的相关营业收入应计入音响消费产品，类似这种情况，Bose公司也被排除在统计之外。总之，在统计榜单时，要尽可能获取一切有价值的乐器销售数据，这样才能窥探出行业整体价值。

此外，不少225强榜单上的公司均不属于我们所定义的狭义“乐器公司”。例如，Shure主要制造的传感器用于电信传播、电子音响和广播设置等系统；QSC生产的功放主要用于影剧院扩音系统；不少雅马哈产品也用于电子消费类产品。225强上榜公司的非乐器经营收入为208亿美元，远远超出了全球音乐制品市场162亿美元的规模。因此，在统计这些公司营业收入时，也要剔除。

统计的另一个问题是重复计算。例如金峰公司和音王公司均为专业制造商，两家公司实现营业收入3.5亿美元，但这些产品被入围225强榜单的一些大公司以某些乐器品牌销售之后，又被下游公司计入销售收入，导致3.5亿美元被重复计算。再比如，Ibanez销售吉他的下销售收入，通过不少国家和地区的国际分销商转售，其收入同时也被计入其品牌代理的Hoshino公司。在无法保证重复计算的情况下，我们只能计算总销售收入，大致估算，重复计算的金额，一般来说，会比公司正常营业收入多出35%。

为编制这样一份榜单，最后再解释下相关数据的获取方式。上榜的各大公司均为2015年度营业收入。统计数据源自多个渠道：榜单上有18家公司为上市公司，财务报表必须公开发布，例如法国、英国、德国、荷兰和意大利等欧洲国家的入围上市乐器公司，上市财报会精确显示这些公司的销售业绩。而由于施坦威乐器集团和日本罗兰公司等两家上市公司被私有化，这次在榜单上排名有所靠后。对于非上市乐器公司，统计采用了各家公司自报数据、世界贸易组织进出口统计及相关行业协会提供的数据，以各种方式来估算其营业收入。为便于比较，本文所涉销售金额均根据2015年12月31日的汇率换算为美元。

（编译自《音乐贸易》2016年第12期）

2015年全球乐器与音响制品225强榜单

1. 中国大陆乐器企业进入2015年全球乐器与音响制品225强基本情况

排名	公司名称	销售收入（美元）			员工数			负责人
		2015年	2014年	同比（%）	2015年	2014年	同比（%）	
17	广州珠江钢琴集团股份有限公司	233691000	233225032	0.20	1850	1818	1.76	李建宁
30	宁波音王集团有限公司	115000000	110000000	4.55	2400	2400	0.00	王祥贵
36	北京星海钢琴集团有限公司	97000000	107000000	-9.35	2800	2800	0.00	祝宁伟
57	宁波海伦乐器制品有限公司	57909620	55400000	4.53	1138	900	26.44	陈海伦
65	森鹤乐器股份有限公司	50400000	46000000	/	810	1000	/	罗森鹤
68	天津津宝乐器有限公司	47500000	44500000	6.74	2600	2500	4.00	刘运斌
72	吟飞电子（上海）有限公司	46000000	36000000	27.78	750	1000	-25.00	范廷国
75	河北金音乐器制造有限公司	44600000	42900000	3.96	2300	2300	0.00	陈学孔
101	广东四会华凯乐器(中国)有限公司	30000000	/	/	700	/	/	黄志康
108	广州红棉吉它有限公司	26500000	26000000	1.92	850	850	0.00	何志强
116	揭阳市长城乐器制造厂有限公司	25000000	/	/	35	/	/	Ye Jin Bin
120	深圳市帕思高电子有限公司	24000000	24300000	-1.23	150	150	0.00	林俊杰
121	深圳市蔚科电子科技开发有限公司	24000000	24000000	0.00	400	400	0.00	赵哲
145	泰兴凤灵乐器有限公司	19500000	19150000	1.83	1300	1300	0.00	李书
171	聊城山石麦尔乐器有限公司	15000000	14400000	4.17	250	250	0.00	刘树广
182	武汉艾立卡电子有限公司	12589305	13992720	-10.03	180	180	0.00	张琳
183	天津金雅佳乐器有限公司	12500000	34900000	-64.18	75	335	-77.61	侯新宇
185	广州保嘉乐器制造厂有限公司	12500000	16400000	-23.78	900	1050	-14.29	邢宝嘉
186	乐盟国际股份有限公司	12500000	11650000	7.30	35	34	2.94	蔡志强
191	秋长全丰音乐用品厂	12000000	15800000	-24.05	520	650	-20.00	蔡经纬
194	广州市大铃乐器制造有限公司	11900000	11900000	0.00	300	300	0.00	N/A

2. 中国台湾乐器企业进入2015年全球乐器与音响制品225强基本情况

排名	公司名称	销售收入（美元）			员工数			负责人
		2015年	2014年	同比（%）	2015年	2014年	同比（%）	
12	功学社乐器股份有限公司	375000000	305900000	22.59	3300	3300	0.00	梁钦贵
73	宏寰贸易股份有限公司	46000000	45000000	2.22	55	55	0.00	陈少宏
86	高琳乐器制造有限公司	39000000	37600000	3.72	75	75	0.00	吴懋仁
98	ELEDER AUDIO	33000000	34000000	-2.94	700	700	0.00	Yao Rui
134	GRAND GLOBE 鼓厂	21885888	21885888	0.00	350	350	0.00	Tony Huang
188	ANGEL 实业公司	12400000	12400000	0.00	125	125	0.00	Frank Yang
198	国巧乐器木器厂	11575000	11575000	0.00	300	300	0.00	蔡经茂
219	全域股份有限公司	9320000	10400000	-10.38	225	225	0.00	王敏烈

3．中国香港乐器企业进入2015年全球乐器与音响制品225强基本情况

排名	公司名称	销售收入（美元）			员工数			负责人
		2015年	2014年	同比（%）	2015年	2014年	同比（%）	
11	柏斯琴行有限公司	360000000	335000000	7.46	4500	4500	0.00	吴天延
15	金山工业公司	236070000	238696000	-1.10	1450	1450	0.00	罗仲荣
26	通利琴行有限公司	140000000	136000000	2.94	450	450	0.00	李敬章
42	得理电子有限公司	84000000	82500000	1.82	1200	1200	0.00	郑荃文

4．2015年全球乐器与音响制品225强各国概况

排名		国家和地区	公司数量		员工数			销售收入（美元）		
2015年	2014年		2015年	2014年	2015年	2014年	同比（%）	2015年	2014年	同比（%）
1	1	美国	82	81	26882	27687	-2.91	7513851281	7660769000	-1.92
2	2	日本	27	28	28000	27347	2.39	6823976119	5852972222	16.59
3	3	德国	19	18	9119	8828	3.30	1715592208	1703134000	0.73
4	4	中国	21	19	20343	20217	0.62	930089925	856107752	8.64
5	5	中国香港	4	4	7600	7600	0.00	820070000	792196000	3.52
6	6	加拿大	7	7	1672	1632	2.45	672304115	549072454	22.44
7	7	中国台湾	8	9	5130	5200	-1.35	548180888	486710888	12.63
8	8	韩国	6	6	8681	8681	0.00	454905000	425775000	6.84
9	9	法国	3	3	1520	1475	3.05	248590000	239000000	4.01
11	11	瑞典	3	3	511	510	0.20	202000000	197000000	2.54
10	10	英国	8	8	652	654	-0.31	188500725	217601000	-13.37
13	13	意大利	8	7	785	620	26.61	163799819	169799000	-3.53
12	12	巴西	4	4	776	776	0.00	146600000	188950000	-22.41
16	16	瑞士	1	2	288	137	110.22	77000000	76975000	0.03
25	25	阿根廷	2	1	130	580	-77.59	71500000	19250000	271.43
15	15	澳大利亚	3	3	131	132	-0.76	60700000	63279000	-4.08
19	19	西班牙	4	2	233	143	62.94	50050000	49448250	1.22
20	20	以色列	2	4	155	232	-33.19	42915000	47432656	-9.52
17	17	俄罗斯	3	1	405	288	40.63	42300000	75000000	-43.60
18	18	比利时	1	5	130	578	-77.51	35600000	70175000	-49.27
21	21	墨西哥	1	2	135	185	-27.03	35000000	40900000	-14.43
22	22	菲律宾	1	1	280	135	107.41	33200000	33700000	-1.48
23	23	智利	1	1	110	280	-60.71	30000000	33200000	-9.64
26	26	奥地利	1	1	200	200	0.00	16800000	17300000	-2.89
27	27	泰国	1	1	175	168	4.17	15300000	14900000	2.68
24	24	印度	1	1	145	100	45.00	12421000	30000000	-58.60
29	29	挪威	1	1	25	25	0.00	11400000	11400000	0.00
28	28	波兰	1	1	35	35	0.00	10500000	12300000	-14.63
14	14	荷兰	1	/	57	/	/	10000000	/	/
合计					114305	114445	–0.12	20983146080	19934347222	5.26

5.2015 年全球乐器与音响制品 225 强榜单

排名		公司名称	销售收入（美元）	员工数	负责人	国家和地区
2015 年	2014 年					
1	1	YAMAHA CORPORATION	4260000000	20348	Takuya Nakata	JAPAN
2	2	GIBSON BRANDS	1725000000	5200	Henry E. Juskiewicz	USA
3	3	HARMAN PROFESSIONAL(div. of Harman International)	1048964000	3700	Mohit Parasher	USA
4	4	SENNHEISER ELECTRONIC	742850000	2350	Jorg Sennheiser	GERMANY
5	6	KAWAI MUSICAL INSTRUMENTS MFG. Co.,LTD.	675000000	2995	Hirotaka Kawai	JAPAN
6	5	FENDER MUSICAL INSTRUMENTS	525000000	1756	Andy Mooney	USA
7	7	SHURE INC.	515000000	2390	Sandy LaMantia	USA
8	9	MUSIC GROUP	420000000	3900	Uli Behringer	GERMANY
9	12	JAM INDUSTRIES	405000000	685	Martin Szpiro	CANADA
10	8	STEINWAY MUSICAL INSTRUMENTS	390000000	1850	Ron Losby	USA
11	10	ROLAND CORPORATION	385000000	1200	Junichi Miki	JAPAN
12	14	功学社乐器股份有限公司	375000000	3300	梁钦贵	中国台湾
13	11	柏斯琴行有限公司	360000000	4500	吴天延	中国香港
14	13	INMUSIC BRANDS(Akai,Alesis,Numark,M-Audio)	320000000	390	Jack O'Donnell	USA
15	17	AUDIO-TECHNICA CORPORATION	308240000	640	Kazuo Matsushita	JAPAN
16	15	金山工业公司	236070000	1450	罗仲荣	中国香港
17	16	广州珠江钢琴集团股份有限公司	233691000	1850	李建宁	中国内地
18	18	CASIO COMPUTER CO.,LTD.	210000000	N/A	Kazuo Kashio	JAPAN
19	19	QSC AUDIO	210000000	438	Joe Pham	USA
20	21	HAL LEONARD CORPORATION	174352000	431	Keith Mardak	USA
21	20	D'ADDARIO & COMPANY	174000000	1158	James D'Addario	USA
22	28	SAMICK MUSICAL INSTRUMENTS CO., LTD.	160730000	2950	Jong Sup Kim	SOUTH KOREA
23	24	MRH/LUTHMAN/4SOUND	145000000	380	Henrik Olausson	SWEDEN
24	29	KORG, INC.	145000000	290	Seiki Kato	JAPAN
25	26	通利琴行有限公司	140000000	450	李敬章	中国香港
26	30	MARTIN GUITAR COMPANY	125250000	1100	Christian F.Martin IV	USA
27	25	LOUD TECHNOLOGIES	125000000	184	Mark Graham	USA
28	23	AVID AUDIO(division of Avid Technology)	123100000	430	Louis Hernandez Jr.	USA
29	27	PEAVEY ELECTRONICS CORP.	120000000	230	Hartley Peavey	USA
30	31	宁波音王集团有限公司	115000000	2400	王祥贵	中国内地
31	40	BUFFET GROUP	115000000	875	Jerome Perrod	FRANCE
32	32	TAYLOR GUITAR	109000000	976	Kurt Listug	USA
33	35	YOUNG CHANG AKKI LTD.	106000000	2500	Chang-Hwan,Suh	SOUTH KOREA
34	38	CORT MUSICAL INSTRUMENT CO., LTD.	100000000	3000	Young H. Park	SOUTH KOREA

排名		公司名称	销售收入（美元）	员工数	负责人	国家和地区
2015 年	2014 年					
35	36	ALGAM	98000000	220	Gerard Garneier	FRANCE
36	33	北京星海钢琴集团有限公司	97000000	2800	祝宁伟	中国内地
37	34	HOSHINO GAKKI CO., LTD.	95500000	134	Toshitsugu Tanaka	JAPAN
38	41	SAMSON TECHNOLOGIES CORP.	89000000	101	Jack Knight	USA
39	42	得理电子有限公司	84000000	1200	郑荃文	中国香港
40	112	DRUM WORKSHOP, INC.	80000000	220	Chris Lombardi	USA
41	43	YORKVILLE SOUND	78223115	255	Steve Long	CANADA
42	44	MUSIK HUG AG	77000000	288	Erica Hug	SWITZERLAND
43	37	NATIVE INSTRUMENTS GMBH	74277119	400	Daniel Haver	JAPAN
44	55	ADAM HALL GMBH	72800000	200	Alexander Pietschmann	GERMANY
45	46	PRO SHOWS BRASIL	71600000	71	H.Martellotta&V.de Souza	BRAZIL
46	47	ERNIE BALL / MUSIC MAN	70000000	397	Sterling Ball	USA
47	52	AMERICAN D.J.	68000000	85	Charles Davies	USA
48	50	MUSIK MEYER GROUP	68000000	189	Matthias Meyer	GERMANY
49	48	ALFRED MUSIC	67000000	194	Gear Fisher	USA
50	79	SFM	64000000	122	Randal Tucker	CANADA
51	49	HERMES	64000000	215	Alberto Kreimerman	USA
52	45	FOCUSRITE AUDIO ENGINEERING LTD.	63398000	175	Dave Froker	U.K.
53	53	GODIN GUITAR COMPANY	61000000	400	Robert Godin	CANADA
54	39	GEWA MUSIC GMBH	60826446	255	Hans Peter Messener	GERMANY
55	62	ZOOM CORPORATION	58500000	78	Masahiro Lijima	JAPAN
56	51	PEARL MUSICAL INSTRUMENTS CO., LTD.	58200000	144	M. Yanagisawa	JAPAN
57	56	宁波海伦乐器制品有限公司	57909620	1138	陈海伦	中国内地
58	65	KYORITSU CORP.	56260000	141	Shinichi Suzuki	JAPAN
59	84	ESP CO., LTD.	56260000	420	Hisatake Shibuva	JAPAN
60	54	THE RAPCO HORIZON COMPANY	55500000	550	Dale Williams	USA
61	57	COSMOS CORP.	55000000	86	Kwankil Min	SOUTH KOREA
62	59	ROLAND MEINL MUSIKINSTRUMENTE GMBH	55000000	190	Reinhold Meinl	GERMANY
63	61	SKB CORPORATION	53000000	260	Dave Sanderson	USA
64	70	NONAKA BOEKI CO., LTD.	52380000	58	John Nonaka	JAPAN
65	66	森鹤乐器股份有限公司	50400000	810	罗森鹤	中国内地
66	58	PRESONUS AUDIO ELECTRONICS	49000000	127	Sephen Fraser	USA
67	107	TAKEMOTO PIANO CO.,LTD.	48500000	98	Koichi Takemoto	JAPAN
68	69	天津津宝乐器有限公司	47500000	2600	刘运斌	中国内地
69	64	BEYERDYNAMIC	47119514	205	Fred R. Beyer	GERMANY

排名		公司名称	销售收入（美元）	员工数	负责人	国家和地区
2015年	2014年					
70	76	PRIMA GAKKI CO., LTD.	46560000	100	Hitoshi Ohashi	JAPAN
71	89	BLUE MICORPHONES	46000000	56	John Maier	USA
72	92	吟飞电子（上海）有限公司	46000000	750	范廷国	中国内地
73	68	宏寰贸易股份有限公司	46000000	55	陈少宏	中国台湾
74	67	AVEDIS ZILDJIAN COMPANY	45900000	106	Craigie Zildjian	USA
75	74	河北金音乐器制造有限公司	44600000	2300	陈学孔	中国内地
76	86	ZEN-ON MUSIC CO., LTD.	43650000	120	Noriyuki Honma	JAPAN
77	77	THE MUSIC PEOPLE	43600000	57	Sharon&John Hennessey	USA
78	75	TEVELAM S.R.L,	43000000	62	Hugo Martellotta	ARGENTINA
79	73	SUZUKI MUSICAL INSTRUMENT MFG. CO.,LTD.	43000000	180	Manji Suzuki	JAPAN
80	78	DUNLOP MFG.	43000000	237	James Dunlop	USA
81	82	EASTMAN MUSIC COMPANY	42500000	120	Qian Ni	USA
82	91	FUJIGEN INC.	41661000	239	Yuichiro Yokouchi	JAPAN
83	N	SINGING MACHINE COMPANY	39308281	26	Yi Ping Chang	USA
84	100	PAUL REED SMITH GUITARS	39200000	230	Paul Reed Smith	USA
85	60	STAMER GROUP	39145554	170	Hans & Lothar Stamer	GERMANY
86	87	高琳乐器制造有限公司	39000000	75	吴懋仁	中国台湾
87	81	REM0, INC.	38500000	153	Brock Kaericher	USA
88	72	TROPICAL MUSIC GROUP	37000000	19	Oscar Mederos	USA
89	63	GIANNINI S/A	36000000	500	Roberto Giannini	BRAZIL
90	83	EMD MUSIC GROUP	35600000	130	Leonardo Baldocci	BELGIUM
91	85	HENRI SELMER, ET CIE	35590000	425	Brigitte Selmer	FRANCE
92	99	CASA VEERKAMP S.A. DE C.V.	35000000	135	Thomas Veerkamp	MEXICO
93	120	EKO MUSIC GROUP SPA	34904013	77	Stelvio Lorenzetti	ITALY
94	105	EM NORDIC AB	34000000	100	Benny Englund	SWEDEN
95	102	VIC FIRTH, INC.	33960000	150	Craigie Zildjian	USA
96	101	MARSHALL AMPLIFICATION PLC	33390098	168	Jonathan Ellery	U.K
97	103	G.A. YUPANGCO & CO.	33200000	280	Philip Yupangco	PHILIPPINES
98	98	ELEDER AUDIO	33000000	700	Yao Rui	中国台湾
99	104	WARWICK GMBH & CO.-MUSIC EQUIPMENT	31350000	65	Hans-Peter Wilfer	GERMANY
100	106	ELECTRO-HARMONIX	31200000	125	Mike Matthews	USA
101	N	HUAKAI MUSICAL INSTRUMENT	30000000	700	Hus Sheng	中国内地
102	110	AUDIOMUSICA S.A.	30000000	110	Armando Gotelli	CHILE
103	121	ARAI & CO., INC.	29100000	50	Kazuyuki Matsuda	JAPAN
104	114	ST.LOUIS MUSIC	29000000	55	Mark Ragin	USA

排名		公司名称	销售收入（美元）	员工数	负责人	国家和地区
2015 年	2014 年					
105	123	HARRIS TELLER INC.	28950000	54	Mike Harris	USA
106	97	TODOMUSICA S.A.	28500000	68	Rafael Pedace	ARGENTINA
107	96	PROEL SPA	26721738	120	Fabrizio Sorbi	ITALY
108	117	广州红棉吉它有限公司	26500000	850	何志强	中国内地
109	116	FISHMAN TRANDUCERS	25859000	66	Larry Fishman	USA
110	128	SABIAN LTD.	25641000	98	Andy Zildjian	CANADA
111	93	C.BECHSTEIN PIANO FOR TEFABRIK AG	25640237	300	Karl Schulze	GERMANY
112	118	TKL PRODUCTS CORPORATION	25500000	80	Thomas Dougherty	USA
113	119	RBX INTERNATIONAL CO.LTD.	25400000	120	Yoel Brand	ISRAEL
114	94	ABLETON	25400000	160	Gerhard Behles	GERMANY
115	N	ELIXIR STRINGS(W.L. Gore and Associates)	25000000	N/A	Terri L.Kelly	USA
116	N	GREAT WALL MUSICAL INSTRUMENTS	25000000	35	Ye Jin Bin	中国内地
117	113	HHB COMMUNICATIONS LTD.	25000000	55	lan Jones	U.K.
118	71	KANDA SHOKAI CORPORATION	25000000	70	Tsutomu Yokoyama	JAPAN
119	147	CORDOBA MUSIC GROUP	24175000	64	Tim Miklaucic	USA
120	125	深圳市帕思高电子有限公司	24000000	150	林俊杰	中国内地
121	126	深圳市蔚科电子科技开发有限公司	24000000	400	赵哲	中国内地
122	88	ROYAL INSTRUMENTS	24000000	135	Rene Moura	BRAZIL
123	140	SCHIMMEL PIANOFORTEFABRIK	24000000	150	H. Schimmel Vogel	GERMANY
124	90	KONIG & MEYER	23796539	250	Gabriela Konig	GERMANY
125	133	GLOBAL & CO.,INC.	23280000	42	Kazu Matsuda	JAPAN
126	127	M AND M MERCHANDISERS, INC.	23250000	58	Marty Stenzler	USA
127	131	UNIVERSAL AUDIO	23100000	108	Bill Putnam Jr.	USA
128	124	CLAVIA DIGITAL MUSIC INSTRUMENTS	23000000	31	Hans Nordelius	SWEDEN
129	129	SHIMRO	23000000	45	Won Jung Kim	SOUTH KOREA
130	132	AUSTRALIS MUSIC GROUP PTY. LTD.	22900000	38	Trevor Morrow	AUSTRALIA
131	80	MOGAR MUSIC S.P.A.	22773242	100	Antonio Monzino	ITALY
132	149	LOUIS RENNER GMBH	22000000	255	Clemens von Arnim	GERMANY
133	122	GHS / R0CKTRON	22000000	76	Russell S. McFee	USA
134	135	GRAND GLOBE 鼓厂	21885888	350	Tony Huang	中国台湾
135	130	ARMADILLO ENTERPRISES	21697000	48	Elliott Rubinson	USA
136	141	MORIDAIRA MUSICAL INSTRUMENTS CO., LTD.	21468000	48	Tamio Minagawa	JAPAN
137	136	THE MUSIC LINK	21315000	55	Steve Patrino	USA
138	142	WHIRLWIND	21200000	130	Michael Laiacona	USA
139	134	EMINENCE SPEAKER LLC.	21000000	101	Chris Rose	USA

排名		公司名称	销售收入（美元）	员工数	负责人	国家和地区
2015 年	2014 年					
140	N	INTELLIMIX CORP.	20500000	26	Stephen Kosters	CANADA
141	152	KALA BRAND MUSIC CO.	20200000	55	Mike Upton	USA
142	109	A&T TRADE	20000000	325	Aleksey Kurochkin	RUSSIA
143	148	DANSR INC.(U.S. Vandoren distributor)	20000000	27	Michael Skinner	USA
144	143	MAPES PLANO STRING COMPANY	19996000	128	William L. Schaff	USA
145	146	泰兴凤灵乐器有限公司	19500000	1300	李书	中国内地
146	137	CMI MUSIC&AUDIO	19000000	38	Peter Trojkovic	AUSTRALIA
147	144	AUSTRALASIAN MUSIC SUPPLIES PTY, LTD	18800000	55	Kevin Hague	AUSTRALIA
148	138	SOUND TECHNOLOGY PLC	18642888	44	David Marshall	U.K.
149	151	DAS AUDIO S.A.	18550000	52	Jose Vila Ortiz	SPAIN
150	N	F.B.T. ELECTRONICA SPA	18535558	150	Bruno Tanoni	ITALY
151	N	BREEDLOVE GUITARS	18500000	125	Tom Bedell	USA
152	154	CONNOLLY MUSIC COMPANY	18000000	26	John M. Connolly III	USA
153	187	VISCOUNT INTERNATIONAL	18000000	120	Loriana Galanti	ITALY
154	167	RADIAL ENFINEERING	17940000	86	Peter Janis	CANADA
155	164	HALILIT	17515000	35	Hagai Greenspoon	Israel
156	160	ALLEN ORGAN COMPANY,LLC	17000000	141	Steve Markowitz	USA
157	153	THOMASTIK-INFELD GMBH	16800000	200	Peter Infeld	AUSTRIA
158	175	UNIVERSAL PERCUSSION,INC.	16780000	56	Thomas W. Shelley	USA
159	155	RANE CORPORATION	16500000	70	George Sheppard	USA
160	176	TAKAMINE GUITARS, LTD.	16490000	71	Hayami Tate	JAPAN
161	159	PIANODISC	16480000	136	Kirk Burgett	USA
162	150	ORANCE MUSIC ELECTRONIC COMPANY	16122835	70	Clifford Cooper	U.K.
163	158	SCHECTER GUITAR RESEARCH	16100000	35	Michael Ciravolo	USA
164	173	IK MULTIMEDIA PRODUCTION	16000000	19	Enrico Iori	USA
165	180	MOOG MUSIC	15875000	85	Mike Adams	USA
166	N	PRASE ENGINEERING	15765615	160	Ennio Prase	ITALY
167	165	CARVIN CORP.	15500000	99	Carson Kieset	USA
168	178	MURAMATSU INC.	15420000	46	Osamu Muramatsu	JAPAN
169	168	TYCOON MUSIC CO.,LTD.	15300000	175	Stephen Yu	THAILAND
170	166	COMMUNITY PROFESSIONAL	15150000	80	Bruce Howze	USA
171	170	聊城山石麦尔乐器有限公司	15000000	250	刘树广	中国内地
172	108	PRIDE MUSIC	15000000	70	Lucio Grossman	BRAZIL
173	202	LYON & HEALY HARPS	15000000	130	Janet Harrell	USA
174	N	DAVE SMITH INSTRUMENTS LLC	14500000	12	Dave Smith	USA

排名		公司名称	销售收入（美元）	员工数	负责人	国家和地区
2015 年	2014 年					
175	182	TATSUNOYA CO.,LTD.	14500000	23	Munehiro Okada	JAPAN
176	174	SEYMOUR DUNCAN	14204000	110	Cathy Carter Duncan	USA
177	139	PIRASTRO GMBH	13813918	155	Annette Muller-Zierach	GERMANY
178	171	FATAR S.R.L.	13626867	33	L.Ragoni	ITALY
179	156	APOGEE ELECTRONICS CORPORATION	13500000	42	Betty Bennett	USA
180	163	M. CASALE BAUER SPA	13472786	25	Patrizia Bauer	ITALY
181	179	NEIL A. KJOS MUSIC COMPANY	12750000	75	Neil A. Kjos. Jr.	USA
182	172	武汉艾立卡电子有限公司	12589305	180	张琳	中国内地
183	95	天津金雅佳乐器有限公司	12500000	75	侯新宇	中国内地
184	183	SHADOW ELEKTROAKUSTIK	12500000	125	Joe Marinic	GERMANY
185	157	广州保嘉乐器制造厂有限公司	12500000	900	邢宝嘉	中国内地
186	190	乐盟国际股份有限公司	12500000	35	蔡志强	中国内地
187	145	SARA-TRANS GROUP	12421000	145	Jasbeer Singh	INDIA
188	184	ANGEL 实业公司	12400000	125	Frank Yang	中国台湾
189	N	NADY SYSTEMS	12400000	75	John Nady	USA
190	186	WAVES, INC.	12200000	20	Gilad Keren	USA
191	162	秋长全丰音乐用品厂	12000000	520	蔡经纬	中国内地
192	N	JULIUS BLUTHNER PIANO GMBH	12000000	75	C.Bluther-Hasessler	GERMANY
193	216	KIKUTANI MUSIC CO., LTD.	12000000	25	Toshi Kikutani	JAPAN
194	189	广州市大铃乐器制造有限公司	11900000	300	N/A	中国内地
195	177	MESA BOOGIE	11900000	97	Randall Smith	USA
196	210	LUTNER SPB LTD.	11800000	25	Sergey Antonov	RUSSIA
197	161	JOHN HORNBY SKEWES & COMPANY LTD.	11637609	60	Dennis Drumm	U.K.
198	191	国巧乐器木器厂	11575000	300	蔡经茂	中国台湾
199	188	RENKUS-HEINZ,INC.	11500000	77	Roscoe Anthony	USA
200	208	MANUFACTURAS ALHAMBRA, S.L.	11500000	115	Jose Jorge Botella Trelis	SPAIN
201	197	COLLINGS GUITARS	11400000	105	Bill Collings	USA
202	193	LYDROMMET AS	11400000	25	Christian Wille	NORWAY
203	169	BLACKSTAR AMPLIFICATION LTD.	11275000	50	Ian Robinson	U.K.
204	195	EMG	11200000	62	Robert A. Turner	USA
205	198	LARRIVEE GUITARS	11200000	77	Jean Larrivee	USA
206	111	HANSER MUSIC GROUP	11100000	19	Gary Hanser	USA
207	192	CHARLES DUMONT & SON	10986000	33	Charles J. Dumont	USA
208	181	LTM	10500000	55	Victor Yakubovskiy	RUSSIA
209	185	MEGA MUSIC SP. Z.O.O.	10500000	35	Dariusz Adamowicz	POLAND

排名		公司名称	销售收入（美元）	员工数	负责人	国家和地区
2015 年	2014 年					
210	204	LEEM PRODUCTS CO.,LTD.	10175000	100	Ick Chan Leem	SOUTH KOREA
211	205	AMI MUSICAL INSTRUMENTS GMBH	10150000	25	Gunther Lutz	GERMANY
212	209	ENRIQUE KELLER S.A	10100000	50	Cristina Keller	SPAIN
213	N	JOHANNUS ORGELBOUW BV	10000000	57	Marco VaNDEWEERD	NETHERLANDS
214	212	TICO MUSIC S.A.	9900000	16	Albert Tico Lopez	SPAIN
215	211	CAE,INC.	9750000	41	Jim Fackert	USA
216	196	CHESBRO MUSIC	9700000	48	Tana Jane Stahn	USA
217	199	PETERSON ELECTRO-MUSICAL PRODUCTS	9500000	34	Scott Peterson	USA
218	213	EVENTIDE INC.	9350000	54	C.J.Scioscia	USA
219	201	全域股份有限公司	9320000	225	王敏烈	中国台湾
220	214	CARL FISCHER	9250000	26	Sonya Kim	USA
221	215	MIRAPHONE	9200000	100	Josef Lindlmair	GERMANY
222	194	STENTOR MUSIC CO., LTD.	9034295	30	Michael C. Doughty	U.K.
223	206	MARK OF THE UNICORN	9000000	32	Robert Nathaniel	USA
224	218	GETZEN COMPANY	9000000	75	Brett Getzen	USA
225	221	GOTOH GUT CO.,LTD.	8730000	40	Masaki Gotoh	JAPAN
总计			20983146080	114305		

海外资讯篇之二：美国乐器市场

2016美国乐器市场调查报告

【编者按：2016年，美国总统大选扑朔迷离，有人推测这对音乐制品市场销售会造成不利影响，也有人认为受2008年金融危机影响，全美经济增速放缓，客户购买力缩紧，这些因素可能使市场销售降低几个百分点。销售金额是衡量音乐制品市场的通用指标。2016年，本报告搜集整理的各类音乐制品零售额为71亿美元，较2015年略有增长。简单账面数字的背后，实际体现出各类音乐制品推陈出新，不断创新。如果进一步细化分析产品门类、金额及客户满意度，2016年是具有标杆意义的一年。正如一位观察人士所言，要买乐器或音响，最好的产品就是现在，眼下永远是最好的时机。】

从历史进程来看，新技术一直是行业发展最大的推动因素。20世纪50年代出现的电吉他，60年代出现的合成器，80年代渐成气候的数码音乐制品以及近年来突飞猛进的软件技术，都以其创新的方式为专业音乐人士提供了有效演奏工具，也进一步增强了乐器市场销售。音乐制品行业技术不断进步让产品价格降低的现象并不鲜见，在消费电子行业以及电脑等领域均有体现。价位适中的3D打印系统压缩了高价机械设备的市场空间。技术革新带来颠覆式市场创新，已将1970年代的笨重计算机变为现今小巧的口袋手机，各类音乐制品也受到类似影响。1982年多轨数码合成器价格为3000美元，而时至今日变为仅售29美元的软件。便携式音响系统包括功放、合成器、信号处理器等，目前售价已降低一半。

技术变革、进步不断提升乐器的内在价值和外在表现。电子商务极大丰富了二手乐器的网上展示空间，电商平台的普及推广拓展了二手市场的数码交易空间。买家对于价格的变动明细和历史交易一目了然，也较大提升了客户信任度。以下来分析2016年主要音乐制品市场表现：

键盘乐器（立式钢琴、三角钢琴、数码电子演奏钢琴）

50年前，一家美国钢琴制造商就曾表示，钢琴产品存续时间很长。第二次世界大战后出现的婴儿潮群体已步入老年，经历多次搬迁，他们正出手处理在20世纪70、80、90年代购买的钢琴，这一现象在电商平台网站有明确反映：部分乐器门类中，二手乐器挂牌数量已超过新品。其品牌、型号及价位信息齐全，为消费者提供了广泛选择空间。2016年，三角钢琴和立式钢琴销售继续下降，很大程度是由市场二手乐器库存增加带来的影响。

2016年，美国三角钢琴销量为8630架，同比降低15.8%，立式钢琴18665架，同比减少5.7%。带自动演奏系统的声学钢琴销量3501台，下滑7.1%。由于技术持续进步，平均销售价格下降，2016年数码钢琴销量15万台，同比增长6.1%，钢琴销售金额整体略有上升。钢琴销售产品结构的变化，也对零售造成不同程度影响。善于调整策略的二手钢琴琴行总体生意不错，而主营新钢琴的经销商要根据销量降低的实际情况，仍需考虑控制商铺租金，压缩固定成本。

弦乐器（声学吉他、电吉他、贝斯、尤克里里、琴弦、吉他效果器等）

2016年，吉他平均售价增长，尤克里里需求增加，效果器销售也在增加，弦乐器零售总额达18亿美元，同比增长2.2%。近些年，不少人预测吉他和摇滚乐势将“衰落”，但从实际情况来看，无论弦类乐器销量还是销售额，在音乐制品门类所占份额仍为最大。

2016年吉他销量240万把，虽较10年前降低

14%，但没有任何一种其他乐器的销量能如此接近吉他。电吉他销量增长，声学吉他有所减少。2016年电吉他销量110万把，同比增长6.5%，销售额5.4亿美元，同比增长8.6%；声学吉他销量139万把，下降4.1%，销售额6.81亿美元，下降2.1%。

二手吉他已成为吉他市场的一大主要门类。从金额来看，二手吉他销售额已超过新吉他。亚马逊、亿贝等电子商务网站所售二手乐器包罗万象，五花八门，使市场上新吉他销售受到很大影响。

历史上，尤克里里有三次销售风潮。1915年世界博览会在夏威夷召开，云集各类商品，开始崭露头角；20世纪50年代，电视节目的明星效应带动了销售热潮；第三次是2005年，这种四弦乐器突然在世界范围刮起了一阵追捧风。目前尤克里里的热度依然不减，毫无“退热”迹象。2016年，尤克里里销量140万把，同比增长17%。

校园乐器（铜管乐器、木管乐器等）

2016年，铜管乐器、木管乐器销量增长，价格提升，销售总额7.02亿美元，同比增长1.6%。几十年来，业内专家一直在试图寻找失业率、GDP、房地产以及信心指数之间的关联度，虽苦苦寻觅，效果并不理想，只发现一个明显规律：即过去50年来，管乐器销售和入学水平密切相关。2016年也不例外，管乐器销量略增0.09%，这与入学率相吻合。校园乐器项目的持久性，体现出其固有的内在价值，受到家长强烈支持。

电声乐器（键盘合成器、电子打击乐器）

在电声乐器领域，尖端技术一直是驱动行业发展的主要因素。“更高、更快、更新”成为电声乐器技术创新的主题词。2016年，电声乐器销售总额2.5亿美元，同比增长4.9%。其中高价合成器、键盘合成器销售额1.25亿美元，增速达9%。

打击乐器（套鼓、单鼓、鼓锤、镲片、鼓皮、手鼓和教育用鼓）

技术不断进步，二手乐器持续涌入，使传统打击乐器制品市场空间受到压缩。由于易于录制、安装和音控，从初学者到专业演奏者，用户越来越青睐电子套鼓。电子套鼓已影响到传统鼓皮、鼓锤及镲片销售。电子鼓的鼓锤不易折断、不需蒙皮，无须使用镲片，因此，传统打击乐器产品销售额有所下降。经过近十年电子乐器影响，传统打击乐器市场似已稳定。2016年，打击乐器领域（含套鼓、单鼓、手鼓、鼓槌、镲片等）销售额3.75亿美元，同比略减1.5%。

乐器配件（含箱包、支架、节拍器、背带、簧片、口琴等）

配件包括箱包、支架、背带及柜台出售的小部件。因其售价偏低，配件一般对市场波动不太敏感。一直以来，配件都是市场领导者，其利润空间不亚于任何一种乐器。市场对乐器配件有一种共识：消费者往往偏爱配件。

（编译自美国《音乐贸易》2017年第4期）

2016年美国乐器市场零售概览

单位：美元

年份	销量	同比（%）	批发额	零售额	同比（%）	平均单价
吉　他						
声学吉他						
2016 年	1390000	-4.10	456337000	681100000	-2.10	490
2015 年	1450000	-2.20	466320000	696000000	2.60	480
2014 年	1498700	10.00	454506000	678368000	12.40	453
2013 年	1362900	2.70	404141000	603195000	13.30	443
2012 年	1326500	1.10	356606194	532248050	10.10	401
2011 年	1311585	9.20	323856694	483368200	15.50	369

年份	销量	同比（%）	批发额	零售额	同比（%）	平均单价
2010 年	1200831	8.20	280455000	418589000	6.90	349
2009 年	1109000	-15.77	262253000	391423000	-17.21	353
2008 年	1317550	-2.30	312042390	472791500	-8.20	359
2007 年	1348000	-9.50	345007000	514936000	-6.10	382
电吉他						
2016 年	1070000	6.50	362035000	540350000	8.60	505
2015 年	1005000	-11.20	333308000	497475000	-1.70	495
2014 年	1132250	2.00	338972000	505929000	8.30	447
2013 年	1109800	-4.60	312930000	467059000	-0.30	421
2012 年	1162890	-3.20	313846814	468428080	3.70	403
2011 年	1200831	2.10	302574178	451603250	7.40	381
2010 年	1176479	1.10	281675000	420411000	-2.10	357
2009 年	1163000	-19.85	287646000	429323000	-24.20	369
2008 年	1452100	-4.50	376630464	566361600	-5.90	390
2007 年	1520000	1.30	403286000	601920000	6.90	396
吉他总计						
2016 年	2460000	0.20	818372000	1221450000	2.30	497
2015 年	2455000	-6.70	799628000	1193475000	0.80	486
2014 年	2630950	6.40	793479000	1184298000	10.60	450
2013 年	2472000	-0.70	717071000	1070254000	7.00	433
2012 年	2489390	-0.90	670453007	1000676130	7.00	402
2011 年	2512416	5.70	626430872	934971450	11.40	372
2010 年	2377310	4.60	562130000	839000000	0.022	353
2009 年	2273000	-17.91	549900000	820746000	-0.210	361
2008 年	2769650	-3.40	691036812	1039153100	-7.00	375
2007 年	2868000	-4.10	748293000	1116856000	0.50	389
注 1：声学吉他类含班卓琴、曼陀林、冬不拉及其他声学弦乐器，不含夏威夷四弦琴						
注 2：电吉他类含电贝斯						
功放						
2016 年	680000	-5.60	99450000	153000000	-5.60	225
2015 年	720000	-7.10	105300000	162000000	-12.90	225
2014 年	775000	-1.60	120900000	186000000	-1.60	240
2013 年	788000	-6.60	122920000	189120000	-1.70	240
2012 年	8444000	-5.20	125080800	192432000	-11.70	228
2011 年	890000	-1.30	141732500	218050000	-5.10	245
2010 年	901400	3.20	149407000	229857000	-9.20	255
2009 年	873200	-20.33	164598200	253228000	-25.47	290
2008 年	1096000	-1.40	220844000	339760000	-9.90	310
2007 年	1112000	1.80	245029000	376968000	4.60	339
钢　琴						
三角钢琴						
2016 年	8630	-15.80	92790000	165696000	-10.30	19,200

年份	销量	同比（%）	批发额	零售额	同比（%）	平均单价
2015 年	10253	-9.00	103407000	184656000	-5.00	18010
2014 年	11268	-5.10	108817000	194316000	-0.30	17245
2013 年	11870	4.60	109180000	194964000	8.90	16425
2012 年	11350	-1.80	100297680	179103000	2.10	15780
2011 年	11554	-8.20	98035000	175375000	0.20	15179
2010 年	12587	25.50	97977000	174959000	36.20	13900
2009 年	10033	-45.17	71916000	128422000	-48.18	12800
2008 年	18299	-17.50	138789924	247839150	18.50	13544
2007 年	22189	-17.60	170234000	303989000	-5.10	13700
立式钢琴						
2016 年	18655	-5.70	54166000	96726000	-2.50	5,185
2015 年	19780	-10.40	55550000	99196000	-9.90	5015
2014 年	22083	9.10	61646000	110083000	12.50	4985
2013 年	20242	-8.30	54796000	97849000	-4.70	4834
2012 年	22070	-13.30	57470280	102625500	-11.00	4650
2011 年	25450	-7.00	65408000	115358000	2.80	4533
2010 年	27379	37.40	63984000	112253000	54.80	4100
2009 年	19927	-33.63	41344000	72534000	-37.49	3640
2008 年	30022	-5.20	66140121	116035300	-3.10	3865
2007 年	31681	-20.50	68259000	119754000	-7.20	3780
自动演奏钢琴						
2016 年	3,510	-7.10	41277000	73710000	2.40	21,000
2015 年	3780	-3.10	40325000	72009000	7.60	19050
2014 年	3902	-3.20	37461000	66895000	-0.90	17144
2013 年	4032	6.70	37820000	67536000	12.40	16750
2012 年	3780	-6.70	33657120	60102000	-6.90	15900
2011 年	4050	6.20	36089000	64559000	16.00	15940
2010 年	3812	23.00	31166000	55655000	32.90	14600
2009 年	3100	-47.11	23436000	41850000	-48.26	13500
2008 年	5861	-32.40	45293808	80881800	-33.20	13800
2007 年	8666	-14.30	67844000	121150000	-8.70	13980
钢琴销售总计						
2016 年	30,795	-8.90	188234000	336132000	-5.50	10,915
2015 年	33813	-9.20	199282000	355861000	-4.20	10524
2014 年	37253	3.10	207924000	371294000	3.00	9967
2013 年	36144	-2.80	201796000	360350578	5.40	9970
2012 年	37200	-9.40	191425080	341830500	-3.80	9189
2011 年	41054	-6.20	199532000	355292000	3.60	8654
2010 年	43778	32.40	193128000	342868000	41	7832
2009 年	33060	-38.98	136697000	242806680	-45.41	7344
2008 年	54182	-13.40	250223853	444756250	18.40	8209
2007 年	62536	-18.80	306338000	544894000	-64	8713

年份	销量	同比（%）	批发额	零售额	同比（%）	平均单价
数码钢琴						
2016 年	150,000	6.10	100380000	179250000	0.30	1,195
2015 年	141343	4.50	100127000	178798000	8.40	1265
2014 年	135257	3.70	99008000	165013000	1.20	1220
2013 年	130432	1.90	97824000	163040000	2.70	1250
2012 年	128000	6.50	95232000	158720000	6.20	1240
2011 年	120200	1.90	87986400	146644000	13.00	1220
2010 年	118000	15.70	77880000	129800000	29.90	1100
2009 年	102000	-16.97	59976000	99960000	-17.64	980
2008 年	122850	1.80	728254800	121375800	-1.30	988
2007 年	120620	-3.50	73819000	123032000	14.40	1020
校园乐器						
铜管乐器						
2016 年	272,200	3.50	153450000	279000000	4.60	1,025
2015 年	263000	9.10	146712000	266750000	10.50	1014
2014 年	241000	2.80	132815000	241482000	3.20	1002
2013 年	234000	-5.70	128645000	233900000	3.50	1000
2012 年	248055	9.90	124294500	225990000	15.10	911
2011 年	225741	4.40	108027000	196394000	5.10	870
2010 年	216315	3.30	102787000	186886000	-1.10	864
2009 年	209500	-11.90	103957000	189012000	-15.89	902
2008 年	237800	-0.40	123596550	224721000	-4.00	945
2007 年	238800	8.10	128713000	234024000	11.50	980
木管乐器						
2016 年	339,000	-0.60	163900000	298000000	-0.80	879
2015 年	341066	-0.90	165263000	300479000	-0.20	881
2014 年	344000	3.00	165550000	301000000	4.60	875
2013 年	334000	-2.50	158345000	287900000	2.40	862
2012 年	342500	-2.80	154695750	281265000	5.00	821
2011 年	352462	1.30	147343000	267871000	2.80	760
2010 年	348022	-3.10	143312000	260567000	-1.90	749
2009 年	359300	-8.19	146162000	265749000	-7.61	740
2008 年	391347	4.70	158202025	287640045	1.90	735
2007 年	373800	1.70	155220000	282219000	2.40	755
弦乐器						
2016 年	380,000	0.50	68750000	125000000	0.80	329
2015 年	378000	13.90	68191000	123985000	14.90	328
2014 年	332000	-3.20	59345000	107900000	-1.00	325
2013 年	343000	-9.20	59950000	109000000	-3.50	318
2012 年	377960	2.10	62120300	112946000	5.20	299
2011 年	370200	24.80	59046000	107358000	27.40	290
2010 年	296610	1.90	46330000	84237000	3.60	284

年份	销量	同比（%）	批发额	零售额	同比（%）	平均单价
2009 年	290845	-16.70	44714000	81299000	-16.70	280
2008 年	350850	-16.70	36277890	65959800	-19.70	188
2007 年	421074	2.90	45160000	82109000	5.60	195
校园乐器总计						
2016 年	991,200	0.90	386100000	702000000	1.60	708
2015 年	982066	7.10	380166000	691214000	6.30	704
2014 年	917000	0.60	357710000	650382000	3.10	709
2013 年	911400	-5.90	346940000	630800000	1.70	692
2012 年	968515	2.10	341110550	620201000	8.50	640
2011 年	948403	10.20	314416000	571623000	7.50	603
2010 年	860947	0.20	292430000	531691000	-0.80	618
2009 年	859645	-12.28	294833625	536061137	-12.12	624
2008 年	979997	-5.20	318076465	578320845	-3.30	590
2007 年	1033674	3.60	329093000	598352000	6.20	579
电声乐器						
键盘合成器						
2016 年	96,750	2.90	92267000	135290000	9.00	1,398
2015 年	94000	15.80	84622000	124080000	18.90	1320
2014 年	81200	-6.10	71161000	104342000	-7.60	1285
2013 年	86500	6.10	76986000	112882500	13.50	1305
2012 年	81500	-3.60	67811260	99430000	-3.90	1220
2011 年	84500	-4.20	70595525	103512500	-2.20	1225
2010 年	88200	19.50	72182000	105840000	8.70	1200
2009 年	73779	-7.27	66418807	97388280	-17.29	1320
2008 年	79560	4.00	80304682	117748800	-3.20	1480
2007 年	76523	-3.80	82980000	121671000	5.50	1590
电钢琴、专业管风琴						
2016 年	9100	-5.20	13033000	19110000	3.40	2100
2015 年	9600	-1.00	12603000	18480000	0.30	1925
2014 年	9700	-15.70	12569000	18430000	-12.20	1900
2013 年	11500	-5.70	14313000	20987000	-4.40	1825
2012 年	12200	-23.30	14976720	21960000	-22.80	1800
2011 年	15900	3.20	19410402	28461000	7.10	1790
2010 年	15400	-4.90	18117000	26565000	-7.90	1725
2009 年	16200	-18.18	19666152	28836000	-19.09	1780
2008 年	19800	-8.40	24306480	35640000	-12.80	1800
2007 年	21620	-18.40	27867000	40861000	-8.20	1890
电子鼓						
2016 年	n/a	n/a	38192000	56000000	0.50	n/a
2015 年	n/a	n/a	37987000	55700000	6.1	n/a
2014 年	n/a	n/a	35805000	52500000	2.50	n/a
2013 年	n/a	n/a	34918000	51200000	5.60	n/a

年份	销量	同比（%）	批发额	零售额	同比（%）	平均单价
2012 年	n/a	n/a	33077000	48500000	4.10	n/a
2011 年	n/a	n/a	31781200	46600000	-3.90	n/a
2010 年	n/a	n/a	33077000	48500000	3.60	n/a
2009 年	n/a	n/a	31938060	46830000	-16.00	n/a
2008 年	n/a	n/a	38022741	55751819	2.10	n/a
2007 年	n/a	n/a	37240000	54605000	5.20	n/a
电声乐器销售总计						
2016 年	n/a	n/a	170444000	250035000	4.90	n/a
2015 年	n/a	n/a	163437000	238290000	9.90	n/a
2014 年	n/a	n/a	147819000	216771000	-1.00	n/a
2013 年	n/a	n/a	155249484	227806000	5.60	n/a
2012 年	n/a	n/a	147112740	215730000	-2.70	n/a
2011 年	n/a	n/a	151244763	221791500	-1.90	n/a
2010 年	n/a	n/a	154177000	226070000	14.10	n/a
2009 年	n/a	n/a	135073292	198054680	-16.82	n/a
2008 年	n/a	n/a	162385066	238101269	-3.10	n/a
2007 年	n/a	n/a	167632000	245794000	4.00	n/a
打击乐器						
套鼓						
2016 年	135,000	-1.50	62370000	94500000	0.00	700
2015 年	137000	-1.40	62389000	94530000	5.40	690
2014 年	139000	-1.10	59172000	89655000	0.40	645
2013 年	140600	-11.20	58925000	89281000	-6.00	635
2012 年	158300	-9.00	62686800	94980000	-7.50	600
2011 年	174000	-3.20	67755600	102660000	-2.40	590
2010 年	179800	7.00	69420000	105183000	6.10	585
2009 年	168000	-15.80	65419200	99120000	-19.74	590
2008 年	199520	-10.20	81511901	123502880	18.30	619
2007 年	222300	-18.00	99768000	151164000	-9.80	680
鼓（含支架、踏板、相关零件等）						
2016 年	n/a	n/a	35640000	54000000	-3.30	n/a
2015 年	n/a	n/a	36828000	55800000	2.00	n/a
2014 年	n/a	n/a	36089000	54680000	-1.10	n/a
2013 年	n/a	n/a	36490500	55288000	-5.50	n/a
2012 年	n/a	n/a	38614286	58506494	-7.80	n/a
2011 年	n/a	n/a	41881004	63456067	2.50	n/a
2010 年	n/a	n/a	40859000	61908000	6.00	n/a
2009 年	n/a	n/a	38546713	58404111	-12.70	n/a
2008 年	n/a	n/a	44154311	66900471	-6.00	n/a
2007 年	n/a	n/a	46972000	71170000	-7.00	n/a
教学用打击乐器（含行进打击乐器、槌棒、工具等）						
2016 年	n/a	n/a	38808000	58800000	3.30	n/a

年份	销量	同比（%）	批发额	零售额	同比（%）	平均单价
2015 年	n/a	n/a	37554000	56900000	5.50	n/a
2014 年	n/a	n/a	35581000	53911000	3.50	n/a
2013 年	n/a	n/a	36141000	54759000	2.50	n/a
2012 年	n/a	n/a	35260013	53424262	1.50	n/a
2011 年	n/a	n/a	35796968	54237830	1.50	n/a
2010 年	n/a	n/a	36342000	55063000	-1.00	n/a
2009 年	n/a	n/a	36709191	55619986	-7.00	n/a
2008 年	n/a	n/a	39472248	59806437	-1.00	n/a
2007 年	n/a	n/a	39870000	60410000	3.30	n/a
镲片						
2016 年	n/a	n/a	35310000	53500000	-2.40	n/a
2015 年	n/a	n/a	36168000	54800000	-5.60	n/a
2014 年	n/a	n/a	38314000	58052000	-2.00	n/a
2013 年	n/a	n/a	39097000	59237000	-8.50	n/a
2012 年	n/a	n/a	42728850	64740682	-9.50	n/a
2011 年	n/a	n/a	47214199	71536665	2.00	n/a
2010 年	n/a	n/a	46288000	70133000	3.50	n/a
2009 年	n/a	n/a	44723121	67762305	-9.50	n/a
2008 年	n/a	n/a	49417814	74875475	-6.00	n/a
2007 年	n/a	n/a	52572000	79654000	-2.00	n/a
鼓槌和槌棒						
2016 年	n/a	n/a	29040000	44000000	-3.70	n/a
2015 年	n/a	n/a	30162000	45700000	-2.30	n/a
2014 年	n/a	n/a	30879000	46787000	-1.50	n/a
2013 年	n/a	n/a	31350000	47500000	-4.50	n/a
2012 年	n/a	n/a	58680715	88910174	-4.00	n/a
2011 年	n/a	n/a	61125744	92614764	3.00	n/a
2010 年	n/a	n/a	59345000	89917000	1.00	n/a
2009 年	n/a	n/a	58757805	89026977	-4.50	n/a
2008 年	n/a	n/a	61526497	93221966	1.10	n/a
2007 年	n/a	n/a	60857000	92207000	6.00	n/a
手鼓						
2016 年	n/a	n/a	23310000	37000000	-2.90	n/a
2015 年	n/a	n/a	24003000	36100000	1.90	n/a
2014 年	n/a	n/a	23562000	37400000	-2.00	n/a
2013 年	n/a	n/a	24043000	38163000	1.10	n/a
2012 年	n/a	n/a	23781289	37748078	2.50	n/a
2011 年	n/a	n/a	23201258	36827393	4.00	n/a
2010 年	n/a	n/a	22308000	35410000	9.00	n/a
2009 年	n/a	n/a	20466882	32487115	-12.00	n/a
2008 年	n/a	n/a	23257821	36917176	-5.00	n/a
2007 年	n/a	n/a	24481000	38860000	-9.00	n/a

年份	销量	同比（%）	批发额	零售额	同比（%）	平均单价
鼓皮						
2016 年	n/a	n/a	22050000	35000000	-1.40	n/a
2015 年	n/a	n/a	22365000	35500000	-2.00	n/a
2014 年	n/a	n/a	22818000	36220000	-3.00	n/a
2013 年	n/a	n/a	23500000	37340000	-4.50	n/a
2012 年	n/a	n/a	24200000	39100000	-7.00	n/a
2011 年	n/a	n/a	26000000	42000000	4.00	n/a
2010 年	n/a	n/a	25000000	40400000	5.00	n/a
2009 年	n/a	n/a	23800000	38500000	-8.00	n/a
2008 年	n/a	n/a	25900000	41800000	-5.00	n/a
2007 年	n/a	n/a	27300000	44000000	-1.00	n/a
打击乐器总计						
2016 年	n/a	n/a	246528000	376800000	-1.20	n/a
2015 年	n/a	n/a	249469000	381330000	1.20	n/a
2014 年	n/a	n/a	246418000	376708000	-0.60	n/a
2013 年	n/a	n/a	249571000	381568000	-4.80	n/a
2012 年	n/a	n/a	258171000	397289000	-5.70	n/a
2011 年	n/a	n/a	274049000	422617000	1.30	n/a
2010 年	n/a	n/a	271419000	418400000	3.90	n/a
2009 年	n/a	n/a	260565000	401693000	-11.16	n/a
2008 年	n/a	n/a	296114000	456029000	-7.40	n/a
2007 年	n/a	n/a	322965000	496860000	-3.60	n/a
注：“n/a”表示数据不适用、无统计						

2012～2016年美国吉他市场概况

单位：把

类别	2016 年销量	同比 (%)	2015 年销量	同比 (%)	2014 年销量	同比 (%)	2013 年销量	同比 (%)	2012 年销量
声学吉他									
200 美元以下	542000	-5.90	576000	-8.40	629000	2.80	612000	-4.50	627000
201~1500 美元	278000	-5.80	295000	8.90	271000	24.30	218000	7.30	214900
1500 美元以上	40000	0	40000	-1.20	40500	19.50	33900	48.10	24200
声学电吉他									
200 美元以下	111200	-5.80	118000	-12.60	135000	3.10	131000	-1.00	127000
201~1500 美元	375800	-1.10	380000	0.30	379000	14.2	332000	15.7	304750
1500 美元以上	43000	4.90	41000	-7.20	44200	22.8	36000	42.9	28650
以上两类吉他小计	1390000	-4.10	1450000	-3.20	1498700	10.00	1362900	3.9	1326500

类别	2016 年销量	同比 (%)	2015 年销量	同比 (%)	2014 年销量	同比 (%)	2013 年销量	同比 (%)	2012 年销量
电吉他									
200 美元以下	295000	3.50	285000	-19.70	355000	-5.30	375000	-10.30	401000
201~1250 美元	505000	17.40	430000	-2.30	440000	7.6	409000	-8.80	437520
1250 美元以上	77000	28.30	60000	0.80	59500	19	50000	60.80	37800
空体电吉他	39000	-17	47000	-2.90	48400	-0.60	48700	24.70	42170
电吉他小计	916000	11.40	822000	-9	902900	2.30	882700	-5.80	918490
电贝斯									
250 美元以下	77000	-13.50	89000	-15.80	105750	-1.20	107000	-7.80	113000
251~1000 美元	72000	-19.10	89000	-24.90	118500	2.2	116000	-8.90	127000
1000 美元以上	5000	0	5000	-2.00	5100	24.40	4100	0.00	4400
电贝斯小计	154000	-15.80	183000	-20.20	229350	1.00	227100	-8.20	244400
吉他总计	2460000	0.20	2455000	-6.70	2630950	6.40	2472700	-0.90	2489390

2012～2016年美国声学钢琴市场概况

单位：架

类别	2016 年销量	同比 (%)	2015 年销量	同比 (%)	2014 年销量	同比 (%)	2013 年销量	同比 (%)	2012 年销量
按型号划分									
立式钢琴									
44″ 以下′	3326	-4.30	3477	-11.60	3932	-0.50	3952	-14.70	4633
44″ ~47″	11275	-5.10	11875	-8.90	13042	13.80	11868	-7.30	12796
工作室用琴	4055	-8.80	4448	-12.90	5109	15.50	4422	-4.70	4641
自动演奏钢琴	305	-8.40	333	-3.50	345	-15.90	410	3.80	395
立式钢琴总计	18961	-5.80	20133	-10.20	22428	10.80	20652	-8.10	22465
三角钢琴									
5′ 以下	1395	-8.60	1527	-9.20	1681	-15.40	1987	7.10	1855
5′ ~5′ 5″	3015	-19.70	3755	-6.10	3998	-6.50	4277	6.60	4014
5′ 6″ ~5′ 10″	1485	-15.40	1755	-5.90	1867	-2.00	1905	2.70	1855
5′ 11″ ~6′ 4″	1415	-16.50	1695	-11.90	1923	11.30	1727	13.50	1522
6′ 5″ ~7′ 10″	595	-33.50	895	-16.70	1075	-3.60	1115	9.70	1016
7′ 11″ 及以上	725	16	625	-13.70	724	-15.70	859	-21.00	1088
自动演奏钢琴	3215	-6.70	3447	-3.10	3557	-1.80	3622	7.00	3385
三角钢琴总计	11845	-13.50	13700	-7.60	14825	-4.30	15492	5.10	14735
声学钢琴总计	30806	-8.90	33833	-9.20	37253	4.30	36144	-3.90	37200

类别	2016 年销量	同比 (%)	2015 年销量	同比 (%)	2014 年销量	同比 (%)	2013 年销量	同比 (%)	2012 年销量
按单价划分									
三角钢琴									
10000 美元以下	2166	-17.80	2634	-4.40	2755	-3.10	2844	-14.50	3325
10000 美元以上	9679	-12.50	11066	-8.30	12070	-4.60	12648	10.90	11410
立式钢琴									
4000 美元以下	8755	-7.60	9477	-13.30	10933	-7.10	11766	-17.60	14277
4000 美元以上	10206	-4.20	10656	-7.30	11495	35.60	8886	8.50	8188

2012～2016年美国声学钢琴主要进口来源国

单位：架

	2016 年销量	同比 (%)	2015 年销量	同比 (%)	2014 年销量	同比 (%)	2013 年销量	同比 (%)	2012 年销量
立式钢琴									
中国	5845	-15.10	6885	-4.20	7188	15.70	6215	-19.90	7758
印尼	6575	-4.30	6870	-5.30	7257	-3.00	7482	33.00	5626
日本	5015	2.80	4877	-1.40	4948	16.00	4266	-5.70	4522
三角钢琴									
中国	2655	-8.10	2890	-8.80	3170	-16.90	3815	0.40	3798
印尼	3815	3.20	3695	-19.20	4571	-1.10	4622	11.10	3316
日本	3722	3.40	3601	0.90	3570	-0.70	3595	8.40	4162
美国	1150	-11.50	1300	-10.30	1450	20.80	1200	6.70	1125

2016年美国音乐制品行业概况

【编者按：2016年，美国新总统选举扑朔迷离，英国脱欧若影若离，威胁欧洲政治稳定的难民不断涌入等事件，都不时提醒人们世界仍然动荡不安。这些鲜活的“黑天鹅”事件，出离了“大数据”、人工智能及其他高科技技术工具的预测。回首2016年，美国音乐制品行业营收仅比上年略有提高。作为一个市场零售总额71亿美元的行业，音乐制品销售增幅并不显著，但起码表现不差。2008年世界金融危机的“后遗症”让行业发展的热情打了折扣：这场金融危机近乎灾难，其鲜活回忆，现在回想起来仍让人心有余悸。2016年美国乐器行业发展历程、重要事件和焦点人物，究竟对生产厂商和乐器零售带来哪些影响，本文就此做了梳理。】

供需失衡压缩利润空间

人类生活的星球上，音乐可谓是各环节有机组合最为完整的部分。2016年，美国人在网络流媒体收听、下载的各种音乐歌曲高达1万亿美元，是5年前的3倍。音乐会门票收入已增长7%。美国国会给予音乐教育关键支持，将其列入核心课程。过去一年，音乐制品市场需求依然强烈。然而，工厂生产效率不断提升，新品不断涌现，加之二手乐器库存供应几近“无限”，市场需求还尚未强烈到能消化所有商品。

但生活在一个充满不确定性的世界中，供求关系法则就像牛顿的万有引力定律确之凿作。哪怕需求超过一点点供给，价格和利润便随之攀升，市场欢乐融融；反之，供给超过需求，价格下滑，市场笑意全无。在这一定律的无形作用下，我们来对比下石油行业，3年内，石油供应超过7%，就使油价从每桶100美元螺旋式回落至48美元。延展来看，如果把音乐制品行业和石油行业对比，实际上各类乐器的过量供应对于产品定价、利润和市场态度都会产生类似影响。

产品突破性创新较少，也是行业发展相对滞后的因素。我们的生活处于改良式而非革命的时代，吉他换上一种新漆，仅仅形式上的改变所带来的市场热情或追捧，远远不如技术突破更让人关注。悲观态度的根本原因，具体来说，就是受供求关系定律支配。供过于求，商品过剩，利润摊薄，让经销商抱怨不已。为追求销售业绩，厂家开足马力生产加工，产品供应逐渐高于市场需求。琴行调侃：抱怨无济于事，拿到产品后别无选择，只能通过亚马逊、亿贝等各种渠道，尽量以优惠价格销售。

二手乐器冲击市场

面对财务指标压力，不少经销商毫无选择，只能寄望于追求更激进的销售目标。放弃效益或许不是最优选择，如果不追求效益，库存日渐积压、资金日益紧张、债务逐渐增多，会更让人忧心不已。做出艰难的战略决定并非供求失衡的唯一原因，很大程度上也因为大量二手库存。乐器厂家现在面临的最大挑战并非厂家之间相互竞争，而是市场流通的二手乐器。不少音乐人也钟爱二手乐器。使用20年的电视、电脑，价值基本报废，而一些20来年的吉他、小号和键盘的性能风采依然不减当年。特别是一些具有纪念意义的老乐器，如已有52年历史的乐盟低音鼓标价高达2100万美元，其身价不菲，或因20世纪60年代风靡乐界的披头士乐队签名，且被用于知名音乐节有关。即使对于哪些不太知名的二手乐器，也在乐迷和乐器收藏界中有一定市场需求。全美最大的连锁琴行，“吉他中心”管理层曾表示，公司网站的二手乐器专区是颇受客户关注的主要版块。

二手乐器一直是传统琴行的重要销售乐器。数字销售时代的到来，再次增强了二手乐器的流通性能。信息渠道畅通，价格靠谱，无疑让二手乐器成交更加容易。网络乐器平台Reverb自创办以来，访问量持续增长，今年是网站创办第三年，网上市场交易额接近3亿美元，其中80%是二手乐器。

把握机遇 兼并重组优化结构

最近一年的并购活动显示，行业发展过程中，需求和供应正逐步趋向新平衡。2016年，珠江钢琴集团对德国舒密尔钢琴公司取得控股权。在迅速发展的中国市场上，该笔交易一方面让中国最大的钢琴制造商拥有历史悠久的德国品牌，同时也让舒密尔提高了自身生产效率；霍纳斯管风琴公司收购了罗兰旗下的罗杰斯管风琴公司，让“拥挤的”管风琴市场产量有所降低；法国布菲收购了位于美国波斯顿附近的鲍威尔长笛公司，将其编入旗下的木管乐器事业部。布菲还收购了北京的一家管乐厂，接管了学生用乐器生产；罗兰公司收购高端耳机制造商V-Moda公司，产品范围拓宽。

2016年，业内外不少公司部署了重大投资举措，反映出对乐器行业持续发展的信心。MIDI标准的先驱者之一、日本罗兰创始人梯郁太郎，退休后再次创办了一家专注于音乐、影视开发等新产品的技术公司ATV；个性化键盘制造商雷利公司（Roli）斥资2700万美元，拟加大生产力度，建立全球营销网络；私募公司——萨米特合伙人向互联网雷沃博公司注资2500万美元，期冀该网络公司能在五年之内规模翻三倍；塞德乐合伙人看好音乐出版界龙头企业--郝列纳德出版公司，取得该公司控股权后，让其管理层继续留任，侧重拓展其今后在外国市场的发展机遇。

2016年度音响界最大的收购新闻是消费电子巨头三星斥资80亿美元收购哈曼国际公司。哈曼是主流汽车公司的车载音响产品供应商，正是这一业务让三星看中了哈曼。

行业发展生生不息，公司重组、兼并过程中，业界人员变化的“接力棒”也在不断传递中：2016年9月，原任连锁造船公司高管的雅平戈接替原吉他中心首席执行官韦伯，担任吉他中心新任CEO；原加拿大乐器协会会长克洛克加盟美国圣路易斯琴行，担任公司高级业务副总裁；此外，圣路易斯琴行高级副总达米艾诺，当选美国历史最长的业余飞行员组织——美国轻型私人飞行员协会会长；10月，劳斯拜接替迈克斯·维尼，被任命为施坦威乐器集团首席执行官，迈克斯·维尼原任星巴克总裁，担任施坦威总裁3年后卸任。

市场变幻多端

不像供求关系，消费者偏好难以预测。尽管音乐是一种普适语言，但其表达方式却受制于捉摸不定的市场变化。例如，过早唱衰吉他，大众媒体乐此不疲。甚至纽约时报曾刊发了一篇题为《吉他是否已消失？》的文章。诚然，吉他产量早在10年前就已低于峰值，但仍是音乐制品行业内单体产量最大的乐器产品。吉他市场需求的“超级善变性”，说明这是一种对市场需求变化极为敏感的乐器。在谷歌网页输入“在售二手吉他”，马上会出现2600万个各类搜索结果。对吉他制造商而言，二手吉他成为市场营销的一大挑战、经销商也表示，二手吉他确实能有效吸引客户，也是重要的乐器利润来源。事实证明，如果长久坚持下去，产品一定会重新焕发活力！

10年前，音乐制品行业的乐器和高技术公司迅速拓展，而轻视了校园乐器，认为该领域发展潜力一般。然而时至今日，当年备受冷落的校园乐器转而成为业界羡慕的对象。学生家长对音乐活动项目天然会感兴趣。而且最近几年，不少校园音乐项目受到NAMM和相关行业组织的大力支持，联邦政府财政支持力度加大，大大增强了校园乐器魅力。

传统校园乐器经销商侧重于乐器租赁和售后服务，而在线网络的崛起和发展则很大程度上蚕食了这些传统的线下优势。去年，美国音乐制品协会的公关游说努力取得重大进展，国会通过《中小学初等教育法案》，该法案是指导联邦政府预算编制的指导性文件，其修订内容之一是将音乐课程列入核心教学课程科目，消息一出，业界对校园乐器市场利好预期大大增强。

2016年，网购成为继续改变人们消费行为的模式，对传统琴行未造成任何影响。去年，几家较大琴行减少了网点数量，不少小琴行被迫关门。不过乐器本身的商品性质，还是需要顾客亲自弹奏感触，因此在可预见的将来，传统琴行仍有存在的价值，互联网的发展让传统琴行加速优化业务布局。2016年，吉他中心新开了11家新店，重新改组了8家；萨玛什琴行在圣地亚哥新开一家琴行；施坦威钢琴在纽约曼哈顿新开旗舰展示琴行，正式取代了其自1926年起服役的老施坦威音乐厅。

2016年行将结束时，保护濒危物种国际大会在南非召开，就红木贸易加强了监管，对声学吉他的背板和侧板用材提出标准。目前规则仍在修订起草中，但今后吉他制造商要想出口吉他，必须持有有效验证其材质成分来源的证明文件。业界对于此项条约的反应褒贬不一。有人认为有必要加强监管，以有效保证木材稳定供应；也有人说法案只是又徒增了繁琐手续，无论立场如何，大家一致认为，法规将在未来几年对吉他生产产生重大影响。

未来捉摸不定

2016年，特朗普当选美国总统，也对行业未来发展掀起一阵波澜。盖洛普调查公司还就大选影响做了调查，全美都在观望今后特朗普政府施政举措。中东乱象、欧盟内部动荡、技术发展日新月异，各种因素交织在一起，对于音乐制品行业意味着什么？市场供求关系不平衡有待时间来缓冲，在调整时期难以避免阵痛。而从积极意义分析，音乐是社会不可或缺的必要组成部分。有句谚语：“审慎是表现勇气更为重要的组成部分。”对于那些沉心静气、勇于为客户创造价值的商家而言，市场永远充满机遇，行业未来发展蓝图，有赖于一线厂商把握机遇、奋力描绘！

（编译自美国《音乐贸易》2017年第4期）

海外资讯篇之三：日本乐器市场

2005～2016年日本乐器内销实绩

类别 年份	声学钢琴总计★		立式钢琴		三角钢琴	
	数量（架）	金额（千日元）	数量（架）	金额（千日元）	数量（架）	金额（千日元）
2005	116173	40132000	84285	17100000	31888	23032000
2006	128784	40545000	97476	17712000	31308	22833000
2007	128041	41296000	97406	17495000	30635	23801000
2008	131900	36547000	103945	15991000	27955	20556000
2009	97799	24781000	82962	12433000	14837	12348000
2010	119276	26515000	100315	12402000	18961	14113000
2011	44159	23555000				
2012	40308	23010000				
2013	38595	26020000				
2014	41139	27144000				
2015	38273	25004000				
2016	※	※				

类别 年份	电钢琴和电风琴总计★		电钢琴		电风琴	
	数量（架）	金额（千日元）	数量（架）	金额（千日元）	数量（架）	金额（千日元）
2005	225462	24031000	199881	16302000	25581	7729000
2006	184477	20585000	168423	15370000	16054	5215000
2007	192116	20504000	176123	15704000	15993	4800000
2008	205851	21127000	189251	16302000	16600	4825000
2009	170837	16882000	156657	13022000	14180	3860000
2010	194651	18020000	180021	14423000	14630	3597000
2011	160204	15568000				
2012	155504	15184000				
2013	175403	18946000				
2014	208059	21157000				
2015	196780	17997000				
2016	215862	18381000				

类别 / 年份	各类电子键盘总计☆		电子键盘		键盘集音器	
	数量（个）	金额（千日元）	数量（个）	金额（千日元）	数量（个）	金额（千日元）
2005	261949	13782000	174771	4918000	119313	9683000
2006	266626	13453000	114076	2794000	131930	9373000
2007	226370	12671000	129030	2750000	144980	10383000
2008	224284	11965000				
2009	218156	7079000				
2010	197125	7723000				
2011	127331	6737000				
2012	129178	5405000				
2013	125644	6666000				
2014	135143	7555000				
2015	149868	7177000				
2016	105196	5912000				

类别 / 年份	管乐器合计		吉他总计	
	数量（个）	金额（千日元）	数量（把）	金额（千日元）
2005	251349	20622000	266594	8657000
2003	264255	22333000	295072	8514000
2007	277890	24077000	323410	9616000
2008	235229	22372000	309427	9291000
2009	212679	18183000	216998	6571000
2010	204098	18278000	215621	6091000
2011	169874	17050000	254794	6684000
2012	163706	15922000	211400	5766000
2013	179576	19161000	184029	6006000
2014	203005	20588000	187739	5487000
2015	189804	20521000	135022	5027000
2016	154775	18473000	151838	5284000

注：★自2011年1月起，立式钢琴，三角钢琴和电钢琴不再列入统计，新增“电钢琴、电风琴合计”一栏。此外，自2011年以来，静冈县乐器制造协会不再报送“KD生产”数据，因此2011年与之前数据相比，钢琴产销数据大幅减少。

※2016年6月以来的声学钢琴销售业绩未公布,因此合计一栏无法计算。

☆2005年起，电子键盘和键盘集音器等两个类别（均不含小型电子键盘）调整后列入“各类电子键盘总计”中。

2016年日本乐器出口前10位

金额单位：千日元　数量单位：个　重量单位：千克

国家及地区	立式钢琴	
	数量	金额
中国内地	60281	7687132
美国	6350	2113523
越南	13686	1631738
澳大利亚	3111	865357
加拿大	2669	730508
德国	1473	690756
中国香港	1651	563838
英国	1685	522966
新加坡	1375	486804
法国	1255	446576

国家及地区	三角钢琴	
	数量	金额
美国	2942	3075016
中国内地	3283	2039868
德国	1045	1343619
澳大利亚	656	602853
加拿大	624	573839
法国	437	524332
韩国	704	513431
英国	354	392344
中国台湾	424	340480
越南	628	273971

国家及地区	键盘弦乐器	
	数量	金额
越南	165	2820
法国	1	700
中国内地	1	500
波兰	12	467
美国	4	384
中国香港	10	336
韩国	43	324

国家及地区	弓弦乐器	
	数量	金额
美国	121	8744
韩国	3	2991
越南	271	2154
澳大利亚	32	1430
中国香港	1	1250
新加坡	9	1193
中国台湾	11	922
中国内地	56	519
意大利	1	499
英国	2	435

国家及地区	吉他和其他弦乐器	
	数量	金额
美国	3050	194626
德国	1416	108350
法国	989	63169
英国	776	59610
中国香港	242	50469
泰国	2413	38325
中国内地	261	30610
加拿大	339	29803
新加坡	163	25317
意大利	378	24477

国家及地区	铜管乐器	
	数量	金额
美国	18213	2674748
德国	4210	509422
法国	1602	214847
中国内地	1218	165163
加拿大	1125	144136
澳大利亚	1039	121523
英国	800	110161
泰国	601	106500
韩国	372	65923
中国香港	350	56359

国家及地区	其他管乐器	
	数量	金额
美国	148883	2096228
德国	85972	1465464
韩国	65860	976928
法国	32711	480982
中国内地	35180	383877
中国香港	22391	354926
英国	77273	338765
中国台湾	5199	308581
澳大利亚	8629	181773
加拿大	51049	179018

国家及地区	鼓	
	数量	金额
美国	3829	245559
中国内地	1446	77783
德国	2334	74284
加拿大	228	26793
中国台湾	263	23973
澳大利亚	286	19046
巴西	55	18765
英国	499	16489
荷兰	426	14987
法国	146	11891

国家及地区	其他打击乐器	
	数量	金额
美国	16512	529219
德国	466	92922
中国内地	767	70402
中国台湾	322	65301
法国	289	49505
加拿大	3521	46341
澳大利亚	2212	25890
韩国	4484	21874
中国香港	1532	19370
泰国	50	16210

国家及地区	电子键盘乐器	
	数量	金额
美国	14058	1796184
德国	6839	879378
越南	22948	325210
法国	2711	299359
英国	2033	283170
韩国	2609	270723
中国内地	1161	234378
加拿大	1491	146844
比利时	1115	114212
阿拉伯酋长国	1162	108648

国家及地区	电吉他	
	数量	金额
美国	11193	895547
德国	2818	240096
荷兰	3722	140071
中国香港	978	98691
中国内地	967	78603
英国	791	71057
澳大利亚	602	58653
意大利	568	56393
法国	684	55684
韩国	434	50724

国家及地区	其他电子乐器	
	数量	金额
美国	7578	420534
比利时	5705	281519
德国	1258	86718
中国内地	957	82670
中国香港	739	62114
荷兰	861	53312
加拿大	849	53037
澳大利亚	538	34687
韩国	239	28310
法国	345	24080

国家及地区	八音盒	
	数量	金额
美国	3368	7566
韩国	4857	3630
德国	4530	2875
泰国	564	2208
中国台湾	74	2170
中国内地	313	2100
马来西亚	6600	1069
新加坡	123	731
中国香港	177	683
阿拉伯酋长国	2	513

国家及地区	乐器用弦	
	重量	金额
美国	1927	21279
印度尼西亚	9443	14175
中国香港	88	10336
德国	483	5914
中国内地	217	3887
韩国	44	2135
越南	391	1520
阿拉伯酋长国	57	896
中国台湾	154	431
墨西哥	26	323

国家及地区	钢琴零配件	
	重量	金额
印度尼西亚	4047590	1996773
中国内地	5315824	1710992
美国	21360	97107
德国	17973	62902
中国台湾	7926	27913
越南	1530	6048
奥地利	675	3012
英国	190	2257
捷克	130	1379
澳大利亚	701	1368

国家及地区	弦乐器零配件	
	重量	金额
美国	5612	83576
中国内地	10859	54439
墨西哥	887	14960
西班牙	668	13381
印度尼西亚	2402	13061
澳大利亚	373	7432
韩国	342	7259
英国	240	5989
法国	498	5741
德国	198	5110

国家及地区	电子乐器零配件	
	重量	金额
印度尼西亚	265354	976135
美国	66840	592293
中国内地	37152	281186
马来西亚	18232	124364
德国	19024	85175
中国香港	33366	74243
法国	5829	34899
意大利	3182	34243
英国	4389	26859
荷兰	4279	19825

国家及地区	其他零配件	
	重量	金额
中国内地	105774	973198
印度尼西亚	99178	537501
美国	45201	339033
德国	6650	137224
中国香港	6884	61439
韩国	2441	39888
中国台湾	2210	39122
英国	751	24672
法国	674	22004
加拿大	1883	19519

2016年日本乐器进口前10位

金额单位：千日元　数量单位：个　重量单位：千克

国家及地区	立式钢琴	
	数量	金额
印度尼西亚	3594	742945
德国	166	182216
中国内地	678	124950
捷克	114	68076
美国	23	13606
越南	36	3767
奥地利	1	2514
韩国	15	1465
波兰	2	1174
英国	1	203

国家及地区	三角钢琴	
	数量	金额
德国	211	936348
美国	43	78964
意大利	9	59214
捷克	36	57604
奥地利	11	45104
印度尼西亚	97	40976
中国内地	83	34962
英国	3	24281
法国	7	7674
波兰	2	5000

国家及地区	键盘弦乐器	
	数量	金额
德国	14	10023
法国	6	9171
意大利	1	1890
美国	4	1810
西班牙	2	1573
瑞典	1	1309
葡萄牙	1	593
比利时	1	266

国家及地区	弓弦乐器	
	数量	金额
意大利	552	393364
中国内地	26091	387693
德国	3168	336634
法国	556	156557
罗马尼亚	2172	65400
捷克	932	60809
英国	124	42547
美国	136	33810
保加利亚	271	32296
匈牙利	153	21806

国家及地区	吉他	
	数量	金额
美国	13112	2406473
中国内地	177952	1461413
印度尼西亚	44107	509132
墨西哥	8148	300125
西班牙	1852	131327
澳大利亚	412	49295
韩国	1273	41838
捷克	332	32334
德国	62	29790
英国	48	20938

国家及地区	其他弦乐器	
	数量	金额
中国内地	108158	338543
美国	3415	293828
意大利	358	102744
德国	394	37374
印度尼西亚	21771	37234
越南	4592	19937
墨西哥	633	18441
法国	88	14353
泰国	282	7054
英国	11	4589

国家及地区	铜管乐器	
	数量	金额
美国	4534	788047
德国	2269	702287
中国内地	17257	227834
中国台湾	4817	194444
瑞士	140	68867
西班牙	215	32772
韩国	55	24866
法国	91	23357
奥地利	82	20892
英国	45	17399

国家及地区	风琴	
	数量	金额
德国	6	6060
印度	45	1659
意大利	1	456

国家及地区	手风琴	
	数量	金额
印度尼西亚	356170	454027
中国内地	194558	281797
意大利	332	50563
德国	244	2180
法国	5	1713
瑞士	2	493
奥地利	1	398
英国	1	393
捷克		35
美国		3

国家及地区	口琴	
	数量	金额
中国内地	183058	86700
德国	25245	70266

国家及地区	其他管乐器	
	数量	金额
法国	7461	1842481
印度尼西亚	876587	759541
德国	4879	489053
美国	12037	375238
中国内地	242566	335965
中国台湾	9783	271510
韩国	13773	38078
越南	504	27367
加拿大	71	18208
捷克	40	13460

国家及地区	鼓	
	数量	金额
中国内地	1397707	605001
美国	51623	508197
中国台湾	288693	340377
加拿大	14953	128580
泰国	40210	115890
德国	19758	115830
瑞士	7244	64266
土耳其	6149	61596
荷兰	280	40374
印度	59538	33541

国家及地区	电子键盘乐器	
	数量	金额
印度尼西亚	117130	5411831
中国内地	437541	5102577
马来西亚	21902	630504
美国	1831	108456
瑞典	1239	104639
越南	5084	48284
意大利	531	42529
瑞士	1	33769
荷兰	28	13458
法国	700	9120

国家及地区	电吉他	
	重量	金额
美国	34432	5885495
中国内地	122240	1421604
印度尼西亚	36861	661064
韩国	7279	289917
墨西哥	2668	148227
德国	676	110513
菲律宾	5121	99672
加拿大	721	54256
波兰	250	38749
英国	85	16741

国家及地区	其他电子乐器	
	重量	金额
中国内地	47463	730446
印度尼西亚	5736	123081
美国	1228	107595
中国台湾	4860	85697
马来西亚	1260	77171
越南	12840	38940
意大利	127	15258
捷克	177	13951
德国	242	12213
墨西哥	158	9930

国家及地区	八音盒	
	重量	金额
瑞士	2256	131253
中国内地	222375	113555
美国	756	32685
德国	1022	15686
英国	1	1641
中国台湾	1013	1485
法国	410	1385
中国香港	5300	1251
荷兰	1	424
马来西亚	450	230

国家及地区	乐器用弦	
	重量	金额
美国	150207	1288140
奥地利	2916	364250
德国	3957	362036
墨西哥	13991	133707
中国内地	30231	90185
丹麦	450	70847
意大利	3431	49099
英国	1841	42134
法国	2440	41077
韩国	3741	13818

国家及地区	钢琴零配件	
	重量	金额
印度尼西亚	2389610	1879899
中国内地	223504	268560
德国	2335	41258
韩国	4330	38019
美国	36577	28266
奥地利	138	2338
意大利	210	1892
中国香港	675	1419
加拿大	109	365
英国	19	201

国家及地区	弦乐器零配件	
	数量	金额
美国	13937	247054
法国	698	204056
德国	4717	175129
越南	31954	77087
加拿大	3030	62601
中国内地	277216	48688
中国台湾	41405	46923
意大利	141	39376
瑞士	42	33600
比利时	36	30824

国家及地区	电子乐器零配件	
	数量	金额
中国内地	471383	733949
美国	72436	723738
印度尼西亚	534536	475889
韩国	8925	75715
德国	5665	52988
意大利	10434	42384
中国台湾	25310	41279
马来西亚	28024	35272
越南	1205	33491
加拿大	1165	28555

国家及地区	节拍器、音叉	
	数量	金额
法国	52156	1634236
美国	119693	1126539
中国内地	414687	922449
印度尼西亚	65957	619891
中国台湾	148936	367532
德国	13376	208732
意大利	1330	203890
越南	27575	176825
泰国	37722	86103
加拿大	1617	81703

海外资讯篇之四：各国乐器市场概述

编者按：美国国际音乐制品协会公布了《2017NAMM全球乐器报告》，报告较为全面地总结了2016年度世界主要国家乐器行业发展概况。本刊经编译整理，按照各国乐器销售金额进行排序，供业界参考。

日本

1991年泡沫经济崩溃使日本陷入缓慢的经济增长，这一影响副作用不小，持续了20多年。按日元计算，1991年至2016年，日本经济仅增长1.25倍。2016年较2015年仅仅略增1%，经济疲软显然影响了日本国内乐器销售。

日本乐器制造商协会于2016年4月进行重组，成为一般社团法人，并编制2016年4月至2017年3月的新市况报告，该报告于2017年7月完成，因此无法从该协会获得实际数据。因此，本报告涉及的市场数据仅根据经产省的生产、内销及出口数据，以及经产省的进出口数据进行分析。

当调查目标只有少数几家公司时，单个企业产量或产值往往由上报数据的公司来计算，由于无法计算2016年的“立式钢琴和三角钢琴”数据，所以钢琴的实际价值统计数据用“X”（隐藏数据）代替。

参考《静冈县乐器国内销售及出口统计》中的钢琴销售数据，声学钢琴的总销量为39410架，销售额为24,394,595,000日元，其中声学钢琴出口销量24489架，国内销量14921架。

立式钢琴销售总量27793架，销售额11636471565日元。其中出口16583架，销售额6679471000日元，内销11210架，销售额4957094000日元。

三角钢琴销售总量11617架，销售额12758030000；其中出口7906架，销售额8078017000日元；内销3711架，销售额4680013000日元。

电子钢琴和电子琴的销售总量216000架，销售额18381000000日元，增长110%；吉他和电吉他销售总量151838把，销售额5284000000日元，增长112%；电子键盘105196台，销售额5912000000日元，增长70%；管乐器154775件，销售额18473000000日元，增长82%，这一数字为15年来的最低值。

财务省和海关提供的2016年乐器进出口数据

（1）出口。 财政部提供的贸易统计显示，相较2015年，2016年出口为61596012000日元，下滑至90%，进口为55580685000日元，下滑至95%。综合考察吉他、其他弦乐器和电吉他，总销量56240件，轻微下跌至97%。电声和电子键盘乐器的总销量为69618件，总销售额为5437725000日元，达到107%。电子键盘乐器（含电钢琴）的销售在国内外市场的表现都很稳定。

（2）进口。 电吉他位于进口乐器类别最前列，进口210904把（同比增长123%），进口额8790649000日元（同比增长113%），约占总进口总额16%，增幅较上一年度更高。这主要得益于较高的日元汇率。2016年上半年以来，一直到8月底。汇率水平都维持在1美元兑100日元左右。

其他乐器进口都超过了上一年度，其中带键盘的电声乐器和电子乐器587088台，进口额11530260000日元；吉他248676把，进口额5056650000日元、铜管乐器和管乐器29737：进口额2120421000日元，其他弦乐器141035件，进口额893721000 日元。

本报告数据和注释根据乐器制造商协会和日本经济产业省的生产、国内销售及出口统计资料及财务省的进出口统计资料编制。金额和百分比四舍五入。 （评注：日本《音乐贸易》杂志）

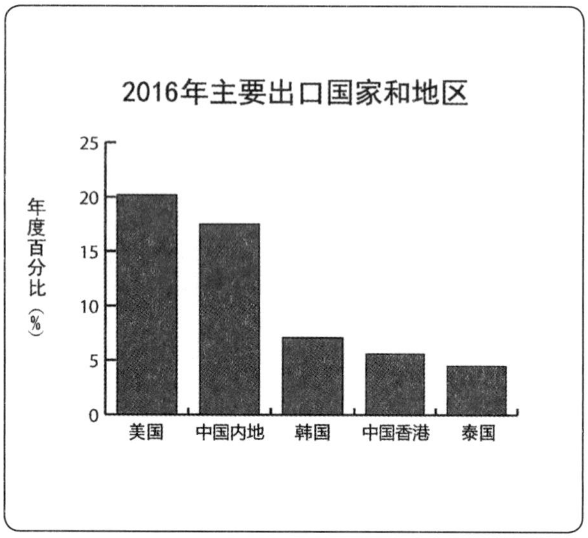
2016年主要出口国家和地区
年度百分比（%）
25
20
15
10
5
0
美国
中国内地
韩国
中国香港
泰国

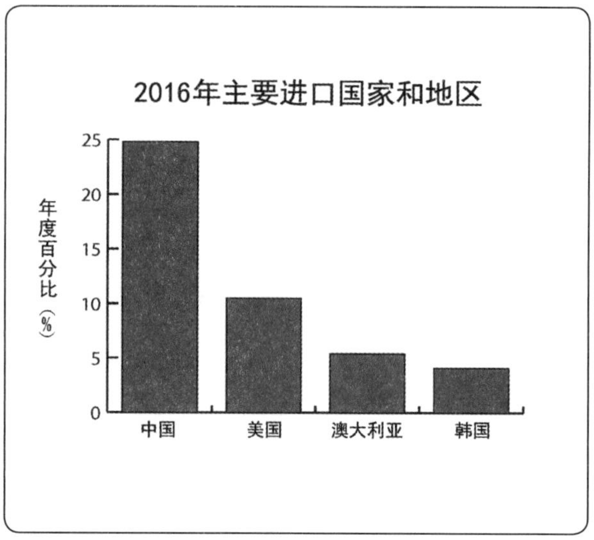
2016年主要进口国家和地区
年度百分比（%）
25
20
15
10
5
0
中国
美国
澳大利亚
韩国

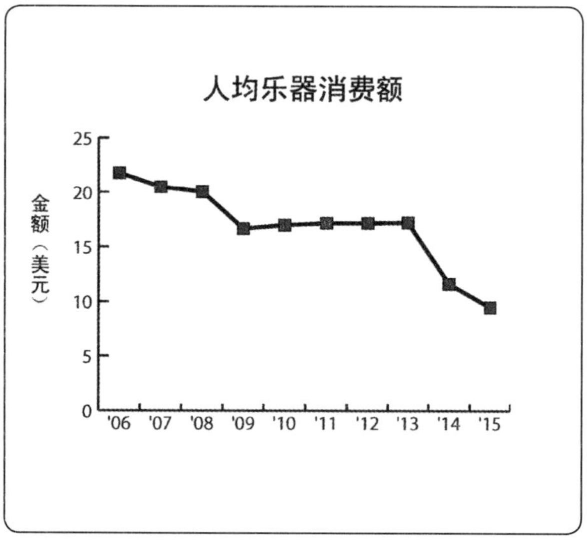
人均乐器消费额
金额（美元）
25
20
15
10
5
0
'06
'07
'08
'09
'10
'11
'12
'13
'14
'15

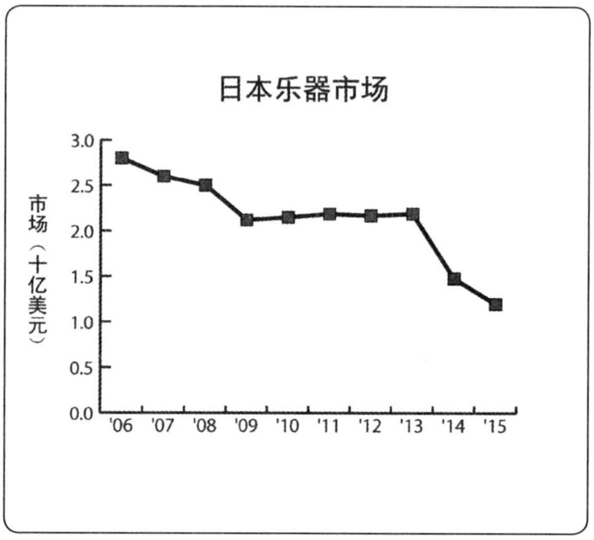
日本乐器市场
市场（十亿美元）
3.0
2.5
2.0
1.5
1.0
0.5
0.0
'06
'07
'08
'09
'10
'11
'12
'13
'14
'15

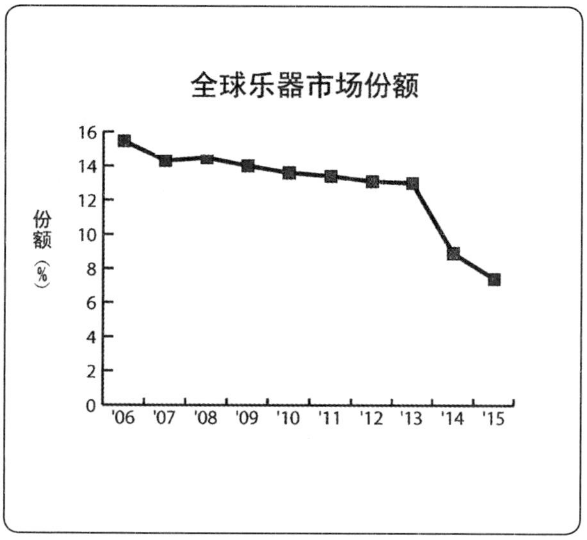
全球乐器市场份额
份额（%）
16
14
12
10
8
6
4
2
0
'06
'07
'08
'09
'10
'11
'12
'13
'14
'15

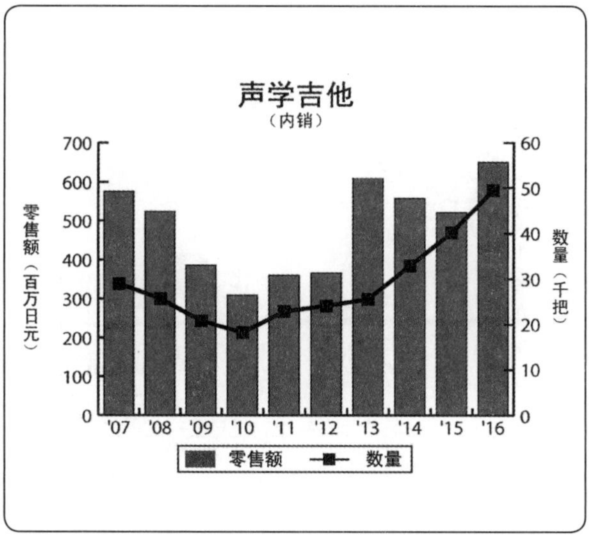
声学吉他
（内销）
零售额（百万日元）
数量（千把）
0 100 200 300 400 500 600 700
0 10 20 30 40 50 60
'07 '08 '09 '10 '11 '12 '13 '14 '15 '16
零售额 数量

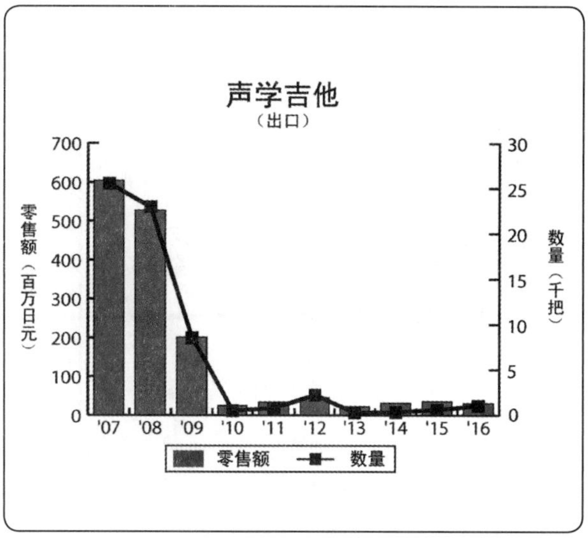
声学吉他
（出口）
零售额（百万日元）
数量（千把）
0 100 200 300 400 500 600 700
0 5 10 15 20 25 30
'07 '08 '09 '10 '11 '12 '13 '14 '15 '16
零售额 数量

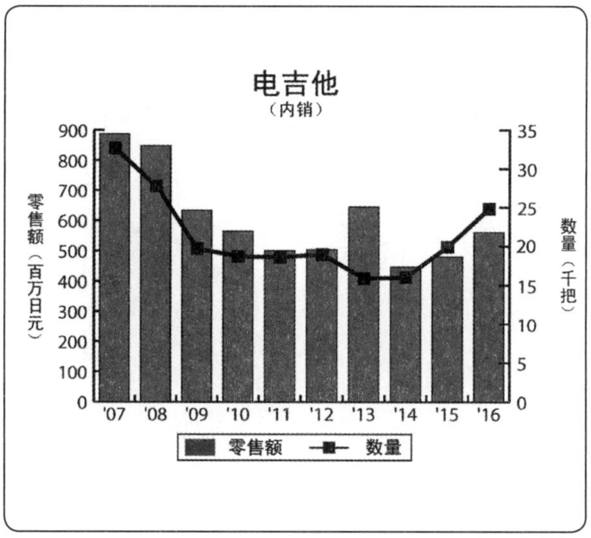
电吉他
（内销）
零售额（百万日元）
数量（千把）
0 100 200 300 400 500 600 700 800 900
0 5 10 15 20 25 30 35
'07 '08 '09 '10 '11 '12 '13 '14 '15 '16
零售额 数量

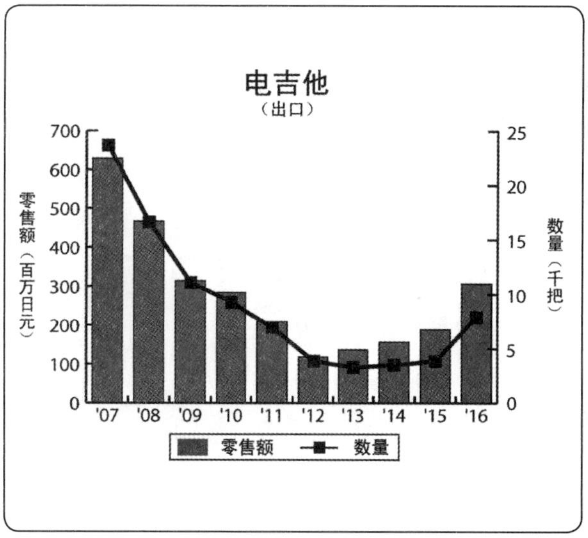
电吉他
（出口）
零售额（百万日元）
数量（千把）
0 100 200 300 400 500 600 700
0 5 10 15 20 25
'07 '08 '09 '10 '11 '12 '13 '14 '15 '16
零售额 数量

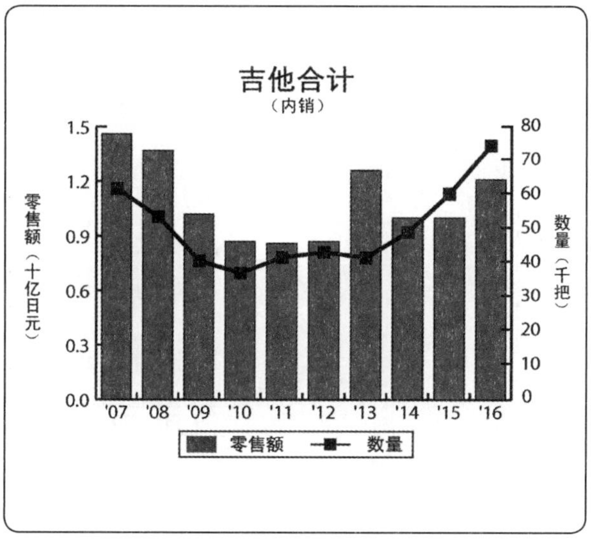
吉他合计
（内销）
零售额（十亿日元）
数量（千把）
0.0 0.3 0.6 0.9 1.2 1.5
0 10 20 30 40 50 60 70 80
'07 '08 '09 '10 '11 '12 '13 '14 '15 '16
零售额 数量

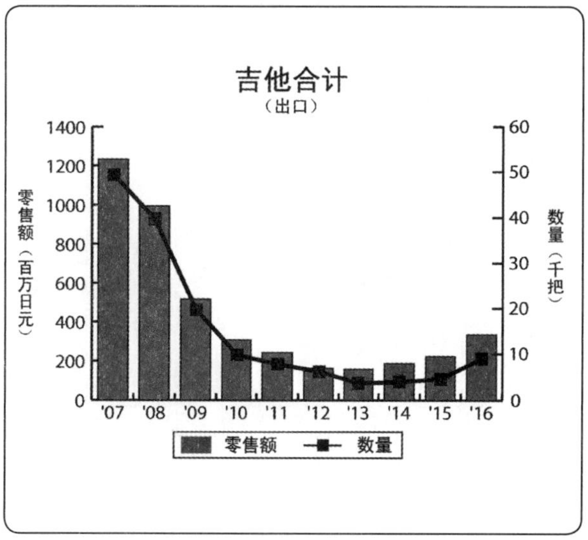
吉他合计
（出口）
零售额（百万日元）
数量（千把）
0 200 400 600 800 1000 1200 1400
0 10 20 30 40 50 60
'07 '08 '09 '10 '11 '12 '13 '14 '15 '16
零售额 数量

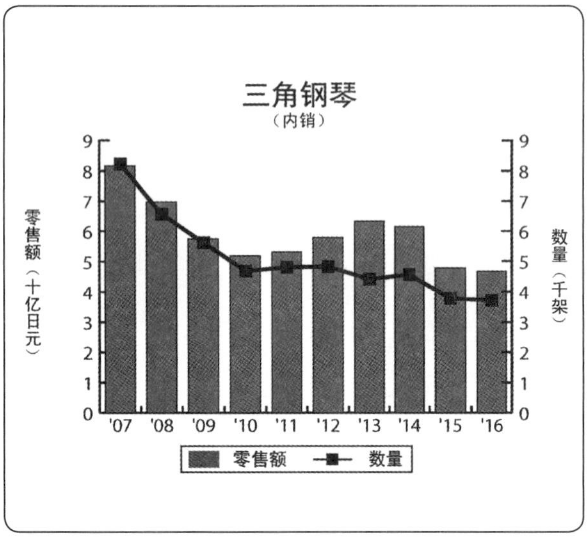
三角钢琴
（内销）
零售额（十亿日元）
数量（千架）
'07 '08 '09 '10 '11 '12 '13 '14 '15 '16
零售额
数量

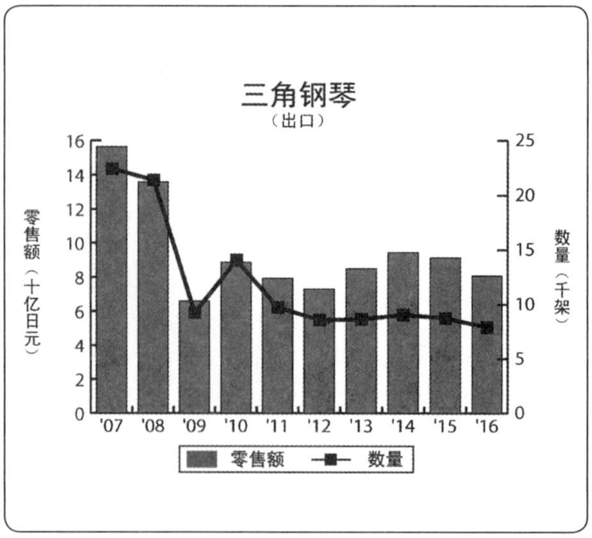
三角钢琴
（出口）
零售额（十亿日元）
数量（千架）
'07 '08 '09 '10 '11 '12 '13 '14 '15 '16
零售额
数量

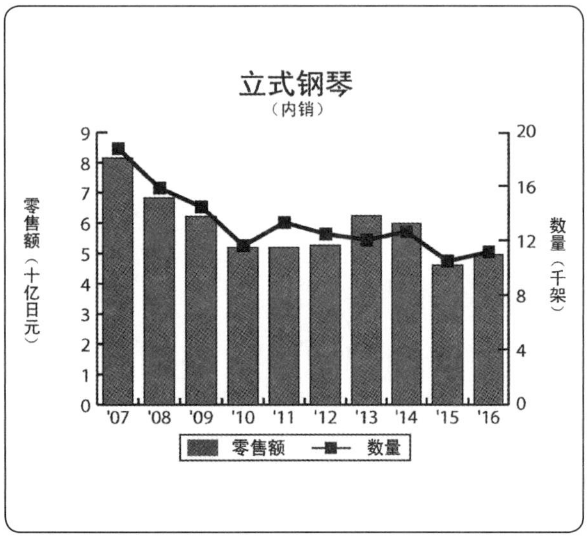
立式钢琴
（内销）
零售额（十亿日元）
数量（千架）
'07 '08 '09 '10 '11 '12 '13 '14 '15 '16
零售额
数量

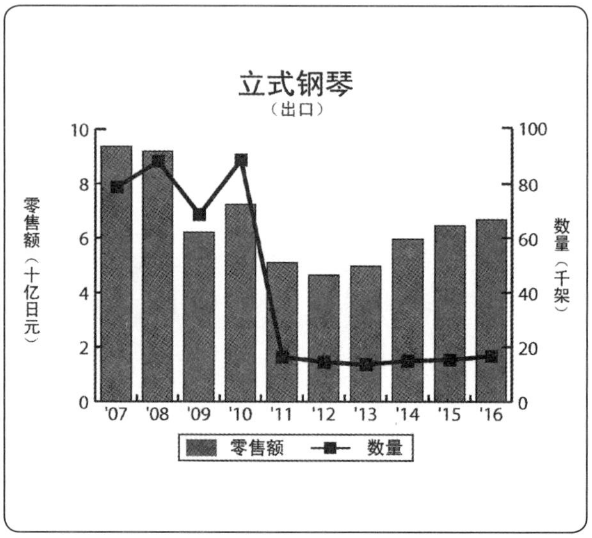
立式钢琴
（出口）
零售额（十亿日元）
数量（千架）
'07 '08 '09 '10 '11 '12 '13 '14 '15 '16
零售额
数量

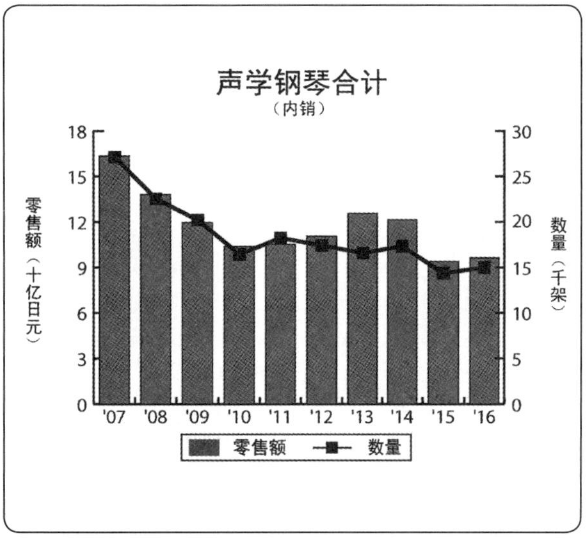
声学钢琴合计
（内销）
零售额（十亿日元）
数量（千架）
'07 '08 '09 '10 '11 '12 '13 '14 '15 '16
零售额
数量

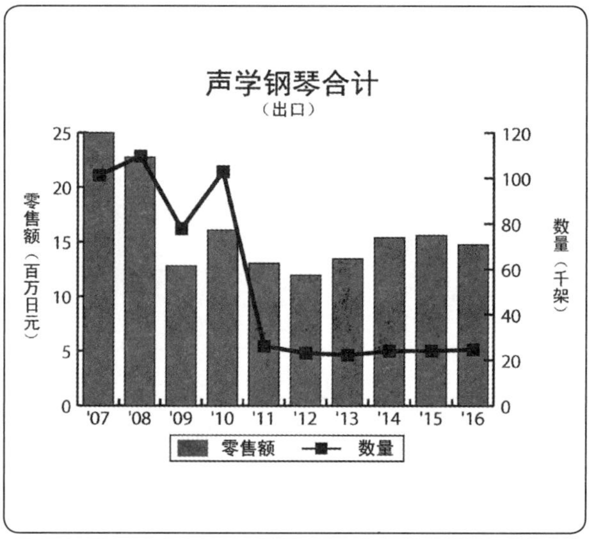
声学钢琴合计
（出口）
零售额（百万日元）
数量（千架）
'07 '08 '09 '10 '11 '12 '13 '14 '15 '16
零售额
数量

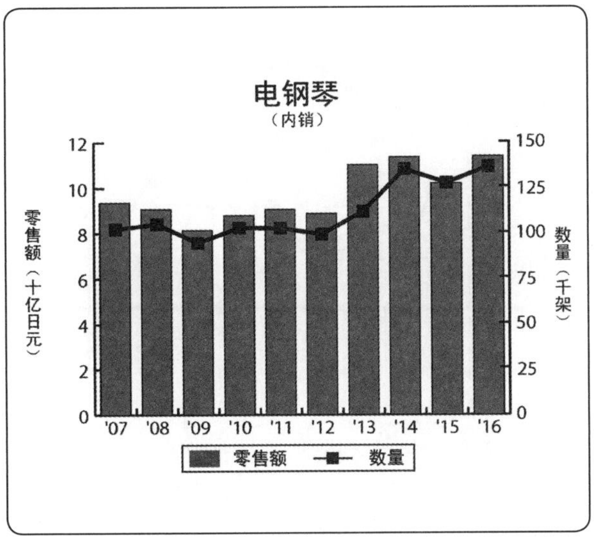
电钢琴
（内销）
零售额（十亿日元）
数量（千架）
'07 '08 '09 '10 '11 '12 '13 '14 '15 '16
零售额 数量

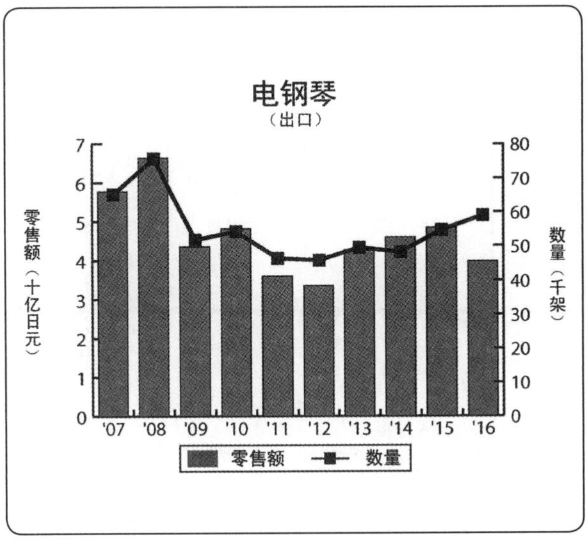
电钢琴
（出口）
零售额（十亿日元）
数量（千架）
'07 '08 '09 '10 '11 '12 '13 '14 '15 '16
零售额 数量

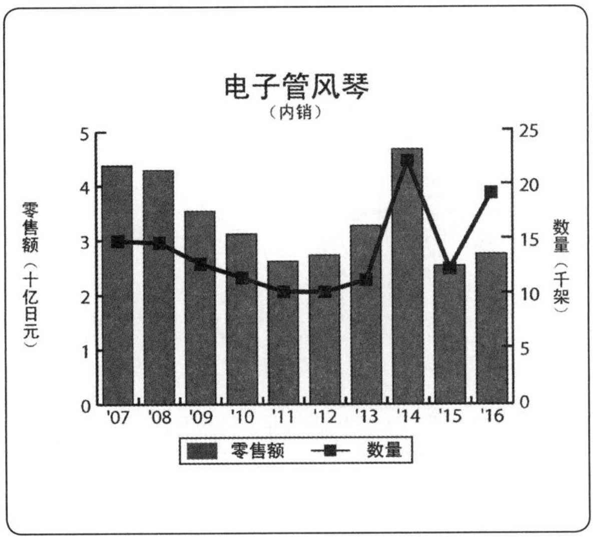
电子管风琴
（内销）
零售额（十亿日元）
数量（千架）
'07 '08 '09 '10 '11 '12 '13 '14 '15 '16
零售额 数量

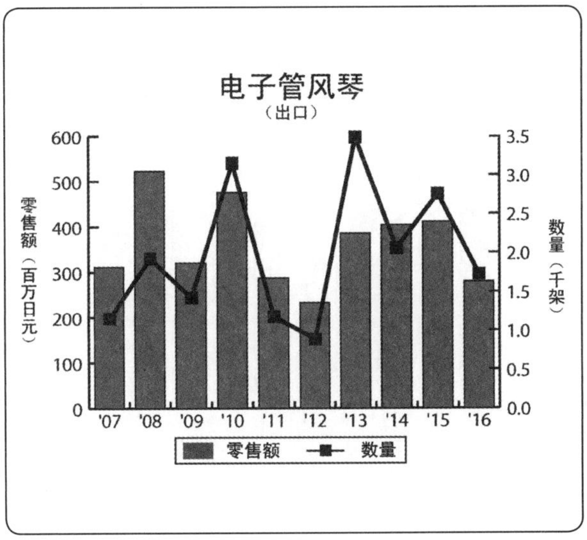
电子管风琴
（出口）
零售额（百万日元）
数量（千架）
'07 '08 '09 '10 '11 '12 '13 '14 '15 '16
零售额 数量

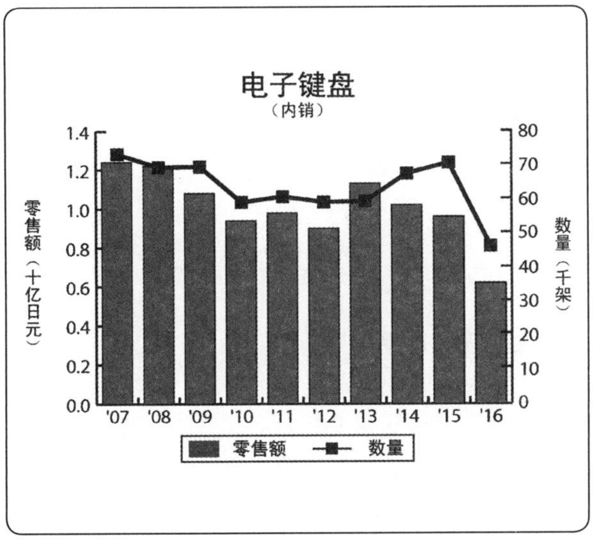
电子键盘
（内销）
零售额（十亿日元）
数量（千架）
'07 '08 '09 '10 '11 '12 '13 '14 '15 '16
零售额 数量

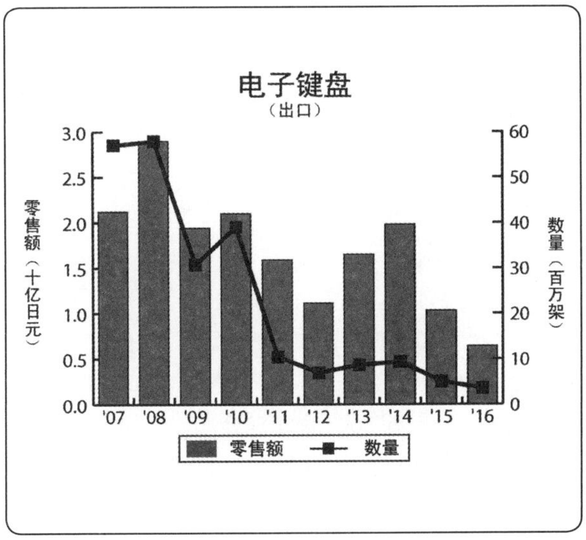
电子键盘
（出口）
零售额（十亿日元）
数量（百万架）
'07 '08 '09 '10 '11 '12 '13 '14 '15 '16
零售额 数量

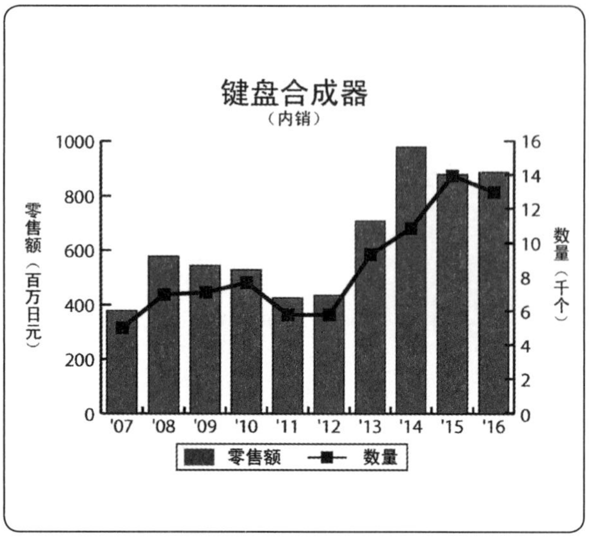

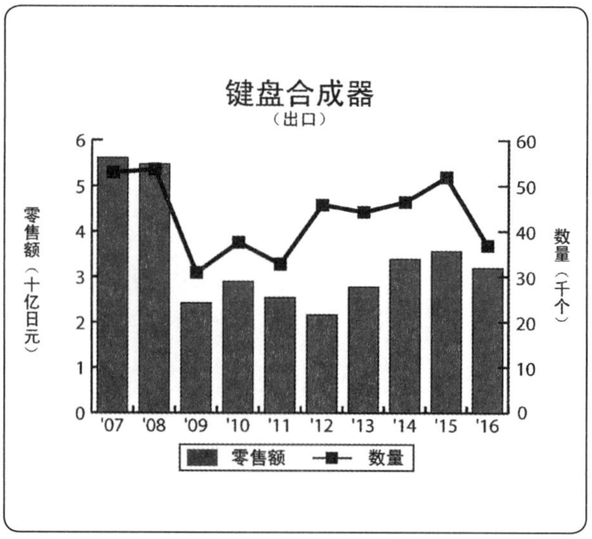

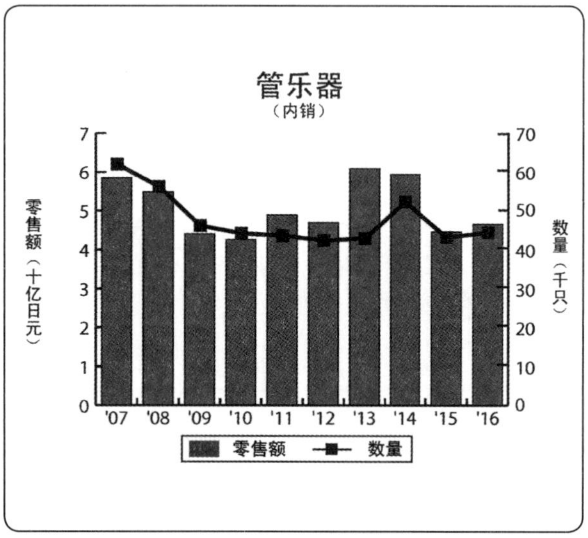

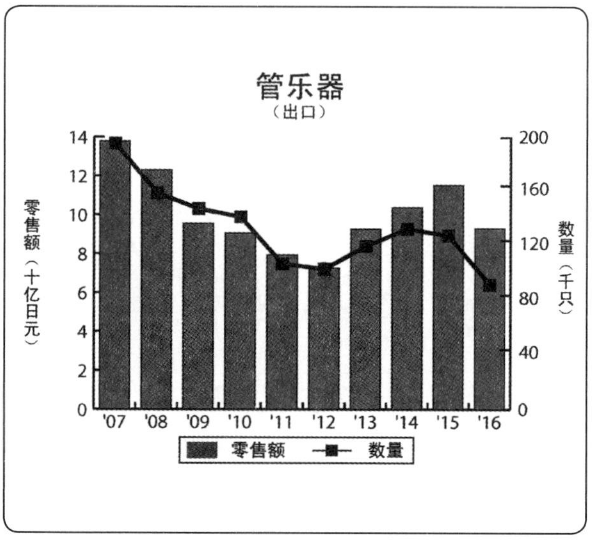

德国

德国乐器行业市场稳定，员工稳定，因此销售稳定增长。2015年营业额统计资料表明，1265家乐器制造商的总营业额高达6.283亿欧元，范围如果再扩大一些，1809 家乐器和音乐制品代理商的总营业额达12.7788亿欧元。

员工人数超过20名的56家公司（数量较2015年增加1.8%）实现营业额4.1485亿欧元。其中1.6667亿欧元是德国国内的交易额（比2015年低0.6%），而另外2.4819亿欧元则是海外交易额（比2015年高0.9%），出口配额也因此增至 59.8%。

德国主要乐器产品出口

往年巨大的外贸顺差似乎在2015年就已消失殆尽，2016年直接变为外贸赤字：出口额减少2.2%，跌至5.506亿欧元，而进口额增长2.8%，升至5.793亿欧元，外贸赤字2860万欧元。

仔细分析出口额会发现，钢琴配件增长8.2%，而管乐器配件增长6.2%，其他乐器配件增长5.5%。同样实现增长的还有打击乐器，出口额增长4.7%，小提琴和吉他分别增长4.6%和3.4%。弦乐器的出口额增长了2.6%，弦乐器配件增长0.4%。来自管风琴门类的数字稍显异常——风琴增长了86.8%，该类乐器销量取决于音乐项目规模大小和产量供求高低，所以会出现较大波动。

其他门类乐器出口则不得不面对低迷状况。铜管乐器出口减少11.9%，木管乐器下滑8.5%，立式钢琴降低7.1%，三角钢琴减少5.1%。弦乐器（除小提琴外）损失惨重，下跌42.7%，其他弦乐器（除吉他外）下跌32.2%。手风琴出口减少12.2%，口琴出口比上年减少5.4%。

德国主要出口目的地国家包括法国、美国、中国、英国、澳大利亚、日本、瑞士、荷兰和波兰。

德国对第一大出口国——法国的出口大幅下跌，降低20.6%。此次美国超过法国，成为排在法国之前的第一大出口国。德国对美国的出口下降8.7%。对瑞士出口下降15.5%，对荷兰出口下降了9.1%。对西班牙和捷克共和国的出口却强劲增长，分别为增长8.6%（西班牙）和15.4%（捷克共和国）。

欧洲以外区域，对中国的乐器出口增长37.9%，增量差不多是前两位——美国和法国出口的总和。在德国对中国出口的乐器中，约有一半是立式钢琴和三角钢琴。钢琴出口的增长率高于出口平均增长率，2016年德国对中国的立式钢琴和三角钢琴的出口增长率高于50%。

德国乐器近80%的进口来源于中国、印尼、美国、日本和荷兰这五个国家。来自荷兰的进口并未体现出荷兰本国的生产，而是反映了一个事实，即荷兰是再出口亚洲制品的重要转口贸易平台。所以，德国进口的所有产品中，三分之二来源于亚洲国家。

德国乐器生产

某些小型乐器门类的生产呈现显著增长态势。乐器生产总值为3.3815亿欧元，增长2.1%。立式钢琴和三角钢琴这种大型乐器占德国总生产的30%，这些年来首次出现下跌，降低了2.2%。

这表明小型乐器生产的发展更为乐观。例如铜管乐器，在经历了2015年减产之后，2016年强劲增长，涨幅达两位数。小号、短号和粗管短号的生产增长31.4%；次中音号、中音号生产增长4.2%，长号增长32.8%。

在木管乐器产品中，八孔直笛在2015年强劲增长后减产6.9%，而低音管和双簧管则增长11.9%。

还有更令人振奋的消息，打击乐器的生产增长了1.5%，增幅虽小，考虑到2015年强劲增长，这一数字不可小觑。

配件（风琴除外）制造商也表示，生产增长强劲。管乐器配件生产增长24.3%，钢琴配件生产增长9.1%，其他乐器增长6.3%，弦乐器增长0.5%。总体上，乐器配件生产占德国乐器全部生产的30%左右。

一方面，欧元汇率为德国出口提供了强大后盾，另一方面，主要出口对象国家经济形势疲软，又对出口产生了负面影响，因此难以正确预判未来形势。虽然存在各种各样的风险，但各公司希望能够继续保持稳定，销售主要依赖稳定的国内市场，德国乐器行业还是希望能够保持过去一年的良好势头。（德国乐器制造商协会（BDMH）温弗莱德评注。）

2016年主要出口国家和地区

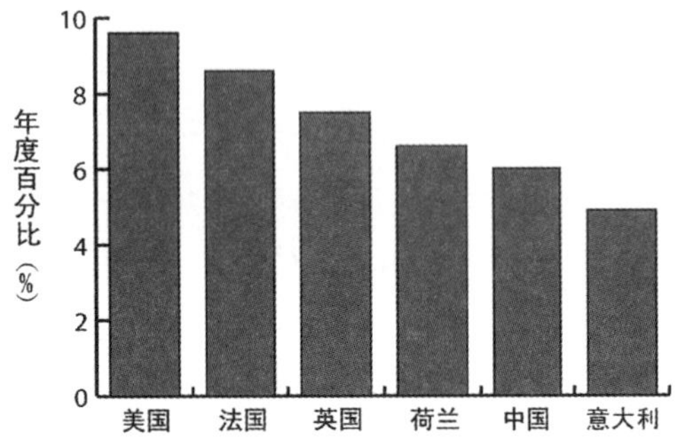

2016年主要进口国家和地区

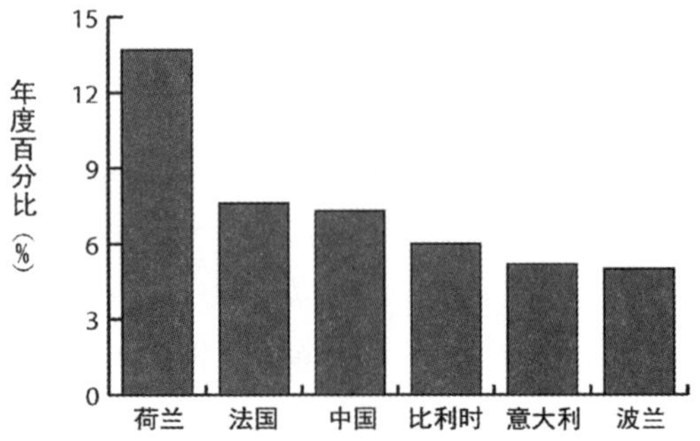

人均乐器消费额

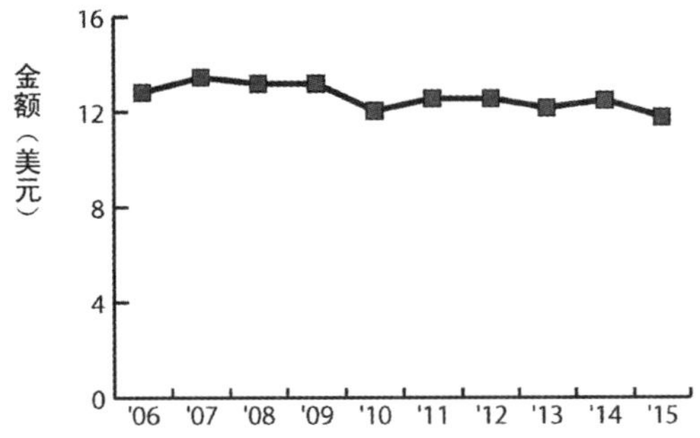

德国乐器市场

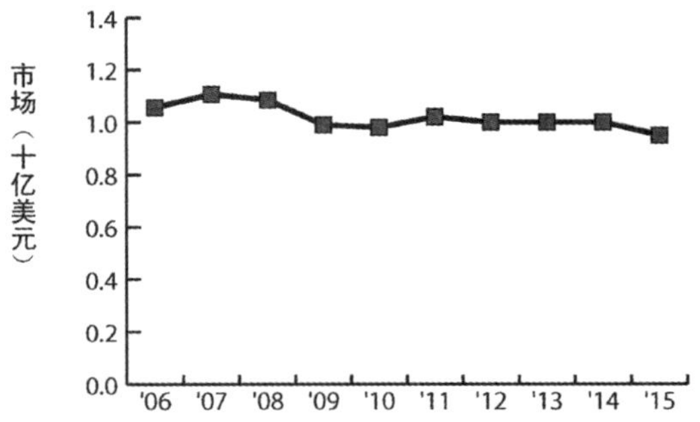

全球乐器市场份额

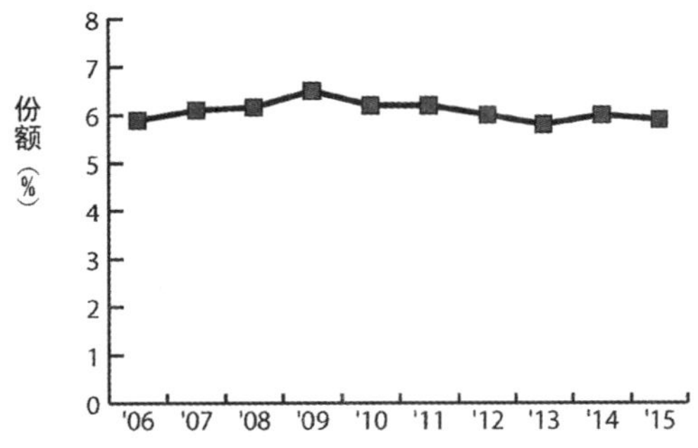

立式钢琴

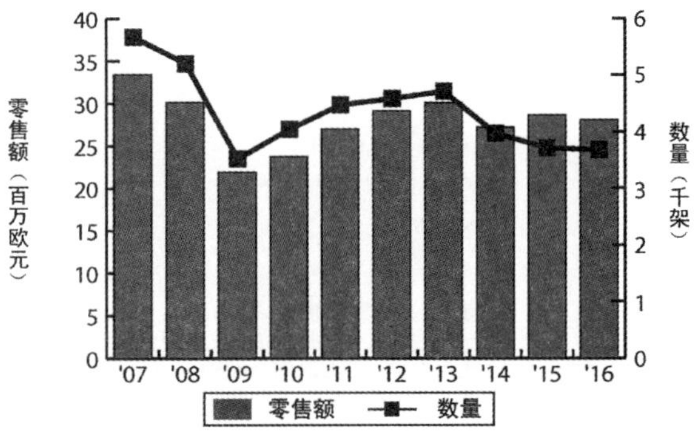

三角钢琴

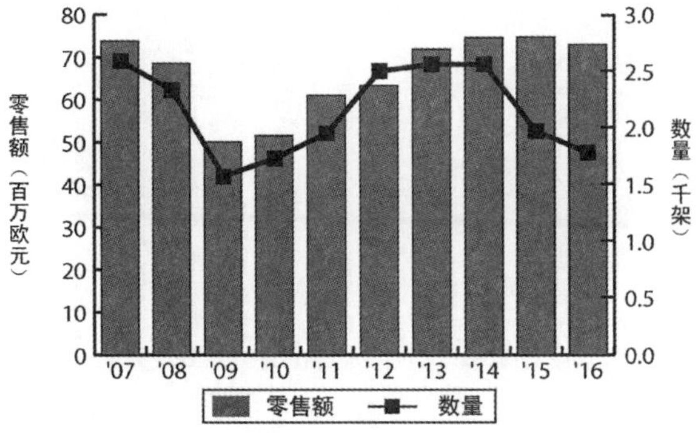

风琴

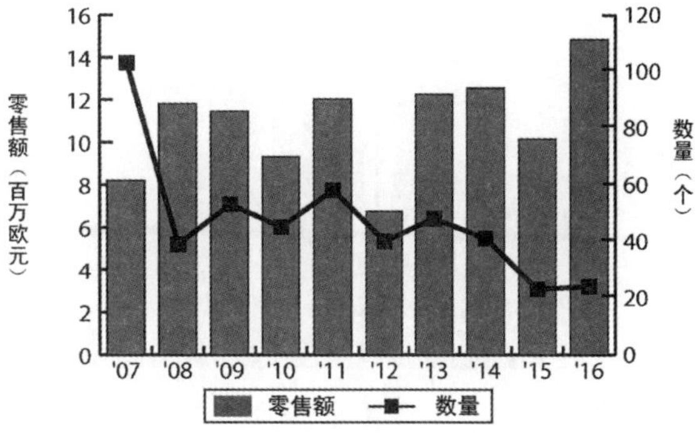

鼓和打击乐器

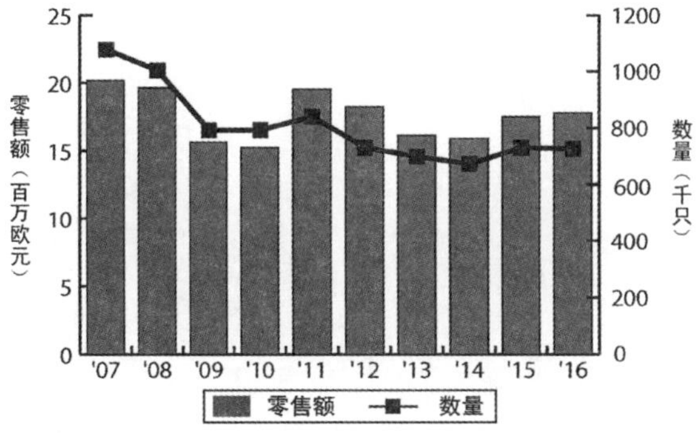

木管乐器

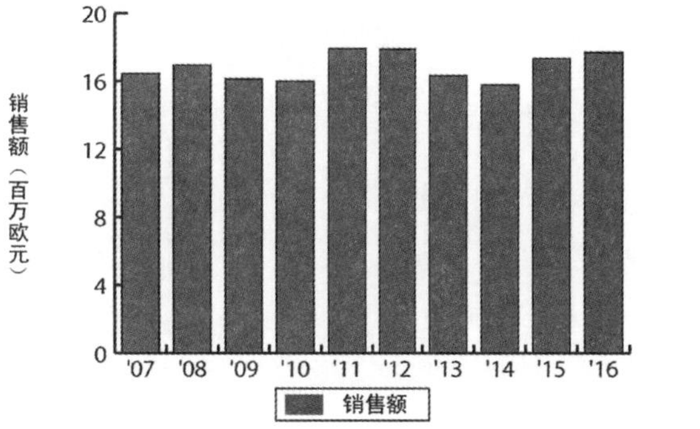

铜管乐器

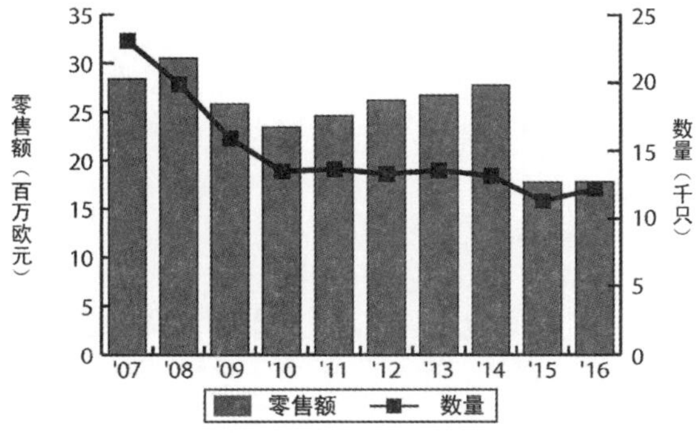

三角钢琴

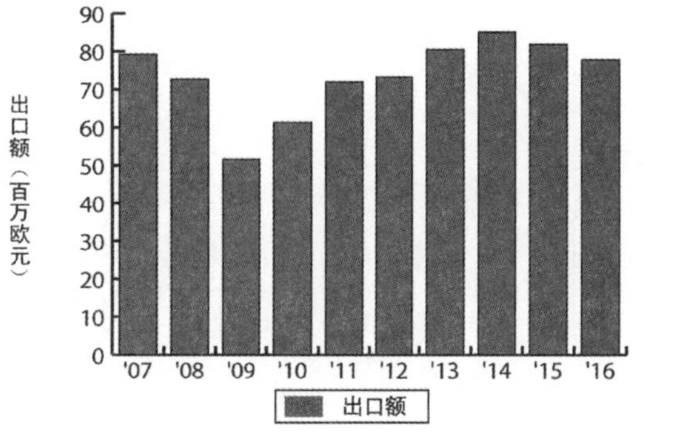

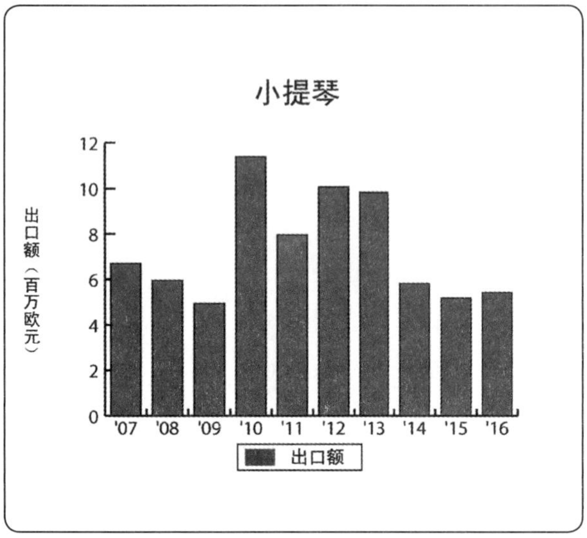
小提琴
出口额（百万欧元）
12
10
8
6
4
2
0
'07 '08 '09 '10 '11 '12 '13 '14 '15 '16
出口额

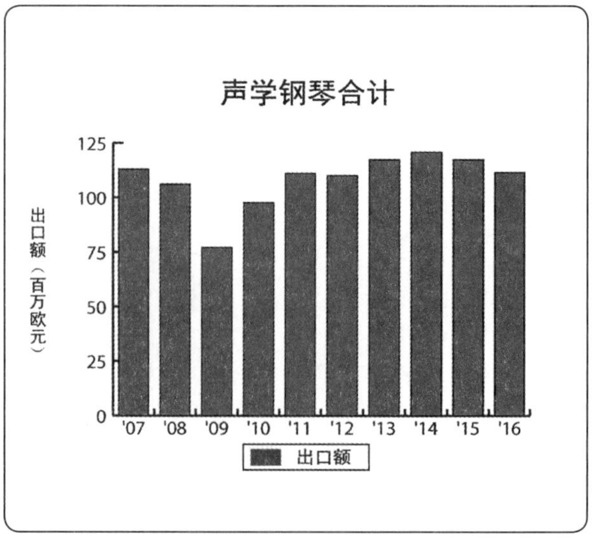
声学钢琴合计
出口额（百万欧元）
125
100
75
50
25
0
'07 '08 '09 '10 '11 '12 '13 '14 '15 '16
出口额

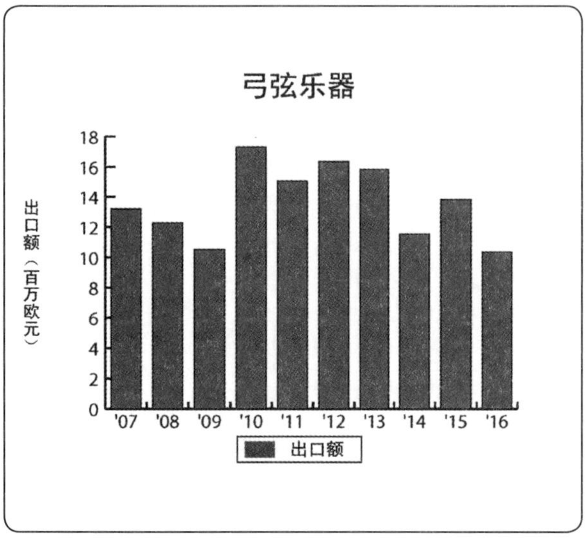
弓弦乐器
出口额（百万欧元）
18
16
14
12
10
8
6
4
2
0
'07 '08 '09 '10 '11 '12 '13 '14 '15 '16
出口额

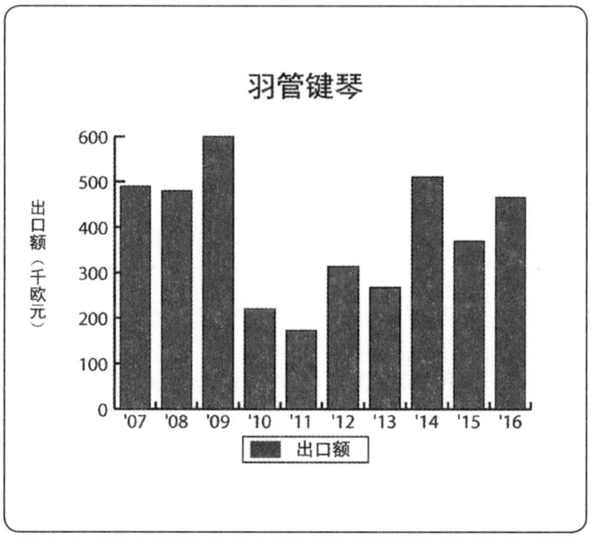
羽管键琴
出口额（千欧元）
600
500
400
300
200
100
0
'07 '08 '09 '10 '11 '12 '13 '14 '15 '16
出口额

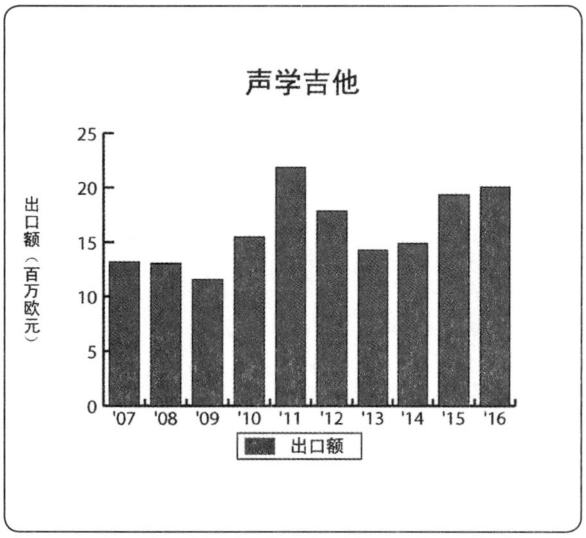
声学吉他
出口额（百万欧元）
25
20
15
10
5
0
'07 '08 '09 '10 '11 '12 '13 '14 '15 '16
出口额

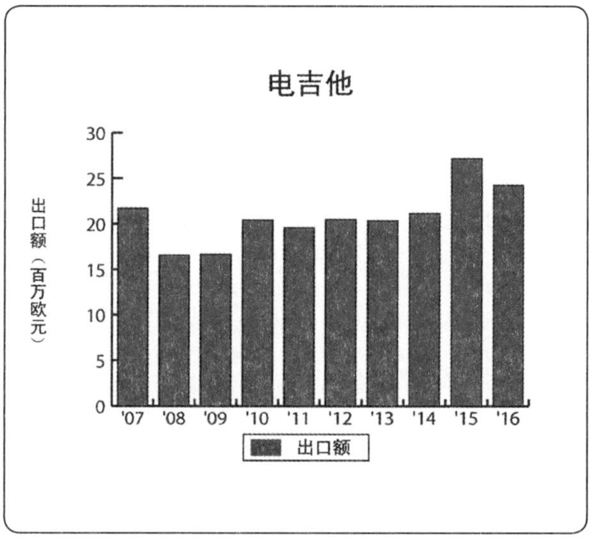
电吉他
出口额（百万欧元）
30
25
20
15
10
5
0
'07 '08 '09 '10 '11 '12 '13 '14 '15 '16
出口额

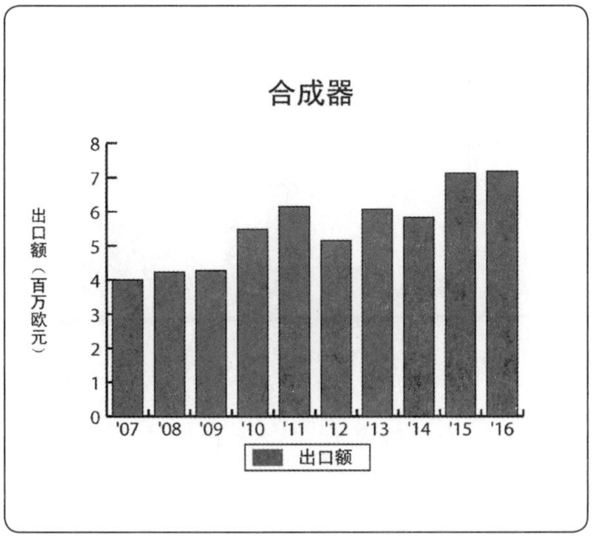
合成器
出口额（百万欧元）
0 1 2 3 4 5 6 7 8
'07 '08 '09 '10 '11 '12 '13 '14 '15 '16
出口额

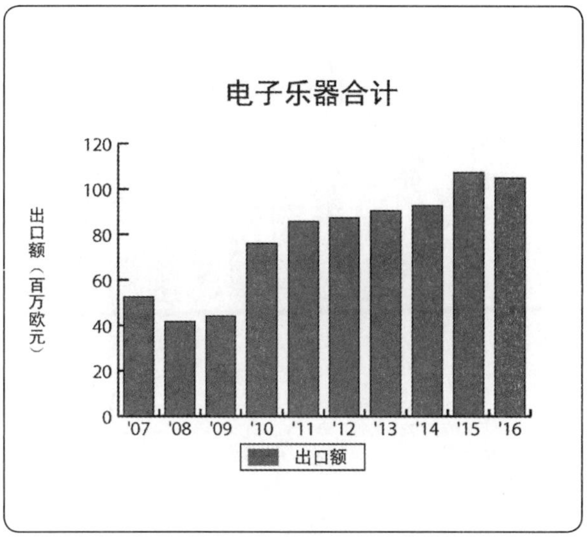
电子乐器合计
出口额（百万欧元）
0 20 40 60 80 100 120
'07 '08 '09 '10 '11 '12 '13 '14 '15 '16
出口额

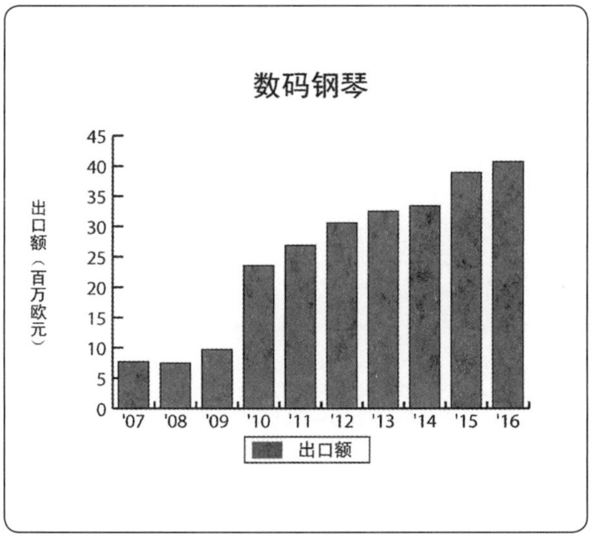
数码钢琴
出口额（百万欧元）
0 5 10 15 20 25 30 35 40 45
'07 '08 '09 '10 '11 '12 '13 '14 '15 '16
出口额

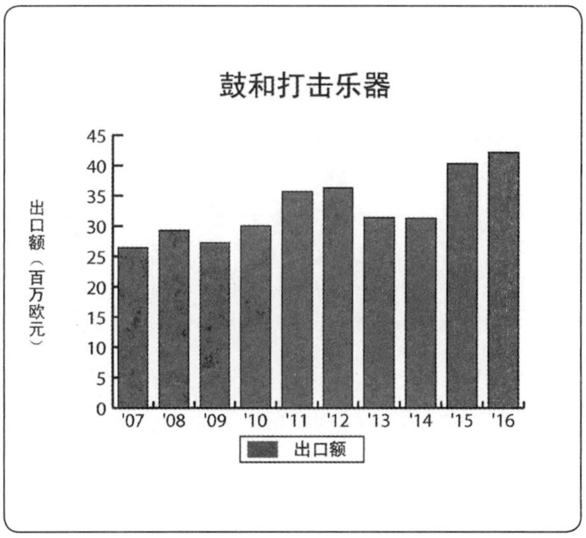
鼓和打击乐器
出口额（百万欧元）
0 5 10 15 20 25 30 35 40 45
'07 '08 '09 '10 '11 '12 '13 '14 '15 '16
出口额

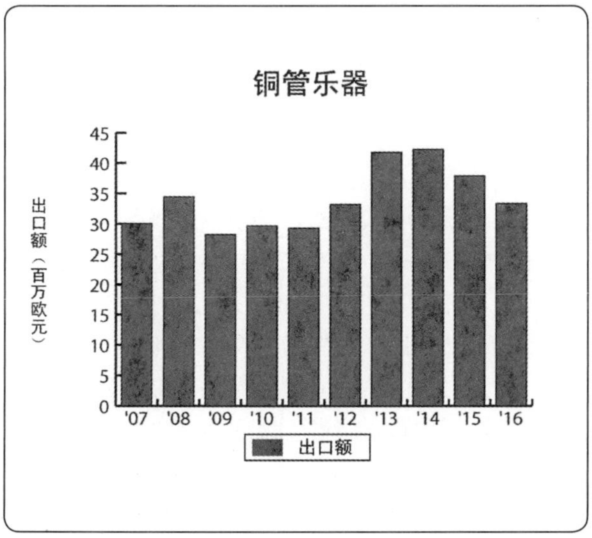
铜管乐器
出口额（百万欧元）
0 5 10 15 20 25 30 35 40 45
'07 '08 '09 '10 '11 '12 '13 '14 '15 '16
出口额

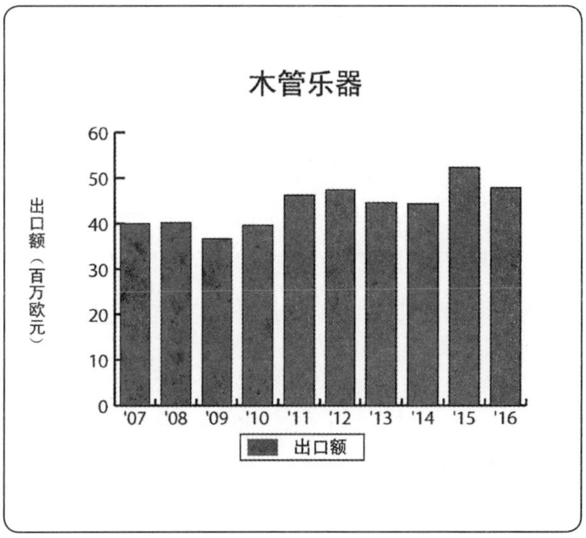
木管乐器
出口额（百万欧元）
0 10 20 30 40 50 60
'07 '08 '09 '10 '11 '12 '13 '14 '15 '16
出口额

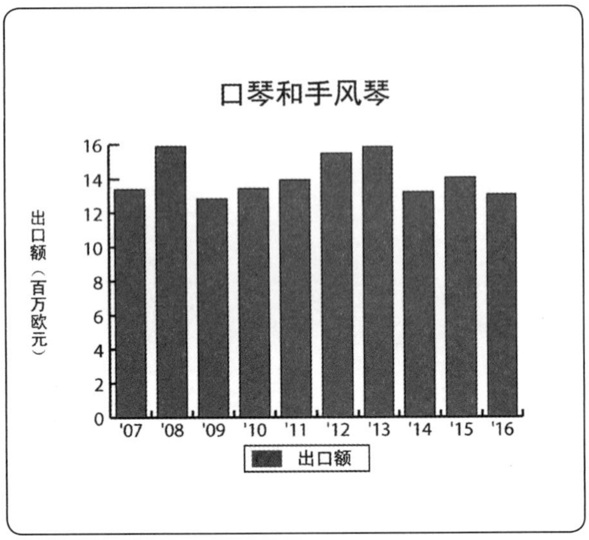

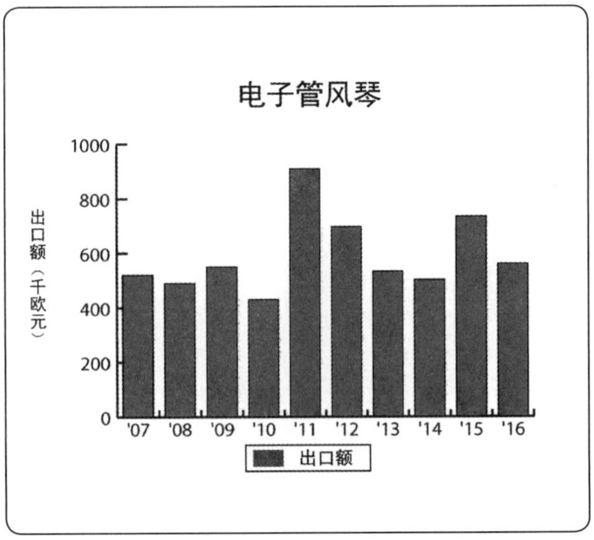

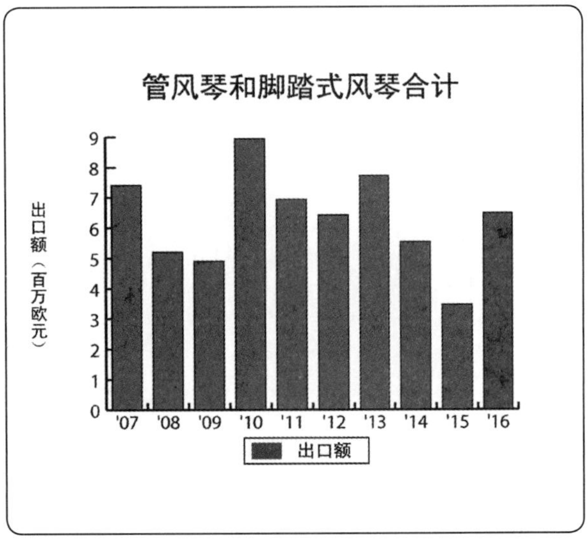

加拿大

2016年，加拿大被誉为世界第六大乐器市场，这里孕育了享誉国际的作曲家、音乐家和乐团。加拿大音乐广播由加拿大广播电视和通讯委员会（CRTC）管理。朱诺奖是加拿大录音艺术与科学学院主办的加拿大音乐界评奖活动，第一届朱诺奖于1970年颁发。成立于1976年的加拿大音乐名人堂是为褒奖加拿大音乐家的终身成就。

加拿大艺术资助基金的资助水平极高。联邦政府、省级政府和市级政府为艺术家、演出、音乐会、音乐学校和音乐节提供的资金高达数十亿美元。人们耳熟能详的加拿大艺术家有拉什、德雷克、贾斯汀·比伯、妮莉·费塔朵、萨拉·麦克拉克伦、戈登·莱特福特、奥斯卡·彼得森、琼尼·米歇尔、罗比·罗伯森、席琳·狄翁、布莱恩·亚当斯、仙妮亚·唐恩、戴安娜·克瑞儿、尼尔·杨及其他艺术家们。德雷克在2017年3月的公告牌百强单曲榜上高居榜首，另外还有两张单曲也进入了前100名。

而在哈珀保守党执政的9年中，他们不断地削减联邦政府的艺术资助基金。后来，贾斯汀·特鲁多领导的自由党在2015年10月大选中以压倒性优势获胜，并于2015年11月组件联邦新政府。

新自由党政府于2016年3月22日首次公布了预算，其中不少资金都用于联邦政府兑现竞选期间许下的艺术资助承诺。新自由党政府保证5年内投入19亿美元成立新基金，专门用于自主艺术文化项目和机构。

在269页的预算中，政府决定在接下来的5年内再向加拿大广播公司（CBC）/加拿大电台投资6.75亿美元，以“实现加拿大电台在数字时代的复兴和现代化。”2017年先行支付7500万美元并在随后的4年中每年支付1.5亿美元。

加拿大艺术委员会亦收到了一笔巨额注资。此外，政府也决定今年再向委员会预算增加4000万美元。虽然这一金额明显低于政府在竞选中所承诺的今年的9000万美元，但是，委员会在接下来的每一年中都会收到金额递增的注资，到2020~2021年，这一金额将达到1.8亿美元。这相当于加拿大艺术委员会新赠5.5亿美元资金。

加拿大文化空间基金将在2年内收到1.682亿美元的资金，这笔资金用来帮助区域性艺术团体和艺术节进行建设、升级和修复。位于渥太华的国家艺术中心也将获得一笔额外注资，其中的1.149亿美元用于改造建筑物的演出空间，另外的3500万美元将用于加拿大文化产业的海外推广。

加拿大的各大公司也是艺术家、音乐学校、巡演和音乐节的主要赞助商。该基金产生了巨大涓滴效应，在很大程度上支持了加拿大的音乐家、音乐设施和音乐组织。

乐器销售 在加拿大，人们可以从乐器琴行、音乐学院、百货商场、电子零售商、专卖店、礼品店和电商网站购买乐器。电商网站主要分布在加拿大和美国，或者独立经营，或者由实体乐器零售商经营。在加拿大销售的很多产品都是从美国、中国和欧洲进口的，不过加拿大本土生产的乐器数量也在增长。

由于加拿大乐器展和多伦多乐器展相继停办，参加美国国际乐器展会的人越来越多：2016年54家加拿大参展商， 2521名加拿大观众参观。2017年为64家家展商参展，参观人数2868名。

加拿大最大的连锁琴行——朗&麦奎德的品牌成长堪称业界神话，该琴行是加拿大最大乐器零售商。朗&麦奎德目前有74家门店（2016年还只有70家）。他们计划在2017年再开六家新店。

“这个行业竞争非常激烈。顾客期望逐步变高，顾客会经常发邮件问我为什么买一件乐器要这么久，毕竟他们也能从亚马逊上购买，而且最多5天就能拿到手。然而事实并非如此，这就好比向制造商购买尚未发布的产品一样。实体琴行的优势在于提供更好的线下个性化服务，这是顾客无法通过线上交易获得的。”公司总裁史蒂夫·朗在评论加拿大零售市场时如是说。

史蒂夫·朗表示，“对我们来说，乐器租赁、以旧换新、培训、融资、维修和二手乐器都是很大的市场。参与学校教育、社区都是我们营销的重要组成部分。如果有机会参与某个艺术计划或项目，又积极努力去实现，我们还是有机会继续增长的”。

（诺里斯文化传媒公司总裁吉姆诺里斯评注。该公司成立与1979年，是加拿大娱乐行业一家提供多种音乐咨询、服务、营销、出版的综合型传媒公司）

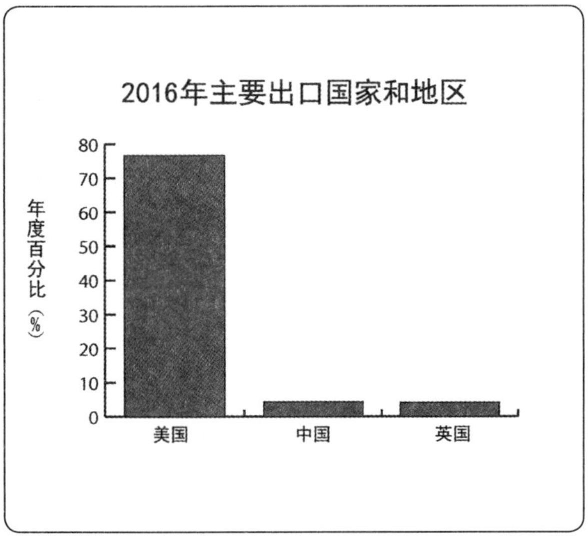
2016年主要出口国家和地区
年度百分比（%）
美国
中国
英国

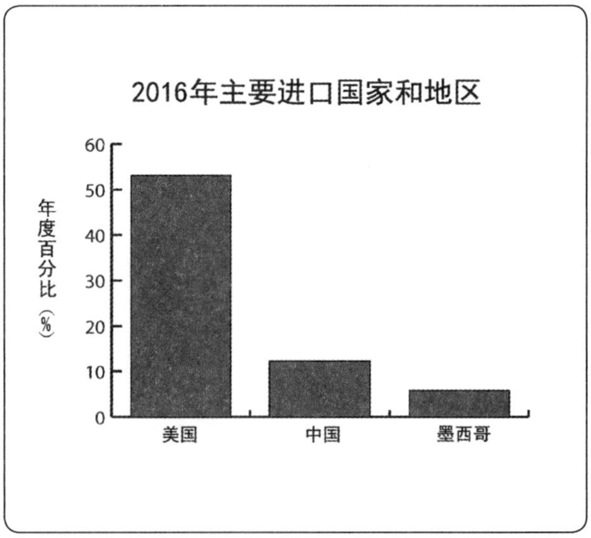
2016年主要进口国家和地区
年度百分比（%）
美国
中国
墨西哥

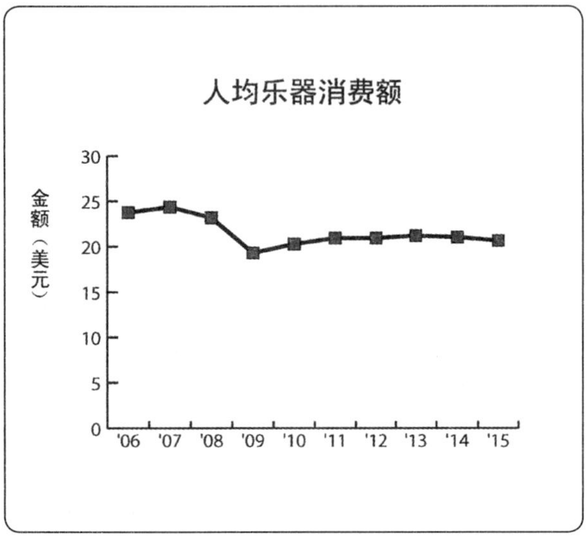
人均乐器消费额
金额（美元）

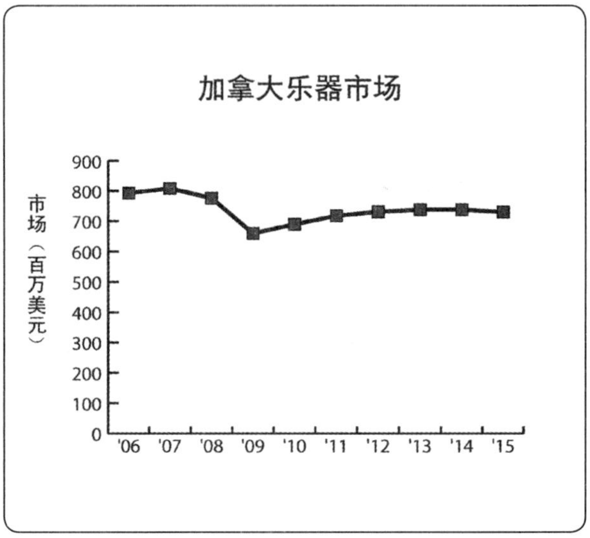
加拿大乐器市场
市场（百万美元）

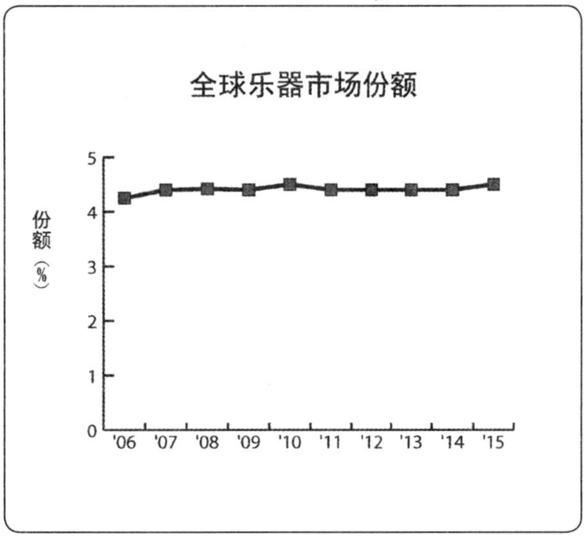
全球乐器市场份额
份额（%）

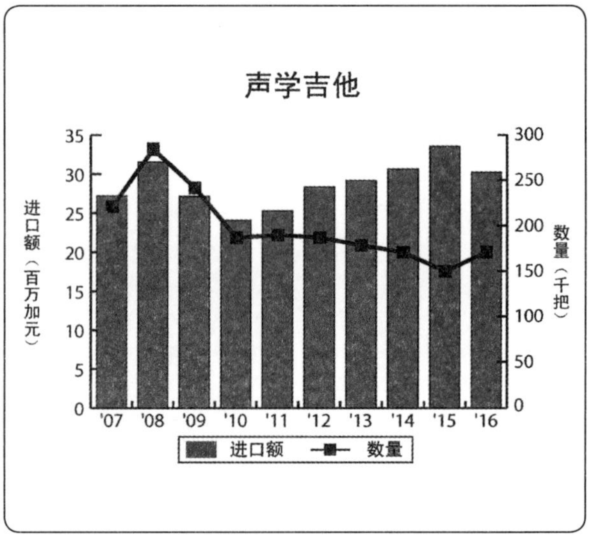
声学吉他
进口额（百万加元）
数量（千把）
进口额
数量

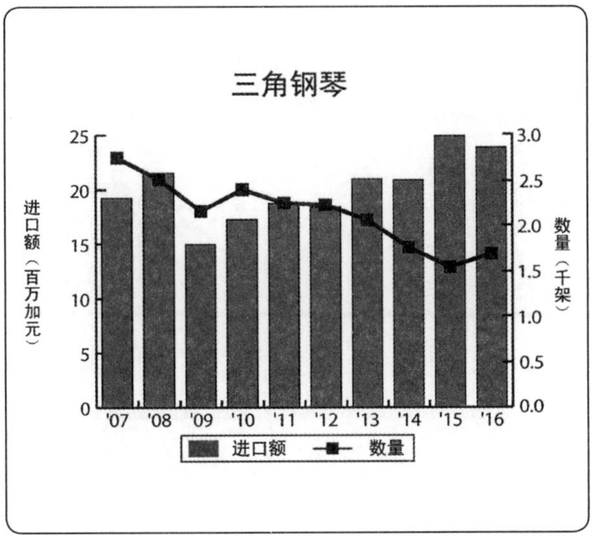
三角钢琴
进口额（百万加元）
数量（千架）
0
5
10
15
20
25
0.0
0.5
1.0
1.5
2.0
2.5
3.0
'07 '08 '09 '10 '11 '12 '13 '14 '15 '16
进口额
数量

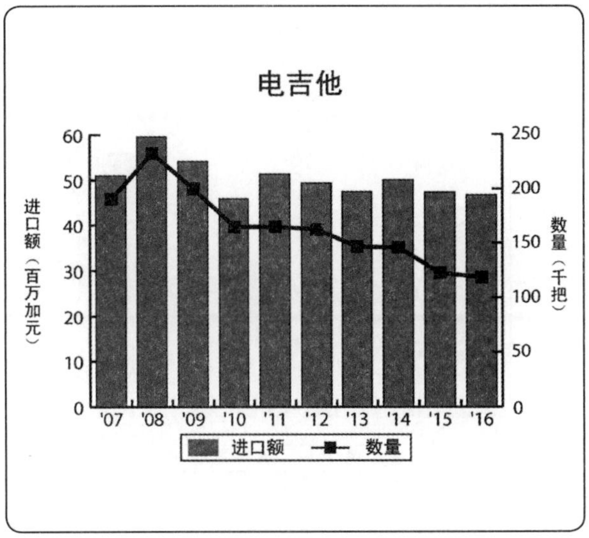
电吉他
进口额（百万加元）
数量（千把）
0
10
20
30
40
50
60
0
50
100
150
200
250
'07 '08 '09 '10 '11 '12 '13 '14 '15 '16
进口额
数量

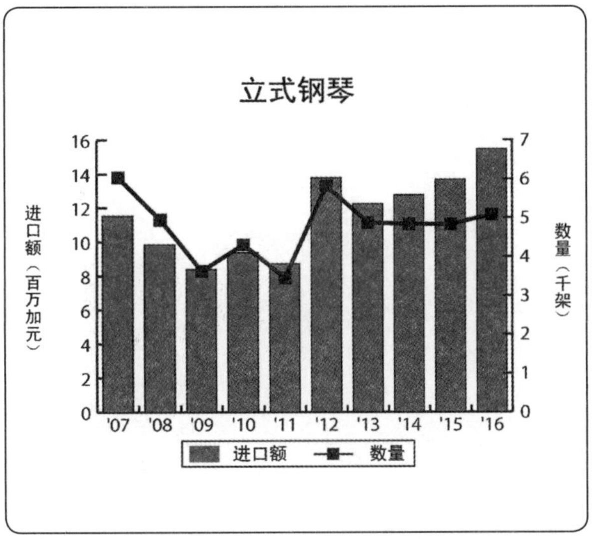
立式钢琴
进口额（百万加元）
数量（千架）
0
2
4
6
8
10
12
14
16
0
1
2
3
4
5
6
7
'07 '08 '09 '10 '11 '12 '13 '14 '15 '16
进口额
数量

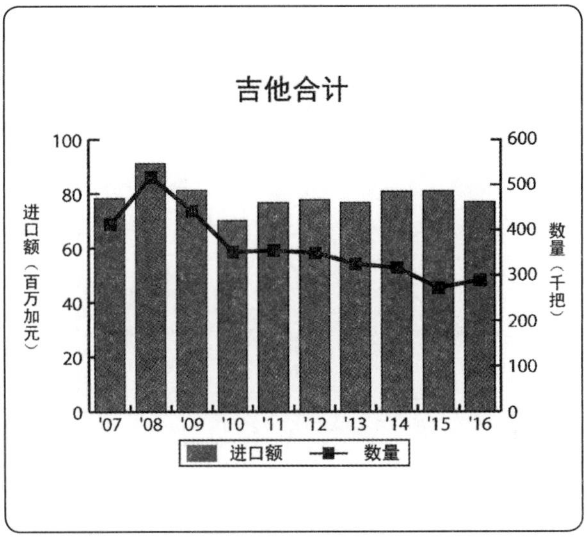
吉他合计
进口额（百万加元）
数量（千把）
0
20
40
60
80
100
0
100
200
300
400
500
600
'07 '08 '09 '10 '11 '12 '13 '14 '15 '16
进口额
数量

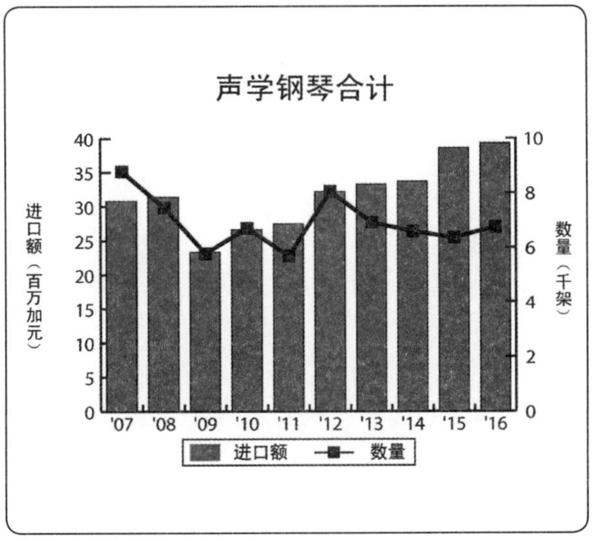
声学钢琴合计
进口额（百万加元）
数量（千架）
0
5
10
15
20
25
30
35
40
0
2
4
6
8
10
'07 '08 '09 '10 '11 '12 '13 '14 '15 '16
进口额
数量

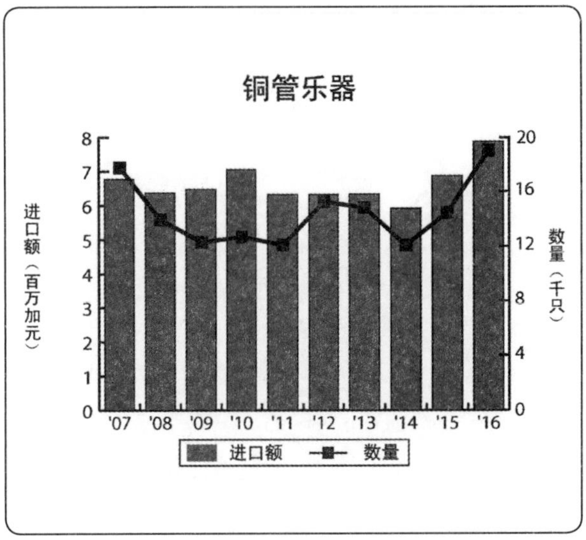
铜管乐器
进口额（百万加元）
数量（千只）
0
1
2
3
4
5
6
7
8
0
4
8
12
16
20
'07 '08 '09 '10 '11 '12 '13 '14 '15 '16
进口额
数量

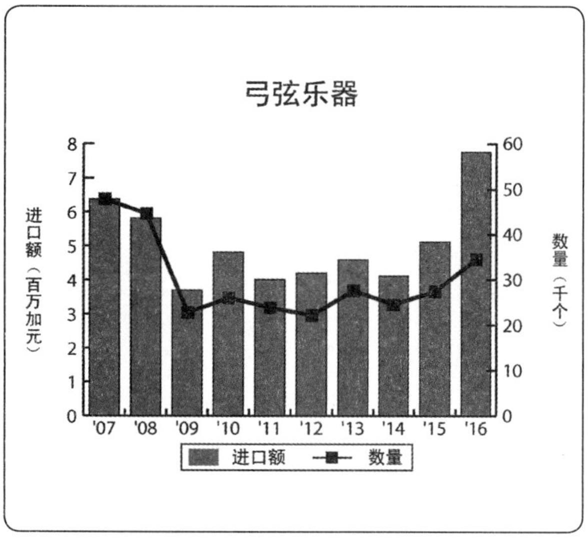
弓弦乐器
进口额（百万加元）
数量（千个）
'07 '08 '09 '10 '11 '12 '13 '14 '15 '16
进口额
数量

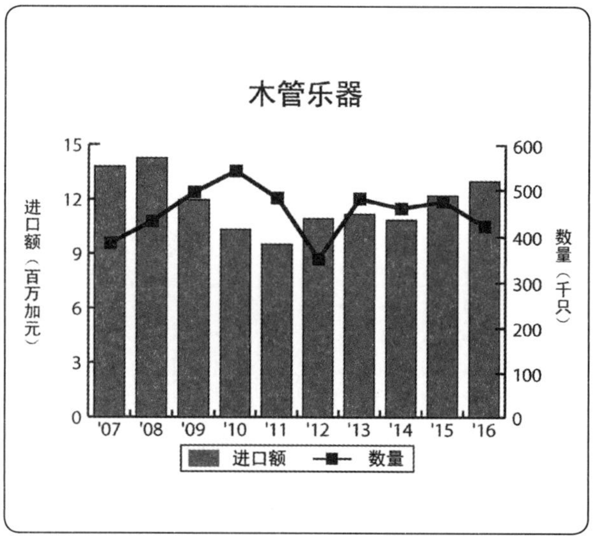
木管乐器
进口额（百万加元）
数量（千只）
'07 '08 '09 '10 '11 '12 '13 '14 '15 '16
进口额
数量

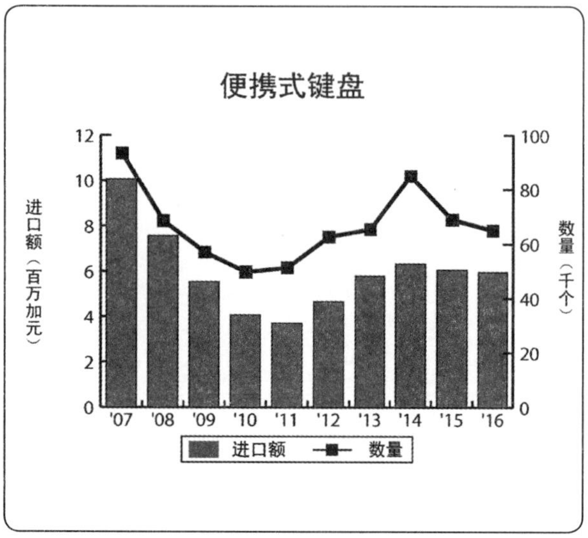
便携式键盘
进口额（百万加元）
数量（千个）
'07 '08 '09 '10 '11 '12 '13 '14 '15 '16
进口额
数量

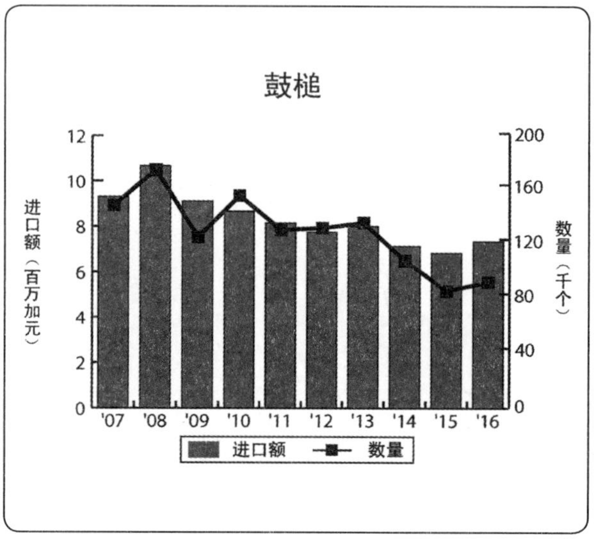
鼓槌
进口额（百万加元）
数量（千个）
'07 '08 '09 '10 '11 '12 '13 '14 '15 '16
进口额
数量

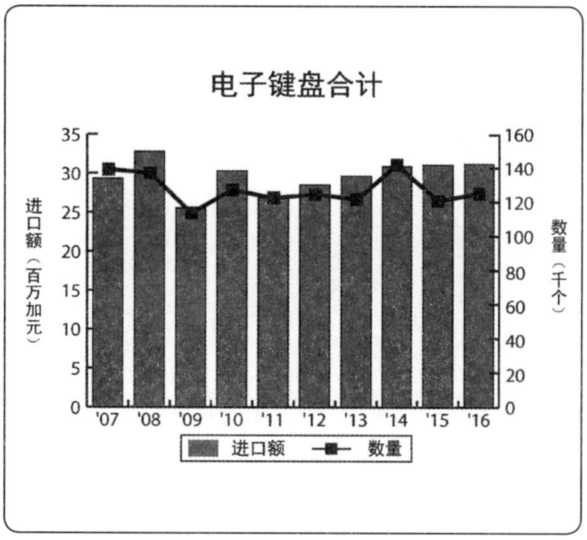
电子键盘合计
进口额（百万加元）
数量（千个）
'07 '08 '09 '10 '11 '12 '13 '14 '15 '16
进口额
数量

法国

总体来说，法国国内互联网销售继续增加。这对法国本土互联网公司来说不是个好消息，对欧洲其他国家也一样，亚马逊的出现同时增加了琴行按地域跟踪销售的难度。

2016年，鼓、声学吉他和声学钢琴销售减少。管弦乐器仍然保持稳定，电子键盘、电子鼓和专业音响市场实现有效增长。鉴于法国总统选举的结果，但愿能看到法国教育管理部门重新点燃人们对音乐的热情，这也是我们业界同行的一个关注点。

（评注：弯德隆乐器公司总经理兼欧洲音乐产业联盟副总裁伊曼纽尔•托纳利尔）

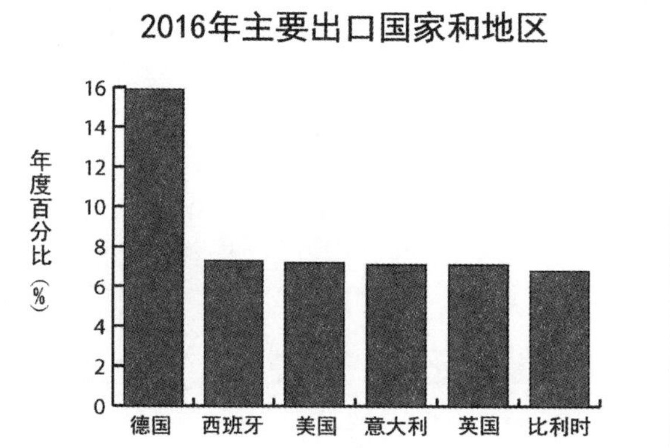

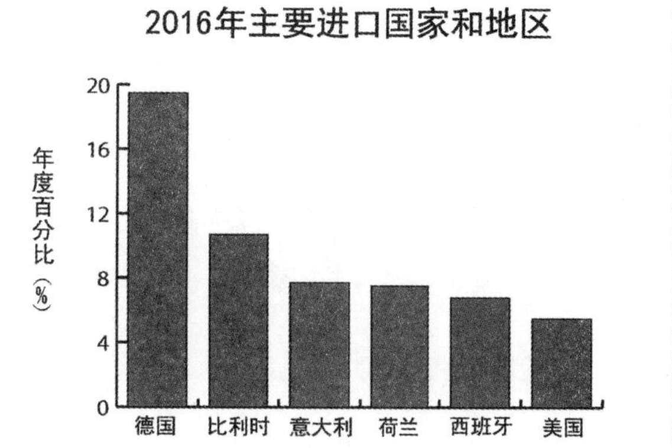

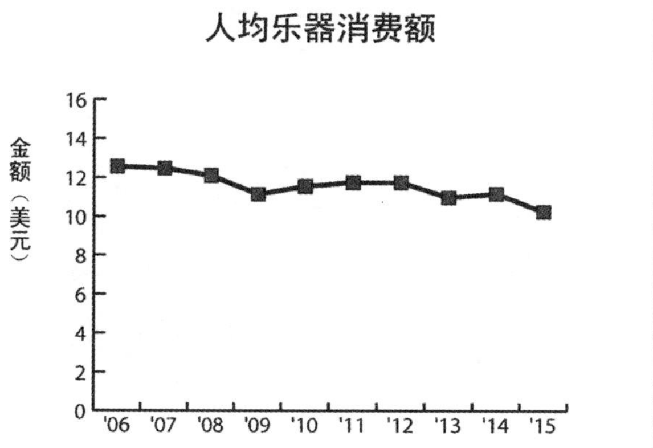

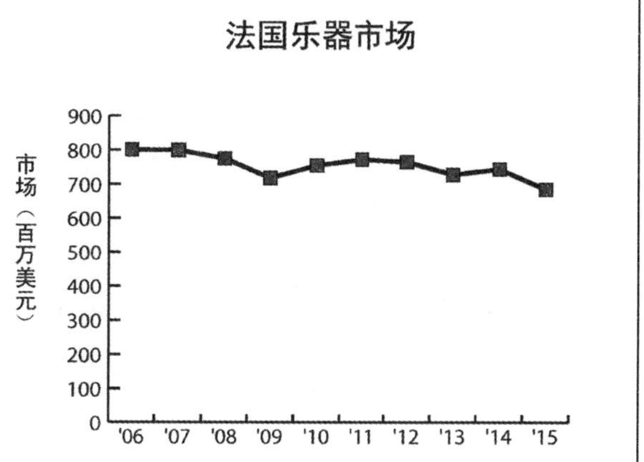

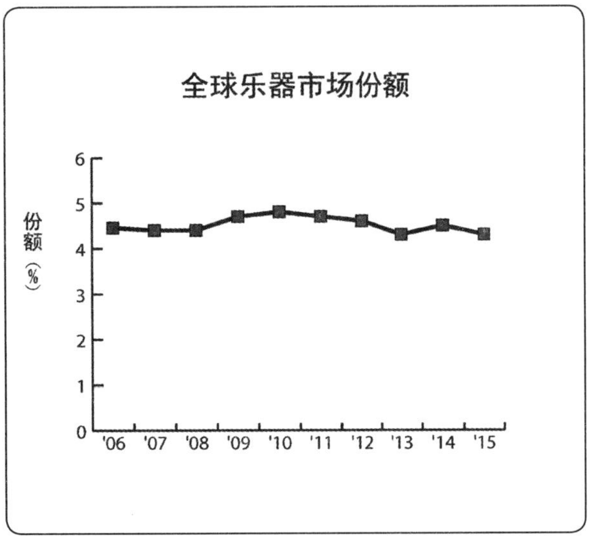
全球乐器市场份额
份额（%）
6
5
4
3
2
1
0
'06 '07 '08 '09 '10 '11 '12 '13 '14 '15

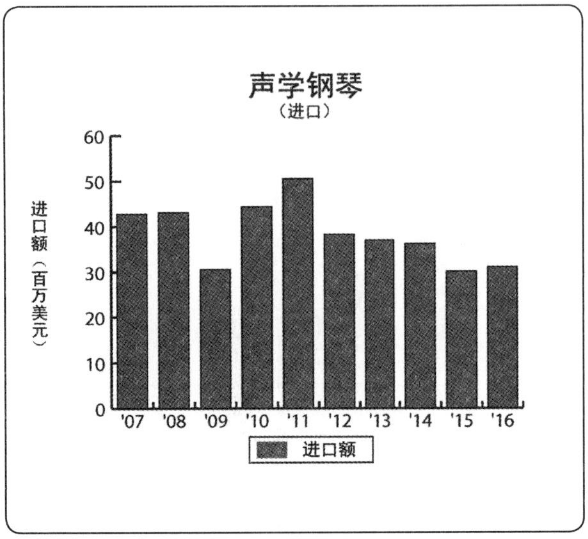
声学钢琴
（进口）
进口额（百万美元）
60
50
40
30
20
10
0
'07 '08 '09 '10 '11 '12 '13 '14 '15 '16
进口额

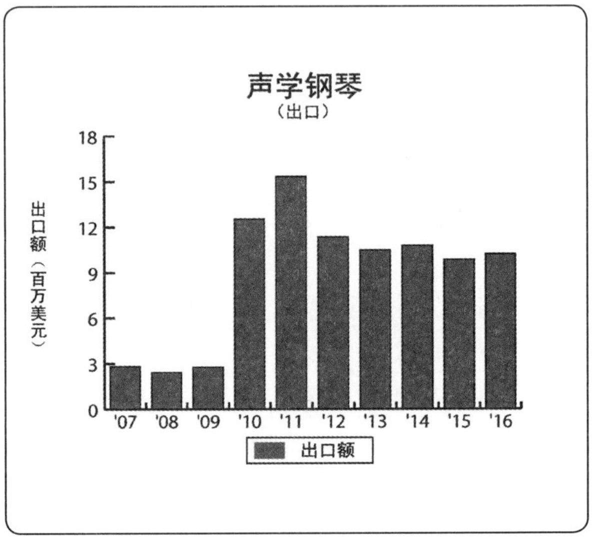
声学钢琴
（出口）
出口额（百万美元）
18
15
12
9
6
3
0
'07 '08 '09 '10 '11 '12 '13 '14 '15 '16
出口额

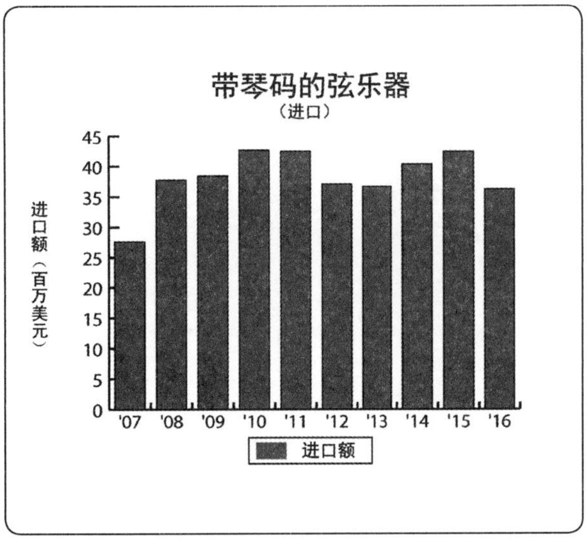
带琴码的弦乐器
（进口）
进口额（百万美元）
45
40
35
30
25
20
15
10
5
0
'07 '08 '09 '10 '11 '12 '13 '14 '15 '16
进口额

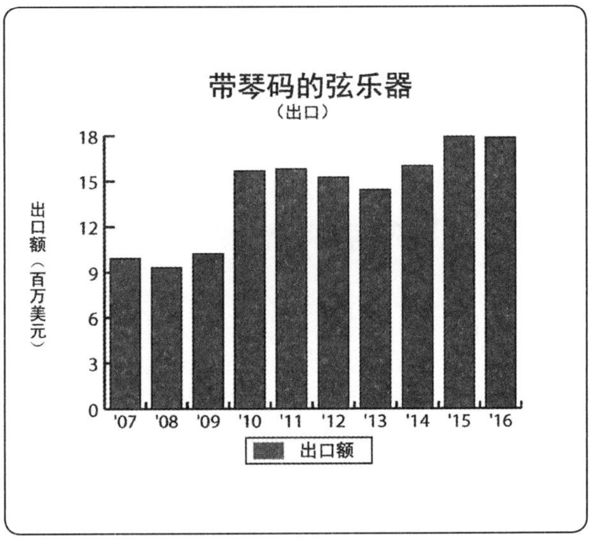
带琴码的弦乐器
（出口）
出口额（百万美元）
18
15
12
9
6
3
0
'07 '08 '09 '10 '11 '12 '13 '14 '15 '16
出口额

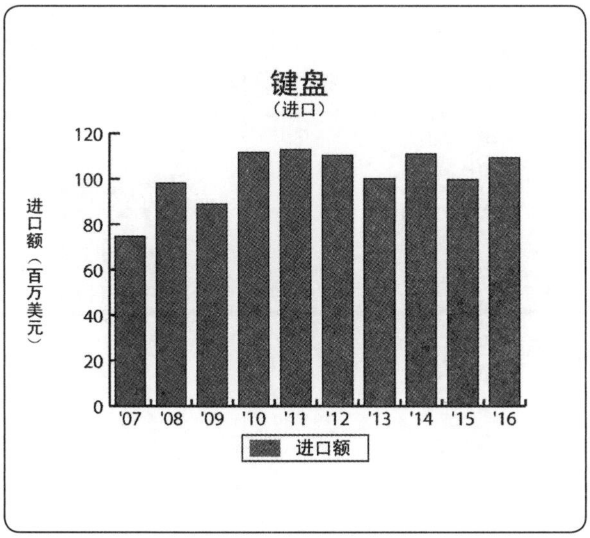
键盘
（进口）
进口额（百万美元）
120
100
80
60
40
20
0
'07 '08 '09 '10 '11 '12 '13 '14 '15 '16
进口额

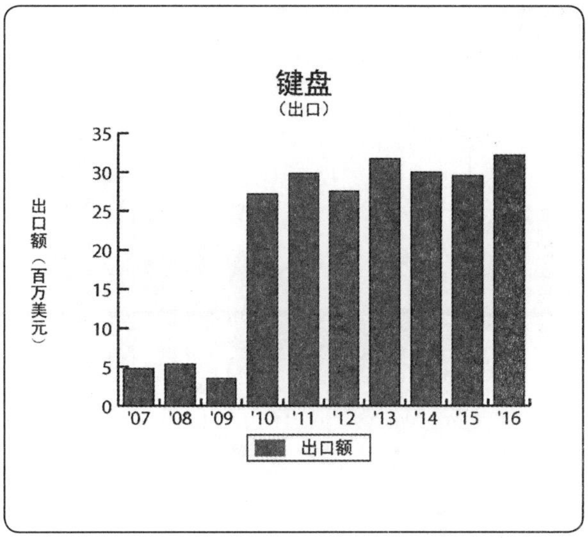
键盘
（出口）
出口额（百万美元）
35
30
25
20
15
10
5
0
'07 '08 '09 '10 '11 '12 '13 '14 '15 '16
出口额

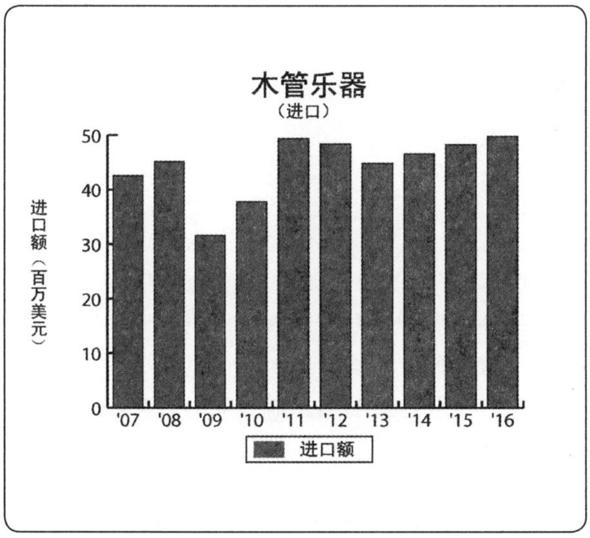
木管乐器
（进口）
进口额（百万美元）
50
40
30
20
10
0
'07 '08 '09 '10 '11 '12 '13 '14 '15 '16
进口额

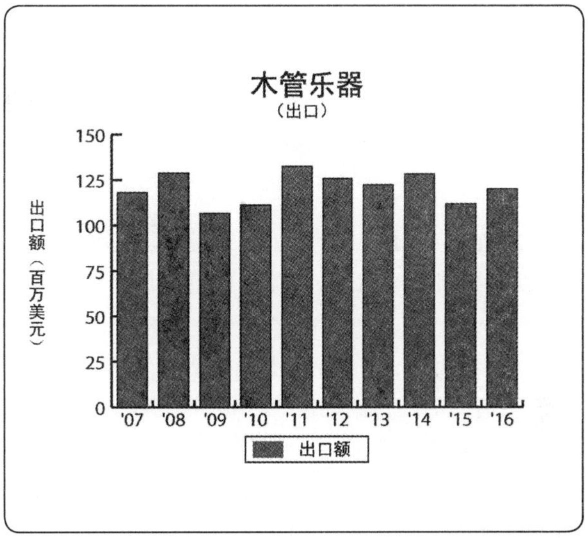
木管乐器
（出口）
出口额（百万美元）
150
125
100
75
50
25
0
'07 '08 '09 '10 '11 '12 '13 '14 '15 '16
出口额

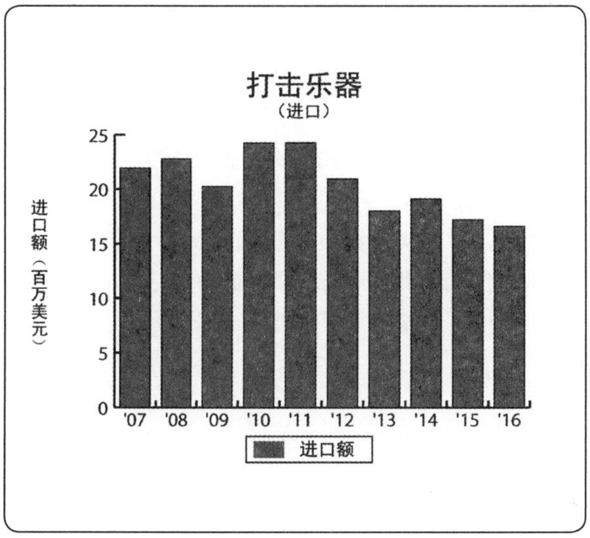
打击乐器
（进口）
进口额（百万美元）
25
20
15
10
5
0
'07 '08 '09 '10 '11 '12 '13 '14 '15 '16
进口额

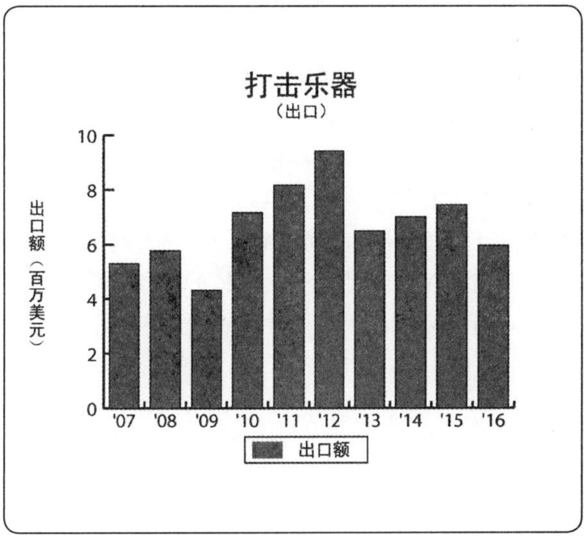
打击乐器
（出口）
出口额（百万美元）
10
8
6
4
2
0
'07 '08 '09 '10 '11 '12 '13 '14 '15 '16
出口额

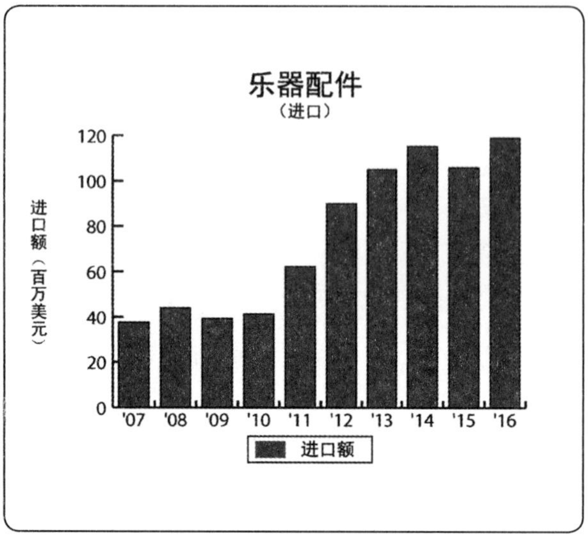

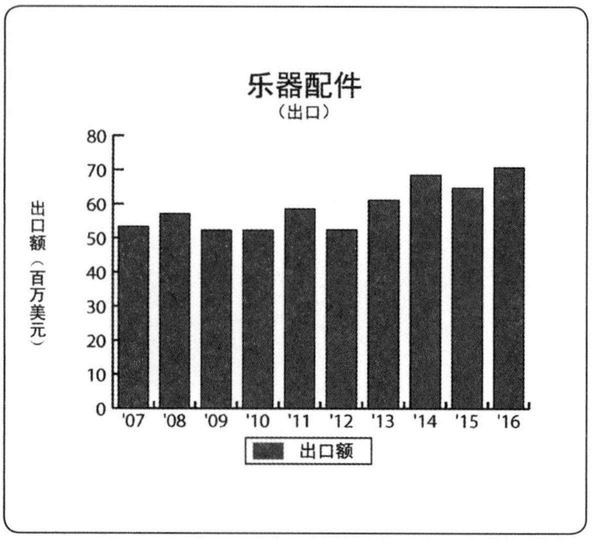

英国

2016年英国经济整体上呈缓慢复苏态势，然而脱欧后的政治形势还是给英国市场造成了极大不确定性。

英国脱欧公投的结果让人深感意外，英国零售商和制造商的经营结果也难以预料。英国货币-英镑的贬值则给某些乐器零售商打了一剂强心针——因为对欧洲地区的出口销量增加了。不过，“好景”可能并不长，所有这一切随时会发生改变，这取决于英国脱欧之后的贸易谈判协定。

正如我写到的，英国公投尚未对消费公众构成“离心力”，在遭遇不确定性情况下，英国消费者会有意控制在非日用必需品方面的开销。因此，可以乐观地说，英国乐器零售市场规模仍和前几年差不多。的确有琴行倒闭，但同时不断有新店开张，特别是大型乐器零售商仍在扩张。人们意识到专业、完整的多渠道销售平台发挥的作用非常重要。在适应当前需求和满足理性消费者需要的技术和服务定位方面，连锁零售商经验更为丰富。2017年对于零售商而言，这种重要性会越来越突出。

另外，最新一项研究表明，英国人不但接受网购，而且网购的人均消费水平比世界上任何一个国家都高。亚马逊对英国乐器行业的影响仍然饱受争议。很明显，公司正在将大量的乐器卖给庞大数据库里的消费者们，这种行为对英国乐器零售连锁店和乐器供应商所产生的最终影响仍有待商榷。

毋庸置疑，人们现在可以通过各种各样的渠道购买自己喜欢的乐器。去年的总结中我也曾提到过，最新研究表明，现在弹奏乐器的人群在不断扩大，拥有乐器的家庭数量也在不断增加。这恰好包括很多以前弹过乐器而现在又想弹的人以及很多从没弹过乐器而现在打算开始弹琴的群体。我们这个行业一直都不缺乏实质性扩张的机会，当然前提条件是，我们先得想办法找到这些人，才能适销对路！（评注：英国乐器协会会长保罗）

2016年主要出口国家和地区

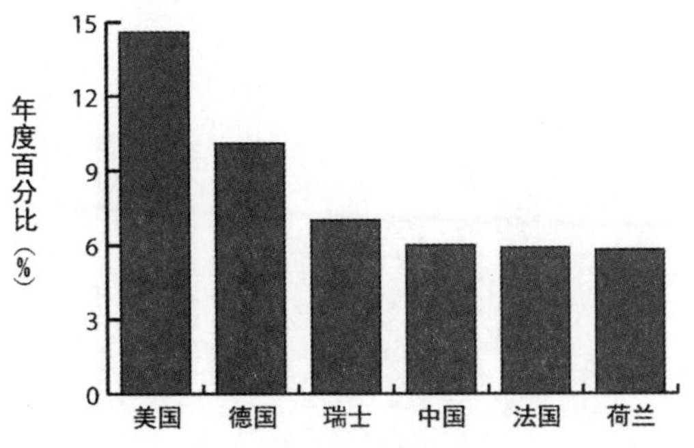

2016年主要进口国家和地区

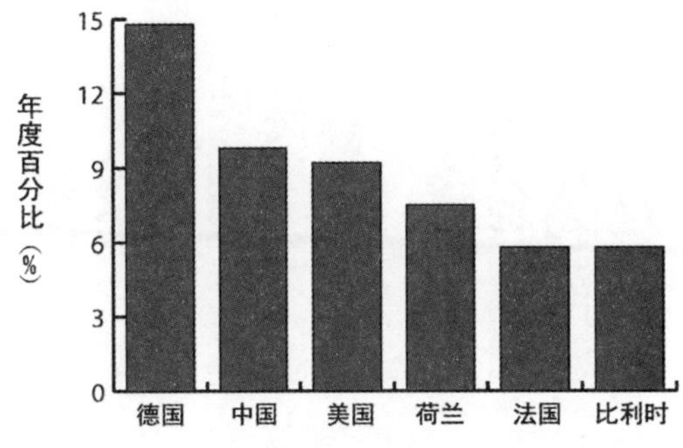

人均乐器消费额

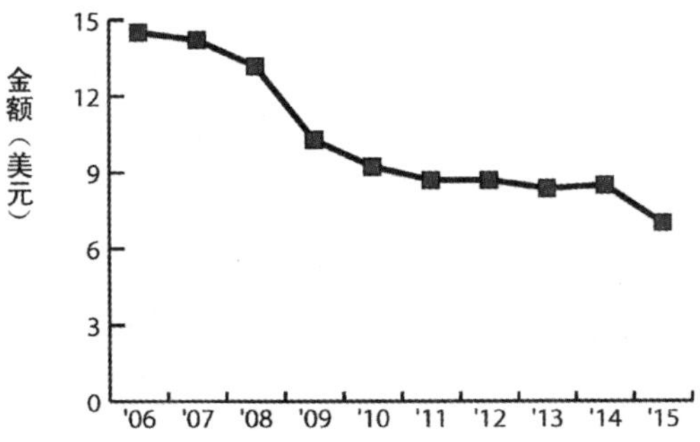

英国乐器市场

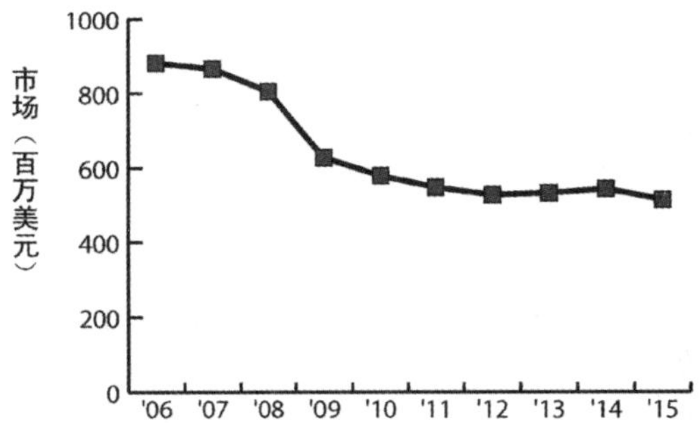

全球乐器市场份额

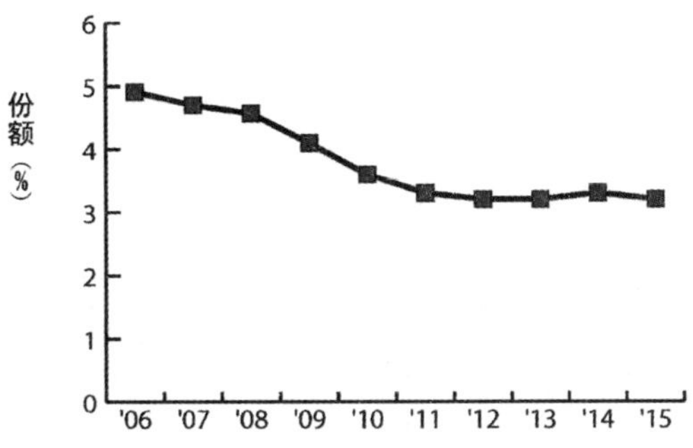

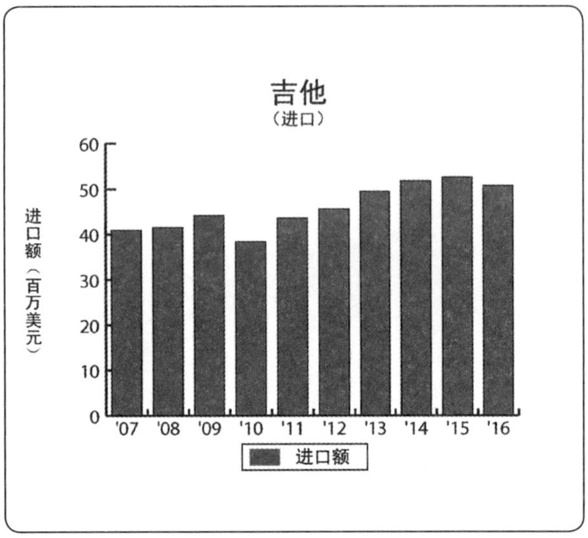
吉他
（进口）
进口额（百万美元）
60
50
40
30
20
10
0
'07 '08 '09 '10 '11 '12 '13 '14 '15 '16
进口额

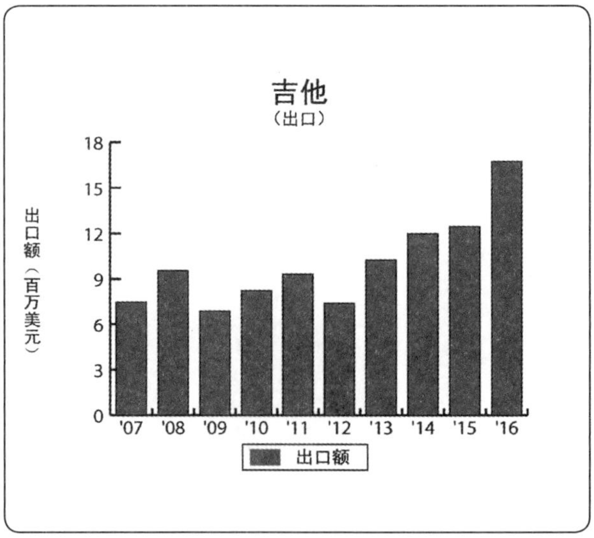
吉他
（出口）
出口额（百万美元）
18
15
12
9
6
3
0
'07 '08 '09 '10 '11 '12 '13 '14 '15 '16
出口额

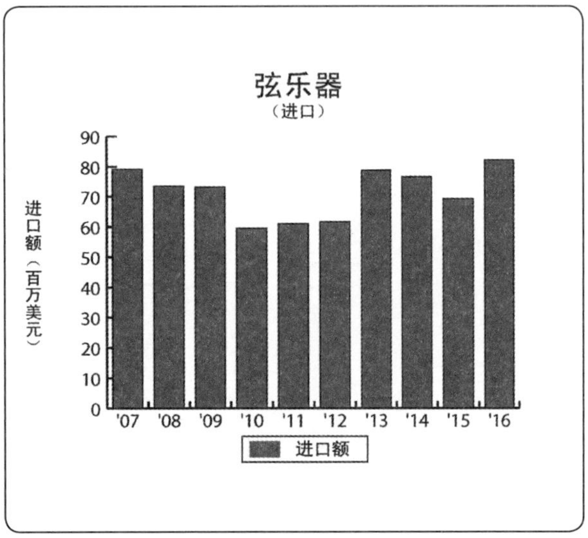
弦乐器
（进口）
进口额（百万美元）
90
80
70
60
50
40
30
20
10
0
'07 '08 '09 '10 '11 '12 '13 '14 '15 '16
进口额

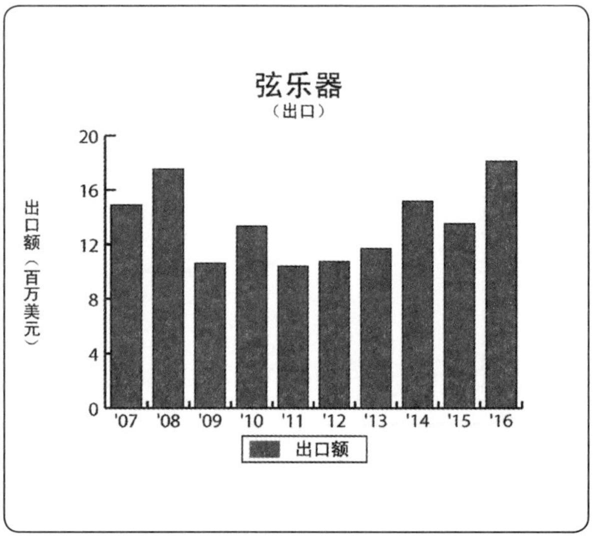
弦乐器
（出口）
出口额（百万美元）
20
16
12
8
4
0
'07 '08 '09 '10 '11 '12 '13 '14 '15 '16
出口额

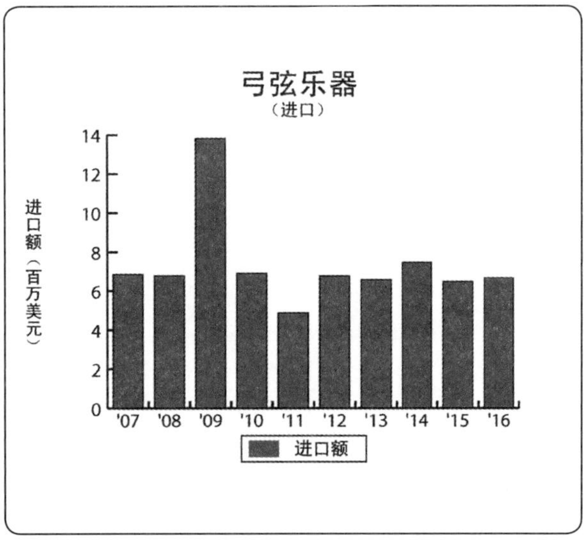
弓弦乐器
（进口）
进口额（百万美元）
14
12
10
8
6
4
2
0
'07 '08 '09 '10 '11 '12 '13 '14 '15 '16
进口额

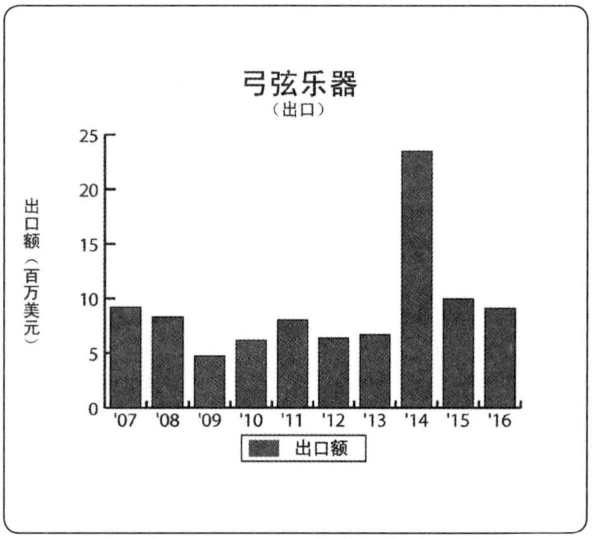
弓弦乐器
（出口）
出口额（百万美元）
25
20
15
10
5
0
'07 '08 '09 '10 '11 '12 '13 '14 '15 '16
出口额

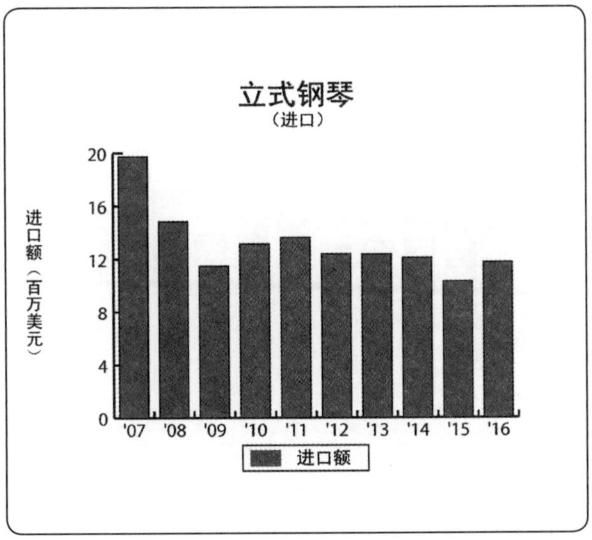
立式钢琴
（进口）
进口额（百万美元）
0
4
8
12
16
20
'07 '08 '09 '10 '11 '12 '13 '14 '15 '16
进口额

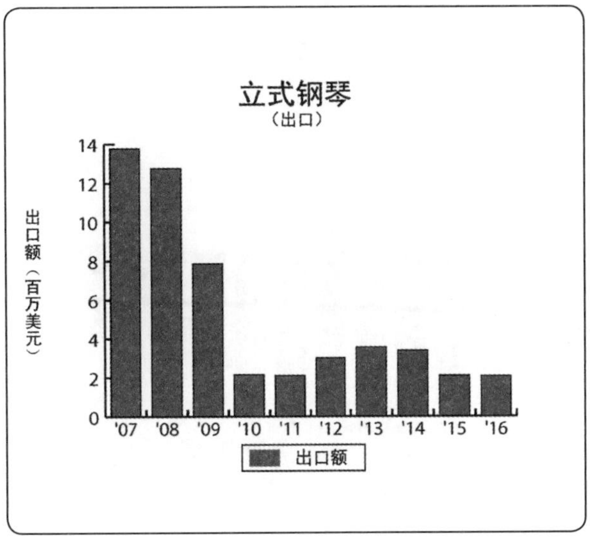
立式钢琴
（出口）
出口额（百万美元）
0
2
4
6
8
10
12
14
'07 '08 '09 '10 '11 '12 '13 '14 '15 '16
出口额

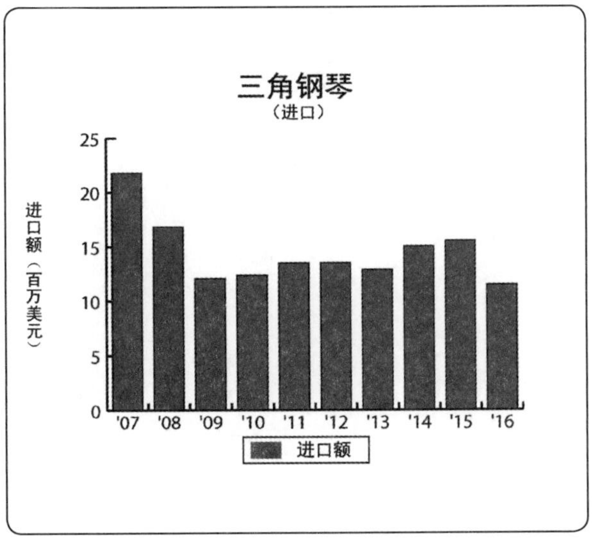
三角钢琴
（进口）
进口额（百万美元）
0
5
10
15
20
25
'07 '08 '09 '10 '11 '12 '13 '14 '15 '16
进口额

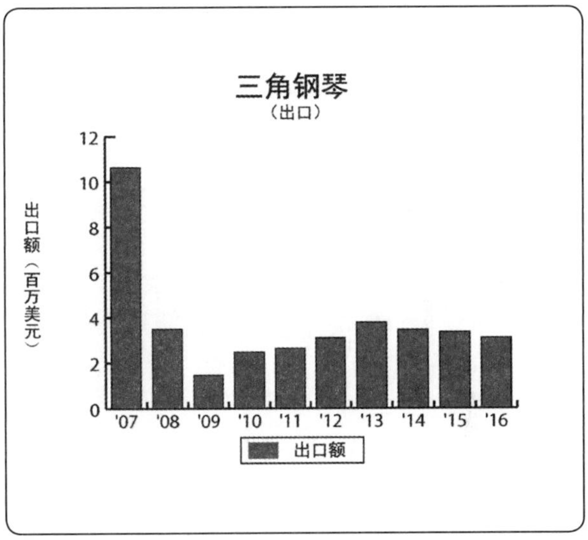
三角钢琴
（出口）
出口额（百万美元）
0
2
4
6
8
10
12
'07 '08 '09 '10 '11 '12 '13 '14 '15 '16
出口额

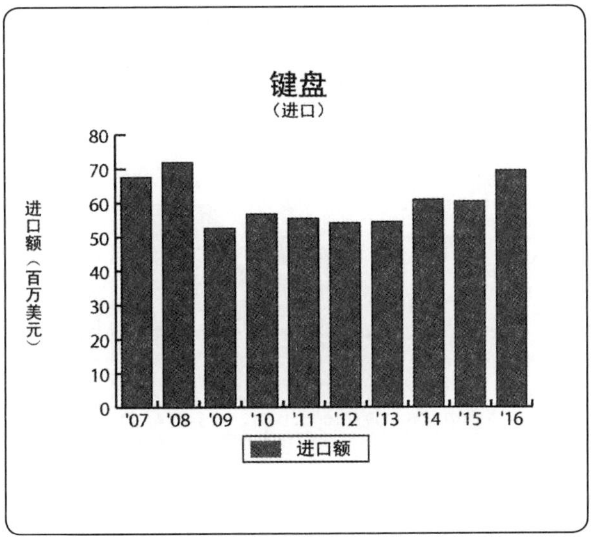
键盘
（进口）
进口额（百万美元）
0
10
20
30
40
50
60
70
80
'07 '08 '09 '10 '11 '12 '13 '14 '15 '16
进口额

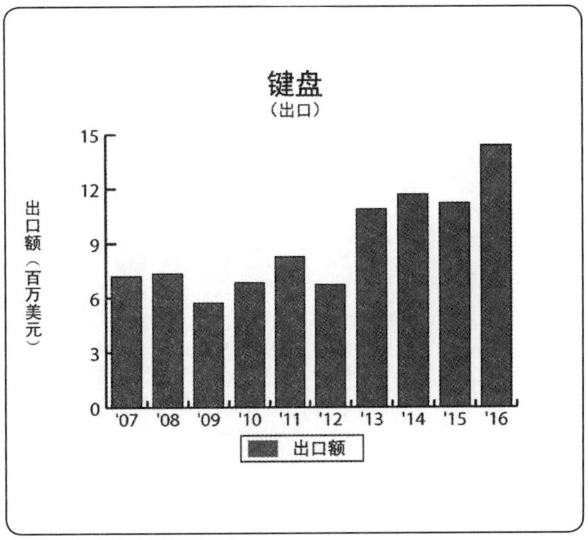
键盘
（出口）
出口额（百万美元）
0
3
6
9
12
15
'07 '08 '09 '10 '11 '12 '13 '14 '15 '16
出口额

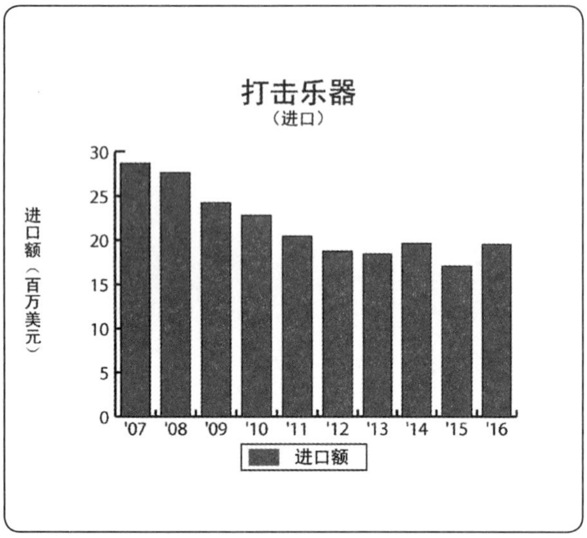
打击乐器
（进口）
进口额（百万美元）
30
25
20
15
10
5
0
'07 '08 '09 '10 '11 '12 '13 '14 '15 '16
进口额

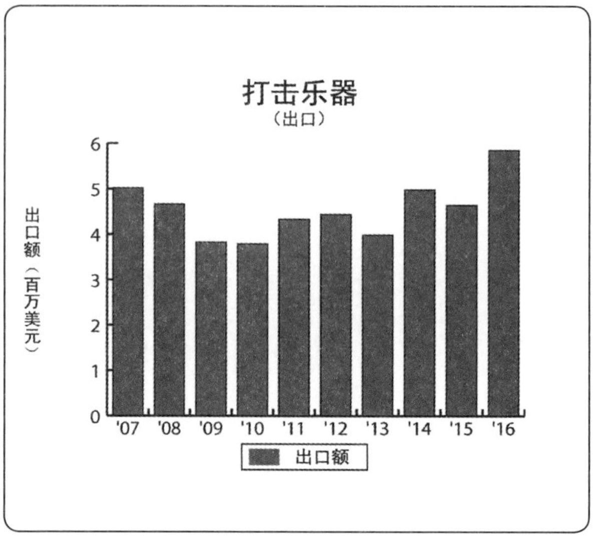
打击乐器
（出口）
出口额（百万美元）
6
5
4
3
2
1
0
'07 '08 '09 '10 '11 '12 '13 '14 '15 '16
出口额

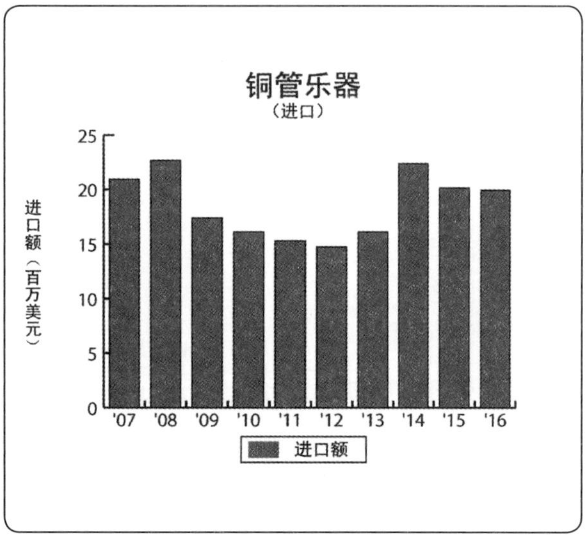
铜管乐器
（进口）
进口额（百万美元）
25
20
15
10
5
0
'07 '08 '09 '10 '11 '12 '13 '14 '15 '16
进口额

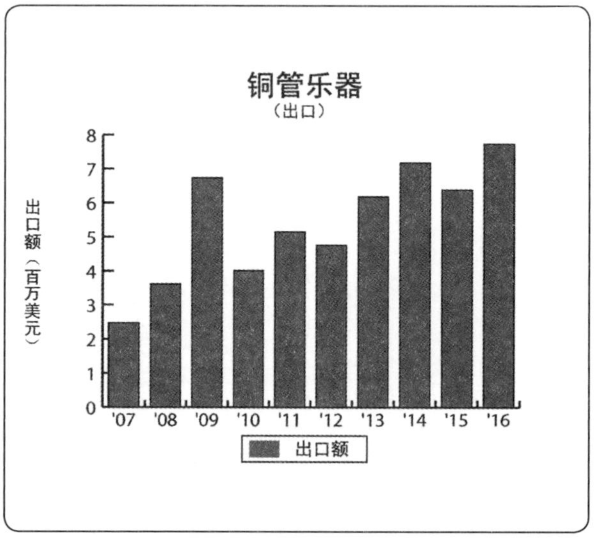
铜管乐器
（出口）
出口额（百万美元）
8
7
6
5
4
3
2
1
0
'07 '08 '09 '10 '11 '12 '13 '14 '15 '16
出口额

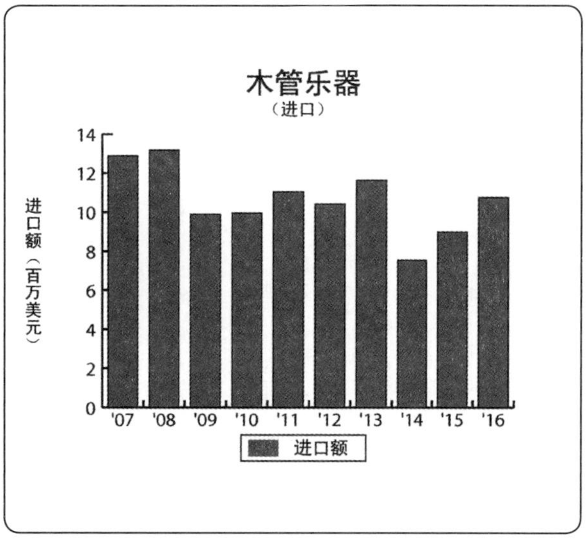
木管乐器
（进口）
进口额（百万美元）
14
12
10
8
6
4
2
0
'07 '08 '09 '10 '11 '12 '13 '14 '15 '16
进口额

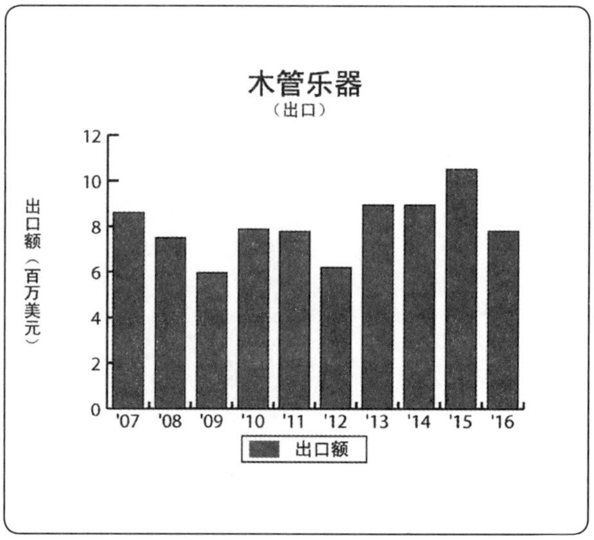
木管乐器
（出口）
出口额（百万美元）
12
10
8
6
4
2
0
'07 '08 '09 '10 '11 '12 '13 '14 '15 '16
出口额

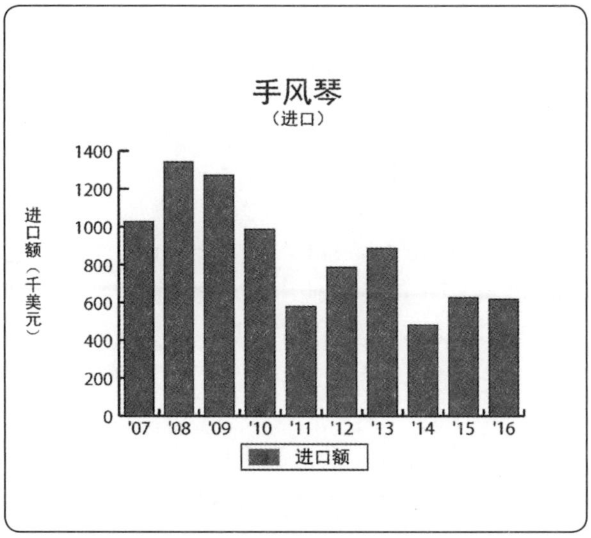
手风琴
（进口）
进口额（千美元）
1400
1200
1000
800
600
400
200
0
'07 '08 '09 '10 '11 '12 '13 '14 '15 '16
进口额

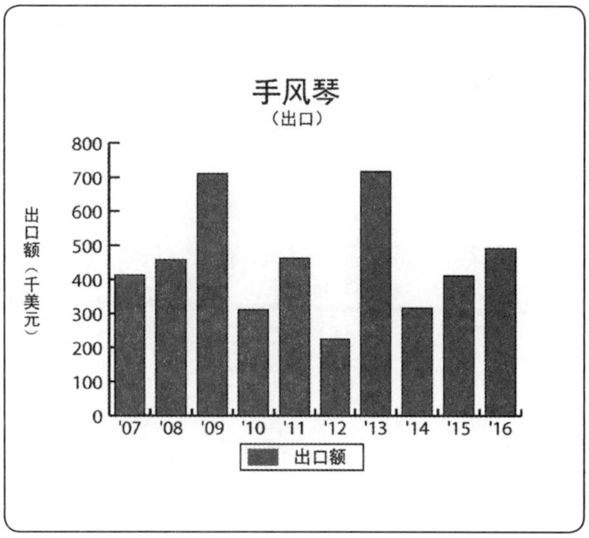
手风琴
（出口）
出口额（千美元）
800
700
600
500
400
300
200
100
0
'07 '08 '09 '10 '11 '12 '13 '14 '15 '16
出口额

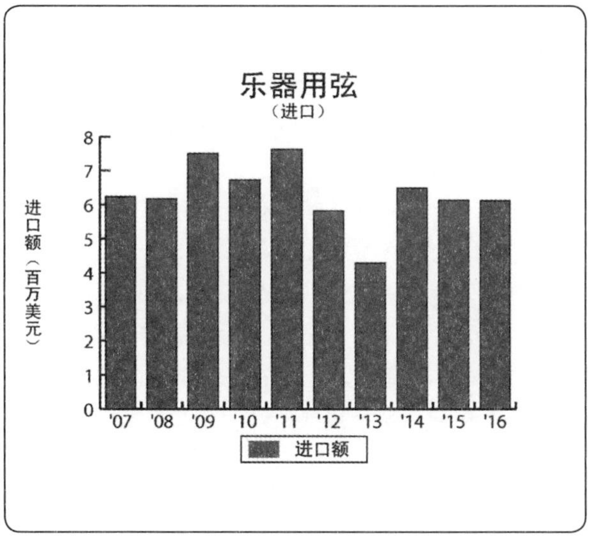
乐器用弦
（进口）
进口额（百万美元）
8
7
6
5
4
3
2
1
0
'07 '08 '09 '10 '11 '12 '13 '14 '15 '16
进口额

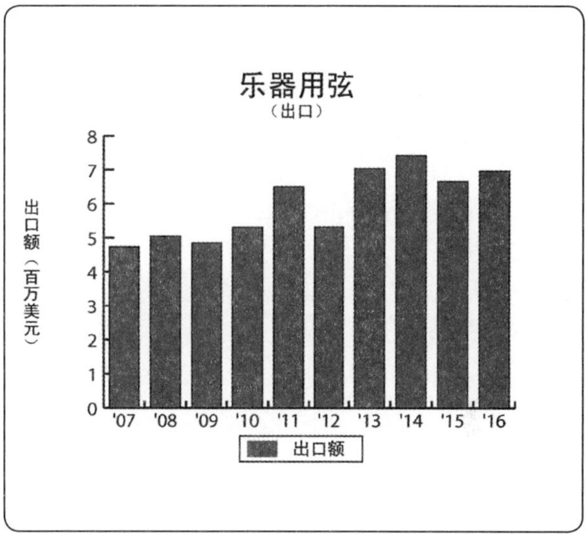
乐器用弦
（出口）
出口额（百万美元）
8
7
6
5
4
3
2
1
0
'07 '08 '09 '10 '11 '12 '13 '14 '15 '16
出口额

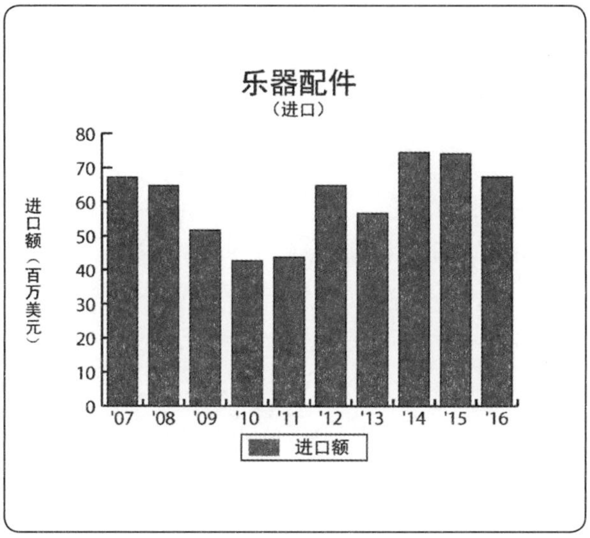
乐器配件
（进口）
进口额（百万美元）
80
70
60
50
40
30
20
10
0
'07 '08 '09 '10 '11 '12 '13 '14 '15 '16
进口额

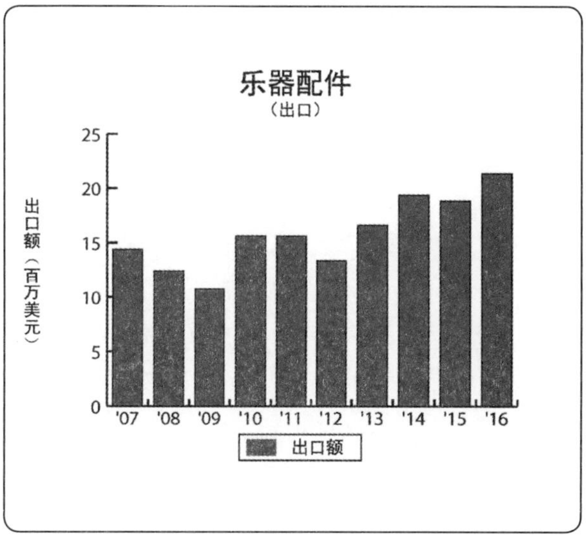
乐器配件
（出口）
出口额（百万美元）
25
20
15
10
5
0
'07 '08 '09 '10 '11 '12 '13 '14 '15 '16
出口额

澳大利亚

2016年，澳大利亚整个市场呈上升态势，金额较2015年增长3.5%，较两年前增长约12%。货币币值逐渐向20世纪70年代靠拢，金额的持续走高对大多数行业来说无疑是个好消息。回顾2009年，全球经济可谓跌入谷底。美国经济在金融危机过后迅速反弹，呈逐年上升态势，2015年被认为是自2009年以来行业发展最好的一年，进口额直逼2亿澳元，不过在2016年高达2.65亿澳元的进口值面前，2015年的表现仍显逊色。

键盘类乐器在2016年交出一份优秀成绩单，在两年时间内为市场增加了2000万澳元左右的交易额，继续之前已经保持了三四年的上行走势。7.9%的稳固金额增长，见证了这类产品1.2亿澳元的零售价值。

2016年打击乐器基本原地踏步，考虑到打击乐器最近五年都在下降，因此，“原地踏步”本身也是一种积极迹象。

在澳大利亚，电吉他销量越来越低。2016年澳大利亚吉他类产品整体销量下降10%；整个吉他类产品的价值都表现平平。电吉他销量在最近三五年时间里呈跌落态势，2016年销量下跌 23.5%，又延续了这一态势，电吉他陷入了名副其实的衰退。过去两年里，衰退还蔓延到了功放产品。现场表演和热闹的直播也在推动市场向前发展，很多人体验音乐的方式都发生了很大改变。功放继续走低，造成这种现象的一个原因可能是吉他弹奏者现在可以选择其他产品来“放大”自己的声音。

电子乐器门类中，合成器在2016年有所增长，在“其他”乐器销售增速放缓的大环境下，这种增长极其难得。

传统乐器在2015年意外减少，但在2016年迅速回弹，努力赶超2014年的最高记录。去年我们就注意到，这种感觉就像是一批货物因为经济衰退而迟到，而事实也正是如此，不然也不会出现2016年迅速回弹且大幅上升。

配件的销售金额和进口额显著增加，较2014年上升25%和40%。进口总值接近2000万澳元，这在历史上尚属首次。吉他用弦2016年保持平衡。因为2015年在2014年的基础上美元金额大幅增加，因此2016年的情况很有可能反映出汇率变动带来的红利。

经过了连续几年的大幅下跌，2016年音乐出版销售平稳，连续两年保持在2000万美元的零售规模；音响方面，无线话筒置换高峰期已经过去。销量保持在165000件左右，这也许是继2014年155000件销量巅峰之后的又一里程碑（2014年人们集中更换无线话筒，所以销量达到历史最大）。值得一提的是，这一里程碑式的销量记录比人们的预期要高很多。

全球线上交易的持续走低也可能反映出行业感受到一定程度的衰减所带来的“威胁”，尤其是在看到年末汇率只有1澳元兑0.72美元，澳大利亚市场对国际货币走向非常敏感，撰写本文时，澳大利亚元已经进入了新的常态：徘徊在20世纪70年代中期的水平。商品和服务税（GST）低附加值门槛规定于2017年7月1日废止，随着这一规定废止，我们希望市场能够继续保持上述趋势，从而进一步抑制离岸购买的吸引力。

《音乐贸易》报告称，2016年美国乐器市场零售额表现平平，仅略高于2015年而已。和澳大利亚的情况类似，有些产品表现很好，而有些产品则表现得不太好。销售额只比2015年高了0.8%，这样的增长显然无法与美国官方数据宣布的美国经济2.1%的增长率相区匹敌。美国经济持续疲软，这种市场状况对澳大利亚也有所影响。在澳大利亚，3.5%的增速已超过了2.4%的国内生产总值增速，更超过了1.5%的通货膨胀率水平。

2016年主要出口国家和地区

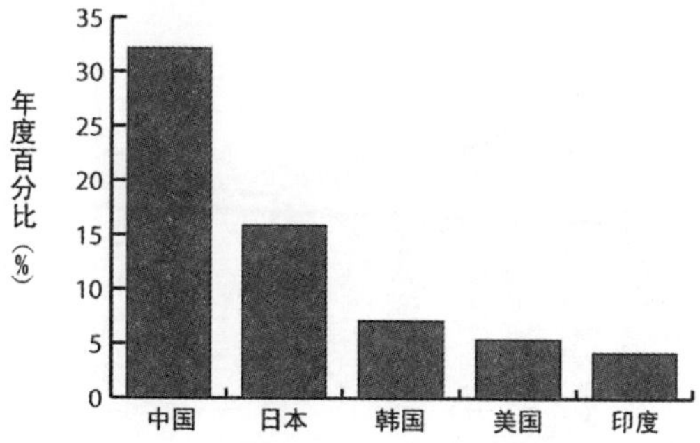

2016年主要进口国家和地区

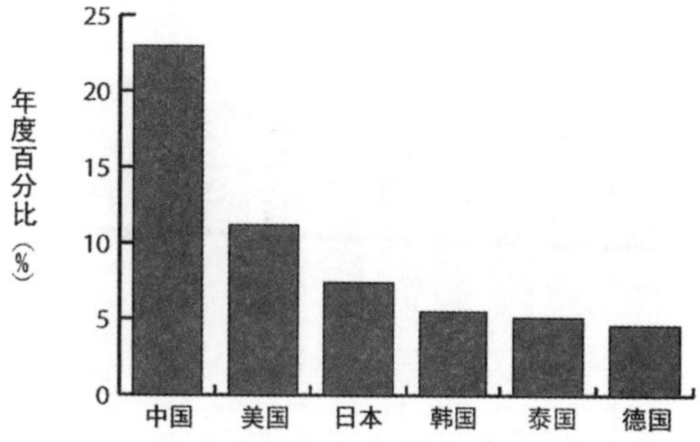

人均乐器消费额

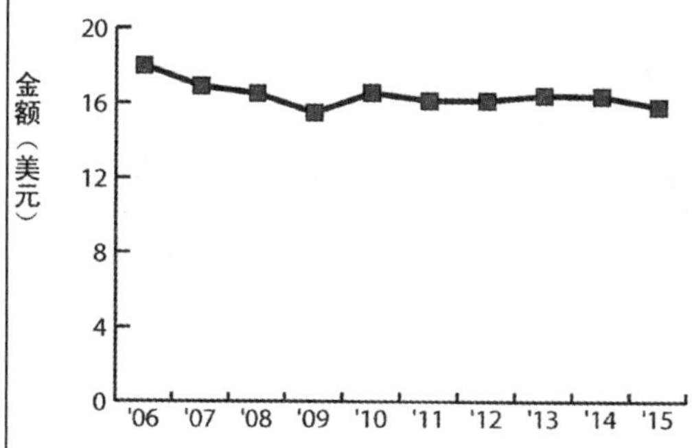

澳大利亚乐器市场

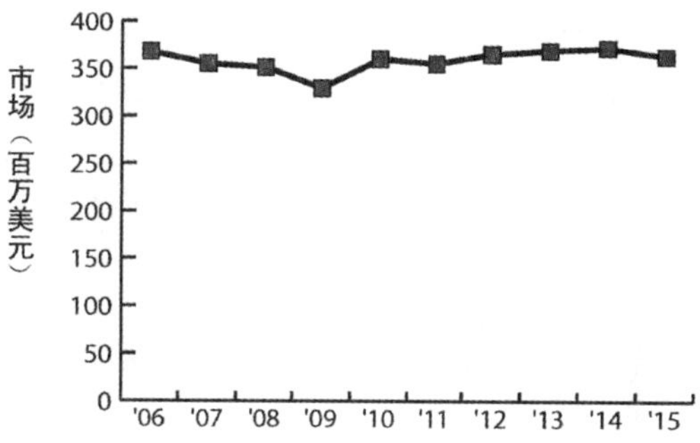

全球乐器市场份额

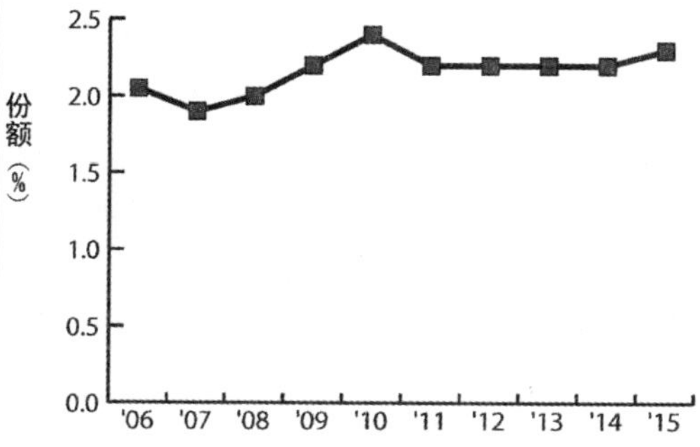

声学和电声吉他

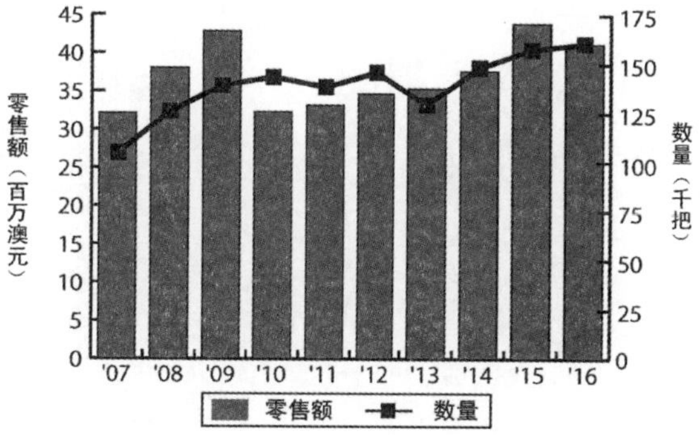

吉他合计

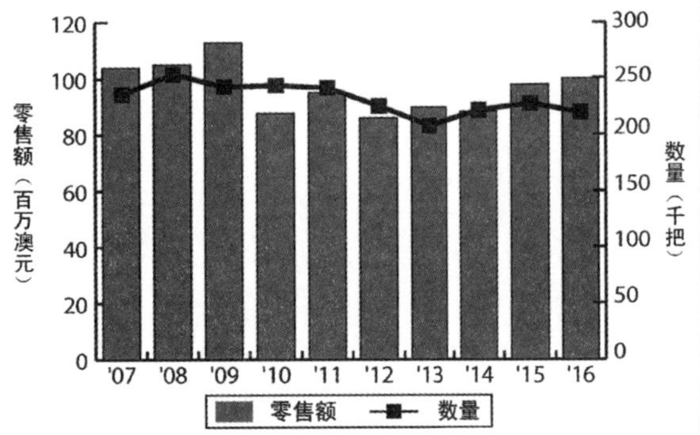

贝司

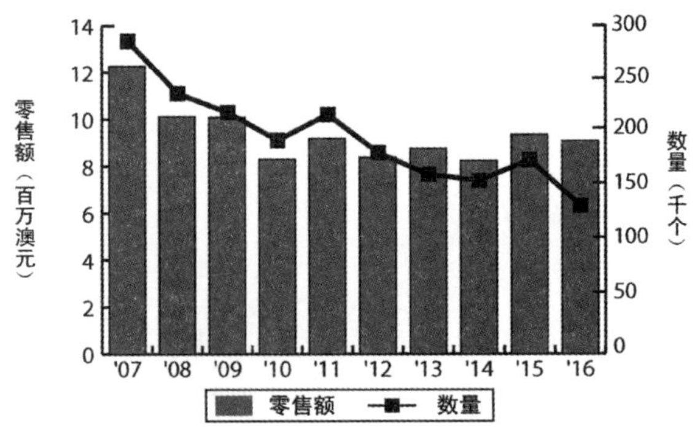

三角钢琴

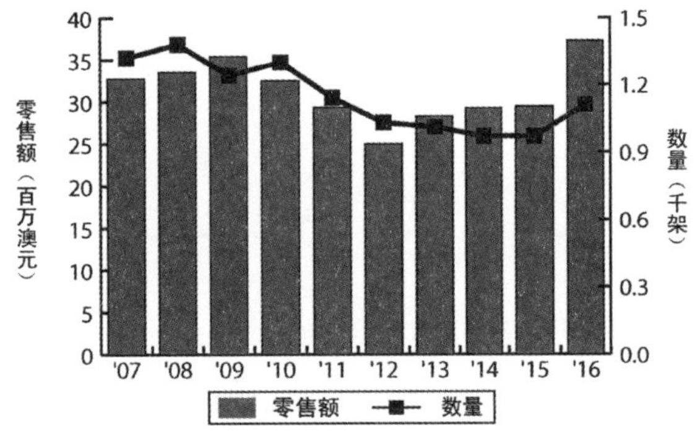

电吉他

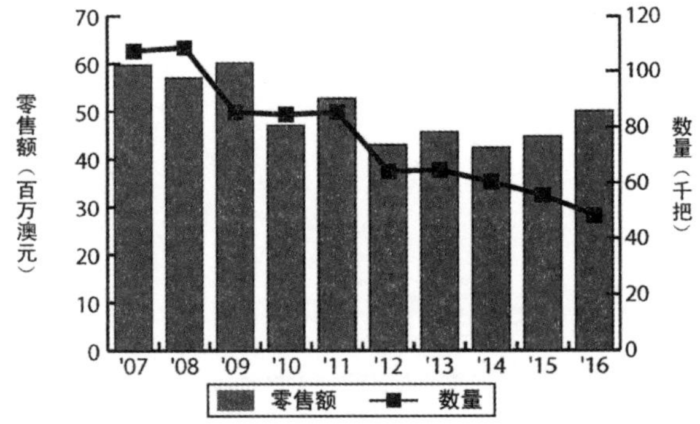

立式钢琴

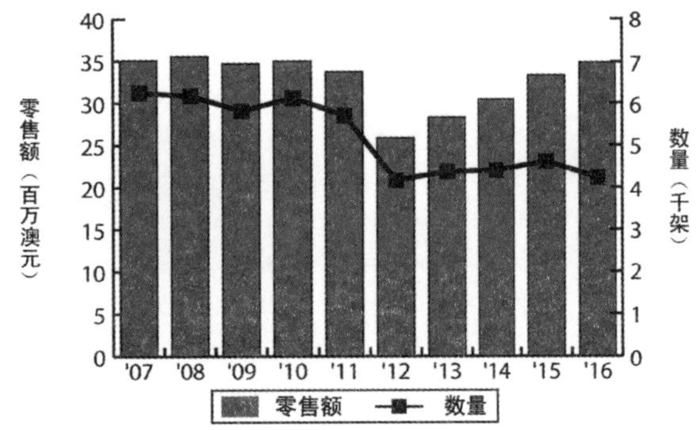

数码钢琴

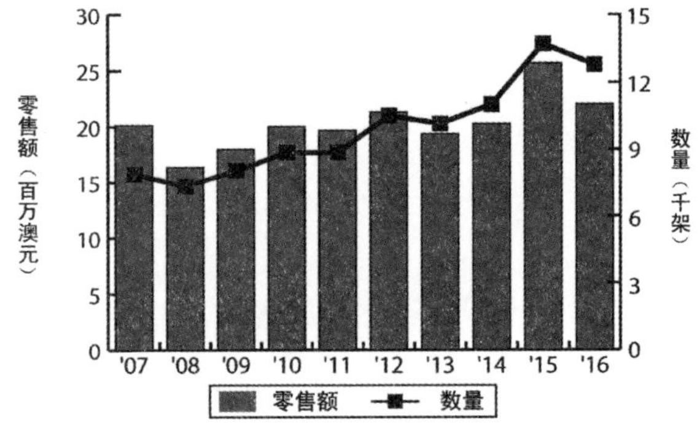

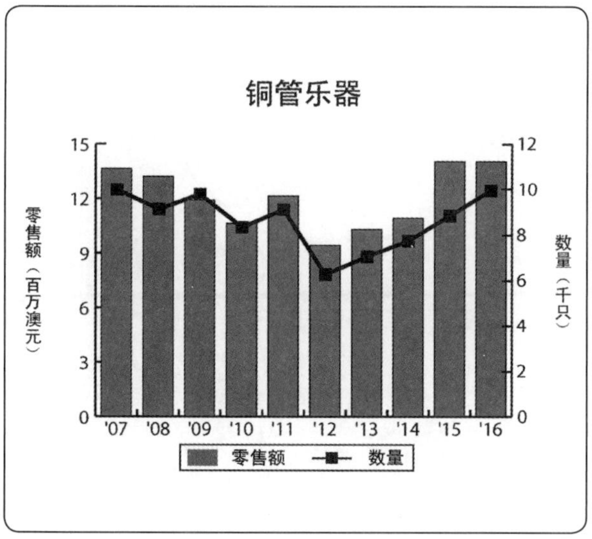
铜管乐器
零售额（百万澳元）
数量（千只）
'07 '08 '09 '10 '11 '12 '13 '14 '15 '16
零售额 数量

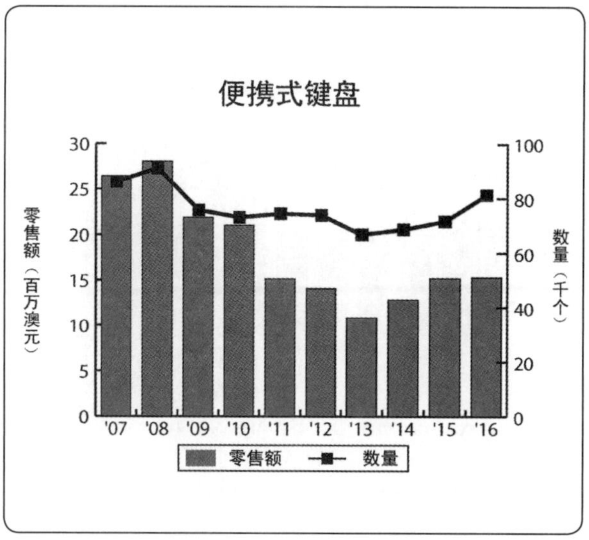
便携式键盘
零售额（百万澳元）
数量（千个）
'07 '08 '09 '10 '11 '12 '13 '14 '15 '16
零售额 数量

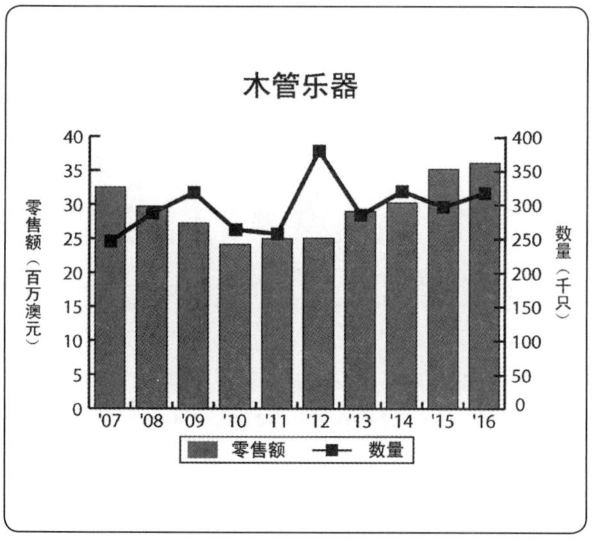
木管乐器
零售额（百万澳元）
数量（千只）
'07 '08 '09 '10 '11 '12 '13 '14 '15 '16
零售额 数量

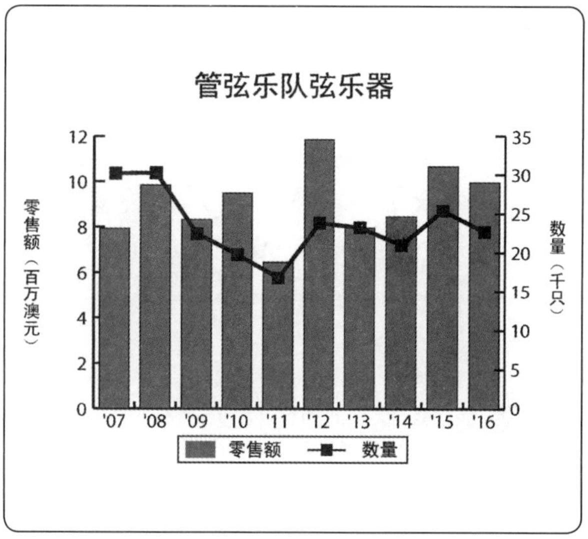
管弦乐队弦乐器
零售额（百万澳元）
数量（千只）
'07 '08 '09 '10 '11 '12 '13 '14 '15 '16
零售额 数量

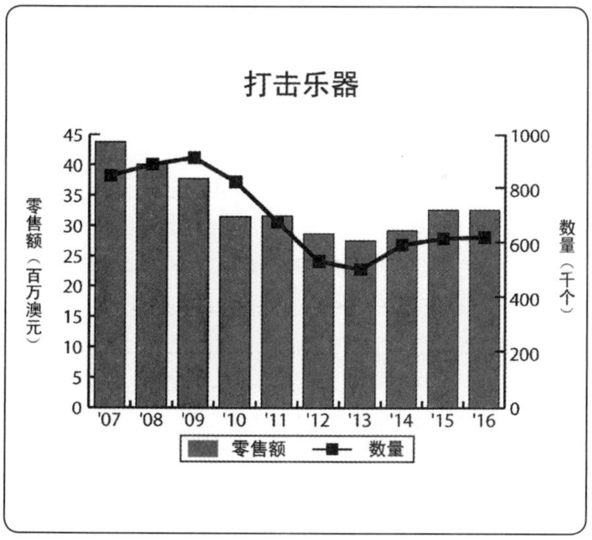
打击乐器
零售额（百万澳元）
数量（千个）
'07 '08 '09 '10 '11 '12 '13 '14 '15 '16
零售额 数量

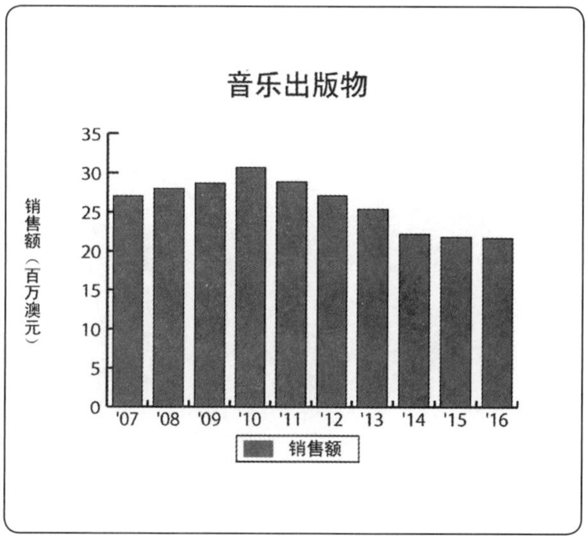
音乐出版物
销售额（百万澳元）
'07 '08 '09 '10 '11 '12 '13 '14 '15 '16
销售额

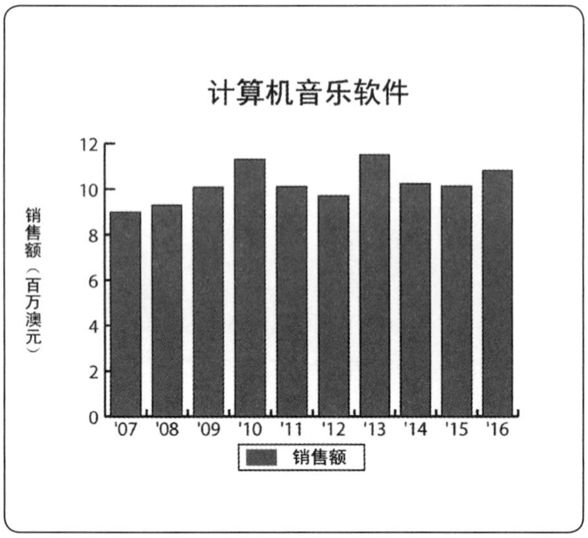
计算机音乐软件
销售额（百万澳元）
0
2
4
6
8
10
12
'07 '08 '09 '10 '11 '12 '13 '14 '15 '16
销售额

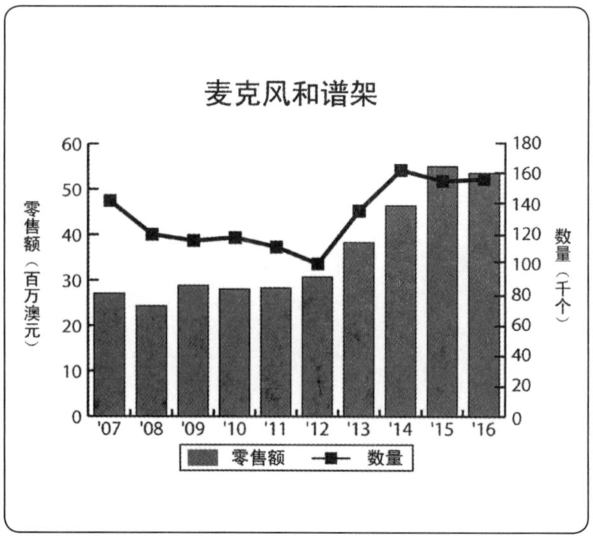
麦克风和谱架
零售额（百万澳元）
数量（千个）
'07 '08 '09 '10 '11 '12 '13 '14 '15 '16
零售额
数量

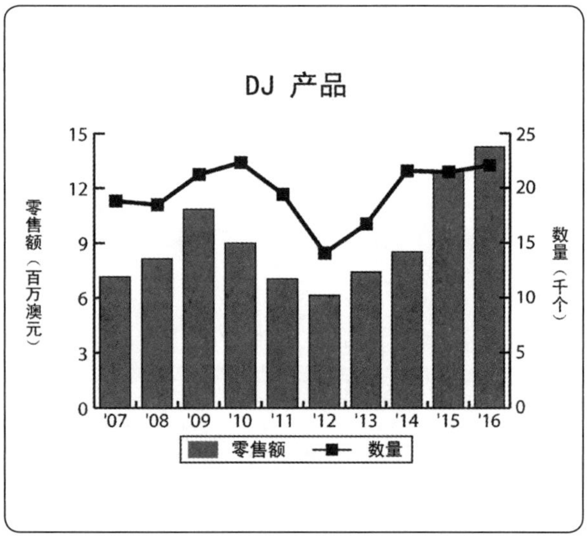
DJ 产品
零售额（百万澳元）
数量（千个）
'07 '08 '09 '10 '11 '12 '13 '14 '15 '16
零售额
数量

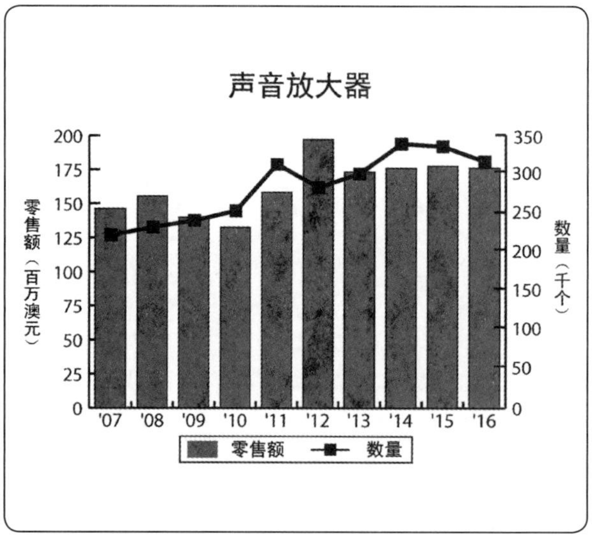
声音放大器
零售额（百万澳元）
数量（千个）
'07 '08 '09 '10 '11 '12 '13 '14 '15 '16
零售额
数量

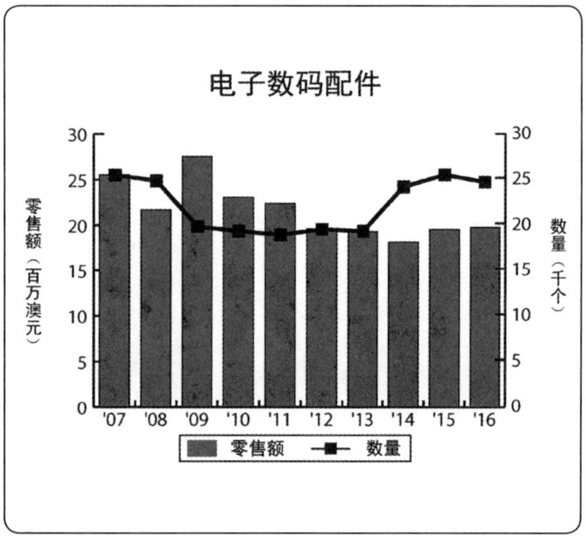
电子数码配件
零售额（百万澳元）
数量（千个）
'07 '08 '09 '10 '11 '12 '13 '14 '15 '16
零售额
数量

意大利

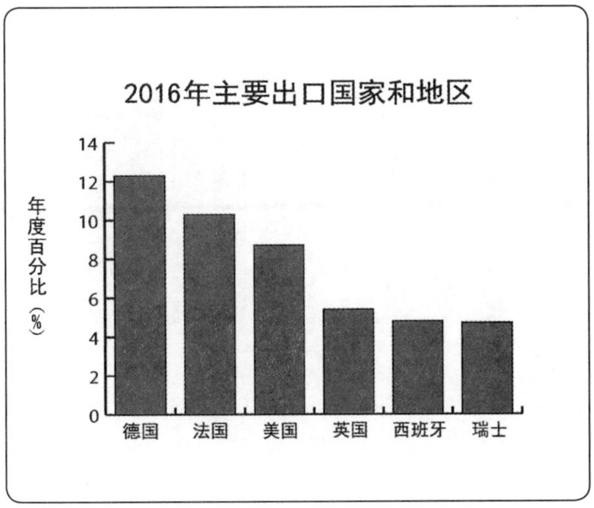
2016年主要出口国家和地区
年度百分比（%）
14
12
10
8
6
4
2
0
德国
法国
美国
英国
西班牙
瑞士

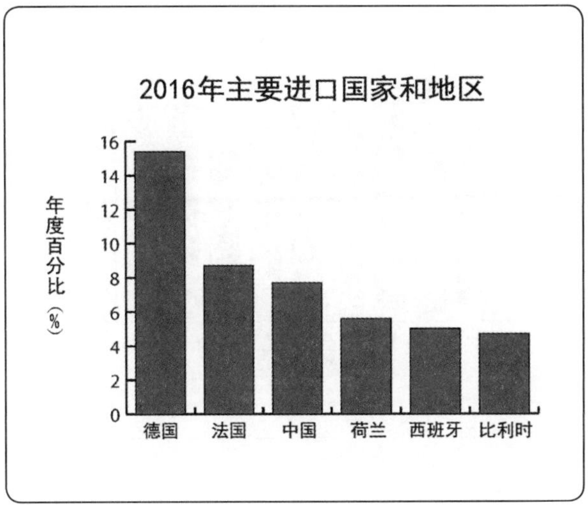
2016年主要进口国家和地区
年度百分比（%）
16
14
12
10
8
6
4
2
0
德国
法国
中国
荷兰
西班牙
比利时

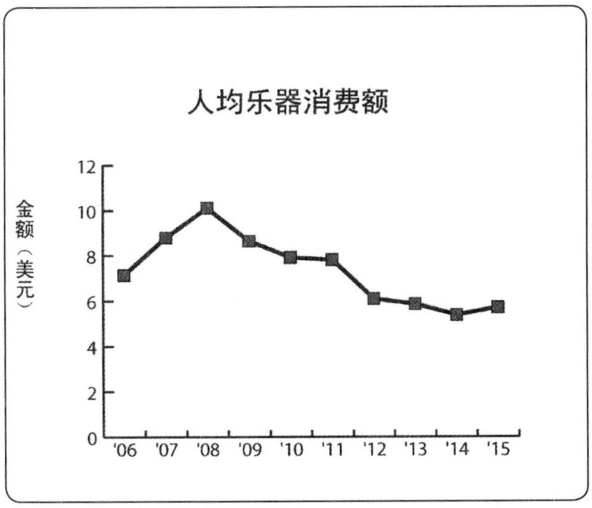
人均乐器消费额
金额（美元）
12
10
8
6
4
2
0
'06
'07
'08
'09
'10
'11
'12
'13
'14
'15

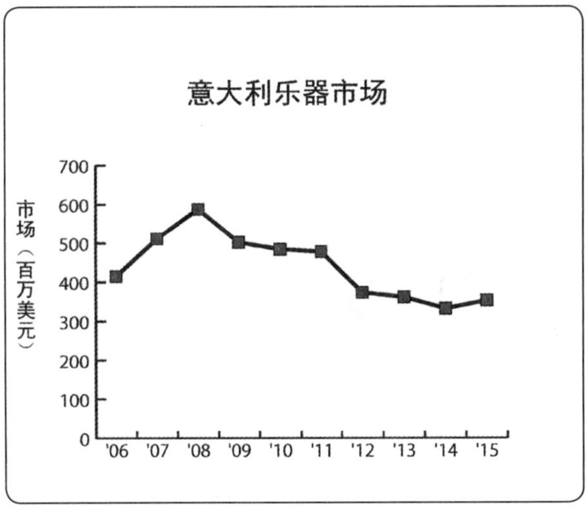
意大利乐器市场
市场（百万美元）
700
600
500
400
300
200
100
0
'06
'07
'08
'09
'10
'11
'12
'13
'14
'15

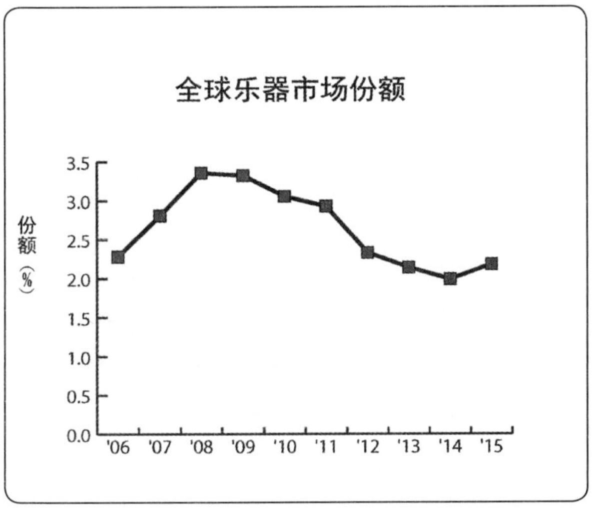
全球乐器市场份额
份额（%）
3.5
3.0
2.5
2.0
1.5
1.0
0.5
0.0
'06
'07
'08
'09
'10
'11
'12
'13
'14
'15

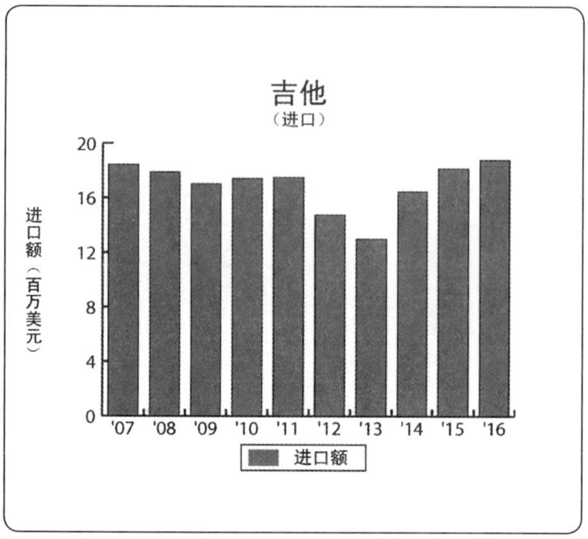
吉他
（进口）
进口额（百万美元）
20
16
12
8
4
0
'07 '08 '09 '10 '11 '12 '13 '14 '15 '16
进口额

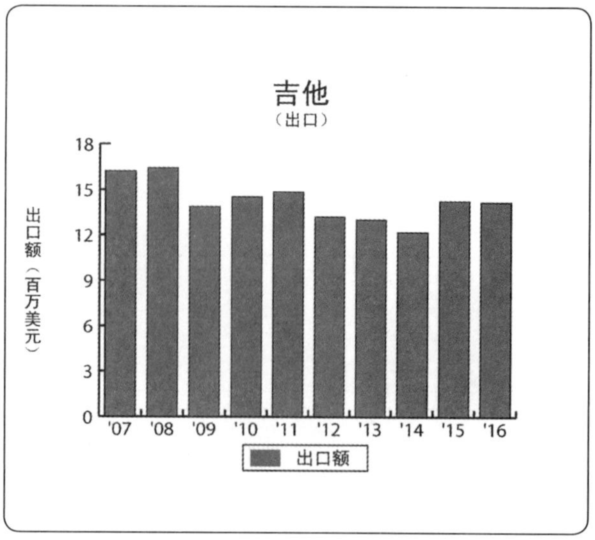
吉他
（出口）
出口额（百万美元）
18
15
12
9
6
3
0
'07 '08 '09 '10 '11 '12 '13 '14 '15 '16
出口额

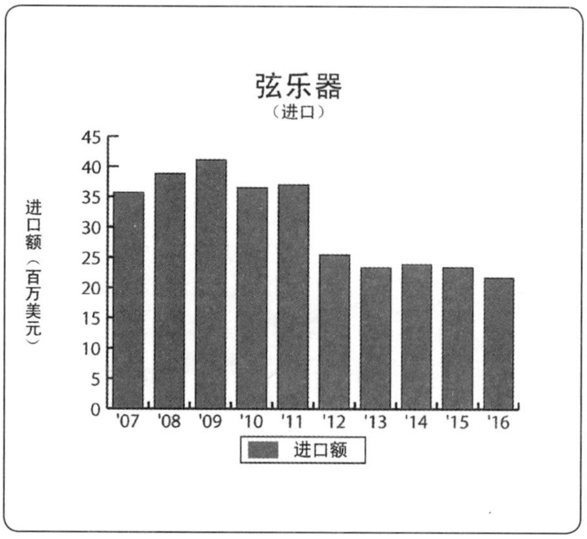
弦乐器
（进口）
进口额（百万美元）
45
40
35
30
25
20
15
10
5
0
'07 '08 '09 '10 '11 '12 '13 '14 '15 '16
进口额

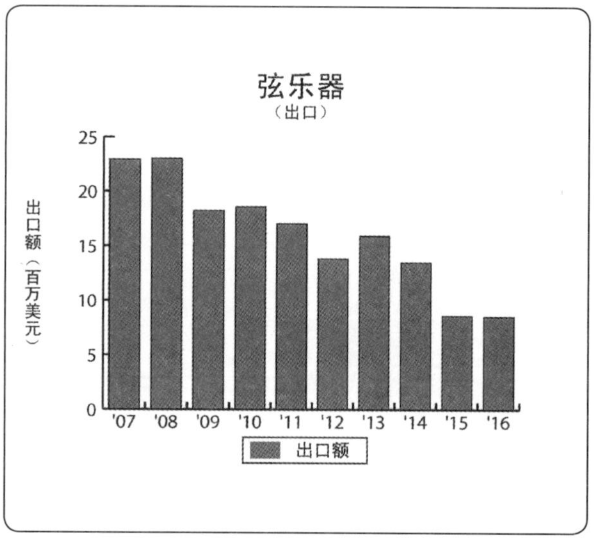
弦乐器
（出口）
出口额（百万美元）
25
20
15
10
5
0
'07 '08 '09 '10 '11 '12 '13 '14 '15 '16
出口额

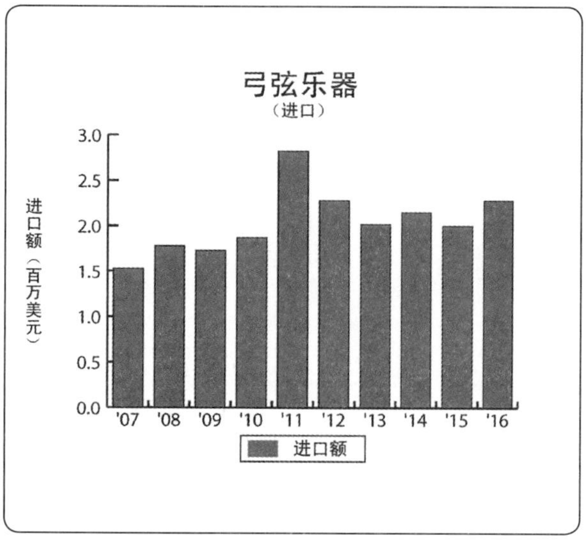
弓弦乐器
（进口）
进口额（百万美元）
3.0
2.5
2.0
1.5
1.0
0.5
0.0
'07 '08 '09 '10 '11 '12 '13 '14 '15 '16
进口额

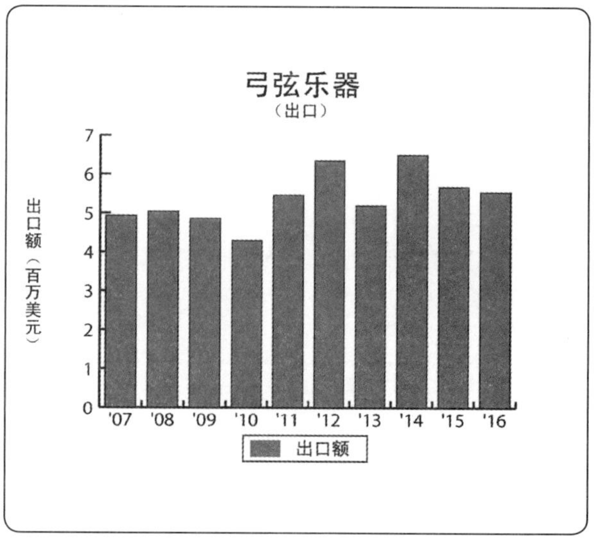
弓弦乐器
（出口）
出口额（百万美元）
7
6
5
4
3
2
1
0
'07 '08 '09 '10 '11 '12 '13 '14 '15 '16
出口额

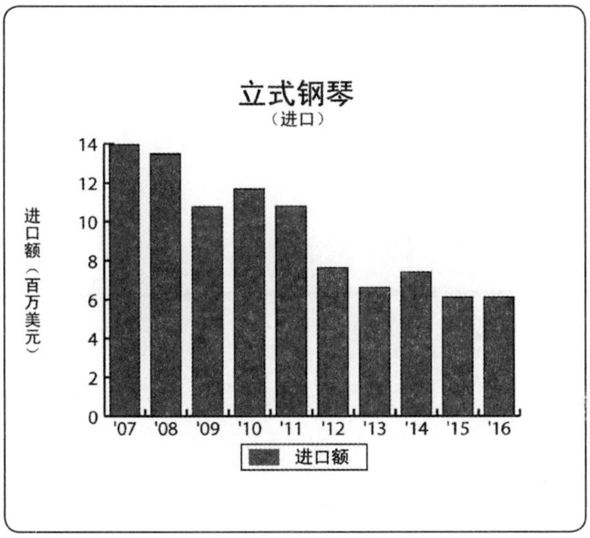
立式钢琴
（进口）
进口额（百万美元）
14
12
10
8
6
4
2
0
'07 '08 '09 '10 '11 '12 '13 '14 '15 '16
进口额

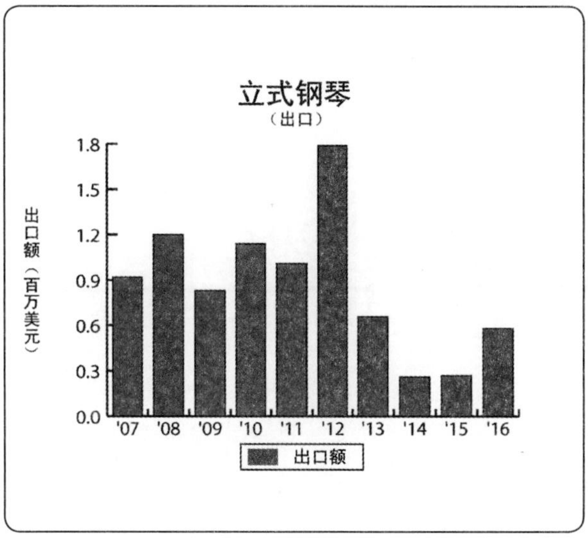
立式钢琴
（出口）
出口额（百万美元）
1.8
1.5
1.2
0.9
0.6
0.3
0.0
'07 '08 '09 '10 '11 '12 '13 '14 '15 '16
出口额

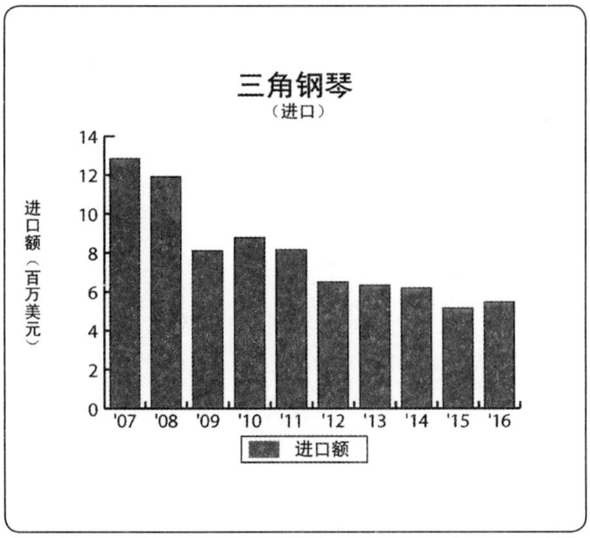
三角钢琴
（进口）
进口额（百万美元）
14
12
10
8
6
4
2
0
'07 '08 '09 '10 '11 '12 '13 '14 '15 '16
进口额

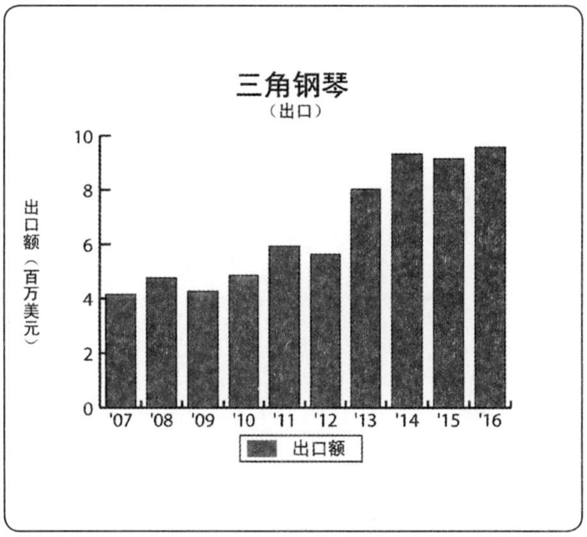
三角钢琴
（出口）
出口额（百万美元）
10
8
6
4
2
0
'07 '08 '09 '10 '11 '12 '13 '14 '15 '16
出口额

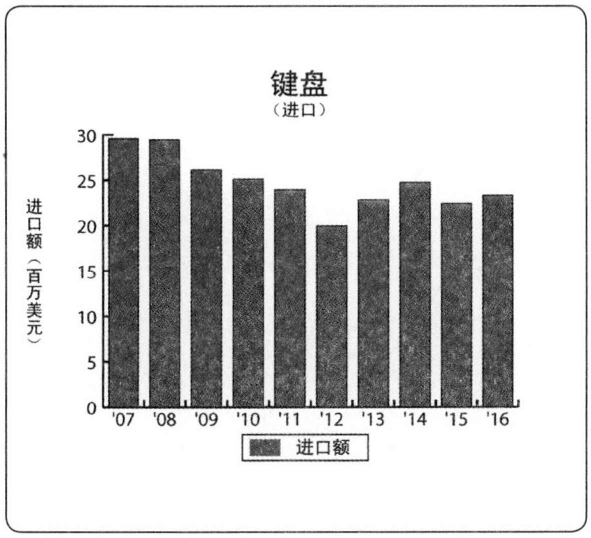
键盘
（进口）
进口额（百万美元）
30
25
20
15
10
5
0
'07 '08 '09 '10 '11 '12 '13 '14 '15 '16
进口额

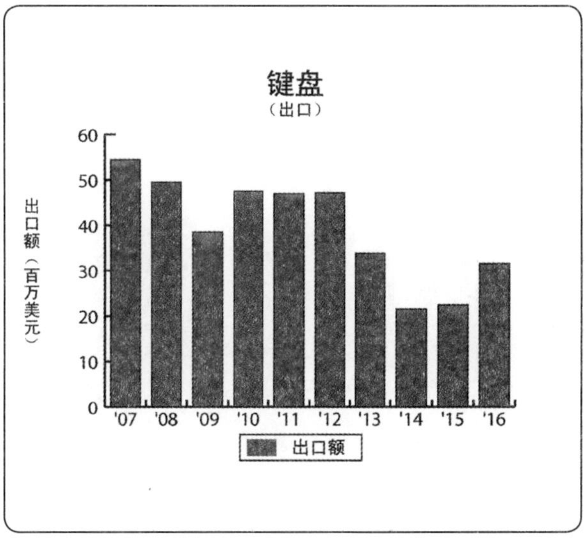
键盘
（出口）
出口额（百万美元）
60
50
40
30
20
10
0
'07 '08 '09 '10 '11 '12 '13 '14 '15 '16
出口额

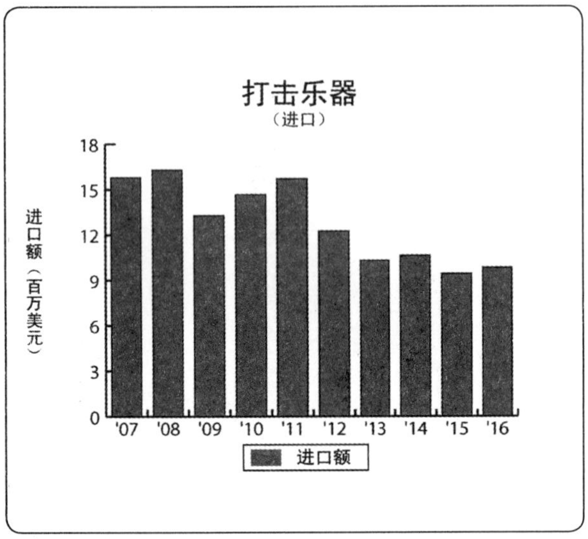
打击乐器
（进口）
进口额（百万美元）
18
15
12
9
6
3
0
'07 '08 '09 '10 '11 '12 '13 '14 '15 '16
进口额

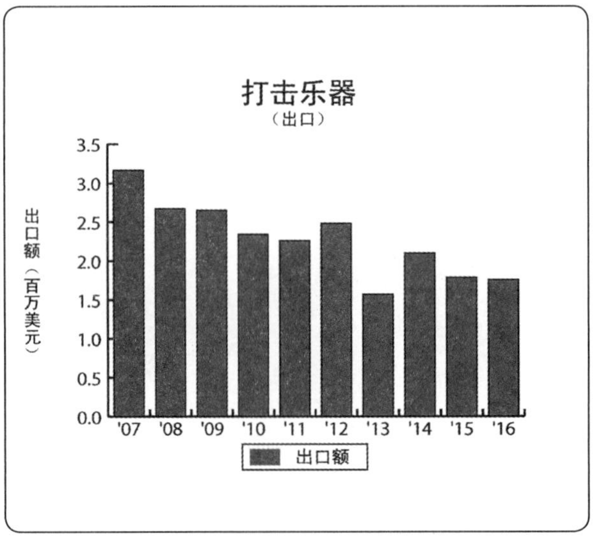
打击乐器
（出口）
出口额（百万美元）
3.5
3.0
2.5
2.0
1.5
1.0
0.5
0.0
'07 '08 '09 '10 '11 '12 '13 '14 '15 '16
出口额

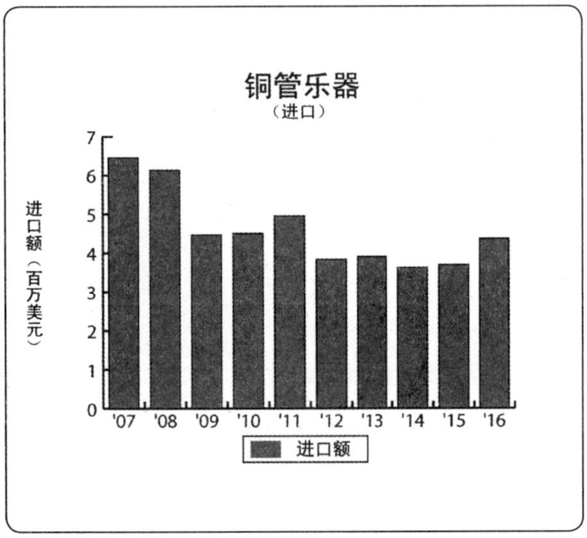
铜管乐器
（进口）
进口额（百万美元）
7
6
5
4
3
2
1
0
'07 '08 '09 '10 '11 '12 '13 '14 '15 '16
进口额

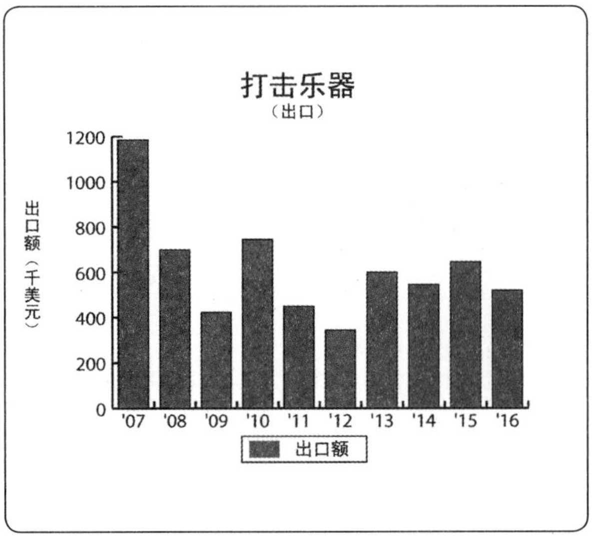
打击乐器
（出口）
出口额（千美元）
1200
1000
800
600
400
200
0
'07 '08 '09 '10 '11 '12 '13 '14 '15 '16
出口额

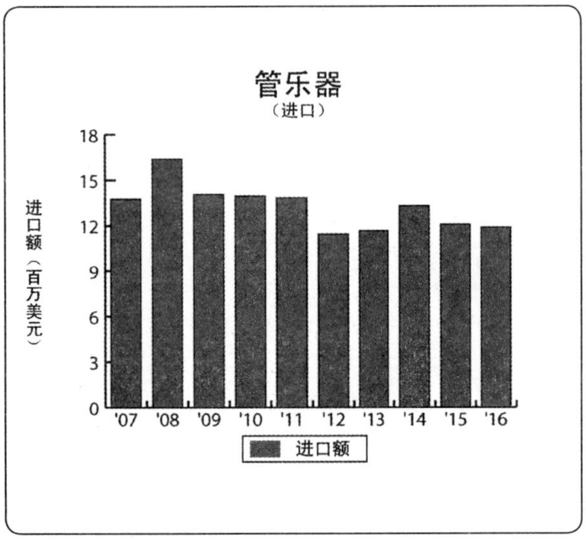
管乐器
（进口）
进口额（百万美元）
18
15
12
9
6
3
0
'07 '08 '09 '10 '11 '12 '13 '14 '15 '16
进口额

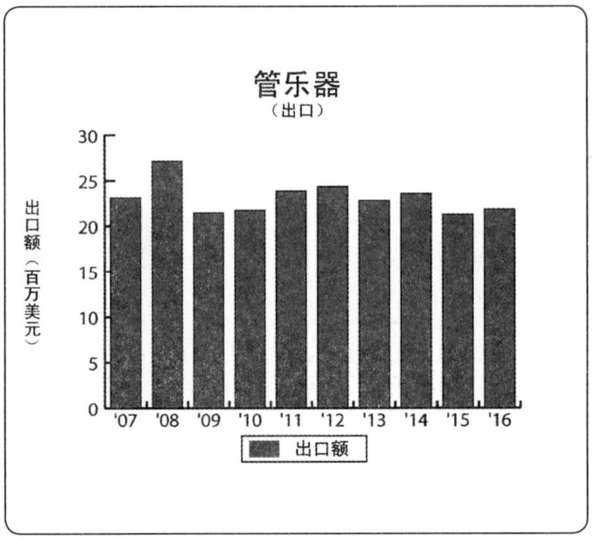
管乐器
（出口）
出口额（百万美元）
30
25
20
15
10
5
0
'07 '08 '09 '10 '11 '12 '13 '14 '15 '16
出口额

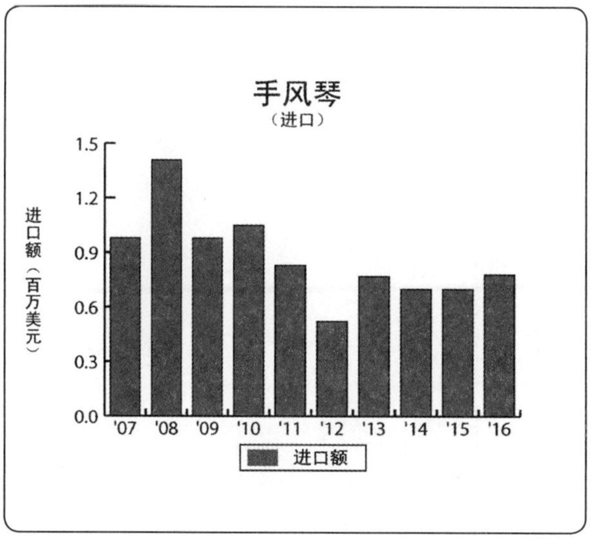
手风琴
（进口）
进口额（百万美元）
1.5
1.2
0.9
0.6
0.3
0.0
'07 '08 '09 '10 '11 '12 '13 '14 '15 '16
进口额

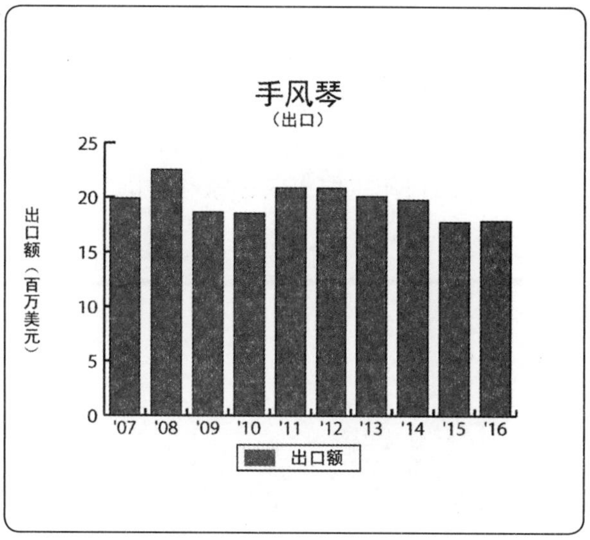
手风琴
（出口）
出口额（百万美元）
25
20
15
10
5
0
'07 '08 '09 '10 '11 '12 '13 '14 '15 '16
出口额

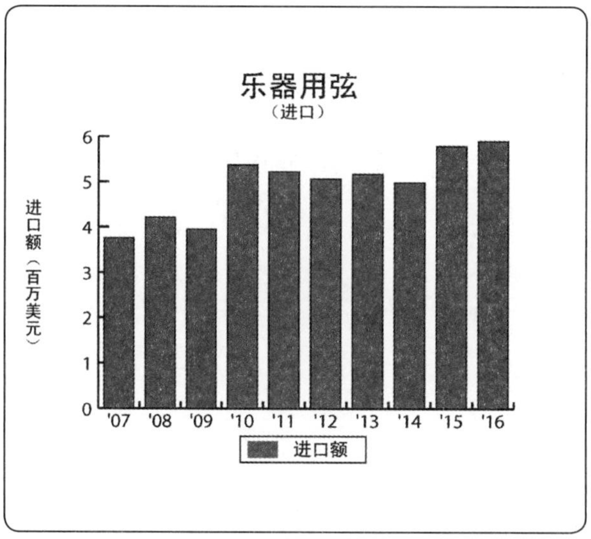
乐器用弦
（进口）
进口额（百万美元）
6
5
4
3
2
1
0
'07 '08 '09 '10 '11 '12 '13 '14 '15 '16
进口额

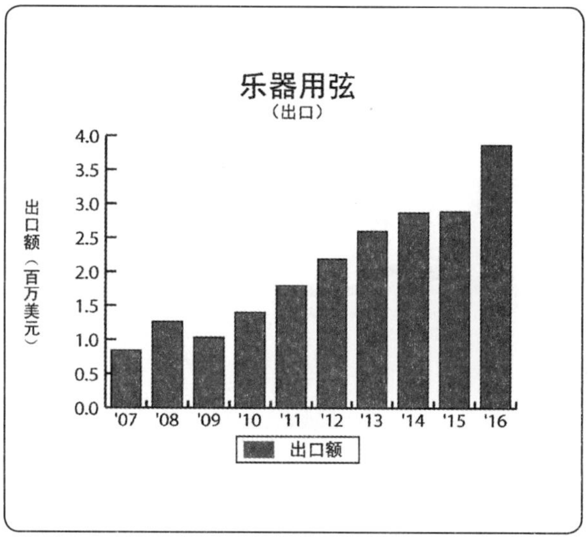
乐器用弦
（出口）
出口额（百万美元）
4.0
3.5
3.0
2.5
2.0
1.5
1.0
0.5
0.0
'07 '08 '09 '10 '11 '12 '13 '14 '15 '16
出口额

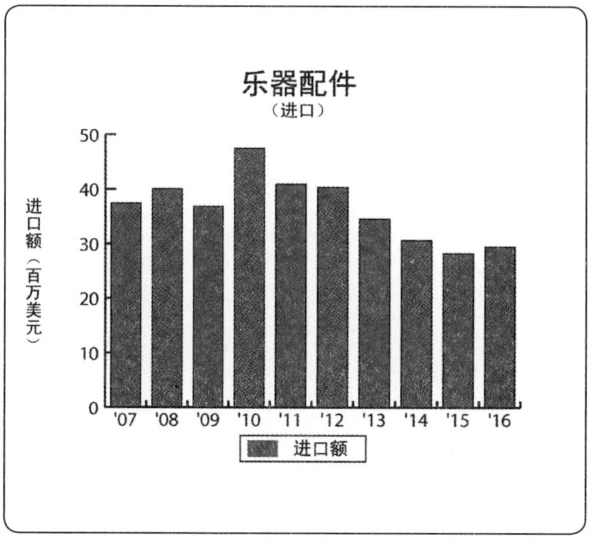
乐器配件
（进口）
进口额（百万美元）
50
40
30
20
10
0
'07 '08 '09 '10 '11 '12 '13 '14 '15 '16
进口额

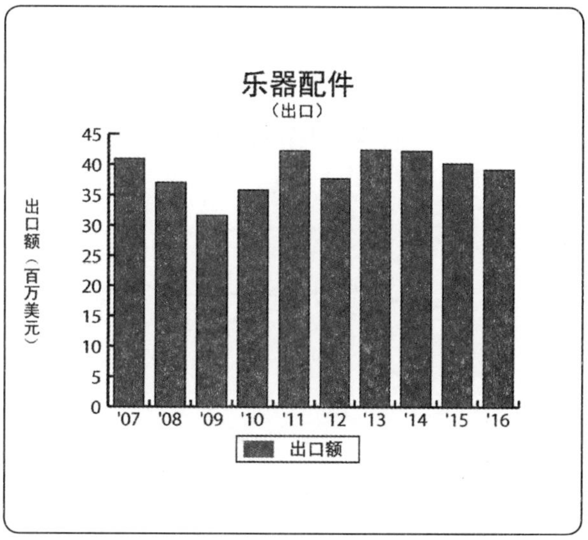
乐器配件
（出口）
出口额（百万美元）
45
40
35
30
25
20
15
10
5
0
'07 '08 '09 '10 '11 '12 '13 '14 '15 '16
出口额

韩国

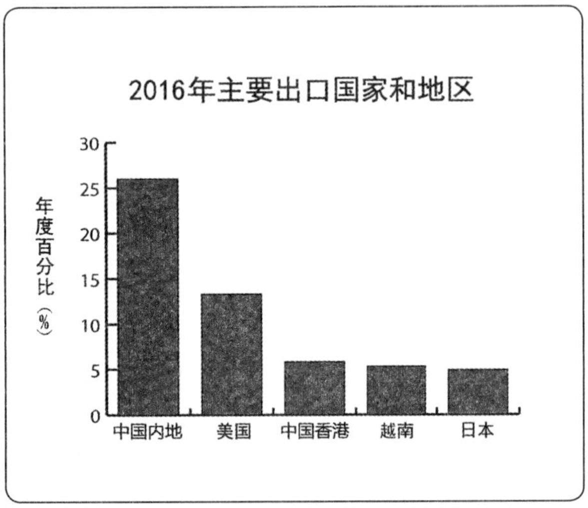
2016年主要出口国家和地区
年度百分比（%）
30
25
20
15
10
5
0
中国内地
美国
中国香港
越南
日本

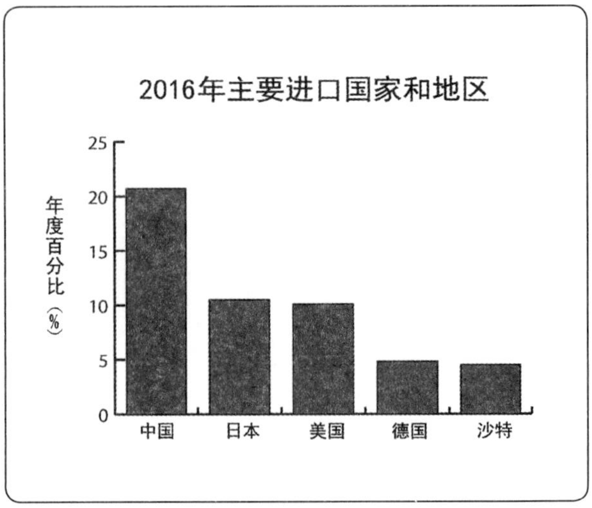
2016年主要进口国家和地区
年度百分比（%）
25
20
15
10
5
0
中国
日本
美国
德国
沙特

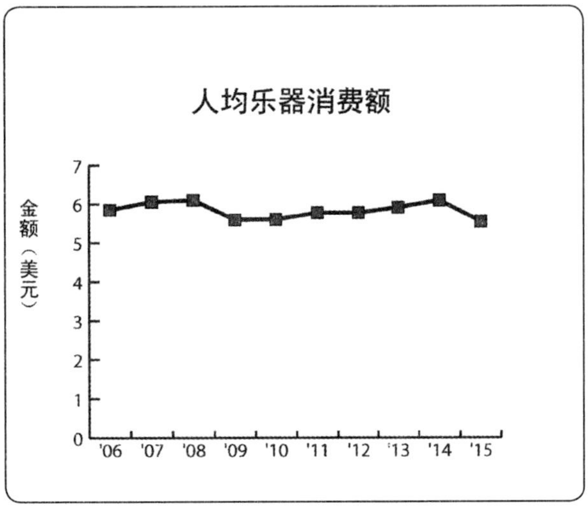
人均乐器消费额
金额（美元）
7
6
5
4
3
2
1
0
'06
'07
'08
'09
'10
'11
'12
'13
'14
'15

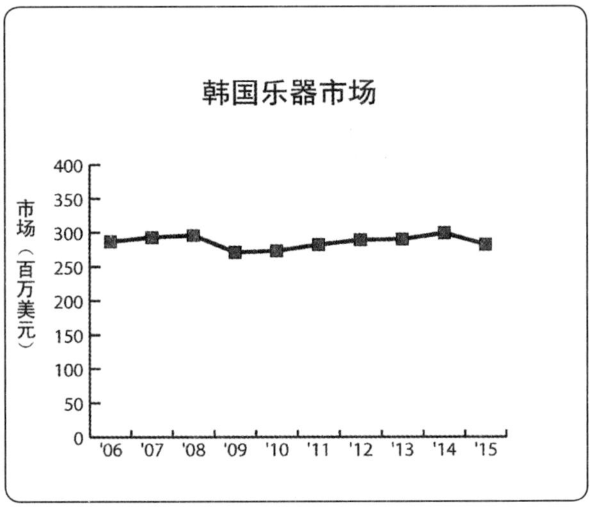
韩国乐器市场
市场（百万美元）
400
350
300
250
200
150
100
50
0
'06
'07
'08
'09
'10
'11
'12
'13
'14
'15

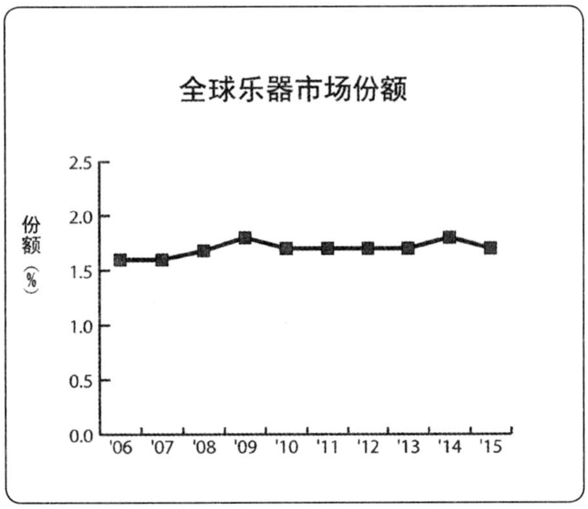
全球乐器市场份额
份额（%）
2.5
2.0
1.5
1.0
0.5
0.0
'06
'07
'08
'09
'10
'11
'12
'13
'14
'15

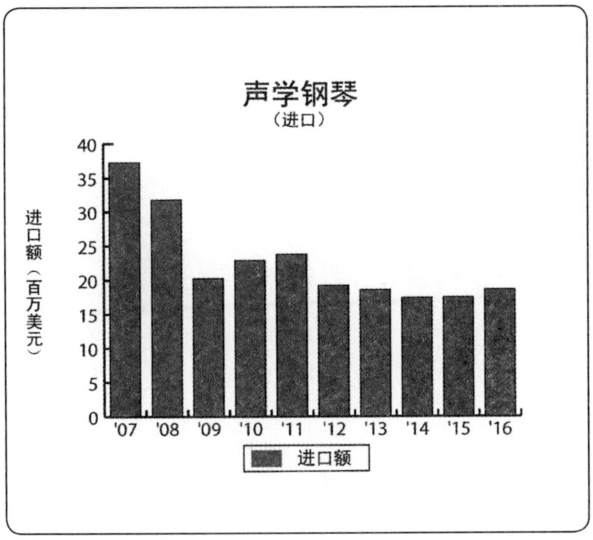
声学钢琴
（进口）
进口额（百万美元）
40
35
30
25
20
15
10
5
0
'07 '08 '09 '10 '11 '12 '13 '14 '15 '16
进口额

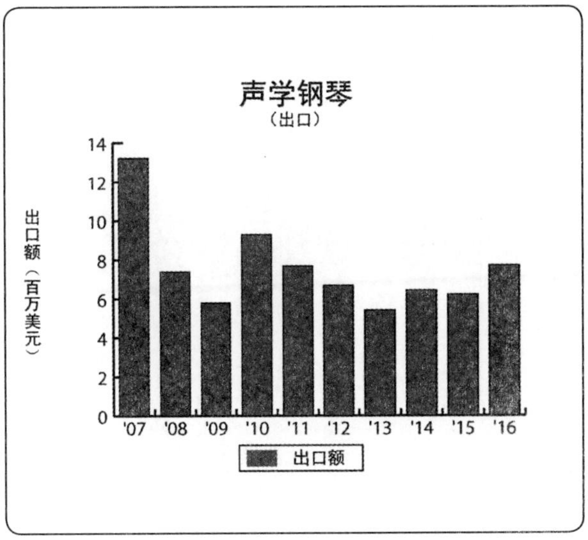
声学钢琴
（出口）
出口额（百万美元）
14
12
10
8
6
4
2
0
'07 '08 '09 '10 '11 '12 '13 '14 '15 '16
出口额

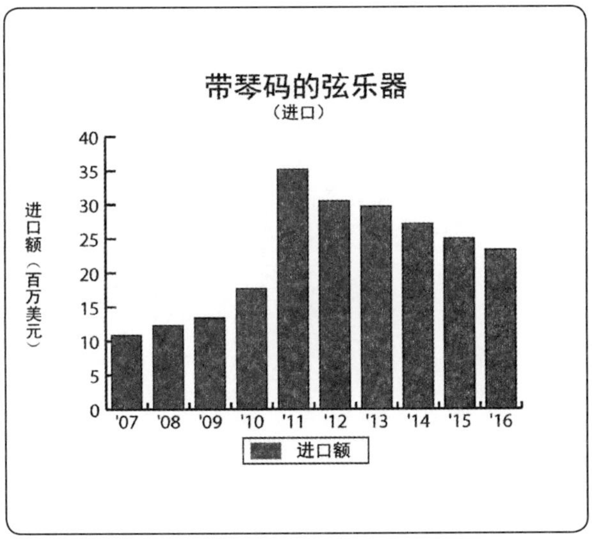
带琴码的弦乐器
（进口）
进口额（百万美元）
40
35
30
25
20
15
10
5
0
'07 '08 '09 '10 '11 '12 '13 '14 '15 '16
进口额

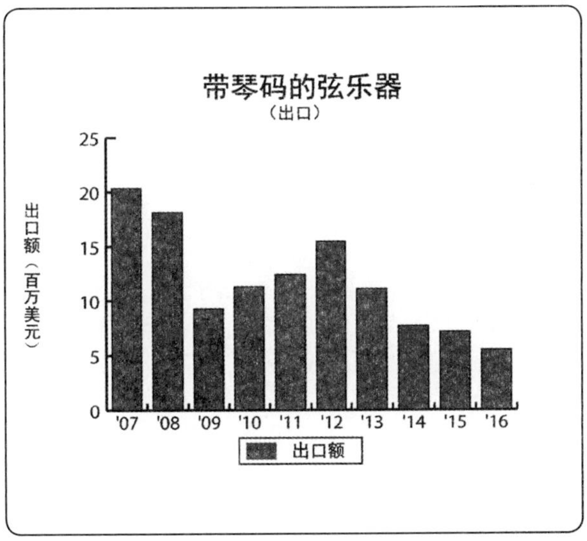
带琴码的弦乐器
（出口）
出口额（百万美元）
25
20
15
10
5
0
'07 '08 '09 '10 '11 '12 '13 '14 '15 '16
出口额

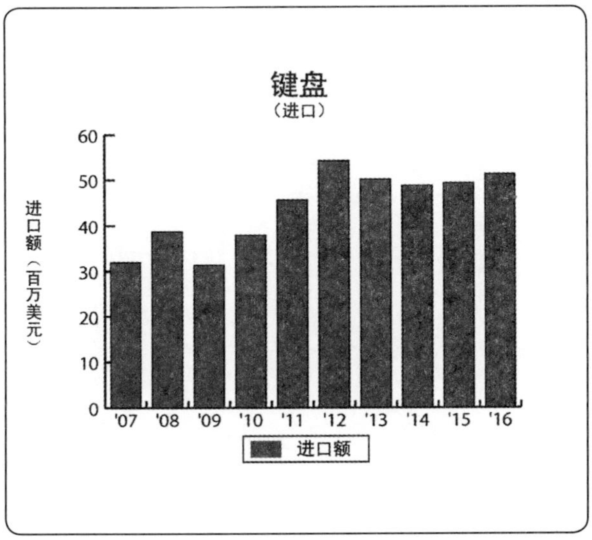
键盘
（进口）
进口额（百万美元）
60
50
40
30
20
10
0
'07 '08 '09 '10 '11 '12 '13 '14 '15 '16
进口额

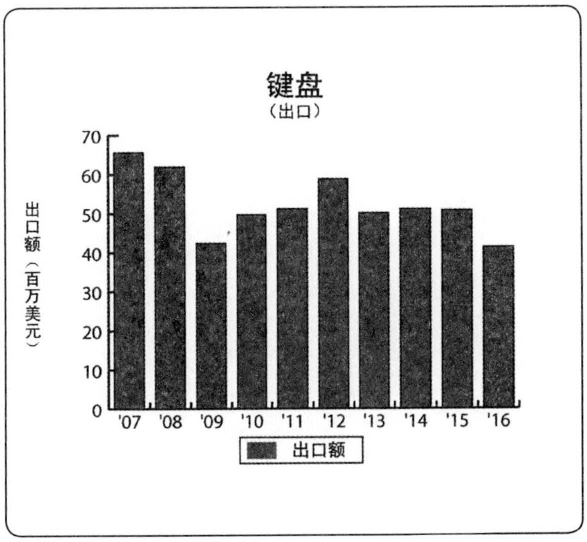
键盘
（出口）
出口额（百万美元）
70
60
50
40
30
20
10
0
'07 '08 '09 '10 '11 '12 '13 '14 '15 '16
出口额

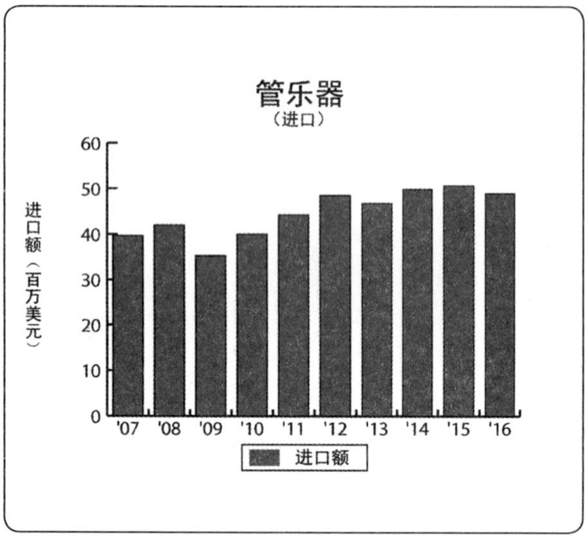
管乐器
（进口）
进口额（百万美元）
60
50
40
30
20
10
0
'07 '08 '09 '10 '11 '12 '13 '14 '15 '16
进口额

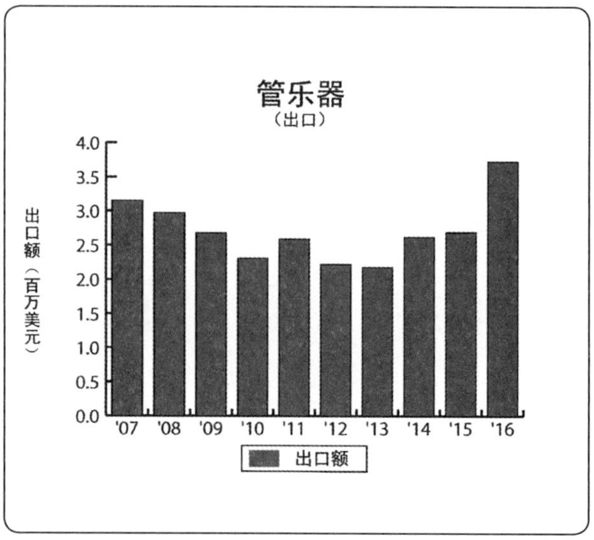
管乐器
（出口）
出口额（百万美元）
4.0
3.5
3.0
2.5
2.0
1.5
1.0
0.5
0.0
'07 '08 '09 '10 '11 '12 '13 '14 '15 '16
出口额

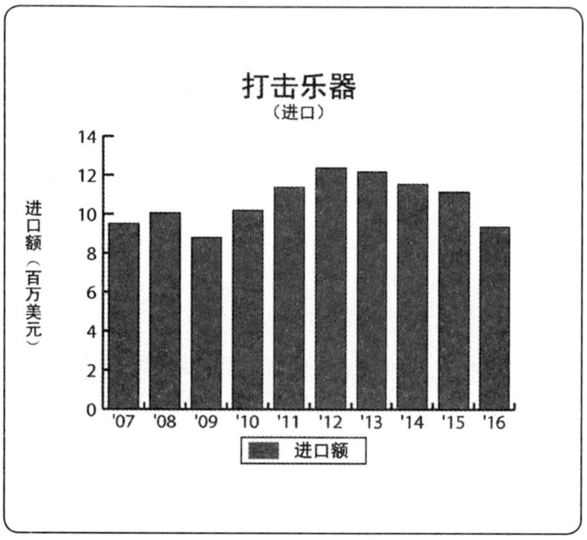
打击乐器
（进口）
进口额（百万美元）
14
12
10
8
6
4
2
0
'07 '08 '09 '10 '11 '12 '13 '14 '15 '16
进口额

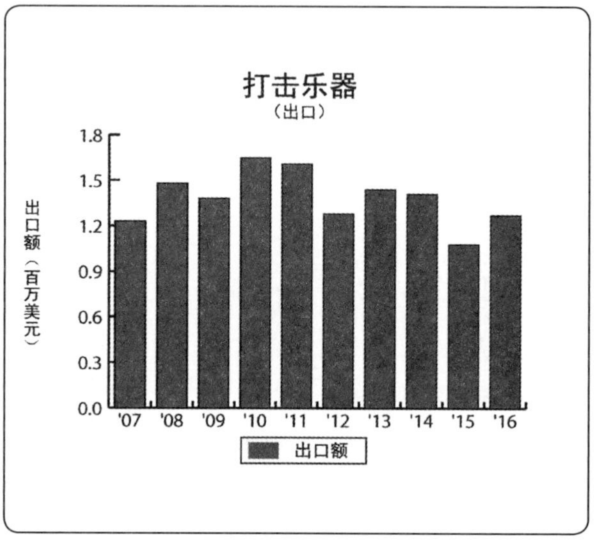
打击乐器
（出口）
出口额（百万美元）
1.8
1.5
1.2
0.9
0.6
0.3
0.0
'07 '08 '09 '10 '11 '12 '13 '14 '15 '16
出口额

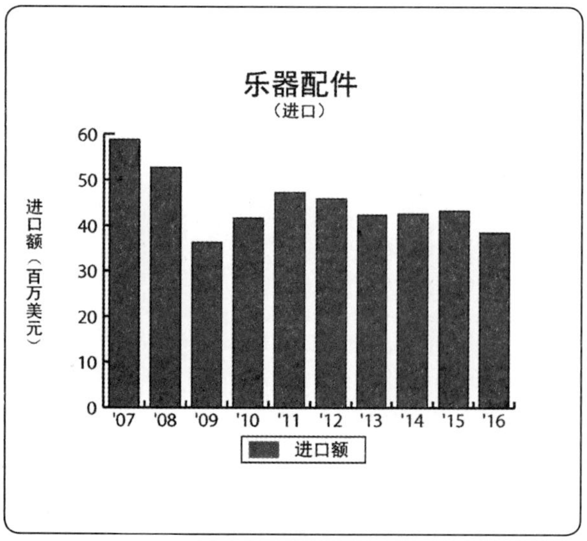
乐器配件
（进口）
进口额（百万美元）
60
50
40
30
20
10
0
'07 '08 '09 '10 '11 '12 '13 '14 '15 '16
进口额

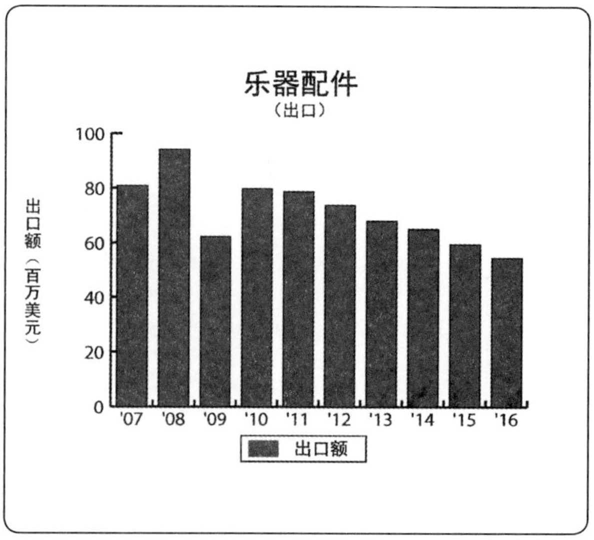
乐器配件
（出口）
出口额（百万美元）
100
80
60
40
20
0
'07 '08 '09 '10 '11 '12 '13 '14 '15 '16
出口额

巴西

最近三年，巴西腐败和政治丑闻不断，局势不时陷入混乱，但这个神奇的国度还是撑了过来，宏观经济开始复苏。不过，别指望太大变化。官方统计失业人数仍有1300万左右，衰退迹象依然明显。

让我们快速回顾下。巴西前总统迪尔玛·罗塞夫于2016年8月下旬被弹劾，其间一些政府高官先后卷入腐败案。人们希望养老保险改革能缩小养老金缺口和减少财政赤字。罗塞夫被罢免增加了巴西消费者信心，因为新总统特梅尔很有可能改革巴西养老保险和就业。虽然改革非常有利于调整财政失衡，但选民似乎并不买账，甚至还引发大规模抗议。改革仍需投票通过，而且规定赞成票票数要高，由此可见，即将到来的2018年巴西选举会面临极大挑战。

进口商 在巴西，进口乐器和配件占市场份额近90%。预计经销商们在2018年将普遍采取保守策略。举例来说，2014~2016年古典乐器销量降低45%，而电贝司和吉他同期下跌65%。而根据海关数据，乐器进口同比增长8%。

不少代理商都创立了自己的OEM品牌，主要投资入门级产品。对部分国际品牌来说，这可能构成直接威胁。简单的解决办法是，紧随其后，加大投资力度以保持自有品牌的市场知名度。

巴西国内税收高，约占制造商生产成本的45%，因此，运作OEM品牌，成为巴西进口商普遍的获利方式，同时也给亚洲乐器公司带来巨大机会。

巴西制造商考虑到汇率浮动和经济不稳定性加之缺少某些重要品牌库存，经销商正在寻找新的机会，开始和制造商合作。同时，这些公司也开始考虑以前从来没有做过的出口。

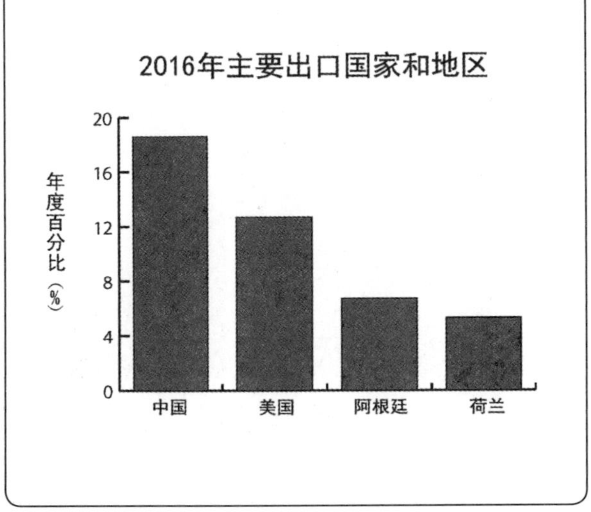

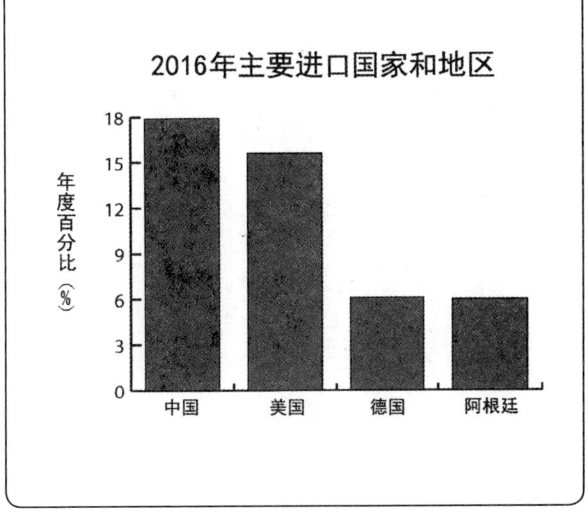

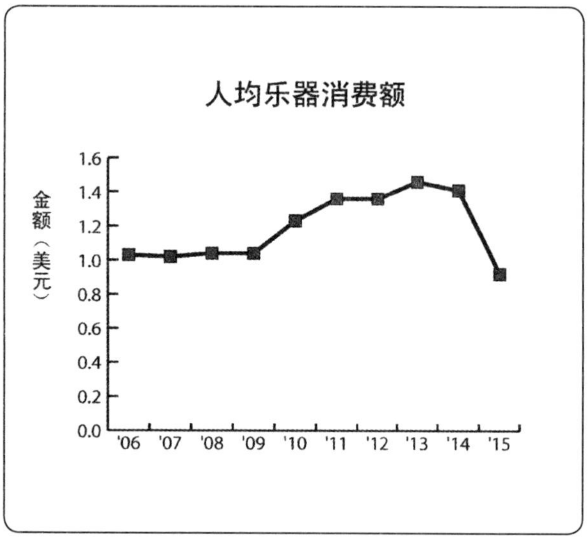
人均乐器消费额
金额（美元）
1.6
1.4
1.2
1.0
0.8
0.6
0.4
0.2
0.0
'06 '07 '08 '09 '10 '11 '12 '13 '14 '15

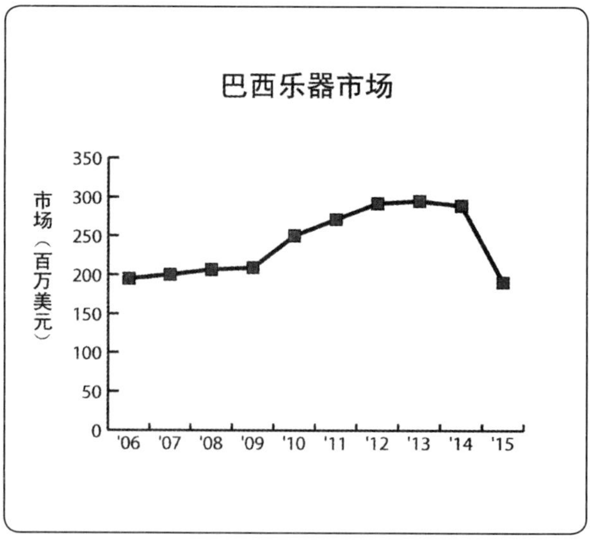
巴西乐器市场
市场（百万美元）
350
300
250
200
150
100
50
0
'06 '07 '08 '09 '10 '11 '12 '13 '14 '15

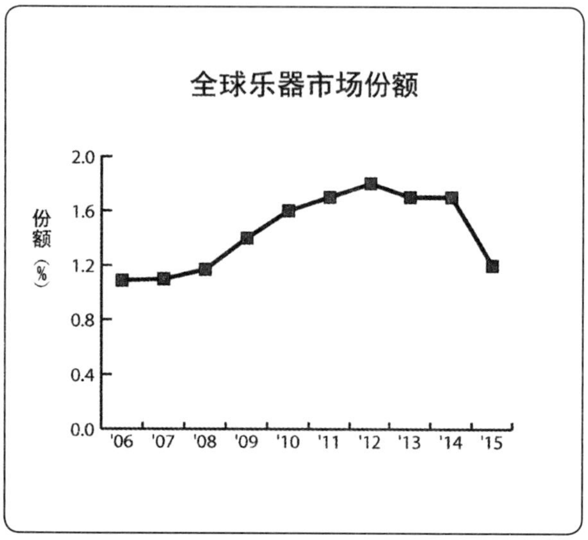
全球乐器市场份额
份额（%）
2.0
1.6
1.2
0.8
0.4
0.0
'06 '07 '08 '09 '10 '11 '12 '13 '14 '15

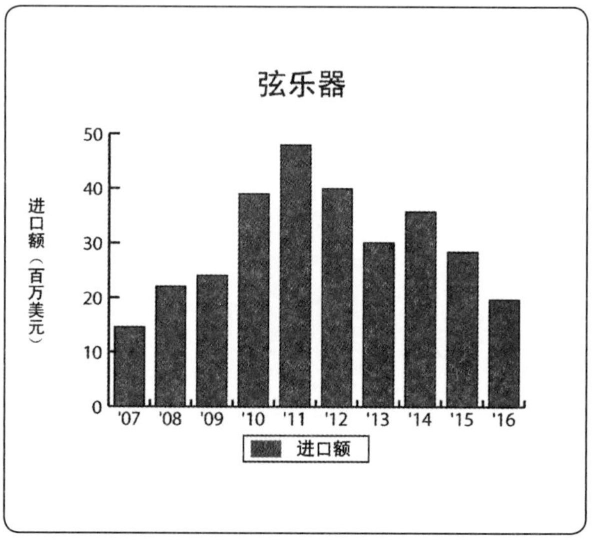
弦乐器
进口额（百万美元）
50
40
30
20
10
0
'07 '08 '09 '10 '11 '12 '13 '14 '15 '16
进口额

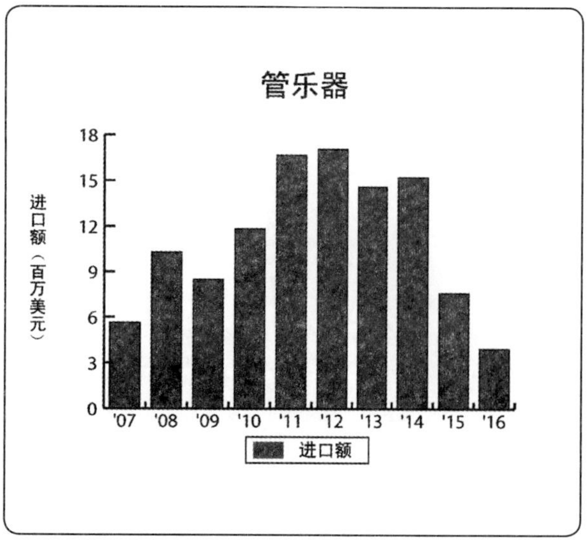
管乐器
进口额（百万美元）
18
15
12
9
6
3
0
'07 '08 '09 '10 '11 '12 '13 '14 '15 '16
进口额

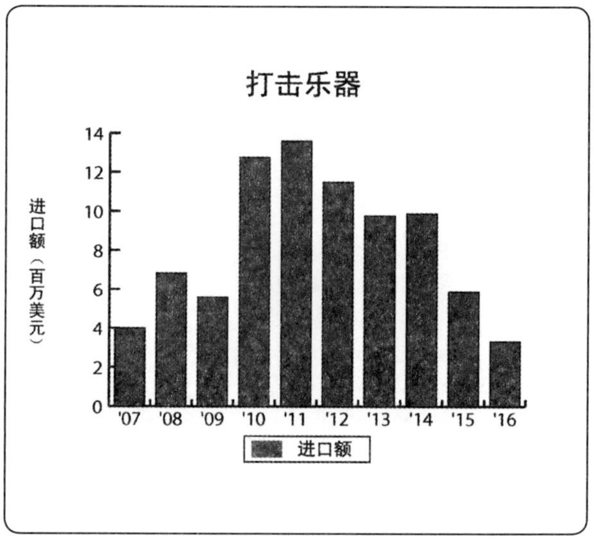
打击乐器
进口额（百万美元）
14
12
10
8
6
4
2
0
'07 '08 '09 '10 '11 '12 '13 '14 '15 '16
进口额

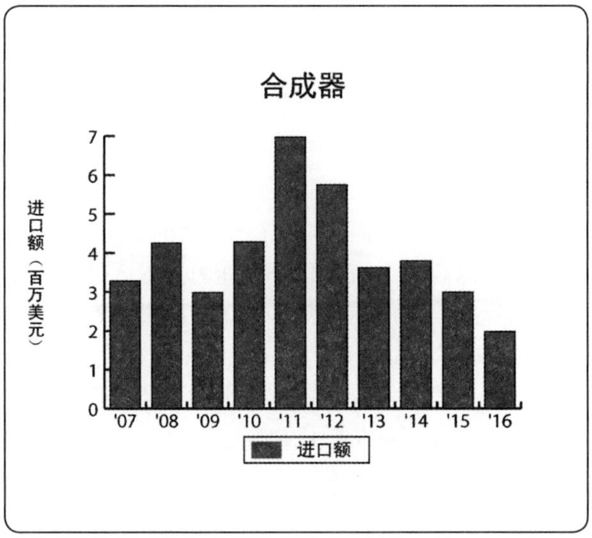
合成器
进口额（百万美元）
0
1
2
3
4
5
6
7
'07
'08
'09
'10
'11
'12
'13
'14
'15
'16
进口额

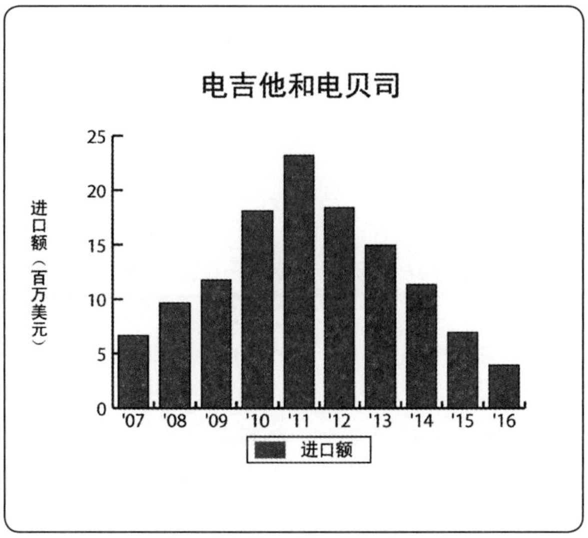
电吉他和电贝司
进口额（百万美元）
0
5
10
15
20
25
'07
'08
'09
'10
'11
'12
'13
'14
'15
'16
进口额

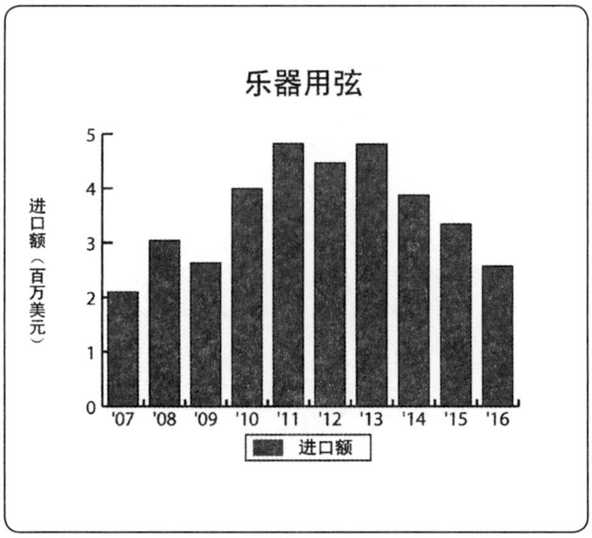
乐器用弦
进口额（百万美元）
0
1
2
3
4
5
'07
'08
'09
'10
'11
'12
'13
'14
'15
'16
进口额

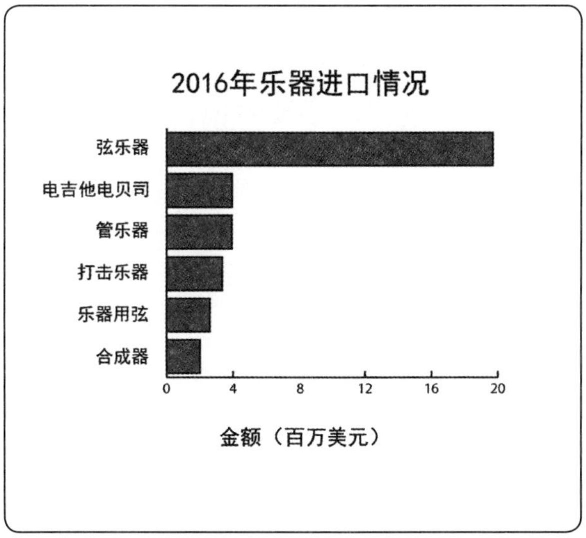
2016年乐器进口情况
弦乐器
电吉他电贝司
管乐器
打击乐器
乐器用弦
合成器
0
4
8
12
16
20
金额（百万美元）

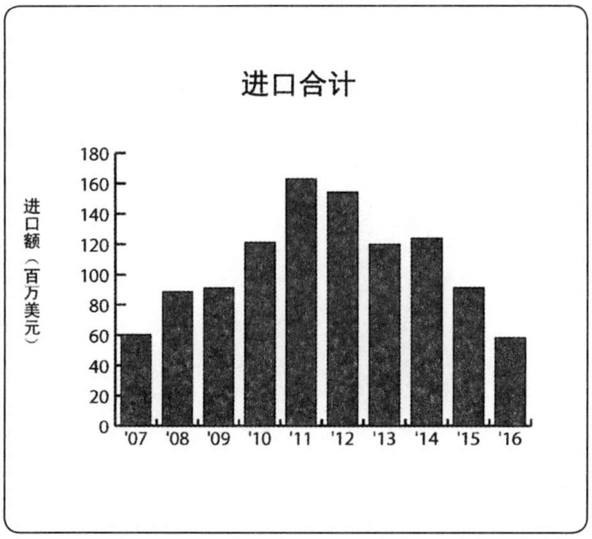
进口合计
进口额（百万美元）
0
20
40
60
80
100
120
140
160
180
'07
'08
'09
'10
'11
'12
'13
'14
'15
'16

墨西哥

总体而言，2016年和2015年相比，墨西哥市场进一步下滑。墨西哥货币比索一年之内对美元贬值超过10%。官方公布的通货膨胀率在4~5%浮动，而生活消费品实际通货膨胀率大于10%。终端消费者保持警惕。几家大型零售连锁的销售下滑，这和市场整体情况很相似。虽有多种成因，但汇率无疑是罪魁祸首。

最近政治丑闻导致更大不确定性：多位州长和其他政府官员因腐败而遭指控，无法解释政府开支和公款去向，涉案金额高达数十亿美元。2017年经济形势已很严峻，官僚们又不能兑现政府发的薪金支票，丑闻不可避免地引发一些局部动荡。

在墨西哥的某些地区，安全仍然是个大问题。旅游业对墨西哥经济贡献率为8%。然而各种各样的贩毒集团都在争夺地盘，对墨西哥的旅游业（甚至在热门景点也是如此）造成极大负面影响，同时造成音乐行业受到影响，酒吧和俱乐部演出甚少。墨西哥经销商重心仍集中于入门级乐器，运营成本难以为继，银行为其信用期限延长了90~120天，即便如此，经销商资金流通和偿债能力困难，仍无法在宽限期限内向供应商付款，难以收回投资在零售铺面的固定成本。

此外，美国大选结果直接影响了墨西哥经济。投机倒把让墨西哥货币比索贬值10%，直到现在都未能恢复。人们并不看好墨西哥的投资评级，也可能让经济走下坡路。

墨西哥总统选举将在2018年举行，目前各大候选人选已相继出炉—竞选还没开始，总统候选人就开始宣传竞选承诺。竞选的背后是巨额的联邦费用支出，而这反过来会滋生更多腐败，让经济更加不稳定。（评注：Casa Veerkam公司市场部总监 托马斯）

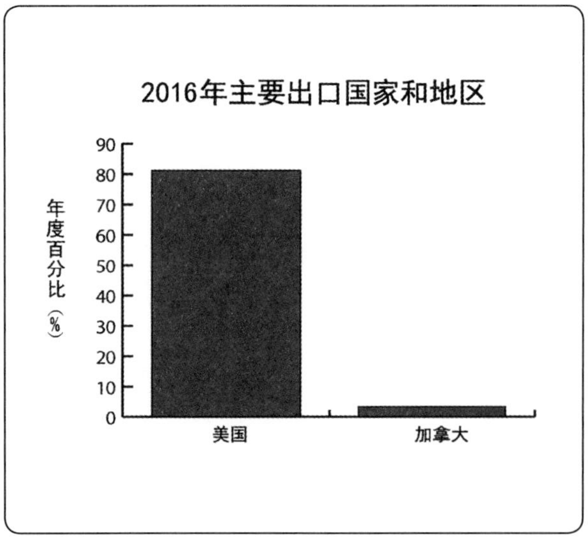

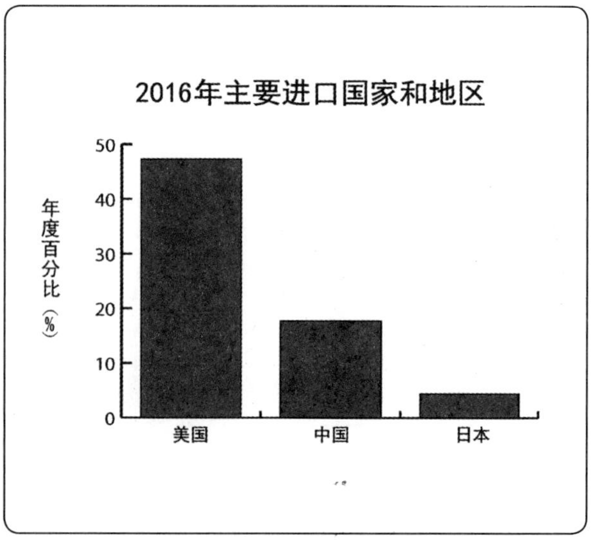

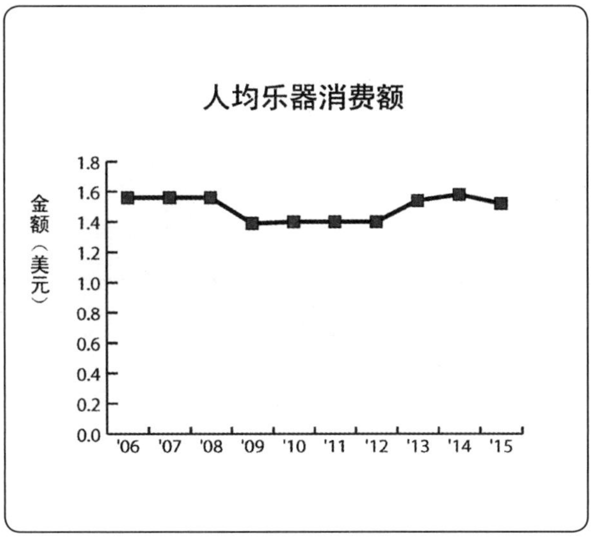
人均乐器消费额
金额（美元）
1.8
1.6
1.4
1.2
1.0
0.8
0.6
0.4
0.2
0.0
'06 '07 '08 '09 '10 '11 '12 '13 '14 '15

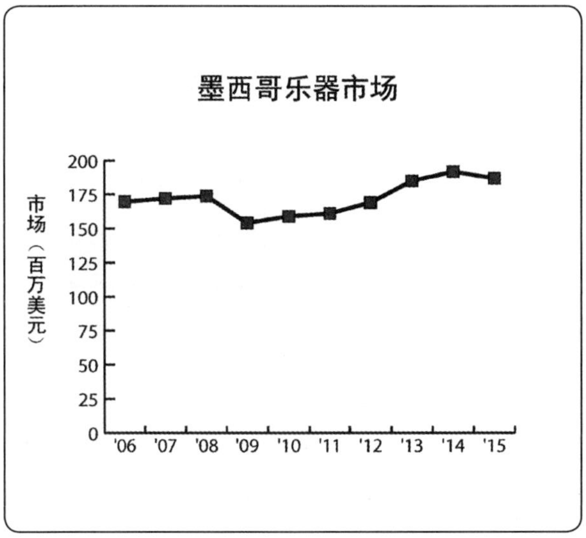
墨西哥乐器市场
市场（百万美元）
200
175
150
125
100
75
50
25
0
'06 '07 '08 '09 '10 '11 '12 '13 '14 '15

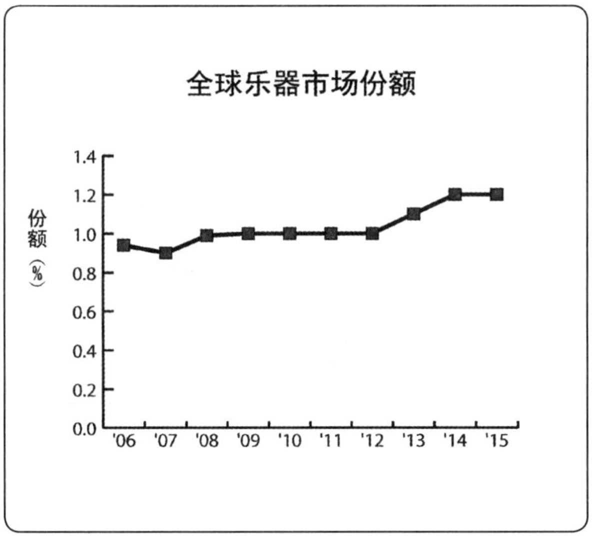
全球乐器市场份额
份额（%）
1.4
1.2
1.0
0.8
0.6
0.4
0.2
0.0
'06 '07 '08 '09 '10 '11 '12 '13 '14 '15

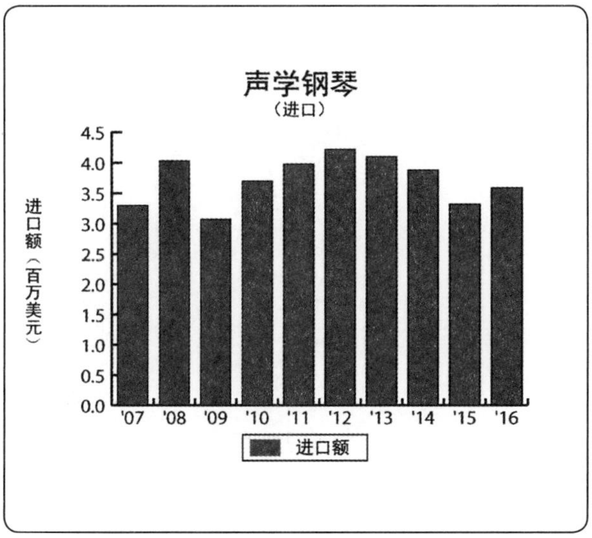
声学钢琴
（进口）
进口额（百万美元）
4.5
4.0
3.5
3.0
2.5
2.0
1.5
1.0
0.5
0.0
'07 '08 '09 '10 '11 '12 '13 '14 '15 '16
进口额

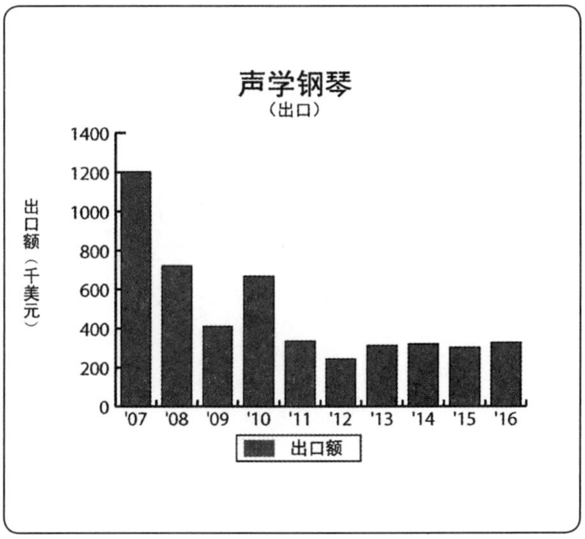
声学钢琴
（出口）
出口额（千美元）
1400
1200
1000
800
600
400
200
0
'07 '08 '09 '10 '11 '12 '13 '14 '15 '16
出口额

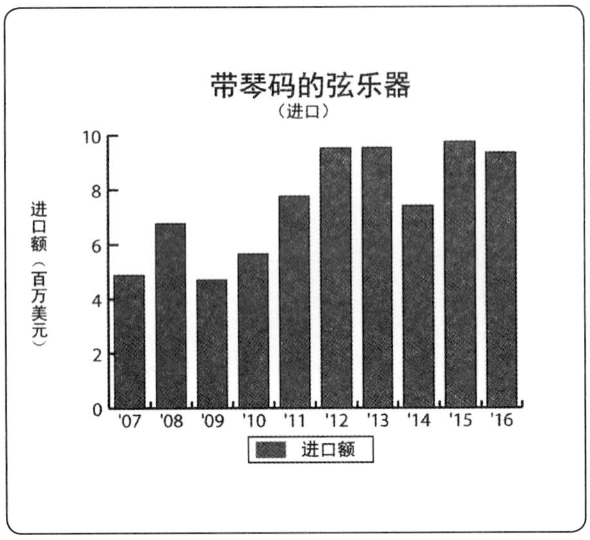
带琴码的弦乐器
（进口）
进口额（百万美元）
10
8
6
4
2
0
'07 '08 '09 '10 '11 '12 '13 '14 '15 '16
进口额

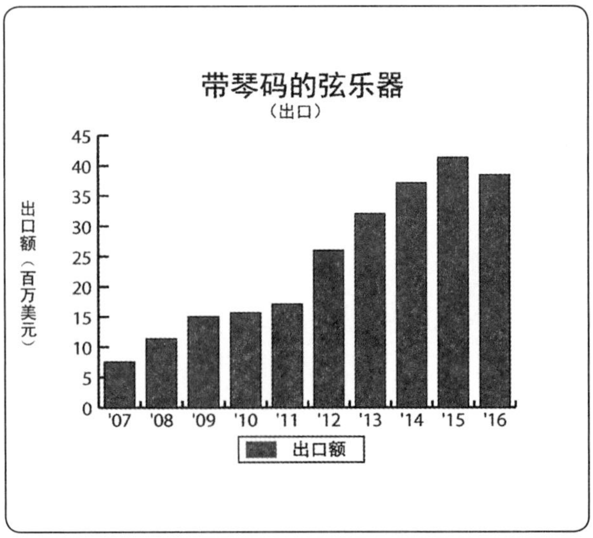
带琴码的弦乐器
（出口）
出口额（百万美元）
45
40
35
30
25
20
15
10
5
0
'07 '08 '09 '10 '11 '12 '13 '14 '15 '16
出口额

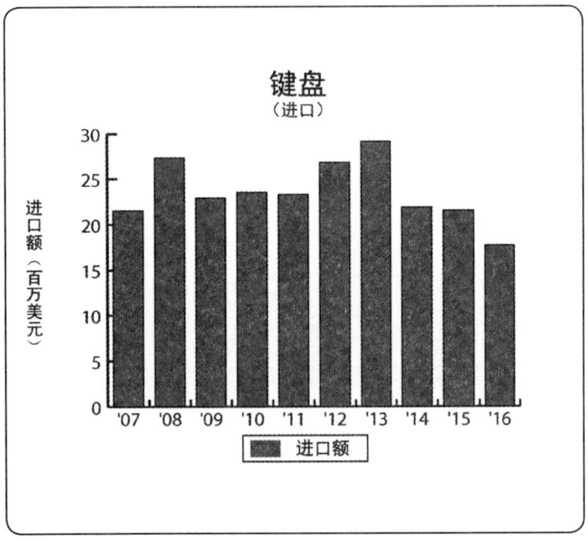
键盘
（进口）
进口额（百万美元）
30
25
20
15
10
5
0
'07 '08 '09 '10 '11 '12 '13 '14 '15 '16
进口额

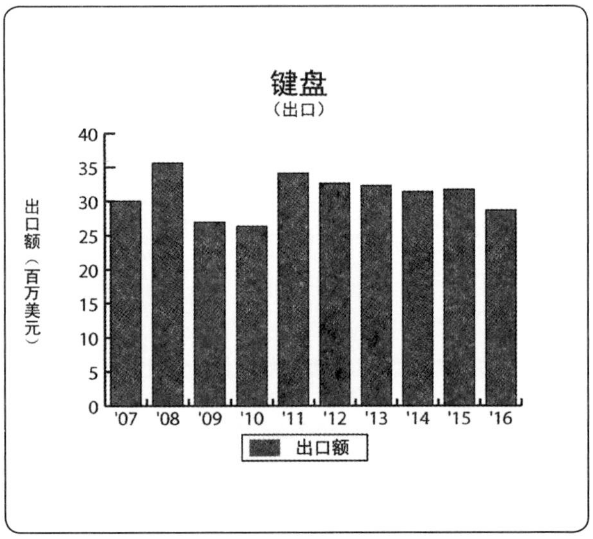
键盘
（出口）
出口额（百万美元）
40
35
30
25
20
15
10
5
0
'07 '08 '09 '10 '11 '12 '13 '14 '15 '16
出口额

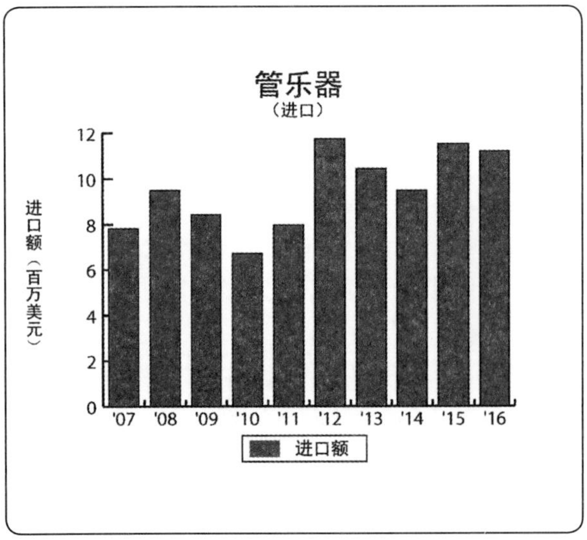
管乐器
（进口）
进口额（百万美元）
12
10
8
6
4
2
0
'07 '08 '09 '10 '11 '12 '13 '14 '15 '16
进口额

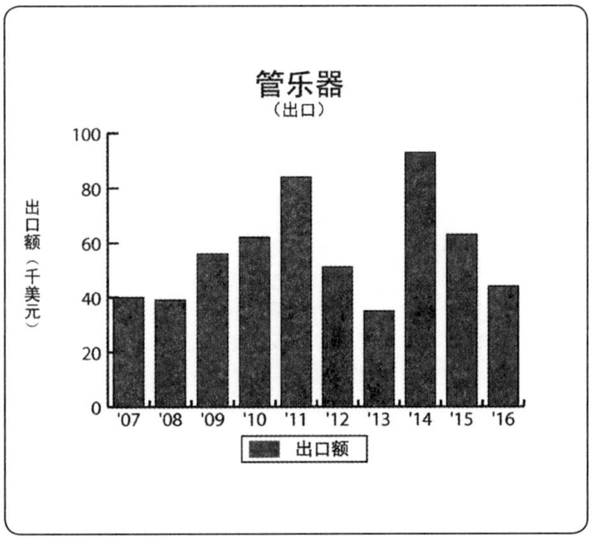
管乐器
（出口）
出口额（千美元）
100
80
60
40
20
0
'07 '08 '09 '10 '11 '12 '13 '14 '15 '16
出口额

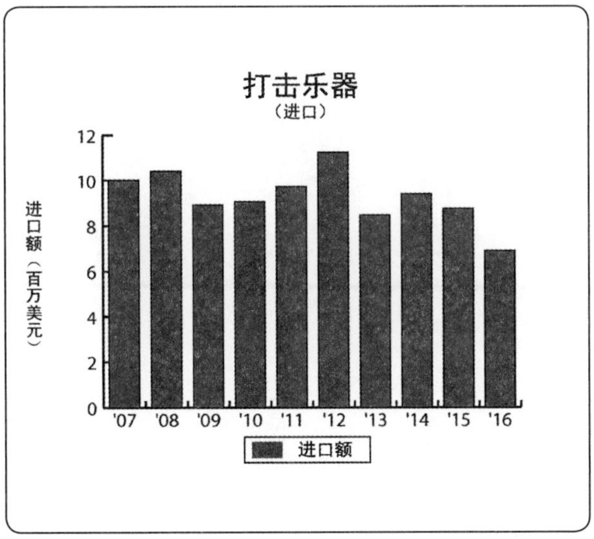
打击乐器
（进口）
进口额（百万美元）
12
10
8
6
4
2
0
'07 '08 '09 '10 '11 '12 '13 '14 '15 '16
进口额

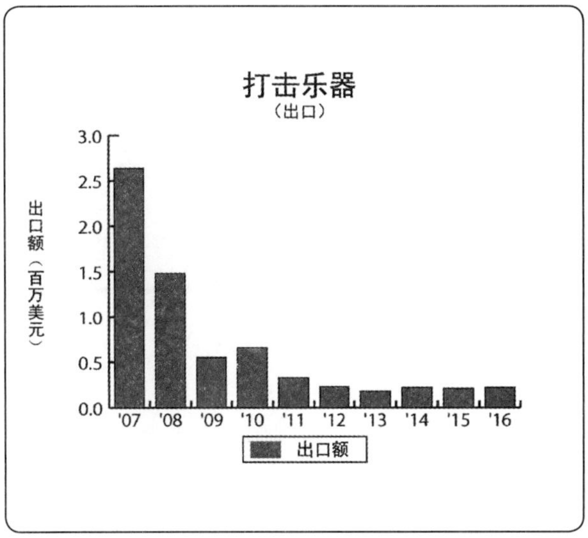
打击乐器
（出口）
出口额（百万美元）
3.0
2.5
2.0
1.5
1.0
0.5
0.0
'07 '08 '09 '10 '11 '12 '13 '14 '15 '16
出口额

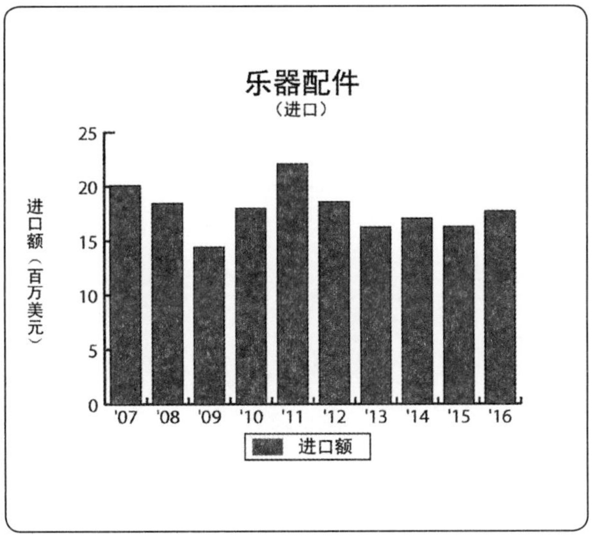
乐器配件
（进口）
进口额（百万美元）
25
20
15
10
5
0
'07 '08 '09 '10 '11 '12 '13 '14 '15 '16
进口额

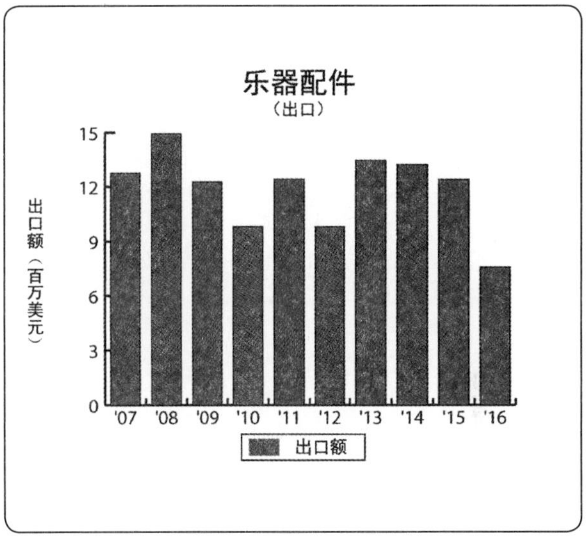
乐器配件
（出口）
出口额（百万美元）
15
12
9
6
3
0
'07 '08 '09 '10 '11 '12 '13 '14 '15 '16
出口额

图书在版编目（CIP）数据

中国乐器年鉴. 2017 / 中国乐器协会编. -- 北京 : 中国轻工业出版社, 2017.9
ISBN 978-7-5184-1615-8

Ⅰ. ①中… Ⅱ. ①中… Ⅲ. ①乐器－制造工业－中国－2017－年鉴 Ⅳ. ①TS953-54

中国版本图书馆CIP数据核字(2017)第224873号

策划编辑：刘云辉　　责任终审：劳国强　　封面设计：郑　雷
责任编辑：李建华　　责任监印：张　可　　版式设计：王　超　郑　雷

出版发行：中国轻工业出版社（北京东长安街 6 号，邮编：100740）
印　　刷：北京华睿林彩色印刷有限公司
经　　销：各地新华书店
版　　次：2017 年 9 月第 1 版第 1 次印刷
开　　本：889×1194　1/16　　印张：26.50
字　　数：500 千字　　插页：16
书　　号：ISBN 978-7-5184-1615-8　　定价：300.00 元

邮购电话：010-65241695
发行电话：010-85119835　　传真：85113293
网　　址：http://www.chlip.com.cn
Email：club@chlip.com.cn
如发现图书残缺请与我社邮购联系调换
170557K4X101HBW